四川省农业科学院天府农科智库蓝皮书（2021）

四川“藏粮于地 藏粮于技”战略研究报告

主　编　牟锦毅
副主编　段晓明　李　晓　杜兴端

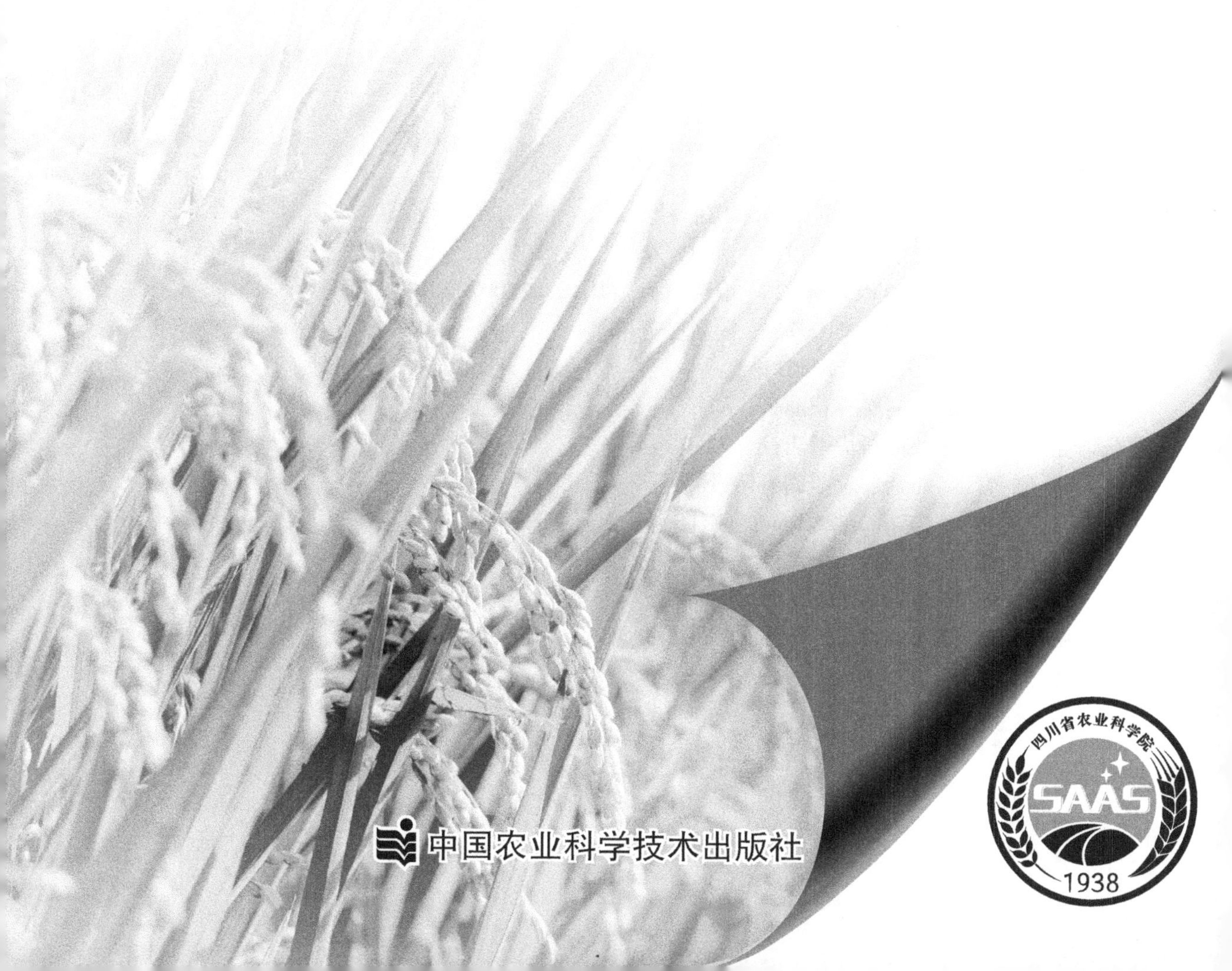

中国农业科学技术出版社

图书在版编目（CIP）数据

四川“藏粮于地　藏粮于技”战略研究报告 / 牟锦毅主编．--北京：中国农业科学技术出版社，2021.11

ISBN 978-7-5116-5575-2

Ⅰ.①四…　Ⅱ.①牟…　Ⅲ.①粮食安全-研究报告-四川　Ⅳ.①F327.71

中国版本图书馆 CIP 数据核字（2021）第 224410 号

责任编辑　穆玉红
责任校对　李向荣
责任印制　姜义伟　王思文

出 版 者　中国农业科学技术出版社
北京市中关村南大街 12 号　邮编：100081
电　　话　（010）82106626（编辑室）　（010）82109702（发行部）
（010）82109709（读者服务部）
传　　真　（010）82106631
网　　址　http://www.castp.cn
经 销 者　各地新华书店
印 刷 者　北京建宏印刷有限公司
开　　本　185 mm×260 mm　1/16
印　　张　28.75
字　　数　600 千字
版　　次　2021 年 11 月第 1 版　2021 年 11 月第 1 次印刷
定　　价　128.00 元

《四川省农业科学院天府农科智库蓝皮书（2021）》
编 委 会

《四川“藏粮于地　藏粮于技”战略研究报告》编撰工作组

组　　长　牟锦毅

副 组 长　段晓明　刘永红　李　晓　张　鸿

成　　员　（按姓氏笔画排序）

龙治海　刘　勇　刘代银　何　鹏

沈　丽　宣　朴　黄　平　常　伟

蒋开锋　蒲志刚　蒲宗君

主　　编　牟锦毅

副 主 编　段晓明　李　晓　杜兴端

序　言

“洪范八政，食为政首”。党的十八大以来，以习近平同志为核心的党中央始终把粮食安全作为治国理政的头等大事，习近平总书记对保障国家粮食安全作出一系列重要论述，提出必须“实施以我为主、立足国内、确保产能、适度进口、科技支撑的国家粮食安全战略”，强调“十三亿多人的饭碗必须牢牢端在自己手里”，“饭碗里必须主要装我们自己生产的粮食”。在2020年中央农村工作会议上明确指出，“要牢牢把住粮食安全主动权，粮食生产年年要抓紧。”这些重要论述，凸显了粮食安全的极端重要性，为我们抓好粮食生产指明了前进方向、提供了根本遵循。

保障粮食安全，根本在耕地，出路在科技，关键在于落实“藏粮于地、藏粮于技”战略，聚焦耕地和种子“两个要害”。一方面，要严防死守18亿亩耕地红线，采取长牙齿的硬措施，落实最严格的耕地保护制度，加强耕地质量建设，大规模建设旱涝保收、高产稳产的高标准农田，打牢粮食生产的基石；另一方面，要坚持农业科技自立自强，加快推进农业关键核心技术攻关，坚决打赢种业翻身仗，走依靠科技进步、提高单产的内涵式发展道路，用现代农业科技和物质装备巩固提升粮食综合生产能力。

四川是我国13个粮食主产区之一，也是我国西南地区唯一的粮食主产省。习近平总书记多次对四川“三农”工作作出重要指示，强调，“四川农业大省这块金字招牌不能丢，要带头做好农业供给侧结构性改革这篇大文章，推进由农业大省向农业强省跨越。”四川要牢记习近平总书记的嘱托重托，坚决扛稳国家粮食安全的政治责任，稳定和加强种粮政策支持，大力加强耕地保护建设，全面强化粮食生产科技支撑，推动“藏粮于地、藏粮于技”战略在三蜀大地落到实处、取得实效，努力推动四川粮食综合生产能力再上新台阶，在保障国家粮食安全上体现新担当、实现新突破、展现新作为。

当前，粮食生产向面积挖潜力、增空间的余地越来越小，未来更多需要依靠科技突破资源环境约束，以科技进步形成粮食增产动力，持续提高粮食单产水平。四川省农业科学院是全省农业科技进步的排头兵、农业科技创新的主力军。近年来，坚持以问题为导向、以技术为主线、以团队为支撑、以基地为平台，建立起“政产学研推用”相结合的创新转化体系，形成了一批粮食生产全过程综合技术解决方案。特别是围绕实施“藏粮于地、藏粮于技”战略，聚焦耕地资源持续利用和保护、粮油作物育种创新、生产加工、病虫害绿色防控、机械化信息化、农机农艺融合等重要环节，有针对性地分析和提炼解决方案与应对之策，形成了《四川“藏粮于地　藏粮于技”战略研究报告》（蓝皮书），为四川推进粮食生产关键核心技术攻坚、加快种业振兴等提供了一整套的技术解决方案，为落实“藏粮于地、藏粮于技”战略、进一步提升粮食综合生产能力提供了有力的技术智力支撑，充分彰显了四川省农业科学院人的政治担当、责任担当。

希望四川省农业科学院进一步贯彻落实习近平总书记在两院院士大会、科学家座谈会和中央人才工作会议上的重要讲话精神，继续在种质资源、良种培育、数字农业、智能装备、农机农艺、病虫防治、仓储加工、标准化生产等领域加强科技攻关，积极构建四川省现代农业产业技术体系，进一步提升土地产出率、资源利用率和劳动生产率，为擦亮四川农业大省金字招牌，推动由农业大省向农业强省跨越做出新的更大贡献。

中国工程院院士

2021 年 11 月 26 日

目 录

第一部分 总报告

第二部分 专题报告

第三部分 附录

第一部分

总报告

四川"藏粮于地　藏粮于技"战略研究

李　晓　熊　鹰　杜兴端　汪　君　郭耀辉
（四川省农业科学院农业信息与农村经济研究所，四川　成都　610066）

摘　要：粮食事关国运民生，粮食安全是维系社会稳定的"压舱石"，是国家安全的重要基础。确保重要农产品特别是粮食有效供给，是实施乡村振兴战略的首要任务。四川集农业大省、产粮大省与人口大省、粮食消费大省、粮食调入大省于一体，实施"藏粮于地、藏粮于技"战略不仅事关四川粮食增产、农业增效和农民增收，更事关国家粮食安全大局。当前四川粮食生产面临耕地数量保障压力大、耕地宜粮生产能力偏低、耕地环境安全形势严峻、种业核心竞争力不强、粮食生产科技支撑能力不足、粮食生产效率和效益偏低等挑战，必须树立"大粮食安全观"，推动集种业、种植、仓储、物流、加工、贸易于一体的粮食全产业链发展，优先保障种粮用地、建好高标准粮田、强化耕地环境质量保护、加强种业及粮食科技创新、提升粮食仓储加工物流水平、建立职业粮农队伍、完善政策扶持体系。

关键词：藏粮于地；藏粮于技；战略研究；四川

一、"藏粮于地、藏粮于技"战略的背景及内涵

（一）"藏粮于地、藏粮于技"战略提出的背景

近年来，国家出台了一系列强农惠农富农政策，我国粮食生产连创新高，加之国际竞争力不足，呈现出生产量、库存量和进口量"三量齐增"态势，带来巨大的资源闲置并产生高昂的仓储成本，粮食供给侧结构性改革势在必行。借鉴国际组织和发达国家粮食安全战略的有益经验，新时期必须立足耕地产能保育和农业科技创新，深入实施"藏粮于地、藏粮于技"战略，真正把"中国人的饭碗任何时候都要牢牢端在自己手上"。

我国是一个14亿人口的大国，吃饭问题始终是头等大事，只有坚持把保障粮食安全作为首要任务，毫不放松地发展粮食生产，才能确保饭碗永远端在自己手上。然而，当前我国除了"人多地少"之外，还存在耕地质量偏低、污染损毁严重等问题，对粮食安全构成了威胁。因此，牢固树立"坚守耕地红线就是守住14亿人的口粮底线"的观念，全面开展永久基本农田划定，确保耕地数量不减少；科学合理利用耕地资源，促进种地养地结合；统筹考虑种养规模和环境消纳能力，积极开展种养结合循环农业试点示范，使"藏粮于地"的方针真正落到实处。

科技是农业现代化的重要支撑，粮食生产的根本出路在科技进步。当前，我国农业发展，已经到了需要更多依靠科技突破资源环境约束、实现持续稳定发展的新阶段。因此，不但要向土地要粮，还要向科技要粮，走依靠科技进步、提高单产的内涵式发展道路，用科技手段维持粮食供求平衡。根据粮食市场的平衡状态，适时地采用相应的技术，始终保持科学技术的接续能力。通过涵养土壤，推广优良品种，采取标准化高产高效绿色技术模式等，提高粮食生产效率和水平。只有这样，才能给农业插上腾飞的翅膀。

在此背景下，2021 年中央一号文件对保障粮食安全提出了具体举措，保障粮食安全，重点要夯实“藏粮于地、藏粮于技”的物质基础。既要采取“长牙齿”的措施，落实最严格的耕地保护制度，坚决守住 18 亿亩耕地红线，遏制耕地“非农化”、防止“非粮化”，也要加强高标准农田建设和黑土地保护，不断提高耕地质量。还要向科技要产量要效益，坚持农业科技自立自强，打好种业翻身仗，强化现代农业科技和物质装备支撑。实施“藏粮于地、藏粮于技”战略是保障国家粮食产能和安全的必然选择，体现了党中央和国务院对保障我国粮食安全问题的高度重视，不仅是对我国粮食生产、农业发展形势的准确判断，也是保障我国粮食安全和农业绿色持续发展长效机制的科学途径。

四川既是全国的粮食主产区，也是粮食的主销区，每年从省外调入或国外进口的粮食约占全省消费总量的 1/3。四川推动“藏粮于地、藏粮于技”战略落实落地，一方面是实行轮作休耕，既有利于耕地休养生息和农业可持续发展，又有利于平衡粮食供求矛盾、稳定农民收入、减轻财政压力。实行土地休耕，虽然不生产粮食，但粮食生产能力还在，并且土地休耕后还可提高地力，相当于把粮食生产能力储存在土地中，实现“藏粮于地”。另一方面是促进粮食综合生产能力的提升，在划定永久基本农田、确保耕地数量的基础上，要保证粮食产量持续稳定增长，必须提高粮食生产效率和水平，需要不断创新的粮食增产技术来保障，实现“藏粮于技”。

（二）“藏粮于地、藏粮于技”战略的内涵

实施“藏粮于地、藏粮于技”战略，关键是要保障耕地数量和提升耕地质量。耕地是粮食生产和安全的根基和载体，是最重要的生产要素和农业可持续发展的核心基础。为此，“藏粮于地、藏粮于技”是指通过提升耕地质量和土地生产力，实现粮食稳产高产，在粮食生产相对充足的情况下，有效地调整土地产业结构，将部分土地改作种植经济作物或从事其他经营，让过度消耗的耕地得到休养生息的机会，从而保障和提升耕地地力；当出现粮食紧缺的时候，可以很快恢复耕地生产能力，满足国内粮食需求。实施“藏粮于地、藏粮于技”战略的短期目标是调整种植结构，提升耕地地力，降低国内粮食库存量，以减轻国家仓储补贴负担，促进农业供给侧结构性改革；长期目标是提高土地综合生产能力，促进农业可持续发展，保障国家粮食稳定供给和安全。

二、四川实施“藏粮于地、藏粮于技”战略的重大意义

四川省实施“藏粮于地、藏粮于技”战略，具有重大意义，集中体现为以下“四个有利于”。

第一，有利于稳定粮食生产能力，保障国家粮食安全。四川是全国 13 个粮食主产省之一，集农业大省、产粮大省与人口大省、粮食消费大省、粮食调入大省于一体，粮食安全在全国既具有典型性，也具有代表性。因此，四川的粮食生产对国家粮食安全具有重要战略影响。

第二，有利于守住粮食产能底线，推进农业供给侧结构性改革。推进农业供给侧结构性改革，必须确保粮食生产能力不降低。四川要做好农业供给侧结构性改革工作，首要是要抓好粮食生产，以稳定和提升粮食生产能力为核心和前提。

第三，有利于缓解农业生态压力，促进农业可持续发展。实施“藏粮于地、藏粮于技”战略，可以使地力严重透支、水土流失、土壤退化、面源污染加重区域的耕地得到“休养生息”的机会，通过发展资源节约型、环境友好型生产技术缓解农业资源环境压力，实现农业可持续发展。

第四，有利于提升耕地产出效益，促进农民增收。实施“藏粮于地、藏粮于技”战略，在充分保障粮食供给的前提下，可以使农民根据市场需求合理调整生产结构，生产适销对路的农产品，从而提升耕地产出效益，增加农民收入。

三、四川实施“藏粮于地、藏粮于技”战略取得的成就

（一）粮食综合生产能力稳步提升

“十三五”以来，四川划定粮食生产功能区 5 920 万亩*，粮食生产重点县 90 个，创建国家级和省级粮油产业园区 18 个，夯实了粮食产能基础。全省粮食生产实现了连续十四年稳定发展，2020 年全省粮食播种面积 9 468. 9 万亩，居全国第七位，粮食总产量 3 527. 4 万吨，居全国第九位，其中水稻播种面积 2 799. 5 万亩，总产量 1 475. 3 万吨；玉米播种面积 2 759 万亩，总产量 1 065 万吨；小麦播种面积 895. 2 万亩，总产量 246. 7 万吨；薯类总产量（折原粮）551. 8 万吨，其中马铃薯总产量 288. 8 万吨，居全国第一位。大豆产量 101. 3 万吨，跨入全国主产省行列。建成现代酿酒专用粮基地 160 万亩，初步形成“中国白酒金三角”酿酒专用粮产业带。全省耕地平均地力水平提高 0. 63 个等级，粮食亩产能提升 80 斤**以上，粮食安全保障基础能力全面提高。

（二）育种科技创新能力持续增强

四川省委省政府从“六五”开始持续支持“农作物及畜禽育种攻关项目”，组织

---

* 1 亩≈666. 7 平方米，全书同。

** 1 斤=0. 5 千克，全书同。

起全省有关科研院所、高等院校、种子企业进行协同育种攻关，这是中国最早设立、持续时间最长的省级育种科技专项，在全国育种科技界享有较大的知名度与影响力。截至“十三五”末，共建立20个现代农业产业技术体系四川创新团队，育成了一系列农作物、畜禽新品种，创制了一大批新材料，使四川省育种攻关取得了重大突破，总体研究水平跃入全国先进行列，部分达到全国乃至国际领先水平，为保证四川省粮食安全、优化农产品品质结构、凸显“川种优势”作出了巨大贡献。为破解种业“卡脖子”难题，四川省不断加强种业技术攻关，持续做大做强现代种业的基础环节和关键环节，已建成功能分区合理、作物种类较为齐全、田间基础配套设施较为完善的南繁科研基地。四川省农业科学院是四川省南繁规模最大、承担科研任务最多的机构，南繁科研成果占全省50%以上，目前，四川省农业科学院正加快建设四川省海南南繁育种工程中心，为四川省南繁育种提供强大支撑和创新平台。四川省种质资源中心库建设也在积极推进之中，将打造成为全国领先的种业创新高地、影响西南的种业辐射中心、区域农业高质量发展引擎，进一步增加四川种质资源保存数量、丰富多样性，发掘创制优异种质和基因资源，为选育农作物新品种、发展现代种业、保障粮食安全提供物质和技术支撑。四川省现代农业种业正加快发展，已完成162个农业县种质资源普查，建各类种质资源圃5 000余亩，保存农作物种质资源达5.42万余份，居全国前列。建成现代化农作物种子生产基地30.85万亩，农作物良种覆盖率达97%以上，主导品种和主推技术入户率达到80%以上，农业科技贡献率提升到60.5%。四川被农业农村部评定为全国三大育制种基地省。四川还通过加快推广新技术、新模式，促进农业增产节本增效，如四川广汉市稻麦轮作区推广的新品种和配套免耕播种新技术，实现农作物产量增长10%~15%，成本降低20%以上。

（三）设施装备条件明显改善

“十三五”期间，高标准农田加快建设，四川全省共新建高标准农田1 967万亩，累计建成4 549万亩，占耕地面积比重达到45%以上。大规模开展了田网、渠网、路网“三网”配套建设，推进了机械化、规模化、标准化“三化”联动发展，提升了农田排灌能力、农机作业能力、耕地生产能力。农业水利设施持续完善，有效灌溉面积达4 485万亩，建成高效节水灌面334万亩，农田灌溉水有效利用系数提高到0.473。农机总动力达到4 750万千瓦，主要农作物耕种收综合机械化水平达到63%，水稻耕种收综合机械化水平达73%。农业信息化建设稳步推进，获批“全国农业农村信息化示范基地”4处，成功创建4个全国数字农业试点县。现代农业烘干冷链物流初具规模，全省冷链物流静态库容达760万吨。通过完善配套农业设施装备，进一步巩固提升粮食安全保障水平。

（四）生态环境建设持续增强

四川在65个省级病虫重点测报站建成自动化、智能化田间监测点617个，粮食生产灾害损失率控制在4%以下，每年可多挽回粮食损失10亿~15亿斤。全省粮油作物秸秆综合利用率达到89.5%，肥料利用率达到39%，病虫统防统治、绿色防控覆盖率分别达到39.5%、38.6%，初步建立科学的施肥施药管理技术体系和废弃物资源化利用体系，建成一批“多元协同、循环再生”种养循环农业示范区。

（五）新型职业农民培育催生粮食适度规模经营

新型职业农民的培育是解决“谁种地、怎么种好地”问题和推动粮食适度规模经营的关键。四川新型职业农民队伍不断壮大，引领合作社、家庭农场等主体快速成长，2019年全省粮食适度规模经营692.5万亩，从事粮油产业的家庭农场有6 900家，从事粮油产业的合作社有6 680家，粮食适度规模经营态势和效益明显。

四、四川实施“藏粮于地、藏粮于技”战略面临的主要挑战

（一）耕地数量安全面临挑战

1. 耕地面积绝对减少

耕地是粮食生产的根本基础。四川户籍人口占全国的6.5%，常住人口占全国的6.0%①，而耕地仅占全国的5.0%②，人均耕地比全国平均水平低23.4%③。随着工业化和城市化的快速推进，由于征地制度和集约用地制度失灵，大量耕地转为非农用地，耕地数量在不断减少。近年来，全省每年因建设占用、灾毁、生态退耕等因素减少耕地1.3万公顷以上。据2017年土地利用变更调查数据显示，2017年全省因建设占用、灾毁、生态退耕等原因减少耕地面积1.52万公顷；通过土地整治、农业结构调整等增加耕地面积1.05万公顷；年内净减少耕地面积0.47万公顷。与2013年相比，2018年末全省耕地面积净减少了1.2万公顷（18万亩）④。

虽然技术进步、新的种植方式和管理制度能够在一定程度上弥补因耕地面积减少造成的粮食产量损失，但客观上耕地面积减少仍造成了全省粮食的隐性减产。若以2019年全省粮食单产5571.75千克/公顷计算，从2013年到2019年，四川因耕地面积减少造成的全省粮食隐形减产高达8.3万吨。

2. 宜农后备耕地资源不足

四川可开发复垦的后备耕地资源潜力极为有限，宜农未利用地仅有23.1万公顷，可开发为耕地的仅有15.7万公顷，仅占全国的2.9%。

---

① 2019年年末，四川省户籍人口9 099.5万人，常住人口8 375万人，2019年年末全国总人口140 005万人。

② 2018年年末，四川耕地面积672.28万公顷，全国耕地面积13 518.9万公顷。数据来源于《中国农村统计年鉴2018》。

③ 四川人均耕地1.11亩，全国人均耕地1.45亩。

④ 因第三次全国国土调查尚未完成，2019年年末实有耕地面积数据暂缺。

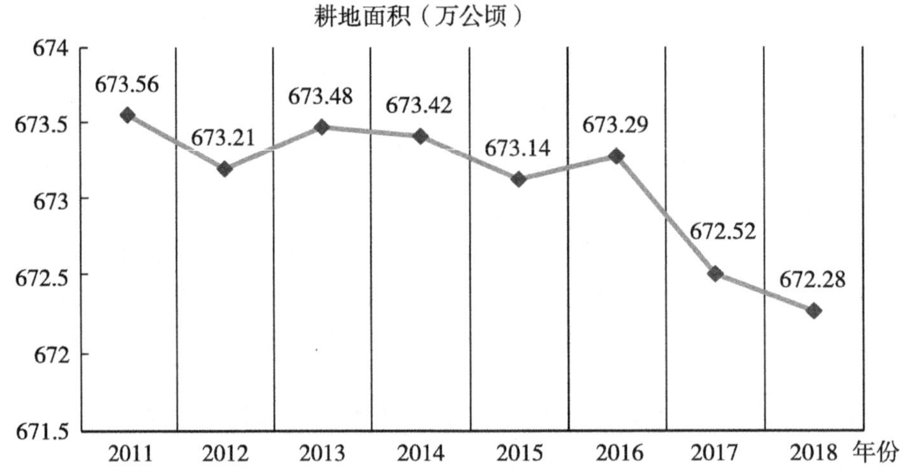

图 1　2011—2018 年四川省耕地面积变化情况

数据来源：2012—2019 年《中国统计年鉴》，2020 年《四川统计年鉴》。

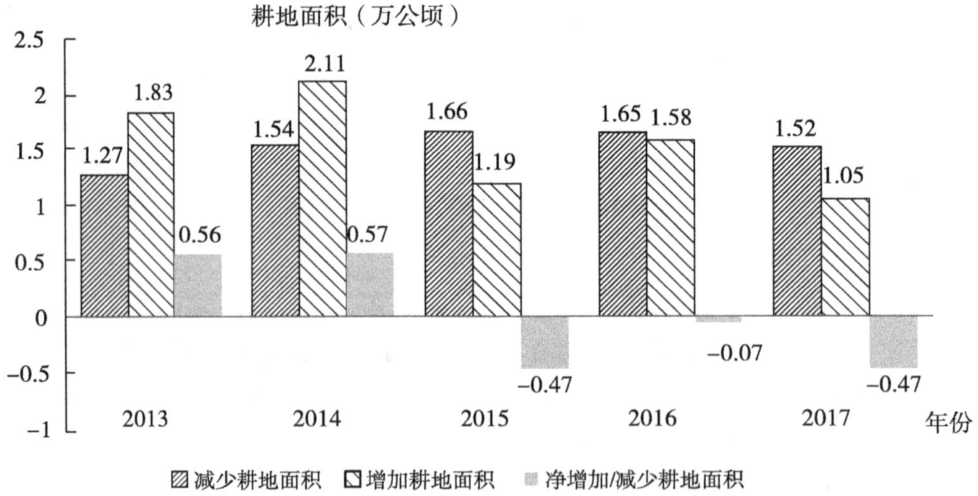

图 2　四川省耕地面积变化情况

数据来源：2014 年、2015 年、2016 年、2017 年《四川省国土资源公报》（四川省自然资源厅仅公布了 2014—2017 年数据）。

（二）耕地宜粮生产能力面临挑战

1. 耕地质量影响粮食生产

第一，总体耕地质量不高。根据《2019 年全国耕地质量等级情况公报》，将耕地按质量等级由高到低依次划分为 1～10 等。成都平原、四川盆地浅（缓）丘平坝的耕地评价为 1~3 等，以水稻土为主，没有明显障碍因素；四川盆地的丘陵区的耕地评价为4~6等，以紫色土、黄壤为主，基础地力中等，灌排条件一般，部分耕地质地偏黏，存在酸化、障碍层次等障碍因素。同时，因长期不合理耕作与利用，四川省耕地土壤耕作层平均16.5厘米、有效耕层土壤量平均150 707千克/亩，5~10厘米土层的平均容重1.37克/立方厘米，与作物高产要求的最低标准比较，分别低25%和14.9%、高5.4%。试验结果表明，耕层浅化制约着土壤的肥水供给能力，对产量的影响在20%~30%。连作障碍、化学肥料和农药不合理施用，导致土壤pH值和有机质逐年下降、酸化板结、矿质营养比例失衡，“酸、黏、瘦、薄”问题加剧。农作物秸秆、畜禽粪便等农业废弃物尚未形成完善的循环利用闭环，给农业环境带来巨大压力。数据表明，目前四川省酸性和微酸性土壤比例已占50%，旱地有机质含量普遍低于1%，水田有机质普遍低于1.5%，半数以上耕地缺乏微量元素。部分地方靠天吃饭的局面仍未根本改变，全省常年因干旱、洪涝等自然灾害损失粮食14亿~16亿斤。

第二，土壤安全形势较为严峻。2018年四川盆地农林区有机质、有效磷、速效钾平均含量都低于西南区和全国平均水平。四川盆地农林区有机质平均含量为23.6克/千克，主要分布于（10~20）克/千克和（20~30）克/千克范围，累计占比达到了64%。四川盆地农林区有机质平均含量低于西南区土壤26.4克/千克有机质含量平均水平，也低于全国24.4克/千克的有机质含量平均水平。四川盆地农林区有效磷平均含量16.8毫克/千克，低于西南区土壤22.8毫克/千克有效磷含量平均水平，也低于全国28.9毫克/千克的有效磷含量平均水平。四川盆地农林区速效钾平均含量101毫克/千克，低于西南区土壤127毫克/千克速效钾含量平均水平，也低于全国138毫克/千克的速效钾含量平均水平。四川盆地农林区缓效钾平均含量400毫克/千克，低于西南区土壤412毫克/千克缓效钾含量平均水平，也低于全国607毫克/千克的缓效钾含量平均水平。最近10年四川盆地农林区缓效钾平均含量出现了小幅下降的现象，从454毫克/千克下降到了400毫克/千克。土壤容重是土壤重要的物理性质之一，决定着土壤含水量、通气性以及矿质元素的运移，进而影响植物的生长发育和生理功能，通常作为表征土壤物理性质的重要指标。四川盆地农林区土壤容重平均为1.31克/立方厘米，整体偏大，略高于西南区土壤容重1.30克/立方厘米和全国土壤容重1.30克/立方厘米的平均水平。根据《四川省土壤污染状况调查公报》①，首次全省土壤污染状况调查结果表明，全省土壤环境状况总体不容乐观，部分地区土壤污染较重。高土壤环境背景值、工矿业和农业等人为活动是造成土壤污染或超标的主要原因。全省土壤总的点位超标率为28.7%，其中轻微、轻度、中度和重度污染点位比例分别为22.6%、3.41%、1.59%和1.07%。污染类型以无机型为主，有机型次之，复合型污染比重较小，无机污染物超标点位数占全部超标点位的93.9%。从污染分布情况看，攀西地区、成都平

① http：//www.sc.gov.cn/10462/10464/10727/10866/2014/12/1/10319883.shtml.

原区、川南地区等部分区域土壤污染问题较为突出，镉是四川省土壤污染的主要特征污染物。其中耕地土壤点位超标率为 34.3%，明显高于全国耕地土壤点位超标率 19.4%。耕地污染重，轻微、轻度、中度和重度污染点位比例分别为 27.8%、3.95%、1.37%和 1.20%，主要污染物为镉、镍、铜、铬、滴滴涕和多环芳烃。

表 1　全国和四川省土壤污染情况

区域	全国	四川省
土壤总点位超标率（%）	16.1	28.7
其中：轻微污染	11.2	22.6
轻度污染	2.3	3.41
重度污染	1.5	1.59+
重度污染	1.1	1.07
耕地土壤点位超标率（%）	19.4	34.3
其中：轻微污染	13.7	27.8
轻度污染	2.8	3.95
重度污染	1.8	1.37
重度污染	1.1	1.20
林地土壤点位超标率（%）	10.0	10.7
草地土壤点位超标率（%）	10.4	38.3
未利用地土壤点位超标率（%）	11.4	32.0

数据来源：《全国土壤污染状况调查公报》《四川省土壤污染状况调查公报》。

第三，水土流失破坏耕地产能。根据《2019 年四川省生态环境状况公报》，2019 年，四川水土流失总面积为 10.78 万平方千米，以水力侵蚀为主，其中轻度水土流失面积 7.63 万平方千米，占总水力侵蚀面积比例为 70.74%；中度水土流失面积 1.56 万平方千米，占总力侵蚀面积比例为 14.49%；强烈水土流失面积 0.86 万平方千米，占总力侵蚀面积比例为 8.0%；极强烈水土流失面积 0.54 平方千米，占水力侵蚀面积比例为 5.0%；剧烈水土流失面积 0.19 平方千米，占总水力侵蚀面积比例为 1.77%①。水力侵蚀主要分布在坡耕地、采矿用地、裸土地、灌木林地以及部分位于陡坡地上地植被覆盖度植被区域，水土流失会破坏耕作层，带走耕地有效养分，对于耕地质量特别是坡耕地质量有严重影响。

① 数据来源：《2019 年四川省生态环境状况公报》。

表 2 四川省水土流失情况 （单位：平方千米，%）

年份	水土流失总面积	其中：水力侵蚀面积	水土流失面积占幅员面积的比例
2011	121 042. 0	114 420. 0	24. 90
2019	107 818. 32	107 824. 8	22. 18

数据来源：《2019 年四川省生态环境状况公报》《2011 年四川省生态环境状况公报》及计算所得。

第四，耕地“占补平衡”存在粮食生产能力差异。虽然我国采取了“占补平衡”的耕地保护政策，但“占补平衡”更多体现为数量上的平衡而非质量上的平衡。耕地“占补平衡”中的质量差异，既表现为“生地—熟地”差异，还表现为区域之间的生产效率差异。如果将粮食生产效率低的区域的土地指标用来补充高粮食生产效率区域的土地，实际上会造成粮食的减产。

从全国来看，以 2015 年为例，全国因土地整治、增减挂钩、工矿废弃地复垦、农业结构调整及其他方式新增耕地的质量平均为 9. 55 等，而全国因建设占用、灾害损毁、农业结构调整、生态退耕等原因减少耕地的质量平均为 8. 89 等，减少耕地质量平均等级比新增耕地质量的等级高 0. 66 等。

粮食高产区域耕地面积减少影响全省粮食生产。2017 年，四川粮食单产水平为 5 544. 98 千克/公顷，其中成都市、自贡市、攀枝花市、泸州市、德阳市、绵阳市、乐山市、眉山市、宜宾市、广安市、达州市和巴中市 12 个市粮食单产水平高于全省平均水平；广元市、遂宁市、内江市、南充市、雅安市、资阳市、阿坝州、甘孜州和凉山州 9 个市（州）粮食单产水平低于全省平均水平。从 2016 年到 2017 年，12 个粮食单产水平高于全省平均水平的市耕地面积减少了 388 580 公顷，若以其各自 2017 年粮食单产水平计算，相当于粮食隐性减产 221. 79 万吨；而 9 个粮食单产水平低于全省平均水平的市（州）耕地面积增加了 104 580 公顷，以其各自 2017 年粮食单产水平计算，相当于粮食隐性增产 51. 14 万吨。综合高单产区域的耕地减少和低单产区域的耕地增加，全省 2017 年因为不同单产水平的耕地变化带来的粮食隐性减产高达 170. 65 万吨。2016—2017 年，耕地面积变化最大的分别是巴中市减少 273 150 公顷、资阳市增加 107 740 公顷和成都市减少 112 550 公顷，而成都市和巴中市的粮食单产水平分别高于资阳市 1 112. 82 千克/公顷和 682. 94 千克/公顷。很显然，低产区域的耕地面积增加难以补偿高产区域的耕地面积减少带来的损失。如果考虑到各地的复种指数差异，这种影响可能进一步放大。

耕地占补平衡中，由于区域间土地生产率的差异影响粮食生产的典型例子是耕地占补均衡指标异地流转。目前耕地占补均衡指标易地流转已进入常态化，根据四川省自然资源厅“城乡建设用地增减挂钩节余指标流转平台”和“补充耕地指标异地流转”的信息，2017 年 9 月至 2019 年 4 月，共有 94 个城乡建设用地增减挂钩节余指标流转平台流转项目；2018 年 2 月至 2019 年 1 月，共有 108 个补充耕地指标异地流转项目。其中有 79 个项目属于跨市州城乡建设用地增减挂钩节余指标，涉及土地 18 983. 1781 亩，按照转入地和转出地 2017 年粮食单产水平衡量，隐性粮食减产达到 974. 80 吨；108 个补充耕地指标异地流转项目全部属于跨市州流转，涉及耕地面积 36 271. 3572 亩，按照转入地和转出地 2017 年粮食单产水平衡量，隐性粮食减产达到 543. 53 吨。2016 年 4 月，巴中市 300 公顷增减挂钩①节余指标跨市（州）流转②给了成都市，若这 300 公顷耕地全部用于粮食生产，按照 2017 年成都市粮食单产水平比巴中市高 429. 89 千克/公顷计算，相当于 2017 年隐性粮食减产 128. 97 吨。

第五，土壤对粮食生产适宜性降低。由于种粮效益相对较低，农户将耕地改种为非粮食作物后，引起土壤酸碱度、矿物质比例等发生变化，导致粮食作物的生产保障能力下降、适宜性降低。如目前部分地区大面积种植园艺水果，虽然地还是那块地，但由于长期种植果树，土地短期内难以改种粮食作物，即使改种了粮食作物，都存在粮食作物的适宜性降低，进而影响粮食生产能力的问题。

2. 耕地基础设施条件薄弱

建设“集中连片、旱涝保收、宜机作业、节水高效、稳产高产、生态友好”是高标准农田是提升耕地质量、保障粮食生产能力的重要条件。全省现有中低产田土 5 911 万亩，占耕地总面积 58%，特别是盆地丘陵和盆周山区，部分县（市、区）中低产田土高达 80%，农业机械化综合水平低于 40%，耕作栽培及田间管理相对困难，季节性干旱和水土流失并存。近 5 年新建的高标准农田平均每亩投入建设资金仅 1 758 元，投入及建设水平偏低，真正达到“水旱从人”的高标准农田占比极低，节水灌溉面积占耕地面积的比重仅为 25. 3%，低于全国平均水平 13 个百分点。与产业发展结合不完全紧密，高标准粮田的“非粮化”局部存在。冬春季节性、山坡地管理成本高与规模经营不善导致“撂荒”并存。现有建设标准及技术规范与新时期农业高质高效需求也不完全适应。农田基础设施建设的不足，叠加农机装备供给结构不合理等因素，导致农业机械化推进困难，从而影响粮食生产效率的提升。农田水利设施的薄弱还导致抵御自然灾害的能力不强，粮食生产受自然灾害影响较大。以 2016 年为例，作为一般干旱年，旱情本不严重，仅为轻度夏旱和轻度伏干旱，但由于农田水利设施建设不足，全省全年作物受旱面积 150 650 公顷，其中受灾面积 119 650 公顷、成灾 22 370 公顷，全年因旱损失粮食产量 15. 6 万吨，经济作物损失 2. 57 亿元。2019 年上半年，全省在田作物受旱面积 64 930 公顷，其中轻旱 43 950 公顷、重旱 15 530 公顷、干枯 5 440 公顷。

① 增减挂钩，简单来讲就是将农村建设用地与城镇建设用地直接挂钩，若农村整理复垦建设用地增加了耕地，城镇可对应增加相应面积建设用地。

② 四川省规定省内各市州、区县非农建设经批准占用耕地，可以在本行政区域外“跨市州”补充耕地履行占补平衡。

表 3　四川与全国耕地灌溉面积情况比较　（单位：万公顷，%）

年份	四川			全国		
	耕地面积	耕地灌溉面积	占比	耕地面积	耕地灌溉面积	占比
2010	672. 01	255. 31	38. 0	12 225. 9	6 034. 8	49. 4
2011	673. 56	260. 1	38. 6	12 259. 2	6 168. 2	50. 3
2012	673. 21	256. 62	38. 1	13 515. 9	6 249. 1	46. 2
2013	673. 48	261. 65	38. 9	13 516. 3	6 347. 3	47. 0
2014	673. 42	266. 63	39. 6	13 505. 7	6 454. 0	47. 8
2015	673. 14	273. 51	40. 6	13 499. 9	6 587. 3	48. 8
2016	673. 29	281. 36	41. 8	13 492. 1	6 714. 1	49. 8
2017	672. 52	287. 31	42. 7	13 488. 1	6 781. 6	50. 3
2018	672. 28	293. 25	43. 6	13 518. 9	6 853. 6	50. 7

数据来源：2012—2019 年《中国统计年鉴》，2019 年《四川统计年鉴》《2018 年国民经济和社会发展统计公报》《2018 年四川省国民经济和社会发展统计公报》，国家统计局四川调查总队。

（三）耕地环境安全形势严峻

1. 农业面源污染突出

四川农业生产对农业化学品投入依附度较高，常年化肥施用量达 240 万吨以上，农药用量达到 5 万吨左右。2020 年全省主要粮食作物的化肥利用率为 40. 1%、农药利用率为 40%，均低于全国 40. 2%和 40. 6%的平均水平，化肥、农药流失严重。根据第二次污染源普查结果，四川省农业废弃物资源化利用程度低，地膜使用量为 8. 58 万吨，累积残留量为 0. 63 万吨，回收率仅为 49. 3%，远远低于国家规定的 80%回收率。农膜（套袋）用量近 20 万吨，农药包装（袋/瓶）达到 1 万吨，由于未建立有效回收机制，废弃量达到 60%以上。

2. 土壤重金属污染严重

四川是西部重要的矿产区域，攀西地区、龙门山断裂带和川南地区均是多种金属元素的成矿带，导致这些区域成土母质重金属背景值高。加之 20 世纪 90 年代粗放型工业（乡镇企业）迅速发展，工矿区固体废物中较活泼的重金属等组分长期受雨水冲刷或淋溶，造成局部区域农田土壤被多种重金属污染。再加之土壤酸化越来越严重，土壤重金属活性越来越强，农产品产地土壤重金属污染风险在局部地区比较突出，已经制约了当地农业产业发展。

（四）种业核心竞争力不强

1. 种质资源保护和研究利用不够

目前全省各农业科研单位的种质资源均为分散、临时保管在自建、简陋的设施内，现有保存容量不足、覆盖面不广，温、湿度不能得到有效控制，无法达到中期保存粮食作物种质资源的目的，极易引起种子活力的丧失和遗传结构的改变，甚至造成基因资源丢失。四川省种质资源丰富，但开展深度鉴定、评价和利用的种质资源尚不足10%，收集的大部分种质资源尚未得到有效利用。

2. 突破性品种严重缺乏

四川省育种新材料选育动力不足，品种选育上基本是利用已有的亲本材料进行组配选育，在新亲本选育上，又大多利用现有的骨干亲本进行修饰改良育种，从而造成严重的品种同质化。尽管自2011年来在水稻育种新材料选育方面，培育了'川106A''雅恢2115'等一批优质育种新材料，配制了如'川优6203''宜香优2115'突破性新品种，但在育种基础新材料培育方面没有明显改观，大多育种单位受制于资金的限制，缺乏创新动力，仍然利用已有亲本采用广泛配组或采用修饰育种对亲本进行简单改良选育。2004年以前，全省年推广面积在100万亩以上的突破性水稻品种每年近10个，其中'冈优725''Ⅱ优838''冈优527''冈优22''Ⅱ优7号'等年推广面积每年近200万亩。2005年和2006年，年推广面积在100万亩以上的突破性水稻品种迅速下降至7个，2008年至今，年推广面积在100万亩以上的突破性水稻品种每年仅2~3个。玉米的情况更为严峻，2004年以前，全省年推广面积在100万亩以上的品种每年近10个，其中包括'川单15''川单21''成单14'等。2009年以来没有推广面积在100万亩以上的品种，2014年以来50万亩以上的品种仅有5个，2017年没有50万亩以上的品种。

3. 商业化育种创新能力弱

四川种子企业普遍规模小、实力弱，育种材料、人员和技术缺乏，近年来，育种创新能力虽有所提升，但代表企业核心竞争力的品种选育能力与其他省份仍存在很大差距。在数量上，以水稻品种选育为例，2011—2015年，企业通过省审品种数四川24个、广西87个、湖南89个、安徽61个，商业化育种指数四川34%、广西75%、湖南68%、安徽73%；企业通过国审品种数四川17个、广西2个、湖南17个、安徽20个，商业化育种指数四川32%、广西100%、湖南71%、安徽88%。2016—2019年，企业通过省审品种数四川20个、广西275个、湖南160个、安徽146个，商业化育种指数四川28%、广西82%、湖南89%、安徽85%；企业通过国审品种数四川58个、广西22个、湖南355个、安徽101个，商业化育种指数四川66%、广西100%、湖南100%、安徽90%。在质量上，2016—2019年企业通过省审的优质稻品种四川8个、湖南34个、广西167个，商业化育种指数四川36%、湖南89%、广西90%，在优质2级及以上高端优质品种选育上差距巨大，四川5个、湖南24个、广西88个。

4. 新品种的良种良法配套有待加强

当前适应现代麦类作物生产的栽培技术还不多，资源高效利用、环境安全和优质高效栽培技术亟待创新。一是共性栽培理论研究系统性和深度不够，需要由水肥及生长管理理论向整合多生态因素、提高光能与水肥利用效率和全程调控作物生长发育进程的方向发展，为建立精准高效生产技术体系提供理论支撑。二是栽培技术与现代粮食生产发展结合不够，传统栽培技术难以适应以全程机械化生产为基础、以新型农业经营主体和市场需求为导向的现代生产体系，需要通过茬口改革、品种配套、引进研发适宜四川省地形地貌的农业机械，创新完善周年可持续机械化生产技术，建立粮油作物机械化、标准化和规模化生产技术。三是四川丘区干旱、盆地湿害频发，冻害、高温逼熟时有发生，"阴雨寡日照"导致倒伏及穗发芽，需要创新适应逆境胁迫的栽培技术模式及其减损技术。

（五）粮食生产科技支撑能力不足

1. 农业科技创新与科技支撑能力不能满足粮食高产和稳产需求

目前四川粮食科技水平进步较慢，具有突破性意义的科技创新成果不多，科技成果转化机制不畅，特别是集科技创新、成果产业化于一体的成果转化机制探索不够，单产突破极为艰难。2019 年四川谷物单产水平比 2018 年反而下降了 4.6 千克/公顷。研究与应用表明，化肥对增产的贡献率达 35%左右，农药可挽回作物生产损失 10%～20%。2020 年四川省主要粮食作物的化肥利用率为 40.1%、农药利用率为 40%，均低于全国 40.2%和 40.6%的平均水平。从生产实际调研来看，部分作物和区域化肥、农药使用呈现出高投入、高损失、高需求的态势。四川省因项目和科技力量条块分割的原因，成果相对分散，科技成果链之间、生产技术链之间均存在衔接不紧密等问题突出，农业面源污染治理技术、重金属污染地修复与综合利用、耕地质量提升、农业废弃物资源化利用、标准化机械化耕作栽培绿色生产技术、重大自然和生物灾害绿色防控及绿色健康现代节水农业技术等粮食生产核心关键技术都有待突破。

2. 粮食科技生产应用能力弱化

一方面，由于农户户均经营耕地面积少、粮生产比较效益低，农户对农业新技术的需求主动性普遍不高，导致农业技术推广难；另一方面，粮食生产主体弱质化严重。据第三次全国农业普查数据显示，四川农业生产经营人员学历主要集中在小学和初中水平，农民受教育程度不高，同时四川农业生产经营人员受教育程度也明显低于全国水平，初中及以上学历人员占比为 41.9%，比全国该比例低 14.8%；而小学和未上过学的人员占比为 58.1%，比全国该比例高 14.7%。四川作为劳动力输出大省，流失大量文化、技术水平高的青壮年劳动力，只留下弱质劳动力从事农业生产，导致对新品种、新技术、农业机械等现代生产要素的接受和使用能力不足。

表 4 农业生产经营人员受教育程度构成情况

受教育程度	全国	四川省
未上过学	6.4%	9.0%
小学	37.0%	49.1%
初中	48.4%	36.7%
高中或中专	7.1%	4.3%
大专及以上	1.2%	0.9%

数据来源：全国第三次农业普查公报和四川省第三次全国农业普查公报。

（六）粮食生产效率和效益偏低

1. 粮食生产规模化程度不高、种植比较效益低下

生产成本不断快速上升与粮食价格持续低迷形成鲜明对比，粮食生产的微利性与增加农民收入矛盾更加突出，土地“非粮化”趋势加剧，“谁来种粮”的问题日趋严峻。同时，规模种粮扶持力度不够，新型经营主体培育明显滞后。2019 年，全省粮食适度规模经营 692.5 万亩，占粮食播栽面积的 7.3%，从事粮油产业的家庭农场有 6 900 家，占全省家庭农场总数的 16.9%，从事粮油产业的合作社有 6 680 家，占全省合作社总数的 7.5%，规模经营主体数量不足，烘干、仓储物流等产后服务能力薄弱，全产业社会化服务水平亟待提升。

2. 粮食仓储物流基础设施薄弱，粮食收后损失明显

四川农户历来有贮藏口粮和饲喂粮食的传统习惯，四川省粮食产量的 50%左右分散贮藏在农户家中，由于农户收后运输和储粮设施简陋、机械化程度较低，粮食收后运输、干燥和贮藏成为粮食安全保障的薄弱环节。四川省地貌类型多样，耕地主要分布在东部盆地和低山丘陵区，在道路条件较好的盆地，收获后主要采用农用运输车辆散装运输；在丘陵和山区道路条件差别大，即便进行机械化收获后，大多采用人工以编织袋、竹编箩兜等进行搬运，在运输环节，谷物袋装运输和散装运输损失率分别为 1%和 0.3%，主要是周转抛撒造成损失。在干燥环节，晾晒和机械烘干损失率分别为 1.5%和 0.5%，主要是四川粮食收获季节阴雨天气较多，干燥不及时造成。在贮藏环节，农户传统储粮、农户铁皮仓储粮和农户 PE 整体密封低氧仓储粮损失率分别为 8%、3.1%和 0.5%，主要是贮藏变质和虫害鼠害造成。

3. 粮食产品精深加工能力不足，品牌建设滞后

目前，全省粮食和物资储备局纳入统计的粮油加工企业有 866 个，区域分布不平衡、产业发展不平衡，缺乏经营规模大、品牌影响力和带动力强的本土核心龙头企业。粮油加工企业初加工多，精深加工少，高附加值、高科技含量的产品不多，商品率和精深加工率低。同时，品牌建设滞后，市场认知度高、影响力大的品牌少，缺乏区域

性知名公共品牌和叫得响的“川粮油”品牌带动。

五、四川实施“藏粮于地、藏粮于技”战略对策建议

（一）严守耕地保护红线，优先保障种粮用地

一是要坚决稳住耕地数量，必须加强土地的用途管制，严格管控土地的用途转化。落实最严格的耕地保护制度，严格永久性基本农田管理，坚决遏制耕地“非农化”、防止“非粮化”，确保粮食生产功能区范围内耕地数量不减少、质量不降低。对于确实因经济社会发展需要而转换土地用途、占用耕地的，必须落实好“以补定占、先补后占”的“占补平衡”补充耕地制度和“占优补优、占水田补水田”的耕地“占补平衡”责任。二是科学合理利用好耕地资源。粮食安全是国家安全的重要基础，必须把粮食生产摆在耕地利用的首位，把有限的耕地资源首先用于粮食生产，把最好的耕地优先用于粮食生产。统筹利用好农村撂荒耕地。三是开展耕地质量保护和提升。加大测土配方施肥、秸秆还田、增施有机肥、绿肥种植、绿色防控等技术推广力度，促进化肥农药减量增效，保护和提升耕地质量，努力实现农田排灌能力、农机作业能力、耕地生产能力“三力”提升，确保耕地持续、高效产出，稳定提升粮食产能。

（二）夯实粮食生产基础，建好高标准粮田

进一步加大高标准农田建设和投入力度。只有建好“粮田”才有“粮仓”，建设“集中连片、旱涝保收、宜机作业、节水高效、稳产高产、生态友好”的高标准农田是实施“藏粮于地、藏粮于技”战略的基础。以粮食生产功能区和重要农产品保护区划定为基础，依托不同类型区的国、省现代农业园区和《四川省高标准农田建设数据管理信息系统》，推动农科教紧密结合，强化“以产定田”原则，研究建立不同生态类型、不同生产目的专用化高标准农田标准及差异化的建设资金投入规范。以全省 90 个粮食生产重点县为主体，摸清粮田底数和建设潜能，根据地理条件、粮食作物生产需求，布局全省高标准农田建设。加大高标准农田投入，适度提高标准，鼓励支持粮食生产重点县提高粮田的基础设施建设配套水平，大规模开展田网、渠网、路网“三网”配套和耕地地力建设，积极推进机械化、规模化、标准化“三化”联动，提升粮田排灌能力、农机作业能力、耕地生产能力，稳定提升粮食产能。构建“高标准粮田+一般粮田+后备粮田”的粮田体系，在高标准农田建设的同时，抓好低产田的改造和后备粮田的储备。对于平常没有种粮，但可以经过改造、转产的耕地，应作为后备粮田，在需要转产种粮的时候迅速调整种植结构投入粮食生产。同时，研发建立适合农业高质高效的专用化高标准农田建设技术规范，按照农业生产不仅要求产出高产农产品，也要产出优质农产品，更要产出安全绿色化、功能化、强营养化可追溯的健康农产品要求，增加“本底清楚、资源高效、绿色生态、田园美化、配套完善、线上线下”等新的建设标准内容，修订建立保障农业高质高效的高标准农田建设技术规范。尽快发布

四川省高标准农田建设总体规划，指导县、市、区编制区域规划和建设实施方案。

（三）推进农业污染治理，强化耕地质量保护

强化污染治理、循环利用和生态保护，深入推进农业投入品减量化、生产清洁化、废弃物资源化、产业模式生态化发展，从源头上减少农业面源污染。大力发展测土配方施肥和农作物病虫害统防统治与全程绿色防控，切实加强秸秆、农膜废弃物资源化利用，实现农药、化肥、农膜使用量负增长。充分发挥国光、龙蟒大地、新都化工、四川美丰、金象赛瑞化工、宏达股份、台沃农业等上市农药、化肥企业在粮油投入品绿色减量发展的引领作用，创新“科研机构+农技推广+农资企业+社会化服务主体+基地（农户、新型主体）”模式，形成从科技研发、绿色农资开发、绿色减量技术推广一体化发展的新格局。积极开展涉镉等重金属污染治理，通过调改结合建设减少粮食产地污染示范区，降低农产品镉等重金属超标风险。加强耕地质量动态监测与评价，推进耕地质量监测点位涉农县（市、区）全覆盖，开展县域耕地质量等级评价。

（四）加强粮食科技创新，突破核心关键技术

粮食育种方面。第一是强化基础性公益性研究，重点加强育种理论方法和技术、分子生物技术、品种检测技术、种子生产加工和监测检验技术等基础性和重大基因挖掘与功能解析、重要性状形成的分子机制前沿原创性突破和应用技术性研究，以及常规作物育种、无性繁殖材料选育和转基因生物新品种培育等研究。第二是搭建全省南繁育种创新平台，高标准、高质量、高效率建设四川省海南南繁育种工程中心，充分发挥四川省农业科学院排头兵、主力军作用，立足全院搭建公共平台，统筹考虑服务全省科研院所和种业企业、辐射全国，将南繁育种工程中心建设成为全省种质创新、品种选育、成果转化、科技交流、人才培养的科研平台，成为四川省南繁育种科研面向全国、面向世界的窗口。第三是加强种质资源保护利用，加快推进全省种质资源普查工作，组织开展种质资源搜集、鉴定、保护、研究、评价和利用，建立完善种质资源保护体系建设。加快建设集收集保存、研究利用与科普展示“三位一体”的国际先进、国内一流的综合性种质资源库。设立种质资源专项，加强农畜种质资源基础理论、保护技术和开发利用研究。第四是建立健全商业化育种体系，强化市场主体培育，建立以企业为主体的品种创新体系。在政策、项目和服务上优先支持创新型企业发展，培育一批育繁推一体化种子企业；第五是持续推进种业基地建设，推动国家级杂交水稻制种基地、杂交玉米制种基地和特色优势农作物区域良繁基地、国家级畜禽核心育种场、国家级水产原良种场建设。

粮食生产技术方面。积极研发和推广能够节约劳动力的生产技术，主动适应当前农村劳动力大量转移、土地细碎化、商品化粮食生产主体由小农户向适度规模经营主体转变的农业生产经营实际，在轻简化栽培、中小规模田地农业机械化、农业信息化与智能化方面实现突破，推动新技术、先进模式在粮食产业的应用。

粮食减损技术方面。加强粮食收后减损各环节的研究，为各环节提供更好的技术和设备，特别是在干燥和贮藏环节，针对各地区不同经营规模的农户进行针对性的研究，进一步降低设施设备的成本，并能一机多用提高相关设备的使用率。

（五）提升粮食仓储加工物流水平，创新粮食配送模式

粮食仓储方面。进一步完善基础设施，新建、改造和提升一批仓储设施。继续实施农机化推进工程，加大对粮食烘干机购置和烘干场、库房建设的专项补助，推动社会化服务组织带动农户开展委托烘干。推动农户科学储粮专项建设，增强农户科学储粮意识，改善农户储粮设施和技术水平，为粮食贮藏提供更好的技术支撑。

粮食加工物流方面。第一是促进粮油加工企业提档升级，加快扶持一批优质特色粮食加工企业进行技术升级改造，扶持一批具有核心竞争力、行业带动能力的大型骨干加工企业和成长性好、特色鲜明的中小加工企业。第二是统筹推动粮食精深加工与初加工、综合利用加工协调发展，避免过度加工造成不必要的浪费；增加专用型、功能性食品有效供给；支持开发稻谷副产物等粮食精深加工产品。第三是支持大型加工企业完善散粮接收系统，提升散粮设施对接能力；应用现代化物流模式，发展多元化运输，完善产品配送系统；鼓励加工企业积极参与社会化、专业化分工，将物流业务外包给第三方物流企业。鼓励企业在粮食物流节点选用占地少、机械化和自动化程度高的快速中转新仓型，采用标准化、高效低耗新装备，提高粮食中转效率，减少粮食中转和运输损失。

（六）建立职业粮农队伍，增强科学种粮能力

粮食生产最终要靠人，实施“藏粮于地、藏粮于技”战略，必须以职业粮农为核心，积极培育多元化的粮食生产经营主体，积极推进粮食适度规模经营，加大对粮食生产主体的专项扶持，建立一支稳定的、具有现代粮食生产经营能力的现代化粮农队伍。一是要加强对职业粮农的培养。重点在当前仍然从事粮食生产的青年粮农中发掘培养一批职业粮农，加大种粮大户、家庭农场、专业合作社、龙头企业等新型经营主体和社会化服务主体培育力度，重点培育一批服务功能齐全、经济实力较强、运行管理规范、具有自主服务品牌的粮食生产专业化服务企业或组织，不断提高粮食产业社会化服务水平。支持和鼓励粮食生产新型经营主体或社会化服务组织主动对接小农户，通过社会化服务或托管代种等形式带动小农户发展，实现小农户与现代粮食产业有效对接。二是开展职业粮农专项培训。目前新型经营主体、职业经理人等各类农民培训项目很多，但专门针对粮食生产的专项培训不足。应该在粮食生产技术、粮食政策支持等方面开展专项粮农培训。三是加大对职业粮农的专项扶持和补贴。如在农业适度规模经营补贴方面向职业粮农倾斜；探索以粮食生产面积或产量为依据，对职业粮农购买社会养老保险进行补贴。四是从粮食价格和农业保险两个方面稳定种粮收益，提高种粮意愿，确保种粮农民不吃亏。“谁来种粮”问题的核心是收入问题，当前粮食种植收益明显低于非粮经济作物收益，只要收入有保障，农民自然就愿意种粮。

（七）完善政策扶持体系，提升粮食生产积极性

建立健全粮食产业发展的政策支持体系，完善和落实粮食补贴政策，新增粮食补贴向主产区和主产县倾斜、向新型经营农业经营主体倾斜。培育扶强加工龙头，整合提升粮油产品区域品牌，促进生产、加工、品牌等产业链条融合发展。现有高标准农田、大中型灌区续建配套及节水改造等农业基础设施建设投资要积极向粮食生产功能区倾斜，率先在粮食生产功能区范围内建立以绿色生态为导向的农业补贴政策，采取财政扶持、信贷支持，鼓励新型农业经营主体开展合作式、订单式、托管式等粮食生产经营服务模式，发展社会化服务。创新金融支持政策，鼓励金融机构完善信贷管理机制，创新金融支农产品和服务，拓宽抵质押物范围，探索开展粮食生产规模经营主体营销贷款试点，加大信贷支持。除此之外，还要发挥政策的指挥棒作用，健全监督考核机制，压实“粮袋子”行政首长责任制，将粮食生产作为一项政治任务来抓。

参考文献

杜兴端，吕火明，2019. 四川农业高质量发展现状、挑战与建议［J］. 四川农业科技（12）：5-8.

郭晓鸣，2015. 新常态下四川“三农”发展形势研判及应对［J］. 农村经济（8）：3-9.

胡岳岷，刘元胜，2013. 中国粮食安全：价值维度与战略选择［J］. 经济学家（5）：50-56.

李晓，赵颖文，杜兴端，2017. 强化科技引领　实现产业兴旺［J］. 四川农业科技（12）：5-7.

廖敏，张勍，杨建国，等，2018. 科技创新引领四川农机化供给侧结构性改革研究［J］. 西南大学学报（自然科学版），40（12）：1-6.

农业农村部耕地质量监测保护中心，2019. 国家耕地质量长期定位监测评价报告（2018 年度）［M］. 北京：中国农业出版社.

彭水洪，2012. 建设高标准农田 为确保粮食安全提供支撑［J］. 中国农业信息（22）：3-5.

汪希成，彭来仪，2021. 四川省粮食高质量保供面临的挑战与对策建议［J］. 粮食问题研究（2）：24-27.

易文裕，程方平，卢营蓬，等，2020. 四川粮食收后减损技术模式探讨［J］. 南方农机（12）：3-6.

祝娜，杜兴端，2019. 农业科技支撑产业扶贫：机理、问题与对策［J］. 四川农业科技（8）：71-73.

第二部分

专题报告

四川省耕地资源态势及持续利用对策研究报告

黄　平　张治会　杨　健　张塬烽　蒋梓淳　张　珣　李梦颖

（四川省农业科学院遥感与数字农业研究所，四川　成都　610066）

摘　要：耕地是土地资源中最珍贵的部分，是人类社会食物的主要来源地。四川省是我国重要的粮油生产基地，也是典型的农业和人口大省，人地矛盾尖锐。人均耕地已由解放初期的0.107公顷下降到目前的0.069公顷，低于全国平均水平，也低于联合国粮农组织（FAO）所确定的人均耕地警戒线，四川省每年粮食总产量3 500万吨，但粮食消费量5 000万吨以上，四川省从以前的粮食输出大省转变为粮食输入大省，粮食安全形势相当严峻。四川作为西南地区的粮食主产省，确保省内粮食总量平衡、实现基本自给，是四川作为粮食主产省的责任担当。2004—2013年，四川省耕地面积稳中有升，无大幅波动，2014年大幅增加至673.40万公顷，增幅达68.33%，耕地增加较多的是以山地、丘陵为主的市（州），目前，四川省耕地面积稳定在672.28万公顷左右；四川省农作物总播种面积总体较为稳定，2014年四川省耕地面积剧增，但农作物总播种面积省域尺度并无明显变化，市域尺度农作物播种面积减少的有5个市（州），主要集中分布于成都平原及周边地市；粮食播种面积总体趋势较为稳定，播种面积减少较多的区域为成都市、眉山市等5市，增加幅度较大的为广元市、泸州市、攀枝花市等，其他地市均增加，但变动幅度在10个百分点之内。四川省应当采取“长牙齿”的硬措施，落实最严格的耕地保护制度，加强对耕地资源的法制监管力度，协调土地利用与生态建设，以市场为导向，科学管理耕地资源，加快耕地资源管理信息化建设，建立耕地非农监测与预警系统，保证耕地数量不减少是粮食安全的首要途径。

关键词：四川省；耕地资源；持续利用；耕地面积；粮食产量

引言

耕地是土地资源中最珍贵的部分，是人类社会食物的主要来源地，我国居民生命中所需的80%以上的热量、70%以上的蛋白质源于耕地，90%以上的肉、蛋、奶是由耕地生产的农副产品提供。四川省位于我国西南腹地，长江流域上游地区，是长江流域生态环境脆弱区之一，自然灾害频繁，人地矛盾尖锐，土地资源承载的压力巨大，国土面积约占全国5.05%，仅次于新疆、西藏、内蒙古和青海等省（区），人口位居西部第一，全国第五，是典型的农业和人口大省。四川粮食产量历来是我国重要的粮油生产基地。四川山地、丘陵面积大（约占90.0%以上），平原面积小（约仅占5.3%），四川省的耕地中，坡耕地约占耕地总面积的83.07%，平坝耕地仅占16.93%。四川也是长江上游最主要的侵蚀区，是西部和长江上游最主要的农业大省，近年来在自然和人为因素的综合影响下，全省非农占地、自然灾害和水土流失相当严重，人均耕地已由解放初期的0.107公顷下降到目前的0.069公顷，低于全国平均水平，也低于联合国粮农组织（FAO）所确定的人均耕地为0.08公顷的警戒线，形势相当严峻。同时，耕地后备资源相当匮乏，未利用土地利用难度较大，荒草地可开垦为耕地的不多，且多分布于气候、土质、交通条件较差、开垦困难的川西南山地和川西北高原等边远山区；盆地区基本无可开垦荒地；其他盐碱地、沼泽地、沙地、裸土地等可利用土地在目前经济技术水平下难以有效利用，如何实现四川省耕地资源的可持续利用，保障国家粮食安全，已经成为当前予待解决的重大问题。

一、四川省耕地资源基本情况

习近平总书记高度重视粮食安全问题，在2020年12月中央农村工作会议上，又一次强调要牢牢把住粮食安全主动权，粮食生产年年要抓紧。2020年11月国务院办公厅印发了《关于防止耕地“非粮化”稳定粮食生产的意见》，明确坚决防止耕地“非粮化”倾向，切实稳定粮食生产，牢牢守住国家粮食安全的生命线。2021年中央一号文件规定，要提升粮食供给保障能力，“十四五”时期各省要稳定粮食播种面积、提高单产水平。目前，四川省人均耕地面积比全国平均水平低，每年粮食总产量3 500万吨，但粮食消费量5 000万吨以上，从以前的粮食输出大省转变为粮食输入大省，每年需从外调入粮食1 800万吨左右。四川作为西南地区的粮食主产省，确保省内粮食总量平衡、实现基本自给，是四川作为粮食主产省的责任担当。因此，四川省委、省政府始终坚持将粮食安全工作放在经济社会发展的首要位置，强化统筹协调、周密安排部署，明确今年要确保全省粮食播种面积只增不减，牢牢把握粮食安全主动权。2018年在全国13个粮食主产区中，耕地面积最多的是黑龙江省，为1 584.4万公顷，也是粮食产量最大的省份，为7 506.8万吨（表1）。四川省耕地面积为672.28万公顷，排名第5；粮食产量3 493.7万吨，排名第9。四川省农作物播种面积为961.53万公顷，粮食播种面积为626.56万公顷，占比农作物播种面积65.16%，在全国13个粮食主产区中，粮食播种面积占农作物总播种面积的排名，四川省位列第10，表明四川省耕地非粮化倾向相较其他省份严重。

表 1　2018 年全国 13 个粮食主产区耕地面积与粮食产量*

（单位：万公顷、万吨、%）

地区	耕地面积	农作物总播种面积	粮食播种面积	粮食产量	复种指数	粮食播种面积占农作物总播种面积比率
河北	652.35	819.71	653.87	3 700.6	125.65	79.77
内蒙古	927.2	882.41	678.99	3 553.3	95.17	76.95
辽宁	496.8	420.71	348.4	2 192.4	84.68	82.81
吉林	608.58	608.09	559.97	3 632.7	99.92	92.09
黑龙江	1 584.4	1 467.33	1 421.45	7 506.8	92.61	96.87
江苏	459.6	752.02	547.59	3 660.3	163.62	72.82
安徽	588.59	877.11	731.63	4 007.3	149.02	83.41
江西	307.57	555.58	372.13	2 190.7	180.64	66.98
山东	757.25	1 107.68	840.48	5 319.5	146.28	75.88
河南	815.83	1 478.34	1 090.61	6 648.9	181.21	73.77
湖北	523.54	795.29	484.7	2 839.5	151.91	60.95
湖南	415.54	811.11	474.79	3 022.9	195.19	58.54
四川	672.28	961.53	626.56	3 493.7	143.03	65.16

* 数据来源于各省、自治区统计年鉴，江苏省数据来源于江苏省统计局《数说江苏 70 年：生态文明建设成果显著 高质量发展底色更绿》，江西省数据来源于江西省统计局《七十年日新月异，“三农”发展成效显著——新中国成立 70 周年江西经济社会发展成就回顾系列报告之十一》，农作物总播种面积、粮食播种面积、粮食产量数据来源于《中国统计年鉴》，其他数据经整理计算获得。

从四川省市域尺度现状看，2018 年全省耕地面积排名前三的市（州）分别是达州市 551 020 公顷、南充市 534 150 公顷、成都市 523 150 公顷。通过 2018 年全省耕地分布情况可以发现，耕地较多的主要在川东北和川东南山地与丘陵地区（图 1）。四川省粮食产量排名前三的市（州）分别为达州市 317.10 万吨、南充市 307.10 万吨、宜宾市 253.30 万吨。四川省各市（州）2018 年粮食产量情况现状图可以发现，粮食产量与耕地数量高度正相关，产量高的市（州）分布在川东北与川南的山地、丘陵地区（图 2）。因此，在目前科技水平和转化现状条件下，保证耕地数量不减是粮食安全的首要途径。

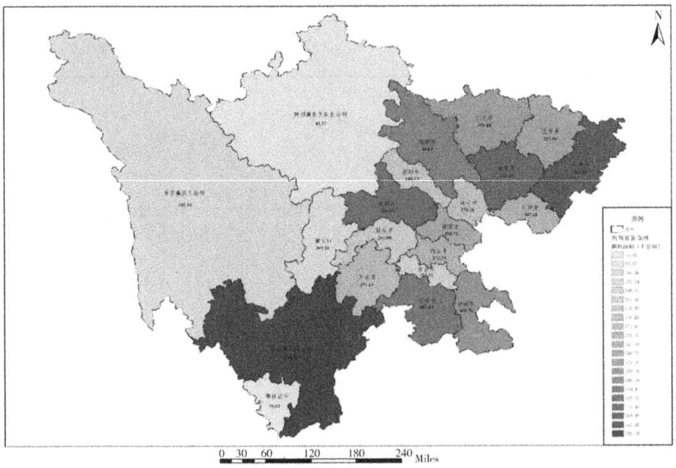

图1　2018年四川省各市（州）耕地面积现状

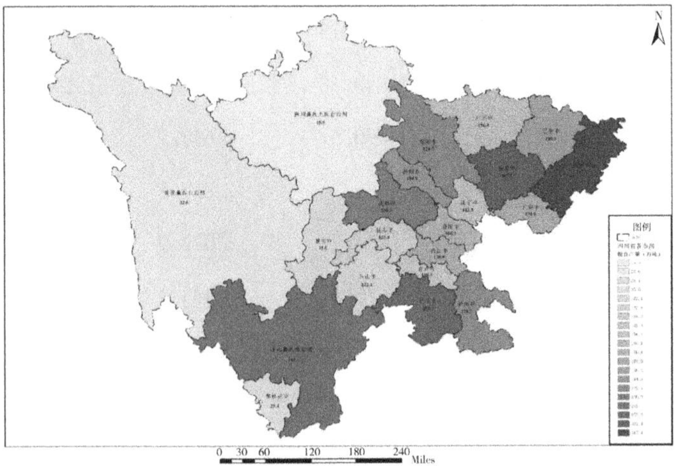

图2　2018年四川省各市（州）粮食产量现状

二、四川省土地资源存在的问题

（一）四川省耕地资源利用变化趋势分析

结合表2及图3可以发现，四川省耕地面积1952—1957年有小幅增长，1957—2003年呈逐年下降趋势，由1957年的569.13万公顷下降到2003年的390.37万公顷，降幅31.4%。

表2　四川省耕地及农作物总播种面积变动趋势*　　（单位：万公顷）

年份	耕地面积	农作物总播种面积	复种指数
1952	547.85	827.66	151.07%

（续表）

年份	耕地面积	农作物总播种面积	复种指数
1957	569. 13	967. 20	169. 94%
1962	510. 07	805. 65	157. 95%
1970	510. 66	819. 65	160. 51%
1975	487. 21	903. 94	185. 53%
1978	490. 91	885. 91	180. 46%
1980	487. 16	861. 90	176. 92%
1985	474. 12	855. 80	180. 50%
1990	464. 71	905. 00	194. 75%
1991	463. 23	920. 70	198. 76%
1992	461. 19	921. 90	199. 90%
1993	459. 38	915. 20	199. 23%
1994	457. 59	916. 40	200. 27%
1995	456. 04	930. 24	203. 98%
1996	454. 31	940. 08	206. 92%
1997	451. 99	949. 75	210. 13%
1998	449. 49	971. 44	216. 12%
1999	445. 47	941. 77	211. 41%
2000	434. 61	960. 91	221. 10%
2001	428. 44	949. 17	221. 54%
2002	405. 99	934. 41	230. 16%
2003	390. 37	908. 50	232. 73%
2004	390. 44	924. 44	236. 77%
2005	390. 60	941. 69	241. 09%
2006	391. 66	953. 08	243. 34%
2007	394. 59	925. 44	234. 53%
2008	395. 95	929. 47	234. 74%
2009	397. 61	915. 78	230. 32%
2010	401. 07	915. 85	228. 35%
2011	398. 34	921. 54	231. 35%
2012	399. 15	931. 96	233. 49%
2013	399. 38	931. 17	233. 15%

（续表）

年份	耕地面积	农作物总播种面积	复种指数
2014	673. 40*	937. 77	139. 26%
2015	673. 10	945. 11	140. 41%
2016	673. 30	949. 38	141. 00%
2017	672. 59	957. 51	142. 36%
2018	672. 28	961. 64	143. 04%

*耕地面积、农作物总播种面积数据来源于《四川统计年鉴》，复种指数经计算得出。

*2014 年大量整理土地集中入库，耕地面积大量增加。

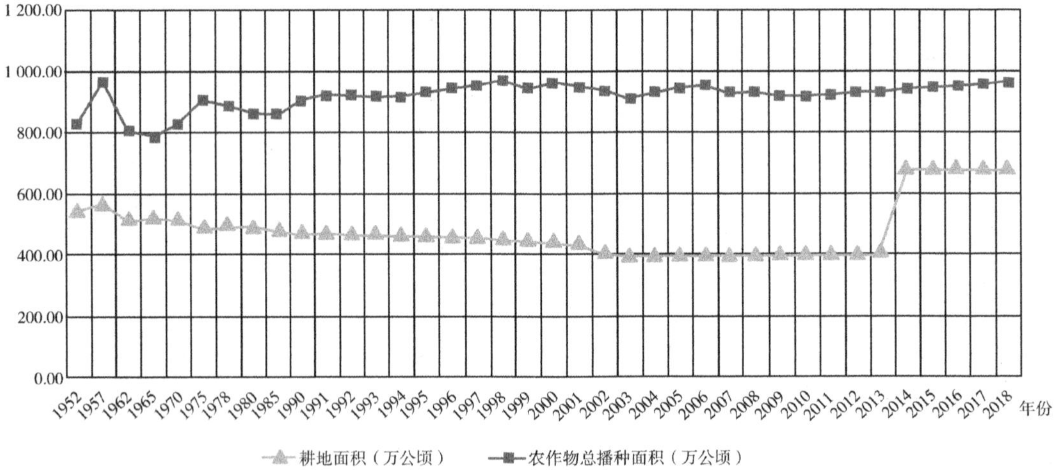

图 3　四川省耕地及农作物总播种面积变动趋势

2004—2013 年无大幅波动，在 390. 37 万～401. 7 万公顷区间波动。在 2014 年，四川省耕地面积大幅增加至 673. 40 万公顷，增幅达 68. 33%，到 2018 年无明显变化，耕地面积稳定在 672. 28 万公顷。四川省农作物总播种面积整体历史变化较为稳定，波动最大的是 1952—1970 年，经过 1952—1957 年的大幅增长至峰值后，到 1965 年，其间不仅没有稳定增长反而陡降至期初值以下。1990 年农作物总播种面积恢复至 900 万公顷以上，2009—2018 年再无下降趋势，但值得注意的是，2014 年四川省耕地面积剧增，农作物总播种面积却无明显变化。结合表 3 及图 4 可以发现，四川省粮食播种面积总体呈现出下降趋势，粮食播种面积的峰值出现在 1957 年 784. 90 万公顷，谷值出现在 2003 年 608. 80 万公顷，在 2009 年至 2018 年显现出较为稳定的发展态势。同期四川省粮食产量与粮食播种面积产生阶段性同频波动，但波幅远大于粮食播种面积的波幅，并且粮食产量的整体呈上涨趋势，峰值出现在 1999 年 3 668. 40 万吨，后经两次波动，至 2006 年出现阶段性谷值 2 859. 80 万吨，随后 2007 年至 2018 年恢复上升趋势。

表 3　四川省粮食播种面积及粮食生产变动趋势*

（单位：万公顷、万吨）

年份	粮食播种面积	粮食产量
1952	686. 30	1 170. 10
1957	784. 90	1 531. 00
1962	676. 70	1 054. 70
1965	622. 50	1 489. 40
1970	674. 80	1 756. 10
1975	728. 90	1 976. 80
1978	744. 10	2 381. 80
1980	746. 10	2 599. 70
1985	663. 60	2 875. 10
1990	698. 50	3 269. 20
1991	704. 80	3 315. 20
1992	702. 90	3 371. 30
1993	705. 00	3 174. 80
1994	701. 50	3 098. 80
1995	705. 50	3 395. 30
1996	713. 80	3 483. 10
1997	721. 10	3 554. 40
1998	733. 80	3 626. 30
1999	729. 70	3 668. 40
2000	685. 40	3 568. 50
2001	662. 69	3 056. 50
2002	642. 50	3 275. 20
2003	608. 80	3 183. 30
2004	633. 33	3 325. 50
2005	650. 16	3 409. 20
2006	644. 90	2 859. 80
2007	643. 46	3 032. 70
2008	640. 88	3 111. 00
2009	621. 30	3 120. 40
2010	619. 51	3 182. 80

（续表）

年份	粮食播种面积	粮食产量
2011	619.67	3 249.50
2012	625.56	3 271.30
2013	626.99	3 336.10
2014	624.96	3 324.60
2015	628.61	3 394.60
2016	629.13	3 469.90
2017	629.20	3 488.90
2018	626.56	3 493.70

* 粮食播种面积、粮食产量数据来源于《四川统计年鉴》。

图 4　四川省粮食播种面积及粮食产量变动趋势

（二）四川省分市（州）耕地资源利用变动趋势分析

1. 四川省分市（州）耕地动态变化趋势

2009—2018 年，四川全省耕地呈增加趋势。以 2014 年为分水岭，2009—2014 年，四川省 21 市（州）除成都缓慢下降之外，其余地市（州）均呈缓慢上升趋势。2015 年 21 地市（州）出现直线拉升，退耕还林还草和土地整理成果开始上图入库，各地市（州）耕地面积大幅度上升，增加最多的为巴中市、广元市和宜宾市，分别增加 114.41%、112.84%、100.32%，资阳市和甘孜藏族自治州增加较少，分别增加 18.75%和 12.70%，2016 年至 2018 年除成都、资阳、巴中有较小幅度波动外，其他城市维持平稳无显著变化（详见表4），增幅达50%以上的市（州）有15个，耕地增加较多的是以山地、丘陵为主的市（州）（图5）。

表4 2009年至2018年耕地动态趋势[*]（单位：×1 000公顷，%）

年份	2009	2010	2011	2012	2013	2014	2015	2016	2017	2018	变化率
成都市	335	357	326	324	322	319	422	530	417	523	46.73
泸州市	210	209	210	210	211	211	411	412	411	411	96.10
绵阳市	280	281	282	282	282	282	445	444	444	444	58.28
广元市	166	166	167	169	169	169	353	354	353	353	112.84
南充市	300	301	302	302	302	303	535	535	534	534	77.62
宜宾市	244	243	243	243	242	242	488	488	488	488	100.32
广安市	169	173	173	173	173	173	308	308	308	308	77.40
达州市	294	301	302	304	306	307	550	551	551	551	82.91
巴中市	153	153	153	152	153	155	325	326	53	328	114.41
资阳市	273	270	269	268	269	268	431	321	428	321	18.75
凉山州	347	351	352	355	356	357	581	579	579	580	64.99
自贡市	134	135	136	137	138	139	216	217	217	216	60.66
攀枝花市	40	40	41	41	41	41	75	75	76	75	87.39
德阳市	186	185	185	185	185	184	250	249	249	248	34.13
遂宁市	154	155	154	154	154	154	271	271	270	270	74.83
内江市	165	164	164	164	165	165	275	274	274	274	66.53
乐山市	151	150	150	150	150	149	273	273	272	272	80.82
眉山市	171	171	171	171	171	171	242	242	241	241	40.81
雅安市	55	55	56	56	56	55	101	101	101	101	85.32
阿坝州	60	60	59	60	60	60	84	84	84	83	39.74
甘孜州	91	91	90	90	90	90	103	103	103	102	12.70

[*] 耕地面积数据来源于《四川统计年鉴》。

2. 四川省分市（州）农作物总播种面积变动趋势

2010—2018年，全省21个市（州）农作物总播种面积与耕地面积变动趋势形成对比，虽然耕地面积发生较大波动，但总体上播种面积却相对稳定（见表5，图6），全省21个市（州）农作物总播种面积增加的有16个市（州），增幅最大的为绵阳市、达州市、德阳市，增幅分别为26.8%、21.83%、20.7%。播种面积减少的有5个市（州），主要集中分布于成都平原及周边（详见图7），成都市播种面积减少最为显著，

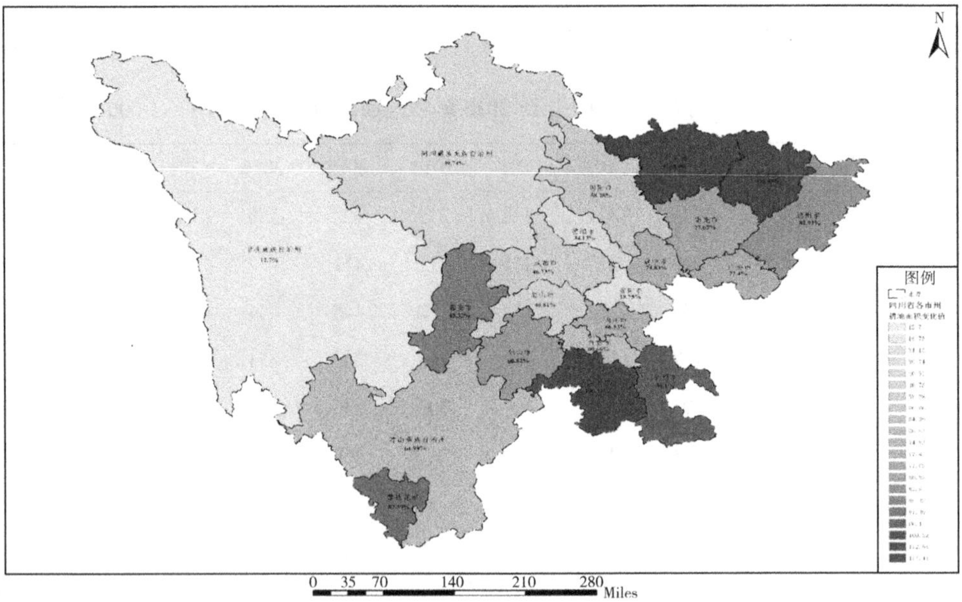

图 5　2009 年至 2018 年各市（州）耕地变化趋势

减少 10.27%，其次是眉山市，减少 7.61%，雅安市和内江市分别减少 4.26%和 4.4%，自贡市减少 0.41 个百分点。

表 5　2010 年至 2018 年农作物总播种面积变动态趋势*

（单位：×1 000 公顷，%）

年份	2010	2011	2012	2013	2014	2015	2016	2017	2018	变化率
成都市	823.97	806.83	792.89	778.72	753.26	740.23	728.48	730.99	739.32	-10.27
泸州市	499.15	515.45	524.37	525.98	524.46	527.03	528.62	541.29	540.67	8.32
德阳市	375.95	477.09	478.75	480.07	479.35	478.52	476.48	477.25	476.72	26.80
绵阳市	653.37	656.76	660.81	662.10	660.19	662.20	659.14	660.18	661.96	1.31
广元市	433.95	444.94	457.28	469.32	477.02	486.49	493.08	495.44	498.6	14.90
内江市	413.79	416.98	429.47	438.82	444.06	455.93	464.66	476.73	478.15	15.55
南充市	872.59	878.49	886.86	886.29	883.35	883.86	882.12	885.32	888.87	1.87
宜宾市	485.89	496.01	513.47	529.1	545.34	566.72	585.37	589.39	591.97	21.83
广安市	397.19	396.99	399.36	400.44	400.29	402.54	405.29	406.71	406.27	2.29
达州市	773.36	776.89	787.27	794.62	796.59	802.54	807.23	809.52	810.29	4.78
巴中市	457.50	463.62	462.62	477.44	480.73	485.96	489.17	500.52	508.33	11.11
资阳市	519.38	520.52	523.91	522.21	518.18	516.99	513.65	516.39	517.27	-0.41
凉山州	658.81	672.09	691.69	701.5	709.52	724.41	735.81	741.76	737.86	12.00
自贡市	303.57	309.49	316.81	323.93	332.52	342.53	352.49	362.65	366.41	20.70

（续表）

年份	2010	2011	2012	2013	2014	2015	2016	2017	2018	变化率
攀枝花市	63.37	65.10	66.34	67.51	67.97	69.17	70.81	70.21	71.41	12.69
遂宁市	404.82	402.49	402.26	398.75	396.66	395.03	387.62	387.71	387	-4.40
乐山市	317.28	321.49	325.11	327.13	328.8	331.75	335.87	338.55	340.79	7.41
眉山市	340.45	331.81	325.25	320.88	316.82	314.31	310.52	313.4	314.55	-7.61
雅安市	121.13	117.4	118.4	118.32	117.46	115.9	115.74	115.61	115.97	-4.26
阿坝州	66.32	67	67.13	68.28	66.89	68.35	69.76	69.77	74.09	11.72
甘孜州	76.87	77.97	79.2	80.26	79.22	80.61	81.95	85.69	88.9	15.65

* 农作物总播种面积数据来源于《四川统计年鉴》。

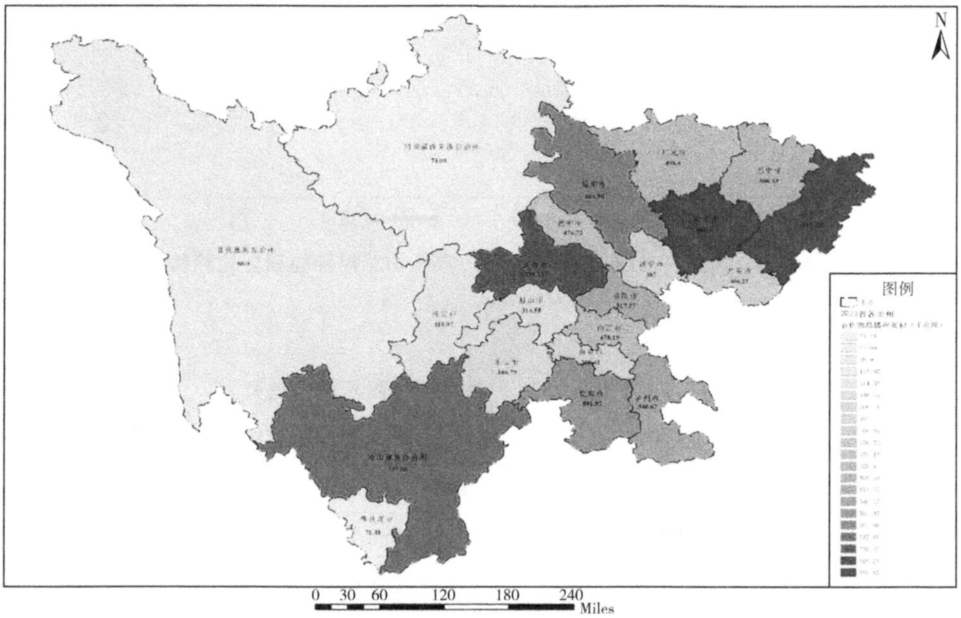

图6　2018年各市（州）农作物总播种面积

3. 四川省分市（州）粮食播种面积变动趋势

2010—2018年，全省21个市（州）粮食播种面积增减幅度较大的年份为2014年和2016年、2017年，2014年减幅最大的是南充市（-45.58%），其次是眉山市（-22.22%），2015年两市粮食播种面积几乎恢复到以前水平。2016年成都市粮食播种面积陡增39.80%，后在第二年下降至增长前状态。2017年，眉山粮食播种面积减少34.52%。总体趋势来看，21地市（州）播种面积减少较多的区域为成都市（-14.50%）、广安市（-13.82%）眉山市（-33.23%）、雅安市（-38.47%）、资阳市（-34.10%），增加幅度较大的为广元市（24.33%）、泸州市（11.76%）、攀枝花市（16.55%），其他地市均增加，但变动幅度不大，都在10个百分点之内（表6）。

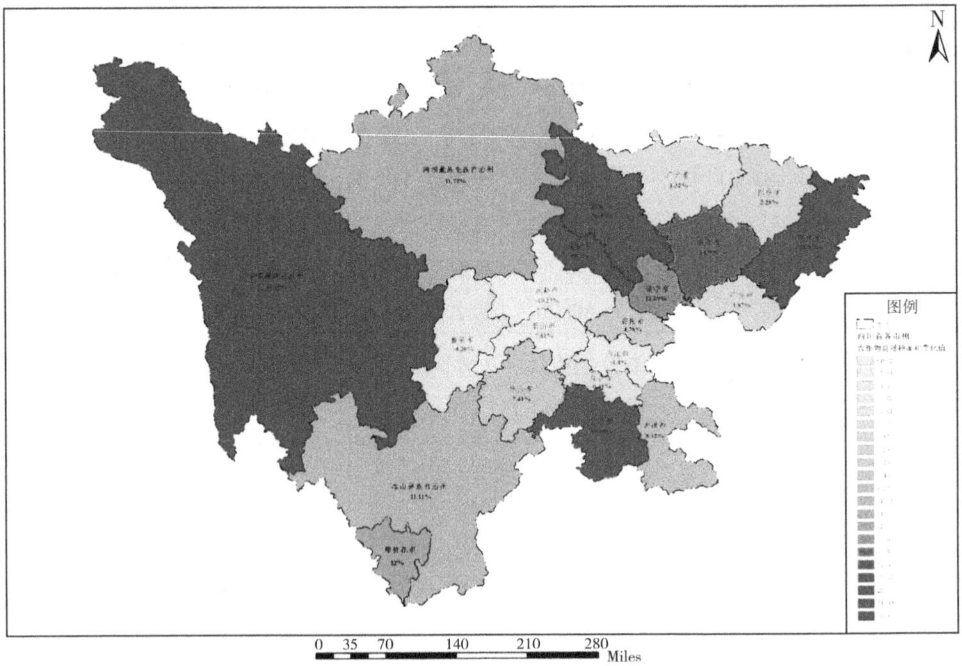

图7　2010—2018年各市（州）农作物总播种面积变化趋势

表6　2010年至2018年粮食播种面积动态趋势*

（单位：×1 000公顷，%）

年份	2010	2011	2012	2013	2014	2015	2016	2017	2018	变化率
成都市	448	426.8	409.4	397.6	382.65	365.73	511.3	385.76	383.05	-14.50
泸州市	353.4	356.8	362.9	366.5	370.9	370.69	369.9	396.15	394.96	11.76
德阳市	292.6	293.6	294.9	301.1	301.48	302.22	302.3	312.82	311.3	6.39
绵阳市	406.3	409.7	412	420.2	418.8	419.76	420.4	401.81	400.2	-1.50
广元市	250.4	253.9	256.2	258.5	259.89	263.24	264.7	312.82	311.31	24.33
内江市	299.9	303.4	305.6	305.3	307.5	308.07	308.7	309.13	308.61	2.90
南充市	545	552.5	559.5	565	307.5	572.47	573.9	561.39	559.25	2.61
宜宾市	383.3	388	388	387.7	389.23	392.02	391.7	423.31	421.54	9.98
达州市	527	534.6	538.3	546.7	550.05	554.97	557.6	557.83	555.08	5.33
巴中市	307.7	311.8	314.6	314.2	316	318.79	320.6	339.35	338.32	9.95
资阳市	510	508.8	511.4	512	512.68	512.02	348.7	337.71	336.09	-34.10
凉山州	455.3	462.8	466.7	462	463.82	472.13	476.5	523.06	520.53	14.33

（续表）

年份	2010	2011	2012	2013	2014	2015	2016	2017	2018	变化率
自贡市	209.7	213	215	214.2	215.19	216.62	217.1	229.76	229.29	9.34
攀枝花市	38.5	39	39.6	40.1	41.04	41.66	42.5	45.05	44.87	16.55
遂宁市	292.5	295	297.3	297.9	299.21	299.52	301.2	269.86	268.8	-8.10
乐山市	228.9	226.8	228.1	229.5	229.21	231.58	231.7	218.16	217.69	-4.90
眉山市	291.2	293.2	294.5	295.7	229.98	297.04	298	195.14	194.43	-33.23
广安市	330.4	333.7	336	337.5	339.59	340.99	342.5	286.16	284.75	-13.82
雅安市	112.2	113	113.1	111.6	111.82	110.5	110.7	69.39	69.04	-38.47
阿坝州	51.2	51.6	52.4	52.6	53.7	52.6	51	47.98	47.74	-6.76
甘孜州	67.8	68.9	69.9	70.7	71.28	72.14	71.8	69.37	68.81	1.49

*粮食播种面积数据来源于《四川统计年鉴》。

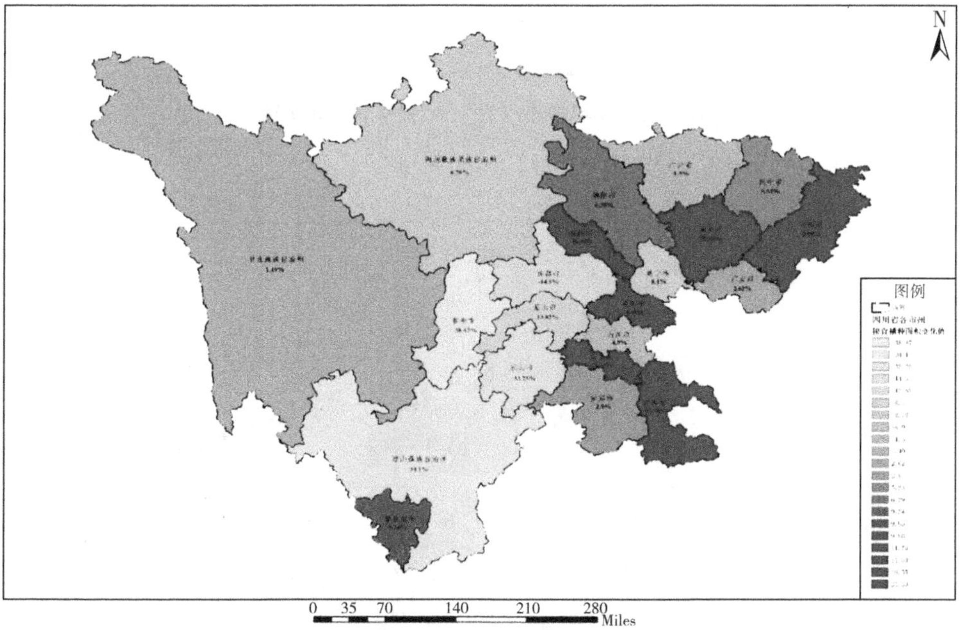

图 8　2010—2018 年各市（州）粮食播种面积变化趋势

2010—2018 年，全省 21 个市（州）粮食播种面积减少的有 9 个市（州）（图 9），其中减幅最大的三个市（州）分别为雅安市（−38.47%）、资阳市(−34.1%)。资阳市（−34.10%），增幅最大的三个市（州）分别为南充市（24.33%）、攀枝花（16.55%）、凉山彝族自治州（14.33%）。

2018 年年底粮食播种面积排名前三的分别为南充市 559 250 公顷、达州市 555 080 公顷、凉山彝族自治州 520 530 公顷（见图 10）。

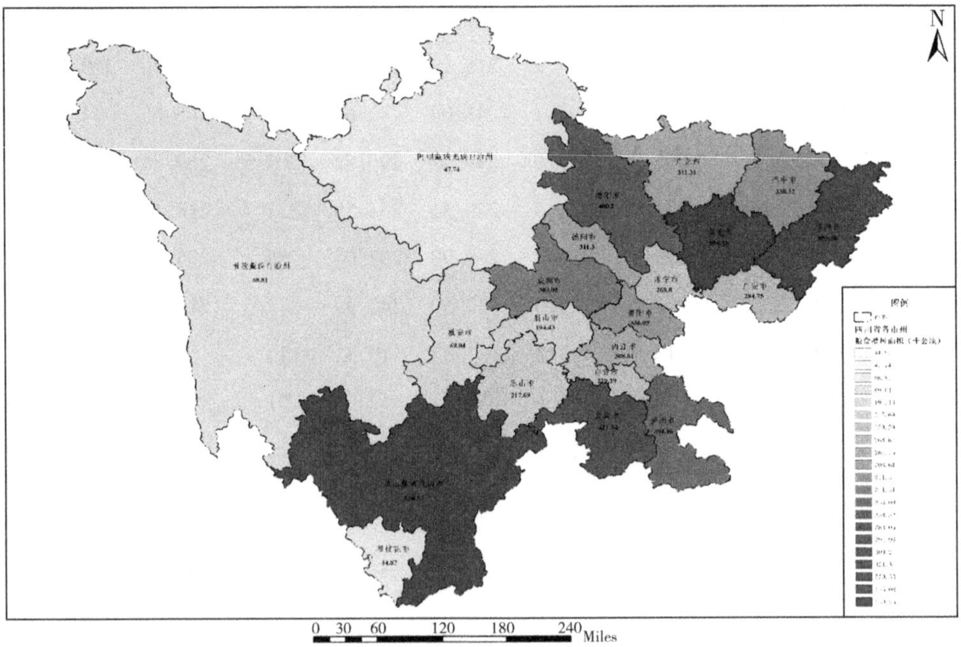

图 9　2018 年各市（州）粮食播种面积现状

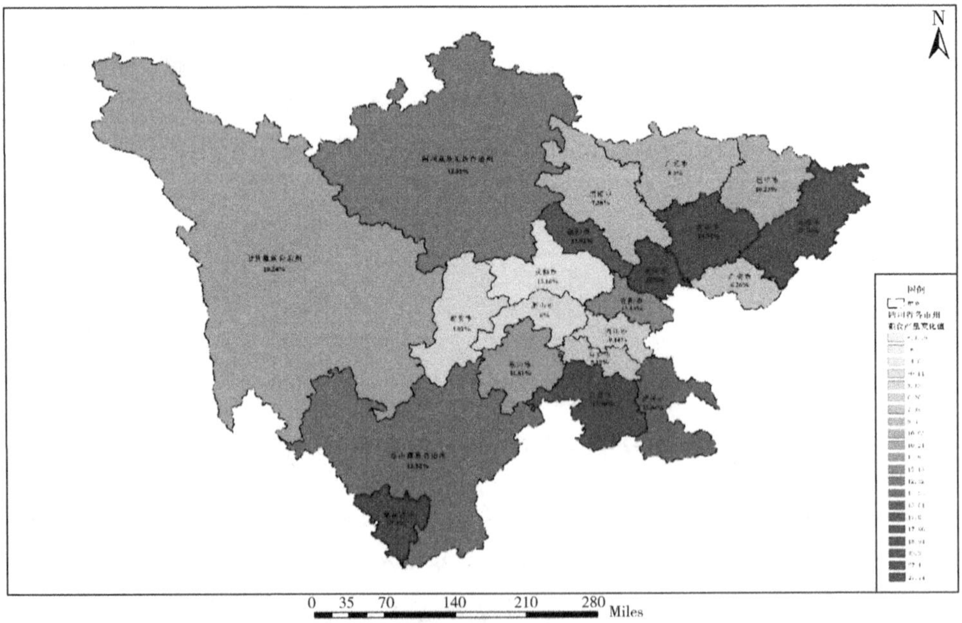

图 10　2010—2018 年四川省各市（州）粮食产量变化趋势

表 7　四川省各市（州）粮食播种面积占农作物总播种面积比率　（单位：%）

年份	2010	2011	2012	2013	2014	2015	2016	2017	2018
成都市	54.37	52.9	51.63	51.06	50.8	49.41	70.19	52.77	51.81
自贡市	69.08	68.82	67.86	66.13	64.71	63.24	61.59	63.36	62.58
攀枝花市	60.75	59.91%	59.69	59.4	60.38	60.23	60.02	64.16	62.83
泸州市	70.8	69.22	69.21	69.68	70.72	70.34	69.97	73.19	73.05
德阳市	77.83	61.54	61.6	62.72	62.89	63.16	63.44	65.55	65.3
绵阳市	62.19	62.38	62.35	63.46	63.44	63.39	63.78	60.86	60.46
广元市	57.7	57.06	56.03	55.08	54.48	54.11	53.68	63.14	62.44
遂宁市	72.25	73.29	73.91	74.71	75.43	75.82	77.7	69.6	69.46
内江市	72.48	72.76	71.16	69.57	69.25	67.57	66.44	64.84	64.54
乐山市	72.14	70.55	70.16	70.16	69.71	69.81	68.99	64.44	63.88
南充市	62.46	62.89	63.09	63.75	34.81	64.77	65.06	63.41	62.92
眉山市	85.53	88.36	90.55	92.15	72.59	94.51	95.97	62.27	61.81
宜宾市	78.89	78.22	75.56	73.28	71.37	69.17	66.91	71.82	71.21
广安市	83.18	84.06	84.13	84.28	84.84	84.71	84.51	70.36	70.09
达州市	68.14	68.81	68.38	68.8	69.05	69.15	69.08	68.91	68.5
雅安市	92.63	96.25	95.52	94.32	95.2	95.34	95.65	60.02	59.53
巴中市	67.26	67.25	68	65.81	65.73	65.6	65.54	67.8	66.56
资阳市	98.19	97.75	97.61	98.04	98.94	99.04	67.89	65.4	64.97
阿坝州	77.2	77.01	78.06	77.04	80.28	76.96	73.11	68.77	64.44
甘孜州	88.2	88.37	88.26	88.09	89.98	89.49	87.61	80.95	77.4
凉山州	69.11	68.86	67.47	65.86	65.37	65.17	64.76	70.52	70.55

从四川省各市（州）粮食播种面积占农作物总播种面积比率来考察，可以反映出农业内部种植结构问题，四川省 21 个市（州）2018 年相较于 2010 年粮食播种面积占农作物播种总面积比率均在变化（表 7），其中粮食播种面积占比提升的有 6 个市（州），按占比相对增量排名依次为攀枝花市、泸州市、广元市、南充市、达州市、凉山彝族自治州，分别提升 2.05、2.25、4.74、0.46、0.36、1.44 个百分点。按占比相对减量排名前 3 的市依次为资阳市（-33.22）、雅安市（-33.10）、眉山市（-23.72）。

4. 四川分市（州）粮食产量变动情况

从表 8 可以看出，2010—2018 年全省 21 个市（州）粮食产量总体较为平稳，虽然农作物播种面积和粮食播种面积波动幅度较大，但粮食总产量并无较大幅度变化，除少数地区粮食总产量减少之外，其余地区都有不同程度增加。

表 8　2010 年至 2018 年粮食产量*　（单位：万吨，%）

年份	2010	2011	2012	2013	2014	2015	2016	2017	2018	变化率
成都市	265.2	259	251.7	247.8	237.1	232.9	230.7	231.9	230.3	-13.16
泸州市	203.2	213.9	216.9	221.9	222.2	224.6	229.4	229.2	229.7	13.04
德阳市	181.5	184.2	185.7	188.2	187.4	189.6	193.9	195.2	194.9	7.38
绵阳市	212.1	216.4	217	211.1	221.7	225.7	229	230.6	229.7	8.30
广元市	131.5	137.5	139.9	146.1	148.6	153.7	156.9	157.1	156.4	18.94
内江市	144.8	149.6	150.7	155.4	155.8	162.2	168.7	170.4	170.8	17.96
南充市	289	296.3	297.7	300.9	298.6	302.3	304.6	306.4	307.1	6.26
宜宾市	198.3	205.7	211.2	220.9	227.5	239.7	252.2	252.8	253.3	27.74
广安市	163.2	164.5	166	170	169.2	173.4	178.2	179.3	179.9	10.23
达州市	282.8	291.8	295.9	304.4	302.5	310.7	316.1	316.6	317.1	12.13
巴中市	169.3	173.8	176.5	180.5	179.8	184.2	188.1	189.4	190.5	12.52
资阳市	157.9	160.3	159.8	161.9	160.3	163.2	164.7	165.4	166.1	5.19
凉山州	190.4	199.9	205.4	212.1	215.7	224.7	238.5	240.6	242	27.10
自贡市	118.2	120.9	123.4	126.9	127.6	132	136.4	137.8	138.3	17.01
攀枝花市	20.5	20.8	21.1	22.3	22.6	23.8	25.4	25.4	25.4	23.90
遂宁市	142.5	143.1	141.8	142.4	140.4	140.9	141	142	142.3	-0.14
乐山市	109.2	110.5	112.2	114.8	114.3	116.9	120.4	121.6	122.1	11.81
眉山市	131.7	129.6	127.3	126.9	122.9	122.8	122.3	123.4	123.8	-6.00
雅安市	37.3	36.1	35.4	35.4	34.6	34.5	35.5	35.8	35.8	-4.02
阿坝州	13.8	14.2	14.1	14.3	14.4	14.6	15.3	15.5	15.5	12.32
甘孜州	20.5	21.4	21.6	21.8	21.6	22.1	22.4	22.5	22.6	10.24

* 粮食产量数据来源于《四川统计年鉴》。

从图 10 可以发现，2010—2018 年，全省 21 个市（州）粮食产量减少的有 4 个市（州），分别为成都市（-13.16%）、眉山市（-6%）、雅安市（-4.02%）、内江市（-0.14%）。增幅排名前三的分别为达州市（27.74%）、攀枝花市（27.1%）、遂宁市（23.9%）。

三、四川省土地资源持续利用的对策建议

（一）采取“长牙齿”的硬措施，落实最严格的耕地保护制度

1. 坚决守住耕地红线，压实耕地保护主体责任

严禁违规占用耕地和违背自然规律绿化造林、挖湖造景、超标准建设绿色通道等，

严格控制非农建设占用耕地，严格控制耕地转为林地、园地等其他类型农用地，严禁占用永久基本农田扩大自然保护区，深入推进农村乱占耕地建房问题整治行动，坚决遏制耕地“非农化”、禁止“非粮化”，对有令不行、有禁不止、失职渎职的严肃追究责任。永久基本农田重点用于粮食特别是口粮生产，一般耕地主要用于粮食和油、菜、果等农产品及饲草饲料生产。对建成的高标准农田实行特殊保护，任何单位和个人不得损毁、擅自占用或改变用途。高标准农田建设中增加的耕地作为占补平衡补充耕地指标在省域内调剂，所得收益用于高标准农田建设。实施耕地质量保护与提升行动，推广保护性耕作模式。规范耕地占补平衡，严格新增耕地核实认定和监管，占优必须补优，防止占优补劣。

2. 加强对耕地资源的行政监管

科学合理地制定土地和耕地利用规划，并建立相应的规划公示制度，严格按照规划所确定的各项指标控制用地计划，全面加强规划的实施执行和监管力度。健全耕地数量和质量监测监管机制，加强耕地保护督察和执法监督，切实将规划实施情况与各级官员年终考核挂钩。

3. 加大对违规用地的惩处力度，确保规划的执行力和刚性

严格执行耕地用途转用规划许可制度项目预审制度和高额的转用补偿制度，严把占用耕地立项审批关，科学防范建设违规占用耕地，合理调节农业结构调整对耕地的占用。开展农村撂荒地专项整治，禁止闲置、荒芜永久基本农田，对“非粮化”和耕地撂荒趋势恶化的市县按规定进行通报约谈。

（二）以市场为导向，科学管理耕地资源

1. 充分发挥市场在耕地资源配置中的主导作用

科学应用经济规律和价值规律，加强耕地资源的科学高效管理，在明确产权关系，严格确保全省基本农田和粮食安全的基础之上，以市场为导向调节耕地资源的供求关系，促进耕地使用权的合理流转，在一定范围内，使优质耕地向规模化、产业化的种田能手集中，向经济效益相对较高的部门集中，以提高耕地资源利用率。

2. 建立以政府价格补贴为补充的粮价机制，保护农民的种粮积极性

政府以市场为中心，引导农民种植市场前景好、经济效益高的粮食品种，发展“两优一高”农业，进一步放开粮食购销市场，以增加种粮收入，提高农民种粮积极性。继续对省内各市（州）的种粮农民实行直接补贴和支持政策，由地方财政部门全面负责实施，专款专用，确保粮农直接得到实惠。与此同时，继续执行相应的价格支持和市场稳定政策，在实施直补的同时，利用政府宏观管理职能，为粮农提供必要的市场保护，稳定农资市场价格，保证农民即使在粮价下跌的情况下也能获得稳定的收益，从而最大限度地保护粮农利益。

（三）加强对耕地资源的法制监管力度

加大耕地相关法制宣传力度，提高全民保护耕地意识。立足科学发展观，实施区域耕地可持续发展战略，从全省耕地资源安全的战略高度出发，积极加大对耕地资源现状及相关法律法规的宣传力度，做到人人知法懂法守法，合理利用每一寸土地，切实保护耕地，让基本国策深入人心，使广大干部群众能充分认识到四川省耕地资源的现状及严峻形势，培养其资源忧患意识和可持续发展的思想理念，提高依法保护耕地的自觉性和法律意识，逐渐形成人人珍惜土地保护耕地的良好社会氛围。加强土地立法工作，不断完善以《中华人民共和国土地管理法》《基本农田保护条例》为核心的耕地资源保护与可持续利用的相关法律法规建设，优化基本农田保护制度，逐渐形成结构科学、内容完备的耕地资源相关法律法规体系，做到耕地保护有法可依。

（四）协调土地利用与生态建设

1. 严格保护基础性生态用地

严格控制对天然林、天然草场和湿地等基础性生态用地的开发利用，对沼泽、滩涂等土地的开发，必须在保护和改善生态功能的前提下，严格依据规划统筹安排。构建生态良好的土地利用格局，支持天然林保护、自然保护区建设、基本农田建设等重大工程。加快建设以大面积、集中连片的森林、草地和基本农田等为主体的国土生态安全屏障，因地制宜调整各类用地布局，逐渐形成结构合理、功能互补的空间格局。

2. 加大土地生态环境整治力度

巩固退耕还林成果，科学制定和实施退耕还林工程规划，促进退耕地区生态改善、农民增收和经济社会可持续发展。推进矿山生态环境恢复治理，加强对采矿废弃地的复垦利用，恢复工矿废弃地生态功能，建立健全矿山生态环境恢复保证金制度，强化矿区生态环境保护监督。遏制城镇建设用地盲目扩张，重点优化交通、水利等基础设施用地结构，鼓励发展城镇集群和产业集聚。推广先进生物技术，提高土地生态系统自我修复能力。加强退化土地和风蚀沙化土地防治，集中连片改良盐碱化土地，防治农田面源污染，建立土壤环境质量评价和监测制度，综合整治土壤环境。建立山区、丘区立体复合型土地利用模式，充分利用缓坡土地开展多种经营，促进山区、丘区特色产业发展。

（五）加强农业科技支撑，提高单位面积产出水平

1. 加强中低产田土改造，改良土壤

以耕地障碍因素为重点，重新对中低产田进行划分，对于干旱需灌溉型稻田，充分开发利用河流、地下水资源和天然降水，修建完善的动力提灌或蓄水设施，维修主干支渠道，建设田间斗农毛渠道，加高加厚田埂，轮流蓄积天然降水，提供充足的水资源，确保30°以上坡地供水能力，解决稻田干旱缺水的根本问题。渍潜下湿田的改良，合理设计田间灌排水工程，修建拦山沟和中心主排水沟，并配置完善的灌溉沟渠，解决区域内灌溉和排水不畅等问题，以满足农田排水排渍和灌溉的要求，保持每年翻耕1次，提高土温泥温，促进还原物质的氧化。土壤瘠薄需要培肥的中低产田，实施连续3年每年深耕1次，同时掺油沙或黏土，增加活土层，改良土壤质地，增加土壤有机质含量，改善土壤胶体品质，形成良好的土壤结构，加速土壤水耕熟化。

2. 推广科学测土配方施肥技术，提高耕地利用效益

以土壤测试为基础，以计算诊断配方为手段，以配方肥生产供应为载体，以农民应用为终端，合理施用有机无机肥料，通过施肥促进有机与无机的转换，建立良好土壤生态环境。进一步创新工作机制，积极引导肥料企业参与测土配方施肥项目，实施测配产供施一条龙服务，使这项节本增效的农业关键技术得以快速普及和推广，以提高全省耕地利用效益，使广大农民群众真正受益。

3. 培育引进优质高效粮食作物新品种

根据各地自然条件，培育引进和推广适合当地的高产优质高效粮食作物品种，实现大宗作物品种优质化。推广各类先进适用的农业技术，推广精耕精播，做好间作套种，地膜覆盖等技术的引进试验和推广工作，促进区域粮食单产的提高，提高种粮综合收益。

（六）加快四川耕地“非农”“非粮”监测与预警系统建设

耕地资源数量和质量的基础数据不完整以及资源动态监测与预警系统建设的滞后，已成为制约四川省耕地动态管理工作的主要问题之一。加大科研投入，支持农业部遥感中心西南分中心（四川省农业科学院遥感与数字农业研究所）对四川省特殊地形地貌和气候条件下的农作物遥感进行关键技术攻关，充分利用GIS强大的空间分析、信息集成及高分辨率卫星遥感影像的动态监测和适时更新功能，建立全省范围耕地资源信息数据库，对各区域耕地资源的数量、质量、时空分布以及利用状况和产出水平等实施全面收录，为用户提供诸如单一信息查询、多信息联合查询、资源供需查询、质量等级查询等强大功能服务。同时，可建立起适时更新的全省耕地监测与预警系统平台，通过动态卫星遥感对各区域耕地进行动态监测和信息适时更新，提供耕地质量逆转和耕地数量锐减的早期预警，实现对全省耕地质量和数量在时空尺度上的双重预警，为耕地保护和可持续利用提供决策依据。

四川高标准农田建设与地力提升对策研究报告

秦鱼生　陈　琨　周子军

（四川省农业科学院农业资源与环境研究所，四川　成都　610066）

摘　要：高标准农田建设是实现国家“藏粮于地、藏粮于技”最重要的驱动力，是巩固和提升粮食综合生产能力、保障国家粮食安全的根本举措。面对全省现代农业进程加快、乡村振兴深入实施、农业产业结构发生深刻变化等形势，对全省高标准农田建设与地力提升高质量发展提出了新认识、新要求和新任务。研究报告针对四川省高标准农田建设与地力提升方面存在的耕地质量基础条件差、重用轻养缺保护、地力提升慢、物化产品不配套、管理机制不完善等方面问题，提出了七个方面的技术对策与建议：一是加快耕层培肥技术应用，推动基础地力提升；二是加快秸秆综合利用探索，促进农田物质循环；三是加快绿色生产技术集成，改善农田生态环境；四是加强耕地地力提升科技创新，保障粮食安全；五是坚持用养结合制度，加强建后管护力度；六是积极探索社会参与，促进投融模式创新；七是加快监管机制完善，严格落实农田保护。

关键词：高标准；农田；耕地；地力提升

引言

耕地是粮食安全的命根子，是稳住粮食安全的压舱石。我国现有耕地的资源环境承载力已接近极限，同时在工业化、城镇化发展及国民食物消费结构改善等增加用地需求下，我国用于口粮生产的耕地总量呈现减少趋势，稳定粮食产量和耕地有限数量之间的“紧平衡”将长期存在，这就需要时刻绷紧耕地保护这根弦。《2015 中国国土资源公报》数据显示，截至 2015 年年底，全国耕地面积 20. 25 亿亩，人均耕地面积约 1. 43 亩，不到世界平均水平的 40%，并且土壤质量不高，部分地区土壤退化与污染严重；2015 年全国因建设占用、灾毁、生态退耕、农业结构调整等原因减少耕地面积 450 万亩，通过土地整治、农业结构调整等增加耕地面积 351 万亩，年内净减少耕地面积 99 万亩，耕地土壤的安全利用面临严重威胁，粮食安全与农业可持续发展受到极大冲击。当前耕地保护的形势依然严峻，保红线不容懈怠。

高标准农田是指通过农村土地整治建设形成的土地平整、土壤肥沃、集中连片、设施完善、农电配套、高产稳产、生态良好、抗灾能力强，与现代农业生产和经营方式相适应，按照规定划定为基本农田的农田。通过高标准农田建设，可以提高耕地质量，提升土壤肥力，实现藏粮于地，不仅能够满足国民对农产品的持续需求，也可为农业发展、国民经济发展提供稳定保障。现今，高标准农田建设已经纳入国家的重要战略，我国政府对高标准农田建设日益重视。自2008年以来国家中央一号文件多次提到建设高标准农田。2012年中央一号文件明确要求“全面提升耕地持续增产能力”，提出“开展农村土地整治重大示范工程建设，集中力量加快推进旱涝保收高产稳产田建设”。2012年国土资源部发布实施《全国土地整治规划（2011—2015年）》提出“十二五”期间要再建4亿亩高标准农田，到2020年力争建成8亿亩高标准农田。2017年《中共中央国务院关于加强耕地保护和改进占补平衡的意见》提出，确保建成8亿亩、力争建成10亿亩高标准农田。2019年国务院办公厅印发《关于切实加强高标准农田建设提升国家粮食安全保障能力的意见》，明确提出到2022年全国确保建成10亿亩高标准农田，以此稳定保障1万亿斤以上粮食产能；到2035年全国高标准农田保有量进一步提高，不断夯实国家粮食安全保障基础；同时要求构建集中统一高效的管理新体制，要强化资金投入和机制创新。2021年国家“十四五”规划纲要草案提出，坚持最严格的耕地保护制度，强化耕地数量保护和质量提升，严守18亿亩耕地红线，遏制耕地“非农化”、防止“非粮化”，规范耕地占补平衡，严禁占优补劣、占水田补旱地；以粮食生产功能区和重要农产品生产保护区为重点，建设国家粮食安全产业带，实施高标准农田建设工程，建成10.75亿亩集中连片高标准农田。由此可见，我国政府期望通过高标准农田建设达到耕地高产稳产、保障粮食安全、方便机械化耕作、抗灾能力强、减少破环生态环境等目的。

随着我国高标准农田建设工作的深入开展，其建设与管理面临着几个急需解决的问题。其一，我国自然地理环境复杂、区位条件不平衡，高标准农田建设需要科学的区域决策指导；其二，不同自然地理环境和区域条件下，耕地基础质量不均衡，高标准农田建设实施需要分区调控措施；其三，高标准农田建设的投资、技术措施、建设难度和建设效果差异巨大，其绩效评价需要科学客观地的理论指导。

一、四川省高标准农田建设与地力提升的基本情况

（一）四川省高标准农田建设和耕地地力的背景

高标准农田建设是四川省持续发展战略的重大需求。四川省是农业大省，常年粮食产量居全国第五位，是全国十三个粮食主产省之一。保护耕地不仅关系到四川省的粮食安全，也是关系到四川省经济和社会长治久安的全局性战略问题。保障粮食安全不仅需要保证耕地的数量，更需要保证耕地的质量。随着城镇化、工业化进程的加快，以及不合理耕作制度和管理措施的应用，四川省耕地保护面临着巨大挑战：一是耕地

养分失衡、土壤退化、污染加剧、低产田比重增加，造成粮食产量和农产品品质下降，增加了四川省粮食平衡的负担，同时也降低了粮食的经济效益。二是在推进现代农业产业基地和新农村建设的过程中，人口相对集中居住，养殖业规模化发展迅猛，局部地区耕地和水体污染问题已到了不容忽视的地步。三是农村劳动力结构发生了重大变化，青壮年劳动力大规模流动到城市，农村留守劳动力难以担当起推进现代农业的重任。同时，四川省幅员广阔，但是地形地貌复杂，中低产田比重较大，水资源利用率不高，农业机械化程度低，抗御自然灾害能力弱，这些因素严重制约了农业生产的进一步发展。综上所述，四川省农田的地力状况和生态质量都已急剧下滑，通过加强四川省高标准农田建设和管理，推进耕地质量建设保护与管理，提高农业水土资源利用效率，提升农业科技应用和农业机械化水平，促进农业持续增产稳产，发挥基本农田对农业生产发展的基础支撑作用和能力，是四川省农业可持续发展的战略选择。

2019 年农业农村部依据《耕地质量调查监测与评价办法》（农业部令 2016 年第 2 号）和《耕地质量等级》（GB/T 33469—2016）国家标准，对全国 20.23 亿亩耕地完成了全国耕地质量等级划分。依据 2019 年公报，全国耕地质量平均等级为 4.76 等，四川省所处的西南区耕地质量平均等级为 4.98 等，耕地质量低于全国平均水平。其中，成都平原、四川盆地浅（缓）丘平坝、安宁海谷等处主要为 1~3 等地，以水稻土为主，没有明显障碍因素；四川盆地的丘陵区、秦巴山区低山丘陵区等处主要为 4~6 等地，以紫色土、黄壤为主，基础地力中等，灌排条件一般，部分耕地质地偏黏，存在酸化、障碍层次等障碍因素。乌蒙山区、秦巴山区、大小凉山和龙门山区等处主要为 7~10 等地，以黄棕壤、石灰（岩）土为主，立地条件较差，土层浅薄，砾石含量高，存在酸化、瘠薄、潜育化、障碍层次等障碍因素。总体上，四川省耕地质量以中低产田土为主，占耕地总面积的一半以上。按照中低产耕地质量平均提高 1 个等级，亩产增加 100 千克左右测算，可实现新增粮食综合生产能力 100 亿斤，相当在 2020 年全省粮食总产量基础上增产 28.57%。

四川省委、省政府高度重视耕地质量建设工作。2009 年，为确保粮食安全，提高四川耕地的粮食产出能力，平衡粮食自我供给，省委九届六次全会提出了在四川省“新建 1 000 万亩高标准农田”、“新增 100 亿斤粮食生产能力”的目标。2011 年，四川省政府印发了全国第一个省级高标准农田建设规划——《四川省建设 1 000 万亩高标准农田工程规划纲要（2011—2015 年）》（川府发〔2011〕9 号），规划“十二五”期间四川省 100 个粮食主产县建设 1 000 万亩高标准农田，新增一个成都平原的良田沃土，实现“再造一个成都平原”的目标，为四川省“新增 100 亿斤粮食生产能力”和发展现代农业产业基地提供能力支撑。同时，省政府建立了高标准农田建设联席会议制度，召开高标准农田建设工作会议，配套下发了高标准农田建设标准、验收认定、项目整合等方面的配套文件，强力推进高标准农田建设。2013 年全国高标准农田建设总体规划出台后，四川省编制发布了《四川省高标准农田建设总体规划（2011—2020年）》，进一步加大高标准农田建设推进力度。2020年，四川省人民政府办公厅发部《关于切实加强高标准农田建设巩固和提升粮食安全保障能力的实施意见》，明确提出到2020年，累计建成4 430万亩集中连片、旱涝保收、宜机作业、节水高效、稳产高产、生态友好的高标准农田；到2022年，建成5 000万亩高标准农田，稳定保障全省粮食年产量700亿斤以上；到2035年，全省高标准农田保有量进一步提高，权责明确、主体多元、保障有力的长效管护机制基本形成，粮食等重要农产品安全保障能力不断夯实。

（二）四川省高标准农田建设取得的成效

“十二五”以来，全省建成高标准农田4 169万亩，占耕地总面积的41.3%，处于全国中等偏上水平，在西南地区居于前列。主要工作内容与成效包括：一是农田排灌灌排能力和灌溉保证率大幅提升。二是农机作业能力大幅提升，主要农作物耕播收综合机械化水平高出全省平均水平8个百分点。三是耕地生产能力大幅提升。通过优化化肥科学施用（2019年全省化肥使用量222.8万吨，比2015年减少10.8%）、推广测土配方施肥和水肥一体化技术（2019年全省测土配方施肥技术9 000万亩以上，水肥一体化技术推广面积181.39万亩）、扩大有机肥替代化肥（“十三五”期间，在全省18个县开展有机肥替代化肥试点，累计重点示范区50万亩，辐射带动3 470万亩）等技术手段，开展地力培肥，耕地平均地力水平提高0.63个等级，2011年至2019年全省粮食增产206.9万吨（增幅为6.29%）。四是水土流失有效遏制。以小流域为单元，以坡耕地治理为重点，土壤侵蚀量减少75%以上，侵蚀模数降低1~2个等级，综合治理度达到85%以上。五是节水灌溉加快发展。通过加强小型农田水利建设，以渠道防渗建设为重点，推广低压管道灌溉、喷灌、微灌等高效节水灌溉技术，全省节水灌溉面积达到2 554万亩。六是产业基地规模不断壮大，产村融合深度大幅提升。建成优质粮食生产基地1 998万亩，现代农业产业基地1 050万亩，新农村产业发展基地345万亩；在高标准农田建成区建成农业主题公园12家，休闲农业景区156个，休闲农庄378家，休闲农业专业村1 200多个；围绕四大贫困地区，建成高标准农田1 333万亩，产业扶贫基地360万亩以上，解决项目区14.6万贫困人口的就地就业，贫困人口人均增收1 000元以上，成为项目区贫困农户脱贫致富的重要增收途径。

构建了经费来源多元投入机制，资金投放效应大幅提升。一是加大财政支持力度。在积极争取中央财政支持的同时，各级财政加大对农田建设的支持力度，完善财政资金管理制度和办法，强化资金监管。二是强化资金整合。省政府出台《关于深化涉农项目整合工作的意见》，以县为单位，打破部门和行业界限，按照“多个渠道进水、一个池子蓄水、一个龙头放水”原则，鼓励统筹使用资金，提高财政资金整体效益。三是创新投融资机制。鼓励和支持社会资本、金融资本、新型经营主体建设高标准农田，社会资本平均每年投入11亿元。2011—2019年，全省累计投入资金733亿元。2019年省委《关于加快建设现代农业“10+3”产业体系推进农业大省向农业强省跨越的意见》和2020年省委一号文件都明确了高标准农田建设“中央、省级和市县财政补助资金每亩不低于3 000元”的要求，各项目县特别是产粮大县，积极申请发行专项债。

建立了统筹协调机制，综合推进能力大幅提升。一是构建统筹机制。机构改革前，建立以分管省长任召集人、相关部门领导为成员的全省高标准农田建设工作联席会议制度，市（州）、县（市、区）相应建立了政府主导、农业牵头、部门联动的推进机制。机构改革后，按照建立集中统一高效的农田建设管理新体制要求，将联席会议的职责整合到省农田水利基本建设指挥部，实行统一规划布局、统一建设标准、统一组织实施、统一验收考核、统一上图入库的“五统一”管理新机制。四川省定期召开农田水利基本建设现场会和指挥部成员会议，会商工作措施，统筹安排部署，加大推进力度。二是强化督促考核。将高标准农田纳入各级政府年度工作目标绩效管理指标、耕地保护责任目标和粮食安全省长责任制考核，实行考核结果通报制度。

注重工程质量和管护，确保项目效益充分发挥。“三分建、七分管”，全省十分重视工程建设质量和建后管护工作。一是多种措施并举，强化质量管理。制定地方标准四川省高标准农田建设技术规范，印发项目和资金管理办法实施细则、实施方案编制和验收工作指导意见，规范开展工作。强化工程建设质量，督促参建单位严格履职尽责，按照规范和标准实施项目，严格质量控制、巡查和监理工作，把好材料设备进场关、工程质量验收关，做到进度、质量并重，解决好农田“最后一公里”问题。二是加强建后管护，促进长效运行。将已成高标准农田纳入永久基本农田管理，划定为“两区”，对财政资金形成资产进行股权量化，明确管护主体和责任，加强工程运行管护和防灾抗灾减灾管理，强化耕地质量调查监测评价工作，确保已成高标准农田重点用于粮食生产，避免“非粮化”和撂荒现象。

二、四川省高标准农田建设与地力提升存在的主要问题

（一）耕地质量基础条件较差

耕地是人类赖以生存的基本资源和条件，是国家安全和发展的基石。20世纪90年代以后，影响大部分耕地生产力发挥的主要限制因子得以消除，但随着化肥的普及应用、农村社会化分工变细、农村劳动力结构变化以及耕地产出提高，加之有机肥料施用量很快下降，耕地利用强度和承载生产水平达到饱和，耕地退化明显，中低产田土比例有扩大趋势。21世纪初至今，高标准农田建设的开展，解决了制约耕地质量提升的农田基础设施不足的问题，但其在建设过程中更关注集中连片开发广度、农田水利设施覆盖程度、工程建设质量、农机作业水平以及规模化效益等，而忽视了耕地保育和土壤质量建设的问题。在粮食安全新形势下，耕地资源面临数量难保、质量不高、配置错位、技术瓶颈等多重因素叠加，耕地产能稳定提升的风险加大，潜在威胁国家

粮食安全。目前，一些地方在高标准农田建设上“重工程建设轻耕地质量”问题仍比较突出，耕地质量保护意识薄弱、质量管理机制不完善、质量保护目标难以到位。

（二）重用轻养，耕地质量保育缺失

从全省来看，成都平原地区农田质量提升工作开展较多，而川中紫色丘陵及盆周山区等以坡耕地为主地区开展相对较少；前期开展的大部分高标准农田建设项目建设标准和建设质量不高，耕地土壤质量提升技术建设投资严重不足。省内条件较好的区域性因追求经济效益，长期采用集约化的连作或单一种植制度，加之缺乏有机肥投入和不均衡施肥，导致土壤有机组分不合理，土壤养分失衡，肥料利用效率下降；土壤侵蚀以及机械耕作加剧土壤板结和耕层变薄；不合理灌溉导致土壤次生盐碱化和重茬障碍严重。尽管化肥施用量近几年来在下降，但过去20年来，过量施氮肥等农业活动因素已导致耕地土壤pH值平均下降0.2～0.4个单位。耕地土壤酸化、稻田低产障碍、旱地耕层浅化、土壤有机质下降、土壤机械压实板结已成为限制四川省农业产能的最重要因素，使得农业综合生产力和比较效益提升缓慢。

（三）高标准农田建设地力培育技术措施有待突破

技术措施是高标准农田建设和耕地地力提升的基础和支撑，没有完善有效的技术措施，难以取得高标准农田建设和耕地地力提升的实效。面对粮食安全、土壤退化、生态保护等多因素的挑战，持续增产的耕地保育与质量提升措施瓶颈有待突破。由于可供开垦的耕地后备资源不足，“耕地占补平衡”政策实施过程中，部分地区建设占用“良田沃土”，而补充的耕地大多为土壤熟化程度较低的丘岗旱地或复垦的宅基地，这部分通过工程措施整理出来的高标准农田基本没有形成耕作层或耕作层较薄，普遍缺乏行之有效的快速培肥措施。同时，对新建成的高标准农田项目区原有耕地缺乏农田土壤保护技术措施、持续提升土壤质量的新技术和绿色生产技术，导致耕地和土壤质量差、产量低，这些技术瓶颈限制了高标准农田的农业综合产能潜力的发挥。

（四）生态保护有待强化

高标准农田建设中往往比较重视农田基础设施建设，而对改善农田生态环境重视程度不够，或者没有有效的技术措施。当前，在高标准农田建设区基本杜绝了工业固废、未达标排放水等有毒有害物质进入耕地，但是化肥农药农膜污染、畜禽养殖污染等农业面源污染形势依然严峻，农田生态问题依然突出。一些建设区域耕地中的重金属含量存在明显的累积现象，水土流失严重，生态环境脆弱。“重化肥、轻有机肥、重氮肥、轻磷钾肥”等不科学的施肥方法和农药过量使用，在影响农作物均衡增产和农产品品质的同时，也增加了土壤污染的风险，使耕地土壤生态系统变得更加脆弱。

（五）后期管护有待跟进

高标准农田建设后期管护不到位是长期困扰和发挥高标准农田效益的现实问题。既有工程设施管护不到位的问题，也有耕地质量管护不到位的问题。高标准农田建设的工程设施置于户外，具有布局分散、地域偏远、使用期短、闲置期长、容易损毁或丢失的特点，其管护难度不小，但没有对农田基础设施及时进行资产量化、管护资金不足、处罚措施不严、利益分配机制不健全等也是其后期管护无法跟进的原因。高标准农田建成后，其重用轻养，缺乏农田管护措施，导致农田基础设施维修困难、耕地质量持续下降，农田产出持续减少，甚至一些地方出现撂荒现象。

（六）建设标准有待修订完善

高标准农田建设目前按照《高标准农田建设通则（GB/T 30600—2014）》《高标准农田建设技术规范（NY/T 2949—2016）》《高标准农田建设技术规范（DB51/T 1872—2014）》等技术标准执行。原有标准中着重对农业基础设施建设标准予以了规范，但对耕地保护和培育、土壤质量持续监测、土壤健康等方面约束不够。同时，农业现代化是一个复杂系统的工程，高标准农田建设与地力提升在实施过程中，必然与其他农业技术相结合，因而以前标准规范中农业工程建设、地力提升建设与其他农耕农艺措施的结合的相关内容不够丰富，有待加强标准更新。

（七）社会投入有待形成

高标准农田建设现阶段依然沿用以国家财政投入为主的建设模式，尽管早在2017年国家在发布的《关于扎实推进高标准农田建设的意见（发改农经〔2017〕331号）》中就明确指出积极吸引社会投资，然而受农田基础设施建设投资成本高，多属于公益性产品，投资回收期长，投资收益弱。社会资本投入机制还没有形成，企业参与积极性不高。在金融支持方面，受到农村基础设施产权不明晰、不能作为资产进行抵押、项目投资回收期长等因素影响，依然难以推进社会投入模式的形成。

（八）制度建立有待加强

虽然国家有关耕地方面的法律制度在不断完善，但是现有耕地保护方面的法律法规，基本是针对耕地数量保护的规定，而有关耕地和土壤质量保护的规定表述零星且不够具体。现有法规中对耕地和土壤质量保护的一些规定过于泛泛、模糊不清。同时，由于耕地保护动态监测系统的不完善，导致很多地方违法使用、占用、征用耕地不能被及时发现和制止，往往是耕地已经严重破坏了，才开展调查和处罚，而要恢复耕地的生产能力需要漫长的过程和付出承重代价。

三、四川省高标准农田建设与地力提升发展的对策建议

（一）加快耕层培肥技术应用，推动基础地力提升

土壤耕层是农业生产的重要物质条件，直接关系到作物的高产稳产和农业的可持续发展。耕层构建与培肥技术是目前高标准农田建设和中低产田土开发研究的共性问题，对大幅度提升耕地质量及综合生产能力具有重要意义。在高标准农田建设过程中，要加快集成应用深厚耕层、翻旋结合、有机培肥、有机替代、物质改良、耕作除障、

机具研制、墒情智能监测等相融合的耕层构建与培肥技术模式，针对农田土壤存在的一种或多种障碍因子，提出相关解决方案，选择一种或多种改良技术加以应用。例如在耕层浅薄和耕层板结区域，加快深厚耕层技术应用，确定适宜翻旋深度和次数；在土壤酸化较强区域，适当施用碱性肥料或土壤改良剂加以改良；在土壤有机质低的区域，施用适宜用量商品有机肥。在高标准农田建设中坚持工程建设与耕地质量提升相结合，以完善田间基础设施和提高基础地力为中心，全面推进高标准农田建设，加大力度改造中低产田地，切实提高区内的耕地质量，为产业遍地开花夯实土壤基础。

（二）加快秸秆综合利用探索，促进农田物质循环

针对高标准农田建设区秸秆利用技术措施单一、利用结构不合理、收储体系不健全、社会化服务缺失等问题，按照“建体系、调结构、促农用、推创新、搞示范”的工作思路，强化技术创新，加快探索高标准农田建设区秸秆综合利用技术模式，着力培育秸秆收储运加用的社会化服务市场主体，构建秸秆综合利用长效机制。在高标准农田建设项目设计中选用生态适用、运行高效、经济可行的秸秆综合利用技术措施，提升工程处理能力与技术水平。建设秸秆青（微）贮等综合利用工程，实现秸秆资源饲料化利用，最终实现秸秆过腹还田。适度配套畜禽养殖有机肥深加工工程，实现畜禽粪便和种植秸秆资源地能源化、肥料化利用。引导推动分散式秸秆智能堆肥模式应用，根据项目区秸秆可收集量设计适度规模的秸秆智能堆肥系统与场所，实现秸秆肥料化就地还田利用，探索实施“秸秆换肥”模式，深入研究和完善鼓励秸秆综合利用配套政策措施，因地制宜推进秸秆综合利用工作，促进秸秆的资源化、商品化利用。通过高标准农田建设区农作物秸秆综合利用技术与模式的实施应用，促进农田物质高效循环利用，在稳定和提升耕地质量的同时，带动当地秸秆综合利用率稳步提高。

（三）加快绿色生产技术集成，改善农田生态环境

将绿色发展理念贯穿于高标准农田建设全过程，在高标准农田建设区积极探索发展绿色农业，强化工程建设与农机农艺技术集成应用，鼓励丘陵山区开展高标准农田宜机化改造模式创新。开展绿色高标准农田建设示范，推动耕地质量保护提升、生态涵养、农业面源污染防治和田园生态改善有机融合，提升农田生态功能，实现农业生产与生态保护相协调，改善农田生态环境，持续提升农业综合生产能力，促进高标准农田建设高质量发展。加快在高标准农田建设区开展化肥农药减施、绿色生物防控、水肥一体化、重金属防控、耕地安全利用等一批绿色生产技术集成，促进技术成熟应用，有效保障高标准农田既符合农业生产的高标准要求，也满足生态环境的高标准要求。

（四）加强耕地地力提升科技创新，保障粮食安全

一是建立支持耕地质量保护和地力提升科技创新的持续长效机制。为了协同提升土壤质量、耕地质量和粮食产能，秉承“从土壤健康到人类健康”的生态理念，结合农业生产和乡村振兴战略需求，深度开展耕地质量监测与数据挖掘，回答土壤质量提升的科学问题，提升耕地数量和质量监控和粮食安全预警能力，建设面向全省五大生态区耕地产能持续增长问题的省级耕地科学研究试验站，积极争取融入土壤质量国家监测站网络，打造区域耕地和粮食安全的科技人才培养高地。

二是加强耕地地力提升的理论、技术和物化产量创新。针对耕层浅化、土壤酸化、土传连作障碍、土壤重金属污染等耕地土壤质量退化问题以及定向培育基础土壤地力要求，研究四川主要生态区中低产田障碍类型及驱动因素，解析土壤酸化、潜育化、瘠瘦化等典型障碍类型发生与形成机制，阐明其消减与调控机理；研究土壤肥沃耕层结构形成机制，提出协调土壤水、肥、气、热条件的肥沃土壤耕层的构建方向；研究农田土壤有机质形成演变规律、平衡机理及驱动因素，阐明主要生态区中低产田土壤有机质提升的潜力与途径，创新以生物和工程技术为主的耕地和土壤质量改良、修复和定向培育技术，构建四川中低产田土产能提升科技创新项目。

三是加强耕地质量和产能均衡提升理论、技术和物化产量创新。针对高标准农田建设、占补耕地质量提升和区域粮食产能均衡增产要求，融合土壤、育种、栽培、耕作、合成生物学、数字化、智能化和农机化理论与技术，开展休耕轮作对土壤肥力的影响及通过休耕轮作维持和提高土壤肥力的原理、途径和方法研究；进行高度集约化种植条件下快速恢复土壤肥力，保持土壤健康和有效利用土壤养分的科学管理原理、途径和方法研究；探索土壤—作物—环境相互契合，充分发挥土壤肥力，高效利用土壤养分的基础科学问题研究等。构建绿色高效农业和保护性农业理论，创新耕地和土壤质量均衡化保育和提升技术、农用化学品的绿色使用技术、自然资源的高效循环和可持续利用技术，提高技术集成程度及可重复性。研制市场化的物化产品，开发新型控释肥料、有机肥料以及功能肥料，构建肥料环境效应评估方法和评估体系；开发土壤肥力快速测定系统，构建智能化、信息化、数字化、精准化施肥技术体系。

（五）科学优化区域布局，完善标准质量体系

摸清高标准农田数量、质量、分布和管护利用状况，结合国土空间、水资源利用、农业区划、乡村振兴等科学制定建设规划和耕地利用空间规划，综合考虑区域自然资源、经济社会发展水平和粮食生产能力等条件，优化高标准农田建设布局，选择重点区域，合理确定规模。在高标准农田建设区要根据土地承载能力，合理确定种植规模和配套相应的养殖规模，实行种植业与养殖业的科学优化布局，就近就地消纳养殖废弃物，就地结合、就地利用，促进农牧循环发展。同时，加快完善标准措施，研究制定分区域、分类型的高标准农田建设标准及定额，健全耕地质量监测评价标准，构建四川省高标准农田建设标准体系。完善高标准农田建设内容，统一规范工程建设、科技服务和建后管护等要求，切实增强高标准农田的抗灾、旱涝保收和高产稳产能力。

（六）坚持用养结合制度，加强建后管护力度

建立健全高标准农田管护机制，明确管护主体，落实管护责任，推进项目建设、管理一体化。建立高标准农田建设项目多元化管护经费合理保障机制。按照"谁使用、谁受益、谁管护"的原则，探索社会化和专业化相结合的管护模式，鼓励有条件的地方通过政府购买服务方式，调动受益主体管护积极性，确保建成的工程设施正常运行。将工程建后管护落实情况纳入年度高标准农田建设评价范围。探索合理耕作制度，建立耕地质量养护机制，贯彻"全面规划、合理利用、用养结合、防止污染、综合治理、高效监管"的方针。以耕地"托管"为抓手完善经营体系，促进空间优化，形成区块化休耕和耕作制度。建立相应的技术支撑和保障、补贴和激励以及核查制度，优化耕地复种指数，增加资源环境承载力，均衡提升耕地基础地力和产能。

（七）积极探索社会参与，促进投融模式创新

采取政府和社会资本合作、投资补助、以奖代补、财政贴息等多种方式，支持社会资本开展高标准农田建设。鼓励和引导商业性、政策性、开发性等各类金融机构在依法合规、风险可控的前提下，积极为高标准农田建设提供信贷支持等金融服务。通过发展壮大新型经营主体，搭建投融资平台等方式，培育符合要求的贷款主体，为高标准农田建设融资提供便利。完善"政—银—担"合作机制，加强与信贷担保等政策衔接。鼓励地方政府在债务限额内发行债券支持符合条件的高标准农田建设。加强新增耕地指标省域内调剂统筹和收益调节分配，优先用于高标准农田建设再投入和债券偿还、贴息等，不断拓展高标准农田建设资金投入渠道。

（八）加快监管机制完善，严格落实农田保护

完善耕地质量监管机制，明确法律责任主体和相应的法律责任，构建耕地质量建设长效投入机制，加大用于耕地质量建设的资金比例，用于现有耕地、整理土地、复垦土地的耕地质量监测、建设与管理，重点加强土壤肥力培养，真正做到取之于土，用之于土。建立各级"田长制"监管责任体系，有利于督导管护工作的长效化。对建成的高标准农田，要划为永久基本农田，实行特殊保护，防止"非农化"，任何单位和个人不得损毁、擅自占用或改变用途。严格耕地占用审批，经依法批准占用高标准农田的，要及时补充，确保高标准农田数量不减少、质量不降低。

参考文献

柏瑞芬，2021. 高标准农田建设促进粮食产业升级及农村经济发展［J］. 农业开发与装备（3）：69-70.

蔡祖聪，2020. 浅谈"十四五"土壤肥力与土壤养分循环分支学科发展战略［J］. 土壤学报，57（5）：1128-1136.

凌静，2017. 四川高标准农田建设的区域潜力投入产出特征与绩效研究［D］. 成都：四川农业大学，2017.

刘焕鑫，2021. 加快推动实施新一轮高标准农田建设规划 高质量推进全年高标准农田建设工作——刘焕鑫副部长在全国高标准农田建设推进视频会上的讲话［J］. 中国农业综合开发（3）：23-28.
彭新华，王云强，贾小旭，等，2020. 新时代中国土壤物理学主要领域进展与展望［J］. 土壤学报，57（5）：1071 – 1087.
沈仁芳，颜晓元，张甘霖，等，2020. 新时期中国土壤科学发展现状与战略思考［J］. 土壤学报，57（5）：1051-1059.
四川省“十四五”推进农业农村现代化规划.
徐建明，刘杏梅，2020. “十四五”土壤质量与食物安全前沿趋势与发展战略［J］. 土壤学报，57（5）：1143-1154.
张斌，尹昌斌，杨鹏，2021. 实施“藏粮于地、藏粮于技”战略 必须守住耕地红线 持续保育耕地和土壤质量［J］. 中国农业综合开发（3）：17-22.

四川耕地环境质量保护与安全利用对策研究报告

林超文[1]　王　宏[1]　上官宇先[1]　姚　莉[1]　董瑜皎[1]　周小刚[2]
（1. 四川省农业科学院农业资源与环境研究所，四川　成都　610066；
2. 四川省农业科学院植物保护研究所，四川　成都　610066）

摘　要：四川省耕地环境安全形势较为严峻，严重影响耕地可持续发展和农作物的产量和品质。该报告从面源污染、重金属污染、农田氨挥发、地膜残留和农药污染5个方面分析了四川省耕地环境质量存在的主要问题，从强化重金属污染耕地的修复与安全利用、加强面源污染监测和农田氨挥发防控、科学合理施用农药、加强新型绿色农膜的推广利用等方面提出了耕地环境质量保护与安全利用的对策建议，为四川省落实“藏粮于地、藏粮于技”战略针对性地提供了技术支持。

关键词：耕地环境质量；耕地保护；安全利用；四川省

引言

耕地是农业之本，是粮食生产的基础。保护好耕地环境是推进生态文明建设和维护国家生态安全的重要内容，是实现耕地可持续发展及保障农产品质量安全的基础。2020年的中央经济工作会议强调：保障粮食安全，关键在于落实“藏粮于地、藏粮于技”战略。“藏粮于地、藏粮于技”战略实现的基础是保障耕地数量和提升耕地质量。四川作为全国农业大省，粮食生产情况对国家粮食安全具有重要影响。但四川省耕地环境安全形势较为严峻，化肥、农药、除草剂、杀虫剂、农膜等化学投入品的过度依赖和不合理使用造成农业生态资源环境负荷增加，耕地质量退化、环境污染加重、重金属污染等与农业相关的生态破坏问题日趋突出。根据党中央、国务院加强生态环境保护、坚决打好污染防治攻坚战的重大决策部署，近年来，四川省严抓耕地质量提升和耕地污染治理等方面工作，夯实耕地质量基础，为坚守耕地数量红线、保障粮食安全、农产品质量安全和生态环境安全保驾护航。但从实际情况来看，当前四川省耕地环境质量保护仍面临着一些问题和挑战亟待解决。为此，本报告从面源污染、重金属污染、农田氨挥发、地膜残留和农药污染5个方面分析了四川省耕地环境质量现状及存在的主要问题，并结合四川省农业科学院多年相关的科研成果针对性地提出改善和提升策略。

一、四川省农业面源污染现状及防控对策

面源污染又被称为非点源污染，没有固定的排放点且污染范围大。一般通过农田径流、土壤侵蚀、农田排水等方式进入水体环境、土壤环境、大气环境，从而导致其受到污染。面源污染具有广泛性、隐蔽性、难以监测等特点。农业面源污染是指在农村生活和农业生产活动的过程中，由于不合理施用化肥农药农膜及未合理排放生活污水、畜禽粪便，等等，排放物在径流和降水冲刷作用下，在土壤圈层中活动并缓慢地流动至水环境中，从而形成了农业面源污染。农业面源污染可分为三类，分别为生产源、生活源和养殖源。生产源包括化肥、农药、农膜等农业化学投入品，生活源包括农村生活污水、生活垃圾、农作物秸秆等，养殖源包括畜禽养殖粪便等。

（一）四川省面源污染现状

1. 生产源

农药与化肥在有效防治农业病虫害、保证农作物增产增收等方面发挥着不可小觑的作用，但其不合理施用是导致农业面源污染的根本原因。根据 2018 年统计数据，四川省化肥施用量 242 万吨，其中氮肥 117 万吨，磷肥 47.1 万吨，平均化肥施用量为 252.7 千克/公顷（播种面积按 957.51 万公顷），超过发达国家防止化肥对水体造成污染所设置的 225 千克/公顷。而且四川省化肥氮磷钾肥料平均利用率分别为 30%~35%、10%~20%、35%~50%，综合利用率比发达国家低 20%~30%。根据第二次污染源普查结果，全省农药施用总量为 54 252 吨，平均农药用量为 56.6 千克/公顷（播种面积按 957.51 万公顷），其中有机磷类、乙草胺、毒死蜱、涕灭威几种农药是用量最大的，占全省农药用量 48.3%。农药有效利用率为 30%，低于发达国家 10%~20%，且农药仅有 1%~4%接触到病虫害。目前，四川主要的“白色污染”是塑料地膜，而我国常使用的薄膜强度低、耐用性差、使用寿命短、不易清除、易破碎，极易残留在土壤中。根据第二次污染源普查结果，全省种植业地膜使用量为 8.58 万吨，累积残留量为 0.63 万吨，回收率仅为 49.3%，远远低于国家规定的 80%回收率。

2. 生活源

四川是农业大省，秸秆资源丰富，种类多，产量大。根据第二次污染源普查公报显示，2017 年秸秆产生量为 0.33 亿吨，秸秆利用量为 0.25 亿吨，其中还存在较多的量被焚烧排放，对环境造成污染。农村生活污水主要由厨房炊事、洗漱、洗涤和洗浴等活动产生的污水（俗称“灰水”）和水冲式厕所产生的冲厕污水（俗称“黑水”）组成。目前，四川省大部分农村污水仅通过简易的沟渠或经化粪池简单处理后就直接排入河道和农田，对周边环境造成污染。

3. 养殖源现状

畜禽养殖业发展方式粗放、集约程度不高、污染防治滞后，小规模养殖场和零散

养殖户的污水大多是不经任何处理直接排放到江河水渠鱼塘中，造成水体污染。根据第二次污染源普查公报，四川省 2017 年畜禽养殖场污染物化学需氧量（COD）排放总量为 40.76 万吨，氨氮 0.39 万吨，总氮 2.70 万吨，总磷 0.50 万吨，但是处理效率却不足 50%。水产养殖业在我国渔业生产中起着重要的作用，2017 年水产养殖水污染物排放化学需氧量 2.28 万吨，氨氮 0.10 万吨，总氮 0.34 万吨，总磷 0.04 万吨。除水产养殖排放物之外，水产养殖过程中投放的人工饵料、渔用肥料及残骨骸也会对水体造成严重污染。

农田氮、磷营养物质的损失是目前面源污染日益严重的原因之一；化学农药进入环境后，会发生一系列的扩散、挥发、吸附、迁移、转化、富集、降解等行为，而剩余的农药残留在环境中造成污染。残留在农田中的氮、磷和农药在雨水冲刷、农田排水等影响下进入地表水对水体造成影响。对于四川省而言，雨季主要集中于 7—8 月，因此氮磷和农药的流失危险期也集中于此，特别是氮养分。四川省氮、磷养分流失最大的片区主要集中于成都平原区（成都、德阳、眉山、绵阳、资阳）、川南丘陵区（自贡、宜宾、泸州、内江、乐山、南充）和川东北丘陵区（广元、遂宁、广安、达州、巴中），而攀西山地区（攀枝花、雅安、凉山州）和川西北高原区流失都比较小（阿坝州、甘孜州）。

（二）四川省面源污染治理存在的问题

1. 立法不健全，政策不完善

良法乃善治之前提。到 21 世纪农村环境问题越来越突出，农业面源污染必须得到治理。虽然四川省先后颁布了《土壤环境保护法》《四川省农药管理条例》和《畜禽养殖业污染防治条例》等法律法规，但仍然存在一系列问题：缺乏对化肥管理的规章制度、农药经营制度不完善以及缺乏农膜生产、销售、回收具体的法规和规范性文件。四川省生产源管理的主题不明确，制定政策和执行主题有时均为农业部和环保部，责任也不够落实。此外，农业生产源污染的控制还缺乏监测、监督、问责等具体管理机制。

2. 强调单项措施，忽视系统集成

农业面源污染防控可以分为源头防控、过程拦截、末端净化和循环利用。但是现在大多数技术都是强调单方面的作用。例如，测土配方施肥技术、秸秆还田与资源化利用技术、绿色病虫害防治技术以及畜禽粪便污水处理技术等。而对于面源污染治理的复杂性，单方面进行技术措施改进并不能起到作用，而应该加强技术集成。

3. 资金投入不足，研究经费缺乏

虽然财政部对农村固定资产的支出每年都有所增长，但涨幅不大且投资总额比重仍然较低。农村固定资产投资结构中，对农业科技创新的投入较少，还需继续优化调整财政支出结构。此外，从目前来看四川省还未专门针对农业面源污染治理建立专项资金，若政府对农业面源环境的投资不足，农业面源污染的投融机制很难建立起来，农村环境治理效果很难凸显出来。

当前，农业面源污染成为农业可持续发展的瓶颈，而且呈现从水体、土壤、生物到大气的立体污染，具有分散性、隐蔽性和不确定性等特点，使治理和控制工作更为复杂、艰巨，需要多方面、多环节考虑。

（三）四川省面源防治的对策建议

1. 加强政策引导，完善监管机制

农业面源污染产生的空间和时间难以确定，控制起来难度大。国内外的经验表明，建立健全的规章制度是控制农业面源污染的有效手段之一。根据四川省实际情况，对整个省进行污染区域分异，并根据主要污染物类型指定相应控制方法。颁布一系列有利于农业环境安全和农业可持续发展的限定性和推荐性农业生产技术标准和条例。使农民和执法人员对农业面源污染防治有法可依，有章可循。

2. 推广技术模式，树立科学发展观

认真贯彻落实《中华人民共和国农产品质量安全法》，结合无公害食品行动计划，制定农作物无公害栽培技术规程，规范农药、化肥、农膜等化学物质的应用种类、数量和方法。利用市场调节作用，使农民应用生物农药和高效、低毒、低残留农药，逐步淘汰高毒、高残留农药品种；采取化学、生物、物理措施综合防治作物病虫害。大力推广按照土壤养分测定和植物营养诊断结果而实行的配方施肥技术；合理规划畜禽养殖和布局，适度发展郊区养殖业，逐年减低紧邻和水源保护区的饲养规模。妥善处理大中型畜禽养殖场粪便，开发研究或引进先进的畜禽排泄物综合利用技术与设备，加工成高效有机肥或转化为沼气，促进废弃物的资源化利用。

3. 建立农业生态补偿机制，重点解决源头和末端治理并重的问题

加强政策引导，拓宽投资渠道，按照"谁受益、谁补偿，谁破坏、谁恢复，谁污染、谁治理"的原则，建立生态环境补偿机制，将生态建设、环境保护与市场机制相结合，通过立法途径对农村生态环境实施生态补偿机制，解决农村生态环境保护主体不明、资金投入不足、监管不严等现实问题。对畜禽养殖粪便的综合利用、农业生产废弃物的回收利用、生物农药和生物有机肥的推广使用，生态农业建设、环境友好的新技术、新成果、新模式研发与应用等，实行农业生态补偿，鼓励农民自愿采用环境友好技术，减少农用化学投入品的使用，减少面源污染。

二、四川省重金属污染现状及防控对策

（一）四川省重金属污染特点及防控现状

1. 土壤重金属超标面积大

根据四川省环境保护和国土资源部门在 2014 年发布的《四川省土壤污染状况调查

公报》所述，全省土壤总的点位超标率为 28.7%，镉污染物点位超标率为 20.8%，远远高于全国点位超标平均水平的 19.4%和镉点位超标率 7.0%，其中轻微、轻度、中度和重度污染点位比例分别为 22.6%、3.41%、1.59%和 1.07%。镉、汞、砷、铜、铅、铬、锌、镍 8 种无机污染物点位超标率分别为 20.8%、0.76%、1.98%、3.77%、1.44%、1.79%、0.61%、9.52%。四川省耕地土壤点位超标率为 34.3%，其中轻微、轻度、中度和重度污染点位比例分别为 27.8%、3.95%、1.37%和 1.20%，主要污染物为镉、镍、铜、铬。从污染分布情况看，攀西地区、成都平原区、川南地区等部分区域土壤污染问题较为突出，镉是四川省土壤污染的主要特征污染物。

就分布区域来看，全省农产品产地土壤重金属超标点位主要集中在工矿企业周边农区，全省工矿企业周边农区中超标的点位百分率达到 40.94%，而大中城市郊区农区中超标的点位百分率为 21.09%，一般农区中超标的点位百分率为 22.53%，进而反映出全省工矿企业周边农区土壤重金属安全风险最高。全省农产品产地土壤重金属砷、镉、铬、汞、铅元素存在着安全风险的样点百分率分别为 0.98%、26.95%、1.49%、1.64%、1.21%。

2. 四川省前期开展的重金属污染防控工作

四川省从 2014 年开始在全省部分县区开展实施四川省农产品产地土壤重金属试点项目，通过项目实施，摸清了土壤重金属变化趋势和污染来源。在此基础上形成了相关的污染防控技术和模式，开展综合防控技术示范，开展水稻安全利用示范。筛选出了‘沈稻 1 号’‘成恢 3203’和‘川优 6203’富集镉能力较弱的低积累品种水稻，集合土壤调理剂，叶面阻控剂等农作物安全利用技术，保证污染耕地的安全利用，并以项目为依托在当地开展示范。通过合理的品种选择、钝化剂使用等调控措施可以在一定程度上保证四川省重金属中、轻度污染农田土壤安全利用，改善四川省粮食安全状况。

编制了四川省《农用地土壤环境质量类别划定技术方案》《轻—中度污染耕地安全利用工作方案》和《农用地土壤环境保护工作方案》为四川省全面开展农产品产地土壤重金属污染防治提供技术指导。通过工作的开展，初步保证了轻度污染地区农产品的安全生产，降低了中度污染地区的农产品污染风险。通过项目的实施，组建了一支包含大学，科研机构和大专院校专家为主的污染耕地安全利用专家队伍。

与国内其他省区相比，四川省由于前期项目经费支持有限，通过农产品产地土壤重金属试点项目在全省开展的示范措施以单一措施为主，并且示范面积有限，与国家对四川省完成污染耕地安全利用工作的目标有较大差距。急需在前期工作的基础上对技术模式进行综合和推广，进一步加大推广力度，为四川省障碍耕地安全利用技术提供技术支撑。

（二）四川省重金属污染防控存在的问题

由于土壤具有特殊性，与大气、水相比，是最终的污染物受体，也是最难于处理的环境介质，目前国际国内也无现有的经验可以利用。在确保当前粮食生产安全的前提下，缺乏成熟可靠且“低成本、能复制、易推广”的综合防治集成技术体系。并且相关技术要求高，农业农村部门缺乏农耕农艺措施为主的生产障碍耕地防治专业技术人员，修复利用经验不足。四川省污染耕地存在于成都平原区等典型的经济发达地区，以及川南乌蒙山区贫困聚集区与三州贫困地区和川北秦巴山区等，这些地区种植结构多样，生态环境复杂，同时也有很多贫困地区，污染耕地安全利用工作更为艰巨。目前工作主要面临以下问题。

1. 耕地安全利用投入不足

依照《土壤污染防治法》和“土十条”规定，受污染耕地开展安全利用。“十三五”期间，每年仅有省财政安排的近3 000万元用于耕地重金属污染防治，远远不能满足四川省治理任务要求。

2. 科技技术累积不足

由于土壤污染有其特征性，与其大气，水污染相比，土壤是环境最终的污染物受体，也是最难于处理的介质，目前国际国内也无成熟的经验可以利用。在确保当前粮食生产安全的前提下，缺乏成熟可靠且“低成本、能复制、易推广”的综合防治集成技术体系。技术要求高，农业农村部门缺乏农耕农艺措施为主的耕地重金属污染防治专业技术人员，修复利用经验不足，难以支撑大规模的耕地污染综合防治工作。

3. 污染类型多样，治理难度较大

四川省存在以石亭江流域的工业生产污染类型，川南土壤酸化区污染类型与攀西地区工矿生产与地质高背景区等多种污染类型，与其他省份单一的工业生产污染类型相比，类型更为复杂，治理难度更大。

4. 污染耕地种植结构多样，生态环境与经济环境复杂

四川省污染耕地存在于成都平原区等典型的经济发达地区，在川南乌蒙山区贫困聚集区与三州贫困地区和川北秦巴山区等，这些地区种植结构多样，生态环境复杂，同时也有很多贫困地区，污染耕地安全利用工作更为艰巨。

5. 专业人才队伍缺乏

缺乏专门的污染耕地治理技术对口部门与相关技术人员。同时地方基层也将大部分任务归口在土肥系统等，由于土壤重金属污染治理等技术性较强，导致相关技术负责人员技术缺乏，也阻碍了四川省污染耕地治理工作。

（三）现有技术措施及推广瓶颈

针对土壤镉污染治理问题，国内外土壤科学与环境科学家们尝试了包括物理、化学、物理化学、生物修复和组合人工湿地技术等，虽然效果较好，但成本高、过程烦琐，难以大面积推广。根据前期四川省和国内很多研究，不同作物、如水稻和高粱、蔬菜和水果，同一种作物的不同品种、如水稻和小麦的不同品种，对镉的吸收差异很大，不同的肥水管理和栽培技术也明显影响作物对镉的吸收，这些结果为生产无镉污染或低镉污染的农产品提供了很好的基础和希望。对中轻度污染土壤，采用切断污染源、种植镉低吸收的作物和品种、优化肥水管理和栽培技术等进行综合防控。对重度镉污染的土壤，在综合防控技术基础上，种植一些食用器官镉含量低于国家限量值的作物，如木本果树、酿酒高粱、油菜等。对重度镉污染土壤，切断污染源，种植一些工业用途的作物种类（棉花、蚕桑等）或者花卉、观赏树木、草坪等。结合近年来研究成果，提出以防控技术采用“一控五调”：控源头，调结构，调品种，调土壤，调水分，调农艺等主要技术内容，包含以下技术措施。

1. 石灰调酸技术

石灰是碱性物质，在酸性土壤中适量施用石灰，可以提高土壤 pH 值，促使土壤中重金属阳离子发生共沉淀作用，降低土壤中重金属阳离子的活性，还可为作物提供钙素营养。我们前期在成都平原的实验结果表明，轻度污染土壤使用石灰后有明显的效果。

轻中度污染耕地石灰调酸施用方式：施用于水稻移栽或小麦种植前 5~7 天与底肥一起撒施，推荐施用量见表 1 所示。

技术推广瓶颈：连年过量施用石灰容易破坏土壤团粒结构，易导致土壤出现板结现象。同时由于石灰需要购买，目前无机械施用方法，人工施用难度较大，每亩需要成本 120 元，如无补贴难以推广。

表 1 不同酸性及质地土壤农用石灰施用量 （单位：千克/亩）

酸碱性 \ 质地	生石灰			熟石灰			石灰石		
	黏土	壤土	砂土	黏土	壤土	砂土	黏土	壤土	砂土
pH 值<5.0	210	185	160	252	222	192	315	278	240
5.0≤pH 值<5.5	160	145	110	192	174	132	240	218	165
5.5≤pH 值<6.0	110	95	80	132	114	96	165	143	120
6.0≤pH 值<6.5	55	55	40	66	66	48	83	83	60
6.5≤pH 值<7.0	25	25	25	30	30	30	38	38	38

2. 低积累水稻品种推广

不同水稻及小麦品种对重金属积累差异较大，在轻中度重金属污染土壤中种植可食用部分重金属富集能力较弱，但生长和产量基本不受影响的水稻、小麦品种，可以抑制重金属进入食物链，有效降低水稻及小麦的重金属污染风险。水稻、小麦品种主要包括长江上游和四川省推荐审定的部分主推品种以及当地自选主推品种。

轻中度污染耕地推荐种植的低积累水稻品种：‘皖稻 68’‘B 优 827’‘天优占华’‘成恢 3203’‘德粳 2 号’等。

技术推广瓶颈：由于低级积累水稻往往产量低于常规水稻，同时粳稻等种植需要多补充肥料，因此农民无自主意愿种植，需要政府补贴，每亩补贴成本200~300元。

3. 重金属阻控施肥技术

施肥是满足作物生长所需养分的重要途径，同时可以对重金属有效性产生较大影响。优化施肥是指根据土壤环境状况与种植作物特征，优化有机肥、化肥种类及施用量。化肥的施用要结合当地耕作制度、气候、土壤、水利等情况，选择合适的氮磷钾肥料品种。避免化学肥料活化重金属污染物，同时施肥时应把握适度原则，防止过量施肥引起土壤盐化、土壤酸化、土壤板结等问题及可能的二次污染。

轻中度污染耕地地区优化施肥推荐：水稻秧苗移栽或小麦种子播种后，选择尿素或碳铵为氮肥，钙镁磷肥为磷肥，硫酸钾为钾肥。除常规施肥外，增施硅钙肥或有机肥。

技术推广瓶颈：推广施肥技术难度大，同时与常规施肥相比，产量可能会有一定程度降低，每亩成本在30~50元。

4. 原位钝化技术

通过向土壤中添加钝化材料，将土壤中有毒有害类重金属离子由有效态转化为化学性质不活泼的形态，降低其在土壤环境中的迁移、生物有效性和毒性。在施用钝化剂时，选择土壤pH值在4.5~6.0，土壤镉含量在0.6毫克/千克以上的耕地，钝化剂的施用于水稻移栽或小麦种植前5~7天与底肥一起撒施，并与土壤混匀。

技术推广瓶颈：商品钝化剂成本高，每亩成本800~1 500元。

5. 水分调控技术

酸性土壤在淹水条件下，土壤环境呈还原状态，土壤pH值显著升高，镉容易形成硫化物沉淀，活性也随之降低，从而减少作物对镉的吸收。淹水灌溉期间，应加强灌溉水质监测，确保灌溉水中重金属含量达到农田灌溉水质标准要求。

在水源充足，排水方便的田块，在保证灌溉水源清洁的前提下，实行有水层灌溉，水稻分蘖盛期露田但不晒田，乳熟期浅水灌浆不脱水，田间基本保持有水层，至收获前7~10天排干水，方便收割；在水源不足，排水不便的田块，在保证灌溉水源清洁的前提下，在水稻分蘖初期至收割前7天，田块都要淹水灌溉且要达到2~5厘米深，分蘖盛期前实行浅水灌溉，分蘖盛期后进行淹水灌溉，收获前1周才可以排干田面积水，方便收割。

技术推广瓶颈：需要由稳定的水源保证，同时后期的淹水不利于水稻的机械化收割，每亩成本50~80元。

6. 叶面调控技术

在水稻孕穗期至灌浆期按时、足量、均匀进行叶面喷施，喷施次数1~2次，主要为含螯合铁、硅、腐殖酸、镁等的水溶性肥料。EDDHA-Fe（螯合铁）喷施处理可以显著降低水稻籽粒中镉的含量。

技术推广瓶颈：在大气沉降区域由一定作用，需要增加农民工作量，每亩成本100~200 元。

7. 秸秆离田技术

由于农产品的秸秆比可食部分富集重金属能力更强，因此常规的秸秆还田等技术无法满足污染耕地的安全利用，该区域的特殊性对秸秆利用提出了秸秆离田利用，秸秆能源化，基料化等新的要求。通过政策扶持，支持运营平台建设，提高农作物联合收割、打捆、压块和储存运输全程机械化服务能力，全面提高秸秆综合利用水平，促进秸秆利用工作由“堵”变“疏”工作方式的转变。成立秸秆收储运营公司。鼓励实力较强的企业组建秸秆收储运营公司。负责整合资源、建立销售渠道、制定收储细则和规划布局，努力打造秸秆收、储、销及秸秆综合利用的平台。建立乡镇和村级秸秆收储中心，鼓励实力较强的农民合作社和个人参与运营，主要负责农机手作业、秸秆的收储等工作。

技术推广瓶颈：秸秆离田成本较高，每亩需要补贴成本 50~100 元。

8. 种植结构调整

镉轻度污染区蔬菜种植风险较低，其中莴笋、白菜、萝卜等蔬菜种类较为安全。成都平原镉轻度污染区镉低积累菠菜品种为绿霸王和太阳神等，镉相对低积累莴笋品种为竹筒青，大多数莴笋品种的镉含量都在茎菜类蔬菜和叶菜类蔬菜国家标准以下；所有试验的瓢儿白、大白菜和萝卜镉含量都在蔬菜国家标准以下，基本能实现安全生产。

对重度镉污染的土壤，在综合防控技术基础上，种植一些食用器官镉含量低于国家限量值的作物，如木本果树、酿酒高粱、油菜等。对重度镉污染土壤，切断污染源，种植一些工业用途的作物种类（棉花、蚕桑等）或者花卉、观赏树木、草坪等。

技术推广瓶颈：蔬菜种植需要考虑销路问题，种植其他作物农民需要补贴，每亩补贴成本 1 000~1 500元。

9. 稻麦轮作区综合技术模式

在稻麦轮作区实施改稻麦为玉米—油菜轮作，同时辅助土壤调理剂和秸秆移除三项技术综合的技术模式。通过改高富集的水稻、小麦为低富集的玉米和油菜，同时施用海泡石、钙镁磷肥、生物炭等土壤调理剂降低土壤镉活性，同时采取秸秆移除，逐步降低土壤中镉的含量，保证作物安全生产。

技术推广瓶颈：种植结构调整需要一定补贴，每亩补贴成本 500~800 元。

10. 工矿污染区综合防控技术模式

在工矿周边大气沉降影响较大的区域采取低积累水稻品种+肥料调控+叶面阻控综合技术模式。由于该区域仍然由大气沉降重金属的输入，因此需要采取叶面阻控措施降低大气沉降对水稻生长的影响，同时采取种植粳稻等低积累水稻品种，降低作物吸收累积重金属的风险。辅助采取选择尿素或碳铵为氮肥，钙镁磷肥为磷肥，硫酸钾为钾肥降低肥料对土壤中重金属镉的活化。

技术推广瓶颈：该模式成本较高，每亩需补贴成本800~1 000元。

11. 稻菜轮作区综合防控技术模式

在稻菜轮作区采取低积累水稻品种+低积累蔬菜种类+石灰调酸+水分调控综合技术模式。由于在稻菜轮作区，由明显的土壤酸化现象，因此采用施用石灰调教土壤酸碱度，降低土壤重金属活性，同时采取低积累水稻品种和低积累蔬菜种类，避免种植叶菜等高富集蔬菜，种植根茎类和茄果类等低富集蔬菜种类。田块都要淹水灌溉且要达到2~5厘米深度，分蘖盛期前实行浅水灌溉，分蘖盛期后进行淹水灌溉。

技术推广瓶颈：石灰施用难度较大，每亩同时需要贴成本600~800元。

（四）对策与措施

采用技术集成、应用与验证示范相结合的方法，构建低成本、可复制、易推广的稻米重金属污染综合防控技术体系。根据不同区域、不同土壤类型、不同种植模式、不同农艺措施进行集成示范，形成可推广、可复制、低成本，农民看得懂、易操作的技术体系。

1. 加大污染耕地安全利用与修复投入

依照《土壤污染防治法》和“土十条”的规定，受污染耕地开展修复与安全利用。建议国家和省级财政加大对农业农村部门的经费支持力度。保障农业农村部门每年固定经费开展农产品产地生态环境保护工作。安排专项资金对优先类农产品产地进行保护，对中轻度污染产地进行安全利用技术推广与示范，对重度污染地区进行加大结构调整示范补贴力度。在前期工作和研究成果的基础上，加大保护，安全利用与种植结构调整示范推广力度，在重点区域先行先试，并逐步推广到其他地区，最终改善农产品产地土壤生态环境安全，保障农产品质量安全与社会稳定。推进农药减量控害，大力推广绿色防控技术和专业化统防统治技术，禁止使用高毒、高残留农药。加强农膜减量利用和废弃农膜回收利用，加大农药包装废弃物回收处置力度。

2. 污染源控制

在工矿业集中的区域，控制工矿业排污，在工矿区周围建立隔离带，阻控污染源。除此之外对于水泥制造等行业要注意相关的大气排放对周边农用地土壤的环境污染，也对目前存在的大型采矿厂附近的排放进行整改和治理，保证排放达到国家标准。对于矿山废水和排污工厂等企业，要注意监测企业的污水排放，避免不合理地任意乱排与偷排进入灌溉渠道以及地下水，最终造成对土壤环境的污染。

农用化学品的控制，禁止或限制使用重金属超标、剧毒、高残留农药，如有机氯农药；采用高效、第毒、低残留农药，如除虫菊酯、烟碱等天然成分的农药。合理施用硝酸盐和磷酸盐等肥料，科学施用，提高肥效，减少施用量，禁止使用重金属等有毒有害物质超标的肥料；畜禽养殖肥等有机肥经无害化处理检测达标后可还田利用。

灌溉水检测，大型灌溉水源地实时监测水质状况，定期抽检水质。农膜使用与回收，鼓励废弃农膜回收和综合利用，建立农药包装容器和农膜废弃物回收点。

3. 加大科技投入、增加基础技术积累

由于土壤重金属污染是世界性难题，在国内外还没有成熟的方法加以借鉴。同时由于四川土壤有其特殊性，需要加强科技投入，加大科研院所的研究合作力度。通过科研院所与地方农技推广机构的大力合作，在省级层面为农产品产地土壤生态环境保护工作提供技术支撑，在基层为基层农技人员提供培训与指导，为更好的开展产地土壤生态环境保护工作提供保障。

加强农产品镉污染防控技术的基础与应用基础研究，突破技术瓶颈，与其他研究相比，重金属污染只是近年来才引起高度重视，所以研究历史短，不深入、不系统，防治技术体系不完整，至今几乎没有专门的研究经费支持，需要特别关注。

（1）在抗镉污染作物种类和品种的筛选上，系统开展镉污染土壤上粮食、油料、蔬菜、水果、花卉、糖料等作物植株及不同器官对镉的累积特性、敏感程度研究，筛选出更多的抗镉污染的作物、品种，经反复验证后，短期内就可在镉污染区域推广。

（2）培育低富集镉的品种，如四川省农科院培育的超高产杂交水稻‘德香4103’‘川优6203’等，所以应加强抗镉污染作物品种的遗传特性研究，广泛筛选抗镉污染的材料，利用筛选出来的材料与现有高产品种杂交，培育出抗镉污染的高产、优质性品种。

（3）加强镉污染土壤修复技术基础研究，依据土壤类型和污染程度，进行土壤镉活性抑制剂作用机理及应用技术研究，研发高效抑制土壤镉活性的材料，用于吸附和固定土壤中的有效镉，阻止镉进入作物体内。

（4）开展土壤镉污染防控的农艺措施与耕作制度研究，提出适宜镉污染区的耕作制度和栽培技术，减少镉由土壤向作物的转移量。筛选高富集镉的植物品种和栽培技术，形成高效的镉生物治理技术体系，使镉不断地被移出土体，最终达到消除镉污染的目的。

4. 加强专业队伍建设

建议在省级成立专门的土壤污染治理部门或者归口部门，明确责任，加强管理。在基层加强基层农技人员的技术培训，逐步建立起专业的技术队伍与体系，有力的支撑四川省污染耕地治理工作。

5. 加强领导，保障部门间协作配合

加强与环保、国土、科技等部门合作，共同推动相关政策出台和项目实施，积极引导地方政府开展优先类农产品产地保护工作，轻中度污染土壤安全利用工作与重度污染地区种植结构调整工作。

三、四川省农田氨挥发现状及防控对策建议

（一）四川省农田氨挥发现状

氮肥施入土壤后以氨（NH_3）挥发形式排放到大气中，是农田土壤氮素流失的主要形式之一。氨挥发不仅降低肥料利用率、增加了农业成本、促进 PM2.5 的形成，还可通过大气干湿沉降引发水体富营养化以及作为第二次污染源再次破坏环境，严重影响生态环境和人类健康。四川省粮食主产区存在施用氮磷肥严重过量、水肥管理粗放、过度追求高产等农业生产问题，在人口膨胀的压力下形成了以高投入、高产出、高污染为主要特征的传统生产模式。2018 年四川省化肥总施用量为 235.2 万吨，其中氮肥施用量为 112.1 万吨（四川统计年鉴，2019），化肥平均施用量为 350 千克/公顷，农业生产引起的面源污染已成为制约四川省农业可持续发展的关键。四川省氮肥施用产生的氨排放量占氨排放总量的 23.1%，农田氨挥发受土壤理化性状、气候条件、水肥管理等因素综合影响（图 1 和图 2）。

四川省农业科学院土壤肥料研究所林超文团队研究发现，四川盆地稻田氨挥发损失的氮素占施氮量的比例为 10%~43%。稻田氨挥发总量随施氮量的增加而增加，二者呈极显著的相关关系。稻田氨挥发量与田面水温度和 pH 值显著正相关，氨挥发速率与田面水中的 NH_4^+-N、可溶性氮和总氮浓度均具有显著的相关关系。稻田秸秆还田量为 5 000 千克/公顷时，添加 1%脲酶抑制剂处理的氨挥发总量显著小于未添加脲酶抑制剂处理。在等氮量替代条件下，与常规施肥相比，随着有机肥替代比例的增加，稻田氨挥发总量减少 21.77~49.55 千克/公顷。30%有机肥替代化肥是川中紫色土丘陵区域较为适合的稻田施肥方式，对降低氮肥环境污染风险和提高水稻产量的综合效果显著。大白菜季氨挥发主要集中在施肥之后的两周之内，施肥量和温度是影响大白菜季氨挥发的主要因素。川中紫色土丘陵区施氮肥量为 187.5 千克/公顷时，大白菜的产量和环境效益最佳。中国科学院成都山地灾害与环境研究所朱波团队研究发现，川中丘陵区紫色土冬小麦季氨挥发损失占施氮量的（8.1±1.0）%，夏玉米氨挥发损失占施氮量的（32.8±1.8）%。夏玉米撒施添加有脲酶抑制剂 Limus 的尿素，氮肥一次性条施和氮肥分两次条施的氨挥发损失率仅为 4.8%、3.8%和 1.3%，均可减少 90%以上的氨挥发损失，具有很好的减排效果。四川农业大学王昌全团队研究发现成都平原稻田猪粪和化肥配施处理的总氮、可溶性氮、铵态氮、可溶性钾浓度较常规化肥处理能分别降低 7.94%~23.60%，19.23%~29.23%，21.28%~35.20%，16.42%~25.71%。猪粪和化肥配施处理较常规施肥处理能降低氨挥发累积量 4.21%~16.74%。可见，采用合适的农田管理措施来降低农田氨挥发对提高氮肥利用率和降低氮肥环境污染风险具有重要现实意义。

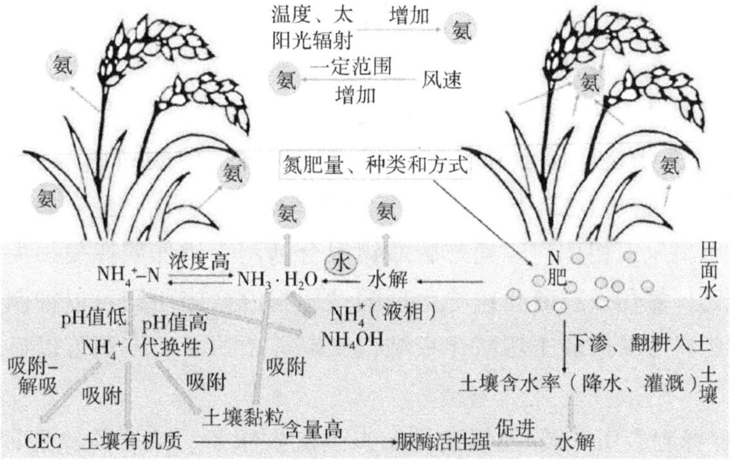

图 1　稻田施肥后氨排放过程及影响因素

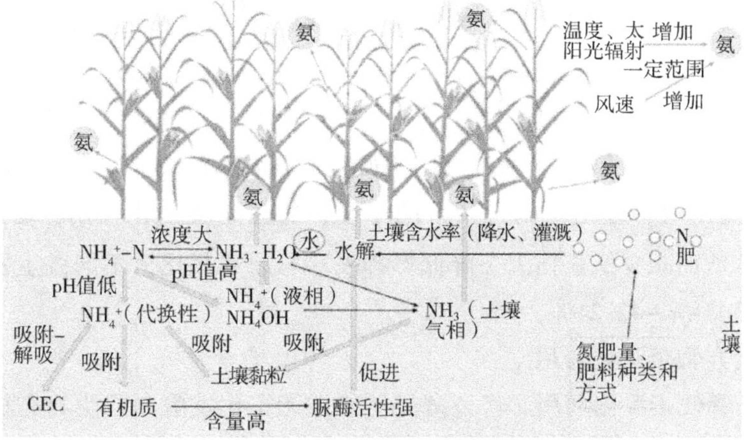

图 2　旱地施肥后氨排放过程及影响因素

（二）四川省农田氨挥发防控存在的问题

目前氨排放尤其是农业源氨排放对环境的影响尚未引起足够的重视，相关防控技术研究也不够深入。大多针对农田氨挥发减排技术的研究仅考虑氮素的单一损失途径，对氮肥的损失去向缺乏系统性研究。对不同减排技术措施在田间的应用效果缺乏相应系统性评价指标。针对农田氨挥发损失及减排技术研究工作，需要加强稻田氨挥发损失的长期原位监测，将田间监测数据与影响稻田氨挥发的主控因子结合，构建符合四川省实际情况的氨排放模型。此外，需要分析和评价不同的减排技术，综合考虑经济效益、氨挥发和温室气体协同减排等因素，有针对性地提出综合的氨挥发减排技术体系。

（三）四川省农田氨挥发防控的对策建议

1. 优化氮肥类型

（1）化学氮肥配合使用。目前我国使用的氮肥主要类型有尿素、硫酸铵、碳酸氢铵和硝酸铵，不同氮肥在土壤中的分解转化过程存在差异，因此施入农田后氨排放也存在差异。与尿素相比，硝酸铵、硫酸铵、磷酸脲、硝酸铵钙和磷酸铵分别减少88.3%、82.9%、76.2%、67.3%和51.5%的氨挥发。无机化肥配合施用能够减少氨挥发的产生。与单施尿素相比，尿素与碳酸钙混合施用会增加氨挥发损失；而尿素与氯化钾、过磷酸钙、氯化铵或硫化铵等生理酸性肥料混合施用则可以抑制氨挥发，但是过量施用这类肥料容易造成土壤酸化板结；氮磷钾肥的平衡施用可以显著降低氨挥发损失。

（2）缓/控释肥应用。缓/控释肥（如包膜硫衣尿素、聚合物涂层尿素和脲酸等）通过包膜或缓溶性物质阻隔了尿素与土壤的直接接触，减缓了脲酶对尿素的水解作用，协调氮素供应与作物氮需求，实现作物增产和氨减排。相对于普通尿素施肥，缓/控释肥可降低约30%的氨挥发损失。

（3）复合微生物肥应用。复合微生物肥由特定微生物菌剂与营养物质复合构成，主要包括三大类：细菌肥料（如固氮菌肥）、真菌肥料（如木霉菌肥）和放线菌肥料（如光合细菌肥）。其含有的植物根际促生菌，具有固氮、解磷、溶钾、分泌生长激素等多种促生功能，可调节植株生长发育。同时，微生物菌剂的施用降低氨挥发速率峰值期间的土壤pH值，且提高硝化菌群的丰度，加强土壤硝化作用，促进NH_4^+-N向NO_3^--N转化，从而减少氮素损失，降低氨挥发。与尿素相比，不同微生物菌剂可降低氨挥发损失13.81%~42.21%。

2. 有机废弃物资源化利用

（1）畜禽粪便资源化利用。将畜禽粪便经过无害化发酵制成生物有机肥，不仅可以维持土壤肥力，提高作物产量，还能解决氨挥发和硝态氮淋溶等环境问题。这是因为有机肥氮素释放缓慢，在土壤中还能产生大量有机酸和腐殖酸，可以增加土壤对NH_4^+的吸附能力；同时还可促进微生物活动，将土壤无机氮固定转化成有机氮，减少土壤或田面水NH_4^+浓度。但单施有机肥或替代比例过高会导致作物前期养分供应不足而减产，而且长期过量单施有机肥可能造成严重磷钾肥输入农田过多等环境问题。

（2）沼液资源化利用。沼液富含作物生长所需的多种有机物质、营养元素和活性物质，通过农田消解沼肥不仅可以有效处理废弃物和节省作物氮肥投入，还可以减少氨挥发的产生。在确定适宜的沼液用量、有机肥配施和注入施用等基础上，配合就近施用或沼液浓缩等手段，是实现沼液资源化高效利用并减少农田氨挥发的重点。

（3）秸秆资源化利用。秸秆可改善土壤结构，提高有机质含量和阳离子交换量，促进土壤对NH_4^+的吸附，减少农田氨挥发。不同秸秆类型对氨挥发减排效果不一致。

玉米、棉花和小麦秸秆还田可以分别减少34%~39%、22%~30%和20%的氨挥发损失。

3. 添加土壤添加剂

（1）添加脲酶抑制剂。脲酶抑制剂具有破坏脲酶活性的能力，可以使氮保持为稳定且不易挥发的尿素形态，避免尿素经脲酶水解引发田面水 NH_4^+-N 和 pH 值的快速上升，从而减少氨挥发的产生，增加作物对氮肥的吸收利用率。脲酶抑制剂能有效地降低氮肥中53%~70%的氨挥发损失，减排效果显著。NBPT（N-丁基硫代磷酰三胺）是抑制效果最为显著的脲酶抑制剂，同时也是目前农业应用最广泛的脲酶抑制剂。

（2）添加生物炭。生物炭疏松多孔、表面富含负电荷官能团，可以改善土壤结构，促进作物如水稻对氮素吸收，增加土壤对 NH_4^+的吸附能力，减少田面水 NH_4^+浓度。生物炭还能吸附对硝化过程具有抑制作用的酚类化合物，增加氨氧化细菌的丰度，促进硝化作用，可减少4.4%~57.0%的氨挥发。

（3）添加有机聚合物。腐殖酸和聚天门冬氨酸是一类高分子有机聚合物，具有良好的吸附性、吸水性和螯合等性能，可作为肥料增效剂。将少量腐殖酸或聚天门冬氨酸添加到尿素中，可减少氨挥发，这是因为它们含有大量羧基、羟基等官能团，可为 NH_4^+提供大量的阳离子交换位点，并结合脲酶的硫醇基或尿素的酰胺基，抑制脲酶活性，从而降低土壤/田面水的 NH_4^+浓度。

4. 水肥科学管理

（1）氮素运筹管理。氮肥施用量是影响氨挥发的最主要因子，随着氮肥的投入量的增加，氨挥发损失量不断增加。减少水稻基肥期氮肥用量，增加施肥次数，将一次性施肥改为分次施肥模式，可减少约24%的氨挥发。相较于表施，氮肥深施可以降低54%~90%的氨挥发，肥料深施后可以增加土壤与 NH_4^+的接触，增加对 NH_4^+的固定，也可增加根系对其养分的吸收，提高养分利用效率。同时氮肥施用也不宜过深，当施肥深度与根系生长点距离过大时，无法满足根系养分需求，会导致水稻减产。氮肥深施最适宜的深度为10厘米，此时可以获得最高水稻产量和较低氨挥发。

（2）水分管理。节水灌溉可以改善根系形态、保持土壤养分、提高氮素利用率和作物产量，同时显著降低氨挥发。灌水施肥和水肥一体化措施可以将氮素带入土层深处，在土壤胶体的吸附作用下，可以最大限度地降低氨挥发氮损失。

综上，实际生产过程中采取哪种氨挥发控制与减排技术，应根据不同生态区域、不同作物养分吸收规律和生长期、劳动机械化水平及生产效益等因素进行综合选择，以实现粮食安全、农民增收、土壤质量可持续发展和减少环境污染的多重目标。

四、四川省地膜污染现状及防控对策建议

地膜覆盖是灌溉农业不可或缺的保障性技术，具有增温、保墒、除草、保肥和增产等作用。但传统农用地膜材料主要是聚乙烯，在自然环境条件下难以降解，长期重

使用轻回收，废旧地膜多残留在农田土壤中，导致农田生态逐渐恶化，给社会带来巨大的环境成本。加强残膜污染治理，已成为推进农业绿色发展的重要举措。

（一）四川省地膜污染现状

地膜覆盖技术提高了农业生产力，地膜的覆盖面积与使用量也逐年加大。我国地膜覆盖面积从1992年的0.89亿亩增长到2017年的2.76亿亩，年均增加0.07亿亩，目前地膜覆盖面积已占耕地总面积的12%以上；地膜使用量从1992年的38万吨增长到2017年的143.7万吨，年均增加4.2万吨，已占世界地膜使用总量的50%以上；地膜覆盖技术遍及20余种农作物。四川省是西南地区覆膜栽培的主要种植区，地膜覆盖面积从1992年的99.3万亩增长到2017年的1 495万亩，2017年种植业地膜使用量已达8.58万吨。

传统农业地膜使用的是聚乙烯膜，难以降解，可以在土壤中残留200~400年。由于我国长期重使用、轻回收，随着覆膜年限的增加，残膜累积效应导致地膜残留污染日趋加剧。当前我国地膜残留总量近200万吨，回收率不足2/3。四川仅2017年种植业地膜的累积残留量便达0.63万吨。且农民为了降低生产成本，愈发青睐厚度低于0.008毫米的薄地膜，薄地膜的抗拉强度和使用寿命低，更易破碎、难回收。据2016年原农业部监测数据，我国所有覆膜农田土壤均有不同程度地膜残留，局部地区亩均残留量达4~20千克，个别地块的亩均残留量达30千克以上，相当于6层地膜。而每亩0~20厘米的耕层土壤中，面积为1~25平方厘米的残膜碎片数量约为100万片，形成了残膜碎片障碍层。残膜不仅破坏土壤结构，抑制微生物活性，阻碍水肥传输，引起作物减产，违背了覆膜增产的初衷。而且残膜中含有的增塑剂多为酞酸酯类化合物，不仅会对土壤、空气和水等造成污染，还能通过食物链进入动物和人体，危害健康，对农业生产和生态环境构成巨大威胁。

（二）四川省地膜污染防控存在的主要问题

近年来，围绕地膜回收体系构建，残膜治理方式等，我国政府出台了一系列的政策文件，四川也制定了地方政策及指导性文件。农田“白色污染”加重的趋势得到了有效的遏制，但总体上农膜污染形势依然严峻。地膜使用过泛、残膜回收补贴项目资金有限、回收机制不健全、残膜回收机械装置研发滞后、废旧地膜回收利用产业链不完善、监管力度薄弱等问题依然存在。

1. 残膜回收率低

四川加强废弃农膜的回收利用，部分地方政府出台了奖励农民回收农用地膜的政策，对回收地膜进行补贴。但四川地形地貌复杂，人均耕地较小，丘陵山区机械化程度低，回收机械推广率低，残膜回收主要依靠传统人工捡拾。人工回收成本高达一亩近65元，是机械回收的3倍以上。当季使用的地膜通过人工捡拾可以回收60%~80%，但过去残留的地膜隐藏在土壤的各个深度和维度，人工捡拾效率低下。四川省2018年发布的《四川省创新体制机制推进农业绿色发展实施方案》中有完善废旧地膜和包装废弃物等回收处理制度，提到了加大对 0.01 毫米以上新国标地膜的推广力度。但由于监管力度薄弱，且使用新国标地膜会增加每亩 20~40 元的生产成本，农民仍愿意使用 0.008 毫米或更薄的地膜。残膜回收机械推广率低、人工回收成本高、农户购买国标地膜和主动回收地膜的积极性低等原因综合导致残膜回收率低。

2. 残膜回收再利用难

回收的残膜与土壤、秸秆等混合在一起，含杂率高达 50%~80%，需要进一步人工分拣清洗后才能开展后续利用，可再利用性差，并且再生过程中还会产生二次污染。残膜再生利用一般用于生产滴灌带或者再生颗粒，但回收残膜生产滴灌带的成本约每米 0.15 元，而直接用原材料生产的成本每米只有 0.09 元，再生颗粒的销售价格也很低。残膜处理加工后价格上没有竞争优势，再利用企业利润率低，无法靠市场效益支撑发展，只能依赖政府资金扶持，难以实现可持续经营，企业生产积极性不高。故而地膜回收利用产业市场化运行的难度大。

（三）四川省地膜污染防控的对策建议

1. 源头控制

推进地膜使用源头减量，分区域分作物开展地膜覆盖技术适宜性评估，防止地膜使用过泛过滥。加强对农民宣传教育使用符合新国标的地膜，同时也加大对市场的监管，减少不合适新国标地膜在市场上的流通量。积极制定符合本区域实际情况的地方标准，推进地膜生产标准化，使用标准化地膜。地膜质量标准提高后，不易破碎，既可以降低回收难度和回收成本，也可以降低残膜加工再利用的成本，从源头上控制残膜污染。

2. 优化增效

新国标地膜较厚会增加生产成本，但可以通过优化地膜覆盖方式和中期适时揭膜等技术，提高利用效率，减少残膜污染。适宜的起垄覆盖，减少无效的超宽地膜覆盖，根据田块大小“量地裁膜”，可以减少地膜的使用量，降低残膜累积。且地膜覆盖主要是在低温旱季起增温保墒的作用，而在作物生长中后期高温多雨，不再需要覆膜。此时适时揭膜，地膜还未老化发生破碎，回收率可达 90%以上，且回收完整可重复使用，提高再利用率。同时方便追肥，改变了覆膜种植中一次性施肥模式，在促进作物增产的同时提高肥料利用率。

3. 加强回收

将残膜回收定位为农田污染治理，明确残膜离田的目标。加强残膜回收作业机械的研发和改进。建议设立专项资金，以农艺、农机、农膜相结合为主线，以技术与装备创新为突破口进行研究，形成一系列回收率高、适应不同作物生产模式、适应四川不同地形地貌的专用残膜回收机型。并通过相关技术集成示范，为农用残膜污染治理提供重大技术和装备支撑。同时要带动残膜回收后续的资源化利用，加快废旧地膜回收网点建设，扶持建立回收加工再利用体系，切实提高残膜回收率。

4. 降解替代

用生物降解膜替代聚乙烯膜，是解决残膜污染问题的重要途径。目前关于生物降解材料的研究已较为成熟。巴斯夫（BASF）生产的聚合物 ecoflex®是生物降解塑料中广泛应用的最好材料之一，主要成分是脂肪族芳香族聚酯，具有良好的生物降解特性，其分解产生的碳一部分被微生物同化，一部分形成 CO_2排出。由 ecoflex®和生物降解聚合物聚乳酸（PLA）制成的 ecovio®，是一种完全可堆肥的优质聚合物，目前已广泛应用于农业、包装材料和消费品中。四川省农业科学院土壤肥料研究所与巴斯夫（中国）有限公司和云南曲靖塑料（集团）有限公司自 2018 年起开始合作，将全生物降解膜与水稻覆膜节水综合高产高效技术和优质稻有机种植新技术相结合。目前在川中丘陵区和川南水稻种植地区的应用示范取得了良好的效果。可见，将生物降解膜应用于农业生产可以兼顾地膜种植提高作物生产力和环境保护，是落实“藏粮于地、藏粮于技”战略的有效途径。但考虑到全生物降解膜的费用高于聚乙烯膜，建议政府给可降解地膜予以政策性补贴，让种粮农民获得更大的利益。

五、四川省土壤农药污染现状及防控对策

农药是农业生产中必不可少的重要生产资料，在稳定农业生产与发展、保障粮食安全等领域发挥了不可替代的作用。但随着农药使用强度的不断增加，其残留污染问题日益严峻，已成为农业面源污染的重要来源之一。目前，我国高效、低风险农药使用占比超过 90%，高毒农药逐步淘汰，水分散粒剂、悬浮剂、水乳剂等环保剂型得到大面积应用；农作物病虫害绿色防控覆盖率为 41. 5%；全国农药利用率从 36. 6%提高到 40. 6%，其余近 60%的使用量扩散到土壤等环境介质中造成污染。这些化合物及其衍生物对多种土壤原生生物有抑制活性，不仅会破坏土壤生态系统结构与功能的完整性，还会通过饮用水或农产品进入人体，危害人体健康。习近平总书记曾多次强调“强化土壤污染管控和修复，有效防范风险，让老百姓吃得放心、住得安心”，随着国家对农产品安全和品质要求的重视，土壤农药污染的治理受到越来越多科技工作者的关注。

（一）四川省农田土壤农药污染现状

我国是农业大国，年均农药使用量约 26. 3 万吨（折百量，2019 年），居世界第一，超过 100 万公顷的农田土壤受到农药污染。四川省地处西南，是我国的生态脆弱区，也是我国发展特色农产品和生态农业的重要区域，年均农药使用量 5. 12 万吨（制剂量，2018 年），使用量和使用强度均居全国中游。《四川省土壤污染状况调查公报（2014 年）》显示，全省土壤环境状况总体不容乐观，总的点位超标率为 28. 7%，攀西地区、成都平原区、川南地区等部分区域土壤污染问题较为突出；污染类型以无机

型为主，有机型次之，化学农药是农田土壤最主要的有机污染物，其中六六六、滴滴涕的点位超标率分别为 0.04%和 1.22%。

1. 除草剂污染现状

近年来，我国除草剂的增长率远高于杀虫剂和杀菌剂，年消费量约 11 万吨，占农药需求总量的 30%~40%。目前我国除草剂市场的主导产品包括以草甘膦为主的灭生性除草剂以及乙草胺、丁草胺、莠去津、2,4-D、氟乐灵、精喹禾灵、烟嘧磺隆等选择性除草剂。四川省主流除草剂品种中，莠去津、二氯喹啉酸属于长残留除草剂，草甘膦在特定土壤环境中也可能长期残留、积累并造成污染。甲磺隆、氯磺隆等曾经造成多起重大污染事故的长残留除草剂已被禁用。

莠去津是一种三嗪类除草剂，对多种单、双子叶杂草均有良好防效，该化合物在土壤中的残效期长，残留量超过 0.1 毫克/千克就能对大豆、花生、马铃薯、烟草、瓜类等作物造成严重药害。莠去津在土壤中的移动性强，可通过淋溶或地表径流进入地下水和地表水，造成水污染。研究表明，莠去津对人体淋巴细胞具有一定的细胞毒性，饮用水中莠去津含量超过 0.05 微克/升时可能增加罹患前列腺癌、胃癌的风险。考虑到莠去津对生态环境安全和人类健康的隐患，20 世纪 90 年代开始欧洲各国陆续禁止该除草剂的生产、销售和使用，但在我国莠去津仍是各大玉米产区使用最广泛的除草剂之一。吉林省主要玉米种植区土壤样品中莠去津检出率为 31.69%，平均残留量高达 0.187 毫克/千克。在四川，莠去津是玉米田经常使用的除草剂，目前尚缺乏玉米主产区土壤莠去津残留的相关调查研究，但后茬作物药害事件连年频发，为害甚广。

二氯喹啉酸是一种激素型喹啉羧酸类除草剂，主要用于防治稻田和草坪中的稗草、马唐等单子叶杂草及部分双子叶杂草。该化合物不易水解，对光和热的稳定高，通常在土壤中的半衰期为 30 天左右，在有机质含量高、酸性强的环境中残留期较长。调查显示，常规剂量使用后 60 天大多数土壤中二氯喹啉酸的残留量仍大于 0.06 毫克/千克，易导致后茬双子叶作物如烟草、番茄、黄瓜等产生药害。四川西昌烟稻轮作区土壤中二氯喹啉酸降解半衰期为 35.6 天，若按照推荐剂量 225~375g a.i./hm^2 施用，需经过 180~301 天其土壤残留量才能降至对烟草生长无致畸影响的 0.002 毫克/千克水平。

草甘膦作为一种广谱、高效、低毒的灭生性除草剂，被广泛应用于果园、茶园、苗圃及非耕地的杂草防治，其有效成分在土壤中的降解半衰期在 2~197 天，根据土壤理化性质和原生微生物降解活性等环境条件不同而呈现较大差异。草甘膦进入土壤后易与金属离子发生络合反应，长期大量使用可能导致作物出现一定程度的缺素症状。虽然草甘膦对人类的危害风险较低，但也有一些研究表明其有效成分和衍生物具有肝毒性、神经毒性和生殖毒性。

2. 杀虫剂污染现状

杀虫剂中，造成农田土壤污染的种类主要为有机氯类和有机磷类农药。有机氯类农药是一种持久性的有机污染物，具有易生物富集、高毒性的特点。我国曾在20世纪中期工业化生产并大量使用"六六六""滴滴涕"等有机氯类农药，尽管于1983年开始禁止该类农药的生产、销售和使用，但由于其难降解性，目前仍可在我国不同地区的土壤中检出，直到2007年，成都、广州、呼和浩特等城市部分区域的有机氯杀虫剂残留量仍严重超标。2011年成都市14个区县代表性蔬菜地中有机氯农药的平均残留量为61.44微克/千克，近郊区县（双流、龙泉驿、郫县、新都、温江）残留量低于边缘区县。其中滴滴涕及其衍生物为主要残留污染物，占总量的87.68%，检出度达100%；六六六和六氯苯次之，检出度高达90%以上；灭蚁灵、环氧七氯、硫丹I和γ-氯丹的检出率在45%左右。

有机氯农药开始限制并禁止使用后，有机磷类农药作为其替代品迅速发展，20世纪80—90年代是我国使用量最大的一类杀虫剂，约占杀虫剂使用总量的70%，目前很多高毒有机磷杀虫剂已禁用，但生产上仍时有违规使用。研究表明，多种有机磷类农药及其代谢产物具有神经毒性，可通过皮肤接触、呼吸、食物等途径进入人体引起中毒。四川岷江下游五通桥区主要农业种植模式下土壤有机磷农药平均含量为10.38毫克/千克，检出率84.31%，其中生姜、红薯、玉米、芥菜、莴笋中检测出水胺硫磷、甲基对硫磷等有机磷农药残留。

3. 杀菌剂污染现状

由于大部分杀菌剂药效较低，施用后短时间内难以看到明显的防治效果，因此生产中用量常超过登记用量数倍甚至数十倍使用，已成为果树、蔬菜生产的重要污染源之一。我国关于土壤杀菌剂残留的报道较少，目前已知多菌灵和百菌清在水果、蔬菜中的检出率较高。

（二）四川省农田土壤农药污染防治存在的问题

（1）四川省缺乏针对土壤农药污染监管及防治的地方性法律法规，不能为农业土壤保护形成全面系统的法律支持。

（2）家底不清，莠去津、二氯喹啉酸等高风险农药已在省内多地造成残留药害，但具体的使用情况、危害区域、危害程度仍不明确，对于长残留农药的使用缺乏系统的风险评价和科学指导体系。

（3）缺乏完善有效的土壤农药污染监督、整治机制，目前虽试探性地开展过一些污染监测、治理工作，但在资金供给、技术支持、执行力度等方面尚有较大欠缺。

（4）公民缺乏强烈地农业土壤环境保护意识，一般农户和乡镇农企对土壤环境保护的意识较为淡薄，加之农业生产力水平较低，乱用、超量使用农药现象较为普遍，违规施用高毒高残留农药，导致农业土壤污染事件频发。

（三）四川省农药污染农田的综合治理的对策建议

1. 制定农业土壤污染防治法，加强农药安全使用宣传

应依据《中华人民共和国土壤污染防治法》，加快推进落实《四川省土壤污染防治条例》《四川省固体废物污染环境防治条例》《四川省农药管理条例》等法规条例的制定、修订工作，为保护四川省农业土壤资源提供针对性的法律保障。全面开展土壤农药污染和环境保护为主题的宣传教育活动，加强相关法律法规的解读，普及土壤环境保护知识，培训农药安全使用技能，让广大民众认识到土壤农药污染的危害，提高保护环境的使命感，形成可持续的绿色农业生产模式。

2. 加强调查监测，摸清家底

加强土壤环境监测预警建设，全面推进土壤污染状况详查，明确四川省长残留农药污染的分布区域和发生特点，完成风险分级，建立污染地块清单、优先控制名录。农药污染物含量超过土壤污染风险管控标准的耕地，要开展风险评估并按照农用地分类管理制度实施管理。加强农药污染源头控制，有计划地淘汰残留期长的高风险农药。加快土壤环境质量监测网络建设，加强省级土壤风险管控区、各市（州）农业土壤污染监测系统、农产品污染物含量超标区域等重点区域土壤监测能力建设，提升监测水平，完善信息化管理平台，实现数据动态更新，做好信息资源共享。

3. 加强科技支撑，提高土壤农药污染的治理水平

加强基础性研究，推进土壤污染管控与修复共性关键技术研发，包括土壤环境污染物的多尺度效应及其与生物互作机理，原位强化生物修复技术，土壤复合污染阻控和靶向修复技术等，建立土壤农药污染防治科技支撑体系，研发推广快速检测、修复等关键技术和设备。建立重点区域土壤污染长期定位研究基地和多区域多要素观测网络系统。推广污染耕地治理经济性较好、技术可行的农艺措施，选育对农药污染抗性强的作物品种。

参考文献

冯小琼，王幸锐，何敏，等，2015. 四川省 2012 年人为源氨排放清单及分布特征［J］. 环境科学学报，35（2）：394-401.

贺亚旭，蒋思捷，舒小情，等，2021. 二氯喹啉酸的残留现状及治理对策研究进展［J］. 农药学学报，23（1）：31-41.

黄晶晶，朱波，林超文，等，2014. 施氮量和田面水含氮量对紫色土丘陵区稻田氨挥发的影响［J］. 土壤，46（4）：623-629.

李喜喜，王昌全，杨娟，等，2015. 猪粪施用对水稻田面水养分动态变化特征及流失风险的影响［J］. 水土保持学报，29（5）：130-136.

林超文，罗付香，朱波，等，2015. 四川盆地稻田氨挥发通量及影响因素［J］. 西南农业学报，28（1）：226-231.

卢丽丽，吴根义，2019. 农田氨排放影响因素研究进展［J］. 中国农业大学学报，24（1）：149-162.

罗付香，林超文，刘海涛，等，2018. 不同施氮量对紫色土大白菜季产量和氨挥发的影响［J］. 植物营养与肥料学报，24（3）：685-692.

潘声旺，罗竞红，何茂萍，等，2011. 成都市蔬菜种植地土壤中有机氯农药分布特征及风险评价［J］. 成都大学学报（自然科学版），30（3）：195-200.

肖其亮，朱坚，彭华，等，2021. 稻田氨挥发损失及减排技术研究进展［J］. 农业环境科学学报，40（1）：16-25.

徐鹏，封跃鹏，范吉，等，2014. 有机氯农药在我国典型地区土壤中的污染现状及其研究进展［J］. 农药，53（3）：164-166.

许咏梅，房世杰，马晓鹏，等，2018. 农用地膜污染防治战略研究［J］. 中国工程科学，20（5）：96-102.

薛颖昊，曹肆林，徐志宇，等，2017. 地膜残留污染防控技术现状及发展趋势［J］. 农业环境科学学报，36（8）：1595-1600.

俞发荣，李登楼，2015. 有机磷农药对人类健康的影响及农药残留检测方法研究进展［J］. 生态科学，34（3）：197-203.

张翀，韩晓阳，李雪倩，等，2015. 川中丘陵区紫色土冬小麦/夏玉米轮作氨挥发研究［J］. 中国生态农业学报，23（11）：1359-1366.

张翀，李雪倩，苏芳，等，2016. 施氮方式及测定方法对紫色土夏玉米氨挥发的影响［J］. 农业环境科学学报，35（6）：1194-1201.

张倩，郭伟，宋超，等，2013. 二氯喹啉酸在不同土壤中的降解规律及其影响因子［J］. 中国烟草科学，34（6）：83-88.

赵玲，滕应，骆永明，2017. 中国农田土壤农药污染现状和防控对策［J］. 土壤，49（3）：417-427.

赵岩，陈雪庚，温浩军，等，2017. 农田残膜污染治理技术研究现状与展望［J］. 农业机械学报，48（6）：1-14.

邹小阳，牛文全，刘晶晶，等，2017. 残膜对土壤和作物的潜在风险研究进展［J］. 灌溉排水学报，36（7）：47-54.

四川耕地高效持续利用模式研究报告

刘定辉　陈尚洪　陈红琳　郑盛华　万柯均　敖玉琴　杨泽鹏
（四川省农业科学院农业资源与环境研究所，四川　成都　610066）

摘　要：农作制度是生产和生态的统一，是耕地高效持续利用的基本遵循。耕地持续高效利用模式的构建是基于持续生产力和高效生产并重，重大瓶颈技术突破的农作制度的创新。四川属亚热带湿润气候，传统农作制度丰富。但是，农作制度具有明显的时代特征，面向新的农业发展形势和时代需求，在耕地地力提升与地力常新的高效持续利用模式方面，创新研究不足，技术装备支撑弱等问题凸显。包括三大方面：一是与机械化发展大方向不相适应；二是缺乏养分周年平衡的研究与关键技术；三是机械化背景下的茬口相互挤压，生产能力降低。据此，既立足当前又面向未来的粮食安全，持续提高耕地粮食生产能力，维护土壤健康，藏粮于地，提出三个方面的技术对策与建议：一是构建基于机械化的新型间套作高效利用模式，二是开展周年养分调控的研究和技术集成，三是突破育插苗（秧）重大技术与装备。

关键词：耕地；持续；高效；农作制

引言

“没有不良的土壤，只有不良的耕作。”地力提升与地力常新是耕地高效持续利用的两翼，同等重要。基于高产高效的持续生产力是藏粮于地必须要解决的问题。

四川省地形地貌、气候生态、土壤类型多样，形成了丰富的耕地利用模式，“因土因区域”构建基于耕地用养结合，地力常新的新型高效持续利用模式，是既立足当前又面向未来的粮食安全的现实需要。农作制（farming system），亦称为耕作制度，是指一个地区或生产单位的农作物种植模式及与之相匹配的养地制度的综合技术体系。种植模式（cropping system）是指一个地区的作物组成、配置、熟制与种植方式的综合搭配。种植模式的确立与调整受自然因素和社会经济因素两个方面的共同影响，气候变化是影响种植结构调整的重要因素，而社会经济条件则是驱动种植结构调整的主要因素。耕地高效持续高效利用模式就是农作制和种植模式的有机结合。研究四川农作制的历史沿革，现有模式的突出问题，合理利用耕地，是藏粮于地的核心要义。

土壤是一个有机生命系统，是生态环境的重要组成部分。土壤健康是土壤挥维持动植物生产力、提高水和空气质量、改善动植物健康状况的能力。我国人均耕地数量仅为世界平均水平的45%，耕地土壤的有机质含量不及欧洲同类土壤的1/2，土壤侵蚀、水土流失、土壤沙化、酸化和盐渍化面积还在继续扩大，土壤健康面临土壤可持续利用和提高生产力双重压力。基于自然生态环境过程的土壤健康维护方案十分重要。修复农田及其周边自然植被和生境；推行免少耕保护性耕作及其农作制；秸秆或植物绿色覆盖，控制土壤侵蚀等。土壤健康是藏粮于地的基本前提和根基所在。

土壤不仅是人类的“摇篮”、农业之本，还是粮食安全、水安全和更广泛的生态系统安全的基础。它每天直接为全球70亿人提供了80%以上的热量、75%的蛋白质和植物纤维。土壤为人类提供了95%的食物，随着人口的增加，到2050年，土壤需要多产出60%的食物才能满足人类的需求。耕地的高效利用必须基于持续利用，维护土壤的持续生产力。

2021年6月4日，联合国粮食及农业组织（粮农组织）与联合国环境规划署（环境署）发表联合报告指出，到2050年，地球上的人口会突破90亿，要养活如此多的人口，都要靠土壤。土壤不仅对于农作物的生产至关重要，它还具有多种功能：过滤、净化并存储水；通过微生物的分解作用来保证物质循环；净化空气，是最重要的碳库；能减缓气候变化，维持生态系统健康。

一、四川省农作制度的发展演变

（一）旱地农作制的发展演变

四川省是中国西南典型旱作农业区，旱作粮食作物播种面积和粮食作物产量均占全省2/3左右，粮食作物种类繁多，产量潜力大，在全国占有突出地位。旱地作物主要包括玉米、油菜、小麦、甘薯、马铃薯、高粱、豌豆、蚕豆等。旱地农作制度发展演变大致分为以下几个阶段。

1. 一年多熟间套复种起步阶段

中国自唐宋以后，一年两熟制分布北界基本位于秦岭—淮河一线，虽然构成一年两熟制的农作物代有更迭，但基本分布区域以长江流域及其以南地区为主。至唐宋以后随着人口增加和社会经济重心南移，特别是清代南方长江和珠江流域人口增多，南部地区出现了一年三熟制，区域农业逐步探索一年一熟向一年多熟间套复种转变。

2. 一年多熟间套复种发展阶段

新中国成立后至20世纪90年代，由于人地矛盾突出，“旱地雨养间套作两熟粮猪型农作制”和“丘陵雨养农果菜混合制”得到逐步发展，尽管该模式劳动强度大，比较效益低，但满足了当时人口增长对粮食和饲料的需求，稳定发展20余年，形成了中带三熟三作和宽带三熟四作种植模式，最具典型的农作模式即为小麦/玉米/甘薯。

3. 多熟间套作快速推进阶段

20世纪末期和21世纪初期，因规模化生猪养殖比例大幅度提高，小农户生猪分散养殖积极性下降，间套作“小麦/玉米/甘薯”逐步向“小麦/玉米/大豆”新三熟模式并存发展，该技术提倡少免耕，发展轻型简化栽培，具有省工省时特征，在四川资阳、内江、遂宁、眉山等地推广面积已超过 20 万公顷以上；围绕马铃薯多熟种植研究，四川省农业科学院推广了 9 套马铃薯多熟高效种植新模式，实现了马铃薯由一季春作向春、秋、冬多熟种植转型。该时期全省旱地粮油作物种植模式中，间套作小麦/春玉米/甘薯（或大豆）种植面积最大，其次为小麦—夏玉米、油菜—夏玉米和冬闲土—夏玉米，再次为马铃薯/玉米/甘薯等种植模式。

4. 多元化集约型发展阶段

现阶段，受城镇化及农业生产效益相对较低的影响，从事农业的劳动力明显减少，一些传统的增产增收效果显著的农作模式和关键技术应用面积逐步缩小，特别是在规模化经营主体推动下，农业生产方式发生转变，总体趋势是能够充分满足机械化生产需求的旱地一年两熟的油菜—夏玉米和小麦—夏玉米种植面积大幅度增加，而一年三熟间套作种植面积大幅度下降。同时，粮经复合高效种植模式、粮经饲农牧结合种植模式和水肥资源节约型种植模式等均得到充分发展，形成了旱地农业多元化集约型种植格局。

（二）稻田农作制的发展演变

水旱轮作是西南地区的重要耕作制，常年实行水旱轮作的稻田 175 万公顷，分别约占稻田面积和耕地面积的 52% 和 30%，成都平原更是水旱轮作的典型代表，史称天府之国，水旱从人，不知饥馑。根据旱季作物的不同，种植方式包括稻—麦、稻—油、稻—菜、稻—薯、稻—肥等。稻田种植模式是作物因素和环境因素的矛盾统一体，随着社会生产力的发展和社会需求的变化而发展变化。结合以川西平原为主的生境利用与种植结构的发展关系，从历史的演变来看，可划分为以下几个时期。

1. 传统两熟向新三熟演变阶段

20 世纪 80 年代初到 90 年代中期以两熟为主，推行发展新三熟时期。逐渐形成了以油—稻、麦—稻两熟为主体，深度开发晚秋资源的种植结构模式。小春绿肥饲料面积迅速减少，晚秋生境得到进一步利用。增种的晚秋作物种类包括秋红苕、短期蔬菜（或胡豆青）、秋马铃薯等。

2. 稻田新三熟发展阶段

20 世纪 90 年代中后期以来，以经济效益和可持续发展为核心目标的新三熟制时期。为了进一步提高周年种植效益，提高资源利用率和耕地可持续发展能力，调整周年作物布局，形成了菜—稻—菜、春马铃薯（或蘑菇）—强化水稻、水稻—秋马铃薯/油菜、早中稻—秋菜—迟播小麦等新种植模式。小春绿肥饲料进一步减少，小麦、油菜和蔬菜等占耕地的 90% 以上，晚秋生境利用程度进一步提高。

3. 多元多熟高效发展阶段

21 世纪以来至 2010 年，逐步建立了川西平原稻田多元多熟高效种植系统。以提高稻田的周年效益为目标，通过多元化的技术模式配置，大春季将水稻作为稳粮的基本作物，小春季向高效高品质种植发展，以提高经济效益为核心，进行作物配置。结合近年出现的新蔬菜类型和品种，秋冬春季大力开发高效经济作物，研究了不同作物的茬口衔接，形成了粮经型、粮粮型、节本生态型等周年高产高效的技术模式。同时，根据冬闲田区生态特点和水稻收获后长时间空闲，引进生长期短的中药材等进行种植（郑家国，2010）。生态保护与资源利用相结合，从重点研究粮油高产技术向全面提高种植系统综合生产能力和经济效益转变。

4. 机械化绿色高效农作制初步形成阶段

2010 年以来，随着水稻、油菜、小麦等主要作物全程机械化技术和绿色高效种植技术，以及无人机施肥（药）、播种等现代智慧农机的示范推广和应用，川西平原水旱轮作区大面积实现了稻—油、稻—麦，以及部分稻—菜等机械化绿色高效生产模式。

二、四川省耕地高效持续利用模式现状

耕地利用模式是农业周年生产系统，是土壤肥料、气候生态、农作物、农业环境的综合体，相互影响又相互作用。利用目的方向不同，模式不同；不同发展阶段，利用模式的研究重点和推广应用的模式也不同。

四川地形地貌、气候生态、土壤种类、作物种类都十分丰富，在人多地少水缺的基本省情下，农业科工作者在社会经济发展不同阶段，构建了非常丰富的农作制度，为提高粮食产量，解决温饱问题作出了重大贡献。从四川农作制度历史演变过程的分析可以看出，社会经济发展、农作制的变化、生产力和生产关系的变化引领着耕地持续高效利用模式的变化。从藏粮于地的耕地高效持续利用模式分析，突出表现为"三多三少"的基本特点与现状。

（一）研究耕地产出多，研究耕地地力变化少

在相当长的一段时间里，为了解决温饱问题，提高单位面积产出，通过间套作，育苗（秧）移栽找茬口，构建了丰富的农作制度。在 20 世纪 80 年代到 21 世纪初，旱地"麦玉苕"旱三熟就是其典型代表，居国内外领先水平，形成了旱地农作模式的骨干框架，根据当地实际和种植目标，植入大豆、花生、西瓜、棉花等作物，提出了一年四作五作等农作模式，个别地方甚至提出了一年七作八作的模式，是四川耕地利用模式研究与创新最为辉煌的时期。在稻田"稻麦""稻油"轮作模式基础上，利用秋冬季光热资源，植入蔬菜、马铃薯、绿肥等作物，构建了四川省稻田"新三熟"种植模式，大大提高了粮食产能。但是，这些模式的一个共同的特点就是以原粮折算，追求产出的最大化。

在该历史发展阶段，正值联产承包责任制实行初期，老百姓对承包到自己手里的耕地十分珍惜和爱惜，积肥热情非常高涨，又在化肥短缺年代，有机肥施用量大，化

肥施用量小，耕地肥力高，耕地活力强，耕地仿佛是取之不尽，用之不竭的资源，无暇顾及耕地地力问题，也缺少对耕地地力变化的研究。

（二）研究施肥数量多，研究肥料利用率和周年调控少

随着化肥工业的发展，伴随农民工进城，农村劳动力短缺问题凸显，农业生产上化肥用量开始日益增长，生产作业成本上升，农作制度研究开始向简化方向发展，作物种类少，操作简单，效益高成为一种农作制度的基本研判。这个时期有一个典型的说法就是“三三见九，不如二五一十”，不再追求熟制的提高，化肥的施用成为农作制度研究新的热点，主要集中在基于高产高效的适宜施肥量，而且重点是单一作物的施肥量和施肥技术，对肥料利用率和周年的调控研究少，也缺乏施肥对环境影响的研究。

（三）研究模式多，研究机械化作业少

在农作制度改革创新研究的过程中，围绕高产高效、作物茬口衔接优化、作物多样性利用、耕作方式、施肥量及施肥技术等方面，而且是基于人工操作和部分机械化。随着生产方式的转变，以及农业农村现代化的新需求，农作制度如何适应机械化的要求，机械如何实现农作制度的作业要求成为主要矛盾。近年来，构建了水稻—小麦、玉米—小麦、水稻—油菜、玉米—油菜、玉米/苕（大豆）—小麦、小麦—玉米/甘薯、玉米—马铃薯等“粮—粮（油）”型利用模式，围绕机械化进行了改革创新，也提出了玉米—油菜，小麦—玉米等两熟周年机械化生产模式，但耕地利用率和产出率下降是一个不容忽视的问题，一定程度上，机械化率的提升降低了粮食的产能。

三、四川省耕地高效持续利用存在的主要问题

（一）与机械化发展方向不相适应

机械化是农业的根本出路，机械化率低的问题严重制约了农业的现代化。传统间套作技术，提高了土地产出率和利用率，但不宜机械化的问题客观存在。大机器进不去，小机器跑不动。三熟改两熟，机械化作业效率高了，生产水平下去了。这两个突出问题是耕地持续高效利用模式的“卡脖子”问题。就是既要机械化又要产能不下降。

（二）缺乏养分周年平衡的研究与科学施肥关键技术

在构建农作制度的过程中，针对单季作物需肥及施肥技术的研究很多，如何根据前作后茬作物的养分需求，土壤养分平衡计算分析，提出提高养分利用率的周年调控方案与关键技术是一个短板，也是防止过量施肥导致耕地退化（酸化、板结等问题）的重要途径。

（三）机械化背景下的茬口挤压问题突出

不断提高机械化率是农业现代化的必然要求，四川农机化率持续提高，但作物之间相互挤压播期的问题十分突出。小麦、油菜净作后，玉米不得不夏播，夏播玉米的

产量和稳定性难以保障，遭遇季节性干旱和病虫为害的风险加大。水稻直播后生育期推迟，挤占了小麦油菜的最佳播种时期，小麦油菜的收获推迟，又进一步挤占了水稻的最佳播种时期，形成恶性循环，降低了粮食综合产能。

四、四川省耕地高效持续利用的对策建议

耕地持续生产力是藏粮于地战略的根本，如果耕地生产能力下降了，甚至丧失了，就无法实现藏粮于地的重大目标，构建既立足当前又面向未来的耕地高效持续利用模式至关重要。就此，提出以下对策建议。

（一）构建基于机械化的新型间套作高效利用模式

间套作是传统农业的精华，间套作解决了提高耕地利用率，生物多样性防控病虫害发生流行，耕地用养结合等问题。随着高标准农田建设的深入开展，农田基础设施配套水平不断提升，耕地地块零碎化的问题得到有效解决，借鉴欧美经验，构建区域尺度的间套作模式，不局限于一个田块内的间套作，而是田块之间，或者几个田块之间，形成大尺度的间套作和轮作格局，耕地用养结合农作模式。

（二）开展周年养分调控的研究和技术集成

针对化肥利用率低的问题，开展不同农作制度养分周年平衡的研究分析，集成周年养分调控和科学施肥技术，建立一个新的农作制度周期肥料利用率测算方法和指标体系，把肥料利用率的账算清楚，把肥料利用率大大提高。

（三）突破育苗栽苗重大技术与装备

育苗依然是解决茬口优化衔接的关键技术。机械育苗，机械栽插是未来解决茬口矛盾，建立耕地高效持续利用模式的关键瓶颈技术。要在育苗机械、育苗基质、育苗技术，栽苗机械、栽苗技术、土壤耕作等环节取得突破。

四川主要粮油作物品种资源保护研究报告

李 俊[1] 项 超[1] 刘 强[2] 刘泽厚[1] 万洪深[1]
（1. 四川省农业科学院作物研究所，四川 成都 610066；
2. 四川省农业科学院农业信息与农村经济研究所，四川 成都 610066）

摘 要：种质资源是保障国家粮食安全的核心战略性资源，是农业科技原始创新的物质基础，是农业和生物工程飞跃式发展的前提。2020 年中央经济工作会议指出要解决好种子和耕地问题，保障粮食安全，关键在于落实“藏粮于地、藏粮于技”战略；在落实“藏粮于地、藏粮于技”战略中，种质资源是“粮草”，是先锋部队，也是助推四川农业大省向农业强省跨越的基础。本研究报告主要从四川省主要粮油作物种质资源收集保存现状，四川省种质资源中心库建设情况，资源利用情况，平台建设四方面介绍四川省粮油作物种质资源保护研究概况；深入剖析了四川主要粮油作物种质资源保护研究存在的主要问题，指出四川虽是种质资源大省，在种质资源保存和利用方面取得了一定的成就，但仍存在种质资源保护体系不健全，资源普查收集不全面、重数量轻质量，系统评价和精准鉴定的资源少、发掘利用深度不够、应用率和共享程度低等问题。根据目前四川种质资源存在的主要问题，四川省应在认真贯彻党中央决策部署的基础上，根据本省实际情况，以“四川省种质资源中心库”项目建设为契机，建立健全四川省农业生物种植资源保护体系，构建现代化农业种质资源优异基因发掘与创新利用平台，加强种质资源攻关和国际合作与交流，加速优异资源应用，建立绿色通道加强本地特有种质资源知识产权保护；同时，加强宣传与科普教育，增强大众对种质资源的保护意识。为打好种业翻身仗，促进四川现代种业提升，为四川由农业大省向农业强省跨越奠定基础。

关键词：粮油作物；种质资源；粮食安全

引言

种质资源是农业和生物工程飞跃式发展的前提。种质资源是保障国家粮食安全的核心战略性资源，是农业科技原始创新的物质基础；种质资源的保护与利用，对选育突破性的品种，促进现代种业持续发展、提高农产品国际竞争力，保障国家粮食安全和主要农产品有效供给均具有重大意义。没有种质资源做基础，任何育种或高新技术，都将成为无源之水、无本之木。事实上，21 世纪之前每一次育种重大突破都离不开优异种质资源的利用：小麦和水稻矮秆基因的利用，使得小麦、水稻单产提高了 20%～

30%，实现了第一次绿色革命，解决了全世界人民的吃饭问题；小麦“苏麦3号”抗赤霉病新基因，普通野生稻产量基因位点，野生西红柿高产基因位点，这些基因及位点在育种中发挥了重要作用，为农业飞跃发展做出了重要贡献（刘旭等，2018）。

种质资源有利于促进良种选育实现新突破，促进农业可持续发展。种质资源保护的实质是保护生物的遗传多样性。由于工业化的加速发展带来生态环境的破坏，以及大规模推广同一类型的生产品种，正在日益恶化着作物资源的生存环境，作物资源的许多优良农艺性状，如抗病性、自然抗虫性（形态、生理生化抗性）、抗逆性（抗盐碱、耐瘠薄）、优质潜力、细胞质雄性不育等基因的多样性在日益下降，作物遗传多样性不断遭到严重破坏或丧失，品种的遗传单一化日益上升，资源消失风险加剧。其后果是不可避免地导致作物遗传基础更加狭窄，自然灾害、病虫害大暴发等愈加频繁，从而造成农业生产的巨大损失。虽然，过去几十年对种质资源的研究取得了较大进展，但通过表型与基因型精准鉴定、应用于育种创新的农业种质资源不到10%（赵威等，2020），大多数资源尚未被开发利用，已开发的也多停留在初级阶段，资源优势未有效转化为产业优势。因此，加强作物种质资源的保护，并对重要特异性状进行研究和利用，可以有效防治病虫害，增强作物应对环境变化的能力，有利于促进农业的可持续发展。

种质资源是提高粮食综合供给能力，保障国家粮食安全的重要基础。作物种质资源不仅为人类的衣、食等方面提供原料，为人类的健康提供营养品和药物，而且为人类幸福生存提供了良好的环境，同时它为选育新品种，开展生物技术研究提供取之不尽、用之不竭的基因来源。保护、研究和利用好作物种质资源是提高我国粮食综合供给能力，保障国家粮食安全的重要基础，是农业科技创新、增强国力和国际市场竞争力的需要。由于作物种质资源在作物育种中起着如此重要的作用，作物种质资源的收集保存，已成为当今世界农业科学研究的热点，更是21世纪争夺的焦点。早在1992年联合国就签署了国际性《生物多样性公约》，强调所有国家必须进一步充分认识所拥有遗传资源的重要性和潜在价值；据联合国粮农组织（FAO）的报告，目前全世界保存着各类作物种质资源共计740多万份，收集保存作物种质资源最多的3个国家分别是美国（59万份）、中国（52万份）和印度（39万份）（刘旭等，2018；黎裕等，2018）。我国幅员辽阔，种质资源丰富，是主要的世界作物起源中心之一，新中国成立以来，我国高度重视种质资源的收集、保存、研究，取得了较大的成就。但在近年来灾害频发、国际竞争激烈，我国口粮一直处于紧平衡的形势下，粮食安全更为重要；收集、鉴定能应对自然灾害、满足供给测需求的种质资源意义重大。

种质资源是培育“川字号”优势特色产业，助推四川农业大省向农业强省跨越的需要。2019年四川省委一号文件提出，突出“10+3”特色产业发展，中共四川省委十一届三次全会深入学习贯彻习近平总书记关于“把四川农业大省这块金字招牌擦亮”

的重要指示，提出大力实施乡村振兴战略和构建具有四川特色优势的现代产业体系。优质高效的作物品种和畜禽品种是发展“川字号”优势特色产业的基础。无论是农业产业类型和布局的调整、还是同一产业品种类型的调整，前提条件是必须有适合需要的优良品种，而拥有丰富的育种材料是尽快育成优良品种的基础。四川省有丰富的农作物种质资源，优质水稻、弱筋小麦、双低油菜等主要作物优势产业发展所需要的低直链淀粉含量水稻、低蛋白质低面筋含量小麦、低芥酸低硫苷油菜等各种优质、专用性状的基因型，在四川省已保存的种质资源中均不乏存在，但种质资源的利用仍与国外、国内其他先进省有明显的差距。因此，需加强对种质资源的保护与开发利用，培育“川字号”优势特色产业，推进四川农业高质量发展，保障乡村振兴战略的顺利实施，助力四川省农业供给侧结构性改革和农业大省向农业强省跨越。

种质资源在落实“藏粮于地、藏粮于技”战略中，在打赢种业翻身仗的战役中是“粮草”，是先锋部队。党的十八届三中全会提出“藏粮于地，藏粮于技”战略；2020年中央经济工作会议指出要解决好种子和耕地问题，保障粮食安全，关键在于落实“藏粮于地、藏粮于技”战略。要解决好种子的问题，就必须加强种质资源保护和利用，加强种子库建设；如果说种业是农业的“芯片”，那么种质资源就是种业的芯片，是确保“中国人的饭碗主要装中国粮”的基石。随着高通量分子技术、基因编辑技术等高新技术快速用于育种，生物技术和大数据信息育种成为可能。目前，世界范围内正在形成一条“以资源为基础，以基因为核心，以品种为载体的生物技术产业”；发达国家已进入“生物技术+人工智能+大数据信息技术”育种的 4.0 时代，而我国仍在 2.0 至 3.0 时代之间徘徊；要赶上发达国家种业发展的步伐，占据在生物技术产业的一席之地，迫切需要抓好种质资源这个种业的源头，用好先锋部队，贯彻落实“藏粮于地、藏粮于技”战略，打好种业翻身仗，保障国家粮食安全。

一、四川省主要粮油作物品种资源保护研究概况

（一）四川省主要粮油作物种质资源收集保存情况

四川是农业大省，“天府之国”农业历史源远流长。全省自然地理特征突出，属于全球生物多样性的热点地区，是农作物、畜禽等种质资源最为丰富的地区之一。截至 2018 年底，四川省保存作物种质资源达 50 120 份，其中地方品种 16 663 份、育成品种 29 295 份、野生近缘种 4 162 份。全省重点保护的农作物地方品种共 287 个，重点保护野生植物资源 97 个。目前，大部分农作物种质资源保存于四川农业大学、省种子站、西昌学院、四川省农业科学院等科研院校及主管部门，主要采用冰柜、冷窖、组培苗、种质资源圃和田间种植等方式保存，其中粮油作物（含薯类）资源圃 34 个。

2018 年，四川省启动了第三次全国农作物种质资源普查与收集行动，在资源收集和鉴定方面取得了一定成效。截至目前，农作物种质资源普查覆盖 162 个县（市、

区），征集和收集种质资源共6 700余份，其中粮食作物861份，抢救性收集601份，获得具有产业化开发价值的特异性、独占性资源40余份，米易县梯田红米、合江县带绿荔枝、彭州市大蒜、得荣树椒入选全国十大优异种质资源。四川省农业科学院共开展种质资源田间鉴定2 136份，初步筛选出了巴塘四倍体小麦地方种甲着、全生育期高抗条锈病和白粉病的广元红小麦（3AS-3BL、3BS-3AL易位系）、古蔺耐涝高产大豆、通江抗病野生大豆、高耐寒性盐边大白糯、优质抗倒伏剑阁大豆、高油岳池县本地马尾油菜等特异资源，进一步丰富了四川省种质资源的多样性，为四川省主要作物抗病、抗逆、优质等育种提供了新的基因资源。

（二）四川省种质资源中心库建设情况

四川省委省政府认真贯彻党中央决策部署、高度重视现代种业发展，于2020年9月启动了四川省种质资源中心库建设项目。项目业主为四川省农业科学院，建设地点为邛崃市国家现代农业产业园（天府现代种业园），项目占地10.3亩，总建筑面积为6 985.52平方米，项目估算投资9 223万元。项目规划设计保存农作物（含林草）种子资源52.4万份，保存畜禽基因资源105万剂，保存水产基因资源26万剂。四川省种质资源中心库建成后，将涵盖农林牧渔草收集保存、研究利用与科普展示“三位一体”功能；发挥四川及西南种质资源优势，坚持“存”“析”“用”的原则，将积极与国际一流生物企业密切合作，边建设边开展评价创新利用工作，力争在四川省种质资源中心库建设期间取得一批标志性成果，实现建成国内一流省级及区域综合性中期库的目标。四川省种质资源中心库建成将对四川乃至西南地区种质资源保护与利用、推动现代种业育种创新、保障粮食安全和主要农产品供给产生重大影响。

（三）四川省主要粮油作物种质资源利用情况

四川是种业大省，是全国三大育制种基地之一，全省优异农业种质资源开发利用需求大、潜力大，丰富的种质资源为新品种选育和农业科技原始创新奠定了优越的物质基础。四川粮油作物种质资源利用成效显著，种质资源对四川农业生产作出了重要贡献。四川农业大学周开达院士利用非洲冈比亚卡水稻资源，首创了籼亚种内品种间杂交法，培育出冈D型系列不育系及系列杂交稻，冈D型系列不育系成为我国四大主要水稻不育系之一；四川农业大学严济教授等创新出小麦“繁六”新种质，广泛用作育种亲本育成一系列推广面积很大的小麦品种；四川省农业科学院作物研究所利用CIMMYT（国际玉米小麦改良中心）抗纹枯病玉米基因资源，首次培育出多抗、高产、高赖氨酸玉米荃玉9号，成为西南区主推品种；四川省农业科学院作物研究所利用CIMMYT人工合成小麦基因资源，首次育成高产、抗病、优质小麦品种川麦42及40多个衍生出的优质、高产品种，为四川和西南麦区的小麦生产作出了巨大贡献。

“十三五”期间，在省育种攻关项目资助下，取得了较好的进展。收集优质、抗病、抗逆、特色专用等主要粮油作物资源7 100份，包括生产急需的抗根肿病、抗赤霉病、抗逆、优质、适宜机收等资源，丰富了四川省种质资源库。评价鉴定出可直接育种利用的高产、高配合力、抗病抗逆、宜夏播、营养高效、适宜全程机械化生产等满足供给侧改革育种目标的各类优异资源355份。创制出21份可直接利用的高产、抗病抗逆、优质等优异新材料，为进一步遗传分析和育种改良应用奠定了扎实的材料基础。定位了高产、优质、氮磷高效利用等24个重要性状基因并开发了分子标记，为深入研究和分子标记辅助选择奠定了基础。累计发放资源1 387份（次），实生种子53 500个；评价鉴定出的优异种质资源和创制出的新材料提供给科研和育种单位利用，育成新品种22个，其中2个通过国家审定；育成新品系88个，正在参加各级区域试验。获省部级一等奖3项，二等奖1项，三等奖2项，中国作物科技奖（创新团队）1项；登记/评价成果1项；获国家发明专利4项、实用新型专利3项；获植物新品种权5项；发表论文49篇。

（四）平台建设情况

四川是西南地区唯一的全国粮食主产区，在保障全国粮食安全、促进区域经济发展与民族和谐上，起着重要作用。建成了“西南作物基因资源发掘与利用”“作物基因资源与遗传改良”等国家、省部级重点实验室；建成了四川省农作物分子育种平台，四川省海南南繁育种工程中心，病虫害鉴定、氮磷高效利用评价等鉴定平台，从种质资源鉴定到高效育种形成了链条式平台。各平台重点围绕水稻、小麦、玉米、油菜等主要粮油作物生产的重大需求，瞄准国际前沿，以提升育种技术和效率为目标，以构建高效作物分子育种技术体系为主要任务；围绕作物优异基因资源发掘和作物种质创新与改良，重点突破大规模基因发掘技术，开发重要性状基因分子标记，构建高效的分子育种技术体系，利用基因编辑以及单倍体技术定向改良育种材料，开展种质创新，培育高产优质抗逆高效新品种；通过与上游和下游的有机衔接，搭建分子育种与种子产业之间的桥梁，构筑产学研一体化新体系。为西南及四川省农业高效和可持续发展提供重要技术支撑，以此提升农业科技自主创新能力、增强粮食综合生产能力，助推农业高质量发展和现代农业强省建设。

二、存在的主要问题

（一）种质资源保护体系不健全

根据《中华人民共和国种子法》第二章第十条规定，“省、自治区、直辖市人民政府农业、林业主管部门可以根据需要建立种质资源库、种质资源保护区、种质资源保护地”。但以国家和省两级为主体、地方参与的种质资源保护的库、圃、场、保护区、保护地、水产保护流域等体系尚不完善。虽然四川省已建立粮油作物（含薯类）资源圃34个，由于投入严重不足等原因，这些资源圃数量和建设条件均不足，不能做到“应保尽保”。而且已有的圃、场等大部分未认定和挂牌，也未建立完善的库、圃、保护区等农业生物资源保护体系，不利于种质资源全面系统保护。

（二）种质资源保存设施设备和技术手段不足

全球种质资源保存呈现3大发展趋势，即种质资源保护力度越来越大、种质资源鉴定评价越来越深入、种质资源共享利用机制越来越规范。总体来看，我国农业种质资源极其丰富，种质资源保护已形成框架体系，国家正在新建设计保存能力达到150万份的农作物种质资源库，各省市自治区均在筹备建设现代化的种质资源库。目前，四川缺乏标准化、综合性的农业种质资源库，农业种质资源分散保存于各科研院校及主管部门，保存方式陈旧、落后，保存设施小而散，主要是各实验室和育种家采用冰柜、冰箱、实验室等设施保存，资源保存较为混乱，保存有效期短，大部分以临时保存为主。虽然部分专业领域已建有冻库及实验室，但大部分专业领域保存设施设备不足，且现存保存设施设备较为陈旧。鉴于此，四川省已经批准立项新建“四川省种质资源中心库”，目前各项建设工作正在有序推进。

（三）资源普查收集仍不全面，珍稀资源、野生资源和古老地方品种加速消失

四川生态多样，珍稀资源、野生资源和地方种质资源丰富。虽然四川省第三次全国农作物种质资源普查与收集行动收集保存了一批资源，但此次种质资源普查仍未实现全面覆盖，部分珍稀、濒危、特有资源与特色地方品种仍未得到收集保护。距离上一次全省种质资源普查调研已有30余年，随着城镇化、现代化、工业化进程加速，同时受气候变化、环境污染、外来物种入侵等影响，地方品种、野生种等特有资源丧失风险加剧，许多代代相传的珍稀资源和古老地方品种正在迅速消失，一些古老地方品种、国家一二级保护名录中很多野生植物濒临灭绝。我国在20世纪70年代进行了野生稻的普查，到20世纪90年代中期，中国科学院植物研究所的一份统计材料显示，80%的野生稻生长点已经消失。据报道，在湖北、湖南、广西等六省区375个县，71.8%的粮食作物地方品种已经消失（赵威，2020）。由于长期短平快的定向育种，也导致地方种质资源数量急剧下降，四川省超过50%的地方品种（群体）数量呈下降趋势。

（四）资源精准鉴定评价不足，缺乏精准化、标准化、规模化种质资源鉴定平台和大数据平台，共享程度较低

近年来，随着基因组学和表型组学的发展，为种质资源的规模化鉴定评价提供了重要支撑。在表型组学鉴定平台基础上，利用多组学技术高通量、精准化、规模化鉴定评价种质资源是未来种质资源研究的主流。孟山都、先正达、拜耳、先锋等跨国农业集团都将表型组学鉴定平台作为种质资源和育种材料精准鉴定评价的核心技术（刘旭等，2018）。目前，我国根据种质资源保护学科的发展趋势，及时启动建立表型组学鉴定平台，而四川省还没有建立与国家联动、突出地方资源特色和区域产业发展重大需求的关键性状的精准化、标准化、规模化的种质资源鉴定平台。国务院办公厅于2019年12月印发的《关于加强农业种质资源保护与利用的意见》（国办发〔2019〕56

号）明确，“充分整合利用现有资源，构建全国统一的农业种质资源大数据平台，推进数字化动态监测、信息化监督管理”。但目前统一的农业种质资源大数据平台尚未建立，无法对种质资源进行数字化动态监测、信息化监督管理，资源信息未实现互通，种质资源共享利用程度低，大部分种质资源被各科研单位以“私有资源”保存用于育种，优异种质资源信息与实物共享利用存在障碍。

（五）种质资源发掘利用深度不够，应用率低、资源优势未有效转化为产业优势

四川是种质资源大省，目前四川保存农作物种质资源达60 000余份。虽然保存和收集了大量种质资源，但由于四川省缺乏专业的研究机构和分区域、分种类表型精准鉴定和规模化基因发掘平台，分子标记、基因定位等先进生物技术仍未全面应用，精准鉴定和基因资源发掘水平较为落后；四川省农业种质资源主要以收集保存为主，对现有资源的研究多数只局限于农艺（功能）性状鉴定，系统评价的资源少，大多数遗传背景不清楚，完成精准鉴定的不到3%。在四川省育种攻关项目支助下，虽已鉴定评价一部分水稻、玉米、小麦、油菜和薯类资源，但在面向国家重大需求为导向的研究方面，在“挖掘真正有用的基因方面”，挖掘与利用深度仍不够，但通过表型与基因型精准鉴定、应用于育种创新的农业种质资源不到10%；加之研发资金投入不足、种业企业发展艰难等因素，大多数资源尚未被开发利用，已开发的也多停留在初级阶段，资源鉴定评价和应用未能高效衔接，难以将四川特色农业种质资源优势转化为产业优势、经济优势。同时，突破性创新资源缺乏，优异种质和新基因无法满足全省育种创新需求，支撑现代种业发展的能力不足。

（六）科研投入和专业技术队伍严重不足

种质资源长期保存需适时进行繁种更新，以保证种质资源生活力。在繁种更新过程中则需要专业技术人员及配套基地，同时会发生临工、租地、相应农资等费用。长期以来，四川省仅四川省农畜育种攻关项目有经费资助种质资源研究，且仅对主要粮油作物和家禽设立了种质资源攻关项目，其他资源都放在相应的育种项目中。另外，攻关经费严重不足，如主要农作物种质资源“十三五”年攻关经费仅100万元，具体到每个作物年经费仅10万元。

在种质资源研究专业技术团队方面，四川省很多科研单位和高校虽有不少科研队伍从事种质资源研究，但由于种质资源工作是基础性、长期性、公益性工作，没有足够的经费支撑，而且短期内难以出成果，专业从事种质资源工作在职称晋升等方面困难，从而导致种质资源研究团队越来越少，兼职人员越来越多，从而导致专业骨干人才缺乏。

三、四川省主要粮油作物种质资源保护利用发展的对策建议

（一）以“四川省种质资源中心库”项目建设为契机，建立健全四川省农业生物种质资源保护体系

建立以国家和省两级为主体、地方参与的全国上下联动的种质资源保护体系。切实督促落实省级主管部门的管理责任，高标准高质量高效率推进四川省种质资源中心库建设工作，根据资源区域性特点，尽快构建以库、圃、场、保护区（点）的四川省农业种质资源保护系统，明确省级及各地市责任，根据职责，高效推进种质资源保存、鉴定评价、创新利用，促进种业和农业产业发展。进一步充分整合现有资源，确定省级农业种质资源保护单位，组织开展农业种质资源登记，实行统一身份信息管理。依托四川省种质资源中心库，建设省级资源鉴定评价中心，依托资源保存圃和原生境保护区（点），建立一批资源鉴定评价分中心；制定农业种质资源鉴定评价规范和标准。公益性农业种质资源保护单位按照相关职责定位要求，做好种质资源基本性状鉴定、信息发布及分发等服务工作。

在地方特色优异资源所在地或具有条件的农业园区、科研院所等，建立四川地方特色优异资源创新开发示范基地。鼓励育繁推一体化企业开展种质资源收集、鉴定和创制，逐步成为种质创新利用的主体。鼓励支持地方品种申请地理标志产品保护和重要农业文化遗产，发展一批以特色地方品种开发为主的种业企业。

构建四川省农业种质资源大数据平台，定期发布优异种质资源目录，提供网上查询、申请、获取服务，开发四川省农业种质资源登记信息系统，推进数字化动态监测、信息化监督管理。建立创新种质交换应用联盟和种质交易网络平台，大力推动优质、突破性种质的应用。

（二）构建现代化农业种质资源优异基因发掘与创新利用平台

“四川省种质资源中心库”建成后，将编目入库大批作物种质资源，要高效利用这些资源，对其进行标准化、高通量的鉴定是前提。利用现代化多组学（表型组、基因组、蛋白组）和生物信息学平台，构建现代化农业种质资源优异基因发掘与创新利用平台，以优势科研院所、高等院校、重点实验室等技术支撑单位为依托，强化与国内一流生物技术专业机构合作，构建专业化、智能化资源鉴定评价及基因发掘平台。加强四川省农业生物资源鉴定、评价，创新自主知识产权育种新材料，才能突破育种制约瓶颈和“卡脖子”技术。

（三）设立四川省农业生物种质资源保护与利用专项，加强种质资源攻关，加速优异资源应用

基于农业生物种质资源保护与利用的基础性、长期性、公益性的特点，设立四川省农业生物种质资源保护与利用专项，长期稳定足额资助种质资源保护与利用工作，

进一步推动种质资源研究协同攻关。同时，制定《四川省农业种质资源保护资金管理办法》，进一步完善财政补助政策，加大种质资源创新利用投入，将种质资源收集与保护纳入相关种业项目资金支持范围。

重点开展农业种质资源的表型精准鉴定、基因型鉴定，加速优异资源应用。依托四川省种质资源中心库，开展大规模、高通量种质资源表型和基因型鉴定，发掘优异性状关键基因及其有利等位基因，筛选具有应用价值的育种材料，构建优异资源DNA图谱。利用多组学技术、染色体工程技术、测序技术等深度挖掘珍稀品种、濒危品种、地方品种、骨干亲本和各时代大面积应用品种的优异基因，阐明其演化进程或遗传基础。以筛选出的优异资源为供体，通过远缘杂交、诱变、基因工程、染色体工程等技术，重点创新优质、高产高效、抗病抗逆、绿色营养、适机作业等目标性状突出、具有育种利用价值、可直接应用的新种质。建立基因快速检测、转移、聚合和追踪的种质创新技术体系，促进创新种质的高效检测和利用。

（四）建设农业种质资源相关学科，健全农业科技人才分类评价制度

支持和鼓励科研院所、高等院校建设农业种质资源相关学科，设立作物种质资源学、畜禽种质资源学、农业微生物种质资源等学科，培养种质资源科技人才。完善《四川省自然科学研究人员专业技术职务任职资格申报评审基本条件（试行）》，健全农业科技人才分类评价制度，对种质资源保护科技人员和团队实行同行评价，收集保护、鉴定评价、分发共享等基础性工作可作为职称评定的依据。对种质资源保护科技人员绩效工资给予适当倾斜，可在政策允许的项目中提取间接经费，在核定的总量内用于发放绩效工资。

（五）加强种质资源的国际合作与交流，建立绿色通道加强本地特有种质资源知识产权保护

党中央提出“一带一路”倡议，加强国际合作与交流。应充分利用有利的国际环境，启动“一带一路”沿线国家的种质资源的收集考察项目，大力引进国外种质资源，并进行研究评介、开发利用。随着高通量分子技术、基因编辑技术等快速用于育种，生物技术和大数据信息育种成为可能。加强与实力雄厚的生物工程公司合作，通过测序和精准鉴定技术，系统评价核心种质资源，深度挖掘特色种质资源重大贡献基因，建立核心种质表型库和基因型库，为打好种业翻身仗，促进四川现代种业提升，为四川省种业发展从3.0时代到4.0时代跨越、农业大省向农业强省跨越奠定基础。

同时，随着《外商投资准入特别管理措施（负面清单）（2019版）》出台，进一步放宽了农业领域外商投资准入，取消了禁止外商投资野生动植物开发的规定，因此，加强利用和保护中国稀有和特有的珍贵优良种质资源尤为迫切。建议出台相关政策，建立相关绿色通道，尽快将珍稀、特色、特异农业资源进行知识产权保护（品种权）。

（六）加强宣传与科普教育，增强保护意识

农业农村部关于开展全国农业种质资源普查的通知（农种发〔2021〕1号文件）

专门指出，要加强特色资源展示与宣传：对征集收集的珍贵地方品种和具有开发利用前景的种质资源进行田间展示，邀请社会各界人士参观，宣传种质资源支撑产业发展的重要性和古老地方品种承载的传统农耕文化，提高全社会保护种质资源意识。

四川省依托四川省种质资源中心库、中国天府农业博览园等，设立农业种质资源保护利用专题展示区（馆），建立农业种质资源研学基地，举办种质资源主题文化活动，大力开展科普教育活动，引导全社会加强对农业种质资源保护利用的关注支持。加强农业种质资源保护利用相关法律法规宣传，营造依法保护利用的良好环境。充分利用主流媒体、新兴媒体，积极参加和举办相关博览会、专业论坛，宣传展示特色农业种质资源保护与利用成果。加强与国内外农业种质资源相关机构的合作，开展信息与技术交流，促进成果共享。

参考文献

蔡东明，陈耀锋，王长发，等，2021. 我国农作物种质资源储备现状与分析 农业与技术，41（1）：8-10.

黎裕，王天宇，2018. 美国植物种质资源保护与研究利用 . 作物杂志（6）：1-9.

刘旭，李立会，黎裕，等，2018. 作物种质资源研究回顾与发展趋势 . 农学学报，8（1）：1-6.

赵威，2020. 我国农作物种质资源保护制度存在的问题及其完善措施 . 山东农业工程学院学报，37（12）：14-22.

粮安天下 种铸基石
——四川粮油作物种业发展报告

沈　丽　唐　煌　肖　伦　雷　平　涂　坦　吕季娟
（四川省种子站，四川　成都　610041）

摘　要：种业是国家战略性、先导性支撑产业，四川省是农作物育种大省、制种大省和供种大省。近年来，四川省各级农作物种业战线严格落实习近平总书记“要下决心把民族种业搞上去”“立志打一场种业翻身仗”等系列重要指示精神，以提升育种创新能力、供种保障能力、企业竞争能力、市场监管能力为抓手，取得了一系列成效。新的时代面临新的挑战，新的挑战催生新的机遇，本文从全省农作物种业基本情况、存在的主要问题、对策建议等方面出发，系统分析了四川省种业发展的现状、问题，并提出了针对性对策建议，为打好种业翻身仗，扎实推动四川种业大省向种业强省跨越提供参考。

关键词：育种创新；优势基地；企业发展；种业环境

国以农为本，农以种为先。种业是战略性、先导性支撑产业，发展现代种业对于确保粮食安全、促进现代农业发展和农业供给侧结构性改革，实现四川由农业大省向农业强省跨越具有十分重要的意义。四川是农作物育种大省、制种大省和供种大省，农作物种业发展水平对全省乃至全国粮食安全和现代农业发展具有重大影响。为深入贯彻落实习近平总书记“要下决心把中国种业搞上去”指示精神，近年来，四川省立足中国西部现代种业发展高地这一战略定位，抢抓西部大开发战略机遇，主动融入成渝地区双城经济圈建设，以抓品种强核心、抓企业强主体、抓基地强能力、抓管理强质量、抓服务强产业为主线，念好“优、绿、特、强、新、实”六字经，大力提升品种创新能力、良种保障能力、企业竞争能力和监管服务能力，全面提升“川种”综合竞争力，为推动四川实施乡村振兴战略、建设现代种业强省提供有力支撑。

一、四川粮油作物种业发展基本情况

（一）育种创新能力加快提升

四川省是全国育种大省，三系杂交水稻、杂交玉米、杂交油菜育种等保持全国领先地位。有丰富的农作物种质资源，全省现保存农作物种质资源 6 万余份、位居全国第二，2018 年起开展全国第三次普查种质资源普查行动，共征集和收集种质资源 6 700 余份，获得特异性、独占性资源 40 余份，有 4 份种质资源先后入选全国十大特异资源品种，数量居全国第一位，为新品种选育和农业科技创新提供丰富的物质基础；有较丰富的育种人才储备，全省有从事种业科研育种和推广的专家 2 400 余人，其中院士 1 名，学术和技术带头人 100 余名，川农大、省农科院等科研院所育种创新能力、种业创新科研团队和人才队伍位居全国第一方阵，具有较强实力和影响力；有较完善的育种创新机制，建立了主要农作物审定制度、非主要农作物登记、认定制度，配套了较为完善的农作物品种试验测试网络，形成了以企业、科研院所、推广部门等协同配合的联合攻关育种体系，实施了《四川省农作物联合育种攻关计划》等育种计划，安排了专项资金开展主要农作物育种攻关；有较良好的科研育种基础，“十三五”期间，四川省审定品种 576 个，其中水稻品种 131 个、居长江上游地区第二，优质粮油专用品种 320 个，较“十二五”增加 15.1%，“蜀中无好米”终成历史。登记（认定）品种 1 194 个，其中油菜品种 134 个、居长江上游地区第一位，为育种创新迈向 4.0 时代夯实了基础。

（二）供种保障能力显著增强

四川省是国家三大农作物育制种基地之一（杂交水稻），近年来，全省各级不断夯实基地建设，持续健全和完善工作机制、保险机制、联农带农机制，优势基地作用日益突出。制种基地初具规模，全省现有国家级杂交水稻制种基地 1 市 8 县、数量居全国第一，有杂交玉米制种基地县 1 个、国家级区域性良繁基地县 4 个，初步建成了以川西平原为主的杂交水稻、杂交油菜制种优势区，以安宁河流域为主的杂交玉米制种优势区，以丘陵低山为主的特色作物种苗优势区，以盆周山区为主的马铃薯、蔬菜和杂粮杂豆繁殖制种优势区。防风险机制初步形成，2012 年，四川省泸县率先在全国试点实施种子生产政策性保险；2013 年，成都市出台《政策性特色农业杂交水稻制种保险实施方案》；2015 年四川省将水稻、玉米制种保险列入特色农业保险，进一步增强了制种风险应对能力。目前，全省杂交水稻和杂交玉米种子生产政策性保险已实现优势区域全覆盖，2015 年以来，保险赔付累计达 9 000 万元以上，既降低了农民损失，又保护了农民利益，为粮食和农业用种保驾护航。模式和技术创新初见成效，全省规模化制种发展迅速，通过土地流转、入社参股、分级开展制种补贴等多种方式，制种大户、专合社、家庭农场等新型制种主体持续涌现，杂交水稻核心制种区的新型制种主体已达 60%左右。大力开展新型制种技术的研究应用，水稻制种全程机械化等制种新技术试验推广，无人机辅助授粉实现作业效率提高 15 倍以上，大大缓解了农村劳动力紧缺的矛盾。

（三）种子企业发展稳步向前

农作物种子企业是农作物种业的主体，种业企业的强弱是衡量一个地区种业产业发展好坏的重要标志。四川省现有农作物种业企业 349 家，从事主要农作物杂交种子生产经营的企业有 87 家（小部分兼营非主要农作物种子），从事非主要农作物种子生产经营的企业有 319 家（小部分兼营主要农作物种子）。其中，全省育繁推一体化企业 6 家，进出口企业 13 家，最新评定的 57 家中国种业信用骨干企业中，四川省有 3 家。资产总额 1 亿元以上的企业 15 家，销售收入 5 000 万元以上的企业有 10 家，注册资本 3 000 万元以上的种子企业有 87 家。2020 年，四川省从事主要农作物种子经营的企业实现利润 1.45 亿元，同比减少 0.97 亿元。其中盈利企业 54 家，利润额 1.97 亿元；亏损企业 25 家，亏损额 0.52 亿元。全省利润前十强企业中，2020 年种子销售利润超过 1 000 万元的种子企业有 5 家，同比增加 1 家，企业发展势头良好。

（四）种业发展环境持续优化

法制建设不断加快，四川省在全国率先启动修订了《四川省农作物种子管理条例》，认真宣贯落实《种子法》及配套规章，使监管执法人员依法履职，种子生产经营人员守法经营，用种主体依法维权，依法治种氛围更加浓厚。监管制度不断健全，建立并实施了“冬查企业、春（秋）查市场、夏查基地”的例行监督检查制度，5 年来，全省每年抽检水稻、玉米等各类农作物种子样品约 30 000 份，样品合格率从 2016 年的 96.3%提升到 2020 年的 98.3%，高于全国的 98%，种子质量抽检合格率稳中有升，确保了农业生产用种安全，为全省粮食连年增产做出了贡献。检测体系不断完善，四川省现有持证种子检验机构 31 家，其中省级 1 家、市级 12 家、县级 17 家、第三方检测机构 1 家，4 家具备转基因和品种真实性分子检测资质，数量居全国第一，初步形成了以“省为中心、市为骨干、县为基础、第三方为补充”的种子质量检测体系，有力确保了四川省种子（苗）质量安全。服务体系更加高效，初步建立了覆盖全省的农作物种子市场监测体系，依托中国种业大数据平台、中国农作物品种推广平台和 10 个部级种子市场观察点，每年对种业企业、各级种子管理服务机构的基本情况进行统计，对农作物品种推广应用情况和种子生产经营情况进行定期调度，及时发布种子价格、市场行情和农户购种意向等信息，有效地支撑了种业决策管理和安全预警。

二、存在的主要问题

（一）种质资源挖掘不足

四川省种质资源丰富，但受专项资金不足、第三方专业评价评估机构缺乏、科研单位估价与企业估价不一致等因素影响，种质资源转化阻力大，种质资源优异基因挖掘不够，开展深度鉴定、评价和利用的种质资源尚不足 10%，收集的大部分种质资源尚未得到有效利用。加之种质资源保存要求条件和成本较高，各地缺乏相应专业机构，仅依靠科研单位和企业进行保种，设施条件较差、规模偏小，极易引起种子活力的丧失和遗传结构的改变，甚至造成基因资源丢失，尚不能完全满足种质资源的保种需要，还不能完全做到“应保尽保”，进一步影响了种质资源的开发利用。

（二）突破性品种选育滞后

育种创新同质化严重，水稻、玉米和油菜等品种的亲本选育主要是对现有的骨干亲本进行改良，品种选育主要是对现有的亲本材料进行再组配。以水稻为例，四川省推广面积前30位的品种中，近60%品种的不育系是冈46A、II-32A、宜香1A及其派生系，近80%品种的恢复系是明恢63和蜀恢527派生系。选育品种与市场需求结合不紧密，四川省部分育种单位未根据长江中下游水稻生产特点及时调整育种目标，选育的三系杂交水稻品种在高肥水条件下不耐倒伏，导致逐渐退出了长江中下游市场，育种目标主要对标科研任务，品种市场竞争力还不够强。新方法新技术应用不充分，目前发达国家已进入“生物技术+人工智能+大数据信息技术”为特征的育种“4.0时代”，实现了常规育种与分子智能技术的有机融合。四川省基本还停留在常规杂交育种“2.0时代”，在基因编辑、分子设计和人工智能等新兴育种技术应用方面短板明显，突破性关键技术和创新成果缺乏。

（三）企业综合竞争力还不强

一方面，四川省企业数量偏多、但规模较小，在资产规模、赢利能力等方面与一些种业大省存在不小的差距。四川省尚无一家农作物种业企业在主板上市，无一家企业销售利润进入全国前10，整体实力在全国由2011年的前2位下降至目前的8~9位。2020年，四川省农作物种子企业资产总额92亿元，广西、湖南、安徽分别为136亿元、238亿元、137亿元；四川省企业资产2亿元以上的企业8家，湖南、安徽、广西分别为13家、10家、7家；四川省企业销售利润率为9%，广西、湖南、安徽分别为13%、11%、6%。另一方面，四川省企业研发投入偏少、创新不足，全省农作物种子企业研发总投入不到1亿，科研人员平均数量不超过3人，多数倾向于购买或组配品种，联合育种攻关在企业之间尚未完全打通。2011—2017年，省审品种中四川省企业占比平均为29.3%，广西、湖南、安徽分别为74.2%、58.4%和73.6%；国审品种中四川省企业占比平均为40.1%，广西、湖南、安徽分别为100%、79.3%和87.2%，差距较大。

（四）基地建设有待提升

“五化”程度不高，近年来，四川省种子基地基础设施建设虽有长足进步，但旱涝保收面积仍不足45%，适宜机械化操作的面积不足40%，制种的机械化、轻简化、标准化程度低，离基地“五化”的要求还有较大差距。面积逐渐萎缩，受近年来极端灾害天气频发影响，每年制种受灾面积达25%，叠加产业扶贫、种植业结构调整等因素影响，部分已建成现代化制种基地已成为改种其他高收益经济作物首选基地，杂交水稻制种面积逐年下滑，已由过去的全国第一降至第三，向省外转移3万~5万亩，制种基地稳定难度持续加大。效益逐步下降，随着城镇化速度进一步加快，大量青壮年农村劳动力转向城市二、三产业，农村劳动力成本的大幅升高，致使总投入直线升高，种子生产成本快速上涨，制种比较效益不断下降。

三、对策建议

（一）健全体系 加强资源保护利用

种质资源保护利用是一项基础性公益性工作，也是战略性长期性工程。要全面建设种质资源保护利用体系，按照“一库多圃”的思路，加快四川省种质资源库建设，科学规划布局建设一批种质资源圃（园、场、区）和原生境保护点，构建较为完善的种质资源保护体系。同时，推行政府购买服务，鼓励企业、科研机构及社会组织承接种质资源保护任务，构建以政府为主导，多方积极参与的种质资源保护新格局。要深入打造种质资源评价鉴定体系，充分发挥科研院校的优势，加强种质资源基础理论、关键技术和新种质创制研究，开展种质资源遗传分析和综合鉴定，着重进行种质资源表型与基因型精准鉴定评价。要建立健全种质资源共享开发体系，把分散在各地的种质资源采用统一标准进行整理整合，对分散资源实行一体化管理，将种质资源的保护、保存与创新利用有机结合，打破行业间、部门间和机构间的种质资源信息与实物共享利用障碍，推动创新种质及相关技术纳入科技成果挂牌交易或有偿使用，提高资源共享利用效率。

（二）完善机制 增强自主创新能力

创新既是现代种业的核心竞争力，更是农业现代化的第一动力。要突出基础性研究，聚焦种业自主创新重大需求，探索建立跨学科、跨领域联合创新的体制机制，搭建创新服务平台，开展核心技术攻关，积极探索生物育种等新技术，力争取得一批原创成果和关键性技术突破。要完善产学研用深度融合，强化良种联合攻关，打造以“企业商业化育种+科研单位公益性研究”的“双轮驱动”种业科技创新机制，推进育种人才、资源和要素有序向企业流动，形成紧密联结的科企联合体。要充分发挥品种管理指挥棒作用，优化粮油作物品种审定标准，引导育种者选育抗病抗逆、适合机械化轻简化资源节约化、高产优质新品种，完善以科研教学单位和市州县种子管理部门为主体，民营科研机构、种业企业为补充的品种试验体系。要强化种业科技成果推广转化，探索建立重大突破性优良新品种转化推广新机制，通过政府奖励、以奖代补、良种补贴等方式，推动突破性良种大面积推广应用，快速转化为现实生产力；加大知识产权保护力度，为鼓励种业原始创新营造更好更优环境。

（三）加大扶持 增强企业竞争实力

强种业，首先要强企业。企业既是现代种业创新的主体也是行业整体实力的体现。要培育龙头企业，大力推动四川省现代农业种业集团的组建成立，重塑农作物科企格局，推动有意愿、有潜力的种企重组整合，打造行业龙头企业。要加大金融扶持，设立四川省现代种业发展基金，推动种业企业与农业银行或农业发展银行等金融企业建立合作机制；降低对中小种业企业授信门槛，调低贷款利率，特别是对种子收购资金加大授信力度，确保制种产业健康发展。要拓展种业市场，推动企业对外合作交流，鼓励和支持企业在省外和境外建立研发中心和品种筛选试验点，在安徽等长江中下游和越南等“一带一路”国家建立品种筛选试验点，构建销售网络，将优质粮油作物良种推向省（境）外。要落实简政放权，进一步优化企业营商环境、创新环境、转化环境，激发企业的发展活力。

（四）强化支撑 提升基地供种能力

种业基地是保障用种安全的重要基础，也是落实“藏粮于地、藏粮于技”战略的重要支撑。要强化科技支撑，开展全程机械化制（繁）种示范推广，在杂交水稻制种的机育机插、无人机喷施农药和赤霉素、无人机辅助授粉等各环节的机械化作业技术试验示范的基础上，示范推广杂交水稻机械化制种技术，降低制种成本，推动产业发展；对于其他作物种子生产，组织开展制（繁）种全程机械化技术联合攻关，成熟一项，示范推广一项。要强化主体支撑，各基地县要优化发展环境，积极与优势基地对接合作，加强利益链接，确保基地的稳定和可持续发展。积极培育转型制种生产主体，提高制种和规模化水平，以提升制种效益。要强化政策支撑，各市县应将优势种子生产基地纳入永久基本农田予以保护，进一步稳定制种基地面积。各制种大县应将杂交水稻、杂交玉米制种保险和粮食生产政策性保险联动，适度提高水稻玉米制种保险额度和费率，并积极探索推进制种商业补充保险、制种效益保险。

四川粮油生产发展报告

冯治润　曾瑾汐
（1. 四川省农业农村厅种植业与农药肥料处，四川　成都　610041；
2. 四川省农业技术推广总站，四川　成都　610041）

摘　要： 四川是农业和粮油生产、消费大省，是全国十三个粮食主产省份之一，确保粮食自求平衡，既是中央对四川的基本要求，也是四川对全国粮食安全肩负的重大责任。本文围绕落实新形势下国家粮食安全战略要求，总结了近年来四川粮油生产发展成效和典型实践模式，分析了制约粮油生产发展的问题与短板，就深化农业供给侧结构性改革、加快推进四川粮油产业高质量发展，针对性地提出了调结构、育主体、搞加工、促循环，走优质化、规模化、品牌化、绿色化发展之路的对策建议。

关键词： 四川；粮油生产；基础现状；对策措施

国以民为本，民以食为天。粮食安全始终是关系我国经济发展、社会稳定、国家安全的重大战略问题。习近平总书记高度重视粮食生产，指出“发展现代农业，首先要夯实粮食生产基础，确保国家粮食安全”“十几亿人口要吃饭，这是我国最大国情”“中国人饭碗必须牢牢端在自己手里，要装我们自己生产的粮食”。这些重要论述，为我们抓好粮食生产，确保国家粮食安全，指明了前进方向，提供了根本遵循。近年来，四川坚持以习近平新时代中国特色社会主义思想为指引，认真贯彻习近平总书记关于确保国家粮食安全的新观点、新论述、新要求，加快构建四川粮油的现代化产业体系、生产体系、经营体系，巩固提升四川粮食主产省地位，确保粮油等大宗农产品有效供给，有力支撑了全省经济社会发展全局。

一、四川粮油生产的基本情况

（一）基础现状分析

1. 粮油生产稳步发展

全省粮食生产实现了连续 14 年稳定发展，2020 年全省粮食播种面积 9 468.9 万亩，居全国第七位，粮食总产 3 527.4 万吨，居全国第九位，其中水稻播种面积 2 799.5 万亩，总产 1 475.3 万吨；玉米播种面积 2 759 万亩，总产 1 065 万吨；小麦播种面积 895.2 万亩，总产 246.7 万吨；薯类总产（折原粮）551.8 万吨，其中马铃薯总产 288.8 万吨，居全国第一位。大豆产量 101.3 万吨，跨入全国主产省行列。油料作物方面，2020年四川油料播种面积2 375. 8万亩，总产达到392. 9万吨，其中油菜籽播种面积1 938. 2万亩，总产317. 2万吨，稳居全国第一位。

2. 种植结构不断优化

近年来粮油种植结构调整取得了显著成效，优质稻面积逐年扩大，低效小麦持续调减，玉米结构不断优化，“双低”油菜占比显著提高，马铃薯周年生产周年供应格局初步形成，套作大豆、酿酒高粱等特色粮油作物面积稳步上升。如“十二五”以来，全省国标三级以上优质稻推广面积呈稳定增长趋势，由2010年的1 420万亩，上升至2020的2 140万亩，增长了720万亩，优质稻覆盖率由47. 7%上升至76. 7%。在洪雅、宣汉等10个县建设了20个“粮改饲”青贮玉米示范区，在阆中、安岳等18个县（市、区）示范种植新型饲草玉米新品种，带动全省青贮饲用玉米达到350万亩。

3. 加工能力显著提升

“十二五”以来，四川省米、面、油、薯类等重点粮油加工企业快速发展，四川省现有规模以上粮食加工企业413家，粮食日加工能力4. 7万吨左右。全省马铃薯加工能力约200万吨，马铃薯最大加工率可达13%，豪吉、科兴等较大规模的马铃薯淀粉加工企业近10家，马铃薯精淀粉加工能力达10万吨。川粮米业、老厨房米业、仙特米业、若男食品等加工企业已具有一定生产规模，企业精深加工水平正逐年提高，开发的胚芽米、保鲜大米、红薯食品等系列化、多元化、营养健康粮油制品和方便米饭、方便粉丝、鲜食面条等新产品，具备了一定市场竞争力，市场份额逐年扩大。

4. 品牌建设成效明显

近年来，通过大力实施品牌战略，企业品牌意识显著增强，培育了大凉山、天府源、广元七绝、遂宁鲜、甜城味、阳光米易等40余个区域公用品牌。部分粮油产品获得“中国名牌”“国家地理保护标志产品保护”认证，品牌效应逐渐显现，产品市场占有率和市场利润逐步向名牌产品集中。以水稻为例，南江翡翠米、广元女皇贡米、富顺再生稻、黄龙贡米、罗沙贡米等稻米品牌，先后在各种博览会上崭露头角，广元市昭化区的“女皇贡米”荣获“第14届中国（广州）国际食品展暨广州进口食品展览会金奖”，“宣汉桃花米”荣获“中国十大大米区域公用品牌”。

5. 经营主体逐年增加

按照“主体多元化、形式多样化、运作市场化”的要求，大力培育专业技术协会、专业服务合作社、农业社会化服务公司等农业经营性服务主体，积极扶持种粮大户等新型种粮主体。全省耕地流转率超过40%，适度规模经营率达26. 7%，从事粮油产业的家庭农场有6 900家，从事粮油产业的合作社有7 782家，纳入种粮大户补贴的种粮大户达到1. 5万户，补贴种粮面积超过300万亩。全省有农业生产社会化服务主体21 808个，托管面积3 349万亩次，服务小农户402. 5万户，有力带动小农户与现代农业发展有效衔接。

6. 科技支撑显著增强

四川省坚持走创新型农业发展道路，农业科技对全省农业综合生产能力的稳步提升、现代农业产业的快速发展和农民收入的持续增加发挥了重要支撑作用。目前，四川省农业科技进步贡献率为 60.5%，主要农作物良种覆盖率在 95%以上，主导品种和主推技术入户率达到 80%以上，主要农作物耕种收综合机械化率超过 60%，病虫害综合损失率控制在 4%以内。一大批本省科研机构和企业育成的水稻品种被遴选为四川省水稻主导品种，集成推广了一批生态环保相融合的配套栽培技术，“稻鱼”“稻鸭”“稻虾”等稻田综合种养循环模式得到快速发展。

（二）典型实践模式

1. 推介优质品种助推产业化开发模式

在优质稻发展过程中，充分发挥“稻香杯”优质稻品种评选平台的纽带作用，坚持以品种推介助推产业化开发。2018 年 2 月，习近平总书记来川视察时指出，“我了解到，你们中断了十多年的‘稻香杯’评选活动又恢复了，要坚持下去，树立优质品牌形象”。四川省连续举办了六届“稻香杯”优质米评选活动，向生产和加工企业推介了 100 余个优质稻品种，部分品种分别在不同时期被遴选为主推品种和企业重点开发的拳头品种，有效带动了全省优质稻生产的发展和优质稻米产业化开发。例如，省内选育的宜香优 2115 和川优 6203，先后荣获第十一届中国优质稻米博览交易会“优质稻品”称号、第二届中国（三亚）国际水稻论坛“最受喜爱的十大优质稻米品种”称号，成为四川谷黄金集团有限公司、中粮集团（成都）粮油工业有限公司、贵州卓豪农业等大型粮食加工企业打造优质大米名优品牌的优选品种，助推了“蜀中无好米”时代的加速结束。

2. 构建新型种植制度助推结构调整模式

针对农村发展现状和旱地种植制度存在的突出问题，积极探索创新种植制度，构建了玉米—大豆带状复合种植制度。在传统的玉米间混大豆和玉米间套甘薯的基础上积极创新，采用宽窄行田间布置方式，充分利用边行优势，带状间作套种玉米大豆，年际间交替轮作，集成了适应机械化作业、作物间和谐共生的一季双收种植模式。该技术模式，连续 11 年被列为全国和四川省农业主推技术；中央农办在《农村要情》中指出“从保障国家粮食安全的大局出发，研发应用这一新技术具有重要战略意义，推广应用这一新技术是农作物耕作方式的一次重大变革”。该技术在四川的大面积应用，有效推动了四川大豆产业发展，大豆面积由 2000 年前的不到 200 万亩扩大到现在的的 600 万亩左右；总产由 2000 年前的不到 30 万吨增加到现在的 90 万吨以上。形成了以川中丘陵为核心，以套作食用高蛋白非转基因大豆为显著特色的大豆产业优势区，四川大豆“小作物做成大产业”，有力助推了四川跻身全国大豆主产省行列。

3. 改革经营方式助推粮油全产业链开发模式

近年来，各地积极探索和创新农业经营方式，促进了粮油产业规模化生产和产业化开发，涌现出了“两主体、四中心”（经营主体、服务主体，育秧中心、实训中心，烘储中心、加工中心）综合体配套助推粮油全产业链开发模式。以崇州市隆兴镇青桥村的青桥土地股份合作社为例，该合作社采取“土地股份合作社+农业职业经理人+现代农业服务体系”的新型经营方式，依托经营主体和服务主体，配套建设育秧、农机、烘干、加工“四中心”，打通产前、产中、产后环节，为优质稻生产注入了新活力。该合作社共有636户入社，有耕地面积1 836亩，全部是社员土地入股，社员土地每年稻谷分取500斤/亩以及根据收益获取一定的分红。通过“合作社+合作社”的订单收购模式，形成利益有效联结和契约约束，除合作社自有种植优质稻谷1 500吨外，与当地23家合作社在水稻种植前签订优质稻订单收购协议，并规范生产‘宜香优2115’和‘川优6203’两个优质品种，提供栽培技术指导，2017年订单收购稻渔、稻鸭、稻虾等稻田综合种养模式的稻谷2 100吨（其中‘宜香优2115’共1 200吨，‘川优6203’共900吨），并以高出崇州本地稻谷9.33%的收购价格3.0元/千克进行收购，大大推动了该地区水稻规模化种植和优质水稻规模化生产。

4. 开发多重功能助推产业融合发展模式

近年来，各地大力推进粮油多功能开发助推产业融合发展，促进农民增收，涌现出了油菜“菜花蜜油”综合利用、增产增收模式，实现了油菜产业“菜用、旅游用、蜜用、油用”的综合开发利用，助推了一二三产业融合发展。该模式带动生态油菜薹走上百姓餐桌，成为消费者青睐的时鲜蔬菜，开发了油菜薹腌菜等蔬菜产品。培育形成了广汉西高、崇州白塔湖、金堂三溪、古蔺双沙等有影响力的“油菜花节”。促进了浓香型小榨油的兴起，生产的食用植物油产品品质高、味道香，深受城乡居民的欢迎。由于川派浓香型小榨油需求大，原料普遍比其他地区高0.5元/斤左右，比进口油菜籽高0.7元/斤左右，成功应对了国内外油菜籽价格持续低迷对四川油菜产业的冲击，促进了地方特色蜂产品等产品开发，取得了显著的经济、社会和生态效益。

二、四川粮油生产存在的主要问题

（一）供给结构不合理

目前四川粮油产量难以满足消费需求的增加，相对于数量不足更主要是质量与结构需求的不匹配，如以水稻为代表的口粮虽然数量上基本自给，但品质上难以满足城乡居民对优质大米的需求，以玉米为代表的饲料用粮更是产不足需、有较大的缺口。近年来，四川每年从省外调入稻谷180万吨以上，主要来源是黑龙江与吉林、湖北、云南等地。而作为油料作物生产大省，四川外调入川食用油量达需求量的四成，主要是优质大豆油。

（二）种植效益低下

生产成本不断快速上升与粮食价格持续低迷形成鲜明对比，粮食生产的微利性与增加农民收入矛盾更加突出，土地“非粮化”趋势加剧，“谁来种粮”的问题日趋严峻。特别是随着城镇化速度进一步加快，大量青壮年农村劳动力转向城市二、三产业，农村劳动力成本的大幅升高，致使总投入直线升高。据典型调查，川中、川东北丘陵区，扣除总成本后，水稻、油菜、小麦、玉米等粮油作物的亩纯收益分别为292.54元、156.02元、-71.48元、119元，与种植经济作物柑橘、茶叶、烤烟等相比相差甚远。

（三）资源约束趋紧

四川省水资源时空分布不均，耕作条件较差，自然灾害频发，靠天吃饭的局面没有根本改变。“十二五”以来建成的高标准农田中达到“三网”配套的不足四成，绝大部分不能做到旱涝保收、宜机作业，有效灌溉面积仅占耕地总面积43%。加之，四川本身多阴雨、寡日照、昼夜温差小，为了提高土地使用率发展一年多熟制，使得光温资源利用更为紧张。以稻麦轮作为例，抢收小麦后种水稻，导致水稻生育后期与收获期多阴雨，易错过高产优质形成期，难收获，若无烘干设备则晾晒困难。

（四）“三低”问题突出

“三低”即组织化程度低、粮油产品商品率低、精深加工率低。一是组织化程度，四川省人均耕地少，基础条件差，田块小而散，粮食生产组织化、规模化程度低，大多数地方仍然是分散的小农经营模式，经营的灵活性不足和低效性已经越来越不能适应激烈的市场竞争。二是粮油产品商品率低，全省粮食适度规模经营比重不到10%，80%以上农户为了自给而生产，粮油生产市场化水平低。三是精深加工率低。据调查，全省种粮大户直接销售粮食占总产量的70%，加工粮食占10%，专业合作社直接出售粮食约占总产量的50%，加工粮食约占25%。

（五）品牌竞争力弱

四川优质特色粮油产品丰富，但市场认知度高、影响力大的品牌较少，在全国叫得响的“川粮”品牌很少。此外，粮油收购优质不优价现象突出，种植、加工、销售各环节利益联结机制不健全，单一优质品种集中连片规模化种植少，导致混收、混储、混加工，无法从源头上保证产品质量。以水稻为例，近年来四川省加快优质稻品种选育和推广，‘宜香优2115’、‘川优6203’等高产优质水稻品种种植面积不断扩大，稻米品质从总体上得到明显提升，但稻米加工总体水平不高，混收混贮混加工现象比较突出，对企业打造品牌难度较大，目前高档大米市场主要被东北粳稻、泰国香米占领。

（六）社会化服务发展滞后

社会化服务发展滞后，与农业大省的地位极不相称。一是社会化服务发展不平衡。成都平原社会化服务面积几乎占到全省的一半，丘陵、山区农田基础设施薄弱，田块小、多样性，大型农用机械耕作困难，社会化服务发展缓慢。二是服务能力与农民需求不匹配。在家种粮的农民都想由社会化服务组织来帮助他们种粮，受服务能力的局限，农时季节又等不住，目前粮食生产社会化服务供需矛盾比较突出。三是服务功能单一。往往注重产前、产中服务，忽视产后服务，农产品保鲜、贮运、加工、销售以及农业金融、保险、信息等服务缺乏。

三、四川粮油生产发展的对策建议

（一）着力调结构，走好“优质化”发展之路

围绕市场需求，加快全省粮油种植结构协调性调整、特色性调整、竞争性调整，不断优化粮油产品供给结构和质量，改善川粮结构矛盾，满足城乡居民消费升级和加工转化需求，为全省农业供给侧结构性改革树立示范标杆。在优化产业布局的基础上，重点围绕90个产粮大县和46个产油大县布局建设一批粮油生产基地。水稻生产应加大国标Ⅱ级以上优质稻推广，其中，盆西平原稻区、盆东南丘陵稻区积极发展国标二级优米，盆中浅丘稻区发展国标三级优米，盆周边缘稻区发展国标二级优米和特种稻，川西南山地稻区发展国标一级优米和特种稻米。小麦生产要大力发展用于加工馒头、面条的中筋或中强筋小麦，在适宜优势区适当发展优质弱筋小麦。玉米生产要调整品种结构，适度调减普通籽粒玉米，因地制宜发展青贮饲用玉米和甜糯玉米，示范推广饲草玉米等新型饲用作物。油菜生产要大力发展冬油菜，推广双低油菜品种，提高油料种植机械化水平，改善油菜籽品质。马铃薯生产要大力发展优质专用马铃薯，积极引导马铃薯主食消费，提高优质脱毒种薯普及率。高粱生产要打造川南（东）酿酒专用高粱产业带，集中连片建设“中国白酒金三角”优质订单原料基地。

（二）着力育主体，走好“规模化”发展之路

以培养生产精英型、专业技能型、社会服务型的高素质农民为主线，积极培育产业化龙头企业、合作社、家庭农场、种植大户等新型经营主体。一是支持有文化、懂技术、会经营的农村实用人才和农村青年致富带头人，通过流转土地等多种方式，扩大生产规模，培育专业种植大户、现代职业农民和家庭，健全家庭农场服务管理制度，建立家庭农场名录，完善工商注册登记办法。二是加强农民合作组织规范化和农民合作社示范社建设，提高专合组织运行监测工作质量，推进省级示范社建设，鼓励专业合作社引进专业技术或专门生产经营管理人员，发展优质化、标准化、绿色化、专业化生产，支持专业合作社购建加工、贮藏等设施设备，开展统一服务，提升生产经营、市场开拓和组织带动能力。三是加快培育农业产业化排头兵企业，扶持龙头企业开展标准化生产基地、品牌打造、农产品加工和流通建设，引导企业通过兼并、重组、收购、控股等方式进行联合重组，培育一批产业关联度大、带动能力强的大企业。四是加快构建以公共服务机构为依托、合作经济组织为基础、农业产业化龙头企业为骨干、其他社会力量为补充，公益性服务和经营性服务相结合、专项服务和综合服务相协调的新型农业服务体系。大力推行合作式、订单式、托管式等服务模式，支持农业新型经营主体和社会化服务主体开展代耕代种、代购代销、代烘代储、农机作业、统防统

治、育种育苗等全程社会化服务，对烘干、仓储、农机作业等予以重点扶持，构建覆盖全程、综合配套、便捷高效的农业社会化“一条龙”服务体系，实现小农户和现代农业发展有机衔接。

（三）着力搞加工，走好“品牌化”发展之路

坚持产业链、供应链、价值链、创新链、利益链“五链协同”，发展“产购储加销”一体化模式，构建从田间到餐桌的全产业链，推进现代粮油一二三产业深度融合发展。一是加大对粮食生产经营者添置烘干仓储设施以及粮食精深加工企业的扶持力度，增强粮食加工转化能力。研制开发粮油深加工新产品、主食工业化产品和营养保健食品，科学导向粮食消费。二是积极推广适用技术，因地制宜建设初加工设施，不断延伸以绿色品牌为重点的精制大米、油料精深加工产业链，着力打造一批特色鲜明、竞争力强的产品，构建种养加一体、一二三产业融合发展的现代农业产业体系、生产体系、经营体系，提高农业质量效益和竞争力。三是结合现代农业产业基地建设，依托青山绿水、田园风光、乡土文化，大力发展乡村旅游、休闲农业、康养农业等，建设现代农业庄园、农业主题公园、农业嘉年华、农业风情小镇、农业科普园和农业全产业链展示区，不断挖掘农耕文化的高端旅游要素，大力发展乡村旅游新业态。四是实施品牌战略，完善农产品标准体系建设和“三品一标”认证支持政策，鼓励和支持粮食规模经营主体开展无公害等基地认定、产品认证和品牌打造，开展“稻香杯”等优质粮油品牌评选活动，打造“天府菜油”区域品牌，开拓粮油产业“互联网+”等新型粮油订单式营销模式。

（四）着力促循环，走好“绿色化”发展之路

以农业资源高效利用和循环利用为核心，以“减量化、再利用、资源化”为原则，以“低消耗、低排放、高效率”为特征，强化绿色生产基地建设，大力推进粮油生产绿色可持续发展。一是改善农田基础设施条件，守住耕地保护红线，整合涉农资金，统筹推进高标准农田建设，大幅改造中低产田土，完善农田排灌渠系，提升耕地地力水平，加快建设大中型水利工程，持续推进小型农田水利设施建设，提升综合生产能力。二是科学合理选择循环农业发展模式，积极推进“稻田综合种养”“粮改饲”等种养结合循环农业试点示范，推广“多元协同、循环再生”模式，建设一批种养循环农业示范区，提高以秸秆、地膜等农业废弃物为重点的循环利用水平。三是依托新型农业经营主体和专业社会化服务组织，深入推进绿色高产高效创建，推广测土配方施肥、水肥一体化、病虫害专业化统防统治、绿色防控等环境友好型技术，推动精准施肥（药）和科学用肥（药），促进农业化学投入品使用减量化和绿色化。四是加强农业面源污染治理，加快农业环境突出问题治理和废弃物资源化利用，实施好重金属污染、耕地修复等工作试点，严格控制耕地的过度开发利用。

四川生物育种技术应用研究报告

宋　军　余桂容　李　明　冯俊彦　张　洁　彭梅芳　王　平
张　聪　向小利　胡彬华　王闵霞　聂　治　蒋　云　黄文丽
白玉路　熊　川　陈克贵　吴　洁　郎　涛　王强锋　陈　谦
邓自圆　徐利远　刘晓军　朱　宇　蒲志刚
（四川省农业科学院生物技术核技术研究所，四川　成都　610066）

摘　要：“一粒种子改变一个世界”。种子是农业生产中不可替代的生产资料，影响着农作物的产量、品质和抗性，是实现作物高产、优质的决定性因素之一。随着生活水平的不断提高，人们对农产品安全和品质的要求越来越高。快速培育高产、优质、抗病、抗逆的农作物品种是满足人们对农产品日益增长需求的有效手段，而传统育种依赖于经验和机遇，耗时长，存在盲目性和不可预测性，难以满足现代农业育种的要求。近年来，随着基因组测序等多种技术的突破和发展，基因组学、表型组学等组学研究及生物信息学得到迅猛发展，作物育种理论和技术也发生了重大变革。以转基因育种、基因编辑育种、分子标记辅助育种、分子标记设计育种为代表的现代作物分子育种技术逐渐成为全世界作物育种的主流，在保障全球粮食安全中发挥不可替代的作用。

关键词：藏粮于技；生物育种；生物技术；研究报告

引言

当今，世界农业的竞争聚焦于科学技术和人才两大高地。随着科技文明的进步，农业生物育种技术快速发展，并在全球范围内得到广泛应用，为各国的社会生产和经济效益起到了巨大的推动作用。生物技术将成为农业制胜的关键，也必将会重新划分世界农业新格局。在我国，由于生物技术研究与发达国家还是存在着一定的差异，目前，我国在农作物育种方面，仍以传统的育种方式为主，难以满足新形势下资源节约型、环境友好型育种模式的技术需求。随着分子生物学技术的迅速发展，我国农作物育种正从传统“经验育种”迈向现代“精准育种”。现代“精准育种”是指包括分子标记辅助育种、转基因育种和基于基因组学的基因编辑育种的分子设计育种，可以精确地修改农作物的性状，并可以创造新的性状，甚至是新的农作物，以满足不断增长的人类需求和新的农业模式。尤其是具有革命性的基因组编辑技术的问世，加快了培育优质、高产、广适、绿色、多功能农作物新品种的研究进程，为全面深入实施“藏粮于技”战略，保障国家粮食安全提供了科技支撑。因此，本报告报道了这一主题的最新信息，其中包括自1996年生物技术/转基因作物商业化的第一年以来有关转基因作物应用和分布情况的全球数据、各国情况和该技术的未来前景。实践证明，每次育种技术的进步，都是农业生产的一次机遇。“十二五”以来，在广泛利用生物育种技术的基础上，四川省在培育高产、优质、抗病、抗逆的水稻、玉米、小麦和甘薯等农作物优良品种中取得重要进展。

一、四川省生物育种技术应用的基本情况

（一）转基因生物育种技术及应用

自1996年第一例生物育种技术应用的转基因农作物商业化以来，转基因育种技术已经在全世界范围内得到了广泛的应用。截至2019年，共有71个国家/地区应用了转基因作物，其中29个国家/地区种植了1.904亿公顷的转基因作物，另外42个国家/地区进口了用于食品、饲料和加工的转基因作物。根据单种作物的种植面积计算，2019年，全球79%的棉花、74%的大豆、31%的玉米和27%的油菜是生物技术/转基因作物。美国对转基因大豆、玉米和棉花的平均应用率达到95%。全球转基因作物除了四大作物（玉米、大豆、棉花和油菜）之外，还包括苜蓿、甜菜、甘蔗、木瓜、红花、马铃薯、茄子以及南瓜、苹果和菠萝。排名前五位的国家（美国、巴西、阿根廷、加拿大和印度）种植了全球91%的转基因作物。2019年，美国以7 150万公顷的转基因作物种植面积排名第一，其次是巴西（5 280万公顷）、阿根廷（2 400万公顷）、加拿大（1 250万公顷）和印度（1 190万公顷）。生物技术使这5个国家的19.5亿人口受益，占目前世界76亿人口的26%。

用于食物、饲料、加工和种植用途的转基因作物转化体批准状况，总计71个国家/地区（29个种植国+41个非种植国+欧盟26国，欧盟算为一个国家）对用于人类食物、动物饲料和商业种植用途的转基因作物签发了监管批文。自1992年以来，除了康乃馨、玫瑰和矮牵牛外，监管部门已经批准了4 485项批文，涉及29种转基因作物的403个转化体。

2009年7月9日，时任国务院总理温家宝在国务院常务会议上审议并原则通过了转基因生物新品种培育科技重大专项，其中包括在2020年前共200亿元的转基因研究专项资金。从组建重大专项推进转基因生物新品种培育以来，在重要功能基因的克隆、基因智能改造与定向表达、规模化转化技术、基因表达调控技术、安评技术等方面都有重要进展。

在转基因技术应用方面，目前，除棉花、木瓜已实现产业化外，我国在水稻、小麦、玉米、大豆、油菜、杨树、落叶松、猪、牛、羊等的新品中培育中也取得重大进

展。在主粮作物领域，截至2021年，已经有2个转基因抗虫水稻（华恢1号和Bt汕优63于2009年获得安全证书）、1个转植酸酶基因玉米（BVLA430101于2009年获得安全证书），2015年这2个转基因抗虫水稻与转植酸酶基因玉米再次获得我国农业转基因生物安全证书。2020年发放了3个转基因抗虫耐除草剂玉米“DBN9936”“双抗12-5”和“DBN9858”和1个转基因耐除草剂大豆“SHZD3201”安全证书。

四川省以四川农业大学为代表的高校，以四川省农业科学院为代表的事业研究单位都积极参与研发转基因农作物新品种培育。目前，四川农业大学主持的“高产转基因玉米新品种培育”获得重要进展，选育出一些优良自交系和潜力高产组合，正在参加国家转基因玉米区试。

四川省农业科学院生物技术核技术研究所研发的抗草甘膦玉米转化体T抗-4，获得中华人民共和国农业转基因生物安全审批书农基安审字（2020）第201号，批准“转2mG2-epsps基因耐除草剂玉米T抗-4在四川省的生产性试验”，有效期2021年5月1日至2023年4月30日。已育成5个高抗除草剂草甘膦转基因玉米自交系和6个抗草甘膦转基因玉米新组合（耐草甘膦浓度达生产使用浓度的4倍以上），产量增产幅度0.5%~12.3%，其中产量表现最优的组合16-4折合亩产达到587.0千克，比对照成单30增产12.3%，生产应用前景广阔。目前，项目组已从单抗除草剂材料拓宽到抗除草剂、抗虫和抗旱多抗性状，获得多抗转基因育种材料。双抗材料聚合了抗除草剂基因2mG2-epsps，抗虫基因Cry1Am；还选育出既抗除草剂草甘膦又抗草铵膦的双抗玉米材料，为玉米转基因重大品种的培育奠定了坚实的基础。

四川省农业科学院生物技术核技术研究所结合优质蛋白玉米培育的生产需要，已克隆拟南芥乙酰丝氨酸合成酶（Arabidopsis thaliana serine acetyltransferase1，SAT1，AT1G55920.1）。在启动子维管束特异核酮糖小亚基1启动子（Bundle sheath-specific Rubisco small subunit 1 promoter，简称RbcS1，GenBank：AH005359.3）作用下，该基因在玉米维管束鞘中过量表达。获得了三种玉米转基因株系，在不消耗其他蛋白的同时籽粒蛋氨酸得到不同程度提高。相关研究成果发表在Plant biotechnology journal上。该研究成果已授权发明专利1项，获国家级项目支助1项，四川省项目支助2项，相关研究发表核心期刊1篇，SCI1篇。

（二）分子设计育种技术及应用

分子设计育种是指在计算机平台上对植物体的生长、发育和对外界反应行为进行预测；然后根据具体育种目标，构建品种设计的蓝图；最终结合育种实践培育出符合设计要求的农作物新品种。设计育种的核心是建立以分子设计为目标的育种理论和技术体系。

四川省水稻分子育种科研力量较为雄厚，包括四川大学、四川农业大学、四川省农业科学院、西南科技大学等10余所科研院校。近年来，利用分子标记育种在水稻骨干亲本材料的抗性、品质改良方面取得了较好的应用。在水稻基因功能发掘方面更是取得了一些重大突破性进展，比如四川农业大学陈学伟研究员团队发现了水稻天然变异位点——编码 C2H2 类转录因子的基因 Bsr-d1 的启动子，可以有效提高对稻瘟病的抗病免疫能力；王文明教授团队揭示了“miR168-AOG1”调控水稻产量、生育期和稻瘟病抗性的机制，为提高水稻抗稻瘟病的同时保障高产这一实际生产问题的解决提供了新的思路。这些研究结果对于推动水稻传统育种向高效、精准、定向的分子设计育种的转变具有重要的指导意义。这些年，四川省农业科学院生物技术核技术研究所在水稻重要基因功能发掘、转基因及基因组编辑技术应用于水稻研究等方面也取得了一些重要进展。

1. 水稻生育期调控基因功能发掘

四川省农业科学院生物技术核技术研究所陈克贵研究员课题组发现拟南芥核转录因子 AtNF-YB1 和玉米 ZmNF-YB2 在水稻中过表达具有显著促进抽穗期提前，缩短生育期的功能，并通过深入研究找到了其在水稻中的同源基因为 OsNF-YB4，取得了其在改良水稻生育期应用方面的专利保护（专利号：ZL201711252460. 3；ZL201711400161. X ；ZL201911309147.8），为改良水稻生育期应用提供了更多的候选基因。

2. 多基因聚合设计改良水稻生育期和抗病性

四川省农业科学院生物技术核技术研究所陈克贵研究员课题组将拟南芥 AtNF-YB1 和水稻 OsNF-YB4 基因分别转入保持系“锦丰”中过表达，再通过连续回交将目的基因转育至不育系中，用不育系与恢复系“907”和“恢 727”分别进行杂交，成功培育了 4 个生育期缩短的杂交水稻早熟新品种。

四川省农业科学院生物技术核技术研究所陈克贵研究员课题组成功克隆了三个抗稻瘟病基因：Pi54、Pib、Pi25，并利用 Golden braid 2. 0 多基因构建系统，将这三个基因聚合在一起，构建一个多基因聚合的抗稻瘟病表达载体，并成功转化进水稻 Kasalath 和郑旱 10 号中，得到了三个基因都稳定表达的转基因纯合材料。经田间和实验室稻瘟病抗性鉴定，证明在多基因聚合的转基因材料中稻瘟病抗性确实有明显提高。

（三）分子标记辅助育种技术及应用

分子标记辅助育种是利用分子标记与目标性状基因紧密连锁的特点，通过检测分子标记即可检测到目的基因的存在，达到选择目标性状的目的，具有快速、准确、不受环境条件干扰的优点，克服了很多常规育种方法中的困难，大大加快育种进程，提高了育种效率。

分子标记育种在四川省抗稻瘟病水稻选育中发挥出重要作用。四川省原子能研究院、四川农业大学水稻研究所和农业科学院生物技术核技术研究所等分别对不同水稻亲本进行稻瘟病基因进行检测，明确研究材料中不同的抗稻瘟病基因，这不仅为水稻稻瘟病育种提供了基因来源，还为稻瘟病抗性材料在水稻育种中的应用奠定了基础。

依托四川省农作物育种平台，四川省农业科学院生物技术核技术研究所建立了高效的HRM（高分辨率熔解曲线）、KASP（竞争性等位基因特异性PCR）技术体系，在水稻稻瘟病抗性育种中成效显著，首先其利用HRM技术对四川省46份广泛应用的三系杂交水稻不育系进行了抗稻瘟病基因分型，利用HRM和KASP技术等，将三个抗稻瘟病基因Pi2、Pik和Pita基因聚合到水稻骨干恢复系907中，使其稻瘟病抗性由7级提升至1级，显著提高了川恢907的稻瘟病抗性；成功改良了川恢1618的稻瘟病抗病，使其由高感稻瘟病改良为抗稻瘟病；同时创制出多个优良抗稻瘟病恢复系新材料。

四川省生物技术核技术研究所通过航天诱变育种技术获得一株具有橙红色颖壳的水稻突变体，通过对该基因进行基因定位，开发出一种利用分子标记快速转育获得橙红色颖壳水稻育种材料的方法，这不仅为水稻机械化制种提供了理想材料，还为基因的利用提供了可借鉴的方法。分子标记辅助育种技术也成功用于水稻粒型、香味、抗白叶枯病、抗旱、耐旱等性状的改良中。

在玉米分子标记辅助育种方面，四川省农业科学院作物研究所“十三五”期间挖掘优异玉米种质210份，发掘重要育种目标性状位点（QTLs）31个，开发抗纹枯病等重要性状功能分子标记4个。四川省农业科学院生物技术核技术研究所“十三五”期间挖掘优异玉米种质110份，发掘重要育种目标性状位点（QTLs）45个，开发穗位高等重要性状功能分子标记2个。基于高通量测序技术挖掘了1个高抗青枯病位点，并开发了可利用的SSR和SNP分子标记，利用分子标记辅助选择技术创制了多个抗青枯病新玉米种质材料，同时借助基因编辑技术，研究了抗病位点关联候选基因，并获取了抗青枯病基因编辑新材料。

（四）基因编辑技术及应用

基因编辑是指在基因组水平上对生物的DNA序列进行定点改造的遗传操作技术，实现基因组的定点改造。以CRISPR/Cas9为代表的新一代基因编辑技术，能够对目标基因进行定点“编辑”，实现对特定DNA片段的敲除、插入、替换等，具有操作简单、周期短、效率高等优点。

四川农业大学利用CRISPR/Cas9基因编辑技术对香味基因Badh2/FGR进行编辑，获得了不含转基因成分的谷粒香气明显增加的材料。对颗粒淀粉合成酶Wx基因和重金镉吸收转运基因OsNramp5进行同时编辑，获得了两个基因功能完全缺失的镉低积累的粳糯水稻。四川省农业科学院生物技术核技术研究所利用CRISPR/Cas9基因编辑技术，编辑籼稻川恢907中控制颖壳颜色基因rbh1，获得了适合杂交水稻色选机械化制种的不含转基因成分的红褐色颖壳新材料。

四川省农业科学院生物技术核技术研究所利用CRISPR/Cas9编辑镉吸收转运基因OsNramp5，培育的低镉水稻材料种植在全镉含量为1.37毫克/千克的重度镉污染土壤中（绵竹），成熟后糙米中的镉含量低于0.04毫克/千克，较野生型0.37毫克/千克的糙米镉含量下降90%左右。研究人员也利用该技术对水稻香味基因和直链淀粉含量基因进行编辑，快速获得了香型和糯性水稻新材料。

（五）细胞工程技术及应用

1. 染色体工程育种技术

植物染色体工程主要是通过杂交等方式，对染色体进行操作，以达到创制新的遗传改良植物材料的目的。其基本程序是先人工杂交（创制材料），再细胞学鉴定和性状调查（筛选材料）。目前，这一技术在四川省小麦遗传育种上已得到广泛应用。

利用染色体工程技术，向小麦遗传背景中导入携带优异基因的外源染色体（片段），丰富栽培小麦的遗传背景，赋予其新的抗病抗压能力，成为小麦遗传改良的重要手段。目前，远缘材料在小麦遗传育种中应用得最成功的范例之一是小麦—黑麦的1RS-1BL易位系。该易位系成功地将黑麦1RS上的Sr31、Lr26、Yr9、Pm8等抗病基因和与丰产性、适应性有关的基因转移进栽培小麦品种。另外还有小麦—簇毛麦6VS. 6AL易位系，因6VS上携带具有对小麦白粉病抗性持久的Pm21基因，而在小麦抗性改良中得到广泛应用。

四川省农业科学院生物技术核技术研究所小麦团队利用染色体工程技术取得了以下部分研究成果。

（1）创制了一份高抗小麦条锈病的普通小麦中国春（CS）-簇毛麦3V（3D）代换系——CD-3。

通过^{60}Co-γ辐照结合杂交手段，获得了一批CS-簇毛麦3V染色体结构变异材料（3V染色体断裂系、易位系等），包含变异单株66个，20种变异类型，目标染色体变异频率高达46. 48%。并利用细胞学技术（ND-FISH）对这些材料进行了鉴定。这些材料的获得为3V染色体上的条锈抗性用于四川地区小麦条锈病抗性育种及YrCD-3的深入研究（染色体定位、克隆等）奠定了材料基础。

（2）培育了一份丰产性好的小麦新材料——川辐22（CF22）。

川麦42（CM42）是一份人工合成小麦与普通小麦杂交育成的高产、抗条锈、广适小麦品种，在国家西南麦区小麦遗传育种中被广泛应用。前人研究表明，川麦42的高产位点为人工合成小麦导入位点，并将其定位于来源于节节麦的4D染色体上。本实验室通过杂交、细胞学鉴定、人工选择，培育出了携带来源于川麦42的4D染色体的高产小麦新材料——CF22。CF22于2019年参加了国家区试。至目前，连续两年在国家联合体区试中排名第一，增产点率100%，平均比对照品种CM42增产27%以上，有望成为下一个小麦突破性新品种。

2. 花培育种技术

花药培养是将单倍体花粉粒经过自然或人工处理加倍，使之形成纯合双倍体的现代生物技术，它能够创造丰富变异表型、快速稳定农艺性状，能够加速有利性状的转移，能够显著缩短育种周期、提高育种效率，常与杂交、诱变等育种技术结合，在农作物育种中发挥着重要作用。这一技术在四川水稻和小麦育种上应用较为广泛。

四川省水稻花药培养起始于20世纪80年代起，四川省农业科学院、四川农业大学等多家科研单位先后开展水稻花药培养研究，通过不断摸索和改进，建立了成熟的水稻花药培养体系，后将花药培养与杂交、诱变等传统育种技术结合，成功培育出多个综合性状优良的不育系、恢复系及杂交组合用于生产实践。“十二五”以来，四川省农业科学院作物研究所、水稻高粱研究所分别利用花药培养技术结合传统育种技术培育出米质优、抗性好、综合性状优良的水稻恢复系成恢177、泸恢5241等。四川省农业科学院生物技术核技术研究所具有30多年的水稻花药培养历史，其通过在籼型材料中导入部分粳性血缘，不仅大大提高了水稻愈伤组织出愈率和成苗率，而且实现了籼粳稻杂种优势的利用。生物技术核技术研究所年均接种花药50万枚，获绿苗3 000~4 000丛，双单倍体材料2 000份，从而为水稻育种提供了丰富的材料，以及若干大穗、大粒、高抗、矮秆等有益性状的亲本质源。“十二五”以来，生物技术核技术研究所利用水稻花药培养基数创制出一批优良三系杂交水稻恢复系通过省级技术，其中包括川恢907、川恢1618、川恢4016等，并配制出花香7号、花香优1618、花香优4016等10多个品种通过国家或省级品种审定，培育的品种累计推广面积5 000万亩以上，取得了显著的社会经济效益。花香优907、花香优1618于2015—2016年连续两年在米易创造高产纪录。

四川省农业科学院生物技术核技术研究所小麦花药培养也有二十多年的历史，建立和优化基于花药培养的小麦单倍体育种技术体系。该体系明确了辐照后供体植株穗部发育形态与花粉粒发育之间的关系、低温预处理愈伤组织对小麦花粉植株形成的作用、光照培养温度对小麦花粉植株形成的影响、培养基蔗糖含量对小麦花粉植株分化的影响、越夏控苗的关键因素等一系列关键技术，提高了外植体材料的获取效率，建立起一套高效、简便的小麦花培技术体系。运用这一技术体系，成功育成了四川省第一个通过辐射诱变和花药培养技术选育的小麦品种川辐5号，该品种采用150Gy 60Co-γ射线急性照射处理绵阳88-334×88-1152当代杂交干种子，FM2代选优良单株花培得到稳定株系6086，并通过四川省审定。川辐5号两年省区试验平均亩产340. 3千克，比对照平均增产6. 7%。全省生产试验平均亩产为299. 8千克 ，比对照川麦28平均增产7. 2 %，中抗条锈病，白粉病。经国家粮食局成都粮油检测分中心测定，容重814克/升，湿面筋29. 8%，粗蛋白13. 2%，Zelenys沉降值30. 0毫升，达到国家中筋优质小麦标准。

3. 玉米单倍体育种技术研究及应用

以生物诱导为基础的玉米单倍体育种即DH（Doubled haploid）技术已成为现代玉米育种的核心技术之一。该技术突破了传统选系周期长进度慢的局限，将传统的“连续自交”多步选系转变为“诱导和加倍单倍体”两步选系，2 个世代即可获得 DH 纯系，大大加快了育种进程。中国农业大学研究团队经过 20 多年的持续努力，已经育成诱导系超过 10%的诱导系。继之在诱导基因克隆及诱导生物学机理，关键技术研发及规模化应用等方面均取得了系统性进展，创建了完整高效的技术体系，已经在玉米育种上得到广泛应用，在国内外均产生的广泛的影响。四川省农业科学院生物技术核技术研究所引进了自动化核磁共振鉴选设备和诱导系，并结合四川的具体情况进行了诱导系材料和方法的改良，已申报发明专利（专利号：2016103277157）。也育成 DH7451-1、DH273P2、DH2830-1、DH2830-3 及 DH599-11 等 22 份双单倍体系，正在选育 DH 新玉米品种。

4. 悬浮细胞培养技术

细胞悬浮培养由于分散性好，细胞或细胞团大小均匀，生长迅速，重复性好等因素。被广泛用于细胞学、发育生物学及遗传学等领域的研究，它不仅可直接用于原生质体分离和培养、生产次生代谢物等，还可以在细胞水平筛选预期突变。这一技术在四川省甘薯育种上应用较为广泛。

四川省农业科学院生物技术核技术研究所首次在西南地区成功地建立了甘薯悬浮细胞培养与再生转化体系，为四川开展甘薯遗传改良与分子育种建立了一个高水平的平台，为甘薯生物技术基因工程研究奠定了基础，同时也为四川甘薯辐射育种提供新的途径。

（六）基因组学及生物信息育种技术及应用

作物基因组学是当前生物科学领域发展最为迅速的一门新兴前沿学科。基因组完整序列的破译可以解析物种进化、基因进化以及极大的促进基因功能研究，可以通过基因组信息及其功能基因开发大量与产量、品质、抗逆等相关的分子标记，从而实现高通量基因组选择和高效率育种。

以四川省甘薯育种为例。四川大学生命科学学院通过 Illumina PE 和 MP reads 实现了对栽培甘薯徐薯 18 的叶绿体基因组进行了组装，总长为 161303 bp，共预测出 145 个基因，其中 72 个单拷贝和 11 个双拷贝蛋白编码基因，结果有助于更好地了解甘薯属植物的进化过程，包括系统发育关系、种内分化和种间渐渗。

四川省农业科学院生物技术核技术研究所牵头组织开展了甘薯二倍体祖先种 I. trifida 参考基因组破译解析工作，采用第二代加第三代测序，组装出了结薯二倍体 I. trifida 典型株系 Y22（高杂合，2. 20%）基因组 460. 93 Mb，占预测基因组大小的 96. 71%，通过高密度遗传图谱（平均 0. 5 cM）将 scaffold 挂载到染色体水平，挂载率达 86. 88%；通过比较基因组、基因家族分析、QTL 定位和比较转录组分析，获得一个差异表达的新基因并命名为 BMY11，并初步揭示该基因与块根淀粉积累和块根膨大有关，为深入解析重要农艺复杂性状——块根发育和淀粉积累的遗传基础以及挖掘野生种优良基因提供了宝贵的资源。通过对 81 份甘薯品种的简化基因组测序分析，共计得到907 010个多态性 SNP 位点。利用存在于 81 份甘薯材料间的 SNP 基因型数据，揭示了这 81 份甘薯材料的遗传结构及亲缘关系，对育种亲本选配及明确物种间的亲缘关系具有重要价值。

四川省农业科学院生物技术核技术研究所开发了串联重复序列工具包软件（TR-tookit）V1.0 版代码已完成并拿到了软件著作权登记证书。该软件用于基因组串联重复序列的发掘与分析，V1.0 版核心功能包括基因组串联重复序列发掘、过滤筛选、去冗余和聚类，旨在为基因组学或细胞遗传学研究，特别是探针设计提供便利。

二、四川省生物育种技术应用存在的主要问题

随着生物化学、分子生物学、高通量测序和表型技术等生物学技术的快速发展，四川省种业及相关领域取得了长足的进步和飞跃，正在实现从传统农业向现代农业的跨越转变。在这样的战略机遇期和跨越式发展新阶段，四川省农业生物技术产业仍面临新的挑战及一系列亟须解决的问题。

（一）基因工程技术基础仍显薄弱，产业化道路不通

目前，转基因育种技术在以美国为首的世界范围内已经有了广泛的推广，我国也成功地引进了这种育种技术。但是这种技术目前在我国并没有得到广泛的产业化应用。从我国现阶段的转基因育种技术已经比较完善，具备较强的技术研发能力，在抗虫抗除草剂转基因玉米、大豆等很多转基因品种的研究方面都取得了非常好的成绩。但我国公众对转基因的安全问题一直都存在争论，使转基因育种技术在我国的发展比较慢，我国很多的农作物在转基因的研究方面，也没有得到相关部门的批准。基因编辑技术和转基因技术一样都属于基因工程领域，但是对于基因编辑技术的产品是否应该纳入转基因范畴严格监管，未来该如何对待基因编辑育种技术的监管将是个问题。这个问题不能解决将抑制基因编辑技术在育种上的应用和创新，卡住了脖子，在育种上将难有突破性的进展。

目前，四川省基因工程育种技术领域存在：自主知识产权的新技术、新基因和新产品数量少，研发能力较薄弱，关键技术和领域受制于人；基础研究成果转化的效率亟须提高，这些因素制约着四川省农业生物技术及产业的高质量和快速发展。

（二）分子育种核心关键技术亟待进一步突破

一是可利用的基因资源不足。未来的育种，在追求高产的基础上，对品质和功能更加侧重。环境友好、资源高效、优质和高附加值专用，以及适宜轻简栽培和机械化生产方式等新品种需求越来越大。四川省目前收集的重要农艺性状关键基因资源相对较少，因此，难以为分子育种提供重要农艺性状相关可以利用的分子标记和关键基因资源。二是缺乏高通量的分子标记开发平台，自主知识产权的分子标记不足。目前国

内在水稻、玉米和小麦上开发有较多的 HRM 和 KASP 分子标记，但有些重要基因的功能标记还缺乏。此外，油菜，马铃薯等标记极少。尤其缺乏高通量分子标记开发的能力和自主开发的分子标记。三是缺乏专业的分子标记数据库。目前四川省缺乏收集整理基因型数据，基因组信息，农艺性状、系谱关系、配合力、环境信息、农艺管理信息及多年多点试验数据的专业大数据库，专业数据库是现代育种不可缺少的重要组成部分，可以实现由经验育种真正向精准育种的转变。

（三）基因资源发掘利用还不够充分

近年来，四川省种业取得了长足进步，每年通过审定的农作物品种呈现井喷之势，遗憾的是，不同作物的品种间同质化均越来越严重，重要种质、突破性种质培育困难，这是四川省也是我国农作物育种中的一个难点，也是一项“卡点”。可用于农作物育种的基因有限。四川省农作物基础研究创新不足，主要表现在农业生物复杂性状形成的机理解析不深入、重大育种利用价值的新基因不多、分子设计理论原创少，在当前各国开展科技战的背景下，需要加大投入种质资源发掘、新基因开发。

三、四川省生物育种技术应用发展的对策建议

（一）加强多学科交叉的农作物遗传育种基础研究

利用基因组学、遗传学等方法，深入开展特定种质资源材料的基因发掘工作，获得一批拥有自主知识产权的基因，以转基因、基因敲除、删除、单碱基编辑、大片段 DNA 重组突变为抓手，创新和优化基因编辑技术，利用转基因育种技术和基因编辑技术，加快农作物功能基因组研究成果向育种应用的转化；以基因叠加为突破口，开展基因聚合技术，完善多性状复合的转基因技术，创制具有复合性状的高产优质农作物新品种材料；通过生物技术、信息技术和人工智能技术的交叉融合，以全基因组选择为主线，完善农作物分子设计育种和智能设计育种，推动农作物育种逐渐向高效、精准、定向方向转变。

（二）注重种质资源发掘与利用

育种资源有限是造成农作物品种同质化的原因之一，多样化种质资源可为品种选育提供丰富的基因来源和可选择性状，有望解决农作物品种同质化问题。聚焦种源“卡脖子”痛点，突破环境友好型绿色农作物优异种质匮乏瓶颈，育种群体遗传基础狭窄，成为种源“卡脖子”的关键领域。建议建立并充实四川省种质资源库，收集特有地方种质资源，特别是一些极其珍贵的育种资源和野生近源植物品种，加大对种质资源评价、鉴定和利用力度，鼓励真正从种质资源基础层面挖掘新种质，发现抗旱、抗虫、抗病、耐贫瘠的优异种质基因型，从而为农作物育种提供新“芯片”。

（三）持续稳定支持生物育种技术创新与人才培养

为了解决农业基础研究创新不足，发掘更多可用于农作物育种的新基因，建议加

大农业生物技术领域基础研究的支持力度、深度和广度；大力培养和引进人才，通过改革管理、评审机制等，给科研人才创造宽松的科研创新环境。同时引入市场力量来加强研发投入，充分发挥社会资金和人员力量，推动农业基础研发和应用创新。聚焦种源“卡脖子”难点，推动新一代系统设计育种技术体系建设。

（四）加速推进生物育种成果产业化

四川作为农业大省，要擦亮四川农业金字招牌，生物育种要先行。一是要在国家大方针政策范围内，加快制定生物育种产业化实施细则，为生物育种成果产业化指明方向；二是在主管部门监管下，对符合条件的转基因、基因编辑生物新品种，单独组织试验，开辟品种审定绿色通道，加速生物育种成果产业化进程；三是鼓励并扶持院企、科企结合，让科研环节和市场环节早对接，提升成果转化效率。

生命科学研究日新月异，生物技术育种需要调整研究思路和方向，在材料创制和品种选育方面，重点关注选育品质优和高抗性育种材料，保证粮食生产安全和人民对粮食品质的需求；同时也要加强基础研究，开展作物功能基因研究，以突变体为材料，结合高通量测序等生物技术，定位和克隆有利突变基因。尤其是对农业生产上有重大应用价值的基因加强研究与应用。在新时代背景下，将转基因技术、基因编辑技术、生物信息学技术等分子生物技术与常规育种技术相结合，创造出更多更具有品质和功效更丰富的农产品，满足人民日益增长的对美好生活的需要和向往。

参考文献

白玉路，王平，张琼，等，2019. 水稻骨干恢复系川恢 907 抗稻瘟病基因聚合与精准改良［J］. 西南农业学报，32（5）：947-951.

陈华 . 花香 7 号、花香优 1618 在米易县示范种植表现及超高产栽培技术［J］. 四川农业科技（7）：24-25.

冯慧，杨成明，吴孝波，等，2013. 四川省杂交稻亲本及 32 份抗源抗稻瘟病基因的检测分析［J］. 西南农业学报，26（3）：987-993.

李俊，魏会廷，胡晓蓉，等，2011. 川麦 42 中源于人工合成小麦的一个高产位点鉴定［J］. 作物学报，37（2）：255-262.

刘佩雄，2019. 水稻粒型相关 QTL 的精细定位及分子育种利用研究［D］. 四川农业大学 .

陆贤军，任光俊，高方远，等，2017. 水稻抗稻瘟病优质恢复系成恢 177、成恢 178 的创制及应用 . 科技成果 . 四川省农业科学院作物研究所，四川省农业科学院，四川省农业科学院植物保护研究所，中国水稻研究所，四川农业大学水稻研究所.

陆贤军，任光俊，李青茂，等，2007. 优质抗稻瘟病水稻恢复系成恢 177 的选育与利用［J］. 杂交水稻，22（2）：18-21.

蒲志刚，冯俊彦，张志雄，等，2017，一种利用分子标记快速转育获得橙红色颖壳水稻育种材料及其转育方法．四川省农业科学院生物技术核技术研究所，科技成果．

蒲志刚，张志勇，张志雄，等，2012. 水稻橙红色突变体的遗传分析与基因定位［J］. 核农学报，26（3）：0416-0419.

蒲志刚．杂交籼稻新组合花香 7 号［J］. 杂交水稻，22（5）：85-86.

宋成军，2018. 利用基因编辑技术对水稻品质和育性相关性状的遗传改良研究［D］. 四川农业大学．

苏相文，高方远，任鄄胜，等，2019. 籼型杂交水稻恢复系粒长及粒重的分子改良［J］. 西南农业学报，32（10）：2273-2278.

王平，白玉路，王闵霞，等，2016. 基于 HRM 体系的水稻不育系香味和抗稻瘟病基因分型研究［J］. 西南农业学报，29（2）：214-220.

王平，向跃武，张志勇，等，2010. 高配合力籼稻恢复系川恢 907 的选育与应用［J］. 第一届中国杂交水稻大会论文集（9）：195-197.

王平，张志雄，向跃武，等，2012. 优质高配合力水稻恢复系 1618 的选育与应用［J］. 杂交水稻，27（5）：20-22.

向小利，余桂容，宋军，等，2016. 拟南芥 SAT1 蛋白的原核表达及抗体制备［J］. 分子植物育种，14（6）：1369-1375.

邢鹏，张幸，李冬梅，等，2015. 稻瘟病抗性基因在主要育种亲本中的分布研究［J］. 分子植物育种，13（3）：505-512.

袁小珍，李耘，刘杰，等，2012. 优质籼稻恢复系泸恢 5241 的选育与应用［J］. 杂交水稻，27（1）：25-26.

周明镜，尹传春，郑爱萍，2016. 不育系“冈香 1A”抗稻瘟病基因的分子检测［J］. 分子植物育种，14（4）：941-945.

Friebe B，Jinang J，Raupp W J，et al.，1996. Characterization of wheat-alien translocations conferring resistance to diseases and pets：current status［J］. Euphytica，91：59-87.

Komor A C，Badran A H，Liu D R，2017. CRISPR-based technologies for the manipulation of eukaryotic genomes［J］. Cell，168（1-2）：20-36.

Li W，Zhu Z，Chern M，et al.，2017. A Natural Allele of a Transcription Factor in Rice Confers Broad-Spectrum Blast Resistance［J］. Cell，170（1）：114-126.

Li，M.，Yang，S.，Xu，W.，et al. 2019. The wild sweetpotato（Ipomoea trifida）genome provides insights into storage root development. BMC plant biology 19，119.

Lukaszewski A J, 1990. Frequency of 1RS/1AL and 1RS/1BL translocation in United States [J]. Crop Sci, 30: 1151-1153.

S, Ishikawa, Y, et al, 2012. Ion-beam irradiation, gene identification, and marker-assisted breeding in the development of low-cadmium rice [J]. Proceedings of the National Academy of Sciences.

Scheben A, Wolter F, Batley J, et al. , 2017. Towards CRISPR/Cas crops bringing together genomics and genome editing [J]. New Phytol, 216 (3): 682-698.

Wang H, Li Y, Chern M, et al., 2021. Suppression of rice miR168 improves yield, flowering time and immunity [J]. Nat Plants, 7 (2): 129-136.

Wang P, Hu B, Xiang X, et al. , 2020. A single nucleotide mutation in the fourth exon of RBH1 is responsible for brown hull phenotype in rice [J]. Molecular Breeding, 40 (2).

Zhang J, Jiang Y, Guo Y, et al., 2016. Identification of novel chromosomal aberrations induced by 60Co - γ - Irradiation in Wheat - Dasypyrum villosum Lines [J]. International Journal of Molecular Sciences, 16 (12): 29787-29796.

四川农作物诱变育种技术研究与应用报告

王　平　张　聪　杜文平　蒋　云　余桂蓉　张志勇　白玉路　王闵霞
李　明　郭元林　王兰英　黎　青　向　毅　刘　颖　李建伟　石治强
杨平华　魏　敏　夏中梅　金　鑫　宣　朴　宋　军　蒲志刚
（四川省农业科学院生物技术核技术研究所，四川　成都　610066）

摘　要：作物育种是一个创造变异、筛选变异、稳定变异的漫长过程。诱变育种在特异种质资源的创制上独具优势，可以创造出其他育种方法难以获得的罕见种质材料。四川省粮食作物诱变育种始于20世纪60年代，四川省农业科学院生物技术核技术研究所、四川省原子能研究院、四川农业大学等科研院所充分利用各种诱变因子在水稻、小麦、玉米、甘薯等粮食作物上开展诱变育种研究，并取得了一系列重要的科研成果和显著的社会经济效益，为保障四川省粮食安全做出了重要贡献。本文就目前四川省粮食作物诱变育种的基本情况、主要问题以及未来发展进行了梳理总结，以期为四川省种业的持续健康发展、打赢种业翻身仗提供必要的技术支撑。

关键词：诱变育种；航天诱变；辐射诱变；化学诱变；诱变育种技术体系

引言

民以食为天。粮食是人民群众最基本的生活资料，也是关系国计民生和国家经济安全最重要的战略物资。确保粮食安全事关我国经济发展、政治稳定、社会和谐，对我国社会可持续发展具有十分重大的战略意义。习近平同志指出“中国人的饭碗任何时候都要牢牢端在自己的手上”。2019年中央一号文件中指出，要毫不放松抓好粮食生产，推动藏粮于地、藏粮于技落实落地。按照我国现有国情，靠进一步扩大粮食种植面积或精耕细作来提高粮食总产量基本上不可能。因此，为了满足巨大人口增长对粮食的需求，解决粮食安全问题，必须大力实施“藏粮于技”战略，必须强化粮食作物科技创新和示范转化，必须在改变现有生产方式的同时通过育种技术和种质资源的创新，实现农作物品种新的突破。

种质资源是农作物育种的基础。现代作物育种科学实践表明，每一次突破性作物新品种的培育都离不开特异种质资源的发掘以及育种新技术的利用。在水稻育种过程中，从低脚乌尖和矮仔占中找到的半矮生基因*sd1*引发了全球水稻矮化育种的第一次革命；在野生稻中发现的细胞质雄性不育基因使水稻杂种优势利用、三系配套成为现实；同时，农垦58S的发现，杂交水稻从“三系”走向“两系”，拓宽了杂种优势的利用范围，实现了我国水稻育种的又一次飞跃，这些水稻育种的突破性进展都是依赖于创新性种质资源的发掘与利用。在小麦育种中，矮秆小麦农林10号和赤小麦的广泛应用实现了小麦的矮化育种，显著提高了小麦的产量潜力。因此，发掘、创新和开拓利用新的遗传资源将是解决我国农作物育种资源日益匮乏的有效手段之一。在当前的作物育种材料创制中，诱变育种在特异新材料的创制方面独具优势，为我国作物特异种质资源的创制及新品种选育做出了重要贡献。

诱变育种是指人为地利用物理、化学因素诱导植物发生遗传特性变异，再从变异群体中选择符合人们需求的单株/个体，进而培育成新的品种或种质的育种方法。诱变育种方法包括物理诱变和化学诱变。物理诱变是通过各种辐射源对植物进行辐射诱变（包括航天诱变）；常见辐射诱变源有中子、γ射线、X射线、重离子、电子束、离子束、紫外线等。化学诱变是用化学诱变剂诱发植物遗传物质发生突变；最主要的诱变剂包括：烷化剂（甲基磺酸乙酯）、核酸分子碱基类似物（5-溴尿嘧啶）、嵌入剂（溴化乙锭）以及叠氮化钠、亚硝酸等。

诱变育种有着与其他育种方法的主要差异在于：①诱变材料类型丰富，可以是植物体的种子、器官、组织、细胞等；②突变谱广、变异类型丰富，一次诱变可能使目标材料同一位置发生多种不同程度变异，或者同一材料不同位置的同时发生突变；③变异频率高、变异幅度大，诱变率一般为千分之几到百分之几；④变异性状稳定较快、育种周期短，质量性状一般在诱变低世代可表现明显诱变效果，数量性状需在诱变较高世代才可能显出诱变效果；⑤变异方向具有不确定性，即植物变异无法精准设计和预测，变异类型会出现正向和负向的变异；⑥能获得传统方法难以创造的特异变异类型。

一、四川省粮食作物诱变育种的基本情况

1928年斯达特勒（Stadler）首次把X射线应用到了玉米和大麦的诱变，开创了物理诱变育种的先河。我国诱变育种起步于1957年9月，我国第一个原子能农业应用研究机构——中国农业科学院原子能农业应用研究室正式诞生，并开展小麦、高粱和棉花等作物的诱变育种研究。四川省诱变育种始于20世纪60年代，主要采用的是$KH_2{}^{32}PO_4$-β射线、^{60}Co-γ射线、快中子辐射诱变创制作物育种新材料，先后创制出多个骨干水稻、小麦、玉米、甘薯等粮食作物亲本材料，并培育出多个作物新品种在生产上应用。经过近50年的发展，四川省粮食作物诱变育种研究上成效显著，在诱变育种技术体系的建立、优良突变体的创制及新品种的培育上取得了令人瞩目的成就。

（一）诱变育种技术体系的建立与应用

诱变育种技术方法的突破是作物诱变育种创新的基础，通过创新诱变技术，结合现代高新育种技术，取长补短，有机兼容，建立起新的诱变育种技术体系，将为优良

特异作物新种质的创制奠定重要的技术基础。

在玉米诱变育种上，四川省农业科学院生物技术核技术研究所针对鲜食玉米优良种质匮乏、优质高产品种少、育种效率低的难题，创建了以玉米幼胚、种子、花粉、雄穗等为受体材料，^{60}CO-γ 射线辐照创造变异、分子标记检测和田间表型定向选择筛选变异、双单倍体技术快速稳定变异的“三结合”鲜食玉米辐射育种技术体系，提高了遗传变异，丰富了种质资源，缩短了育种周期。

在小麦诱变育种上，四川省农业科学院生物技术核技术研究所从小麦基因组和染色体组水平上出发，揭示了小麦辐射诱变效应，集成创新了突变材料的创制、选育方法，从而建立起了以辐照诱变为基础，综合远缘杂交、单倍体培养、分子细胞学鉴定和常规选育的集成创新育种体系，为小麦特异新种质的创制提供了技术支撑。

在水稻诱变育种上，四川省农业科学院生物技术核技术研究所从 2002 年开始，率先通过“神舟三号”搭载水稻材料进行航天诱变，之后又通过“神舟四号”飞船、第十八颗返回式卫星以及“实践八号”育种卫星搭载水稻材料。20 年来，从水稻航天诱变搭载材料的选择、航天诱变处理、诱变机理、后代选择方式上进行了大量研究，着重分析了航天诱变对水稻不同基因型材料的诱变效应，航天诱变与地面核辐射诱变的诱变效果比较，探索了水稻航天诱变的分子机理，在选择方式上开展了田间单穗选择与多代混粒连续选择，高通量分子标记辅助筛选等方面研究，从而建立了水稻航天诱变育种技术体系。

通过对不同航天器搭载后水稻材料的种子发芽率及其后代变异类型、变异频率、变异的分子机理及其与地面辐射诱变的差异进行了研究，结果表明航天诱变对水稻种子的损伤轻，对 SP_1 种子的发芽率影响不显著；同时，航天诱变变异类型丰富、SP_2 的变异频率最高（0-2.74%），大部分性状呈双向性变异；其在 DNA 水平上的变异类型为单碱基替换（SBS）为主，这些 SBS 平均分布于每条染色体，其中 10%左右的 SBS 发生在水稻材料 DNA 序列保守区段，5%左右的 SBS 能够导致其编码的氨基酸序列发生改变，从而引起基因表达的改变而导致表型的变异。而与地面^{60}Co-γ 射线诱变相比，其变异类型更丰富、变异频率更高。

在充分阐释航天诱变效应与分子机理基础之上，提出了“以搭载水稻材料为基础，田间选择、评价为核心，分子标记筛选为辅助，基因鉴定作补充”的航天诱变育种新思路；通过对搭载材料的选择、航天诱变处理、诱变后代选择方式、高通量分子辅助检测与理化指标、逆境加压鉴定筛选研究，将航天诱变与现代分子生物学育种技术、常规育种技术进行有机结合，建立起基因聚合+航天诱变+高通量分子标记辅助选择+常规表型定选的水稻航天诱变育种技术体系。体系主要包括三部分内容：①搭载亲本材料的选择与有利基因的聚合；②航天搭载诱变后代的种植与筛选技术；③航天诱变后代的分子标记辅助选择与鉴定。体系从有利基因的聚合、种质资源的创制到目标性状的定向选择，通过水稻有利基因聚合、稀有基因资源创制与目标性状定向筛选的有机高效结合，从而实现创新性育种资源与新的育种技术的结合，提高水稻育种效率。

（二）粮食作物诱变育种新材料的创制与应用

从20世纪60年代起，四川省农业科学院生物技术核技术研究所、四川省原子能研究院、四川农业大学等科研院所开始通过各种诱变育种方法进行水稻、小麦、玉米、甘薯等粮食作物新材料创制及新品种选育，取得了一系列育种新成果。

1. 水稻诱变育种新材料的创制及应用

四川省从事水稻诱变育种的单位主要是四川省农业科学院生物技术核技术研究所和四川省原子能研究院。20世纪90年代以前，利用^{60}Co-γ射线、快中子、慢中子、激光处理水稻干种子，先后创制出一系列的突变体材料和新品种，如①不同类型的突变体，即高产突变体辐射410、1136、78-6-2、84272，矮秆突变体丛矮SC-1，抗病突变体辐射94、辐汕1079、辐汕1127、辐汕1019、63-2、26-3，早熟突变体202，糯性突变体辐糯403，耐寒晚粳突变体501等；②杂交稻恢复系，早熟恢复系辐恢06、辐恢01、辐恢68、辐63-1，高配合力恢复系辐恢838、辐恢718、川核3号、川恢802，高产糯稻恢复系糯恢1号、糯恢2号等；③杂交稻不育系即高产糯稻不育系N1A、N2A，高产粘稻不育系辐74A、辐76A、辐75A、辐77A，新质源不育系辐5-323A、辐9-423A等。

川恢802是以恢复系明恢630和紫圭的杂交F1为诱变材料，取其幼穗进行1KR ^{60}Co-γ射线辐照，然后经过花药配合而选育的高配合力强优势杂交水稻恢复系。先后配制出Ⅱ优802、辐优802、优1优802、汕优802等杂交组合在各类试验及大面积生产示范中表现优异。辐恢838是以明恢63的^{60}Co-γ射线辐照突变株系与年用泰引1号的辐射诱变后代糯恢226杂交选育而成的高配合力强优势恢复系，恢复度高，杂种优势强，较抗稻瘟病，花粉充足，容易制种；其配制杂交水稻品种Ⅱ优838穗大、秆粗、杂种优势强，长期成为长江上游稻区区试对照品种。川恢802、辐恢838的选育与应用也多次获得四川省科技进步奖。

进入21世纪后，四川省开始开展水稻航天诱变育种研究，四川省农业科学院生物技术核技术研究所率先通过“神舟三号”搭载水稻材料，之后又通过“神舟四号”飞船、第十八颗返回式卫星以及“实践八号”育种卫星搭载水稻材料。经过近20年的努力，四川省农业科学院生物技术核技术研究所在杂交水稻不育系和恢复系的航天水稻育种研究上成效显著，建立了航天育种技术体系，创制出了世界上第一个具红褐色标记性状的适宜于机械化制种的高配合力优质安全香型不育系“花香A”。“花香A”是国内外第一个采用了航天技术培育的水稻不育系，通过对“花香A”的米质、香味、配合力、耐高温特性的研究表明，其具有以下优点：①米质优，除直链淀粉含量略低以外，其余指标达国标二级优米标准，所配品种优质稻占75%；②香味浓郁，其香味基因属 Badh2-E7 型，经基因表达水平分析证明较生产上大面积应用的香型不育系宜香 1A 香味更浓；③一般配合力高，“花香 A”产量、千粒重、单穗重一般配合力显著高于冈 46A、Ⅱ-32A 等骨干不育系，特殊配合力高于宜香 1A；④抗逆性好，耐高温能力与获得国家奖的耐高温恢复系泸恢 17 相当；⑤具特异红褐色标记性状，是国内外生产上唯一应用的带红褐色标记的三系不育系，它克服了红褐色材料籽粒不饱满和叶片早衰的缺陷。

近年来，基于航天诱变水稻突变材料，四川省农业科学院生物技术核技术研究所通过杂交育种、分子标记辅助选择等育种技术，创制出具红褐色标记性状的优质香型不育系“花香 7A”“花香 2A”等通过省级技术鉴定。“花香”系列不育系是国内外唯一大面积应用具红褐色标记性状的三系不育系，其颖壳、叶脉、茎秆都具有红褐色标记性状，该性状来源于秆黄色基因突变，目前生产上应用的三系不育系、恢复系均为秆黄色，将“花香”系列不育系用于杂交水稻制种，通过颜色极易辨别其他异形杂株，在父母本抽穗扬花期间，特别易于去杂。经种子企业应用证实，与其他不育系制种比较，能保证杂交种子纯度，一般能提高杂交种子纯度 2%左右，而且制种不需要专业人士去杂，在杂交种子收获后能在销售前完成种子纯度的早期鉴定，能明显降低种子质量风险，提高安全性；“花香”系列不育系还能实现杂交种子生产的机械混收色选，节约劳动力，降低杂交种子生产成本，与传统人工收割制种相比，能节省去杂、收割劳力 3~4 个，降低成本 500 元。

基于这些航天诱变水稻骨干亲本材料，先后育成了“花香 7 号”“花优 357”“花香优 1618”“花香优 1 号”“花香 4016”“花优 230”“花优 707”“泸优 908”“蓉优 908”等 20 余个航天水稻新品种通过各级审定；同时，还有一批新的杂交稻组合正在国家、省级区域试验中。针对系列航天水稻新品种的特征特性、种植密度、肥水需求水平等，在川西平原、川中丘区以及攀西地区开展了配套高产栽培技术研究及试验示范，其中成都平原崇州市 2015 年高产示范 3 280 亩，验收平均亩产 777. 3 千克，最高亩产 803. 1 千克；丘区金堂县 2014 年强化栽培示范种植 1 000 亩，验收最高亩产 867. 5 千克；2016 年直播种植 110 亩，全田机收平均亩产 714. 6 千克，最高亩产 773. 5 千克；攀西地区百亩超高产集成示范片验收平均亩产 1 055 千克，高产田块达 1 131 千克，实现了优质稻产量的重大突破。

2. 小麦诱变育种新材料的创制与应用

20 世纪 70 年代以来，四川省农业科学院生物技术核技术研究所、四川农业大学通过诱变育种，选育出了一系列的小麦新品系。四川农业大学利用“实践八号”卫星搭载小麦品种川农 19（原编号：R88）种子，进行空间诱变处理，经过多年筛选获得 1 个稳定遗传的矮秆突变株系 DMR88-1。

四川省农业科学院生物技术核技术研究所将辐射诱变技术与常规杂交育种相结合，

在我国首次采用 $KH_2{}^{32}PO_4$-β 射线以每粒 10μCi 剂量对小麦种子进行内照射，培育出第一个大面积应用的小麦突变体新品种“川辐 1 号”，其全生育期 180~190 天，株高 90 厘米。幼苗半直立，分蘖力中上，上林率高，穗长方形，红壳、红粒、长芒，穗长 9 厘米左右，小穗数 20~22 个，穗粒数 40~50 粒，千粒重 40~46 克，籽粒饱满，品质较好，经测定含蛋白质 12%~13.5%。叶片功能期长，灌浆峡，落黄好，人工易脱粒。经省农科院植保所鉴定，高抗条锈病，耐赤霉病，感白粉病。该品种的培育及推广应用获得 1987 年国家发明奖三等奖。

同时，生核所利用 ^{60}Co-γ 射线急性照射杂交小麦杂交 F1 代干种子，相继从突变体后代中选育出川辐 2、3 和 4 号等小麦新品种，川辐 9155、川辐 3219、川辐 3295、川辐 5575、川辐 5578、川辐 6086、川辐 4037 等优良新品系，在四川、甘孜阿坝州和贵州、陕西、福建、河南等省、市、地区大面积推广和种植，为社会创造了显著的经济效益。20 世纪 80 年代，生核所通过 100Gy 剂量 ^{60}Co-γ 射线照射小麦干种子、低温预处理外植体、变温培养和低温预处理愈伤组织等方法对四川小麦花药培养进行了系统性研究，大大地提高了出愈率和绿苗分化率，解决了四川小麦花粉苗安全越夏和花粉植株移栽等技术难题，使小麦辐射诱变育种与植物单倍体培养（花药培养）有效地结合起来，并陆续培育出 6112、7419、7160、H203 以及 H207 等一批综合性状良好的花培品系。

近年来，四川省农业科学院生物技术核技术研究所先后培育出了以川辐 8 号、川辐 14 号、川辐 22 等为代表的 9 个小麦品种/品系通过审定或即将审定，其中川辐 22 是通过 ^{60}Co-γ 照射（内 5348/09—6017）F1//60^{Co}-γ 照射（川麦 42/川麦 50）F1 诱变培育出了丰产性极好的小麦新品系，该品系连续两年（2018—2019，2019—2020）参加了国家小麦良种联合攻关长江上游冬麦区的品比实验，产量均排名第一，分别为 384.6 千克/亩和 461.2 千克/亩，比对照川麦 42 分别增产 26.7% 和 28.47%，且增产点比例皆为 100%，显示出了极强的适应性和极大的增产潜力。2020 年，该品系参加国家小麦良种重大科研联合攻关小麦养分利用效率特性鉴定，结果显示，川辐 22 在西南麦区组中（共计 39 份参试品系），氮素效率指数（NUI）为 3.829，氮素利用率排名第一；磷效率指数（NUI）为 2.257，磷素利用率排名第二，表现出较高的氮、磷养分利用效率，为氮素、磷素利用高效新品系。

3. 玉米诱变育种新材料的创制与应用

近年来，四川省农业科学院生物技术核技术研究所运用辐射诱变技术并结合生物技术开展玉米诱变育种、突变体筛选、抗病材料创制、突变基因克隆等研究。新品种选育方面，利用辐射诱变与常规育种相结合，创制了一批配合力高、杂交优势强的育种材料，利用这些材料选育出了“金仲甜 001”“金百糯 777”等玉米新品种通过审定，同时还有敦科糯 858 等 4 个品种即将通过审定；在突变体筛选方面，利用 ^{60}Co-γ 射线辐照玉米种子和幼胚，筛选了一批有益和功能缺失突变体，为作物育种和功能基因研究创制了材料；抗病材料创制方面，在辐照创制突变体的基础上结合抗性鉴定，开展了抗青枯病和穗粒腐病突变体材料的创制，获得了 S7253-1、S1874 等抗性株系。创制的以“Nb11”为代表的早熟、优质、多抗的鲜食玉米自交系 4 个，培育出优质、高产、适口性好的甜、糯玉米品种 4 个通过审定，累计推广 120 万亩，新增效益 3.6 亿元，其中近三年推广 48.18 万亩。培育出的骨干亲本玉米自交系“NC6”，组配了杂交品种多达 10 余个，其中“仲彩糯 401”，在四川省内外，尤其是西南地区推广面积较大，是一个非常高产优质的糯玉米品种，还被列选为国家战备品种。四川农业大学玉米研究所于 2006 年选送三份优良玉米自交系 08-641、18-599 和 RP125 进行空间搭载试验，分别从三份自交系的诱变处理后代中选育出综合性状明显优于原始材料的诱变系。

4. 甘薯诱变育种新材料的创制与应用

近 10 年来，四川省农业科学院生物技术核技术研究所一直采用辐照诱变技术对甘薯进行研究，先后获得了 3 个辐射诱变甘薯新品种权。另外用$^{60}Co\gamma$ 射线对不同紫色甘薯基因型的茎尖苗进行急性照射，探讨了低剂量 γ 射线急性照射对紫色甘薯生长、发育规律等方面的诱变效应，表明不同基因型紫色甘薯对低剂量急性 γ 辐射的耐受性不同；对块根及藤蔓的生长的促进和抑制作用，因紫色甘薯基因型差异而不同。低剂量急性 γ 辐射，可对其块根产量、熟期和生长速率在一定的生长时期有促进作用。

使用 SCoT、ISSR 和 CBDP 分子标记技术，通过对 2 个川薯品种（川薯 34、川紫薯 2 号）及其辐射诱变后代的分子标记扫描及聚类分析发现，3 种标记中 CBDP 分子标记结果最佳。通过对比川薯 34 及其诱变后代以及川紫薯 2 号及其诱变后代的聚类结果，发现 2 个品种的诱变后代在基因组变异方面存在较为明显的区别。

采取四川近年来新育成的甘薯品种剥离茎尖诱导胚型愈伤组织构建悬浮细胞系，经^{60}Co 辐照后利用 PEG 筛选抗旱再生植株，经过检测脯氨酸含量和 SOD 酶活性显著提高的再生植株在 PEG 胁迫下，较对照表现更高的抗逆性，生根能力更强，突变体颜色变深，叶形变长；盐胁迫下植物叶绿体酶活性增加，会促进叶绿素分解；抗旱新材料的选育为我国大范围缺水土地的改造和提高甘薯产量提供了帮助。

利用杂交选育的菜用甘薯新品种“川菜薯 SH1”为实验材料，对茎尖诱导的胚性愈伤组织培养的悬浮细胞进行^{60}Co 辐射诱变处理，获得诱变悬浮细胞培养系，利用 PEG 定向筛选，分化再生获得了耐旱菜用甘薯材料，经过生理生化指标测定、食味评分鉴定及田间试验，创制了菜用甘薯抗旱新材料。此方法创新了菜用甘薯的诱变选育方法，为抗旱耐盐耐寒等抗逆材料的筛选提供了新的路径，填补了菜用甘薯诱变选育的空白。

二、四川省粮食作物诱变育种存在的主要问题

（一）诱变育种的机理研究不够深入

近年来，随着现代分子生物学技术的高速发展，国内外相关科研工作者开展了大量作物诱变突变体的遗传及其突变形成的分子机制研究，但对各种诱变因素诱发变异的特点多偏向于生物学效应方面的研究，或者是对单独某个性状、某个基因的个体性研究，作物变异产生的分子机理研究还不够深入与完善，缺乏系统性的诱变分子机理阐释。作物诱变育种是一个复杂过程，其基因组变异的分子特征还存在一定的争议，目前所获得的诱变突变体基因组数据仍不足，而且目前的变异数据反映的均是通过有性繁殖传递下来的变异，初始变异数据严重缺乏，需要更多的实验及数据来进一步客观反映作物诱变的变异特点，从而进一步阐明作物诱变的分子机理。因此，亟待将DNA、RNA及蛋白水平上发展的现代分子生物学新技术用于诱变机制研究，在分子水平上深入探讨各种诱变因素的特点及诱变机制，进一步根据每种诱变因素的特点进行利用，达到增加突变频率、拓宽突变谱的目的，以获得更多的有益变异。

（二）突变体高效筛选、鉴定技术有待提高

当前，诱变育种中有益突变的频率仍然较低，变异的方向和性质尚难以控制。因此加大诱变群体数量，提高诱变后代筛选效率，迅速鉴定和筛选突变体以及探索定向诱变的途径，是当前研究的重要课题。诱变后代的筛选方法多样，而通过直观的表型形态学比较区分突变体与对照野生型的各种形态学差异，是目前最常用的方法；但是田间农艺性状的精准评价往往依赖于育种经验和时间的积累，不利于突变体高效筛选。随着现代分子生物学的技术（转录组测序、蛋白质组技术、靶向基因测序分型等）的快速发展，诱变后代筛选的实验手段、筛选效率、选择精准程度将得到极大提高，它们也已经逐渐的运用在诱变工作中。分子标记辅助选择技术与现代高通量仪器的结合极大地提高了突变体等位变异筛选效率，但还主要适用于单基因或主效基因所控制性状的筛选，其广泛应用还有赖于对作物基因组序列更全面深入的认知。因此，有必要进一步加强高通量突变体鉴定和筛选技术的研究，以提高诱变后代筛选的效率和准确性。近年来国际上迅速发展的全自动、高通量植物表型平台，基本实现了对植株全生育期形态学性状、抗旱及光合等特性的高效、准确、高通量鉴定及分析，若将该平台应用于诱变后代材料的筛选，将极大地提高诱变后代的选择效率。

（三）诱变育种与现代高新育种技术的结合有待加强

诱变育种技术在特异新材料的创制方面具有独特的优势，可以创造出其他育种方法难以获得的罕见种质材料。作物育种是一个创造变异、筛选变异、稳定变异的漫长过程，如何更好地利用现代高新育种技术（包括诱变育种技术、单倍体育种技术以及分子标记辅助育种技术等）与传统杂交育种技术进行有机结合，实现诱变材料的定向、

快速、高效筛选与创制，是每一个育种者一直以来奋斗的目标。通过将诱变育种与常规杂交育种技术、现代分子生物学技术充分有机结合将为未来作物遗传育种注入新的活力。

三、四川省粮食作物诱变育种发展的对策建议

（一）加强作物诱变育种技术与现代高新育种技术的有机结合

针对新时期粮食作物种业产业发展战略需求，需不断加强作物诱变育种的基础研究，充分利用诱变育种在变异创造上的特殊优势，综合运用全基因组选择、基因编辑、诱发突变、单倍体育种、杂种优势利用等育种技术，实现作物遗传变异的创制、筛选、稳定的有机融合。以基因敲除、删除、单碱基编辑、大片段 DNA 重组突变为抓手，创新和优化基因编辑技术，实现目标基因的定点突变，创制、丰富优良目标等位变异。通过诱变技术、生物技术、信息技术和人工智能技术的交叉融合，以全基因组选择为主线，完善作物分子设计育种和智能设计育种，推动作物育种逐渐向高效、精准、定向方向转变，加速作物超级新品种培育进程，大幅度提高育种效率，为未来颠覆性作物育种提供技术支撑。

（二）加强优异特色种质资源的创制与应用

优异种质资源是突破性新品种选育的材料基础，诱变育种技术在特色种质资源的创制上独具优势，为现代品种同质化严重、亲本资源遗传基础狭窄问题提供了解决途径。如今人民生活消费结构正在发生调整，针对不同的粮食目的需求差异明显，因此在保证粮食产量安全的前提下，通过诱变育种，实现目标育性材料的多样化。

在水稻诱变新材料的创制及新品种培育中，需针对抗病虫、抗逆、抗倒、资源高效、重金属低吸附、适宜机械化种植等目标性状，加强特色资源的创制与应用。在玉米诱变新品种选育过程中，要适应玉米种业机械化发展趋势，重视培育具有中早熟、脱水快、耐密植等性能的新品种，同时加强对高营养、高蛋白、高食味的玉米新种质创制及应用。小麦诱变育种应瞄准终端用途培育适合加工各类馒头、面条、面包、糕点等多样化食品类型的优质专用型品种；为积极应对极端气候条件变化和不正常天气条件导致的自然灾害，培育耐寒、抗冻、抗倒、耐热、抗穗发芽等抗逆广适型品种；为降低生产成本，保护环境资源，培育抗病、抗虫、抗旱节水、少施化肥、耐密植、宜机收的资源节约型品种，特别是抗赤霉病小麦新品种选育。在甘薯诱变新材料创制过程中，除了加强作物品质的改良，还应加强专用型品种的培育，如甘薯食用品种应着重提高其功能性品质、营养价值；菜用甘薯培育注重其叶片中各种营养成分的种类及含量，在延伸甘薯应用范围的同时，拓宽甘薯产业链，有效地提高薯经济指数；积极开展抗病虫品种的选育，尤其是抗病毒病和小象甲新材料的创制；而且还需加强适于机械化栽培的品种选育，降低劳动力成本，提升土地综合效益。

（三）加强诱变育种人才队伍建设

种业是国家战略性、基础性的核心产业，是促进农业长期稳定发展、保障国家粮食安全的根本，稳定农作物育种人才队伍对促进我国种业健康持续发展具有重要作用。目前我国育种研发人员短缺，从业人员待遇水平相对较低，部分高等院校学生不愿意从事农作物育种，已对我国未来种业研发人才队伍的可持续性造成重要影响。因此，必须对现有的培养机制进行改革，加强科企联合培养，让学生提前进入市场，根据市场的需求进行教育培养，同时解决相关高校、育种研发单位招人难和学生就业难问题。

诱变育种技术是我国主要作物育种技术之一，“十三五”以来，国家加大了诱变育种研究支持力度，设立“主要农作物诱变育种”十三五重点研发计划专项，四川省农作物育种攻关也设立专门的诱变育种专题，通过对诱变育种技术体系的创新与发展、特异种质资源的创制与利用、特色作物新品种的培育与推广，充分发挥诱变育种技术在突变种质创制与突变品种培育上的传统优势，面向不同生态区域选育在品质、产量和抗性等方面有重大突破的主要农作物突变新品种，满足生产上对功能型、环境友好型等特色突变新品种的迫切需求，与其他育种技术一起共同推动现代农作物育种技术进步。

参考文献

白玉路，王平，王闵霞，等，2013. 优质杂交水稻新组合花香优 1 号的选育与应用［J］. 杂交水稻，28（2）：23-25.

蔡锡贵，叶清贤，陈显维，1985. 辐射杂交水稻选育新品种初报［J］. 原子能农业应用（1）：17-21.

曹丽，钱鹏，张紫晋，等，2015. 航天搭载小麦矮秆突变体 DMR88-1 矮化效应分析［J］. 核农学报，29（11）：2049-2057.

陈志强，郭涛，刘永柱，等，2009. 水稻航天育种研究进展与展望［J］. 华南农业大学学报，30（1）：1-5.

陈志强，周丹华，郭涛，等，2019. 水稻航天生物育种研究进展［J］. 华南农业大学学报，40（5）：195-202.

杜文平，宋军，徐利远，等，2015. ~（60）Co-γ 射线对小麦幼胚离体后的诱变效应［J］. 西南农业学报，28（6）：2355-2359.

杜文平，宋军，余桂容，等，2018. 优质糯玉米新品种仲彩糯 401 的选育及高产栽培技术［J］. 四川农业科技（2）：11-12.

杜文平，张敏，宋军，等，2018. 优质甜玉米新品种金仲甜 001 的选育及高产栽培技术［J］. 四川农业科技（9）：13-14.

方正，翟冬峰，刘为更，2013. 一个值得深入研究的小麦种质资源—农林 10 号

[J]. 植物遗传资源学报，14（2）：352-354，360.
刘录祥，郭会君，赵林姝，等，2007. 我国作物航天育种 20 年的基本成就与展望［J］. 核农学报（6）：589-592，601.
刘录祥，赵林姝，郭会君，2007. 作物航天育种研究现状与展望［J］. 中国农业科技导报（2）：26-29.
秦家友，石海春，柯永培，等，2012. 玉米辐射诱变后代 M_ 4 选系配合力效应分析［J］. 核农学报，26（03）：427-432.
宋军，余桂容，杜文平，等，2011. 甜玉米新品种生科甜 2 号的选育及高产栽培技术［J］. 四川农业科技（9）：16.
宋军，余桂容，杜文平，等，2012. 优良糯玉米自交系 Nb11 的选育及应用［J］. 西南农业学报，25（5）：1569-1571.
王闵霞，白玉路，王平，等，2016. 花香 A 香味基因的鉴定和表达分析［J］. 分子植物育种，14（3）：542-547.
王平，白玉路，王闵霞，等，2017. 花香 A 系列杂交水稻组合产量及米质性状相关及通径分析［J］. 中国稻米，23（1）：81-85.
杨成明，1999. 四川省水稻辐射育种的发展和成就［J］. 西南农业学报（S2）：69-72.
杨震，彭选明，彭伟正，2016. 作物诱变育种研究进展［J］. 激光生物学报，25（4）：302-308.
袁隆平，2016. 中国杂交水稻的研究与发展［J］. 科技导报，34（20）：64-65.
张聪，李明，冯俊彦，等，2016. 辐射诱变甘薯悬浮细胞筛选耐盐植株［J］. 分子植物育种，14（12）：3496-3500.
张世煌，2012. 我国玉米种业发展的现状与未来十年发展建议［J］. 作物杂志（5）：1-3.
张志雄，向跃武，张安中，等，1998. 水稻综合育种技术及在杂交稻育种中的应用研究［J］. 中国农业科学（6）：78-80.
张志勇，王平，向跃武，等，2013. 高产优质杂交水稻新品种花香 4016 的选育及栽培技术［J］. 中国稻米，19（2）：65-66.
周正平，占小登，沈希宏，等，2019. 我国水稻育种发展现状、展望及对策［J］. 中国稻米，25（5）：1-4.

四川水稻品种培育及生产技术研究报告*

蒋　鹏　曾正明　欧阳裕元　郑家国　高方远　蒋开锋
(1. 四川省农业科学院水稻高粱研究所，四川德阳　618000；
2. 四川省农业科学院作物研究所，四川成都　610066)

摘　要：四川省是我国13个水稻主产省份之一，持续提高四川省水稻产量对保障国家粮食安全与地区稳定具有重要意义。随着经济的快速发展、城镇化步伐的加快、种植业结构调整，水稻种植保面积刚性下降，人口增长对粮食的刚性需求日趋增加，水稻单产增加缓慢，稳定和提高水稻生产能力，其根本出路就是依赖育种和栽培科学技术的进步提高水稻单产，贯彻落实“藏粮于地、藏粮于技”国家战略。在水稻育种上，2011年以来挖掘有利基因28个，完成了18个基因的克隆与功能验证，创制200余份材料通过技术鉴定，培育376个水稻新品种通过审定，较对照增产8%以上的超高产品种28个，9个品种被农业农村部认定为超级稻，百亩高产示范片测产验收亩产最高达1 055千克；优质品种169个，5个品种获“稻香杯”特等奖，为解决四川稻米生产上长期存在的“高产不优质、优质不高产”问题提供了品种和技术支撑。在水稻栽培上，研究集成了中稻—再生稻轻简化、机械化高产栽培技术、稻田综合种养栽培技术、机直播“一播全苗”技术规模化育秧技术等多项关键技术，为解决水稻生产季节性劳动力短缺、降低劳动强度、提高生产效率、增加种稻效益提供了技术支撑。四川省水稻育种和栽培已取得得较多成果，但与未来粮食安全对科技的需求相比仍然存在诸多不足：①种质资源精准鉴定有待加强、育种技术亟待提高；②适宜多熟制下规模化、集约化水稻全程机械化、轻简化生产技术研发滞后；③水稻产业技术链衔接不紧密；④加工力量薄弱，稻米产品竞争力弱；⑤水稻副产物综合利用不够；⑥镉污染稻田安全利用技术滞后。提出以下建议：①加大科技支撑，提升水稻种业现代化水平；②因地制宜差异化布局，加强技术集成推进产业化经营；③提升稻米加工能力，延长水稻产业链；④推进水稻规模化机械化生产，提高生产效率；⑤强化稻米品牌打造，提升产业竞争力；⑥加强镉低积累品种培育及其配套高产安全关键技术研究。

关键词：水稻；育种；栽培；优质；高产

---

* 本文部分数据来源于“四川省‘十三五’育种公关项目年终总结”材料。

引言

四川省是全国13个粮食主产区之一，也是西部地区唯一的粮食主产省，水稻常年种植面积在3 000万亩，总产达到1 500万吨，水稻面积居全国前7位，总产居全国前6位、西部第1位，其面积和产量分别占全省粮食生产的31%和47%，省内90%以上的人口以大米为主食。同时，四川还是我国西部缺粮省份的重要供给源头，确保四川水稻持续增产对保障国家粮食安全与社会稳定发挥着重要的作用。近年来，随着经济的快速发展、城镇化步伐的加快、种植业结构调整，水稻种植保面积的压力越来越大，而人口不断增长对粮食的刚性需求日趋增加，要稳定和提高水稻生产能力，其根本出路就是依赖于育种和栽培科学技术的进步大幅度提高水稻单产。在水稻育种上，通过利用现代生物技术充分挖掘水稻优异基因，定位和克隆有利基因；以传统育种技术与分子育种技术结合，集成杂种优势利用、抗（耐）生物和非生物胁迫选择、外观和碾米品质选择、生态穿梭选择、生物技术、分子标记辅助选择育种技术和设计育种的育种技术方法体系，创制优质、多抗、专用、高配合力杂交水稻突破性新材料，丰富育种基因库，培育突破性新品种；以改善杂交水稻品质和提高产量为重点，突破产量、品质和抗逆性的协调改良技术瓶颈，并形成了新品种高效种子生产技术体系。在水稻超高产育种上取得重要进展，育成‘泸优727’‘内6优9号’等28个较对照增产8%以上的水稻新组合，‘泸优727’‘内6优9号’‘德优4727’‘旌优华珍’9个品种被农业农村部认定为超级稻，其中‘德优4727’被评选为绿色超级稻；在优质水稻品种选育上也取得了显著突破，育成‘川优6203’‘旌1优华珍’‘旌优781’‘宜优1611’‘德优6699’‘旌优2877’‘川康优五山丝苗’‘川康优6107’‘内6优107’等一大批优质稻品种，为川米优化提质增效、农业供给侧结构性改革和乡村振兴提供了优质品种支撑。在水稻栽培上，研究集成了“四川盆地中稻—再生稻丰产增效栽培技术”“机直播丰产增效栽培技术”“机收头季稻蓄留再生稻高产栽培技术”“杂交中稻节水节肥高产高效栽培技术”“机插稻丰产增效栽培技术”等多项关键栽培技术，为解决水稻生产季节性劳动力短缺，降低劳动强度，提高生产效率，增加种稻效益提供技术支撑。

四川省水稻育种和栽培现今已取得得较多成果，但与未来粮食安全对科技的需求和国内外先进水平相比仍有较大差距。随着极端农业气象灾害发生频率增加，我国工业化、城镇化、水稻生产规模化的快速发展以及人口快速增长，农村劳动力季节性短缺越来越突出，耕地面积刚性下降，粮食需求呈刚性增加，四川水稻生产面临新的形势和任务：①缺乏多性状集成突破的优良品种，亟须通过现代生物技术与传统育种技术相结合培育适应规模化、机械化、轻简化、耐逆性强、适应性广的优良品种；②水稻均衡增产难度大，亟须研究解决多熟制下作物周年高产与超高产轻简化、机械化生产技术；③稻米品质普遍较差，稻米产品用途单一，市场竞争力减弱，亟须培育稻米多样化的水稻品种，强化杂交稻品种的品质调优生产技术，协调提高产量；④水稻生产效益低，亟须水稻适度规模化生产的机械化、轻简化栽培技术，进而提高水稻生产效益；⑤极端农业自然灾害导致水稻生产能力不稳定，亟须选育多抗杂交稻品种以及能应对多种自然灾害的抗逆减灾栽培技术，确保大面积稳定增产；⑥解决稻田撂荒，亟须机械化、自动化、智慧化的水稻生产技术；⑦杂交稻种子生产效益低、机械化程度低、种业大省优势地位有所下滑，亟须加强杂交稻制种机械化、轻简化、智能化生产技术研发，实现农机具配套；⑧目前水稻育种和栽培难以满足现代稻米市场对水稻生产的需求，亟须加强专用稻品种选育及其高产栽培技术的研发，构建全产业链科技服务体系，提升创新与转化能力。

一、四川省水稻的基本情况

（一）种植区域

全省从北纬26°01′的攀枝花到32°52′的广元一带，东经97°26′~110°12′的广阔地带均有水稻种植，海拔分布在100~2 400米的高度。水稻集中分布于盆地的平坝和丘陵，其范围在北纬28°30′~32°32′，东经103°~110°的地方，立体高度在200~800米，其栽插面积占全省总面积的83.7%，总产占86.5%；盆周山区和西南河谷地带水稻面积产量分别占16.3%和13.5%；川西北高原仅少数地区有水稻栽培。

（二）播种面积

四川省水稻播种面积出现了两次明显下滑趋势，分别是1995—2003年和2005—2012年，其中1995—2003年水稻种植面积由3 294.0万亩减少到3 060.0万亩，年均减少39万亩；2005—2012年水稻种植面积由3 131.2万亩减少到2 894.6万亩，年均减少36万亩；2015—2019年四川省水稻播种面积基本保持在2 900万亩左右（图1-a）。2020年，为响应“保障口粮绝对安全和重要农产品有效供给”的号召，四川扩种粮食100万亩，其中水稻扩种20万亩，据四川省农业农村厅统计，2020年四川水稻生产面积已增加至2 825万亩，有望止住水稻播种面积连年下滑的趋势。

（三）单产与总产

1995—2005年水稻单产呈下降趋势，年均减少87千克。近15年来，由于水稻新品种的选育及稻作技术的持续进步，水稻单位面积产量不断提高。2006年因干旱影响，平均单产为最低，仅为6.42吨/公顷，2007—2020年呈持续增加的趋势，平均年增长率约为40千克/年，基本保持在7.5吨/公顷以上（图1-b）。1995—2006年四川省水稻总产呈下降趋势，每年减约30万吨（图1-c），播种面积和单产下降是总产减少的主要原因。2006年以后四川水稻总产基本保持稳定，总产量在1 500万吨左右，主要是因为水稻单产的上升（图1-b），使得总产量并没有因为水稻播种面积的持续下降而降低。

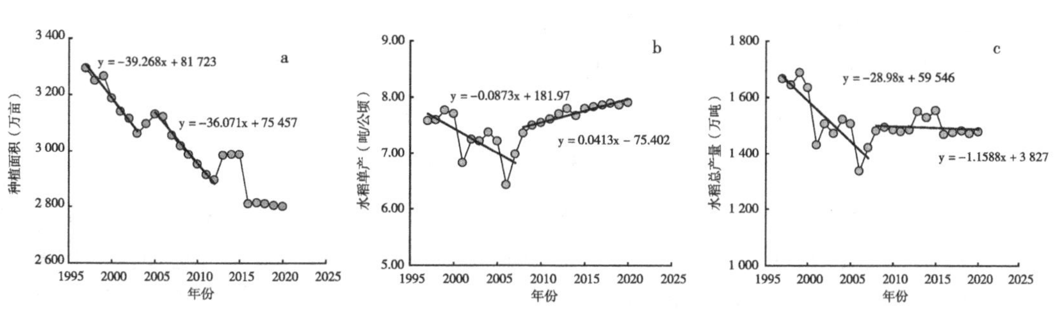

图 1 四川省水稻生产情况

（四）生产技术

四川盆地热量资源丰富，是典型的多熟复合种植区域。四川水稻品种类型以一季杂交中籼为主，川西平原、川东和川北丘区种植制度以麦（油）茬稻两熟为主，川南以冬水（闲）田杂交中稻+再生稻为主。目前川西平原水稻生产的机械化程度相对较高，主要以机插秧和机直播为主；但由于前作茬口的限制，造成机插秧秧龄过长、秧苗素质、机插植伤严重、返青期长，进而导致水稻产量下降。川南冬水田区农业生产条件相对较差，现代农业发展相对滞后，机械化程度低。杂交中稻—再生稻机械化程度低、高温伏旱严重、机收头季稻对再生稻产量影响大、稻田水氮利用率低、稻田种植制度单一及温光资源利用率不高是该区域水稻生产的突出问题。

二、四川省水稻存在的主要问题

（一）资源精准鉴定有待加强、育种技术亟待提高

作物种质资源是农业科技原始创新、现代种业发展的物质基础，种质资源的重要性状精准鉴定，可以为发掘优异种质和优良等位基因奠定基础，解决种质资源丰富与育种优异亲本贫乏的矛盾。我国农作物种质资源收集保护方面，跟国外差距不大，但在对种质资源精准鉴定方面，比如是否具有高产、优质等性状，还有不小的差距。农业农村部作物种质资源保护与利用中心，现保存资源总量突破 52 万份，位居世界第二，但目前完成资源精准鉴定的不到 1.5 万份，对一些重要表型（抗倒伏、镉低积累、氮磷高效率等）缺少精准完善的鉴定技术体系。

种业发展可以分为四个阶段，1.0 时代是农家育种，2.0 时代是杂交育种，3.0 时代是分子育种，包括分子标记、转基因、基因编辑育种等，4.0 时代是“生物技术+人工智能+大数据信息技术”育种。目前发达国家已进入种业 4.0 时代，我国还在 2.0 至 3.0 时代之间。迫切需要中央和各级政府进行更多投入，推动实现种业跨越式发展。在水稻方面尽管很多技术是国际领先的，但是原创性的成果仍然相对不足，比如目前最热门的基因编辑技术，涉及多项专利，但我们并没有核心专利。

（二）水稻产业技术链衔接不紧密

水稻遗传育种、栽培、植保、加工、农机等学科不能有机结合，技术集成度不够，水稻产业链链接较松散。水稻科研、生产、推广、加工、销售结合不紧密，育、繁、推、加、销各环节之间脱节。品种审定标准和稻谷生产模式不适应规模化生产加工的需求，县域水稻品种多、乱、杂，在粒型、外观、食味等方面差异较大，且以小农户生产为主，收获的稻谷品质一致性差，难于形成规模化加工与销售。此外，四川地形地貌复杂，丘陵区占比较大，农田宜机化改造缓慢，难以适应当前农业规模化、机械化、轻简化生产的需求；农业气象灾害频发，耐逆境品种选育和抗灾保产关键栽培技术研发滞后，难以保障水稻均衡增产。

（三）加工力量薄弱，稻米产品竞争力弱

目前，四川省稻米加工中小企业多、但加工水平不高，产业带动能力不强。众多的小型米加工厂，设备简单，出米率低，碎米多，加工仅能满足农户的日常生活所需，加工企业普遍规模小，稻米加工总体水平不高，产品品种单一，加工各环节技术工艺粗放、产品品质低、产能过剩严重；稻米品牌缺乏知名度，中高档优质稻米比重偏小，目前市场上中高档大米主要还是以泰国大米和东北大米为主，难以满足城乡居民对优质稻米的消费需求。

（四）水稻副产物综合利用不够

四川水稻副产物利用率低，技术创新能力不足，开发层次浅，稻谷的米糠、碎米、谷物胚和稻草等副产物没有得到充分有效的利用，致使稻米资源的增值效应没有能充分地发挥出来。最终投放市场的大米产品，档次普遍不高，造成了市场竞争力不强，拉动能力差，企业效益较低，不能有效带动农民增收。

（五）重金属污染稻田安全利用技术滞后

因省内部分稻田镉污染既有区域性又呈现点状分布，治理成本高。虽然少数品种对镉吸收量较低，但是在中度以上污染稻田种植糙米镉含量仍然超标，急需培育镉积累量达标新品种，同时研究集成降镉吸收的栽培技术。

三、四川水稻研究取得的成效

（一）水稻育种取得的重要进展

1. 新品种选育情况

据统计，自 2011 年以来，四川省共选育出 376 个水稻新品种通过审定，其中四川省农业科学院共育成 147 个品种，占总审定品种的 39%，审定的品种涵盖了超高产、优质、优质高产、镉低积累 4 个类型。超高产品种 28 个（比对照增产 8%以上），2 个品种产量或日产量增产 10%以上，‘德香 4103’‘宜香 2115’‘F 优 498’‘泸优 727’‘旌优华珍’‘花香 1618’‘宜香 4245’‘德优 4727’‘内 6 优 9 号’9 个品种被农业部认定为超级稻（6 个为我院育成），超级稻品种 100 亩示范片现场测产验收最高亩产 1 055 千克，单块田最高亩产达 1156 千克，创造了四川省水稻单产记录，超高产育种取得突破。优质米品种 169 个，其中优质一级米品种 13 个、二级米品种 66 个、三级米品种 90 个，优质率达 44. 95%。在四川省“稻香杯”评审中，48 个品种获奖，其中 5 个品种获特等奖。优质与高产结合品种（三级米增产 5%以上、二级米增产 3%以上、一级米不减产）114 个，占比 30. 32%；在高产与优质结合方面取得重大突破，为解决四川稻米生产上长期存在的“高产不优质、优质不高产”问题提供了品种和技术支撑。首次培育出德粳 4 号、德粳 6 号、沈农 9903 三个镉低积累粳稻品种，为解决稻米重金属镉含量超标这一涉及粮食安全的问题奠定了基础。

2. 育种新方法、新材料创制情况

（1）有利基因的发掘、基因定位和克隆

发掘有利基因 28 个，包括：抗飞虱基因 *BPH32*，矮秆基因 *GID1*，叶片白色条纹基因 *gws5*，穗长、穗粒数基因 *GN10* 和 *SPP46*，长粒型基因 *GL5*，重金属镉低吸附基因 LC7，高温结实率基因 HH5. 1，低垩白基因 *LC8*，粒型、粒重调控基因 *GLW2*、*Mir396c*、*GLW2*、*GL5GLW2*，粒重、株型调控基因 *GIF1*，育性调控基因 *OsSHOC1*、*Os-PTD1*、*MFS1*、*OsAcos12*、*OsSTRL2*、*OsLAP5* 和 *OsLAP6*，显性早熟基因 *Ef-cd*，分蘖和生长势控制基因 *C6635*，后期衰老基因 *lps1*，花时提早基因 *emf1*，穗部发育基因长护颖 *Lsl59*。

在有利基因发掘的基础上，通过常规分子标记定位、基因组测序、Mutmap 等方法，对上述基因进行了定位和克隆研究。完成了叶片白色条纹基因 *gws5*，穗长、穗粒数基因 *GN10* 和 *SPP46*，长粒型基因 *GL5*，重金属镉低吸附基因 *LC7*，高温结实率基因 *HH5. 1*，低垩白基因 *LC8*，显性早熟基因 *Ef-cd*，分蘖和生长势控制基因 *C6635*，后期衰老基因 *lps1* 等 11 个基因的精细定位；完成了矮秆基因 *GID1*，粒型、粒重调控基因 *GLW2*、*Mir396c*、*GLW2* 和 *GL5GLW2*，粒重、株型调控基因，育性调控基因 *OsSHOC1*、*OsPTD1*、*MFS1*、*OsAcos12*、*OsSTRL2*、*OsLAP5* 和 *OsLAP6*，花时提早基因 *emf1*，长护颖 *Lsl59*，穗枝梗异常基因 *Lb*，类病斑基因 *OsABA2*，叶尖枯基因 *LTN3* 等 18 个基因的克隆与功能验证。具体如表 1 所示。

表 1　有利基因的发掘、基因定位和克隆

基因名称	控制性状	定位、克隆进度
GID1	矮秆	基因克隆
BPH32	抗飞虱	基因克隆
gws5	叶片白色条纹	精细定位
GN10	穗长，穗粒数	基因克隆

（续表）

基因名称	控制性状	定位、克隆进度
SPP46	穗长，穗粒数	基因克隆
GL5	长子粒	基因克隆
LC7	重金属镉低吸附	精细定位
HH5.1	高温结实率	精细定位
LC8	低垩白	精细定位
GLW2	粒型、粒重	基因克隆
Mir396cGLW2	粒型、粒重	基因克隆
GIF1	粒重、株型	克隆验证
OsSHOC1、*OsPTD1*、*MFS1*、*OsAcos12*、*OsSTRL2*、*OsLAP5*、*OsLAP6*	育性调控	克隆验证
Ef-cd	显性早熟	克隆验证
C6635	光合碳循环	精细定位
lps1	后期衰老	精细定位
emf1	花时提早	克隆验证
Lsl59、*Lb*	穗部发育	克隆验证
穗萌，类病变	OsABA2	精细定位
LTN3	叶尖枯	精细定位

（2）实用分子标记开发

抗性基因标记的优化与实践应用。为了实现分子标记在育种实践中的高效应用，四川水稻育种科研单位对白叶枯病抗性基因 *Xa21*、*Xa23*、*Xa5*、*Xa13*，稻瘟病抗性基因 *Pi1*、*Pi2*、*Pi9*、*Pi-d2*、*Pi9*、*Pigm*，以及稻飞虱抗性基因 *BPH5*、*BPH6* 等现有抗性基因的标记进行了收集、整理和优化，并广泛应用于资源材料的鉴定筛选及分子标记辅助育种。

淀粉合成代谢途径关键酶分子标记开发及应用。通过基因组测序和等位变异分析，对水稻淀粉合成代谢途径关键酶控制基因（包括 *Wx*、*ALK*、*PUL*、*SSI*、*AGPL1*、*AGPL2*、*SBE3*、*AGPL4*、*GBSSII*、*SSII-2*、*GIF1*、*PHOH*、*DPE2* 等）的等位变异分子标记进行了开发，建立分子模块，用于分子标记辅助育种，定向改良优良杂交稻亲本的稻米品质。

重金属镉低积累基因标记的开发与应用。利用镉污染土壤筛选池，对 200 余份种质进行水稻糙米镉含量筛选鉴定，筛选到 2 份在镉污染土壤（1.00 毫克/千克）条件下，糙米镉含量低于 0.10 毫克/千克。根据已公布的三个镉低积累基因（镉离子转运

蛋白基因 *qCdT7*、低镉基因 *LCD*、自然抗性相关巨噬细胞蛋白基因 *OsNRAMP5*）的核苷酸（DNA）序列设计了基因标记，发现糙米镉低积累种质 *TJ56* 在这三个基因上均表现出特异性。利用 TJ56 与籼型三系抗稻瘟病恢复系 C1620 杂交，创制籼型三系糙米镉低积累恢复系，现已进入高世代。

水稻抗褐飞虱基因 *Bph32* 及 *BPH3* 等位变异位点 Bph3p 分子标记开发。通过生物信息学分析和 DNA 测序技术，从水稻品种 *Ptb33* 中克隆出一个新的抗稻飞虱基因 *Bph32*，并通过遗传转化等分子生物学技术，对该基因的功能、表达特性及抗性机理进行研究。该基因编码一个未知的短同源重复序列（SCR）蛋白，在叶鞘中表达尤为强烈，并在接虫 2 小时和 24 小时后表达水平显著提高，这与褐飞虱栖息和进食规律相吻合。

采用精细定位和基因克隆测序的方法，从水稻品种 SD 中分离到一个水稻抗褐飞虱基因 *Bph3* 的等位基因 *Bph3p*；通过田间鉴定和构建导入系方法，验证了 *Bph3p* 具有持久广谱褐飞虱抗性。进而根据 Bph3p 的序列特征，设计了抗飞虱基因分子标记，能够清晰地区分水稻植株中有无 *Bph3* 和 *Bph3p* 基因。

（3）育种新方法创建

创建了一种分子标记辅助选择培育抗穗发芽杂交稻不育系的方法、分子标记辅助选择快速培育稻米直链淀粉含量中等的水稻品系的方法等 6 个新方法并进行推广应用（表 2）。

表 2　创建的育种新方法

序号	新方法名称	方法要点
1	水稻的水分生态效应研究方法	以盆栽控水试验研究水稻的需水特性和阶段性耐旱性，运用统计学方法对水稻的水分生态效应进行了系统研究，揭示了水稻产量性状的水分生态效应，为节水抗旱稻培育中的基本策略把握提供了理论指导，目前已将该研究方法和结论用于实践育种中
2	一种分子标记辅助选择培育抗穗发芽杂交稻不育系的方法	已申请专利授权（专利号：ZL 2007 1 0050621.0）
3	分子标记辅助选择快速培育稻米直链淀粉含量中等的水稻品系的方法	已申请专利授权（专利号：ZL 2009 1 0058555.0）
4	广谱抗稻瘟病同源基因分子标记辅助选择育种方法	利用 Pid3、Pi9、Pikm 和 Pi5 等已知基因序列，开发分子标记应用于分子标记辅助选择。根据开发的分子标记，以福伊为抗原、宜香 1A 为优质源的分子标记辅助选择，进行抗性和米质改良。利用已经克隆的抗稻瘟病基因设计分子标记，对已育成的恢复系和不育系进行了抗稻瘟病病基因的检测，初步确定了一些杂交稻亲本的抗病基因

（续表）

序号	新方法名称	方法要点
5	抗飞虱鉴定和分子辅助育种新方法	根据飞虱生活习性，在成都冬季采用温室饲养飞虱成功；改良了飞虱接虫技术，实现了抗飞虱鉴定一年三季；开发了抗飞虱基因紧密连锁分子标记，实现了抗飞虱基因的追踪和累加。在此基础上已培育出一批抗飞虱育种材料
6	一种利用无花粉隐性核不育材料进行籼型水稻育种的方法	利用异花授粉特性，实现基因充分交流重组，提高有利基因频率，分子标记辅助选择聚合优良基因。创制杂交水稻新材料。已获得发明专利（ZL200910250526.4）

（4）育种新材料创制

2011 年以来，共创制 218 份材料通过技术鉴定或审定，其中，籼型三系不育系 70 份，籼型两用核不育系 7 份，籼型恢复系 138 份，粳型常规稻材料 3 份。其中四川省农业科学院共创制出 84 份，占总材料的 38.5%。

高产材料创制取得突破。33 个不育系，68 个恢复系组配的组合在区试中比对照增产 5%以上。突破性恢复系华珍于 2016 年通过技术鉴定，组配 6 个品种通审定，国审 4 个，优质一级米 1 个、二级米 2 个、三级米 2 个，组配的二级米品种旌优华珍认定为超级稻；突破性恢复系雅恢 2117 于 2017 年通过技术鉴定，组配 7 个品种通过审定，国审 4 个，国审品种雅 7 优 2117 品质达国标优质 1 级；

优质材料创制取得突破。“旌香 1A”“川康 606A”“旌 3A”“绿 1A”“川 389A”“川 106A”“蓉 3A”“德 66A”“旌 8A”“川作 891A”“旌 7A”“旌 10A”“品香 A”等 36 份不育系，“德恢 6099”“德恢 1787”“德恢润禾”“华珍”“德恢 715”“雅恢 2117”“蜀恢 505”“蜀恢 573”“成恢 235”等 75 份恢复系材料组配的组合在区试中品质达优质三级以上。突破性不育系川康 606A 于 2018 年通过技术鉴定，组配 11 个组合通过审定，其中部标优质 1 级米 3 个、二级米 5 个；突破性不育系品香 A 于 2020 年通过技术鉴定，已组配 2 个优质一级米、3 个二级米、2 个三级米推荐 2021 年审定。

超高产材料创制取得突破。成恢 727、德恢 2918、泸恢 37、蜀恢 600、泸 6A 等 22 份材料组配的组合在区试比对照增产 8%以上。

两系材料创制取得突破。创制了 MS1、泰 3S、泰 5S、蜀香 S、内 7S、泸 56S 等 7 份两用核不育系，其中 5 份已组配组合通过审定，另一份组配 10 余个组合参加区试绿色通道。

专用材料创制取得突破。15 份材料组配的组合直链淀粉含量 26%以上，为专用稻加工提供原材料。

镉低积累粳型常规稻选育取得突破。培育了德粳 4 号、德粳 6 号、沈农 9903 镉低积累粳型常规稻，将有效解决重金属污染稻田稻米重金属含量超标和粮食安全的问题，为重金属污染稻田安全利用提供技术支撑。

3. 新品种推广应用及种业产业化情况

2011以来，累计示范推广杂交水稻新品种29 476.5万余亩，其中四川省18 434.5万亩，年均占四川稻田面积的80%左右。新增稻谷589 530万千克、产值147.38亿元，其中四川省36.87亿千克、产值92.17亿元。新品种成果转化收益累计约1.5亿元。种业企业实现销售收入约70亿元，实现利润25亿元。通过水稻新品种产业化示范，助推了川米品牌的发展。“德香4103”在荣县年均2.5万亩产业化百里示范长廊，创建了“糯粒香情”大米品牌；“泸香658”在叙永、纳溪的川米优化示范，打造了“大土土”“源高”“莜田”三个优质大米品牌；“川优6203”和“旌优127”2个国颁二级优质稻品种纳入四川省“优质稻米现代产业链关键技术集成研究与产业化示范”重大项目，创制出了“四川长粒香”“福临门之宜香优2115”“彝香情”“皇家贡米”“航粒香”“仙特米”“蜀州香”等优质川米品牌。这些优质川米品牌的创制，在不久的将来，将结束“东北粳米”一统四川优质大米市场的尴尬局面。

（二）水稻高产栽培取得的重要进展

1. 中稻—再生稻轻简化高产栽培技术

针对目前中稻—再生稻种植区难以实现机械化生产、效益低、劳动力短缺等突出问题，研究形成了冬水田中稻—再生稻轻简化高产栽培技术、冬水田中稻—再生稻“免耕—底肥一道清+粒芽肥”中稻—再生稻丰产增效栽培技术。由表3可知，与翻耕移栽相比，翻耕直播、免耕直播头季稻产量分别增加了6.1%、2.8%，两季总产量分别增加了4.3%、3.2%；免耕直播再生季产量较翻耕移栽增加了4.3%，翻耕直播再生季产量与翻耕移栽相比并未出现显著下降。免耕移栽头季产量、再生季产量、两季总产与翻耕移栽相比并未出现显著下降。说明杂交中稻—再生稻种植模式下采用轻简化栽培技术种植头季稻可获得与传统栽培技术（翻耕移栽）相当、甚至更高的产量，并且轻简化栽培技术可节省生产成本，有利于提高农民种稻积极性和效益。由表3还可以看出；与常规稻相比，杂交稻头季产量、再生季产量、两季总产平均分别增加了17.2%、16.8%、17.1%，差异达显著水平。说明在中稻—再生稻区域种植杂交稻可显著高头季产量、再生季产量、两季总产。

表3　轻简化栽培下杂交中稻蓄留再生稻产量表现　　（单位：吨/公顷）

变量	产量（吨/公顷）		
	头季稻	再生稻	两季总产
	处理（T）		
翻耕直播	9.34 a	3.21 b	12.55 a
免耕直播	9.05 b	3.36 a	12.41 a
免耕移栽	8.65 c	3.20 b	11.85 b

（续表）

变量	产量（吨/公顷）		
	头季稻	再生稻	两季总产
翻耕移栽	8.80 c	3.22 b	12.03 b
品种（C）			
黄华占	8.43 b	2.93 d	11.36 c
金农丝苗	8.07 c	3.07 c	11.14 d
内6优103	9.64 a	3.70 a	13.33 a
蓉优1015	9.70 a	3.31 b	13.01 b
年份（Y）			
2017	10.59 a	3.34 b	13.93 a
2018	8.70 b	2.83 c	11.52 c
2019	8.26 c	3.30 b	11.56 c
2020	8.29 c	3.54 a	11.83 b
互作			
Y×T	**	*	**
Y×C	**	**	*
T×C	ns	ns	ns
Y×T×C	ns	**	**

由表4可知，免耕—底肥一道清处理头季产量、再生季产量、两季总产量与翻耕分次施氮处理相比并未出现显著下降，由此可见，从节约生产成本考虑，冬水田中稻—再生稻种植模式下采用免耕—底肥一道清的耕作施氮方式在保证产量不降低的情况下可有效减少耕地、施氮等生产成本。施氮量对头季产量、两季总产影响显著，对再生季产量影响不显著。施氮量135千克/公顷头季产量、再生季产量、两季总产与施氮量180千克/公顷相比并未出现显著下降，因此，从降低成本投入和环境友好方面考虑，免耕—底肥一道清的适宜施氮量为135千克/公顷。

表4　不同耕作方式下施氮量对中稻—再生稻产量的影响

耕作方式	施氮量（千克/公顷）	产量（吨/公顷）		
		头季	再生季	两季总产
免耕	0	8.15 c	2.85 a	11.00 c
	90	8.53 b	2.84 a	11.37 b

（续表）

耕作方式	施氮量（千克/公顷）	产量（吨/公顷）		
		头季	再生季	两季总产
	135	8.60 ab	2.94 a	11.54 ab
	180	8.81 a	2.97 a	11.78 a
	平均	8.52	2.90	11.42
翻耕	0	8.46 b	3.07 a	11.54 b
	90	9.00 a	2.91 a	11.90 a
	135	9.09 a	2.96 a	12.05 a
	180	9.03 a	2.95 a	11.98 a
	平均	8.89	2.97	11.87
耕作方式（T）		ns	ns	ns
施氮量（N）		**	ns	**
T×N		ns	ns	ns

2. 机收头季稻蓄再生稻高产技术研究

夏季种稻，冬季淹水的冬闲田，习惯上称之为“冬水田”。冬水田是川东南中稻—再生稻区稻田管理的主要形式。冬水田主要作用是“集雨保栽”，该区无灌溉水源，稻田冬季集雨蓄水，保障春季育秧、插秧水源。在长期演化过程中，冬水田土壤具有特殊的物理性质，主要表现为结构分散，土壤黏结性、可塑性差，没有犁底层。过深的耕层被形容为“人下过膝、牛下齐肚、机械下田不动”，严重影响水稻种植机械化的发展。据统计，冬水田地区是全国农业机械化水平最低的地区之一。因此，突破冬水田区机械入田下陷问题，是该区域发展现代农业的关键技术之一。

（1）解决冬水田机械入田下陷的主要农艺措施

连续免耕对土壤紧实度的影响。连续2年免耕冬水田20厘米和30厘米耕层土壤紧实度较常年深翻耕均显著提高，20厘米耕层提高26%，30厘米耕层提高31%，耕作层明显变浅（图2）。这主要是由于连续免耕土壤缺乏扰动，使得土壤颗粒之间排列更加紧实。

不同耕作方式对土壤紧实度的影响。由图3可知，当季不同耕作整地方式对冬水田20厘米和30厘米耕层土壤紧实度影响显著，紧实度值表现为免耕整地>机械旋耕>畜力深翻。这主要是由于免耕对土壤不扰动，机械旋耕深度在10厘米左右扰动少，而深翻耕大于20厘米扰动大，免耕和旋耕使得20厘米以下耕层土壤颗粒之间排列更加紧实。

收割机入田是否下陷的土壤紧实度值。由图4可知，联合收割机入田未下陷的土

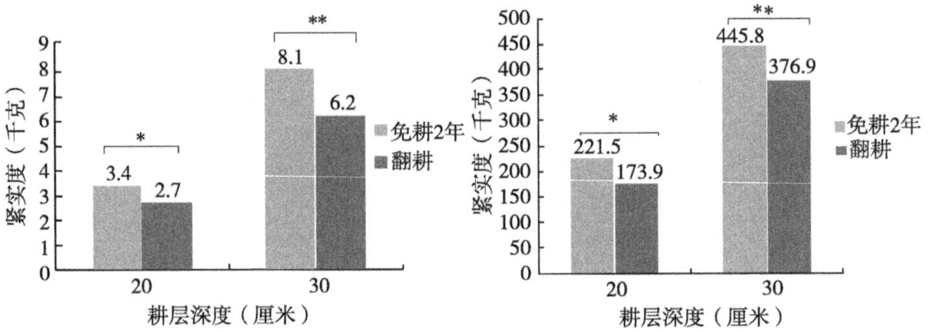

图2 连续免耕和翻耕对不同耕层土壤紧实度的影响

壤紧实度值为1.94千克/公顷，与收割机接地压力（理论接地压力=机械质量/履带接地面积）2.00千克/公顷非常接近；入田下陷2~5厘米的土壤紧实度值为1.11千克/公顷，显著低于未下陷土壤紧实度值。因此，土壤表层（2.5厘米）紧实度值大于2.00千克/公顷是实现机收入田未下陷的重要指标。通过合理排水晒田可满足土壤表层（2.5厘米）紧实度值大于2.00千克/公顷的要求。

达到机收土壤紧实度的晒田方式。免耕和旋耕可使稻田耕层变浅。由于耕层变浅，20~30厘米耕层紧实度提高，土壤容重随之提高（即深层土壤含水量降低），故免旋耕稻田较深翻耕稻田更利于缩短晒田时间，避免了深翻耕晒田不能满足机收标准和晒田时频频出现的"倒汗田"现象。此外，冬水田土壤结构分散，土壤黏结性、可塑性差，结合冬水田水稻生长发育特性和水分管理实践，冬水田晒田应注重中期晒田（分蘖盛期—拔节期），以提高水稻产量和土壤黏结性，降低后期长时间晒田带来的不利影响。

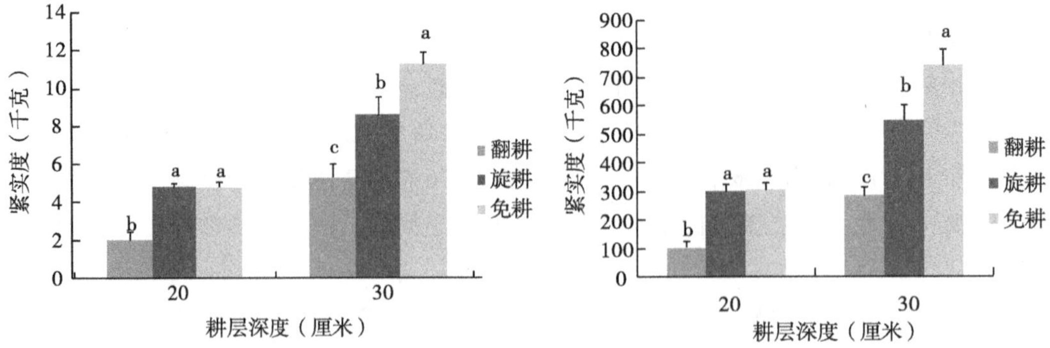

图3 不同耕作方式对不同耕层土壤紧实度的影响

综上可知，冬水田耕作层深是制约水稻生产机械化发展的重要因素，通过免旋结合构建合理"耕层"和"两段晒田确保理想紧实度"的技术措施可解决机收入田下陷和机收对再生稻桩碾压下陷问题，从而突破冬水田杂交中稻—再生稻全程机械化技术

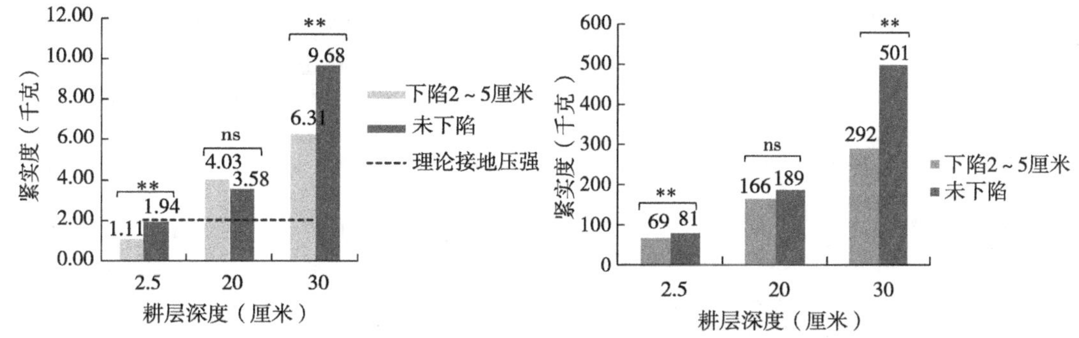

图 4　机械入田不同下陷程度下土壤耕层紧实度

瓶颈。

（2）解决机收再生稻产量低的高效株行距配置

近几年，随着大面积生产上头季稻机收面积的扩大，再生稻有收面积和产量影响极大，导致再生稻减产 30%～70%。因我国经济的快速发展和农村劳动力的大量转移，导致劳动力季节性短缺，劳动力价格急剧攀升，机械化、轻简化再生稻栽培成为再生稻规模化种植发展的必然选择。

针对盆东南冬水田区杂交中稻—再生稻机械化程度低，机收对不同水分稻田稻桩碾压程度、再生稻碾压区与非碾压区再生季成熟期不一致和低节位再生芽萌发率低、再生季产量低等实现机收蓄留再生稻技术的关键技术问题未得到解决。根据水稻收割机的履带宽度和割台宽度，头季移栽时采用预留机器碾压行的株行距配置，减少收割机对稻桩的碾压，增加再生芽，进而提高再生季产量。由表 5 可知，头季移栽密度对头季、再生季产量有显著影响，其中头季稻以移栽密度为 12. 0 万公顷产量最低，减产幅度为 8. 1%～10. 0%，头季机收条件下，再生季产量以 16. 6 万公顷最低，只有人工收割头季稻蓄留再生稻处理的 51%；头季稻移栽时采用预留机器碾压行的株行距配置可获得与人工收割头季稻蓄留再生稻相当的再生稻产量。综合插秧成本、田间可操作性等考虑，初步认为栽插密度 13. 1 万公顷，预留 55 厘米碾压行［规格为 20 厘米×（30 厘米+30 厘米+55 厘米）/3］和栽插密度 17. 7 万公顷，预留 45 厘米碾压行［规格为 16. 7 厘米×（30 厘米+30 厘米+30 厘米+55 厘米）/4］能实现高效机收并提高头季产量、再生季产量和两季总产量。

表 5　不同株行距配置下机收头季稻蓄留再生稻各季产量

处理			头季稻产量（吨/公顷）	再生稻产量（吨/公顷）	两季总产（吨/公顷）
密度（万公顷）	规格	收割方式			
CK：16. 6	20 厘米×30 厘米	人工	9. 05 a	4. 20 a	13. 25

（续表）

处理			头季稻产量（吨/公顷）	再生稻产量（吨/公顷）	两季总产（吨/公顷）
密度（万公顷）	规格	收割方式			
CK：16.6	20 厘米×30 厘米	机收	9.05 a	2.17. c	11.22
D1：13.1	20 厘米×（30 厘米+30 厘米+55 厘米）/3	机收	9.21 a	3.99 a	13.20
D2：15.6	16.7 厘米×（30 厘米+30 厘米+55 厘米）/3	机收	9.08 a	3.83 a	12.91
D3：17.7	16.7 厘米 ×（30 厘米+30 厘米+30 厘米+45 厘米）/4	机收	9.24 a	4.28 a	13.52
D4：12.0	20 厘米×（30 厘米+30 厘米+65 厘米）/3	机收	8.32 b	2.79 b	11.11

（3）机收头季稻留桩高度和水分管理技术

从表 6 看出，机收头季稻留桩高度、机收后水分处理及其互作对再生稻产量的影响均达极显著水平，留桩 30~35 厘米再生稻产量极显著高于低留桩 15~20 厘米再生稻，增产幅度为 7.2%~36.4%；头季稻收后灌跑马水产量极显著高于不灌水处理增产幅度为 44.1%~52.3%。说明机收头季稻蓄留再生稻适宜高留桩，其最佳留桩高度为 30~35 厘米，机器收割头季稻后立即灌跑马水有利于再生季高产。管水方式显著或极显著影响穗长、结实率和千粒重，留桩高度极显著影响有效穗、穗粒数和千粒重。水分管理和留桩高度互作显著影响穗粒数和结实率。

表 6　不同管水方式和留桩高度对再生稻产量的影响

处理	有效穗（穗/平方米）	每穗粒数	结实率（%）	千粒重（克）	产量（吨/公顷）
A1B1	293.8 b	50.1 ab	78.6 ab	26.5 a	3.06 b
A1B2	430.0 a	46.2 b	80.5 a	26.1 a	4.17 a
A2B1	280.6 b	51.2 a	74.8 b	24.6 b	2.63 c
A2B2	426.3 a	40.5 c	68.9 c	23.7 c	2.82bc
A1	361.9 a	48.1 a	79.6 a	26.3 a	3.61 a
A2	353.4 a	45.8 a	71.8 b	24.2 b	2.73 b
B1	287.2 b	50.6 a	76.7 a	25.6 a	2.85 b
B2	428.1 a	43.4 b	74.7 a	24.9 b	3.50 a
管水方式 A	ns	ns	**	**	**

（续表）

处理	有效穗（穗/平方米）	每穗粒数	结实率（%）	千粒重（克）	产量（吨/公顷）
留桩高度 B	**	**	ns	**	**
A×B	ns	*	*	ns	**

注：低留桩 15~20 厘米，B1；高留桩 30~35 厘米，B2；收后灌跑马水，A1；不灌水，A2。

3. 稻—渔模式下杂交稻高产节氮栽培技术

（1）不同鱼氮模式下移栽密度对杂交稻产量的影响

针对川东南冬水田稻区 5—10 月水体资源利用效率低、稻田效益差等突出问题，拟开展开展稻—渔综合种养实现稻田资源的高效利用，提出适宜稻渔种养模式最佳移栽密度和适宜氮肥施用量，集成冬水田资源高效利用新模式技术规程。鱼氮处理和移栽密度对杂交稻产量影响显著（表 7）。以“养鱼+”施氮量处理杂交稻产量最高，达 7.29~8.81 吨/公顷；与不养鱼+不施氮相比，“养鱼+”不施氮处理杂交稻产量增加了 3.8%~29.8%，说明稻渔模式有利于杂交稻产量的提高。养鱼+施氮量条件下，杂交稻产量随移栽密度的增加呈先增加后下降的趋势，以移栽密度为 18.0 穴/平方米产量最高；不养鱼+不施氮和养鱼+不施氮条件下，杂交稻产量随移栽密度的增加呈增加趋势，说明稻渔模式下减少氮肥用量是需要适当的增加移栽密度。由此可见，稻渔模式下杂交稻适宜的移栽密度为 18.0 穴/平方米。

表 7　不同鱼氮模式下移栽密度对杂交稻产量（吨/公顷）的影响

鱼氮处理	移栽密度（穴/平方米）	2017 年	2018 年	2019 年	2020 年
养鱼+施氮（120 千克/公顷）	9.0	8.68 a	8.77 c	8.39 b	6.63 c
养鱼+施氮（120 千克/公顷）	13.5	8.87 a	9.31bc	8.90 a	7.05bc
养鱼+施氮（120 千克/公顷）	18.0	9.00 a	9.97 a	8.95 a	7.53 ab
养鱼+施氮（120 千克/公顷）	22.5	8.67 a	9.83 ab	8.91 a	7.93 a
平均		8.81	9.35	8.79	7.29
不养鱼+不施氮	9.0	6.93 a	6.36 a	6.12 b	3.77 a
不养鱼+不施氮	13.5	6.87 a	6.88 a	6.84 a	4.06 a
不养鱼+不施氮	18.0	7.34 a	6.89 a	6.92 a	4.14 a
不养鱼+不施氮	22.5	7.49 a	6.76 a	7.13 a	4.23 a
平均		7.16	6.72	6.75	4.05
养鱼+不施氮	9.0	7.50 b	6.62 a	6.73 b	5.43 a
养鱼+不施氮	13.5	8.34 ab	6.92 ab	7.14 a	4.72 a

（续表）

鱼氮处理	移栽密度（穴/平方米）	2017 年	2018 年	2019 年	2020 年
养鱼+不施氮	18.0	8.44 ab	7.03 ab	7.18 a	5.49 a
养鱼+不施氮	22.5	8.20 a	7.34 a	7.37 a	5.39 a
平均		8.12	6.98	7.11	5.26

（2）稻渔模式下施氮量对杂交稻产量的影响

由表 8 可知，稻渔模式下施氮量对杂交稻产量影响显著。施氮量 45 千克/公顷、90 千克/公顷、135 千克/公顷处理杂交稻产量均显著高于不施氮处理；说明施氮可显著提高杂交稻产量。施氮量 45 千克/公顷、90 千克/公顷处理杂交稻产量较施氮量 135 千克/公顷分别降低了 12.7%～19.1%、5.0%～9.5%，前者差异达显著水平，后者差异不显著，说明稻渔模式下减施 33.3%氮肥并不会造成杂交稻产量显著下降。由此可见，稻渔模式下杂交稻适宜施氮量为 90 千克/公顷。

表 8　稻渔模式下施氮量对杂交稻产量的影响

施氮量（千克/公顷）	2018 年	2019 年	2020 年
0	6.36 c	6.23 c	6.23 c
45	7.87 b	7.50 b	6.92 b
90	8.99 ab	8.04 ab	7.74 a
135	9.46 a	8.59 a	8.55 a

4. 直播稻高产栽培技术

（1）机直播杂草高效防除技术

针对四川水稻直播生产过程中杂草防控问题，开展了水稻机直播播封同步、直播稻田主要杂草消长规律、直播稻田水稻与杂草竞争临界期开展系统研究，通过对研究内容的组装集成，逐步形成了一套以“播封同步、化控减量、促苗控草”为核心的直播稻田杂草综合防控技术，该技术主要创新点如下：①明确了多元种植模式下，四川省直播稻田杂草种类及分布情况及差异；②筛选出了在“一封二杀三补”的关键环节综合仿效 95%以上的除草剂组合；③探明了直播稻田主要杂草的田间消长规律，优化了田间杂草防除时间点；④研制了一种“播封同步”施药装置，实现了直播稻田播种、封闭同步完成。

该技术满足了新型经营主体的强烈需求，进一步提升了直播稻田杂草防除规范性，有助于推动机直播在四川省快速发展，成果整体在国内处于较为先进水平。近年将该技术在德阳、成都、眉山、内江、宜宾等地示范推广，累计推广示范 225 万亩，与常规人工除草封闭相比，可减少劳动力投入 30%，除草剂用量 15%，提高杂草防效 20%，亩节本增收 30 元以上，累计增收 7050 万元。解决了直播稻推广当前面临的最大问题，保障了四川直播生产技术的健康发展。

（2）麦茬稻机直播配套耕整技术

针对麦（油）茬田秸秆还田质量差，影响水稻稻机械直播播种效果的重现状，研究提出了以“干旋麦茬、薄水旋浆”为核心的麦茬稻机直播配套新型耕整技术。相比传统耕整方式，新型耕整每亩节水 78. 92 立方米，耕整后秸秆量减少 87. 27%，秸秆还田率提高至 98. 83%，秸秆腐解率提高 28. 10%；同时，新型耕整田块发芽率和成苗率分别提高提高 32. 89%和 24. 43%，播后 50 天分蘖数提高 39. 84%。这意味着，麦茬稻机直播配套新型耕整技术不仅具有秸秆还田质量、抢时播种和节约用水等优点，还可显著改善机直播出苗状况（表 9-10）。

表 9　直播稻耕整方式对比

处理	作业步骤	灌溉用水量	耕播环节耗时
传统耕整	1. 前茬收获后，灌水泡田，泡田水深 15~25 厘米； 2. 施肥，并旋耕 2 次； 3. 沉实 24~48 小时，待田面无积水后机械直播。	150~200 立方米/亩	48~60 小时
新型耕整	1. 前茬收获后，旱地旋耕麦茬； 2. 灌水泡田，泡田水深 1~2 厘米，施肥后旋耕起浆； 3. 2~5 小时后机械直播。	50~70 立方米/亩	4~6 小时

表 10　耕整方式对直播稻田用水量和秸秆翻埋腐解的影响

处理	耕整用水量（立方米/亩）	耕整前秸秆量（克/平方米）	耕整后秸秆量（克/平方米）	秸秆还田率（%）	秸秆腐解率（%）	出苗数（苗/平方米）	成苗率（%）	播后 50 天分蘖数（个/平方米）
传统耕整	138. 66a	365. 45a	32. 59a	91. 10b	44. 54b	91. 52b	58. 12b	281. 87b
新型耕整	59. 74b	358. 21a	4. 15b	98. 83a	57. 06a	121. 62a	72. 32a	394. 17a

此外，研究还发现水田新型耕整直播处理不仅有利于齐苗全苗，在苗期群体数量、干物质生产、光合能力及氮素积累均有显著优势。由此可见，麦茬稻机直播配套新型耕整技术不仅具备节水的优势，还具备促进苗期生长的优点。

（3）机直播“一播全苗”技术

基于上述“机直播杂草高效防除技术”“麦茬稻机直播配套耕整技术”，研究集成了机直播“一播全苗”技术，采用该技术直播稻出苗率提高 8.1%、出苗整齐度提高 10.6%，增产 7.4%（表 11）。2016—2020 年，在绵竹、广汉、中江等地建设的百亩核心区，验收产量均超过 9.75 吨/公顷，同时较传统的人工育秧移栽方式，生产效率提高 80%以上，总成本下降 21.2%，节本增效 6 450 元/公顷。同时，课题针对稻麦丰产高效的需求集成麦茬稻机直播规模化丰产增产配套技术 1 套，在广汉、绵竹、大邑、东坡、中江等地累计建设规模化均衡增产百亩示范片 5 个，验收产量均超过 8.25 吨/公顷。

表 11　不同种植模式下机直播“一播全苗”技术的应用效果

种植模式	出苗率（%）		增幅（%）	出苗整齐度		增幅（%）	产量（吨/公顷）		增幅（%）
	传统播种	“一播全苗”		传统播种	“一播全苗”		传统播种	“一播全苗”	
蔬菜-水稻	70.7	78.6	11.2	7.6	8.5	11.8	10.18	10.99	7.9
小麦-水稻	74.3	80.2	7.9	7.9	9	13.9	9.26	9.77	5.5
冬闲田	72.3	76.1	5.3	8.1	8.6	6.2	9.58	10.42	8.8
平均值			8.1			10.6			7.4

（4）机直播侧深施肥丰产增效技术

针对四川水稻机直播生产中施肥粗放、产量和种植效益低等问题，引进侧深施肥机具，开展水稻深施肥农艺农机配套技术研究，筛选适宜机械种植同步侧深施肥的水稻品种和肥料类型，对比验证不同深施肥农机具效果，开展侧深施肥适宜施氮量研究，研发“专用控释复合肥”，优化深施肥生产水分管理，集成创新“专用控释复合肥”为核心的机直播侧深施肥丰产增效技术。研究结果表明，施肥方式显著影响直播稻产量和有效穗数（表 12）。与普通尿素一次性撒施（UB）相比，普通尿素侧深施（UB）产量明显提高 8.73%，普通尿素和缓释尿素混合侧深施（SRUM）用产量则显著提高 19.51%。与普通尿素分次撒施（U2）相比，UB 产量降低 6.20%，SRUM 产量提高 3.10%。比较产量构成因素，发现各 U2、UM、SRUM 处理间穗粒数、千粒重均无显著差异；UM、SRUM 的有效穗数则显著高于其他处理。可见，普通肥料机械侧深施用可减少施肥环节用工实现稳产，机械侧深施搭配缓控释肥施用可实现增产节肥。

表 12　施氮方式对机直播水稻产量及产量构成的影响

处理	尿素施用方法	产量（吨/公顷）	有效穗数（万吨/公顷）	每穗粒数	结实率（%）	千粒重（克）
N0	不施氮肥（N0）	6.08 d	188.44 d	160.39 a	79.62 b	26.33 b

（续表）

处理	尿素施用方法	产量（吨/公顷）	有效穗数（万吨/公顷）	每穗粒数	结实率（%）	千粒重（克）
U2	普通尿素按基肥：蘖：穗肥=6：3：1分3次撒施	9.03 ab	269.33 a	174.78 a	83.00 a	26.99 a
UB	普通尿素作基肥一次性撒施	7.79 c	242.67 c	168.07 a	78.85 b	26.85 ab
UM	普通尿素作基肥一次性侧深施	8.47 b	255.56 b	173.80 a	78.44 b	26.38 b
SRUM	普通尿素：缓释尿素=7：3混合一次性侧深施	9.31 a	275.11 a	177.00 a	83.42 a	26.66 ab

5. 规模化育秧技术

针对传统育秧存在着技术复杂、风险性高的问题，课题从进一步轻简化的角度开展，以期通过育秧基质及暗室叠盘育秧技术研发，进一步育秧过程规范、轻简，降低风险，提高育秧质量，满足机插秧规模化生产需求，提高规模化育秧水平和育秧质量。主要研究结果：浸种时间对不同类型水稻的影响存在较大差异，水稻暗室育秧推荐浸种时间为36~48小时，既能提高育秧效率，又能提高出苗整齐度和出苗质量（图5）。

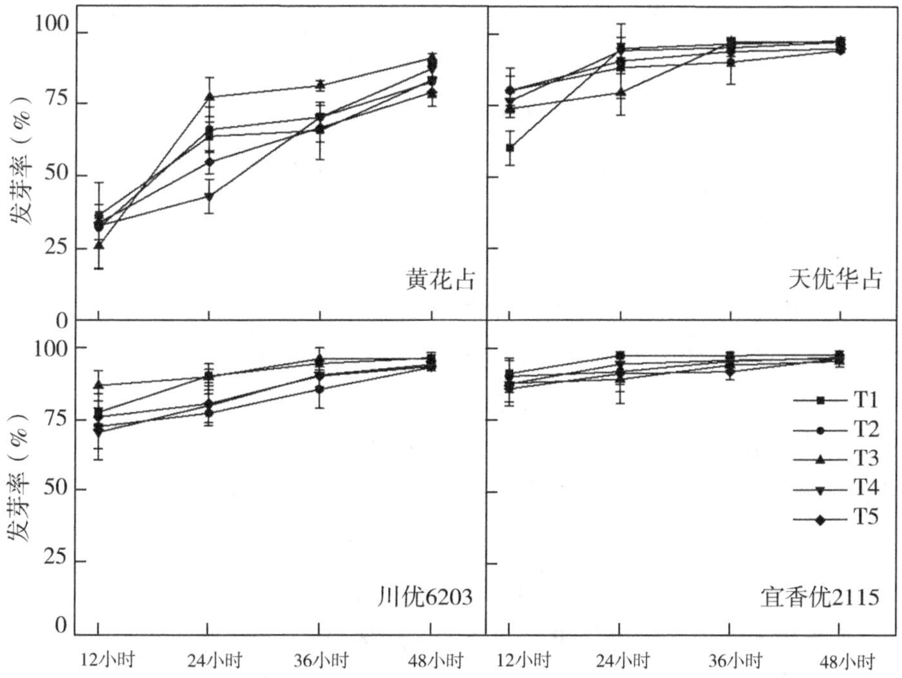

图5　浸种时间对暗室种子发芽率的影响

采用育秧基质育秧，播种完成后浇足水，叠盘后转移至暗室（湿度控制在95±5%，温度控制在33±2℃）培养3天，该技术适宜进行规模化育秧；培育出的秧苗综合素质更好，表现为个体较健壮，茎基宽大，叶片C/N比和根冠比合理，机械移栽时插秧质量更高，缩短返青期（表13）。

表13　育秧基质对秧苗素质的影响

试验处理	最长根长“厘米”	根数/“株”	茎基宽（毫米）	株高“厘米”	叶片数	干物质积累量“毫克/株”		叶片蛋白质量（毫克/克）	叶片可溶性糖含量（毫克/克）
						地上部	地上部		
泥土+育秧保姆	5.56b	9.80b	2.53b	10.34b	3.68b	7.56b	53.08b	53.08b	0.11b
育秧基质	6.84a	11.21a	2.92a	12.78a	4.25a	9.84a	69.25a	69.25a	0.21a

四、四川省水稻发展的对策建议

（一）加大科技支撑，提升精准鉴定和制种生产现代化水平

充分发挥四川水稻种质资源和杂交稻制种优势。加大投入，对四川稻种资源开展系统鉴定、评价和筛选，加快培育适宜当地的高产、优质、适应性强的突破性品种，进一步提高水稻单产潜力与稻米品质；通过建设标准化、规模化、集约化和机械化制种基地，稳步提升四川杂交水稻制种能力与质量，稳固西南甚至全国制种高地。

（二）因地制宜差异化布局，加强技术集成推进产业化经营

四川地形地貌丰富，水稻种植区域广，在盆西平原稻区以优质高产为重点，在盆中丘陵稻区以多抗高产为重点，在盆南丘陵稻区以中稻+再生稻为重点，在川东北稻区以优质绿色生产为重点，在川西南山地稻区以超高产和粳稻为重点。

（三）提升稻米加工能力，延长水稻产业链

扶持一批稻米生产加工的龙头企业、示范企业，鼓励和引导企业扩大规模、找准定位、做大品牌，不断提高大米生产、加工技术含量，提高优质米、专用米、发芽糙米、留胚米、营养强化米等产品比重，大力发展米制主食品、方便食品、休闲食品等米制食品，充分利用米糠、碎米资源，开发米糠油、米糠蛋白、谷维素、膳食纤维等综合产品，增加水稻产业的综合效益。多渠道宣传和推荐四川省稻米产品，组织稻米加工企业参加稻博会、农博会，积极打造四川稻米名优品牌。

（四）推进水稻规模化机械化生产，提高生产效率

加快推进水稻生产机械化。集中力量解决四川丘区山地和小田块的机械化技术与装备问题，加快研究推广适宜丘陵山区的机插秧及其配套高产栽培技术体系，推进四川水稻机械化生产，减轻劳动强度。同时加快防灾减灾技术的研究与推广。针对四川

稻区异常气候、自然灾害发生规律及对水稻生产的危害程度，通过品种筛选、调整播种期、改进种植模式等措施，加快防灾减灾技术的研究与推广。

（五）强化稻米品牌打造，提升产业竞争力

加强稻米龙头企业的培育扶持力度。龙头企业对于大米产业发展拉动作用明显，政府应在政策、资金等方面对龙头企业予以支持，实行“企业+科研机构+农户+基地”或“公司+农户+基地”等多种经营模式，全方位推进特色大米产业发展。重点加强特色大米品牌的开发和利用。充分发挥四川地区大米特有的生态、地域和历史等传统竞争优势，全方位打造地方性特色大米品牌，以品牌开拓市场；同时要加强对“福临门”“花中花”“老厨房”和“罗沙贡米”等已有品牌的保护和利用，不断提高稻米产业的综合竞争力。

（六）加强镉低积累品种培育及其配套高产安全关键技术研究

挖掘水稻镉低积累基因，研发镉低积累相关基因高效精准鉴定方法，创制积累有生产应用价值的镉低积水稻新材料，培育镉低积累的高产优质水稻新品种，集成安全高效配套技术推广应用，解决镉污染农田的水稻生产可持续发展的问题。

四川小麦品种选育及生产技术研究报告

伍 玲[1] 李朝苏[1] 吕季娟[2] 李 俊[1]
(1. 四川省农业科学院作物研究所，四川 成都 610066；
2. 四川省种子站，四川 成都 610041)

摘 要：小麦是四川重要粮食作物，在“藏粮于地、藏粮于技”战略中处于重要地位。报告介绍了“十三五”以来四川省小麦品种选育与生产现状；简介了“川麦42”“川麦104”和“稻茬小麦灭茬免耕带旋播种技术”等成果的重大贡献；剖析了在品种培育上品种特色不突出及在产量、抗性和品质上亟待解决的问题；分析了小麦生产重视不够、小麦产业各方融合创新不够等方面存在的问题和不足，并提出了相应对策。

关键词：小麦；品种选育；生产技术

引言

粮食是人类赖以生存的物质基础，习近平总书记特别指出：“中国人的饭碗任何时候都要牢牢端在自己手上，我们的饭碗应该主要装中国粮。”稳步提升主粮作物的绿色生产能力，满足人口不断增加和人民生活水平持续提高对粮食消费的刚性需求，是关系社会稳定、人民健康和国民经济发展的全局性重大战略问题。作为全国13个粮食主产区之一，四川集农业大省、产粮大省与人口大省、粮食消费大省、粮食调入大省于一体。确保粮食自求平衡，既是中央对四川的基本要求，也是四川对全国粮食安全肩负的重大责任。小麦在四川粮食作物中占有十分重要的地位。其播种面积和总产量仅次于玉米和水稻。小麦的营养价值高，用途广泛，既是主食之一，又是食品、饲料等工业的重要原料，其商品率很高。小麦是秋播夏收作物，小麦丰收能起到以夏促秋的作用，使全年粮食生产争得主动。

小麦具有非常强的生态特异性，四川小麦生产上基本是四川小麦科技工作者选育的本土自育品种。四川是西南地区最大的小麦生产区，最接近西南麦区的黄淮南片的品种最南只能种到湖北襄阳或河南南阳一带，入不了川。长江中下游的品种到了四川不仅不抗条锈，也不能发挥出自身的产量优势。所以，四川生产上种植的小麦品种很难也不能依靠他人培育。

四川小麦育种始于自20世纪30年代，至今已有80余年历史。全省平均产量从20世纪30年代的每亩50千克上升到现在的300千克；目前成都平原规模化生产产量在每亩 400 千克，高产栽培示范最高纪录为每亩 729. 8 千克。80 余年间，全省小麦总面积呈先上升后下降趋势，高峰时近 3 500 万亩（1979—1983 年），近年来稳定在 1 000 万亩左右，仍有下降趋势。育种目标由重点关注产量拓展到产量品质兼顾。四川小麦品种及育种水平在西南麦区处于优势地位，渝、云、贵均有较大面积的四川品种的推广应用。到目前为止，西南麦区共有 35 个国审品种，其中 33 个是四川品种。也有四川品种在重庆、云南、陕西、湖北等省通过审定。

一、四川省小麦品种选育与生产技术基本情况

（一）四川省小麦品种选育推广基本情况

四川省小麦品种选育单位主要有四川省农业科学院、四川农业大学、中国科学院成都生物所、绵阳市农科院、内江市农科院、南充市农科院。“十二五”期间，四川审定小麦品种 52 个，其中国审品种 3 个；“十三五”期间，四川审定小麦品种 71 个，其中国审品种 3 个。“十三五”期间，因结构调整，四川小麦面积逐步调减，但每年小麦品种推广面积前 10 位品种约占小麦播种面积的 43%~46%，以“十二五”育成品种为主。川麦 104、绵麦 367 已连续多年位列前 1、2 位，而绵麦 51 为前 10 品种中唯一的优质弱筋小麦品种，其推广面积 2018 年为 18. 32 万亩，2019 年为 18. 76 万亩。

条锈病、白粉病、赤霉病仍是四川省小麦主要病害，且赤霉病在部分地方偏重发生。近年气候异常，叶锈病有加重危害的趋势。四川小麦育种上注重非常注重品种抗病性，保证小麦生产安全。四川省 2018 年度区试第一年参试品种中，达到中抗赤霉病的品种 3 个；区试第二年参试品种中，达到中抗赤霉病的品种 2 个。2019 年度区试第一年参试品种中，达到中抗赤霉病的品种 6 个，条锈病、白粉病和赤霉病均达到中抗以上的品种 3 个；区试第二年参试品种中，达到中抗赤霉病的品种 2 个。

从用途上看，我国小麦消费主要可分为 4 类：制粉（口粮）、饲料（家禽畜牧）、工业消费（酿酒、酒精、沼气等）及其他（种用消费和损耗）。截至 2017 年，我国小麦口粮消费整体呈缓慢增长的趋势。当前国内居民的饮食结构已经开始从“数量”到“质量”转变，食物消费结构有了明显变化，消费的食品更加多样化，对加工食品以及其他副食品的需求不断增长。未来随着城镇化的发展和居民经济水平的进一步提高，对饺子粉、面条粉、面包粉等专用面粉及饲料小麦的需求会进一步扩大，优质专用小麦需求将会越来越多。“十三五”期间育成优质专用品种 17 个。其中：优质中筋（面条）品种 5 个（湿面筋≥28%，面团稳定时间≥4 分钟）；酿酒（制曲）品种 5 个（粉质率≥85%，淀粉含量≥70%）；优质膨化品种 7 个（湿面筋含量 18%~20%，面团稳定时间 1~2 分钟）。优质中筋如绵麦 827、川育 29、川麦 604；制曲品种如绵麦 902、川麦 93；膨化品种如绵麦 112、蜀麦 830、内麦 101。2018 年四川推广面积在 0. 5 万亩以上的小麦品种中，有优质弱筋品种 19 个，优质中筋品种 5 个，优质强筋品种 3 个。

优质品种推广面积为125.61万亩，占小麦推广面积的13.2%。2019年推广面积在0.5万亩以上的小麦品种中，有优质弱筋品种18个，优质中筋品种4个，优质强筋品种4个。优质品种推广面积为129.13万亩，较2018年增加2.8%；优质品种推广面积15.8%，较2018年同比增加2.6%。

“十三五”以来，四川小麦单产和效益稳步提升。全省平均亩产从2015年的240千克提高到2020年的300千克；500~1000亩规模的种粮大户（家庭农场）平均亩产普遍达到400~450千克，部分已跃升到500千克以上，测产验收多次亩产达650千克以上、最高达729.8千克。随着抗逆播种技术、病虫草综合防控技术的实施，生产成本大幅度下降，纯收益可达200~300元，明显高于水稻，更高于油菜。川麦42的条锈病抗性在逐渐丧失，自2015年，川麦104替代川麦42成为四川推广面积最大的小麦品种，该品种在抗病性、品质方面表现同样优秀。绵麦367在四川省同样拥有较大的推广面积，该品种自2015年起为四川省区试对照种，2018年为国家区试长江上游组对照种。绵麦367作为大穗型小麦品种产量表现十分优异，品质优良，2018年入选五粮液和中化农业共同组建的“MAP示范农场”，力求为五粮液集团白酒生产选择出优良的酿酒专用原料。需要注意的是，近年绵‘麦367’和‘川麦104’在四川省条锈病发病较重，生产上推广需要及时防治条锈病。

为控制小麦条锈病，四川小麦多抗育种工作尤其是条锈病攻关取得了显著成果。以‘川麦42’和‘川麦104’为代表的两个阶段的主导小麦品种保障了四川小麦安全生产和产量的稳定增长。

‘川麦42’是2003年四川省审定、2004年国家审定的四川近年培育的突破性品种，是世界上第一个利用人工合成小麦新资源育成的小麦新品种，为近20年国际上成功利用作物野生资源的范例。由程顺和院士、荣廷昭院士、CIMMYT种质资源部主任Mujeeb-kazi博士等专家组成的鉴定委员会鉴定认为：“人工合成小麦优异基因发掘与川麦42选育推广”研究成果在人工合成小麦育种应用方面居国际领先水平。川麦42成功聚合了高产、抗病、抗逆等优良性状，突破了西南麦区穗容量不足的障碍，成为四川省区试中唯一连续两年平均亩产超过400千克以上的品种，也是国家区试长江中上游组第一个亩产超过400千克的品种。川麦42在四川区试和国家区试中比对照川麦107分别增产22.8%、16.4%；在生产上创造了四川盆地高温高湿寡日照生态区亩产591.9千克的高产新纪录，比原有高产纪录提高了近100千克；连续5年被农业部列为全国主推品种。2003—2009年以川麦42为主的新品种在西南（川、渝、滇、黔）及湖北、陕南累计推广5 000万亩左右。其中，2007—2009年累计近4 000万亩，创造了巨大的社会经济效益。川麦42产量高、抗病性好、遗传力强，其含有的重要功能基因*YrCH*42、*Dtx*1.5和*Dty*10是其高产抗病遗传基础，是国内抗病、高产育种的骨干亲本，培育出小麦新品种（系）24个。

随着川麦42及其衍生品种在生产上的推广应用，克服其抗性基因*YrCH42*的条锈病新生理小种也得以蔓延。针对条锈病为害重且抗性丧失快，低温冷害、穗发芽等发生频繁，以及产量、品质、抗性协同改良困难等关键问题，四川省农业科学院通过“亲本分子标记鉴定与筛选、遗传群体构建、高代大田生产表型评价和分子标记精准鉴定”的育种技术体系，利用“小麦重组自交系育种方法”，高效聚合多个重要性状基因育成突破性小麦新品种川麦104。川麦104聚合了高产、抗病、抗逆、优质等重要性状，综合性能全面超越上一代主导品种‘川麦42’及当前其他品种；国家区试亩产408.7千克，比对照川麦42增产8.42%；四川省区试亩产407.74千克，比对照绵麦37增产14.12%。高抗条锈病、白粉病，抗穗发芽，耐花期低温冷害；容重791~806克/升，湿面筋含量26.21~31.73%，面团稳定时间3.5~3.9分钟。大田生产连续7年8点次实产验收亩产达到650千克以上，最高729.8千克，创造了西南冬麦区最高单产纪录；被列为2013—2016年四川省主导品种，2015年、2016年国家主导品种；成为农民心目中的“标杆”品种。利用分子细胞遗传、SNP和DArT分子标记技术，解析了川麦104的遗传构成，阐明双亲重要基因/QTL重组聚合是川麦104高产、抗病、抗逆、优质的分子基础；发现川麦104的1BS和4DL部分区段与重要性状相关且来源于人工合成小麦，其中，4D长臂上的叶鞘绒毛性状与产量位点紧密连锁，可作为产量性状选择的形态标记。2012年以来，川麦104累计推广2 146.3万亩；近三年累计1 470.7万亩，节本增效24.16亿元，占西南地区小麦播种面积的40%以上。社会经济和生态效益巨大。以川麦104为骨干亲本育成审定和参加区试新品种（系）20个。

（二）四川省小麦生产与品种推广基本情况

四川省的气候及生产特点主要表现为：一是气候比同纬度的长江中下游温和。小麦在冬季一般不停滞生长，幼穗分化早且长，有利于形成多花多粒。但早春常出现倒春寒，春性品种易受冻减产。二是降水量充沛但季节分布不均。灌浆期长且多雨水充沛，有利于形成高粒重。但常有年份发生冬干春旱，而多雨年份在小麦成熟时遭遇连续降雨产生穗发芽，影响产量和品质。三是日照少。传统小麦生长旺盛，植株繁茂，易发生倒伏和病虫害。

近年来，四川省不断加大农业供给侧结构性改革，在稳定小春粮食面积和总产量的基础上，逐年调减小麦种植面积。四川小麦种植覆盖全省21个地市州，结构调整之后，目前主要集中于成都、德阳、绵阳、广元、达州、南充、凉山州等地，约占总面积80%。从种植制度上看，稻茬小麦占比上升，约占60%；随着稻麦轮作区的快速发展和旱地熟制改革（间套三熟变为净作两熟）的推进，净作小麦占比已达70%以上。小麦向优势区域集中，净作和规模化水平的快速提升，利于新成果的快速转化利用和持续增产增效，促进了“十三五”小麦单产提升。

四川省小麦推广面积从2 000万亩调减到1 000万亩，亩产增加到平均330千克。

四川省小麦制（繁）种面积稳定在15万亩，品种以绵麦、川麦、内麦、川农等系列品种为主，总产4 000万千克。2019年，由四川省财政投入资金，在全省21个市州支持邛崃市、泸县等33个县开展农作物新品种展示评价和安全性监测工作。截至2019年12月底，全省已有14个县开展小麦展示评价，示范面积3470亩，展示示范的主要区域集中在成都、绵阳、南充和达州等地。在推广应用上注重品种抗病性的维持，严格把控品种抗性，在生产上及时监控和防治，保证小麦生产安全；同时兼顾川西平原小麦主要以两熟制种植模式为主，即稻麦两熟制，为便于生产上水稻能够及时移栽或直播，应加大早熟小麦品种推广应用。

在推广品种数量方面，近年来，四川省推广面积在0.5万亩以上的小麦品种在100个左右，单个品种面积有所下降，总推广面积持续下降。四川省在18个市（州）有小麦推广面积，其中，南充市推广面积最大，179.2万亩；其次以此为绵阳市、德阳市、资阳市、遂宁市、广元市、成都市、凉山彝族自治州、巴中市、广安市等。在区域品种推广数量方面，绵阳市推广小麦品种数量最多，为43个；推广面积最大的南充市，推广小麦品种数量仅为10个，说明南充市小麦种植以种植大户或合作社为主，同时，当地推广面积最大的品种为本地农科院选育的南麦618，是本地选育的新品种在本地推广的优秀典范。

四川小麦综合农机化率已从“十二五”的59.20%提高到2020年的73.48%，居主要农作物之首（四川省农机总站数据）。机械化水平的显著提升主要得益于3个方面：一是自主创新取得突破。“十三五”期间体系团队成功研发了稻茬小麦免耕带旋播种机，受到种粮大户的广泛好评。二是大力开展全程机械化技术示范与推广工作，极大地促进了新机具新技术的转化应用。三是政府部门持续推进购机补贴政策，促进了农业机械化发展。

稻茬小麦是长江流域主要的小麦生产类型，面积约7 000万亩。播种质量不高是稻茬小麦产量不高不稳的关键所在。土壤质地黏重、湿度过大、秸秆过多乃是影响稻茬小麦播种质量的三个核心要素。传统的整地播种方式作业次数多、动力需求大、成本高，而且常常造成粗耕烂种，立苗质量差、苗子长势弱。国家小麦产业技术体系西南区栽培岗位团队通过“机具设计创新”和“农艺优化创新”，研究集成了“稻茬小麦灭茬免耕带旋播种技术”，简化了作业工序，提高了播种效率和出苗质量，增产、增收效果显著，现已在西南地区规模化生产中得到广泛应用，并开始扩大到长江中下游稻茬麦区。该技术的优势突出：①将原有技术的4~5次作业工序简化为2次，大幅度提高了播种效率；②免耕作业避免了对土壤结构的破坏，利于排水降渍；③免耕和带旋结合，降低了动力需求，机械重量减轻，能耗减少，对黏湿土壤的适应性增强；④通过带旋播种和优化刀片设计，增强了秸秆的通透性，避免缠绕、堵塞，播种深浅一致、均衡；⑤稻秸覆盖于地表，减少棵间蒸发，提高了中后期土壤保墒抗旱能力。同旋耕机播技术模式相比，播种效率提高50%以上，出苗率提高20%，低位分蘖提高10%，增产5%~20%。自2016年起，该技术已在四川省的广汉、新都、江油、绵竹等12个县市示范应用，尤其受到种粮大户的欢迎。在广汉市布置不同播种技术的对比试验中，同旋耕技术模式相比，免耕带旋机播的成本降低了52.2%，产量平均增加12.8%，效益平均增加56.1%。在广汉、新都、绵竹、江油等县市示范片抽样，亩产405~540千克，同当地普遍采用的旋耕机播或撒后旋耕方式相比，亩增产5%~20%。2016年以来，已累计示范推广5万多亩，通过节本和增产实现增效100~140元/亩，累计增收约600万元。

进一步的研究发现，播种质量不高是稻茬小麦产量不高不稳的关键所在。土壤质地黏重、土壤湿度过高、秸秆过多乃是影响小麦播种质量的三个核心要素。四川省农业科学院作物研究所将机具设计创新和农艺优化创新相结合，研究集成了“稻茬小麦抗逆高效播种技术”，解决了长江流域稻茬小麦长期面临的“播不下、出不齐、长不好”的重大技术难题。该技术节本、提质、增效显著，深受种粮大户欢迎，连续多年被四川省列为主推技术，多次创造高产典型。2020年，该技术在江油市创造了亩产729.8千克的西南麦区高产新纪录，中央电视台新闻联播、朝闻天下、经济信息联播先后报道。技术目前在四川、重庆、云南、湖北、安徽等省市已进行了大规模示范推广。

二、四川省小麦品种选育与生产技术存在的主要问题

2017年中央一号文件明确指出：农业的主要矛盾由总量不足转变为结构性矛盾，突出表现为阶段性供过于求和供给不足并存，矛盾的主要方面在供给侧，小麦生产的重点也转向发展优质专用小麦，即要满足人们日益增长的对美好生活的需要。然而长期以来，农作物育种以增产量、保总量为主要目标，育成品种“四多四少”现象仍较为普遍，即高产品种多，优质专用品种少；一般性品种多，特色品种少；高水肥品种多，节水节肥节药品种少；劳动密集型品种多，宜机械化、轻简化栽培品种少。类似问题在四川小麦品种选育和生产上也同样存在。以下从品种选育和生产推广两方面分述。

（一）四川小麦品种选育存在的主要问题

1. 审定的品种多，有鲜明特色的品种少，被生产利用的品种少

目前在生产上推广面积前十的品种还以“十二五”育成的品种为主，“十三五”育成品种推广面积很小。如何让企业或大户客观科学的了解新品种，使新品种更快的从审定公告到种在田里，发挥新品种的生产优势，是品种培育和推广首要解决的问题。

2. 产量育种的突破方向还没有找到，应对极端气候和重大灾害的力度不够，缺乏养分高效利用和抗逆方面的研究基础

虽然以‘川麦98’为代表的株型紧凑、穗颈长、剑叶小的株型好的品种突破了四

川长期面临的株型瓶颈，是西南小麦株型革命性突破，为产量育种提供了很好的参考方向。但如何让育种经验变成科学的高通量分子育种平台和表型组高通量鉴定选择，如何分析各组学研究的数据得到最优的选择，以及如何发掘养分高效利用和抗逆基因资源并育种利用及其高效鉴定等仍然困扰育种家，高产稳产依旧是小麦育种的目标。这些问题的解决是小麦育种高质量发展的科技基础，是高水平的“藏粮于技”。

3. 抗性育种任务非常艰巨

在条锈病小种变化频繁的压力下，保持育成品种对条锈病的抗性仍然是四川小麦育种人不可推卸的责任。而赤霉病有从偶发病到常发病的趋势，提高品种赤霉病抗性也是迫在眉睫的任务。目前有效的抗赤霉病基因很少，适合育种利用的抗赤霉病材料更少。在抗条锈病育种上，随着条锈病生理小种的变异，维持抗性的主效抗条锈病基因也越来越少，目前仍然高抗的是 *Yr*5 和 *Yr*15，而 *Yr*18、*Yr*29 和 *Yr*46 等成株抗病基因在不同的遗传背景下抗病性表现不同。如何防止这些基因的抗性丧失，延长这些基因的抗病性年限？由此而言，多抗育种是四川小麦永恒的主题。

4. 四川小麦收获期间经常多雨，穗发芽是四川小麦品质下降和不稳定的主要因素

无论是做食品的小麦还是酿酒小麦均对穗发芽有严格要求。其次四川小麦的面筋较弱，稳定时间短，但蛋白质含量又偏高，处于“强筋不强、弱筋不弱”的尴尬境地。四川的主要面制品面条，也需在四川本地小麦粉中配上一定的高筋面粉才能得到高品质的面条。目前品种审定对小麦品种的品质分类为强筋、中强筋、中筋和弱筋四类。四川小麦品种大多品质指标不完全符合这四类小麦的分类标准，从而归为中筋小麦。酿酒小麦没有上述品质分类的要求，但要求小麦的硬度指数低于 50，而四川小麦多年的提高蛋白质含量的品质改良，已使现有大部分育成品种失去了四川原有小麦低硬度指数的优点。如何培育适合面条、馒头、糕点的小麦品种，如何在生产上稳定保持品种品质？如何发挥优质品种的品质优势？如何解决混收混储对小麦品质的影响？这些均是目前小麦品质育种和生产上亟待解决的问题。

（二）四川省小麦生产与品种推广存在的主要问题

1. 市场需求旺盛，但小麦生产重视不够

四川小麦主要用于白酒、面条和膨化食品生产，每年缺口 50%左右。四川小麦因在酿酒、膨化等方面具有独特优势，收获时节常被粮商抢购，从来不存在滞销问题。地方政府为了打造油菜品牌，逐年调整压减小麦面积，导致小麦种植面积逐渐下滑。“十三五”年均种植面积 1 087.3 万亩，较“十二五”年均面积（1 239.86 万亩）减少 12.3%。

2. 小麦利益攸关方各自发力，融合创新力度不够

小麦产业涉及不同利益攸关方，各自目标和关注重点不同：科技人员看重科技成果，农户主要看能否挣钱，政府强调粮食和生态安全，企业注重市场和效益。如何将各方利益融合在一起，目标一致，凝聚合力，促进小麦产业健康稳定发展，尚需创新相关体制机制。

3. 丘陵旱地小麦机械化水平整体偏低，种植效益差

目前四川主要粮食作物综合农机化率仅60%左右，在小麦种植中机耕、机收比例较高，而机播、机管比例较低，尤其是在丘陵和山地，地块狭小，机械作业不便，播种、收获环节仍靠人工完成，劳动投入大、效益差。

4. 品种的广适性和抗逆性性偏差

四川气候生态条件复杂，种植类型多样，不同生产条件要求不同的品种。而目前品种选育中过多考虑产量目标，忽视熟期、抗性等其他生产目标，且对品种生产潜力及区域适应性研究不够。使得品种推向生产时存在一定的潜在风险，如稻茬小麦对品种的耐渍性、抗倒性要求较高，而旱地小麦对品种的抗旱、抗逆能力有特殊要求，而新品种推广时这些信息往往缺失。

5. 品种对加工品质的匹配性不足

四川小麦籽粒粗蛋白9%~13%，比北方麦区低1~2个百分点，湿面筋20%~30%，稳定时间1~5分钟，基本属于中筋-弱筋范畴。小麦原料主要用于制曲酿酒、加工制粉、膨化食品、饲料生产等用途，其中酿酒和面粉用量占比较高。在浓香型白酒中，小麦用量占比30%以上，酿酒用适宜的小麦类型为品质优良的软质麦，能够符合优质软质的品种数量有限。面条、馒头等是四川主要的消费面制品，一般要求小麦原料具有中等偏高的蛋白质和湿面筋含量。除少数品种或部分旱地种植区域外，四川多数麦区生产的小麦难以达到这一品质要求，再加上混收、混储，品质稳定性进一步下降

三、四川省小麦产业发展的对策建议

（一）四川小麦品种选育的发展对策

四川小麦品种选育建议聚焦持久抗病、绿色高效、专用小麦为育种目标。培育重大品种、支撑小麦种业。利用基因工程、分子标记、染色体技术等，将分散在育种亲本的不同目标基因和外源染色体区段高效聚合组装，聚焦绿色高效性状选择，选育一批具有重大生产应用价值的绿色高效小麦新品种。实现兼抗不同病害、耐穗发芽、肥水高效、籽粒重金属低积累与高产优质性状结合的品种。

挖掘小麦优异资源，强化基础研究。四川小麦的生产水平由最初的100千克左右提升至当下高产验收的700千克以上，都是小麦资源利用的贡献，尤其是近20年来，人工合成小麦的成功应用，将四川小麦区试的产量水平从350千克提升至400千克以上的水平，高产验收从500千克提升至700千克以上（2010年达710.7千克/亩、2020年达729.8千克/亩）。广泛收集评价小麦资源，挖掘优良基因，实现基因自主、知识产权自主，为培育完全自主知识产权的品种奠定基础。同时，注重生物

技术研发，强化学科联动。在小麦基因组测序、基因克隆、高通量分子标记检测、转基因、基因编辑以及分子育种技术等方面，要与国内外保持同步，部分研究领域争取处于领先水平。

持久抗病品种选育方面，要培育出对条锈病具有持久抗病的品种，尽力延长现有几个主效条锈病抗病基因的使用时间，延长条锈病毒性基因新变异变为新优势生理小种的时间。这需要全省一盘棋统筹安排，摸清现有推广品种和育成品种的抗病基因组成，育种团队与植保团队紧密合作，形成共识，在省内也细分条锈病小种易变区和冬繁区，使抗病基因得以合理的分区使用。合理利用已有的抗赤霉病资源与基因，培育耐赤霉病品种，减轻赤霉病对小麦生产的为害，也要注意赤霉病致病菌的变异，培育持久多抗小麦品种。

绿色高效新品种选育方面，重点培育抗病高产，抗倒力强，在高水平生产条件下亩产达到500千克，中低产条件下不低于350千克亩产的品种。要求培育的品种高产抗病高度协调，早熟，适宜稻麦两熟，全年生产均高效。期望能很好地结合农业高新技术，从基因组到表型组，从工厂化育种到智慧农业，实现小麦育种和种业的高质量发展。

围绕国家发展战略、农业生产和市场需求，发挥区域优势、突出地方特色，在单产提高的基础上，培育优质专用品种是未来小麦发展的重点目标。坚持品质分类育种，减少归为中筋（品质指标不符合强筋、中强筋和弱筋）的品种。对归为中筋的组合后代，育种上尽量达到特殊品种或酿酒小麦的品质标准。面条小麦和饼干小麦突破性新品种选育方面，重点培育抗穗发芽、品质稳定、面条或饼干评分达80分以上的面条小麦品种或饼干小麦品种。酿酒专用小麦品种选育方面，重点培育抗穗发芽、粉质率大于70%的高产专用小麦品种。对中筋偏弱的部分品种，加强栽培指导，不同的栽培条件，就可能生产出不同品质类型的品种。加强商品麦与粮食企业、酒企对接，在小麦全产业链形成按照面制品用途对小麦品种品质进行分类，比如面包小麦、面条小麦、馒头小麦、饼干小麦、酿酒用小麦，分类收储，最大化发挥品种的品质优势，从而得到品质稳定的小麦，利于后续加工企业的生产。

通过以上的品种培育，可选育出特点鲜明的品种。育种团队要与栽培、植保团队加强合作，在新品种审定后的1~2年内推出该品种的良种良法，为企业和大户的品种选择和科学种植管理提供有效依据。建议在四川省科研单位建立公益的小麦新品种示范平台，示范两年内通过四川省审定的新品种，从而辐射四川省的农作物新品种展示，以便种业和大户及时了解新品种。

（二）四川小麦生产的发展对策

1. 进一步提升产量潜力

随着品种改良、土壤肥力提升、栽培技术的进步，四川小麦单产不断攀升。21世纪以来，成都平原和盆地丘陵实产验收单产可达600~729.8千克/亩，几十至几百公顷规模平均单产可达500千克/亩以上，但同北方高产典型（800~850千克/亩）仍有差距，这主要是两者穗数差距较大所致。一方面，四川冬季温度高，日照少，分蘖持续时间短，即便加大播量，也不能明显提高穗数。另一方面，四川旱地小麦比重较大，缺乏灌溉条件，遭遇冬春干旱的频率较高，水分不足导致分蘖数和成穗数比稻茬麦田更少。四川具有大穗优势，但穗粒数常常受倒春寒影响而不稳定。通过育种、栽培技术创新，不断克服不利环境因素，持续提高单位面积粒数，可进一步提升小麦产量潜力。

2. 进一步发挥质量潜力

西南冬麦区属于中筋、弱筋麦区，其优势在于弱筋特性和粉质。目前的品种中既有满足优质面条的中筋类型，也有适合软式糕点、膨化食品的弱筋类型。但是，共性品质参数“降落数值”（falling number，FN）普遍不足300秒，相当比例甚至低于200秒，且稳定性差，已成为加工质量限制因素。正是西南冬麦区寡日照、多雨的气候条件使得小麦蛋白质和湿面筋的形成受到很大影响，且降水量高常导致穗发芽的发生。从企业需求来看，酿酒小麦（软质率达标）的满足率最高，为80%左右；其次是膨化食品，满足率60%~70%；优质面条小麦，满足率30%~40%；最低的则为优质面包小麦。以产业需求开展品种选育和产业技术研发，以提高小麦品质的适应性。

3. 进一步发挥效益潜力

四川有稻茬麦小麦和旱地小麦两种生产模式，不同模式的分布区域、生产条件、生态环境都有很大的区别，效益的限制因素既有相同点，也有不同的地方。生产效益是由产量、单价和生产成本共同决定的。小麦生育期间会面临渍害、冷（冻）害、烂场雨等一系列不利气候因素，影响产量稳定性。小麦产量还受品种遗传潜力的影响，对品种来说，只要高产、质优（意味着价高）则利于提升种植效益。四川近年审定的小麦品种区试产量370~420千克/亩，但在生产中由于品种适应性和抗性不同，产量差距会进一步拉大。

优化生产方式在减少生产投入同时、协同提升产量和种植效益。小麦种植的几个关键环节均有潜力可挖掘，尤其是耕作播种环节，旋耕/翻耕播种是目前主流的播种技术，该技术在小麦播种前需要进行2~3次耕作整地程序，成本100~167元/亩，再加上播种环节，播种成本在进一步增加。而采用最新研制的免耕方式播种，减少耕作整地程序，在免耕、秸秆覆盖还田可以直接播种，播种成本下降50%以上。部分丘陵坡地地块狭小，机械操作不便，播种还依赖人工完成，成本高、效率低；而采用微耕机带动的2B~5系列小麦播种机，可以大幅提高播种效率，降低生产成本。和传统的技术相比，改进播种技术还可以提高立苗质量，增加产量，实现增产增收的双重目标。

4. 完善推广体系，形成产学研用协作新局面

小麦是常规作物，农户可以自留种，但自留种易混杂、退化较快，也不利于小麦原粮的订单或规模化生产，加之小麦不是杂交种，企业经营小麦种业的积极性不高，因此，小麦种业要发展壮大，必须依靠政府推广体系，生产主体、科研院所与企业多方联动，缺一不可。

四川玉米品种选育及生产技术研究报告

唐海涛　杨　勤
（四川省农业科学院作物研究所，四川 成都 610066）

摘　要： 玉米是四川省第二大粮食作物、第一大饲料作物及加工用农产品，是发展川猪的重要饲料。四川是我国重要的玉米产地之一，近 20 年来四川玉米生产有了长足的发展，总产连续上了三个台阶；但作为一个养猪大省和酿造大省，四川玉米供需矛盾依然十分突出，每年要从省外调进大量的玉米。“十二五”以来，四川省农业科学院牵头组织省内玉米科研、生产优势高校、企事业单位开展联合攻关，在突破性玉米品种选育以及玉米高产高效栽培技术方面取得了显著成效，促进了四川玉米生产快速发展。但与国内外对比，四川玉米产业面临：遗传增益下降，突破性品种缺乏；抗逆减灾栽培与资源高效利用技术有待加强；玉米生产机械化水平低，生产效率和效益差；玉米产业结构有待进一步优化调整等问题。今后需进一步加大政策支持，激励种植积极性；加强科研投入，提高玉米产能；加快良种选育，合理区域布局；改善基础设施，促进现代农业发展；加强部门合作，完善玉米产业体系，以期提升四川玉米综合生产能力，实现四川玉米产业持续健康发展。

关键词： 玉米；突破性；育种；栽培；高产

引言

玉米是世界上主要的粮食农作物之一，也是重要的粮、经、饲三元作物，具有产量高，增产潜力大，适应性强，营养丰富等特点，除可直接用作饲料和粮食以外，还是医药、食品、造纸、化工、酿造等许多行业必不可少的原料。在保证社会稳定和国民经济持续、快速、健康发展中，扮演着越来越重要的角色。

玉米是我国第二大粮食作物，在保障国家粮食安全和国民经济发展中具有举足轻重的作用。随着我国居民生活水平的提高，膳食结构的改变，食物中谷物直接消耗量下降，玉米食品有所增加；此外，受世界能源危机的影响，玉米酿造乙醇燃料的产量也在日益攀升。这些综合因素，使得对玉米的需求量日益提高。我国作为世界上重要的玉米生产国和消费国，对世界玉米市场的影响重大。因此，中国的粮食战略、粮食产量、质量与价格等的变动会对世界玉米市场，甚至是粮食市场产生重大的影响。

玉米是四川第二大粮食作物，播种面积与总产分别占全省粮食作物播种面积和总产的 29%和 30%，仅次于水稻。四川也是玉米消费的大省，2018 年四川玉米产量为

1 066万吨，消费量1 900万吨，产需缺口达到900万吨，玉米自给率不足60%。目前四川省玉米多为农户零星种植，用于满足自家饲养畜禽，玉米收购率不足5%，工业饲料、玉米深加工消费量700万吨基本需从省外调入。因此，明确四川玉米生产面临新的问题，确定未来发展方向任务对促进四川玉米产业健康持续发展具有重要意义。

一、四川省玉米的基本情况

（一）四川玉米总产、种植面积和单产的变化

2000—2019年，四川玉米种植面积、总产和单产总体上呈上升趋势。四川玉米总产从2000年的547万吨增加到2019年的1 062万吨，增加了515万吨，增幅达到94.15%。玉米单产每公顷由2000年的4 431千克增至2019年的5 760千克，提高了1 329千克，增幅达到30.00%。同期四川省玉米种植面积由123.5×10^3公顷增至184.4×10^3公顷，增幅49.31%（图1）。以玉米总产量（y，万吨）与种植面积（x1，$\times10^3$公顷）、单产（x2，千克/公顷）的拟合关系为：$y=0.5413x1+0.1328x2-713.0501$（$R^2=0.9979^{**}$），对方程x1和x2系数$t$检验结果：t1=24.207，t2=12.551，均大于t0.01=2.861，达到极显著水平，表明种植面积的扩大和单产增加对总产的增加均发挥了显著作用，其中种植面积贡献占78.81%，单产的贡献率为21.19%，种植面积扩大对总产增加的贡献远大于单产的贡献。

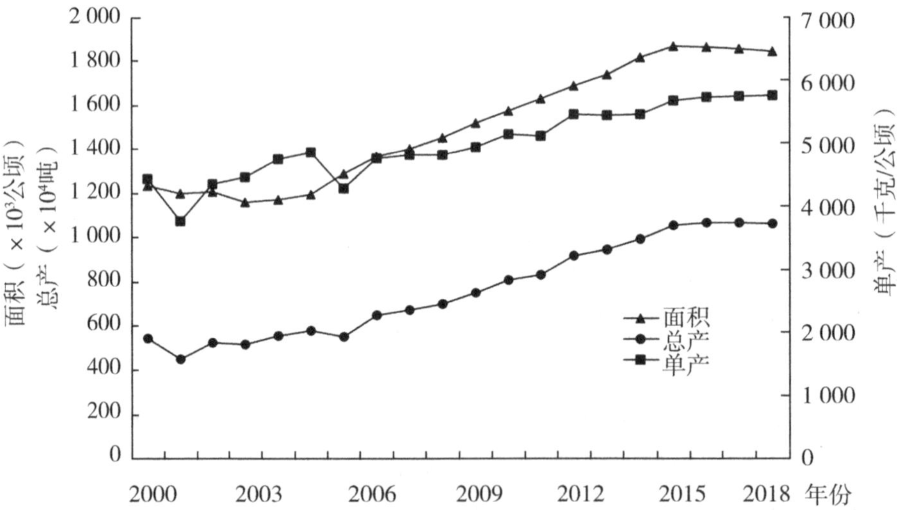

图1　四川省玉米种植面积、总产、单产变化（2000—2019年）

备注：以上数据来源《中国农业统计资料（1949—2019）》

（二）四川玉米生产投入变化

2000—2018年随着农村劳动力的大量转移以及科技的不断进步，除地膜外玉米生

产中农用物质和劳动力投入呈现下降趋势（图 2）。其中全省玉米单位面积地膜用量由 2000 年的 0. 10 千克/亩增加到 2018 年的 0. 38 千克/亩，增幅达到 280. 00%；种子用量由 2000 年的 2. 60 千克/亩下降到 2018 年的 1. 91 千克/亩，降幅达到 26. 54%；化肥用量由 2000 年的 20. 20 千克/亩下降到 2018 年的 18. 40 千克/亩，降幅达到 8. 91%；用工日数也从 2000 年的 21. 1 日/亩减少到 2018 年的 9. 57 日/亩，降幅达到 54. 65%。

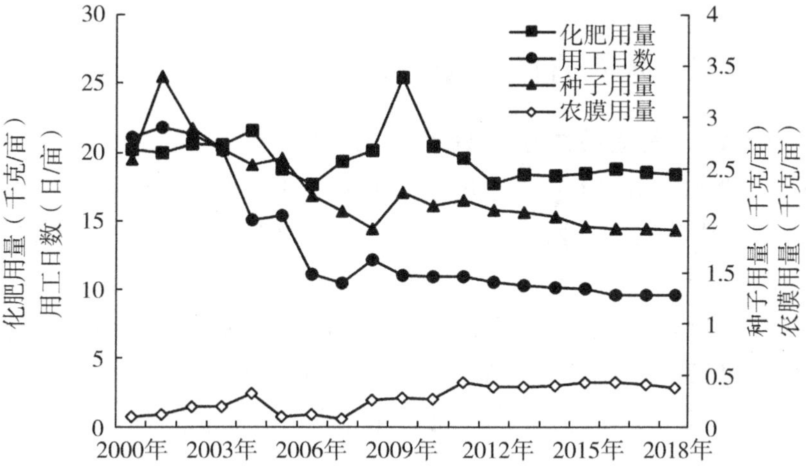

图 2　四川省玉米单位面积物质和用工投入变化（2000—2018 年）

备注：以上数据来源《全国农产品成本收益资料汇编》

分别以 2000—2018 年全省玉米总产量（y1，万吨）、种植面积（y2，$\times 10^3$ 公顷）、单产（y2，千克/公顷）与亩均种子用量（x1，千克/亩）、化肥用量（x2，千克/亩）、农膜用量（x3，千克/亩）和用工日数（x4，日/亩）进行回归分析并建立拟合方程（表 1）。分析结果表明：在各项投入中农膜用量对四川玉米面积、单产和总产的提高起到了显著作用，其贡献率分别为 70. 40%、46. 45% 和 67. 25%；其次为种子用量，贡献率分别为 12. 51%、51. 46% 和 24. 41%。由此可见，以增加降低逆境影响的物质投入、提高品种增产潜力是四川玉米种植面积、增产和总产增加的主要原因。

表 1　四川玉米物质与劳动力因素贡献

项目	玉米面积（y1）		玉米单产（y2）		玉米总产（y3）	
	回归系数	贡献率	回归系数	贡献率	回归系数	贡献率
种子用量（x1）	−145. 476	12. 51%	−712. 615*	51. 46%	−170. 624	24. 41%
化肥用量（x2）	−25. 856	7. 78%	−30. 858	1. 90%	−19. 904	6. 54%
农膜用量（x3）	1057. 542**	70. 40%	2075. 127**	46. 45%	868. 048**	67. 25%
用工日数（x4）	−11. 3423	9. 31%	3. 971	0. 20%	−4. 202	1. 81%

（续表）

项目	玉米面积（y1）		玉米单产（y2）		玉米总产（y3）	
	回归系数	贡献率	回归系数	贡献率	回归系数	贡献率
回归方程	y1=2180.607−145.476x1−25.856x2+1057.542x3−11.342x4（R^2=0.8329**）		y2=6550.295−712.615x1−30.858x2+2075.127x3+3.971x4（R^2=0.8512**）		y3=1341.162−170.624x1−19.904x2+868.048x3−4.202x4（R^2=0.8553**）	

二、四川省玉米存在的主要问题

（一）遗传增益下降是品种选育亟待解决的突出问题

近年来，玉米遗传增益下降是四川乃至全国玉米生产面临的突出问题。主要原因在于：一是遗传基础狭窄。西南地区玉米种质基础单一，多数组合与Y78698和Y78599等美国杂交种有关。种质基础狭窄已成为限制玉米育种水平进一步提高的主要制约因素，特别是优质、抗逆、高配合力和适应性广的新种质匮乏，已成为影响玉米商业育种进一步发展的“瓶颈”问题。二是现阶段品种的选育仍以长生育期、高秆大穗品种为主，忽视了对非生物逆境抗性的选择，生产上高产、优质、抗逆性强、适合不同种植制度的品种偏少。三是新品种选育技术相对落后。高密度育种是美国先锋公司的成功经验，包括自交系的早代高密度筛选和对杂交种的高密度筛选。目前西南地区多数育种单位早代材料的种植密度为60 000株/公顷，远低于美国先锋公司的195 000株/公顷，这导致我们的育成品种在抗逆性上与国外公司育成品种间存在较大差距。此外，育种的新技术、新方法，如分子标记辅助育种、双单倍体育种和转基因育种等，都已经在国外公司广泛应用。目前，四川省在这些技术方法上的研究多数还停留在实验室阶段。

（二）抗逆减灾栽培与资源高效利用技术有待进一步深入

近年来随着全球气温的升高，西南地区的气候条件也发生了一系列的变化，有研究发现西南地区的年降水量正逐年减少，但是大雨、暴雨等极端降水天气出现的频率却逐渐增加。四川省气候变化的趋势是日照时数和降水量呈下降趋势，气温呈上升趋势。未来50年内发生严重干旱的频次远高于洪涝年的频次。因此加强抗逆减灾栽培技术研究与推广是实现四川连续稳定增产的重要措施。围绕不同时期干旱、高温等灾害天气对玉米生产的影响开展了研究，初步明确了不同区域、不同时期、不同程度灾害的发生特点及其对玉米生长发育和产量的影响，提出了对应的技术措施。但总体而言，现有技术措施单一、技术配套性差、研究系统性差、应用普及性差。应针对主要灾害进一步系统开展致灾机理机制研究，加强关键技术创新和区域技术集成，以提高技术的适应性和实用性。在资源高效利用方面，以提高降水利用效率和肥料利用率为目标，研究形成了适雨播种、水肥一体化、配方施肥、秸秆还田、保护性耕作等关键技术，在一定程度上提高区域光温水肥资源的利用率。但在生产中存在现有技术与规模化、机械化生产方式不配套、高产与高效协同性不高等问题，应进一步围绕“高产、优质、高效、生态”的目标，针对不同生态区、不同种植制度重点开展以机械化秸秆还田及少免耕、抗逆简化播栽、简化高效施肥与专用长效缓控肥、种植包衣及简化植保技术等关键技术和配套新产品研究，集成建立不同生态区玉米高产高效协同技术体系。

（三）玉米生产机械化水平低，生产效率和效益差

随着家庭农场、合作社等经营方式的转变与土地流转，规模化、集约化、机械化已成为玉米生产的主要方式。近年来，针对丘陵山地玉米机械化生产技术需求从适宜种植模式、宜机品种筛选、高密机播技术、机械化秸秆还田技术、机械化植保技术、机械晚收技术以及配套农机具选型配套等方面开展研究，研究形成了玉米机播壮苗技术、夏玉米双晚全程机械化生产技术、丘陵山地玉米规模化高产高效生产技术等技术体系，促进了四川玉米机械化生产水平的提高。四川玉米的耕种收综合机械化水平由2014 年的 10.41%提高到 2018 年的 27.31%，但远远低于同期全国玉米 85%的综合机械化水平。主要原因在于：一是基础设施和农机装备发展不充分。主要表现在机耕条件差，“十二五”以来建成的玉米高标准农田中达到“三网”配套的不足三成，不能真正做到旱涝保收、宜机作业。现有农机装备研发能力与需求不匹配。四川农机研发能力相对滞后，耕作机和播种机尚有省内自制的机型可选，但收获机几乎依靠外省引进。同时，引进农机多以中大型机具为主，其适用性差、效率不佳，难以适宜四川丘陵山区地形地貌特征。二是新型粮食经营主体培育滞后。四川土地细碎化格局固化、小农户生产经营比重偏高等问题比较严峻。种粮大户流转土地实现适度规模经营难度大、风险大、成本高。2019 年四川从事粮食产业的合作社 7 782 家、占合作社总数的 7.5%，80%以上种粮农户属于自给自足，粮食适度规模经营面积仅占播种面积的 5%，玉米所占比例更低。三是农机农艺融合度差。四川玉米种植制度多样，间套作与净作并存、宽窄行与等行距并存、覆膜栽培与露地栽培并存、垄作与平作并存，增加了提高农机适宜性的难度。加之适宜机播机收品种选育滞后、栽培技术标准化、规范化程度低，也影响了机械化作业质量和效率的提高。

（四）玉米产业结构有待进一步优化调整

四川作为全国主要生猪养殖基地和白酒生产基地，饲料用粮和白酒酿造等产业对优质专用玉米需求强劲，但现有玉米品种供给与市场需求结构明显不匹配，导致加工转化用粮缺口巨大。同时，随着草食畜牧业快速发展和居民膳食结构改善，对青贮玉米和鲜食玉米需求逐年扩大。因此应根据市场发展需求，积极推广“粮改饲”“粮改专”，优化四川玉米产业结构，促进玉米生产向多元化方向发展，提升玉米生产竞争力。一是要优化玉米产业布局。应根据区域产业发展需求调整玉米布局。饲料加工区域发展高蛋白优质粒用玉米，白酒酿造区发展高淀粉酿酒专用玉米，农牧结合区发展青贮玉米，城郊结合区发展优质鲜食玉米。二是要优化玉米品种结构。优质、专用是保证玉米产后加工的首要条件，应根据产业发展需求调整玉米品种结构，大力推广优质、专用玉米品种提高玉米产品价值。

三、玉米育种取得的成效

“十二五”以来，四川省农业科学院牵头组织省内玉米科研、生产优势高校、企事业单位组成四川省玉米育种攻关项目组，以提高玉米产量和改善品质为重点，以杂种优势利用为中心，以突破性优良玉米自交系为基础，通过玉米种质扩增、改良和创新，创制高配合力优质多抗骨干自交系，组配超高产、优质专用、高抗广适和特用玉米杂交种。采用常规玉米育种技术与现代生物高新技术紧密结合，综合利用品质检测、抗病抗逆性鉴定、分子辅助选择等育种技术，培育高配合力优质抗病抗逆玉米优良自交系。同时充分利用杂优模式，田间鉴定与实验室检测，当地选择与异地多点鉴定，逆境胁迫鉴定与最佳栽培方式研究的密切结合，选育适于四川生态、生产条件的高产优质多抗玉米新品种。通过研究新品种的高效制种和种子扩繁技术，实现产业化开发。四川玉米育种在新品种选育、新方法与新材料创制、新品种推广应用及种业产业化、知识产权等方面均取得优异成绩，项目组研究团队、研究水平及研究成果西南领先，全国一流。

（一）新品种选育硕果累累

“十二五”以来，四川省玉米育种攻关团队共育成普通玉米杂交种 60 个，其中 12 个通过国家审定，48 个普通玉米品种通过省级以上审定，其中达到四川省突破性品种标准（在区试中超过对照 8%以上）的超高产品种 26 个（表 2）。

突破性品种“成单玉 808”2017 年通过四川省品种审定。表现高产（比对照增产 8. 8%）、优质（淀粉 81. 6%）、抗多种病害病（中抗小斑病、茎腐病、穗腐病）、适应性广（可在四川、重庆、贵州、湖南推广种植）。“成单玉 808”粗淀粉含量超过国内主推玉米品种先玉 335（75. 65%）、郑单 958（75. 46%）、渝单 8 号（72. 07%）、成单 30（73. 30%），是一个突破性高产高淀粉玉米新品种，达到国家高淀粉玉米一级、淀粉发酵工业玉米一级、商品玉米一级和饲料玉米一级标准，既可作为优质高淀粉工业原料，也是淀粉发酵工业玉米的理想原料。“成单玉 808”既符合玉米深加工部门对工业优质淀粉专用型玉米品种的要求，又满足农民种植高产稳产玉米品种的需求，市场竞争力强，2017—2020 年推广应用 100 万亩，是一个具备年推广能力达到 100 万亩以上的重大玉米新品种。该品种的选育与应用 2020 年获得四川省科技进步奖三等奖。

突破性品种“川单 99”已通过四川、云南、广西审定，并通过国家西南春玉米（中低海拔组）、青贮玉米西南组和黄淮海组区试，2021 年待审定。该品种表现高产（比对照增产 10%以上）、优质（一级饲料用玉米）、抗多种病害病、适应性广（适宜西南、黄淮海推广种植)，同时是一个通用型青贮玉米品种。2020 年 10 月 13 日，国内 11 位专家在云南弥勒市对‘川单 99’的推广应用潜力进行了评价，一致认为：“川单 99”是抗逆高产的突破性创新品种、质量安全品种、健康品种、还是智慧型品种，在西南玉米区综合市场占有率达到 5%以上的潜力，是目前西南地区最具市场影响力的玉米新品种，是一个具备年推广能力达到 300 万亩的重大玉米新品种。2018 年示范推广 5 万亩，2019 年在云南推广 50 万亩，2020 年推广面积 140 余万亩，跻身目前西南地区年推广面积较大的品种行列。

“成单 716”区试亩产 653.6 千克，比对照增 9.1%，粗脂肪 3.9%，粗淀粉 78.0%，符合酿酒玉米要求（粗脂肪≤4.0%，粗淀粉≥75.0%），是一个高产酿酒玉米品种。

表 2　“十二五”以来育成的部分审定杂交玉米新品种

序号	名称	审定号	产量及品质	审定区域
1	川单 189	国审玉 2011010	比对照增产 8.2 %	国家西南春玉米区
2	荃玉 9 号	国审玉 2011018	比对照增产 7.6%	国家西南春玉米区
3	绵单 1256	国审玉 2015025	比对照增产 5.5%	国家西南春玉米区
4	荣玉 1210	国审玉 2015026、渝审玉 2015002	比对照增产产 4.68%	国家西南春玉米区
5	汉单 999	川审玉 2012024	比对照增产 10.8%	四川平丘春玉米区
6	仲玉 3 号	川审玉 2013001	比对照增产 8.3%	四川平丘春玉米区
7	雅玉 889	鄂审玉 2012008	比对照增产 16.37%	云南、贵州、湖北恩施及西南同一生态区
8	成单 393	川审玉 2016014	比对照增产 8.68%	甘孜州中高海拔
9	农华 606	桂审玉 2017004	较对照增产 15.7%	广西玉米区
10	成单 335	川审玉 20180002	较对照增产 11.7%	四川平丘春玉米区
11	川单 99	滇审玉 2019063、川审玉 20202038、桂审玉 2020001	云南增产 13.3%、四川增产 15.7%、广西增产 12.6%	国家西南春玉米区
12	凉单 12 号	川审玉 20202004	比对照增产 10.4%	四川平丘春玉米区
13	荣玉丰赞	川审玉：20202037	比对照增产 13.6%	四川平丘春玉米区
14	凉单 14 号	川审玉 20202065	比对照增产 11.2%	四川山区春播种植
15	绵单 1308	国审玉 20200418	比对照增产 10.9%	西南春玉米区
16	群策 128	川审玉 20170014	容重 762g/升，粗淀粉 78.20%	四川平丘春玉米区
17	成单玉 808	川审玉 2017006	淀粉 81.8%	四川平丘春玉米区

（续表）

序号	名称	审定号	产量及品质	审定区域
18	力玉 360	川审玉 20170013	淀粉 81.2%，粗蛋白 11.8%，容重 784g/升	四川平丘春玉米区
19	SAU1906（丰农 88）	00081S/MAF 国审玉 20206258	籽粒容重 788 克/升，粗蛋白含量 10.96%	老挝及西南热带亚热带玉米区
20	成单 333	国审玉 20190327	粗蛋白 11.99%	西南中低海拔区
21	成单 718	川审玉 20200006	籽粒容重 775 克/升	四川平丘春玉米区
22	一丰 1215	川审玉 20202035	粗蛋白 10.7%	四川平丘春玉米区
23	成单 99	川审玉 2016006	比对照增产 7.5%	四川平丘春玉米区
24	华龙玉 520	川审玉：2016008	比对照增产 7.5%；一级饲料用玉米	西南春玉米区
25	康玉 3 号	川审玉 2016015	比对照增产 7.9%；一级饲料用玉米，高淀粉玉米	四川海拔 1200-2800 米高寒山
26	绵单 1273	国审玉 20170032	比对照增产 3.6%；二级饲料用玉米	西南春玉米区
27	成单 1518	川审玉 20180006	比对照增产 8%；二级饲料用玉米	四川平丘春玉米区
28	国豪玉 23	国审玉 20186136	比对照增产 9.1%；一级饲料用玉米	西南春玉米区
29	绵单 232	国审玉 20180331	比对照增产 9.18%；一级饲料用玉米	西南春玉米区
30	成单 716	国审玉 20190330	比对照增产 9.1%；高淀粉玉米、酿酒玉米	西南春玉米区
31	一丰 999	川审玉 20200006	比对照增产 5.6%；一级饲料用玉米	四川平丘春玉米区
32	航单 618	川审玉 20202014	比对照增产 8.5%；一级饲料用玉米	四川平丘春玉米区
33	锦玉 361	川审玉 20202024	比对照增产 7.4%；一级饲料用玉米	四川平丘春玉米区
34	绵单 228	川审玉 20202027	比对照增产 6.7%；一级饲料用玉米	四川平丘春玉米区
35	成单 3601	川审玉 20202028	比对照增产 6.3%；一级饲料用玉米	四川平丘春玉米区
36	绵单 315	国审玉 20200404	比对照增产 8.2%；一级饲料用玉米	西南春玉米区
37	南玉 88	国审玉 20200409	比对照增产 10.7%；一级饲料用玉米	西南春玉米区

（续表）

序号	名称	审定号	产量及品质	审定区域
38	荣玉 1410	国审玉 20200408	比对照增产 19.8%；一级饲料用玉米	西南春玉米区
39	SAU805	00099S/MAF		老挝
40	SAU801	00098S/MAF		老挝

（二）新方法与新材料创制成绩突出

1. 育成“三高”自交系数量多、质量优

选育出抗病抗逆高配高产自交系 10 个（绵 723、绵 714、Y9614、成自 205-1-1、成自 4111、Y3052、LH8012、C8210、SCML0849、SCML5409、C319A），另有多个优良自交系（南 201、南 7430 、南 8148、YA0468-1、YA122、YA45-1、9721 和 K336 等）已进入利用阶段，其中有些有望成为“三高”自交系。

以 C8210 为亲本，已组配 6 个杂交种通过国家和省级审定，其中成单 333、成单 335、成单 393 较对照增产 8%以上，后续有 10 余个杂交种在报审或区试过程中。以 SCML0849、SCML5409 为亲本分别组配的 6 个品种均较对照增产 8%以上。以 C319A 为亲本已组配杂交种群玉 39、成青 398 较对照增产 8%以上。

2. 玉米核心种质群体改良起点高、遗传增益大

（1）构建了高起点优良基础群体 3 个

根据 2017—2018 年对 218 份西南玉米优异自交系田间精准鉴定及 SNP 分子聚类分析结果，遵循 SS（母本）×NSS（父本）杂种优势群模式，2018 年冬在海南组建了 3 个群体，通过 2019—2020 年 3 次混粉遗传平衡，构建了适宜西南的优良基础群体。

川 A1、川 A2 群：属 SS 坚秆群体，表现高产、一般配合力高、耐密抗倒，田间表现抗大斑病、小斑病、纹枯病、茎腐病。川 A1 群由 698－3、08－641、PHER9、PHT22、SCML202、TLA26、Y0921、Y734、Y9614、Y9614（矮）－914、成自 273 等 11 个优异自交系组成。川 A2 群由 AM－211112、Y734、Y9614、Y9614（矮）－914、YH09（37）－12×21、成自 273 等 6 个优异自交系组成。

川 B1 群：属 NSS 热血群体，表型高产、一般配合力高、耐旱耐瘠、耐密抗倒，田间表现抗大斑病、小斑病、纹枯病、茎腐病，由 6661－121、QB48、S273、S37、SCML7275、TL209、绵 713、绵 714、绵 722、绵 1708 等 10 个优异自交系组成。

（2）改良了已构建的 4 个育种群体

CZ7 温带种质群体：四川农大玉米所以 SCML0849 和 Y9614 为母本，以 Y1027、Y0921、PH6WC、GH35、京 724、M54、SCML601、SCML5049 等自交系为父本，组配 8 个单交种，8 个单交种在隔离区进行 2 次重组后合成群体。合成后利用控制双亲混合

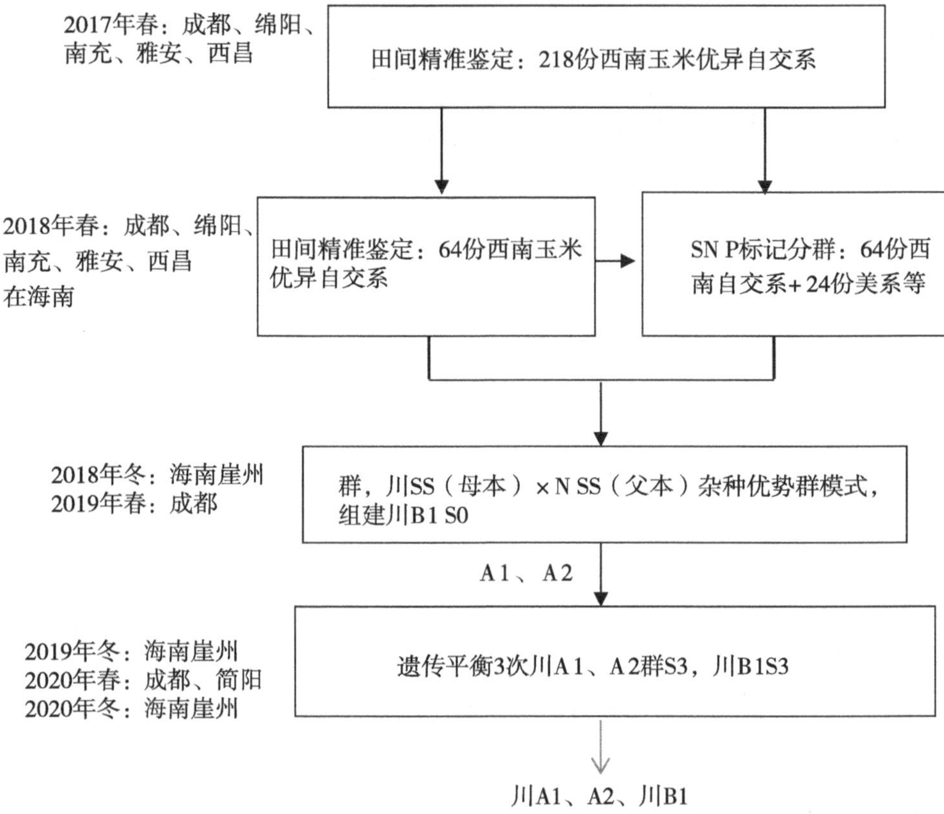

图 3　川 A1、A2、川 B1 群体构建过程

选择进行 2 轮改良。改良群体产量高、株型半紧凑、出籽率高，每轮产量增益 5.5%。

CZ8 热带种质群体：四川农大玉米所以 SCML7275 和 ZNC442 为母本，以 ZH04、SN8-1-1、S21A、FL218、S273、646、F19、YA8201 等自交系为父本，组配 8 个单交种，8 个单交种在隔离区进行 2 次重组后合成群体。合成后利用控制双亲混合选择进行 2 轮改良。改良群体综合抗性好、籽粒品质优良，每轮产量增益 6.5%

MCO3 群体：2017—2019 年，对 MCO2 群体用 S1 后代多生态、多地点、高密度鉴定法，在四川、云南、甘肃进行 1 轮改良得到 MCO3 群体，改良群体产量、株型、秃尖等改良效果较好，株高和穗位降低、穗上叶片数减少、株型更紧密、秃尖长度降低，产量遗传增益达 9.92%。

CZ1302 群体：利用 S1 选择法对前期合成热带群体 CZ1302 进行了 2 轮改良，并从不同轮次的改良群体中选育了一批高代自交材料。研究表明产量、一般配合力遗传增益分别为 6.4%和 9.5%。

3. 优异育种材料创新

（1）创制的玉米育种材料应用潜力大

创制出 Y3053、SCML7113、绵 7237 等目标性状优异的玉米育种新材料 34 份通过省级技术鉴定，玉米育种新材料具有配合力高、抗逆性强和品质优良等特性，分别组配品种审定或多个组合参加各级品种试验，具有较大的应用潜力。

（2）抗病玉米育种材料的挖掘与创制取得重大进展

挖掘到19份抗穗腐病材料、20份抗茎腐病材料。创制出3份抗穗腐病自交系，抗穗腐病自交系Y0821、抗灰斑病自交系H8211和H8212于2019年完成了省级技术鉴定。

（3）适宜机收玉米育种材料的挖掘与创制取得突破

对引进的50份美国自交系进行了海南、成都春、夏播鉴定，挖掘到PHER9等13份耐密、抗病、抗倒、产量高、适宜春播机收自交系，PHEG9等7份抗病、抗倒、耐密、耐高温、产量高适宜夏播机收自交系。

筛选出收获期籽粒含水量低于25%且脱水速率超过1.5%/d的材料10份；筛选出生理成熟期籽粒含水量低于35%且收获期籽粒含水量低于25%的材料9份。

创制宜机收材料5份：Y5087、宜13A1、宜14A19、宜0172和宜018，Y5087于2019年完成了省级技术鉴定。

（4）挖掘出耐低磷玉米材料

以关联分析群体中的300份西南骨干玉米自交系为试验材料，以产量性状的耐低磷系数为主要指标，筛选到了8个耐低磷材料：Jiao51、YA3237、178、Ji477、08-641、CLWN227、SCML202、SCML203。

4. 构建了高效、适用的玉米工程化单倍体育种平台

（1）西南玉米单倍体育种技术平台

四川农业大学玉米研究所构建了一套适合西南生态特点的玉米工程化单倍体育种平台（技术体系），建立包括诱导系培育、适应性高频单倍体诱导系F1制种式诱导、人工/催芽法挑选、浸根/注射化学加倍等技术体系。利用新选诱导系杂交F1具有植株高，雄花分支多，花粉量大的特点，将诱导系和母本采用“1+2”，或“1+4”的种植模式，实现了玉米单倍体制种式诱导。同时，研发的秋水仙素浸根和茎叶注射加倍技术，可将玉米单倍体加倍效率从自然加倍的3.8%~5.2%提升至13.7%~16.3%。

（2）基于高油分筛选标记的单倍体工程化育种平台

四川省农业科学院作物研究所联合协作单位，利用从中国农业大学玉米改良中心引进高频诱导系“高油3号”和带有荧光标记的特殊诱导系为基础材料选育的新高油诱导系，配置了以含油量为分拣标记的玉米单倍体核磁共振分拣系统（OnlineMR20-015V）和荧光发射器，实现了玉米单倍体籽粒和成熟胚的快速和精准筛选，结合攻关组联合研发的玉米组培加倍技术，初步实现玉米单倍体育种的自动化和工程化。

（3）玉米单倍体新诱导系的选育

选育适应西南生态区玉米单倍体诱导系SIIL1和SIIL2，SIIL1为半紫秆标记诱导系，诱导率6.7%~10.3%，西南生态适应性较好，雄花分支多，花粉量大，雌雄协调，结实率较好，大斑小斑病抗病性较好。SIIL2 为高油 3 号改良材料，绿秆，油份含量 8%~9%，诱导率 5.2%~8.7%，结实性好，花粉量较大，诱导后的籽粒可通过核磁共振全自动筛选仪检测，准确率可达 90%。

（4）创制出一批优良玉米双单倍体系（DH 系）

利用构建的高效、适用的玉米工程化单倍体育种平台，通过多生态鉴定，获得 680 份表现较好的 DH 系，其中成 853 与 C8210 组配育成单 335 通过审定，比对照成单 30 增产 10.4%，为强优势杂交种，组配的其他组合已进入各级品种试验。

5. 初步建立高效分子标记辅助育种技术平台

（1）分子标记辅助育种技术平台

初步构建了 3 套以 SSR 标记为主、SNP 标记为辅的高效玉米分子标记辅助育种技术平台，包括 QTLs 定位、功能标记开发、遗传背景（前景）选择、田间南北穿梭鉴定等，实现了对玉米抗纹枯病、抗灰斑病、雄性不育、铅转运、糯玉米 wx 基因等的分子标记辅助育种。如四川省农业科学院水稻高粱研究所利用与糯玉米隐性基因 wx 紧密连锁的 SSR 标记 phi022，对'改 01/荣玉甜 1 号'F5、F6 群体进行鉴定，创制出 TB129、TB130、TB134、TB135、TB17-103、TB17-96 等甜糯双隐专用玉米材料纯系 6 个。

（2）重要目标性状位点定位

利用建立高效分子标记辅助育种技术平台，获得了玉米细胞核雄性不育基因、恢复基因、抗灰斑病基因、叶片功能基因等目标性状位点（QTLs）新标记 55 个。

（3）重要目标性状功能分子标记开发

开发出玉米重要性状功能标记 9 个：玉米低磷响应基因 ZmARF31 的 SNP 和 InDel 标记，并开展在育种中的应用研究，已获得国家发明专利授权；1 个鉴定 Rf4 的显性标记并应用于 CMS-C 育性强恢复基因 Rf4 的分子标记辅助选择育种；与糯玉米隐性基因 wx 紧密连锁的 SSR 标记 phi022、phi061 进行，鉴选出甜糯双隐性纯系 20 余份，其中 2 份材料 TB17-103 已于 2020 年申请田间技术鉴定；开发出 umc2237 等 4 个与玉米灰斑病抗性 QTL 紧密连锁的分子标记，可用于分子标记辅助育种进行抗玉米灰斑病自交系筛选。

6. 玉米雄性不育遗传基础及育种应用

以高配、高产和高抗病抗逆力自交系为基础进行新雄性不育系的转育。到 2015 年止，已转育形成了较稳定的新雄性不育系成自 6983-1123cms、成自 4111cms 等；以成自 205-1-1 为受体，开展新恢复系的转育，获得了成自 205-1-1R。完成了新杂交种龙特 999 的雄性不育制种技术配套。

利用单片段导入结合分子标记辅助选择，将 Rf4 恢复基因转育到玉米骨干自交系，创制玉米 CMS-C 的恢复系；基于基因组水平和转录组水平的分析，初步明确 atp6-C 可能为玉米 CMS-C 的关键候选基因；利用回交技术已将 CMS-C 基因转育到优良骨干系 SCML202 和 SCML203；基于 SPT 技术策略，构建了玉米雄性核不育制种技术的转化载体（包含花药恢复基因盒子、花粉致死基因盒子和种子颜色标记基因盒子）。

四、玉米栽培技术研究进展

“十二五”以来，针对丘陵山地玉米增密栽培、产量突破、资源挖掘等关键问题，提出了丘陵山地玉米增密高产综合调控理论。构建了适合丘陵山地玉米“五改”增密高产关键技术，集成了“西南丘陵山地玉米高产创建技术体系”，并在宣汉、丹巴、盐源等多地多年创造了亩产超吨粮的高产典型。近年来，随着新型经营主体的快速发展以及“绿色、高产、高效”要求的不断提升，资源节约型技术和机械化高产高效技术成为研究的重点。立足于农机农艺融合，通过选用高产、优质、抗逆、适应机械化生产的新品种，在机械化精量播种、机械收获、节水减肥减药技术、秸秆还田培肥技术等关键技术方面取得突破，实现玉米的高产高效协同与可持续增产，推动四川玉米生产迈上新台阶。

（一）增密高产理论与栽培技术突破

1. 建立了增密高产综合调控理论

作物生产是作物群体的生产，合理的群体结构是实现大面积高产的关键。针对丘陵山地光照不足、玉米普遍采用稀植栽培的问题，通过不同区域、品种、密度、施肥、水分处理100余项（次）试验，深入研究了玉米光合生理、水分生理、干物质动态、产量构成因素、籽粒灌浆特性及源库结构，提出了玉米群体产量=（粒数/叶面积）×群体叶面积×粒重的光合生产式，分析明确了玉米品种和“盖膜+秆肥后移+增施粒肥”水肥调控技术对叶面积、植株整齐度、穗均匀度、籽粒成熟度、粒叶比（粒数/叶面积）的调控效果，建立了“限叶源、壮茎秆、促平衡、增粒数（库）、稳粒重”的高密度群体质量调控理论，明确了“前促、中控、后稳”联合调控密度、植株整齐度、穗均匀度、籽粒成熟度“四度”的增产机理（表3、表4），在丘陵山地首次探索应用了小面积超高产攻关群体密度增加3 000株/亩、大面积高产增加1 000株/亩左右的高产创建技术模式，总结形成了亩产1 000千克、800千克、600千克玉米品种的群体结构及特征指标，突破了丘陵山地玉米长期采用大穗晚熟品种、低密度种植（普遍不足3 000株/亩）的稀植壮个体生产理论。

表3　玉米高产创建结果与群体质量指标比较

指标	7 500株/亩	4 500株/亩	3 800株/亩	3 500株/亩
面 积（亩）	1.16	129	309.6	77.4
最大叶面积指数	6.5	5.5~6.0	4.5~5.0	3.5~4.0
粒叶比（10^{-2}粒/平方厘米）	8.0	5.9~6.4	6.4~7.0	7.1~8.1
株高整齐度	26.4	28.3	28.6	56.8
穗粒均匀度	6.8	6.2	6.6	6.7

（续表）

指标	7 500 株/亩	4 500 株/亩	3 800 株/亩	3 500 株/亩
实收穗数/亩	7 228	4 077	3 858	3 516
平均穗行数	13.6	16.4	15.4	15.1
平均行粒数	35.2	35.2	36.1	35.6
单穗粒数	478.7	577.3	555.9	537.6
千粒重（克）	340	350	330	330
出籽率（%）	82.1	76.3	79.6	74.5
籽粒含水率（%）	32.0	32.7	32.6	29.9
产量（千克/亩）	1 181.6	823.8	680.2	608.0

表 4　高产栽培技术对玉米群体质量的综合调控结果

技术名称	拔节前			拔节-吐丝			授粉后			
	拔节期（天）	苗期干物重（克）	植株整齐度	基部节茎粗（厘米）	成株株高（厘米）	植株整齐度	花期叶面积（平方厘米）	灌浆持续期（天）	穗粒均匀度	全生育期（天）
高产技术	28	8.13	5.60	2.13	290.8	27.1	8 137	54.3	7.5	117
传统技术	31	6.28	4.14	2.15	277.2	26.8	8 486	50.3	6.3	121

2. 提出了“五改”增密高产关键技术

针对密度增加导致植株整齐度、穗均匀度降低、倒伏等风险加剧的问题，对丘陵山地 39 个县 176 个样点的玉米农田耕层、肥力特征进行了取样分析，对 734 户农户施肥、浇水、使用品种和农药情况进行了走访调研，摸清了玉米增密高产的限制因素及生产技术现状。在此基础上，通过品种不同密度、田间行距配置、地膜覆盖播种方式、施肥方案、水肥耦合管理等高产技术试验，研究提出了改稀植大穗晚熟品种为耐密中大穗中熟品种、改宽行缩株增密栽培为缩行增密栽培、改露地挖穴点播为地膜覆盖抗逆播栽、改化肥粗放施用为水肥耦合精量深施、改早收为适时晚收“五改”增密高产关键技术，保障大幅度增加玉米种植密度情况下，提高了植株整齐度、穗均匀度、粒叶比，降低了倒伏风险和空秆率，调优了籽粒成熟度和一致性，增加了产量（表 5）。编制的“玉米地膜覆盖栽培”“玉米育苗移栽”“盆周山区玉米超高产栽培”技术规程被四川省颁布为地方标准。荃玉 9 号等 9 个品种 36 年次被农业部、四川省推荐为主导品种，为丘陵山地玉米高产创建及大面积均衡增产提供了技术支撑，推动四川玉米品种和栽培技术完成更新换代。

表 5　玉米“五改”增密高产关键技术及研究效果

名称	新技术	传统技术	调控作用	增产	突破限制
一改品种	茎玉 9 号、中单 808 等耐密中大穗中熟品种	长玉 13、登海 11 等稀植大穗晚熟品种	减缓倒伏风险调优叶面积增加群体粒数	相同密度平均增产 4.9%	密度、光照
二改行距	缩行栽培（0.5~0.67 米）	宽行栽培（0.83~1.0 米）	优化田间配置抑制宽行蒸发	增密条件下平均增产 5.6%	密度、干旱
三改播种方式	覆膜抗逆播栽	露地挖穴点播	促苗期平衡生长提高植株整齐度促籽粒脱水成熟	覆膜移栽增产 13.3%；覆膜直播增产 5.0%	气候、土壤
四改水肥管理	水肥耦合精量深施或缓效肥一次性施用	化肥撒施、播种或干旱时浇水	提高穗均匀度稳定粒叶比提高水肥利用率	水肥耦合增产 5.9%；一次性施肥增 0.7%~4.0%	低温、干旱
五改晚收	籽粒黑层出现、乳线消失收获	苞叶变黄、籽粒变硬收获	延长籽粒灌浆提高品质	增产 4.9%~11.9%	日温差小

（二）机械化生产技术创新

1. 构建了宜机品种鉴选指标

选用 58 个玉米品种，利用 4LZT-4.0ZA 型玉米收割机开展玉米收获期植株性状对机收损失率、破碎率和含杂率的影响研究。将株高、穗位高、茎粗、穗粗、穗长、穗轴粗、穗轴长、粒长、粒宽、整株鲜重、果穗鲜重等形态指标作为自变量 X，将损失率、破碎率和含杂率作为因变量 Y，进行相关性分析。倒伏率与机收损失率呈正相关，相关性达到极显著水平。整株鲜重、茎叶鲜重、茎秆含水量、籽粒含水量、穗轴含水量与破碎率和含杂率均呈正相关，且相关性达到显著或极显著水平（表 6）。由此可见，植株的抗倒性直接影响机收的损失率；茎叶鲜重、穗轴含水量、茎秆含水量和籽粒含水量对机收质量的影响主要体现在破碎率和含杂率上，且含水量越高破碎率和含杂率越大，因此降低收获时玉米植株含水量有助于提高机收质量。

表 6　形态指标与损失率、破碎率、含杂率的相关系数

相关系数	损失率	破碎率	含杂率	相关系数	损失率	破碎率	含杂率
株高	0.2454	0.3117	0.3473	整株鲜重	0.1305	0.4202*	0.4224*
穗位高	0.2741	0.2414	0.3520	茎叶鲜重	0.1978	0.5058**	0.5279**
茎粗	−0.0594	0.1517	0.2327	果穗鲜重	−0.0546	0.0869	0.0484
穗粗	0.1777	0.2392	0.2345	茎秆含水量	0.1623	0.5038**	0.4797**
穗长	−0.3395	−0.1683	−0.1031	籽粒含水量	0.2335	0.6637**	0.6465**
穗轴粗	0.2189	0.1434	0.1537	穗轴含水量	0.1757	0.6130**	0.6307**

（续表）

相关系数	损失率	破碎率	含杂率	相关系数	损失率	破碎率	含杂率
穗轴长	−0.3672	−0.0324	0.0020	穗腐病发病指数	−0.1879	0.0287	0.0228
粒长	0.0593	0.2118	0.2469	苞叶数	0.0902	0.1632	0.1454
粒宽	−0.0319	−0.0510	0.2499	倒伏率	0.8899**	0.0299	0.1728

将穗茎部抗折能力各指标作为自变量X，将损失率、破碎率和含杂率作为因变量Y，进行相关性分析。由表7知，穗茎部抗折能力各指标除穗折力外均与损失率呈负相关，但相关系数不显著。与破碎率的相关性分析中发现，除籽粒抗压强度呈负相关外其余指标均呈正相关，其中茎抗压强度和穗轴抗压强度相关性达到极显著水平，茎折力和穗轴折力相关性达到显著水平，籽粒抗压强度相关性达到显著水平。与含杂率的相关性分析中发现，除籽粒抗压强度呈负相关外其余指标均呈正相关，其中茎抗压强度和穗轴抗压强度相关性达到显著水平，籽粒抗压强度相关性达到极显著水平。由此可见，茎秆和穗部的坚硬程度与机收的破碎率和含杂率相关性密切，其中籽粒越坚硬其破碎率和含杂率越低，而茎秆和穗轴越硬破碎率和含杂率越高。

表7　穗茎部抗折能力与损失率、破碎率、含杂率的相关系数

相关系数	破碎率	含杂率	损失率	相关系数	破碎率	含杂率	损失率
茎折力	0.4210*	0.3122	−0.0113	穗轴折力	0.3702*	0.2713	−0.1024
茎抗压强度	0.5842**	0.4113*	−0.0182	穗轴抗压强度	0.5266**	0.4011*	−0.0261
茎穿刺强度	0.1056	−0.1582	−0.3120	籽粒抗压强度	−0.4372**	−0.5628**	−0.2501
穗折力	0.3394	0.3338	0.1766				

在上诉相关性分析基础上，遴选倒伏率、籽粒含水量、茎秆含水量、茎秆抗压强度、穗轴抗压强度、籽粒抗压强度等指标进一步分析了与机收损失率、破碎率和含杂率的相关性，建立了回归方程，并按照国家机收标准损失率≤5%、破碎率≤5%和含杂率≤3%为标准计算各形态指标的参数（表8）。

表8　形态指标与机收质量指标回归方程

形态指标（X）	机收质量指标（Y）	回归方程	R^2	符合标准取值
倒伏率	损失率	$y = 0.5739X + 6.0181$	0.7919	≤0%
籽粒含水量	破碎率	$y = -0.0058x^2 + 0.5839x - 7.868$	0.9069	≤32%
穗轴含水量	破碎率	$y = 0.0024x^2 - 0.1373x + 3.5478$	0.8915	≤66%

（续表）

形态指标（X）	机收质量指标（Y）	回归方程	R^2	符合标准取值
茎秆含水量	破碎率	$y = 0.002x^2 - 0.1405x + 4.3424$	0.7910	≤53%
单株茎叶鲜重	破碎率	$y = -37.041x^2 + 31.778x - 1.1096$	0.7530	≤0.29 千克/株
茎抗压强度	破碎率	$y = 0.0369x - 2.2177$	0.7359	≤195N · cm^{-2}
穗轴抗压强度	破碎率	$y = 0.0095x + 0.7477$	0.3102	≤448 N · cm^{-2}
籽粒抗压强度	破碎率	$y = 0.0015x^2 - 0.4185x + 30.557$	0.5916	91—188 N · cm^{-2}
籽粒含水量	含杂率	$y = 0.004x^2 - 0.0601x + 1.3198$	0.6949	≤28%
穗轴含水量	含杂率	$y = 0.0643x + 0.268$	0.6383	≤42%
茎秆含水量	含杂率	$y = 0.0022x^2 - 0.1963x + 6.1679$	0.5811	≤68%
单株茎叶鲜重	含杂率	$y = -3.2316x^2 + 10.79x + 0.4589$	0.5390	≤0.25 千克/株
穗轴抗压强度	含杂率	$y = 0.0065x + 0.9185$	0.2753	≤321 N · cm^{-2}
茎抗压强度	含杂率	$y = 0.0211x - 0.5218$	0.5331	≤167 N · cm^{-2}
籽粒抗压强度	含杂率	$y = -0.0542x + 9.1968$	0.7693	≥114 N · cm^{-2}

同时结合国内相关宜机品种筛选标准，提出适宜四川生态区的玉米宜机评价指标（表9）。

表9　宜机玉米品种评价技术指标

品种特性	指标性状
株型及生育特性	株型紧凑或半紧凑，籽粒灌浆脱水快，株高≤300 厘米，穗位高 80~110 厘米，生育期 100~110 天。
籽粒特性	籽粒灌浆脱水快，顶面压碎强度 200~280N
耐密丰产性	密度每亩增加500~1 000株即达到3 500~4 000株/亩时，亩增产 5%~10%。
站秆特性	倒伏倒折率≤5%
宜机收性	穗收总损失率≤4%，籽粒破损率≤1%，果穗含杂率≤1.5%，苞叶剥净率≥85%；粒收籽粒含水率<28%，总损失率≤5%，破碎率≤5%，含杂率≤3%。

2. 玉米机播壮苗技术

西南山地丘陵区土壤黏重、季节性干旱频发，加之秸秆还田易造成玉米播种质量下降，生产中出现出苗率降低、出苗不整齐、幼苗素质下降等问题。因此，选择合理的土壤墒情、播种深度、播种时间是实现玉米“一播全苗”和高产稳产的关键。

（1）播前耕整

不同耕作方式对玉米机播效率和重播率的影响不显著，对漏播率和成苗率的影响达到极显著水平，播前采用旋耕和条带旋耕有利减少玉米机播的漏播率并提高成苗率（表10）。不同耕整方式对机播的均匀度影响不显著，但旋耕和条带旋耕均有利于提高玉米播种深度（表11）。同时对产量的影响表现为旋耕和条带旋耕均有利于提高夏玉米产量，主要是增加了玉米有效穗实现增产这与其提高了成苗率密切相关（表12）。因此，在西南区采取播前进行土壤耕整是提高夏玉米机播质量实现增产的重要措施，且采用旋耕方式优于条带旋耕方式。一般而言，上茬作物收获后应及时灭茬或将秸秆粉碎还田（粉碎长度为5厘米），并进行旋耕整地，旋耕深度20~25厘米，做到耕深一致，不漏耕，使地块达到齐、松、平、净、碎要求，土层形成上虚下实，虚土层厚8~10厘米为宜，以利于蓄水保墒，从而保证播种质量。

表10 不同耕整方式对玉米机播质量影响

处理	播种效率（亩/小时）	重播率（%）	漏播率（%）	成苗率（%）
旋耕	2.98	15.26 aA	1.92 bB	86.32 aA
条带旋耕	2.90	15.84 aA	6.00 abAB	83.73 b AB
免耕	2.82	13.41 aA	8.55 aA	80.81 c B

表11 不同耕整方式对玉米机播均匀度调影响

处理	播种株距		播种粒数		播种深度	
	株距（厘米）	整齐度	单穴粒数（粒/穴）	整齐度	深度（厘米）	整齐度
旋耕	22.56 aA	5.24 aA	1.44 aA	4.26 aA	3.75 aA	4.15 aA
条带旋耕	23.35 aA	5.22 aA	1.39 aA	3.67 ab A	3.66 aA	3.88 aA
免耕	22.38 aA	5.78 aA	1.35 aA	3.26 b A	3.58 aA	3.22 aA

表12 不同耕整方式对玉米产量影响

处理	有效穗（穗/亩）	穗长（厘米）	穗粗（厘米）	秃尖（厘米）	穗行（行）	行粒数（粒）	千粒重（克）	产量（千克/亩）
旋耕	3551	14.8	4.3	0.8	16.7	30.8	234.6	413.1
条带旋耕	3530	14.5	4.3	0.7	17.0	29.8	223.9	406.5
免耕	3429	14.5	4.3	1.0	16.7	30.0	229.7	379.8

（2）适宜播种深度

不同播种深度对出苗率、幼苗形态指标以及干物质积累量指标均有一定的影响，总体上表现为随着播种深度的增加，出苗率逐渐减少，出苗时间逐渐延后，大部分玉米品种在 9 厘米播深下还能保证 50%以上的出苗率，超过 9 厘米播深后，出苗严重受阻，出苗率最高的品种也仅有 30%左右。在 3~9 厘米播种深度处理下，苗长、中胚轴长、苗干重和中胚轴干重逐渐增加，主根长、幼苗整齐度和根冠比逐渐减小，而根干重受影响不大；中胚轴长和中胚轴干重对深播后玉米出苗起着主要促进作用（表 13）。所以，在西南丘陵区紫色土壤类型下，深播最好不要超过 9 厘米，以播深 6 厘米左右为宜，以免造成严重的缺苗断垄现象。

表 13　不同播种深度处理下玉米幼苗形态指标

播种深度	出苗率（%）	苗长（厘米）	苗干重（克）	中胚轴长（厘米）	中胚轴干重（克）	根长（厘米）	幼苗整齐度	根冠比
3 厘米	93. 1 a	12. 25 c	0. 081 c	1. 65 c	0. 009 b	30. 70 a	14. 06 a	1. 38 a
6 厘米	86. 2 b	14. 98 b	0. 107 b	2. 87 b	0. 012 a	30. 53 a	12. 57 b	1. 07 b
9 厘米	62. 7 c	16. 90 a	0. 142 a	3. 35 a	0. 012 a	28. 42 b	11. 02 c	0. 82 c

（3）适墒机播

播种机械田间正常作业是保证播种质量的前提，但其作业性能受土壤墒情的影响，西南地区土壤黏重，在一定范围内，土壤黏附力随土壤含水量增加而增加，土壤易堆积在开沟器和地轮上等装置上，造成排种口堵塞和地轮滑移率增加，降低机具的通过性，影响机具正常排种，这都会造成空穴率升高，降低播种均匀性，不利于合理群体密度构建。土壤含水量过低，玉米种子无法在土壤中吸收足够的水量，就无法萌发，更无法出苗，导致出苗率降低，甚至不能出苗，当土壤底墒的逐渐增加后，玉米出苗率逐渐增高，但是并非土壤底墒越高出苗率越高，当迎来一个峰值（最佳土壤底墒）后，玉米出苗率又随着土壤底墒增加而逐渐减小。并且在不同质地的土壤中，这个峰值是不断变化的。综合分析机播质量（表 14 和表 15）、出苗情况，以及玉米生长前期长势，四川丘陵旱地适宜的机播阈值为土壤含水率 20%±1%或田间持水量 80%。

表 14　土壤墒情对玉米机播播种质量的影响

土壤含水量	播种深度（厘米）	播种深度整齐度（%）	2 米内穴数（穴）	穴距均匀度（%）
17. 0%±1%	4. 83b	80. 43a	31. 33a	27. 20a
20. 0%±1%	5. 02b	73. 12b	30. 67a	28. 35a
24. 0%±1%	6. 23a	70. 05c	26. 33b	30. 38a

表 15　土壤墒情对机播质量的影响

田间持水量	漏播率（%）		重播率（%）		播种深度				播种株距			
					播深（厘米）		整齐度		株距（厘米）		整齐度	
60%	1.67	aA	9.86	aA	4.00	bB	4.60	bB	18.79	b A	4.23	aA
80%	3.57	aA	8.46	aA	4.40	aA	4.94	b AB	19.44	aA	4.34	aA
100%	5.29	aA	8.21	aA	4.41	aA	5.79	abAB	19.64	aA	4.48	aA
120%	6.11	aA	7.99	aA	4.43	aA	7.19	aA	19.71	aA	4.51	aA

3. 机械晚收技术

玉米适期晚收有利于玉米干物质向籽粒重转移，是一项重要的玉米增产增收技术。研究表明（表 16），夏玉米生理成熟时（吐丝后 40 天），千粒重和理论产量只达到最高产量的 83%，仍有 17%的增产潜力。但生理成熟后千粒重的日增重量迅速下降，在生理成熟后 10 天下降到 2.03 克/天，15 天下降到 0.68 克/天，但产量已分别达到最高产量的 98%和 99%。由此，可见适当推迟玉米收获期能显著提高夏玉米产量。

表 16　不同收获期玉米千粒重和产量变化

吐丝后天数（天）	苞叶颜色	千粒重（天）	千粒重日增重（天）	理论产量（千克/亩）	占最高产量（%）
30	绿色	160.24	10.07	360.25	57
35	绿色	196.91	7.33	442.69	70
40（生理成熟）	黄白	232.44	7.11	522.57	83
45	黄白	265.80	6.67	597.56	94
50	白色	275.97	2.03	620.42	98
55	白色	279.37	0.68	628.06	99
60	变干	281.37	0.40	632.57	100

推迟玉米收获时间可促进玉米增产，但对玉米籽粒机收效果造成一定影响。通过不同收获期玉米机收质量调查表明（图 4）：随收获时间的推迟（生理成熟后 7 天、14 天、21 天），玉米籽粒含杂率降低，产量损失率增加，落穗率增加，落粒率和破碎率先降后增，生理成熟后 14 天机收产量最高。综合来看，在生理成熟后 14 天机收效果最好。由此可见，玉米机械收获期安排在生理成熟后推迟 10～15 天，且籽粒含水量降到 28%以下后进行籽粒机收，即能提高玉米籽粒产量又能保证机收质量减少损失。

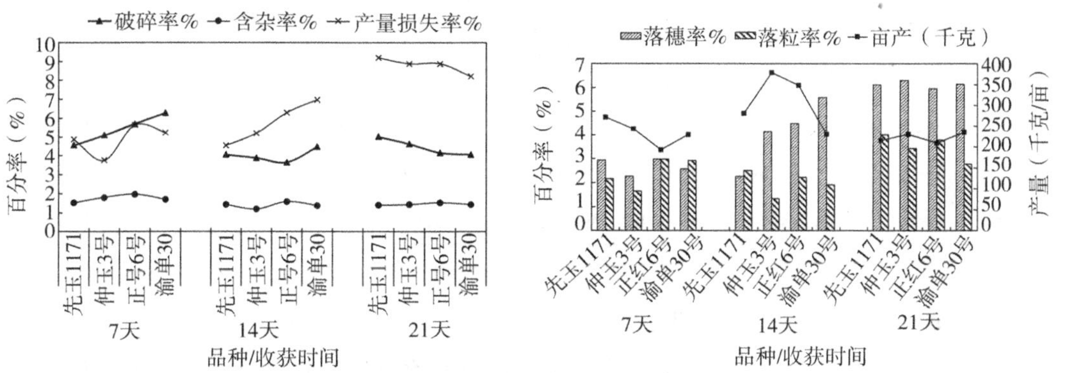

图4　不同收获时期各品种机收质量情况

（三）资源高效利用技术

1. 秸秆还田培肥耕作技术

针对川中丘陵区季节性干旱发生频率高、坡耕地水土流失严重、土壤瘠薄保水保肥能力差等问题，利用人工径流场开展不同秸秆覆盖还田耕作技术研究。连续八年的定位试验结果表明，垄作轮耕+秸秆覆盖（LS）处理能有效提高旱地周年粮食产量，并能提高降水利用率，周年降水利用率较传统翻耕+秸秆不还田（T）生产模式提高9.3%，周年产量提高8.5%。同时秸秆还田处理玉米产量较传统模式均不同程度增产，垄作轮耕+秸秆覆盖（LS）和免耕+秸秆覆盖（NTS）较对照分别增产12.4%和7.1%（表17）。

表17　不同秸秆还田耕作技术产量调查表

处理	小麦 千克/亩	玉米 千克/亩	甘薯 千克/亩	周年产量 千克/亩	降水利用率 千克/（毫米·亩）
T（CK）	175.54	416.05	245.66	837.25	0.97
LS	178.57	467.60	261.98	908.15	1.06
NTS	176.39	445.63	210.78	832.79	0.97

注：甘薯按5：1折原粮。

在连续多年秸秆还田后能显著提高土壤肥力。秸秆还田处理显著增加了土壤中的全氮、碱解氮、有机质和速效钾含量。其中垄作轮耕+秸秆还田（LS）处理全氮、碱解氮、有机质和速效钾含量较传统翻耕（CK）平均增加了21.05%、57.55%、46.96%和15.96%；免耕+秸秆还田（NTS）较对照增加了25.26%、34.51%、88.73%和22.35%；LS处理更有利于提高土壤中碱解氮含量，而NTS处理更有利于提高耕层中的有机质含量。不同耕作处理对土壤中全磷、全钾的影响不明显（表18）。

表 18　不同耕作方式土壤养分的影响

处理	全氮（克/千克）	碱解氮（毫克/千克）	全磷（克/千克）	有效磷（毫克/千克）	全钾（克/千克）	速效钾（毫克/千克）	pH 值	有机质（克/千克）
T（CK）	0.95±0.03c	80.23±2.67c	0.31±0.03a	12.05±1.34a	12.01±1.33a	100.35±4.02b	7.33±0.40a	10.03±1.86c
LS	1.15±0.04b	126.40±4.18a	0.32±0.01a	11.34±2.13a	12.34±0.31a	116.23±4.01ab	7.22±0.32a	14.74±1.27b
NTS	1.19±0.01a	107.92±3.33b	0.31±0.04a	10.82±1.43a	12.00±0.49a	122.78±12.24a	6.59±0.30b	18.93±4.94a

2. 玉米化肥减量一次性施用技术

针对传统生产技术中肥料施用不合理、利用效率低、追肥用工投入多等问题，以缓控释肥新型肥料为基础，研究形成了玉米化肥减量一次性施用技术。该技术的核心要点为：改传统化肥为传统化肥与缓控释肥配施（以 N 用量计算，缓控释肥替代 50% N 肥）；改传统“一底两追”等多次施肥方式为底肥一次性机施；改传统 N 肥用量（亩均施肥量 $N-P_2O_5-K_2O$：16.3-6.0-6.5）为减氮 20%施用（亩均施肥量 $N-P_2O_5-K_2O$：13-6.0-6.5）。经多年多点试验比较（表 19），该技术较传统施肥技术玉米平均亩增产 10.7 %，亩均节肥 19.4 %，显著降低玉米生产的环境代价。整体来看，新技术在生产中表现出巨大潜力，在节省养分投入的同时大幅提高农民收入，并进一步减少劳动环节和劳动时间，增加潜在收益。

表 19　化肥减量一次性施用技术增产、节肥效果

试验点	产量（千克/亩）		增产（千克/亩）	增产率（%）	节肥（千克/亩）	节肥率（%）
	农户传统技术	化肥减量一次施用				
黔西	8 843	9 212	369	4.2	25	11.4
绵阳	7 794	8 653	859	11	58	22.5
三台	8 431	9 157	726	8.6	51	19.8
贵阳	4 556	4 671	115	2.5	68	21.2
重庆	6 472	6 841	369	5.7	6	2.9
南宁	7 684	7 751	67	0.9	81	26.7
盐亭	6 363	6 738	375	5.9	61	23.6
涪陵	8 920	9 028	108	1.2	6	2.9
潜江	8 545	8 185	-360	-4.2	125	39.1
阆中	2 748	4 687	1 939	71	62	24.2
平均	7 036	7 492	457	10.7	54.3	19.4

五、四川省发展玉米生产的对策建议

（一）加大政策支持，激励种植积极性

进一步建立健全玉米生产发展的政策支撑体系，加强和完善现有的惠农支农政策，激励农民种植玉米的积极性。扩大玉米生产保护补贴范围和力度，适度提高补贴标准，使更多的农民享受到良种补贴的惠农政策。增加玉米机械化生产等重大增产措施补贴，立项支持玉米高产、优质、多抗品种研发和技术推广，突出科技创新、节本增效。大力扶持新型经营主体和龙头企业，注意引导企业与玉米生产基地建设挂钩，把养殖和加工企业的需求与良种推广、规模种植有机衔接起来，切实贯彻国家“非粮化”文件要求，严禁将玉米农田改种草地、经济林果等。

（二）加强科研投入，提高玉米产能

随着近年来四川省玉米科研能力的不断加强，玉米生产的单产水平不断提高，但与北方和国外相比还有较大差距，同时生产中还有许多实际问题急待解决。因此，应着眼于丘陵山地玉米现代化发展，调整玉米科研方向，适应玉米“粮改饲”“粮改专”，以及机械化、优质化、绿色化、高效化发展的需要，通过加强科研投入不断提高玉米持续丰产增产能力。在玉米科研上应重视以下几个方面：一是重视生物、农艺、工程等措施集成，大力研发抗旱抗逆的关键技术及其物化产品，发挥技术的抗逆增产作用。二是加强种质资源创新，培育综合性状优良的突破性玉米新品种。三是加强轻简种植技术的研究，提高玉米种植效益。四是加强适应农机研制，注重农机与农艺融合。

（三）加快良种选育，合理区域布局

良种对我国粮食增产的贡献率达到了45%。在品种选育上应重视综合性状优良的种质资源和品种选育，如耐密、耐瘠薄、抗旱、抗病、抗寒、抗倒等抗逆性以及适合不同加工用途的高赖氨酸、高淀粉、甜糯玉米等优异专用型种质和品种选育，优化品种结构，丰富品种类型。同时针对区域生态特点以及加工需求，合理规划区域布局，重点规划建立专用玉米核心生产基地，实现玉米生产加工无缝衔接。

（四）改善基础设施，促进现代农业发展

整合项目资金，高标准、高起点地开展农田基础设施建设，大力提高灌溉农业面积和机械化程度，促进现代农业发展。一是大力推进“五小”水利建设，通过就地蓄积降水，解决旱季缺水和季节性干旱问题。二是田间机耕道建设应着眼于未来现代农业发展需求，制定农田和机耕道建设的标准，因地制宜地开展玉米产区梯田化和“欧洲大缓坡式”旱地的建设，以满足大、中、小、微型农业机械进入田间的要求。三是加快机械化、信息化、智能化技术与设备的研发与推广，构建现代农业生产技术体系与模式，在显著提高土地利用率、劳动生产率、资源利用率的同时促进优质粮油生产

水平提高，满足广大消费者对食品安全优质的向往追求。

（五）加强部门合作，完善玉米产业体系

建立上下联动、部门互动的工作机制，推动农科教、政产学研用联合协作，加强政府、企业、专家、经营主体紧密配合，形成以玉米加工企业和养殖企业（大户）为龙头，以新型经营主体为基础，以利益为纽带的产业体系。并不断与现代储备体系与现代物流体系融合，建立形成优种、优产、优储、优加、优销有机结合的现代化玉米产业体系，实现玉米产业健康持续发展。

四川马铃薯品种选育及生产研究报告

唐铭霞　胡建军　王克秀　何　卫
（四川省农业科学院作物研究所，四川　成都　610066）

摘　要：马铃薯是四川重要的粮食作物之一，因四川独特的生态地理优势，目前已经形成四大各具特色的马铃薯优势集中产区。“十二五”以来，四川马铃薯育种在优质、高产、抗病、特色专用新品种选育等方面取得的重要进展，完善创新了三代种薯繁育体系，研究集成了多项绿色高效栽培技术，其中三项成为四川省农业主推技术。本文多方位阐述了四川马铃薯产业在育种和生产方面的发展现状、优势和成果、分析了产业发展过程中在种业和生产等方面存在的瓶颈问题，提出了相应的对策建议，以推进四川马铃薯产业健康快速发展。

关键词：马铃薯；产业发展；育种；种质资源；绿色高效生产技术

马铃薯具有种植区域广、高产稳产、适应性强的特点，其块茎富含碳水化合物、蛋白质、氨基酸及多种维生素及钾等矿物质，尤其是其维生素含量是所有粮食作物中最高的，在欧美国家特别是北美，马铃薯早就成为第二主食，世界第三大粮食作物，也是我国继水稻、小麦、玉米之后的第四大主粮作物。是粮菜兼用的重要作物、加工原料作物、饲料作物、能源作物、药用保健作物和重要的救荒度灾作物。马铃薯生育期较短，再生能力强，对风、雹等自然灾害有一定的抵抗力，是很好的救灾作物。对提高复种指数和调整产业结构、促进农业发展有重要作用，对粮食安全、增加农民收入具有重要意义。

一、四川省马铃薯生产现状

马铃薯是四川的一大优势特色作物，产量高、品质优，是四川最具增产增收潜力的作物。马铃薯喜冷凉，且耐贫瘠、耐储、产量稳定、粮菜兼用，这与四川高原和盆周山区气候土壤契合，符合当地种植条件和生产需要。结合四川独特的生态地理优势，目前已经形成以川西南加工及菜用马铃薯、川东北种薯及兼用型马铃薯、川西南冬马铃薯和川西平原秋马铃薯四大各具特色的优势集中产区。

四川马铃薯春秋冬三季都可种植，在海拔200～800米的平坝丘陵区，12月至翌年1月播种，4—5月收获；海拔1 000～3 500米的山区高原，2—5月播种，山区6—8月收获；高原8—10月收获，海拔200～500米的平坝浅丘区，8—10月播种，12月至翌年2月收获。早春马铃薯占35.3%、迟春占30.6%、秋作占17.6%、冬作占16.5%，生产上采用的栽培模式耕种方式净作45%，玉米、蔬菜间套作55%。因此四川马铃薯生产季节制约性小，上市时间长，海拔跨度大，生产区域立体化，播种面积广，总产量大，具有周年生产周年供应的特点。

近年来，由于农业结构的调整和市场的需求，四川积极创新发展马铃薯高产高效种植模式，特别在光热资源丰富的川东南、攀西安宁河谷和平坝等区域以发展冬马铃薯为突破口，大力开发冬季资源，提高粮食作物综合效益，促进了农民增收。四川省宁南县利用金沙江河谷得天独厚的地理温光条件，采用公司加农户的方式订单种植马铃薯上千亩，在1月就可收获马铃薯，亩产达到2 000千克以上。过去的20年，冬作马铃薯已经成为效益最高的季节作物。与春马铃薯比较，冬马铃薯种植潜力大，特别在小春预留行和冬闲田土上种植前景十分广阔。收获期比丘陵和坝区的春薯还提早1~2个月，不影响大春作物播栽，淡季上市，种植效益明显高于其他大宗粮油作物。

2019年，四川省马铃薯种植面积1 019.8万亩，总产量达到284.4万吨（折粮），面积和总产居全国前列。马铃薯生产的快速发展为四川粮食安全和农民增收作出了贡献。马铃薯产业已成为四川部分地区农村经济发展的重要支柱产业之一。

二、四川省马铃薯品种选育与生产技术基本情况

（一）新品种培育取得突破性成效

四川为典型的垂直立体气候分布区，不同区域对品种的要求有较大差异，因此对于品种具有需求多样性的特点。目前四川生产品种主要来源三类，第一是从国外引进的品种，如费乌瑞它、米拉等，第二类为引进的省外育成品种，第三类为四川本地育成品种，如川芋系列和凉薯系列。这些品种为四川马铃薯的发展起到了积极的作用，但四川是一个特殊的生态区，中纬度、垂直气候、光照温差变化大，对品种要求极高。国外及我国北方主要是针对高纬度（45°左右）或低纬度（15°左右）地区选育品种，因此育成的品种及材料多是适应高纬度及低纬度生态区，并不适应四川中纬度（30°左右）垂直气候生态区，引入四川省种植大多表现抗病弱、结薯过早或偏迟、地上营养生长不够、产量不稳定和适应性差等问题，生产潜力无法很好地发挥。四川马铃薯育种攻关团队针对多年来四川马铃薯育种成效低（多而弱）和生产技术跟进不及时等问题和提质增效的迫切需求，利用安第斯亚种创制长日照不敏感型种质资源的策略，创建了高低海拔穿梭、不同生态区温光差异适应性选择的育种新方法，育种效率提高了1倍以上。通过创新育种方法，选育出以川芋117为代表的系列广适优质突破性品种，实现了四川马铃薯品种的升级换代。

“十二五”以来，四川马铃薯育种在优质、高产、抗病、特色专用新品种选育等方面取得的重要进展。截至2018年，四川审定（或认定）、登记包括川芋系列、川凉薯

系列等多个不同熟期、不同用途、能够迎合不同生态条件和生产加工需要的马铃薯品种 50 余个。其中广适品种川芋 117 等，在四川的成都、巴中、凉山、甘孜、阿坝等市州大面积推广应用。据不完全统计，2011—2018 年累计川芋 117 和川芋 802 推广面积 488.2 万亩，计增产马铃薯 144.44 万吨，计带农增收 17.33 亿元。

（二）新方法新材料创制成绩突出

1. 创制低海拔地区马铃薯杂交制种方法

针对川内低海拔地区（海拔≤500 米）马铃薯不开花或开花少且花期短而无法开展马铃薯杂交制种的问题，四川马铃薯育种攻关团队通过植物生长调节剂处理、延长光照时间、氮肥运筹、补充授粉湿度和诱导母本分批开花和授粉等技术集成与创新，成功实现了低海拔地区马铃薯杂交制种。

2. 打破马铃薯实生籽休眠及提高发芽率的方法

针对马铃薯实生籽休眠期长、发芽率低的特点，经过多年试验探索，解决了现有方法的技术难题，有效地缩短了实生籽休眠期并大大提高了其发芽率。当年收获马铃薯实生籽最短在 3 个半月内打破休眠并达到 90%以上的发芽率。缩短了马铃薯育种周期，提高了品种创新效率。

3. 优良育种材料创新

“十三五”期间，团队筛选出优良核心亲本 16 份，其中具有抗晚疫病、薯形优良、薯肉积累花青素和食味佳等特性的优良亲本 10 份，优质马铃薯材料 6 份，其中薯形好、高花青素材料 1 份（M16-33-40）；适合平坝区早熟材料 2 份（M16-14-8、M16-14-15）；高亲合力材料 3 份（A6、A10、绵 R）。

4. 完善创新三代种薯繁育体系

“十三五”期间，针对四川薯类生产中存在的三代种薯繁育效率低，成本高等制约薯类产业发展的突出问题，团队围绕脱毒试管苗繁育、原种生产关键技术优化、原种和生产种生产保苗壮苗、节本增效、抗逆增产等关键技术、种薯质量贮藏技术及农机农艺相结合的配套大田生产技术进行创新与综合技术优化集成开展了系列研究。研究集成马铃薯脱毒试管苗高效自养繁育技术，繁育效率提高 21.2%以上；集成“合理密植建群体（400 株/平方米）+水浴培养炼壮苗+椰糠替代增透气性+液态有机肥全营养”的关键技术，单位面积原原种生产效率提高 30%~50%，成本降低 20%~30%；升级集成创新原原种雾培高效生产技术体系，单位面积结薯数提高 51.2%，生产成本降低 30%以上。创新集成营养土育苗移栽马铃薯原种高效扩繁技术；通过系列技术创新集成，完善了四川薯类三代种薯繁育体系，提高了新品种脱毒种薯扩繁效率，加速了新技术模式的推广应用。

（三）绿色高效栽培技术初见成效

研究形成减肥（氮）增效集成技术，显著提高肥料（氮肥）的利用效率，节本增效；集成平坝区秋作、冬作马铃薯的抗寒关键技术，显著提高马铃薯抗寒性，降低霜冻害损失，能确保秋冬马铃薯稳产丰产。集成 4 ℃低温下“散射光+ABA”种薯贮藏技术，降低种薯损失 10%以上，延长贮藏期 30 d 以上。集成马铃薯-水稻轮作全程机械化生产技术，周年生产效率提升 28%以上，马铃薯每亩节本增效 260 元以上；集成冬作马铃薯新品种配套栽培技术 1 套，增产 15.3%，亩增效 834 元。促进了马铃薯产业的发展，增加了农民收入，助推了四川省脱贫攻坚的顺利完成。

（四）马铃薯新品种的推广

四川马铃薯育种攻关团队通过与农技推广部门结合，建立推广应用体系、利用多种形式的推广平台、广泛开展新品种的示范展示、技术培训等推广川芋系列、中薯系列、达薯（芋）系列等。通过与种薯企业结合，加强良种种源的繁育，有效地推动了育成品种的推广应用。

川芋 117 和川芋 802 在 2016—2018 年 3 年累计推广面积 611.51 万亩，增产马铃薯 188.27 万吨，累计带农增收 22.59 亿元。达薯 1 号、达芋 2 号“十三五”期间应用推广面积达到 365 万亩，平均亩增产 318.8 千克，新增产值 165 382.4 万元，新增纯收益 92 695.8 万元，2018 年推广面积占当年达州市马铃薯总面积的 85.6%。

三、四川省马铃薯育种和生产存在的问题

（一）四川马铃薯育种中的主要问题

四川马铃薯育种初见成效，仍存在以下几个方面亟待解决的问题，这些问题的攻克将有利于提升“川种”竞争力，有利于“种业大省向种业强省跨越”目标的实现。

野生种、近缘种和栽培种等资源匮乏，围绕种质资源特异性状的评价与利用开展缓慢。

与二倍体作物相比，薯类作为同源四倍体和六倍体，基因组高度杂合，F1 代性状即发生广泛分离，自交不亲和导致薯类难以通过自交途径获得纯合体后代，极大限制了育种效率。且通过基因敲除进行功能研究具有较大难度，造成分子辅助育种成效低。

（二）四川马铃薯生产存在的主要问题

1. 良繁体系滞后

一是优良品种缺乏。品种多、乱、杂，加工专用品种、抗晚疫病品种和适合秋、冬作的抗湿、抗寒品种缺乏。二是种薯管理不力。种薯质量监控体系不健全，种薯质量难保，脱毒种薯推广应用效果不如意。

发达国家马铃薯产量之所以远高出世界平均水平，其中最重要的因素之一就是这些国家脱毒种薯使用比例高。而在中国马铃薯单产水平一直较低，其最主要的原因就是脱毒种薯应用面积太小。而四川脱毒种薯应用比例报道不足 30%，凉山州为四川省马铃薯主产区，更有“会东七彩洋芋”等全国知名的特有品种，然而由于农户常年采

用自留种薯，亩产不足千斤。如应用脱毒种薯，马铃薯增产幅度一般可达 30%~50%。

2. 生产能力弱

四川马铃薯主产区贫困程度较高、生产条件差，抗灾能力弱，配套技术落实差，缺少综合集成的栽培技术，造成马铃薯的生产水平较低，影响了马铃薯产业的进一步发展，同时妨碍了马铃薯品质和产量的不断提升。落后的种植技术成为制约马铃薯产业发展的关键因素之一。

3. 规模化集约化机械生产程度低

马铃薯生产进入了机械化作业为关键的绿色发展阶段。2018 年，全国马铃薯耕、种、收及综合机耕率分别达到 68. 99%、25. 07%、24. 99%、42. 61%。但四川马铃薯主产区多集中在盆周山区、川西南山区和部分丘陵区等，主要表现为地块细碎、高山及陡坡种植面积占比高，机械化立地条件差，适用机械缺乏且作业效率较低等问题。造成马铃薯的生产水平较低，全程机械化水平和应用受限，机械装备和机械化生产程度仍严重落后。

四、四川省发展马铃薯育种和生产的对策建议

（一）加强种质资源收集保存与基础研究

种质资源的遗传多样性是研究改良作物的基础，马铃薯是外来作物，种质资源匮乏，遗传基础狭窄。品种同质化严重的问题很大程度上是由基因库资源匮乏导致的。为改变四川马铃薯种质资源缺乏的现状，首先要加强地方种质资源的鉴定筛选与研究利用，其次要继续引进国外种质资源，第三要加大种质资源尤其是原始栽培种与野生种的开发利用，最后建立马铃薯种质资源保存库。

（二）加强突破性新品种的研发

优良的马铃薯品种是马铃薯产业发展的前提，四川生态情况复杂，海拔跨度大，各地产区对马铃薯品种要求有差异，适合省内马铃薯主产区的优良品种成为制约四川马铃薯生产和产业化发展的首要因素。

为提高马铃薯的商品价值，开展食用型品种的口感好、薯形好、主要营养成分高；加工型品种的淀粉含量高、加工得率高和薯型；特色紫薯品种的花青素含量高、薯型与口感等资源评价与利用。新品种培育、专用品种选育指标确立、市场用途细化等研究。加强高产与优质、多抗与广适、营养与安全相结合的育种研究，创制满足不同市场需求的育种材料，选育高产、优质、安全、高效的突破性新品种。

（三）加强育种关键核心技术研发

目前马铃薯育种仍旧采用传统育种方法，周期长，效率低。“十三五”期间，马铃薯育种攻关团队采用高、低海拔穿梭繁育，利用不同生态区的温差、光差适应，提高马铃薯杂交组合群体基因频率选育无性系，优化育种方案，以高产、抗病、优质为核

心育种目标，能够有效地选育适应能力强、抗逆性强以及光不敏感型适应中纬度优良品种，明显缩小选育进度，提高根据选育目标选择新品种及后代育种材料的效率，优良基因频率，提高了选育效率1倍以上，比固定区域的常规杂交选育方法可提前2~3年选育出新品种，选育的目标材料更可靠。针对马铃薯产业发展战略需求，“十四五”将持续推动传统育种技术优化升级，同时针对育种的难点，加强基因编辑、转基因、辐射诱变、远缘杂交、分子标记辅助选择等现代生物技术的研发力度，建立高效现代生物育种技术体系，进一步提高新品种育成的质量与效率。

（四）完善配套良繁体系

在马铃薯高产国家或地区，马铃薯脱毒种薯普及率达百分之百。目前四川脱毒种薯生产成本高，很多企业和农户在低成本和高品质之间很难找到平衡。有关马铃薯脱毒种薯补贴和优惠政策也比较薄弱，难以满足多数企业和农户购买到足够的高品质脱毒种薯。用不上、用不起脱毒种薯是影响四川马铃薯产业发展的重要因素。提高马铃薯加工产品的效率和质量，加快马铃薯的产业化进程，必须抓住种薯这一源头，针对马铃薯生产加工产业链，建立相应的专用薯原料基地，保障农民增收。

（五）集成马铃薯绿色高效生产技术

科技进步是实现马铃薯产业大规模、高标准、高质量发展的有力支撑。建立科学有效的马铃薯配套生产技术体系，是四川马铃薯产业发展的重要环节。高产高效的马铃薯配套生产技术能够节约种植成本、增加马铃薯产量和质量。加强薯类作物种植季节和生态区域生产配套栽培技术的研究，在品种选择、适期播种、规范种植、施肥方法、病虫防治、轻简栽培、农机农艺融合等关键环节下功夫，进一步推动薯类作物绿色技术可持续发展。

（六）切实建立科技人员参与生产和产业化政府决策和融入企业的机制

经过省科研人员多年的薯类研发，在品种选育、良繁体系、栽培贮藏等方面已经取得比较成熟的成套技术，试验示范效果显著。但大面积单产水平的提高仍然缓慢，科研人员在推广方面的努力已经达到极限，或很被动，获得了重要的成果奖，即证明了有好的品种和技术，但就是难以在大面积生产和市场上发挥更大的作用。因此亟需切实解决生产关系这个限制因素，建立让科技人员参与生产和产业化政府决策和融入企业的良性机制，充分发挥科技人员的作用和良种良法的巨大潜力，藏粮于技和地，保障粮食安全，推动和市场的繁荣发展。

四川豆类作物发展报告

项　超

（四川省农业科学院作物研究所，四川　成都　610066）

摘　要：保障粮食安全，关键在于落实藏粮于地、藏粮于技战略。豆类作物在我国粮食安全和国民经济发展中占有重要地位，其包含大豆、蚕豆、豌豆、绿豆等22个豆种，是供给人类和畜禽植物蛋白质的重要来源，与其根系共生的根瘤能固定空气中的氮素进而提高土壤肥力，是养人、畜、地的“三养”作物。本文综述了四川省豆类作物的基本情况，分析了豆类产业中存在的主要问题，提出了豆类产业发展的对策建议。

关键词：豆类；新品种选育；栽培技术；示范推广

引言

“藏粮于地，藏粮于技”是维护我国粮食安全的基本战略，是确保粮食产能的新思路和新途径，是促进粮食生产可持续增长的更高要求。豆类作物是人类三大粮用作物（谷类、豆类、薯类）之一，地位仅次于谷类，是人类和畜禽重要的植物蛋白质来源，在中国粮食安全中占有重要地位。

豆类作物在人类健康与营养、克服贫困、土壤健康与环境、粮食安全等方面发挥着重要的作用。《黄帝内经·素问》有载：“五谷宜为养，失豆则不良”，豆类比谷类含有更丰富的蛋白质、脂肪及纤维素，是中国传统饮食、营养保健产业的重要组成部分。豆类作物具有耐寒、耐旱、耐贫瘠、生育期短、适应性强及范围广等特点，不仅适于大宗粮食作物主产区种植，且特别适于农业生产条件较差的经济欠发达地区、少数民族聚居地区、边疆地区、贫困地区种植，是这些地区的主要作物，也是当地农牧民的主要经济来源。同时，豆类作物根系共生的根瘤具有固氮作用，能固定空气中的氮素进而改善土壤肥力。2018 年 12 月，联合国大会将每年的 2 月 10 日定为“世界豆类日”，旨在大力促进健康、营养丰富的固氮豆科植物的推广，使人们进一步认识豆类营养效益及其对可持续粮食体系和无饥饿世界的贡献。

目前，我国豆类产业发展缓慢甚至逐步萎缩，严重影响我国粮食安全。例如，我国已成为大豆第一大进口国，截至 2020 年，我国大豆进口量为 10 033 万吨，表观消费量达到 11 985 万吨，而国内大豆产量仅为 1 960 万吨，国内供给率仅为 16.4%；四川大豆常年需求量超过 200 万吨，而 2018 年省内产量为 88.8 万吨，自给率仅为 44.4%，供需矛盾突出。

一、四川省豆类作物的基本情况

豆类作物在四川省粮、菜、饲业组成中占有重要地位，尤其在贫困丘陵山区是主要蛋白质的来源，也是种植业结构调整中重要的间、套、轮作和养地作物，在可持续农业发展和人民的食物结构中有着重要影响。四川省豆类作物种类较多，主要包括大豆、蚕豆、豌豆、绿豆、小豆、普通菜豆、豇豆、饭豆等。据2016—2020年中国统计年鉴数据：全省豆类作物年种植面积为46.6万~56.0万公顷，年总产量为107万~129.9万吨，单产为151.9~154.7千克/亩，生产水平提升较为缓慢。

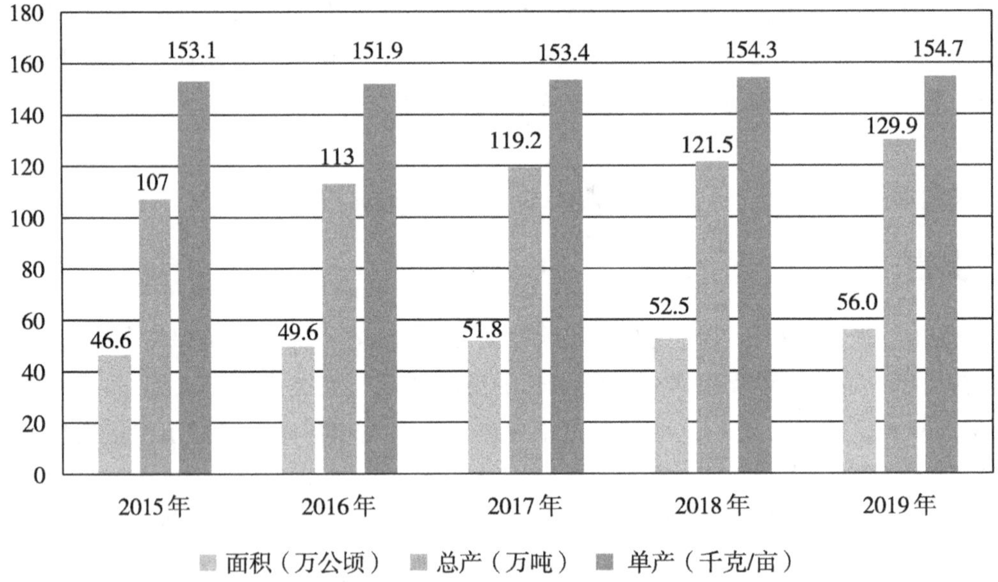

图1　四川省近五年豆类作物播种面积、总产、单产

资料来源：2016—2020年中国统计年鉴

（一）生产现状

1. 大豆

大豆俗称黄豆、毛豆，起源于我国，但具体起源地尚无定论。大豆是我国种植面积最大的豆类作物，东北地区为主要产区。大豆营养丰富，蛋白质含量约40%，脂肪含量约20%，碳水化合物约24%，且含有多种维生素和矿物质。大豆作为大众化的高蛋白营养食品，还具有独特的医疗保健作用，具有宽中下气、利大肠、消肿毒、降低胆固醇、预防消化系统癌症的功效。

四川常年种植大豆31.2万~37.7万亩，单产152.9~159.2千克/亩，总产74.5万~88.8万吨，种植区域包括川东丘陵地区、川西平原地区和川西高原地区，分别占全省种植面积的73.2%、14.9%、11.9%。主要推广品种为四川省农业科学院作物研究所选育的“成豆系列”、南充市农业科学院选育的“南豆系列”及自贡市农业科学研究所选育的“贡豆系列”，主要种植模式包括净作、大豆—玉米间作、果树/大豆套种等。

四川属盆地气候特点，有利于大豆蛋白质的形成和积累，省内培育的大豆品种蛋白质含量比国内其他地区培育的高出2~3个百分点，是中国优质高蛋白大豆生产地区，也是高蛋白食用大豆重要来源地，对满足豆制品加工企业和人们对高蛋白食用大豆的巨大需求发挥着重大作用。2020年，根据国家部委安排，四川已完成大豆扩种50万亩，每亩补助150元，这是四川首次对大豆种植予以补贴。

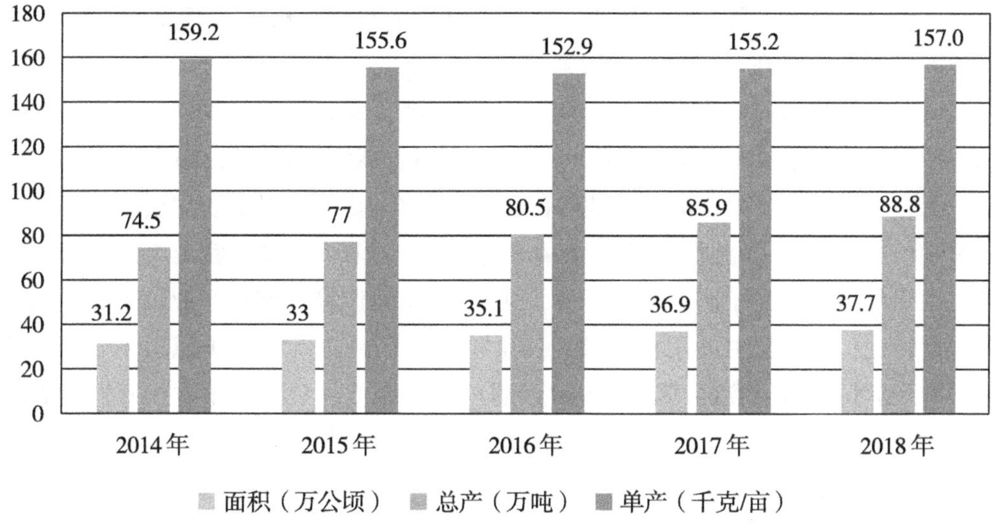

图2　四川省近五年大豆作物播种面积、总产、单产

资料来源：2014—2018年中国统计年鉴

2. 蚕豆

蚕豆又名胡豆、佛豆、川豆、大豆、罗汉豆等，主要起源于亚洲西南部，中国可能是蚕豆的一个次生多样性中心。蚕豆在世界各地种植均很广泛，其中亚洲和非洲的栽培面积最广。蚕豆的籽粒、茎和叶均具有丰富的营养价值，其中籽粒中蛋白质的含量为29%，淀粉含量为53%，纤维素含量为2%，还有各种矿质营养及维生素等营养成分。蚕豆具有益中气、止血降压、健脾利湿、降低胆固醇、抗衰防病等功效。

四川蚕豆种植面积约210万亩，总产约30万吨，播种面积仅次于云南，居全国第二。种植区域包括川东北高产种植带、川中南高效高产种植带和川西北春播种植带，86.1%为秋播、13.9%为春播，达州、南充、广安、资阳、泸州、凉山等地年种植面积均在10万亩以上。主要推广品种为四川省农业科学院作物研究所选育的“成胡系列”品种，主要种植模式为净作、林下套种、蚕豆/玉米套种、蚕豆/玉米/甘薯间套作等。

目前，蚕豆产业结构逐渐从干籽粒向鲜食转变，干籽粒需求供给不足。蚕豆干籽粒主要用作良种、加工原料和饲料，其中加工原料主要用于生产“郫县豆瓣”，名优企业娟城、丹丹、川老汇等年需蚕豆干籽粒近三十万吨，每年需从外省调入大量蚕豆作为生产原料。目前，本省蚕豆产业暂无相关农业政策支持。

3. 豌豆

豌豆是一年生豆科植物，又名荷兰豆、青豆、毕豆等，起源地为地中海沿岸、意大利、非洲等地区。豌豆在我国种植历史悠久，是中国第二大食用豆作物，其适应性强，在我国种植范围比较广泛，既可作为人类食品，也可作为动物饲料。豌豆的蛋白质含量比禾谷类作物高一倍左右，且含有人体必需的 8 种氨基酸，除了蛋白质、碳水化合物及少量脂肪外，还含有粗纤维、胡萝卜素、硫胺素、核黄、烟酸等多种维生素，尤其是维生素 C 含量在所有鲜豆中居第一。

四川豌豆种植面积约 190 万亩，总产约 24 万吨，面积、产量仅次于云南，居全国第二。种植区域包括川东北高产种植带、川中南高效高产种植带和川西北春播种植带，达州、南充、广安、资阳、凉山等地年种植面积均在 10 万亩以上。主要推广品种为四川省农业科学院作物研究所选育的“团结豌系列”“成豌系列”“食荚大菜豌系列”等品种，主要种植模式为净作、林下套种、豌豆/小麦间作等。豌豆产业结构逐渐从干籽粒向鲜食转变，干籽粒主要用作良种、加工原料和饲料，其中加工原料主要用于生产粉丝、豌豆淀粉、休闲食品等，省内暂无豌豆名优企业。目前，本省豌豆产业暂无相关农业政策支持。

4. 其他豆类作物

四川其他豆类作物种植面积约为 80 万亩，单产约为 90 千克/亩，主要包括绿豆、饭豆、普通菜豆、小豆等。绿豆种植区域主要在川东丘陵地区，占全省种植面积的 80%以上。其他豆类作物主要种植模式有少量净作、幼龄果树套种，品种主要为地方品种、省外引入品种。据 2018 年中国统计年鉴，四川绿豆播种面积为 1. 18 万公顷，总产量为 2. 4 万吨；红小豆播种面积为 0. 13 万公顷，总产量为 0. 2 万吨。四川芸豆产区主要在雅安地区、凉山州，分布在海拔 1 000 米以上的山区，出产大白芸豆、小白芸豆，年总产量超过 1 万吨。目前，本省其他豆类作物产业也暂无相关农业政策支持。

（二）相关成效

四川省豆类作物品种选育和示范推广主要集中在大豆、蚕豆、豌豆，其中从事大豆育种研究、示范推广的科研单位主要包括四川省农业科学院作物研究所、南充农业科学院、自贡农业科学研究所、四川农业大学，从事蚕豆、豌豆育种研究、示范推广的科研单位主要为四川省农业科学院作物研究所。

1. 种质资源成效

四川省农业科学院作物研究所从 20 世纪 50 年代末开始先后收集大豆、蚕豆、豌豆、绿豆、芸豆、小豆、饭豆等豆类资源5 000余份，国外品种300余份，构建了川渝地区最大的豆类种质资源库。通过田间综合鉴定与整合，编入中国食用豆品种资源目录155份，存入中国种子库385份。完成311份蚕豆资源赤斑病抗性鉴定，鉴定出30余份抗性资源；完成400份豌豆资源白粉病抗性及分子鉴定，鉴定出16份抗性材料且分属7个标记基因型。自2018年四川省“第三次全国农作物种质资源普查与收集行动”开展以来，现共征集、收集豆类地方、野生种质资源1 300余份，初步鉴定出优异资源100余份。

2. 新品种选育成效

20世纪90年代至“十二五”期间，育成全国首个食荚专用、叶菜专用型品种食荚大菜豌1号与无须豆尖1号，选育出成豆系列、成胡系列、团结豌系列、成豌系列等一系列高产优质品种，累计推广面积达千万亩，获农业部技术改进奖一等奖、国家科技进步奖二等奖、国家发明奖三等奖、省科技进步奖三等奖各1项；“十三五”以来，筛选豆类抗病材料144份，育成大豆新品种6个、蚕豆新品种5个、豌豆新品种3个，认定绿豆新品种3个。蚕豆新品种成胡15等“粮菜兼用型优质高产广适蚕豆品种选育与应用”获2020年四川省科技进步奖三等奖。选育的长荚（荚长大于10厘米）、优质（蛋白质含量大于30%）的蔬菜专用型蚕豆新品种成胡24、成胡25，填补了四川蔬菜专用蚕豆缺失的空白，促进了蚕豆鲜食产业的发展；粮菜兼用型蚕豆成胡21、成胡22、成胡23蛋白质含量均高于27%，产量较老品种增产15%以上，促进了蚕豆加工产业的发展；观赏专用型豌豆川彩豌1号的选育与应用促进了豌豆产业从传统的粮食、蔬菜用途向农旅观光转型发展；引进小粒型蚕豆新材料进行品种选育，为蚕豆休闲食品产业发展奠定了品种基础。

3. 栽培技术研究成效

玉米—大豆带状复合种植技术。四川农业大学教授杨文钰率领团队，针对传统间作套种融入现代农业的瓶颈问题，以“高产出、机械化、可持续”为目标，利用多学科理论与方法创新关键理论、技术和机具，创建了玉米—大豆带状复合种植理论和技术体系，使玉米产量与净作相当，每亩增收大豆100~150千克，且可减施纯氮量，减少土壤流失量和地表径流量，成为四川首个被写入中央一号文件的农业技术模式。

蚕豆草害防控技术。通过蚕豆除草剂筛选试验，确定苗前33%二甲戊灵、960克/升精异丙甲草胺，苗后15%精喹禾灵+48%灭草松3种蚕豆田安全、有效的除草剂。仪陇、宣汉完成除草剂示范，面积200亩，成胡18增产率29.1%以上，亩节约劳动力成本100元。通过试验示范，集成蚕豆草害防控技术1套。

蚕豆病毒病防控技术。通过蚕豆病毒病防治药剂筛选试验，筛选出30%毒氟磷可湿性粉剂、20%病毒A可湿性粉剂2种防治药剂。仪陇、宣汉完成病毒病药剂示范，面积200亩，成胡15、成胡18增产率10.2%以上，集成蚕豆病毒病防控技术1套。

蚕豆机械化生产技术。利用手推式播种机，筛选了成胡 15、18、21 均适于机播，其中成胡 21 效果最佳；比较机播、穴播、撒播三种播种方式，机播效益较高，较穴播亩节约劳动力成本 420 元；改良清选筛、转速，降低功率研制了半喂入式蚕豆联合收割机，收获效率较传统人工采收提高 30 倍，亩纯收益 602.7 元，亩节约劳动力成本 130 元。通过效益分析，蚕豆机械生产 100 亩经济总收益达 14.99 万元。

蚕豆套玉米高产高效栽培技术。在四川省内首次集成了蚕豆套玉米高产高效栽培技术，申请了国家技术发明专利《一种蚕豆套玉米高产栽培方法》（实审中）。该技术不仅扩大了蚕豆种植面积、丰富了蚕豆栽培模式，还提高了土地复种指数和土地利用率，降低了玉米的生产成本投入，减少了化肥、农药的施用量，降低了病虫害发生率，每亩减施复合肥最高可达 15 千克、减少农药成本 10 元，较蚕豆净作亩增收约 230 元，较玉米净作亩增收约 100 元，是可持续的绿色发展模式。

蚕豆赤斑病及豆象防控技术。通过研究蚕豆赤斑病及豆象对产量、品质的影响，筛选防治药剂，研究防治方法，形成了与品种相匹配的病虫害防控措施。在赤斑病发病初期，施用 600 倍液 50 千克/亩的 80%大生 M-45 代森锰锌可湿性粉剂，间隔 7 天连续用药 3 次，对蚕豆赤斑病的防效可达 87.5%；在蚕豆初花期喷施高效氯氟氰菊酯，间隔 7 天连续用药 3 次，对蚕豆豆象防治效果较好，不仅荚期未发现豆象虫卵，且仓储 3 个月后豆象为害率为 0。

4. 示范推广成效

为解决蚕豆、豌豆育繁推脱节严重，育成品种推广应用速度较慢、农户种植积极性不高等问题，四川省农业科学院作物研究所在推广蚕豆、豌豆及配套高产栽培技术时，结合各类项目的实施，与地方农技推广站、种子站、种子企业、农村合作社、种植大户、销售商等合作，以"4+3"立体模式即科研+基地+种植大户+销售商（四级联动）、核心试验基地—中心示范片—辐射带动区（三位一体）进行良种良法应用推广。在核心试验基地和中心示范片，免费为种植户提供良种和高端、低毒、低残留农药，雇用闲暇农户进行科学田间管理，在降低生产成本的同时，增加了农户收入，助力地方脱贫致富。

"十三五"期间，四川省农业科学院作物研究所共建设豆类作物核心试验基地 1 个、核心示范基地 8 个，免费提供优质良种成胡 15、成胡 18、成胡 20、成胡 21、成豌 8 号、无须豆尖 1 号等新品种 10 个，生物菌有机肥施用技术、豆象综合防控技术、赤斑病防控技术、草害防控技术、机播、机收技术等 6 项，补贴肥料、农药、劳动力成本 22.45 万元；累计开展线上、线下培训 37 次，调研咨询 264 次，培训基层农技人员、农户 1 311 人次，发放技术资料 2 050 份，免费提供良种 15 793.5 千克，农药 889 千克，肥料 14 654 千克，受益农户 7 596 户；新品种及配套栽培技术累计核心示范面积 1 530 亩，辐射推广面积合计 37 万亩。

二、四川省豆类产业存在的主要问题

由于重视程度低、优良品种推广缓慢、基础性研究薄弱、经济效益不高等原因，四川省豆类作物种植面积历年变化不大，总产、单产一直徘徊不前，每年主要依靠省外、国外调入豆类作物商品。

（一）政府重视程度低

四川豆类作物生产长期不受地方政府重视，在作物生产政策制定方面多年来缺少补贴和项目支持。地方政府很少能对豆类杂粮因地制宜加以指导，片面强调水稻、玉米、小麦等主要粮食作物生产，导致大多数农村基层领导干部、农业技术人员和农民把豆类看成是可有可无的次要作物，零星种植且管理粗放，产量不高，商品率低。目前，四川除大豆外，其他豆类作物均无相关农业政策支持。

（二）生产力水平、机械化程度低

四川省外出务工人员比重较大，在家务农者年龄偏大，文化水平偏低，观念保守，商品化意识差，种植理念仍以粗放式栽培方式为主。生产上，农户往往采取广种薄收、靠天吃饭，许多实用新技术未得到广泛应用，生产力水平仍然较低，集约化、规模化程度偏弱。

四川省豆类作物大部分在二台土以上的坡地，受地形地貌的影响，田块小、田块之间道路狭窄，大型拖拉机、播种机和收获机均不能使用，专业的豆类作物小型设备缺失，其生产过程机械化程度极低。较大的豆类作物生产基地可以解决大型机械无法使用的问题，但无国产的专用豆类作物播种机、收获机，国外同类型生产设备价格高昂，使用成本较高，无法形成规模化的机械化生产。

（三）优良品种推广缓慢

四川省豆类作物生产以小户种植为主，规模化程度较低，农民使用的品种多为自留种，经过连年种植，品种混杂严重，部分优质地方种产量品质退化明显。四川省从事豆类作物的专业技术人员较少，且受限于缺乏必要的企业联动宣传，再加上种植户商品化意识不足，品种更新换代缓慢，优质品种种植面积严重不足。

省内尚未建立豆类良种繁育体系，良种缺口巨大。据调查，现有民间大豆良种种子繁殖基地规模小，所生产的良种严重不足，良种大豆缺口量巨大，不能满足大豆产业快速发展和大豆振兴的需要。据调查，四川省现有大豆种子生产基地 4~5 个，每个基地面积只有 500~1 000 亩，全省一共只有 5 000 亩左右大豆种子生产基地，年产优良豆种仅 500 余吨，只占全省总需求量（3 万吨豆种）的 1.67%。

（四）基础性研究薄弱

豆类作物基础性研究长期以来缺乏足够的经费支持，从事豆类作物系统研究的科研工作者较少，与禾谷类、工业原料作物相比，省内对豆类作物的科研资助强度较弱。

与之相应的，在豆类作物品种改良上主要存在下列三方面的问题。

1. 育种新材料创制不足

在豆类育种新材料创制上近年来未有重大突破，亲本选育主要是对已有的骨干亲本进行改良，品种选育主要是对现有的亲本材料进行再组配，导致品种同质化严重，育种材料在优质和抗性上已落后于云南、江苏、黑龙江、河北等省份。

2. 育种新技术研发应用滞后

从事豆类作物研究的专业技术人员较少，专业背景单一。豆类资源的收集、整理和评价多停留在20世纪后期的资源普查基础上。现有技术基础和资金投入仅能提供常规农艺性状的表型分析，在基因编辑、分子设计、生理生化机制和人工智能等新兴育种技术研发应用方面存在明显短板，育种效率低。

3. 品种选育与生产需求脱节

豆类育种目标主要对标科研任务而非市场需求，个别品种选育改良方向与市场需求脱节、选育目标缺乏预见性等问题逐步显现。例如，目前蚕豆品种多以大白或二白皮为主，主要是满足干籽粒的生产需求，但难以适应如今的鲜食消费市场；四川大豆大面积使用品种成熟期普遍偏迟，收获期在10月下旬至11月上旬，常伴随有阴雨天气，不利于大豆的收获和晾晒，豆籽产量低、品质差，且小春主粮油菜、小麦等作物茬口衔接难，农民种豆积极性受损；四川省育成的近40个大豆新品种中，没有一个属抗虫品种，抗虫育种尚属空白，如果不用农药进行有效防治，减产可高达60%以上，严重年份绝产无收。

（五）加工技术落后，产业化程度很低

目前，省内大部分豆类加工企业还处于传统加工阶段，由于加工方面的研究落后，缺少新的技术支撑和资金，传统加工业未能进行现代技术改造，而引进的现代化设备由于技术壁垒也不能充分发挥作用，致使豆类加工产品品种少、质量差、效益低，以粗加工为主，缺乏高新技术为载体的豆类产品深加工，豆类产业化程度低。豆类加工企业的效益差必将导致豆类种植效益降低，进而影响豆类产业的可持续发展。

（六）经济效益不高

受自然经济思想束缚，产业结构不合理，名优豆类品种缺乏、生产不稳定、起落变化大，同时体制上存在农贸、产销脱节的弊端，信息、销售渠道少且不通畅，缺乏经营决策应变能力，致使生产停留在小批量阶段，规模经济未形成。

三、四川省豆类产业发展的对策建议

根据四川省豆类作物的生产现状和存在主要问题，建议以市场需求为导向，培育专用多功能豆类新品种，细分豆类品种外观、品质、营养功能等特征特性；增加资金投入，加速豆类作物基础性研究，打好种业翻身仗；合理布局豆类作物优势产业区，实行区域化规模化生产；强化质量意识，有效开发特色名优豆类品种资源，争创国内名牌；健全产销网络，衔接国内外市场，走可持续产业化发展新道路。

（一）加大政策支持和科研投入，为豆类产业发展提供有效支撑

通过良种补贴和种植豆类作物奖励等政策，提高农民种植豆类作物效益和积极性。各级政府应积极响应国家号召，以大豆种植补贴政策为契机，补充对其他豆类作物种植补贴政策，完善轮作休耕补贴政策，平衡豆类与禾谷类、薯类作物间的种植效益，认真履行执行和监督作用，将补贴优化政策落到实处，调动农民种植豆类作物积极性。加大对豆类杂粮产业技术体系资助力度，启动豆类品种遗传改良技术攻关，集中全省豆类资源、育种、技术、推广和加工方面的优秀人才，扩大豆类产业体系队伍，积极开展新品种选育和配套栽培技术研究，提高四川豆类在国内外的竞争力。

（二）加强豆类作物科学技术研究

1. 种质资源保存与创新利用

通过国内考察收集、国际交流合作，广泛收集国内外豆类栽培种、野生种及近缘野生种资源；开展农艺性状、抗病虫、抗逆、品质等表型、基因型鉴定；针对豆类重要农艺性状，开展产量、抗病、耐逆、品质等相关基因的挖掘鉴定，为建立分子标记辅助育种技术体系提供标记或基因信息。

2. 育种材料与技术方法创新

利用杂交、辐射及化学诱变、分子标记辅助选择等手段，创制高产优质多抗宜机化的豆类新种质；针对抗病虫、抗旱等重要农艺性状，研发分子标记辅助育种技术体系，并示范应用于育种实践；建立远缘杂交、组织培养、理化诱变等育种技术体系，拓宽遗传基础，创新种质资源。

3. 突破性新品种选育

以市场需求为导向，选育特色专用型豆类新品种。根据目前市场对鲜食蚕豌豆的需求，选育早熟、产量高、品质好、抗病性强、大粒的鲜食大豆、蚕豆、豌豆专用新品种供鲜食使用，选育适宜间套作模式种植的耐阴、高产、高蛋白豆类新品种，同时加强加工专用型豆类（如高出粉率豌豆品种、矮秆抗倒伏蚕豆品种等）、农旅观光专用型新品种选育力度，满足加工、农旅市场需求。

4. 配套技术研究开发

据统计，四川省2013—2017年因耕地面积减少造成的全省粮食隐形减产高达6.58万吨。不断提高土地利用率和土地产出率是摆在我们面前的现实问题，与优良品种配套的优质高效栽培技术需要进一步研究和探索。完善豆类作物与禾本科作物、烟草、果桑茶间套种技术措施，有望在改良土壤的同时增加农业产值，形成农业循环经济增长模式。研究作物间套种的相互效应和分子生物学基础，研究豆科作物品种高效性结瘤菌种的筛选问题，以提高根瘤菌固氮效果，减少肥料使用，降低生产成本；研制与优良品种配套的全程机械化高效栽培技术，改变传统豆类种植模式，不断提高土地利用率和土地产出率；研制冬闲田豆类作物栽培技术，在改良土壤的同时增加农业产值，形成农业循环经济增长模式。

在自然灾害频繁的生态区域，开展避灾减灾综合配套技术研究，形成一套适合本生态区域避灾减灾技术体系，以应对如春旱、夏旱及秋绵雨、病虫害流行，为确保豆类作物丰产稳产增收提供强有力的技术支撑。

5. 新品种、新技术示范推广

以科技成果转化示范为载体，与地方政府、农业部门、种业企业、农村合作社、种植大户、销售商等合作，以“4+3”立体模式即科研+基地+种植大户+销售商（四级联动）、核心试验基地—中心示范片—辐射带动区（三位一体）进行良种良法应用推广“一镇一品、一县一业”；通过企业回收产品、加工包装，销往国内市场，打造知名品牌。针对现代农业生产特点和四川不同区域特色，重点推广等行密植、机械开沟精量播种、无人机病虫草害绿色防控、免耕轻简节本大面积的高效栽培技术，带动豆类生产轻简节本高产高效发展。

大力开展对各级农技人员和广大农户的豆类生产技术培训，通过高产展示示范、集中培训、田间技术观摩指导培训，实现科技入户，提高技术到位率，调动农民掌握科学技术的积极性，提高农民的豆类生产技术水平和市场应对能力。

6. “育繁推一体化”体系构建

建立“育种、扩繁、推广”三位一体的现代豆类种业体系，加大对豆类育种上游的基础性公益性研究支持力度，搭建豆类育种科技创新平台，强化育种职能，通过在四川豆类主产区建立良种繁育基地及新品种示范推广基地，鼓励一体化龙头企业在主产区推广应用，发挥企业在商业化育种、成果转化与应用中的重要作用，逐步形成以市场为导向、企业为主体、资本为纽带的科技创新与产业发展新模式，建立“院地企”互惠、利益共享、风险共担的种业技术创新联盟。

（三）加强豆类种植基地建设，提高规模化、标准化和机械化水平

土地流转和适度规模经营是农业现代化的前提，现代化农业必须实行社会分工和专业化生产，必须增加科技投入，不断推行科学种田，同时发展生产经营的标准化和产业化，重视市场建设，建立物流配送和销售渠道。

按照区域化布局、专业化生产、规模化经营的要求，建立一批有规模、有特色的豆类作物生产基地。豆类生产上，通过土地流转、合作社、家庭农场、公司+基地+合作社等形式，建立特色豆类种植基地。积极推行订单农业，鼓励豆类加工、流通企业在产区建立核心示范基地，通过核心示范，辐射带动作用，企业合作的形式，加快形成豆类的优质化、规模化、区域化发展。

省内不同地区可根据不同区域的实际情况，充分利用不同豆类生育期、生长习性的差异，大力推广与其他作物间、套、轮作的不同种植模式，达到养地、高产、高效的目的。例如，在水稻主产区发展水稻/蚕豆轮作种植模式，在新垦旱地、幼龄果园和荒地发展干籽粒高蛋白质大豆、蚕豆、豌豆，在田埂地头、冬闲田和蔬菜生产大县大面积发展鲜食大豆、蚕豆和豌豆。据了解，田埂大豆有很强的边际优势，四川田埂面积高达 13.3 万公顷以上，如利用其 50%种植大豆，每年可增加大豆种植面积 6.7 万公顷，大豆年产量可增加约 30.2 万吨；“麦/玉/豆”新模式较传统“麦/玉/薯”模式经济效益高出 2 100 元/公顷。

（四）提高豆类加工水平和产业附加值

进一步开发生产豆类新产品，开展豆类食品加工开发研究，推进初级加工向精深加工转变和资源消耗型向高效利用型转变，增加出口产品类型，逐步推出名优品种、品牌，提高产品附加值，增加出口效益。同时，利用农超对接、区域代理、全国连锁、产地溯源等现代营销方式，把豆类优质特色产品作为礼品、赠品、保健品、专卖品进行精细化销售，使其成为出口创汇的重要产品。

参考文献

包世英，2016. 蚕豆生产技术［M］. 北京：北京教育出版社.

北京天则经济研究所《中国土地问题》课题组，张曙光，2010. 土地流转与农业现代化［J］. 管理世界（7）：66-85，97.

陈禅友，董元火，张凤银，等，2012. 我国豆类植物的研究利用现状与前景［J］. 江汉大学学报（自然科学版），40（1）：77-82.

杜兴端，吕火明，2021. 四川实施“藏粮于地、藏粮于技”战略探析［J］. 四川农业科技（3）：5-7.

郭恬，高志强，2020. 基于“藏粮于技”的粮食生产实施策略［J］. 粮食科技与经济，45（3）：29-31.

郭永田，2014. 中国食用豆产业的经济分析，华中农业大学.

国家统计局，2018. 国家数据［EB/OL］. https：//data.stats.gov. cn/easyquery.htm?cn=E0103.

联合国新决议全面聚焦植物健康，2019，食品安全和豆类议题［J］. 世界农业（3）：101.

梁建秋，冯军，曾召琼，等，2020，四川大豆良种繁育体系存在的主要问题与发展对策［J］. 大豆科技（4）：32-33，36.

梁建秋，吴海英，冯军，等，2020. 四川大豆生产现状、主要问题及发展对策［J］. 大豆科技（3）：7-10.

梁建秋，吴海英，冯军冯，等，2018. 大力发展四川大豆生产的优势与对策［J］.

大豆科技（1）：36-38.

罗松明，杨文钰，刘卫国，等，2010. 四川豆制品加工业现状分析与展望［J］. 食品与发酵科技，46（3）：6-9，17.

马振，2014. 中国东西部地区豆类作物种植模式差异分析研究［D］. 南京：南京农业大学.

前瞻经济学人，2020. 产业之问丨大豆产业：四川省如何逆势发展［EB/OL］. https：//baijiahao. baidu. com/s？id=1677317098182447629&wfr=spider&for=pc.

王宝成，逄艳波，2020. “藏粮于技”视角下粮食物流体系的完善思考［J］. 商场现代化（8）：40-41.

王成栋，2020. 今年四川将扩种大豆 50 万亩　首次对大豆种植予以补贴［EB/OL］. http://www. sc. gov. cn/10462/10464/10797/2020/4/16/7d375db304dc4b39860d5b4f54a11718. shtml.

雍太文，杨文钰，任万军，等，2007，发展套作大豆，促进四川大豆产业发展［J］. 作物杂志（6）：5-8.

张丽，曹永强，武丽石，等，2010. 大豆起源与进化浅析［J］. 杂粮作物，30（6）：396-399.

张明荣，邓丽，吴海英，等，2004. 四川大豆育种研究现状与发展对策［J］. 作物杂志，2004（3）：46-48.

张明荣，吴海英，2009. 四川间套作大豆生产现状与发展分析［J］. 中国种业（10）：16-18.

张明荣，吴海英，邓丽，等，2007. 四川省豆类作物生产、科研现状与优势区域布局［J］. 杂粮作物（2）：157-158.

张鑫，2021. 2020 年全球及中国大豆产量、需求量及进出口现状分析，国内大豆进口量突破一亿吨［EB/OL］. Available from：https：//www. huaon. com/channel/trend/693505. html.

宗绪晓，2016. 豌豆生产技术［M］. 北京：北京教育出版社.

四川酿酒糯高粱高质量发展对策报告

赵甘霖　倪先林　丁国祥　刘天朋　龙文靖　汪小楷　李　元　向箭宇
（四川省农业科学院水稻高粱研究所，国家高粱改良
中心四川分中心，四川　德阳　618000）

摘　要： 根据四川省白酒产业高质量发展需要，在深入高粱生产市县和名优酒业调查基础上，全面分析了四川省酿酒糯高粱生产现状和存在的主要问题，进而提出高粱产业高质量发展对策，满足名优白酒产业对原料需求，支撑白酒产业高质量发展。可供从事高粱研究科技人员、政府职能部门和酒类企业参考。

关键词： 酿酒；糯高粱；现状；问题；对策

高粱是全球第五大粮食作物，其产量仅次于玉米、小麦、水稻和大麦，具有 C4 植物的高光效特征。高粱具有抗旱性强、适应性广、耐涝、耐盐碱、抗逆性强等多重特性，广泛种植于世界 5 大洲 105 个国家的热带干旱和半干旱地区，是这些地区重要的粮食作物和饲料作物。高粱是非洲和亚洲部分地区的主食，是美国、澳大利亚、墨西哥等国的主要饲料作物，也是我国酿造产业的主要原料，在世界农业中占有重要地位。近年来，全球高粱种植面积稳定在 6 亿亩左右，产量 0. 6 亿多吨。

高粱是我国的传统旱作作物，在我国的粮食生产中占曾发挥了重要作用，20 世纪 50 年代初，我国高粱的种植面积达到历史最高的 1. 4 亿亩，占作物面积的 7. 5%，总产量 1 120 万吨。近年来，我国高粱面积稳定在 1 000 万亩左右，占全球面积的 1. 6%，总产量 300 万~400 万吨，居世界第 6 位。东北、华北、西南是我国高粱主要的三大主产区，东北、华北主要是粳高粱生产区，种植面积 600 万亩左右；中国高粱三大主产区生产集中度进一步增加，种植面积从占全国 58. 3%增至目前的 88. 2%。西南是糯高粱优势产区，种植面积约 300 万亩，在茅台、五粮液、泸州老窖、郎酒等知名酒企的拉动下，近年来发展迅猛，占全国种植面积比重从 2. 5%发展到 29. 6%，且呈逐年增加趋势。

白酒产业是四川省传统优势食品产业，2020 年，四川白酒规上企业共生产白酒 367. 6 万千升，实现产量占全国 49. 6%，规模以上企业销售收入达 2 849. 7 亿元，约占全国行业销售收入的 48. 8%。其产量和主营收入位居全国第一，为四川省经济社会发展做出了重要贡献。为推动四川农业高质量发展，擦亮四川农业金字招牌，实现四川由农业大省向农业强省的跨越，四川省决定建设“10+3”农业产业体系和“5+1”现代产业体系。“川酒”是构建“10+3”“5+1”产业中的重要支柱产业之一，而高粱又

是酿造白酒的主要原料。本文在全面分析目前四川酿酒糯高粱生产现状与问题基础上，统筹规划酿酒糯高粱以提升品质为核心的品种创新，以提高效益为目标的发展方式改变，最终实现四川酿酒糯高粱产业高质量发展，为四川名优白酒产业发展提供质优量丰的原料支撑。

一、四川酿酒糯高粱产业现状

高粱是酿造白酒的主要原料，四川优质酿酒专用高粱是高品质白酒的重要保障，四川“六朵金花”均以四川酿酒专用高粱为主酿造而成。四川酿酒专用高粱作为名优白酒的主要原料，具有明显的生产和品质优势。

（一）酿酒糯高粱缺口大

四川是我国名优白酒的主要产地，白酒产业是四川食品工业的优势产业。四川独有得天独厚的气候、土壤及水质条件，使全国名酒多集中在四川。近年来，四川白酒总产量逐年增长，稳居国内第一。四川酿酒业对高粱的需求量很大，长久以来，四川高粱生产与酿酒业的需求存在较大的供需矛盾。按照白酒产能计算，四川高粱产量远不能满足白酒生产的需要，缺口很大，进口量剧增，2020 年我国高粱进口量达 481. 35 万吨。据统计，我国高粱每年总产量的 40%以上最终都进入了四川，这意味着每年四川全省高粱原料约 70%需要靠省外调入。

（二）四川糯高粱酿酒品质优

高粱是酿造白酒的最佳原料，“好酒离不开高粱”，而糯高粱是最好的酿酒高粱。四川得天独厚的自然生态环境孕育了酿酒糯高粱的优良酿酒品质，其支链淀粉和单宁含量高，蛋白质和脂肪含量适中，玻璃质少、吸水膨胀率小、糊化温度低等独特优点，对保持和提升四川白酒风味意义重大，适宜酿造各类名优白酒。酿酒糯高粱的典型代表“泸州糯红高粱”和“宜宾糯红高粱”已是泸州和宜宾酒业的标签，是农业农村部地理标志产品。

（三）酿酒糯高粱生产面积大

2018 年全国高粱种植面积约 61.9×10^4 公顷，总产 290.9×10^4 吨，主要分布在内蒙古、吉林、黑龙江等粮饲兼用区和西南糯红高粱区，西南区的贵州、四川酿酒糯高粱种植面积 9.75×10^4 公顷，总产量达 36.5×10^4 吨，是南方酿酒糯高粱最大的生产区和优势区。

（四）科技创新为酿酒糯高粱产业发展提供了支撑

四川省农业科学院水稻高粱研究所，高粱研究始于 20 世纪 60 年代，恢复于 1985 年。在四川省省攻关计划、院财政基因工程、国家现代农业产业技术体系等项目资助下，深入开展了酿酒专用高粱相关研究。继 1996 年国家高粱原原种扩繁基地在四川省农业科学院水稻高粱研究所竣工落成后，2010 年农业部又立项建成了四川优质酿酒高梁原原种扩繁基地，2015 年批准立项建设国家高粱改良中心四川分中心。在高粱研究上，四川省农业科学院水稻高粱研究所始终坚持围绕酿酒企业需求，以“于育种则繁其产、益其质，于栽培则适其应、增其效，于资源则广其类、定其性，于病虫则揭示规律、防治兼顾，于加工则增其效”为目标。先后开展了新品种培育、配套集成技术研究、酿酒微生物和酿酒工艺研究，涵盖了良种、良法、加工全产业链集成。在育种上，首次成功将南方糯高粱的酿酒品质性状与北方粳高粱抗性产量性状优势有机聚合，成功创制了优质高配合力红粒糯高粱不育系 45A，处于国内领先水平。育成的“泸糯”“川糯”“金糯”“机糯”等杂交糯高粱新品种 30 余个，解决了不同时期高粱生产对品种的需求，辐射推广至华南、华中和部分华北省。其中，育成的“泸糯 8 号”（2012）“泸糯 9 号”（2012—2013）“泸糯 12 号（2014—2015）”分别被列为四川省主导品种。同时针对“国窖 1573”“青花郎”白酒品牌对原材要求，培育了“国窖红 1 号”和“郎糯红 19 号”两个专用品种，在泸州老窖和郎酒专用糯高粱生产基地推广应用，保证高端品牌对原料的要求。在配套技术研究上，集成的《酿酒专用高粱生产技术规程》（DB 510500/T 33—2013）《杂交高粱一种两收技术》《酿酒专用高粱产品技术标准》《川东南油菜后直播高粱的高产栽培技术规程》《川西平原油菜（小麦）后酿酒用糯高粱直播技术规程》《高粱漂浮育苗技术》在生产上大面积应用，其中《杂交高粱一种两收技术》《高粱—大豆套作技术》等相继被列为四川省主推技术，实现良种良法配套。在病虫害防治研究上，系统研究了高粱病虫害发生规律及防治技术研究，有效降低了病虫害对高粱产量和品种质量的影响；在加工研究上，糯高粱酿酒工艺参数研究、糯高粱酿造清香型白酒工艺优化研究、杂交糯高粱的特性与酿酒工艺参数等研究，为酿酒糯高粱新品种在名优白酒酿造中应用创造了条件。

（五）酿酒糯高粱生产相对集中

四川酿酒糯高粱生产主要集中在四川南部的泸州市、宜宾市和自贡市，区域内有四川名优白酒“泸州老窖”“五粮液”和“郎酒”等多家酿造企业，由于酿酒糯高粱的地理、品质、运输和信息等优势，多年来供不应求。随着“白酒金三角”建设，势必以泸州、宜宾和自贡为中心向全省延伸，酿酒糯高粱将在农业供给侧结构性改革和产业扶贫等中发挥重要作用。

二、四川酿酒糯高粱产业存在的问题

四川独特的地理气候条件造就了四川省糯高粱的独特品质特性，但受地理条件及生产水平的限制，与国内外其他地区相比，四川糯高粱产业发展仍存在突破性品种少、良种良法普及差、生产成本高、产需脱节、产地分布不合理等诸多问题。

（一）酿酒糯高粱基础研究相对薄弱

作为小杂粮，进一步深化酿酒高粱科技创新有待加强。一是对酿酒专用粮科技创新重视不够，酿酒专用粮专项科研投入和财政项目仍较少，攻关力量、团队建设不能适应新任务要求。二是现代生物技术的利用不充分，与其他作物及国内外同行比，四川省高粱育种中现代生物技术应用明显不足，在种质资源表型精准鉴定、功能基因解析、分子育种等相关基础研究方面较薄弱，导致现有品种在品质、产量、抗性及适宜机械化等方面还不能充分满足高效绿色农业、优质品牌建设和区域产业多样化发展的需求。因而在有效解决高粱抗除草剂、农机农艺配套的突破性糯红高粱品种以及满足不同类型白酒专用品种培育等重点问题上还应加强。

（二）酿酒糯高粱良种良法普及差

四川省高粱生产上新品种新技术普及差，炭疽病、纹枯病等病虫害逐年加重，严重影响四川省高粱的产量和质量，主要表现在以下几个方面。

1. 酿酒糯高粱种源不稳定

一方面，由于四川常年大面积种植常规糯红高粱品种，农户时有自己留种的习惯，且自发种植多，导致生产上品种“老、乱、杂”现象严重，部分区域仍在使用30年以前审定的“青壳洋高粱”和“水二红”“牛尾坨”等地方高粱品种，这些品种由于未能提纯复壮，导致种源不稳定，品种混杂分离严重，单产水平低、每亩比杂交糯高粱品种低100千克以上，且抗性差，有些品种甚至品质已出现变化。而产量高、抗逆性强，品质与糯红高粱相当的杂交糯红高粱反而面积不大，普及率不高。另一方面，四川省生产上表现好的杂交品种制种技术没有突破，规模化成熟的常规糯高粱和杂交糯高粱品种种子生产基地尚未建成，种源不足，种子质量不稳定。其次，目前四川现有的高粱种子生产和销售企业，如泸州金土地种业有限公司、四川众望种业有限责任公司、泸州老窖股份有限公司等均无专业的高粱科研和生产团队，在种子繁育和生产基地建设等方面都还较为欠缺。

2. 酿酒糯高粱品种退化严重

四川生产上现有的常规糯高粱品种“泸州红1号”“国窖红1号”“红缨子”等无一不是由青壳洋高粱衍生而来，品种亲本血缘的单一性导致生产上这些现有品种的遗传背景狭窄、亲缘关系较近，品种退化严重，产量变低、植株变高，炭疽病、丝黑穗病等抗病能力变差，不宜机收、成本高、风险大，这些均成为制约四川高粱生产及白酒产业健康发展的重要因素。

3. 示范推广力度不够

四川高粱多年来处于自发种植状态，以散户为主，规模化种植少，导致老品种当家新品种更替慢，加之行政规划和引导力度不够，部分地区示范推广力量欠缺、力度不够，使优良杂交种等新品种新技术不能真正落地生根，有效发挥作用，进而加重了四川区域高粱病虫害的发生。其次，传统酒采用固态发酵法酿制白酒，必须以高粱做原料，新型液态法酿酒则不然。杂交糯红高粱在品质理化指标上和本地糯高粱无多大差别，因其籽粒大，一些酒企以籽粒大小区分品质，收购压价，酿酒工艺跟不上成为优良杂交糯高粱推广受阻的主要原因之一。加之酒企对原产地保护的片面理解，大面积推广杂交糯高粱品种还有待解决企业的认识问题。

（三）酿酒糯高粱生产基地缺乏且分布不均

受历史因素和栽培习惯的影响，四川酿酒糯高粱产区主要集中在泸州、宜宾和自贡川南3市为主的川南沿江河谷地带，田多地少，种植分散，集中连片少，且多为较偏僻或贫瘠的土地，而盆地西北、中部和盆地周围山区种植较少，产地分布不合理，没有实现白酒“四大主产区”的全覆盖，导致川中地区酒企缺乏稳定的原料来源，多以外调为主，成本增加，难以有效保证酿酒原料的稳定供给和白酒质，区域原料供需矛盾突出。

（四）酿酒糯高粱生产经营规模化、标准化和组织化程度低，产需脱节

由于各种因素，四川省酿酒糯高粱的需求由紧张发展到紧缺，产需脱节严重。一是因为四川酿酒糯高粱生产散户种植多，种粮大户、专业合作社和家庭农场等新型经营主体仍较少，零星种植多，规模化种植程度低，导致产量不高，抗风险能力差，进入市场多处于无序状态，缺少高粱定价话语权；二是大量的种粮农户与酿酒企业之间没有形成稳定的订单生产模式和紧密的利益衔接机制。部分产区企业订单生产少，农民的利益得不到有效保障，丰年甚至出现压价收购现象，导致价格不稳定，农民的种粮积极性难以保证，制约了高粱产业的进一步发展。同时由于酒企无固定的订单生产基地，导致出现收粮困难，成本难以控制的现象，以致外调高粱多，其结果一是影响川酒质量，二是进一步加重了供需矛盾。

（五）栽培技术落后、生产成本高、市场竞争力小

降低高粱种植成本是我国酿造高粱生产面临的主要问题，机械化是降低高粱生产成本的重要途径，机械化品种的选育及其配套绿色高效栽培技术的研究已成为我国高粱研究的主要课题。受地理条件和土壤禀赋等限制，四川酿酒糯高粱生产仍大量采用育苗移栽等传统生产方式和方法，直播、机播等轻简高效栽培技术应用少，生产成本高，加之间、套种植多，种植密度偏稀，高产高效轻简栽培技术集成应用少，不能充分发挥品种的真正生产潜力。此外，抗除草剂高粱新品种培育还未取得突破，生产上目前尚无能长期安全使用的高粱专用除草剂，特别是适宜四川区域高温高湿环境的安全高效除草剂，这同时导致生产上高粱除草剂药害时有发生，产量低。

机械化程度低，劳动力投入大。一是因为四川高粱多分布在丘陵山区地带，农田基础条件较差，灌溉、水肥一体等设施农业建设欠缺，导致大部分高粱种植区无法开展机械化生产；二是适宜高粱机械化生产的配套机械和配套技术仍较为缺乏，尤其缺乏适合四川丘陵区小地块的播种、移栽、田管、收获等配套农机具，已有机具多是利用其他作物的专用机械改良而来，存在收获损失率大、杂质多等问题；三是生产上现有品种的植株较为高大，难以有效实现机械化。与其他地方相比，四川区域机械化生产成本相对较高，以收获为例，目前川南地区一亩成本在150~200元，而安徽、河南等平原地区仅为50元/亩，这导致四川高粱的整地、播种、收获、脱粒等生产环节仍多为人工操作，劳动力投入大，生产效率低，与东北高粱、进口高粱相比缺乏价格竞争优势，导致市场竞争力受影响。

三、酿酒糯高粱产业高质量发展对策

（一）以酿酒糯高粱科技创新，支撑四川酿酒糯高粱高质量发展

改革开放实践已充分证明科技是第一生产力，四川酿酒糯高粱产业发展必须紧密依靠高粱科技创新，酿酒糯高粱是提升名优白酒品质，推动四川白酒产业高质量发展的关键。为此，需要加大政府对科技的投入，专项支持酿酒糯高粱创新，为四川白酒产业高质量发展提供原料科技支撑。

在突破性品种培育上，以高产、优质、高效、绿色为目标，聚焦当前四川酿酒高粱生产存在的主要问题，依托国家谷子高粱产业技术体系、国家高粱改良中心四川分中心、国家高粱原原种扩繁基地等平台和资源，整合优势资源，以四川省农业科学院水稻高粱研究所等科研单位和大专院校为主体，引进筛选优异种质资源材料，挖掘品质、抗性等有利功能基因，结合基因编辑、分子鉴定、全基因组选择等现代生物技术和常规育种技术，创制具有抗除草剂、抗炭疽病、抗高粱蚜、高淀粉等目标性状的优异育种材料，培育品质更优、产量更高、抗性更强、农机农艺结合的突破性酿酒糯高粱新品种，满足不同类型名优白酒对高粱品质的要求，为不同类型的名优白酒量身打造酿酒专用高粱品种，推动公共区域品牌建设，为四川高粱产业发展提供品种支撑。

在配套技术研究上，突出良种良法，针对不同生态区域，研究集成高粱高产高效配套栽培技术、种子生产技术、绿色安全生产技术、机械化轻简栽培技术等，实现良种良法配套、农机农艺结合、生产生态协调，提高四川酿酒糯高粱的竞争力。

（二）以优质白酒产业振兴为契机，大力稳步发展酿酒糯高粱产业

优质白酒是四川白酒核心竞争力，而酿酒糯高粱又是四川优质白酒主要原料。为此，要利用四川省提出白酒产业振兴为契机，在“白酒金三角”建设规划和“四川酿酒糯粮产业基地建设规划”基础上，以满足名优白酒原料需求为目标，大力稳步发展酿酒糯高粱产业。一是强化宣传，提高认识，把高粱认识由小杂粮向经济作物转变，由单一用途向“酿酒用”“饲料用”“扶贫产业”等多用途转变，调动广大农民种植酿酒糯高粱的积极性。二是加强基础设施建设。整合农业、水利等多类项目，加强土地整治和基础设施建设，因地制宜，引进建设高新节水、灌溉、水肥一体化等高标准农田设施和系统，提高酿酒高粱的标准化、规模化、集约化、机械化生产水平和生产效

率。同时积极发展适宜的旱作耕作制度，合理搭配粮经复合种植模式，开展高粱秸秆还田、饲料利用等综合研究与示范，提高高粱的综合种植效益。三是要结合四川农业供给侧改革，因地制宜扩增酿酒糯高粱面积，建设酿酒专用高粱特色产业带，二至三年内实现糯红高粱种植面积达 13.33×10^4公顷，增加糯高粱产量，基本保证名优白酒对糯高粱需求。四是大力推广四川省农业科学院水稻高粱研究所近年来培育的系列杂交糯红高粱新品种，酿酒品质优，结合丰产高效栽培技术普及，在酿酒品质与地方糯高粱品种相当前提下，比大面积使用的地方种增产达30%以上，增产1 500~3 000千克/公顷，实现种2公顷杂交糯红高粱收到3公顷常规糯红高粱产量，实现“种二收三”效果，这不但是增加四川酿酒糯高粱总产又一途径，而且达到节约耕地的效果，较好协调人多地少，粱粮争地的矛盾。五是坚持产业融合发展。以酿酒高粱为载体，以白酒的深厚历史文化为底蕴，积极发展以高粱为主体的循环农业、创意农业、文化旅游、休闲观光等产业，开展红高粱节、红高粱文化采风活动、红高粱摄影大赛等活动，建设高粱博物馆、高粱和白酒文化长廊、红高粱休闲农业区等，打造白酒文化+休闲观光+生态旅游等产业模式和田园综合体，拓展产业功能，强化一产，优化二产和三产，实现一二三产业的融合发展，提高高粱产业的比较效益和整体竞争力。

（三）以四川“四大白酒主产区”为核心，建立酿酒糯高粱生产基地

四川酿酒糯高粱生产基地建设，应围绕四川省出台的《优质白酒产业振兴发展培育方案》确定的泸州、宜宾、成都、德阳四大白酒主产区为核心，以做强“六朵金花”品牌为导向，建立酿酒糯高粱生产基地，把酿酒糯高粱基地作为企业的第一车间来抓。基地建设方式上，一是每个主产区打造2~3个万亩片，辐射带周边糯高粱生产，提升酿酒糯高粱影响力。二是围绕主产区培育酿酒糯高粱种植大户、专业合作社和家庭农场等新型经营主体，作为酿酒糯高粱新品种新技术的辐射源，新品种新技术展示现场，新品种新技术观摩基地，城乡居民休闲观光区，带动周边农民种植酿酒糯高粱。三是加强技术培训，促进酿酒糯高粱品种专有化、生产标准化，种植规模化、管理专业化。积极探索建立以高产优质高效为中心的生产体系和以白酒企业为核心的经营体系，助力酿酒糯高粱产业和优质白酒产业高质量发展。

（四）以酿酒糯高粱品种为载体，发展酿酒糯高粱绿色生产

白酒酿造属传统技术，不同类型白酒对原料的品质外观要求不尽相同，不同的酿造工艺与不同的糯粮结合，才能形成独特白酒风味。因此，在酿酒糯高粱新品种推广上，要逐步建立以杂交酿酒糯高粱为主，常规酿酒糯高粱为辅的原则。在品种布局上，要充分考虑酒业企业独特风味与酿酒糯高粱特性有机衔接，如“国窖红1号”对“泸州老窖”，“郎糯红19号”对“郎酒”，“宜糯红”对“五粮液”。在物资投入上，应以有机肥为主，无机化肥为辅，不用重金属超标肥料。在病虫防控上，应以使用抗病虫能力强的品种为主，农药防控为辅，使用高效、低毒、低残农药。在田间管理上，播种移栽前注意清除高粱残渣，消除病源；肥水施用注意合理耦合，强壮高粱个体增强抗性；最后注意水源清洁，不使用污染水和重金属超标水浇灌高粱。通过上述综合措施的贯彻落实，实现酿酒糯高粱绿色生产，保证四川白酒品质安全。

（五）以建立“双补”政策机制，激发广大农民种植酿酒糯高粱积极性

酿酒糯高粱是名优白酒的核心，名优白酒又是四川白酒产业发展的动力，发展酿酒糯高粱产业是四川白酒产业高质量发展的关键。因此，在目前酿酒糯高粱产量不高，生产成本较高，价格低而不稳情况下，政府从发展白酒产业，促进一方经济发展出发，每年预算部分资金直接补贴高粱，用于发展高粱生产和补贴高粱价格。企业从自身产品品质和可持续发展出发，以部分利润反哺高粱价格。如将目前酿酒糯高粱价格提升50%，即每1千克糯高粱提高2元左右，政府出30%，企业出70%，以2.5千克糯高粱产1升白酒计，企业生产1升白酒仅增加生产成本3.5元，企业完全可以承受。只要实施好政府和企业“双补”政策，会极大激发广大农民种植酿酒糯高粱的潜在积极性，糯高粱面积、单产和总产将实现质和量的跨越。

参考文献

丁国祥，赵甘霖，等，2012. 高粱栽培技术集成与应用［M］. 北京：中国农业科学技术出版社，4-6.

段冰，柳青山，杨玲，等，2017. 糯质高粱酿造清香型大曲白酒的研究［J］. 中国酿造，36（6）：33-37.

江源，2019. 四川召开2019年优质白酒产业振兴发展培育工作推进会［J］. 酿酒科技（3）：93.

焦少杰，王黎明，姜艳喜，等，2015. 高粱与固态白酒关系的研究综述［J］，酿酒，42（1）：13-16.

李顺国，刘猛，刘斐等，2021. 刁现民等 . 中国高粱产业和种业发展现状与未来展望［J］. 中国农业科学，54（3）：471-482.

刘茂柯，等，2012. 酿酒高粱籽粒酿造性能的比较 . 中国酿造（31）：111-114.

刘茂柯，唐玉明，任道群，等，2012. 酿酒高粱籽粒酿造性能的比较［J］. 中国酿造，31（11）：111-114.

卢庆善，邹剑秋，朱凯，等，2009. 试论我国高粱产业发展——论全国高粱生产优势区［J］. 杂粮作物，29（2）：78-80.

沙均响，刘建芝，宁明理，2015. 谈浓香型白酒生产的质量控制［J］，酿酒（6）：31-34.

四川粮食加工产业研究报告

谢　江[1]　夏　陈[1]　宣　朴[1]　张　忠[2]　梁　强[1]　朱永清[1]
（1. 四川省农业科学院农产品加工研究所，四川　成都　610066；
2. 西昌学院，四川　西昌　615000）

摘　要：粮食作物是人们赖以生存的重要食物来源，粮食加工是食品加工的重要组成部分，对保障粮食安全和提高人民的健康营养水平意义重大。四川省具有典型的立体气候，主要粮食作物有水稻、小麦、玉米、薯类（甘薯、马铃薯、葛根、山药等）以及独具四川特色的青稞、苦荞麦等特色杂粮作物，资源非常丰富，加工产品繁多。近年来随着大健康产业的实施，粮食加工产业向健康营养食品方向迅速发展。本文根据现有的研究与产业进展和市场需求，从粮食干燥、贮藏到加工方面提出了积极发展节能干燥、功能食品、生物发酵等集成创新加工技术和配套设备，以及通过精深加工、全谷物、全麦食品与综合利用，大力开发主食方便化健康营养食品、特色杂粮和传统食品工业化加工新产品，形成以粮食干燥、贮藏和加工为核心，紧密融合带动加工专用原料、病虫害防治、高产优质栽培和全程品质管控等环节的粮食（农产品）加工创新技术链和全产业链，使四川省粮食加工产业迈上新台阶，实现协调突破性发展。

关键词：粮食加工；粮食安全；健康营养食品；全产业链；青稞；苦荞麦；薯类；甘薯；马铃薯

一、四川省主要粮食加工的基本情况和存在的主要问题

（一）粮食干燥和贮藏

粮食干燥和贮藏是保障粮食加工与利用的关键环节之一，在粮食加工产业链中发挥着极其重要的作用。水稻、小麦和玉米是四川省最重要的粮食作物也是粮食加工的主要原料。在干燥方面，国家粮油储备公司和从事种植与收储干燥的专业大户（专业公司）作为粮食干燥与收储的主体，主要采用以天然气为主要热源的大型粮食干燥机进行规模化干燥以及随后进行的贮藏，对保证水稻、小麦大宗收购粮食的品质和安全贮藏加工与利用发挥了重要作用。由于四川省粮食生产的主体多为中小农户，种植比较分散，水稻、小麦和玉米等粮食作物常因在收获前生长期遇到高温高湿天气而感病，特别是在交通不便、缺乏燃料和干燥设备的地区，在收获后往往遇到寡照、低温、多雨天气不能及时进行干燥处理，因此造成水分含量超标，在贮藏过程中产生霉变损失，使粮食作物的产量品质、加工利用和经济效益都受到了不同程度的影响，迫切需要对

现有粮食干燥系统进行优化和配套完善，积极推广绿色低碳的多功能中小型粮食干燥设备，形成更加完善的粮食干燥体系，避免损失，以保障粮食的后续安全贮藏和高效加工利用。

（二）水稻加工

1. 精米加工及其米糠副产物的综合利用

水稻加工主要由精米加工和大米深加工组成。在精米加工时产生10%左右的米糠是其主要副产物之一。米糠是稻谷脱壳后依附在糙米上的表面层，由外果皮、中果皮、交联层、种皮及糊粉层组成，含有15%～18%蛋白质，12%～22%脂肪，1%～3%多糖，7%～9%粗纤维，8%～12%的灰分（主要为植酸），7～14%水分，还有矿物质、生育酚、生育三烯酚、谷维醇、28碳烷醇、角鲨烯、神经酰胺等生理功能卓越的活性物质，这些成分具有预防心血管疾病、调节血糖、减肥、预防肿瘤、抗疲劳、美容等多种功能。米糠不含胆固醇，其蛋白质的氨基酸种类齐全，营养品质可与鸡蛋蛋白媲美。米糠所含脂肪主要为不饱和脂肪酸，必需脂肪酸含量达47%，还含有70多种抗氧化成分。由于米糠质地比较粗糙，口感差，长期以来在食品加工方面没有进行有效的开发与利用，许多加工企业都将其作为饲料原料直接出售了，导致精米加工副产物缺乏一条龙综合加工利用，经济效益和营养保健作用都没有得到充分发挥。

因此，针对精米加工中以米糠为主的副产物缺乏综合利用的问题，需要大力开展科企联合攻关，通过米糠功能研究以及超微粉碎、生物发酵、复配调质等集成创新技术，结合进行副产物综合利用，开发再成型米类蒸煮食品、烘焙食品等全谷物系列健康营养食品以及米糠油、米糠蛋白、米糠多糖、葡萄糖浆、植酸和膳食纤维综合深加工产品。

2. 大米系列加工产品

在大米系列加工产品方面，四川省经过长期发展形成了具有传统地方特色的米通、米糕、芝麻糕、叶儿粑、米花糖、粽子、醪糟、米酒、米粉等加工产品，深受消费者欢迎。但是这些产品多年来的总体销量都没有大的持续性增长，加工技术还需要改进和完善，缺少具有代表四川省独特竞争力的大宗畅销产品和拳头产品。随着营养保健意识的增强和现代生活与工作节奏的加快，四川省大米深加工迫切需要融入现代加工技术，特别是在现有传统食品的基础上，需要根据不同的加工产品，通过进一步提升品质、延长保质期、兼顾营养保健作用、扩大生产规模，形成食用方便的系列主食化和方便即食新产品。

（三）小麦加工

面粉是四川省粮食加工最重要的原料。四川省小麦品种以中筋小麦为主，加之部分弱筋小麦和少许高筋小麦。小麦面粉加工以普通面粉为主，主要是出粉率在75%以内的标准粉以及出粉率在75%～85%的全麦面粉（比例约10%），面粉加工占全年小麦消耗量的50%以上，用于加工面包的高筋面粉则大都来自河北、河南、山西等省。多年来，四川省面粉加工应用产品主要是采用标准粉加工成挂面、鲜切面制品、方便面、烘焙食品以及速冻食品等产品，总体销量平稳。在小麦加工产品方面存在的主要问题是缺乏综合利用以及全麦与健康食品特色产品，加工产品从外省进来的多，从四川省走出去的少，缺乏拳头产品和特色产品，产量与效益都有待提高，除了用于酿酒的小麦以外，特别是围绕四川省小麦粉的主食特色加工食品的优势还没有得到充分发挥。

随着现代生活节奏的加快和健康营养理念的不断深入，全麦面粉目前已在烘焙食品、方便食品等方面取得了较好的应用，进一步拓展全麦和综合利用的健康食品成为当前四川省小麦加工的重点发展领域之一。需要把标准粉和全麦面粉更好地结合四川省的青稞、苦荞麦等特色保健食品原料进行科学配伍，加大全麦与特色健康营养新产品的开发力度，积极开展麸皮副产物综合加工利用，在配方工艺、加工成本（包括面粉加工成本）、提升品质和食疗效果等方面进行全面优化创新，有很好的市场发展前景。

（四）特色作物青稞加工

青稞是四川省高原和民族地区的特色主产农作物，营养丰富、口感独特。是高原恶劣环境条件下植物适应性进化的典型代表。四川省是仅次于青海省和西藏自治区的全国第三大特色优势青稞产区，主要分布在甘孜、阿坝和凉山州，产量巨大，青稞的种植对藏区人民的健康和经济发展起到了不可低估的作用，在全省农业和地方经济的发展中占有非常重要的地位。

青稞的营养价值高于水稻、小麦和玉米，具有很好的营养与保健作用，是食用、酿造及药兼用的特色粮食作物。青稞具有高蛋白、高纤维、高维生素、低脂肪、低糖等特点。其中蛋白质含量10%~16%，高于小麦、水稻；淀粉含量为45%~71%；粗脂肪为1.2%~3.9%，比玉米和燕麦低，但高于小麦和水稻。它还含有降胆固醇作用的β-葡聚糖等；可溶性纤维和总纤维含量均高于其他谷类作物；青稞富含B族维生素、维生素E等；所含微量元素钙、磷、铁、铜、锌、锰、硒都高于玉米。青稞含有18种氨基酸，尤以人体必需氨基酸较为齐全。青稞食品对补充机体每日必需氨基酸的需求，保障人体健康有重要作用。甘孜州作为四川省最重要的青稞产区，青稞种植面积约50万亩，年产青稞10余万吨，根据当地长期以来形成的消费习惯，青稞的传统加工已逐步形成了糌粑、炒青稞、青稞酒等传统食品。随着青稞营养保健作用的不断研究与普及，青稞加工从传统食品向健康营养食品方向迅速发展，近年来已开发了青稞饼干、青稞沙琪玛等加工产品，受到市场欢迎。目前青稞加工已逐步发展成为四川省藏区农牧业的一大特色产业。

青稞加工产业目前存在的问题主要是加工量小、加工技术滞后、加工成本较高。特别是糌粑和炒青稞的传统制作方法比较粗放，许多地方还采用手工操作，产品的档次不高，青稞白酒在营养保健功能方面也没能得到体现，需要通过现代加工技术研发拳头加工新产品。通过开发青稞深加工和综合加工，形成风味独特、具有青稞特有的营养保健功效并与主食化融合的特色健康营养食品，才能实现青稞加工产业的突破性发展。

（五）特色作物苦荞麦加工

四川省的苦荞麦主要集中分布在凉山州，在四川省特色粮食加工产业中占有极其重要的地位。凉山州是世界苦荞麦资源最丰富、种类最多样、分布最集中、种植最广泛、产量最大、品质最优良的主产区，苦荞麦常年种植面积在 100 万亩以上，年均产量达 12 万吨，约占全国总产量的 50%，占全球总产量的 1/3 以上，具有绝对资源优势，被誉为“苦荞麦之乡”。

苦荞麦含有 D-手性肌醇以及芦丁、槲皮素等黄酮类化合物，具有降血脂、降血糖、降血压、抗氧化和抑菌等作用，是发展健康营养食品加工的重要原料，也是四川省重要的特色食药兼用资源。苦荞麦加工产业对实施和优化科学的饮食结构，预防和缓解我国居民的诸多健康与疾病问题，推动凉山州资源的利用与发挥社会经济效益，发展地方特色经济，以及在巩固民族地区脱贫成果和乡村振兴中都发挥了非常重要的作用。

苦荞麦产业多年来从资源研究、品种选育、良种推广、规模种植到产品研发、加工销售都得到了长足发展。目前凉山州全州已经发展了西昌航飞苦荞科技发展有限公司、西昌市正中食品有限责任公司等近 40 家苦荞加工企业，加工产品有苦荞原粉、苦荞即食粉（羹）、苦荞茶、苦荞沙琪玛、苦荞挂面、苦荞饼干、苦荞配制酒、苦荞蒸馏酒、苦荞啤酒、苦荞调味品、芦丁香菜等 20 多个产品，苦荞加工产品已深受大众喜爱。其中最具有代表性的产品有苦荞茶、苦荞沙琪玛和苦荞即食粉（羹）。

四川省苦荞加工产业目前还存在的主要问题如下：第一，苦荞加工产品的种类和产品的内涵都还比较单调，苦荞的保健营养作用还没有得到充分发挥，现有的苦荞茶等几个主要加工产品的总体销量都不大，持续增长乏力，迫切需要创新开发营养保健的针对性更强、更具有苦荞特色和达到明显功效的健康营养拳头新产品。第二，苦荞从原料到加工产品的品质和品牌都需要规范。目前凉山苦荞加工产品缺乏科学和统一的质量标准，在行业上没有规定苦荞粉的添加量和有效成分的含量。比如在苦荞茶加工产品中，有的企业刻意减少了苦荞原料用量，致使苦荞黄酮含量降低，品质参差不齐，产品形象受到影响，导致市场比较混乱，销量受阻，极大地制约了四川省苦荞麦加工及其产业的持续深入发展。

二、四川省主要粮食加工产业的发展对策与建议

（一）粮食干燥与粮食贮藏的对策与建议

针对四川省一些地区由于缺乏干燥设备等原因，导致产地粮食以及农产品干燥受阻和损失的问题，建议积极开发推广以热泵形式的中小型多功能粮食干燥机，这种干燥机温度控制精准，比现在普遍采用的燃气干燥机节能 40%~50%、具有绿色低碳的突

出特点。采用了先进的变频和智能化自动控制技术，能精准地对干燥温湿度进行全程动态控制，温度误差控制在±1℃以内，并结合粮食干燥的需求，提升了适应粮食/农产品多样化干燥的功能。在水稻干燥时，可避免燃气干燥由于温差大（有时高达±5℃）容易产生碎米的问题，提高好米率和品质，对粮食的加工利用产生良好的效果。第一，粮食原料在收获以后可尽快干燥达到安全含水量，避免产后损失，解决一些地方在水稻、小麦、玉米等粮食作物和粮饲兼用作物缺乏干燥的问题，切实保障粮食的规模化安全贮藏、总量供给、整体的高质化加工利用和粮食安全，并达到节能、低碳、环保。第二，可配合实施对蔬菜、水果、中药材等多种农产品的产地初加工与干燥。第三，可作为发芽糙米等粮食和农产品加工的干燥工序，与食品加工密切配合，相辅相成，配套发展。该机不仅用于粮食干燥，还可以用于其他农副产品的干燥和加工，一机多能，周年利用。建议结合当地的粮食加工和农产品加工产业发展进行科学统一规划，政策扶持，技术指导，积极配套完善相关的干燥设备。

粮食贮藏方面，在保证粮食收储品质、完善粮食干燥设备和运行体系的基础上，在粮食贮藏中还需要积极应用和完善温度湿度与气体全程精准智能监控、消毒除虫、气调贮藏等配套集成创新技术，粮食干燥和贮藏紧密结合，粮食贮藏和农产品贮藏保鲜紧密结合，达到贮藏设备综合利用，提高经济效益，粮食贮藏与农产品贮藏加工产业融合创新发展。

（二）稻米加工发展对策与建议

1. 精米加工副产物的综合利用

针对四川省目前稻米加工缺乏综合利用的现状，建议对稻米加工中产生的谷壳、米糠、碎米、次米等副产物积极开展一条龙综合加工研究与利用，提高稻米加工产品的营养价值和附加值。重点是米糠副产物的超微制粉、生物发酵、复配调质等技术的创新和应用，协同大米、面粉、杂粮等原料，开发加工蒸煮、烘焙等全谷物健康营养食品以及米糠油、米糠蛋白、米糠多糖等深加工产品。

2. 传统食品加工技术的集成创新与工业化生产

通过对即食米粉（条）、米线、米糕、叶儿粑等大米加工产品在配方风味改良、杀菌工艺、包装、贮藏运输等环节进行创新，特别是达到优化感官品质与风味、延长保质期、降低生产成本和增进营养保健成分等多重效果，以解决制约传统食品发展的关键技术问题，形成特色传统食品规模化生产的拳头新产品。

3. 积极开发复合大米主食米饭、米粉和米粥系列新产品

大米作为重要的主食之一，需要在传统米饭的基础上进一步创新发展，市场潜力巨大。通过功能食品研究的成果，采用原料精选、科学配料、节能干燥、预熟化调质处理、真空/充氮包装等创新技术，配合豆类（红豆、黑豆等）、薯类（甘薯、马铃薯等）、藜麦、青稞、苦荞麦、小米、杂粮等多种营养保健原料，可积极开发的系列产品有：第一，开发复配预包装“大米伴侣”食品。该产品的伴侣包可在常温下长期储存，食用时可以在家庭或餐馆开袋后与大米同煮，配合千家万户的电饭煲米饭，做成具有良好风味、口感、熟化度和大米一致的健康营养复合米饭。第二，加工成适应不同年龄和人群的复合营养米粉，加水冲调即食。第三，加工成复合即食营养粥。上述产品食用更方便，营养更全面，是平衡膳食和提升大米食品营养保健作用的发展方向。

（三）小麦加工发展对策与建议

1. 开展多元化麦类面粉加工，积极降低面粉加工成本，为小麦加工应用产品提供更丰富、更质优和价廉的食品原料

面粉是粮食加工产业最重要的基础原料。在现有的规模化面粉加工的基础上，面粉加工在有条件的地方可采用多功能中小型面粉加工和低温低速水磨面粉加工配套设备，还能加工青稞粉和苦荞粉等特色优势食品加工原料，积极降低面粉的加工成本，为粮食加工提供质优价廉的复合麦类加工原料。将能更充分地利用四川省中筋、弱筋小麦原料以及其他特色优势麦类资源，形成多元化的麦类营养保健加工新产品开发。在酿酒方面，小麦作为食品酿造工业原材料的研究也还需要进一步强化。

2. 开发全麦全营养面粉及其加工副产物的综合加工利用

积极开发全麦面粉以及对小麦麸皮的综合加工利用，达到丰富营养，降低成本，是小麦加工提质增效的重点之一。由于小麦麸皮的细度难以达到要求，对麸皮的超微粉碎及其应用产品的定位和配方工艺研发是目前需要重点突破的关键技术。此外，积极利用富含花青素、胡萝卜素等营养价值较高的新型小麦品种的全麦面粉研发相关加工产品也是当前和今后小麦加工不可或缺的一个重要领域。

3. 通过丰富的麦类资源和加工技术的融合创新，开发系列加工新产品

通过上述不同种类和等级面粉、全麦面粉的制作以及麸皮的综合利用，配合青稞和苦荞麦等多种特色原料，采用功能食品研究、超微粉碎、生物发酵、挤压膨化、连续烘焙和清洁化生产等技术的集成创新研究和应用，开发特色全麦挂面、烘焙（面包、曲奇、饼干）、速冻、蒸煮、短保方便主食食品等麦类食品加工系列新产品，全力打造突出四川省特色优势的麦类健康营养食品加工体系。

（四）青稞加工发展对策与建议

1. 从当前传统青稞加工产品糌粑的关键技术创新入手，重点提升突破性的青稞主食化加工新产品

围绕传统糌粑（青稞粉）多年来已形成的消费基础，以该产品的加工技术和品质创新为先导，重点提升品质成为具有保健营养作用、风味更佳的青稞即食营养粉。青稞即食营养粉在藏区重要的传统产品基础上，通过分级研磨、超微粉碎、挤压膨化、复配调质和包装等创新加工技术进行工业化加工，不仅将改善藏区农牧民长期以来对糌粑的不卫生制作与取食习惯，有效防止棘球蚴病对人体的危害，营养更全面，食用更方便，价格更合理，对藏区农牧民的饮食习惯和食品品质将带来革命性的变化，让青稞特色资源变成特色加工产品走出高原，进入国内外大市场，对带动青稞的精深加工和青稞产业的持续性发展、巩固脱贫攻坚成果，发展乡村振兴，对藏区农牧业的发展、农牧民增收和政治稳定都具有非常重要的意义。

2. 积极研究青稞食疗兼用新技术，开发青稞加工系列新产品

鉴于青稞特有的营养保健成分，在青稞原粉与青稞即食营养粉的基础上，围绕市场对主食化、方便化、兼顾风味品质和营养保健的产品需求，进一步在青稞脱皮、青稞特定食疗成分的特性与利用等方面进行深入研究与开发，包括β-葡聚糖、母育酚、γ-氨基丁酸等主要功能成分的提取与产品研发，重点针对青稞的降血糖等疗效作用，结合动物实验研究和对富含β-葡聚糖和膳食纤维的青稞及其代餐粉对肠道菌群的作用、对降血糖等保健作用机理进行深入研究与产品开发。并在青稞原粉、青稞速食面、青稞茶、青稞酥、青稞饼干等产品的基础上积极形成特色低成本的加工工艺配方、兼顾特色风味、提升营养和食疗功能、适应市场的系列新产品。

3. 通过青稞加工积极带动全产业链的融合发展

在青稞全产业链方面，通过加工产品的开发，建立科研与生产紧密合作体，积极建立青稞资源收集与功能评价、加工专用原料的生产基地，在藏区扶持青稞加工示范龙头企业以及建立精深加工技术实验室、企业加工研发与示范推广平台，培训青稞生产与加工专业技术人才，带动青稞全产业链的持续均衡发展。

（五）苦荞麦加工发展对策与建议

1. 大力开展苦荞加工技术和产品的创新

凉山苦荞麦食品加工虽然已初步形成产品体系，但还没有突出优势的产品，迫切需进一步提高和完善，开发具有核心优势的加工新产品是苦荞产业的发展之本。根据苦荞丰富的营养和保健功能的特性，积极开发控制成本的食药兼用主食化新产品。目前迫切需要在现有苦荞原料的基础上，配合面粉等其他食品原料，对苦荞麦的精细制粉、调控发酵、精准熟化、调质复配、功能研究等方面进行深入研究与开发。通过提升产品的内在品质与保健效果、改善配方口感，达到既体现苦荞的保健功能、又价格适中、品质优良、风味独特，形成四川省突破性的拳头产品和技术，带动苦荞系列健康营养食品的开发和产业发展。

2. 加强原料和加工产品质量规范的管控与品牌创建，形成苦荞产品的优势

在苦荞原料方面，四川省凉山苦荞麦在降血脂、降血糖等方面的保健作用已被广泛认可，苦荞麦种植集中，产量大，品质优异，保健药疗成分丰富。目前国内一些企业开发生产的苦荞麦食品在其产品说明中都强调使用了凉山苦荞麦为原料。苦荞茶等应用产品也形成了规模，凉山苦荞麦及其加工产品在行业内的知名度很高。为了突出四川省以凉山州为代表的苦荞麦资源的优秀品质，需要及时进行凉山苦荞麦的原产地保护，加快苦荞麦保健食品的开发和申请认证，以形成具有地方特色品牌的地理标志产品，规范凉山苦荞麦及其加工产品的品质和品牌形象。首先应从原产地苦荞麦的认证开始，形成地理优势产品品牌。

在苦荞加工产品方面，针对目前暴露出加工产品质量的一些问题，需要对苦荞麦原粉及其苦荞茶等加工产品逐步建立统一的质量标准，以强化各级质量管理，建立优良原料和加工产品的衔接体系。目前应选择重点企业和产品建立有特色的企业标准，并逐步提升到团体标准、地方标准和行业标准，以规范苦荞食品中苦荞麦的添加量和特征成分等质量指标，合理开发、生产、销售苦荞食品，避免不诚信的企业采用非苦荞原料和以次充好生产苦荞食品、进行虚假宣传等，保障四川省苦荞特色加工产业的高质量良性发展。

3. 加强苦荞优质加工原料基地建设，确保苦荞加工产业的可持续发展

优质原料是加工业发展的基础。要进一步加大苦荞麦种植面积及单产品质提升的研究与推广，提高凉山州苦荞麦种植面积及单产，以市场为导向，以企业为主体，积极建设优质、高产的苦荞麦加工原料生产基地，并建立公司+合作社+农户的生产模式，从根本上保证各方的共同利益。在生产中积极培育推广适合加工的专用新品种如西荞一号、西荞二号、川荞一号，可根据各地气候、海拔等条件选择迪苦 2 号、昭苦 2 号、云荞 2 号等优势品种，同时，根据产地气候、土壤等条件，按照统一规划、相对集中、形成规模的原则进行合理规划与部局，通过 3~5 年的努力，培育一批有特色、有规模、有竞争力的苦荞种植产业。同时加大春荞、秋荞种植模式的研究与推广，加大山区小型机械化设备的研究与推广力度，实现降本、增产、增效，提高劳动生产率，以满足加工专用原料的需求，将凉山这一优势生产资源转化为代表四川省的经济资源优势、特色产品优势和特色产业优势。

三、四川省粮食加工的总体发展对策与建议

（一）加强粮食加工新技术与配套设备的研究与推广，科技引领粮食加工产业的发展

粮食加工产业要始终把科技进步放在第一位，通过不断创新的技术和现代装备引领产业的持续深入发展。重点发展的创新技术与设备有：

1. 粮食干燥设备的配套及其与贮藏和加工产业的融合发展

结合各地的实际生产情况，通过积极配套完善和推广适合中小规模的产地多功能粮食（农产品）节能干燥配套设备，既通过及时的粮食干燥确保粮食贮藏和加工利用，又积极将粮食贮藏和农产品贮藏保鲜技术与设施紧密结合，全面保障粮食的安全贮藏和高效利用，减少投入与运行成本，是粮食加工首当其冲的重要环节。

2. 重点加工技术的集成创新与产品开发

（1）在健康营养食品和功能食品方面，积极运用青稞、苦荞麦等特色资源，重点

开展功能成分的测定、在食品加工过程的变化规律、作用机制和功效评价技术的集成研究，形成询证证据，形成复配调质和加工工艺等关键技术规范，开发具有四川省特色的健康营养食品新产品。

（2）大力加强对传统食品的提质增效和加工技术创新。积极通过调控发酵、高效杀菌、复合配料、清洁化生产等集成创新技术，研发高品质、高营养、延长保质期，与主食化方便食品紧密结合的传统食品新产品，大幅度提升四川省粮食传统食品的品质、科技含量、品牌优势和产业发展。

（3）在粮食综合加工利用方面，通过对米糠和麦麸副产物采用超微粉碎、发酵调质和复配工艺等技术的研究与应用，积极开发利用以米糠和麦麸为主的粮食加工副产物，形成全谷物、全麦系列和综合加工利用的健康营养新产品。

（4）在薯类加工和粮食加工的结合方面，利用四川省甘薯、马铃薯长期以来在国内外形成的资源优势以及薯类全营养粉加工技术成果的产业化推广，重点在薯类全营养粉和薯泥配合粮食加工的熟化调控、节能干燥、全粉与薯泥的储存与保质等关键技术环节进一步集成优化创新和推广应用，通过开发薯类全营养粉、薯泥及其与粮食融合加工而成具有健康营养特色的系列主食化加工新产品，增加粮食总量，并积极作为国家粮食战略储备，以进一步保障粮食安全。

（5）积极开展大米（米糠）除镉及其应用产品加工技术的研究与应用。

（6）通过粮食加工中的功能食品开发、传统特色食品创新升级、综合利用、节能干燥、清洁化生产等重点产品与技术领域的集成研究和创新应用，形成产前和产后加工有机融合、加工与市场精准对接的粮食精深加工一条龙全产业加工技术链和特色产品产业，科技引领四川省粮食加工产业的突破性发展。

（二）积极围绕农产品特色加工资源开发市场需要的创新主导产品，是四川省粮食加工业发展的重点

鉴于四川省具有丰富的粮食加工以及相关的农产品（食品）加工特色资源，在粮食加工方面应以大米、小麦为主体，紧密结合青稞、苦荞麦、玉米、薯类（甘薯、马铃薯以及葛根和山药）、果蔬、肉类等多种原料，积极开发全麦、全谷物、米面副产物和多种食材综合利用相结合的主食食品、方便食品、烘焙食品、挤压食品、发芽食品（如发芽糙米）。特别是积极利用青稞、苦荞、薯类等四川省特色优势资源，全力打造和升级四川省的粮食加工特色传统食品、全营养健康食品与主食化方便食品，形成系列龙头产品及其产业集群。

（三）大力推进粮食加工技术链和全产业链的融合创新发展

在全产业链方面，需要进一步加强和发挥产后加工的带动作用，特别是要把粮食干燥、粮食贮藏、农产品贮藏保鲜、冷链物流和收获前的病虫害防治等多个重要环节与粮食和农产品精深加工进行紧密联结和配合，形成从原料生产到粮食加工保质保量供给的一条龙创新技术链和产业链，形成“科研—生产—加工”全产业链融合创新发展的新格局。

（四）切实加强质量监管，建立统一的质量标准和规范

质量监管和标准规范是粮食和农产品加工产业发展的生命线，要以青稞、苦荞等四川省特色重点加工产品与产业为先导，逐步建立和完善从原料生产到主要加工产品的行业技术规范、各级质量标准和检验标准，做到质量保障、质量追溯，确保粮食加工全过程的品质和粮食安全，形成质量保障体系，打造四川省粮食（农产品）加工标志性品牌的形象。

（五）普及健康营养的粮食消费方式和理念，带动产业发展

在消费市场拓展方面，要积极宣传和普及健康营养食品的科学知识，使广大消费者全面了解我国居民膳食指南，掌握食品的营养与保健功能和安全储存等基本知识，形成健康营养食品和科学饮食理念。建立“加工企业—消费者”互联互通的协同机制，把日常膳食消费需求和粮食加工产品/产业紧密结合起来，从而推动四川省粮食加工产业的创新发展。

粮食加工业关系到国计民生，也是四川省农业、农村、农民和民族地区社会经济发展最重要的支柱产业之一。通过粮食加工联结生产全产业链领域的技术创新、设备创新、市场开拓和加工资源利用研究的协同发展，全面保障粮食安全，全面提升四川省的粮食和粮食加工产业，进一步提高人民的健康营养水平。

参考文献

白婷，靳玉龙，朱明霞，等，2018. 56份青藏高原不同区域青稞籽粒营养品质综合评价［J］. 食品工业科技，39（23）：318-322.

王滨，2019. 凉山：世界苦荞之都［J］. 黑龙江粮食，5：41-44.

杨庶文，2019-02-12. 苦荞：走向世界的凉山符号 . 凉山日报 .

四川马铃薯主要病虫草害综合防控技术研究报告

李洪浩 胡容平 周小刚 陈庆华 范中菡
（四川省农业科学院植物保护研究所，四川 成都 610066）

摘 要：四川省马铃薯种植面积位居全国前列，21 个市州均种植马铃薯，但马铃薯主要病虫草害的普遍发生制约了四川省马铃薯产业的高质量发展。分析近年四川省马铃薯主要病虫草害发生现状，认清当前马铃薯植保工作形势，总结马铃薯病虫草害防治工作中存在的问题，并提出相应对策，对马铃薯的安全生产和马铃薯产业的绿色高效可持续发展意义重大。

关键词：马铃薯；病虫草害；发生现状；防控对策

四川多丘陵山地，地势复杂，海拔高度变化大，立体气候明显，区域气候差异大，年平均气温高，无霜期长，雨量充沛，一年四季均有马铃薯的栽培。自 2015 年中国启动马铃薯主粮化战略，四川省马铃薯产业得到迅猛发展，生产趋势良好，但效率优势相对其他省份尚存在较大提升空间。由于全国大范围调运种薯、大面积种植单一马铃薯品种、马铃薯连作或轮作年限短、马铃薯主要病虫草害综合防控力度不够，以及适宜的发病条件等因素，导致四川省马铃薯病虫草害逐年严重，制约四川省马铃薯产业的进一步发展。分析当前四川省马铃薯病虫草害发生和危害现状，牢固树立“科学植保、公共植保、绿色植保”的理念，提出病虫草害综合防控对策，利用科学手段将病虫草害的发生危害控制在经济阈值内，提高马铃薯种植效益，保障四川省马铃薯健康发展，促进脱贫攻坚与乡村振兴有效衔接。

一、四川省马铃薯主要病虫草害发生与防治的基本情况

四川省马铃薯主要病虫草害常年发生面积在 750 万亩左右，其中病害发生面积 300 万亩左右，虫害发生面积 150 万亩左右，草害发生面积 300 万亩左右。

（一）马铃薯病害

四川省马铃薯主要病害为马铃薯晚疫病、马铃薯早疫病和马铃薯病毒病，以及其他土传病害，发生面积约 300 万亩次，防治面积约 360 万亩次，挽回损失 48.58 万吨，实际损失 7.81 万吨。

目前，主要采取种植脱毒马铃薯的方式防治马铃薯病毒病，产量得到显著提升，病毒病发生程度和流行速率得到有效缓解，而马铃薯早疫病和晚疫病的防治主要靠种植抗病品种与化学药剂。在经济相对欠发达区域，农户普遍不进行马铃薯病害防治，马铃薯晚疫病发生较为严重，常年发生面积 220 万亩左右。6—8 月成为春马铃薯晚疫病暴发高峰期，马铃薯晚疫病病株率 80%左右，甚至高达 100%。近年研究表明，马铃薯晚疫病菌群体在全球范围的迁移、替代导致“新”群体的出现，马铃薯晚疫病菌抗药性的产生，以及有性生殖的潜在发生产生了具有更强毒性和高适合度的晚疫病菌群体，导致各马铃薯产区马铃薯晚疫病菌群体组成复杂化。马铃薯晚疫病的防治重在预防，监测预警和精准施药可有效控制马铃薯晚疫病的发生和流行。四川省马铃薯晚疫病监测预警系统由四川省农业科学院植物保护研究所主办，在成都、绵阳、南充、达州、乐山、自贡、甘孜州和凉山州等市州均建设了马铃薯晚疫病监测预警站点，为全省马铃薯晚疫病监测预警精准防控打下了坚实了基础。

其他次要病害，如马铃薯青枯病、马铃薯环腐病、马铃薯黑胫病、马铃薯疮痂病和马铃薯根结线虫病等病害在四川省零星发生，部分马铃薯种植专业合作社或公司会采取精选种薯和药剂拌种等方式进行防治，而普通农户仍采取传统草木灰拌种措施预防病害。

（二）马铃薯害虫

四川省马铃薯主要害虫为蚜虫、地下害虫、二十八星瓢虫和块茎蛾等，危害程度低于马铃薯病害，发生面积约 146 万亩次，防治面积 163 万亩次，挽回损失 8. 91 万吨，实际损失 1. 48 万吨。

蚜虫作为四川省马铃薯第一大害虫，在四川马铃薯优势区域普遍发生，发生程度与当地种植作物种类和气象因素有关，盛发期主要在 4—6 月。受种植模式和习俗的影响，地下害虫在四川马铃薯优势区域普遍发生，其中，在成都平原水旱轮作区冬马铃薯鲜有发生，但在海拔 3 500 米左右四川甘孜藏区仍有发生。二十八星瓢虫一般在山区和半山区发生，一般夏秋之交 8—9 月，出现成虫、幼虫和卵同时出现，世代重叠，为害严重。块茎蛾田间为害程度较轻，仅在局部地区贮藏期发生。对地下害虫常发区，主要采取播种时撒施辛硫磷颗粒剂等药剂预防，而其他害虫则发生后才进行药剂防治。

（三）马铃薯杂草

四川省马铃薯优势区生态类型多样，种植制度不同，播期不一致，田间杂草发生规律差异大，主要为马唐、牛筋草、狗尾草、猪殃殃、藜等，发生面积约 328 万亩次，防治面积 300 万亩次，挽回损失 27 万吨，实际损失 5 万吨。主要采取播后覆膜，除草剂苗前封闭和苗后选择性防除，以及结合中耕除草等措施防除杂草。

二、四川省马铃薯主要病虫草害防控存在的主要问题

（一）种薯带菌现象突出

种薯带菌是马铃薯病害长距离传播的主要方式，可成为马铃薯病害的初侵染来源，造成田间出现中心病株，继而全田发生和大面积流行。马铃薯生产种价格约 4 元/千克，用种量 150~200 千克/亩，种薯成本 600~800 元/亩。鉴于种薯价格较贵，普通农户习惯使用自留种，很少考虑当季马铃薯病害的发生对种薯贮藏的影响，以及种薯带菌面临的马铃薯病害发生风险。部分合作社和家庭农场通过种薯生产企业和销售公司集中采购马铃薯种薯，近年优质种薯供不应求，部分种薯销售商以次充好，马铃薯品种优势未充分体现，以及种薯带菌造成马铃薯晚疫病和黑胫病等病害的发生，补救措施收效甚微，降低了马铃薯产量和品质。

（二）主要病虫草害监测预警防控指导力度不够

四川省马铃薯主要病虫草害监测预警防控对象主要为马铃薯晚疫病，马铃薯晚疫病监测预警的准确度是精准防控马铃薯晚疫病的关键。相对于四川省广袤的马铃薯种植面积，目前马铃薯晚疫病监测站点覆盖点还较少，低于临近的贵州省和重庆市。同时，对于其他病虫草害，如马铃薯黑胫病、疮痂病和粉痂病等土传病害、地下害虫以及猪殃殃等恶性杂草监测防控指导力度相对较弱，阻碍四川省马铃薯产业的进一步发展壮大。

（三）预防水平较低

四川省马铃薯优势生产区涉及范围广，经济发展程度不一，马铃薯主要病虫草害综合防治技术应用水平差异明显。受环境条件、防治习惯、种植效益等因素的影响，部分马铃薯专业合作社和薯农对马铃薯主要病虫草害防治意识薄弱，在偏远山区，甚至不进行任何病虫草害防治，导致马铃薯晚疫病、地下害虫和恶性杂草等病虫草害严重发生，产量损失较大。而多数地区主要以马铃薯晚疫病作为防治对象，早疫病和病毒病普遍发生而不防治。药剂多年不轮换、错过最佳施用时期或者喷雾不均匀等现象，导致防治效果不理想；劳动力缺乏、植保器械落后等因素，降低了综合防治技术应用效果。

三、四川省马铃薯病虫草害综合防控的对策建议

（一）防控策略

坚持“预防为主、综合防治”的植保方针，贯彻“科学植保、公共植保、绿色植保、法治植保”理念，综合农业、物理、生物防治措施，辅助使用化学防治措施，采取选用优质脱毒抗病品种、播前土壤深翻与种薯处理、健身栽培与科学用药等技术，重点突出马铃薯晚疫病监测预警精准防控，统筹兼顾马铃薯早疫病、马铃薯病毒病、

马铃薯黑胫病、马铃薯疮痂病及地下害虫、蚜虫、二十八星瓢虫和杂草等病虫草害，推进专业化统防统治，减少化学农药使用量，实现马铃薯病虫草害的全程控制，保障马铃薯的安全生产。

（二）播前土壤与种薯处理技术

1. 播前深松整地，增施有机肥

选择土壤肥沃、地势平坦、排灌方便、土层深厚的微酸性沙壤土。深翻前亩施腐熟有肥机1 000~1 500千克，深耕30厘米。播前精细整地，使表层土壤细碎，创造良好的土壤结构。

2. 优选适宜品种，实行轮作倒茬

根据种植地历年马铃薯病虫害发生种类和危害程度，选择适宜优质脱毒抗病品种，如早熟品种：费乌瑞它、希森3号，中早熟品种：兴佳2号、川芋117，中晚熟品种：米拉、青薯9号、川凉薯系列等。

3. 播前种薯处理

播前15天精选种薯，剔除病薯。置于10~15℃通风良好、散射光条件下催芽，一般在10天左右，当芽长为0. 5~1厘米时，将催好芽的幼苗放在阴凉处炼苗1~3天，使芽变绿后播种。推荐整薯播种，种薯块茎过大需要切块时，必须采取切刀消毒、药剂拌种等预防病虫害。可采用75%消毒切刀，8%氟环・咯菌腈种子处理悬浮剂70毫升+600克/升吡虫啉悬浮种衣剂60毫升+3%中生菌素可湿性粉剂50克拌种100千克种薯，预防马铃薯晚疫病、黑胫病等病害的发生。播种时可选用绿僵菌、白僵菌或苏云金杆菌等生物制剂混土撒施防治地下害虫。

（三）杂草防治技术

1. 土壤封闭除草

建立合理的轮作制度，如实行水旱轮作、与十字花科作物轮作等减少杂草为害。以及选用黑白相间膜、黑色地膜等覆盖除草。可选用二甲戊灵、乙草胺、扑草净、异噁草松、精异丙甲草胺及其混剂进行土壤封闭处理。

2. 苗后茎叶除草

结合施肥，采取中耕培土，防除行间杂草。一般在禾本科杂草3~5叶期，阔叶杂草杂草2~4叶期，马铃薯株高10厘米左右，可选用烯草酮、灭草松、高效氟吡甲禾灵、精喹禾灵、砜嘧磺隆等及其混剂进行茎叶喷雾处理。

（四）生长期主要病虫害防治技术

1. 马铃薯晚疫病

控制植株长势，避免徒长，降低田间湿度，预防马铃薯晚疫病的发生。根据马铃薯晚疫病监测预警系统或田间监测，确定最佳防治时期。早熟品种在第2代侵染循环中期，中熟品种在第4代侵染循环中期，可选用丁子香酚、烯酰吗啉、丙森锌、氟吗啉、嘧菌酯、氟啶胺、氰霜唑、噁铜·氟噻唑、双炔酰菌胺、氢氧化铜或枯草芽孢杆菌等药剂，全田喷雾预防马铃薯晚疫病，间隔7~10天，连续施用3~5次。初见中心病斑或病株，立即拔除病株，封装后带离田块，选用噁铜·氟噻唑、烯酰吗啉、精甲霜灵·锰锌或氟菌·霜霉威等药剂进行全田全面喷雾，防治病害蔓延和流行。喷后4小时内遇雨需补喷，注意药剂轮换。收获前10天进行杀秧，清除茎叶并带出田外集中处理，选择晴天收获。

2. 马铃薯早疫病

在发病初期，全田喷施保护性杀菌剂，如百菌清、丙森锌、代森锰锌和氟啶胺等药剂，间隔7~10天，连续施用1~2次，可有效防止病害蔓延。在发生较重时，可选用丙环唑、嘧菌酯、吡唑醚菌酯或苯醚甲环唑等药剂，视发病程度，间隔7~10天，连续施用1~2次。马铃薯早疫病防治药剂的选择，可结合马铃薯晚疫病的防治，一喷多防。

3. 其他病虫害

马铃薯病毒病的发生与蚜虫的为害存在一定关系，应每年选用优质脱毒品种，加强肥水管理，提高植株抗病性。利用黄板监测田间蚜虫为害情况，当每百株蚜量超过50头时，或马铃薯顶部叶片部位出现蚜虫聚集情况时，及时使用苦参碱、鱼藤酮、吡虫啉、啶虫脒、氟啶虫酰胺或高效氯氰菊酯等药剂控制蚜虫的发生和危害。二十八星瓢虫虫口密度达到每百株30头的防治指标时，在幼虫分散前可选用高效氯氟氰菊酯进行叶面喷雾防治。防治疮痂病，提倡高垄栽培和中耕培土，在结薯期和薯块膨大期遇干旱应及时灌水，保持土壤湿润，避免忽干忽湿。

四川油菜主要病虫害绿色防控技术对策报告

张　蕾　黄小琴　杨潇湘　刘　勇
（四川省农业科学院植物保护研究所，四川　成都　610066）

摘　要：油菜是四川农业的“支柱产业”之一，种植面积和总产量连续 19 年增长，总产量稳居全国第一位。近年来，由于气候变化和耕作制度的改变，油菜病虫害在生产中的危害日益严重，严重制约了油菜的可持续生产。本文针对四川省油菜生产中的主要病虫害种类、危害及发生规律，结合四川省生产实际，提出了油菜病虫害关键绿色防控技术，以提升四川省油菜病虫害科学防治水平，促进四川油菜产业经济持续健康发展，助推“天府菜油”品牌打造，进一步擦亮四川农业大省的“金”字招牌。

关键词：油菜；病虫害；绿色防控技术

油菜是我国重要的油料作物，国产菜籽油占国产油料作物产油量的55%以上，发展油菜生产对维护国家食用油供给安全具有重要的战略意义。四川作为全国重要的油菜产区，油菜种植面积占全国的17%，总产量占全国的21.7%，消费总量占全国的20%左右。2020年全省油菜种植面积1938.2万亩，总产量317.2万吨，油菜种植面积和总产量连续19年增长，总产量持续稳居全国第一位。油菜已成为四川省的优势产业，是农民的重要经济来源之一。然而，由于油菜的生育期较长，病虫害种类繁多复杂，加之耕作制度变更等原因，导致四川省油菜病虫害的发生呈加重趋势，已经成为影响油菜安全生产的重要限制因素。据不完全统计，四川省油菜产区一般年份病虫害发生率为10%~30%，严重时达80%以上，病株减产11%~73%，含油量锐减，导致油菜每亩减产100千克以上，经济损失巨大，严重影响油菜的产量和品质。近年来，由于菌核病等老病害的发生流行规律发生了新变化、根肿病等土传病害在四川省油菜主栽区暴发成灾，黑胫病和黑斑病等新病害多地出现且发生危害呈上升趋势，单一传统的防控措施已经难以实现对病虫害的有效防控，为此，本报告在明确四川省不同生态区域油菜主要病虫害种类、为害症状以及发生流行规律的基础上，有针对性地提出油菜不同种植模式下的绿色防控关键技术，以期科学指导四川油菜生产过程中重要病虫害的正确识别、农药的科学选用和绿色防控，提升四川油菜产量和品质、增加农民收益，促进油菜产业高质量发展，助推四川省“天府菜油”品牌打造，进一步擦亮四川农业大省的“金”字招牌。

一、四川省油菜主要病虫害种类和发生危害情况

在四川省油菜产区，常年普遍发生的病虫害有菌核病、根肿病、霜霉病、病毒病、蚜虫等，部分产区还有白锈病和菜青虫等，其中发生面积最广、危害最为严重、造成巨大经济损失的病害为根肿病和菌核病。近年来，黑胫病、黑斑病等一些新病害也在四川省油菜产区零星发生、并呈逐年加重趋势，今年部分产区出现的细菌性腐烂，需引起高度重视和进行及时防控，避免这些新病害在四川省油菜产区扩散、流行、暴发成灾。

（一）菌核病

油菜菌核病在四川省油菜产区均有发生，一般发病田块油菜减产 10%～50%，发病严重田块可达到 80%以上。该病在幼苗、茎、叶、花、角果均可受害，引起油菜植株幼苗枯死、植株早枯、叶片穿孔、花朵早落、角果减少、种子空瘪，至病害晚期，发病茎秆内髓部烂成空腔，内生很多黑色鼠粪状菌核，菌核混在土壤中或附着在植株内、混杂在种子间越冬或越夏，土壤中的菌核作为最初侵染源在适宜条件下萌发产生子囊孢子在空气中随气流传播、侵染花瓣、叶片，带菌花瓣、叶片进一步侵染植株发病。近年，在四川省油菜产区，10—12 月有少数菌核直接萌发菌丝，导致秋冬季油菜幼苗发病枯死；大部分油菜区菌核则在 2—4 月萌发，产生子囊盘。菌核病作为真菌病害，其发病程度受多种气候因素的影响，降水量、降雨日数是影响发病程度的主要气象因子，1—2 月的降雨多少直接影响当年土壤中菌核萌发和子囊孢子数量，3—4 月雨水和潮湿天气直接影响菌核病的发生和危害程度。与降水量相比空气相对湿度更为重要，田间高湿情况持续较长时间将有利于菌核病菌核的萌发、子囊孢子的释放和侵染，而油菜种植过密、生长郁闭后水分蒸发减弱也会加重菌核病的发生。同时春季油菜开花时间与春季降水时间相吻合，导致油菜花瓣掉落、叶腋及枝腋部积水，给菌核病传播侵染创造了更加有利的发病条件。

（二）根肿病

油菜根肿病，在四川省大部分油菜产区均有发生，自 2005 年后，该病在四川省油菜和十字花科蔬菜产区逐渐流行和暴发成灾，一般田块株发病率为 20%～50%，严重时达 100%，导致每亩油菜减产 100 千克以上甚至绝收。该病主要危害油菜根部，受害植株根部组织膨大形成瘤状，导致根系生长和吸收能力受损，故又称为“植物癌症”。根肿病菌主要在苗期侵染，严重时幼苗枯死。植株受害早期，一般地上部植株表现不明显，但植株生长缓慢，矮小，重者表现为缺水状态，基部叶片在中午时萎蔫，早晚可恢复；到了后期则叶片发黄，枯萎至全株死亡。病菌主要以休眠孢子囊在土壤病残体或黏附在种子上渡过不良环境，休眠孢子在土壤中存活 10 年以上。病菌休眠孢子囊可借雨水、病残株、灌溉水、害虫及农事操作等进行传播，萌发产生游动孢子侵入寄主，

经10天左右根部长出肿瘤。病菌在9～30℃均可发育，最适侵染温度为18～25℃。适宜相对湿度50%～98%。酸性土壤（适宜pH 6.2）、高湿低洼地有利于病害发生。

（三）霜霉病

霜霉病是油菜种植过程中一种常见的病害。油菜各生育期均可感病，侵染油菜的茎、叶、花、角果，发病时病部变黄，并长出白色霉状物，花梗染病后肿大弯曲，呈"龙头拐"状，花瓣肥厚变绿而不结实，一般田块发病率为10%～25%，严重田块发病率可达70%～100%，产量损失可达5%～60%。在冬油菜区，病菌以卵孢子随病残体在土壤中、粪肥里和种子内越夏，秋季萌发后侵染幼苗，病斑上产生孢子囊进行再侵染。冬季病害扩展不快，并以菌丝在病叶中越冬，翌春气温升高，又产生孢子囊借风雨传播再次侵染叶、茎及角果，油菜进入成熟期，病部又产生卵孢子，可多次再侵染。该病发生与气候、品种和栽培条件关系密切，气温8～16℃、相对湿度于90%、弱光利于该菌侵染。生产上低温多雨、高湿、日照少利于病害发生。长江流域油菜区冬季气温低，雨水少发病轻，春季气温上升，雨水多，田间湿度大易发病或引致抽薹和花期该病流行。连作地、播种早、偏施氮肥或缺钾地块及种植密度大、田间湿气滞留地块易发病。低洼地、排水不良、白菜型或芥菜型油菜发病重。

（四）病毒病

油菜病毒病在四川省油菜产区均有发生。该病由多种病毒侵染所致，除种子带毒外，其主要由翅蚜吸食带毒植物后飞行至健康植株摩擦枝叶、吸食汁液传染。油菜病毒病受害植株主要表现在沿叶脉两侧褪绿，叶片呈黄绿相间的花叶，明脉或则叶脉呈半透明状，严重时叶片萎缩卷曲甚至畸形，病株明显变矮，多在抽薹前或者抽薹时枯死。病害的发生多与作物生长的环境，与空气、土壤有极大的关系，而秋天气候温和干燥，蚜虫数量也急剧增长，如果不及时进行蚜虫防控，会加重油菜病毒病的发生和危害。

（五）黑胫病

油菜黑胫病是目前四川省油菜生产中的新病害之一，自2012年在成都地区油菜田中偶然发现该病，至今在四川省绵阳、德阳、南充等地油菜产区田中均有零星发生，逐年加重。该病在油菜各生育期均可发生，病部主要是浅灰色枯斑，斑内散生许多黑色小点，可引起死苗及成株后期茎秆干腐，严重为害时产量损失可达20%～60%；种子感病后变白皱缩，失去光泽，丧失商品价值。黑胫病病菌以子囊壳和菌丝在病残株中越夏和越冬，子囊壳在残株中可存活5年以上。在适宜温度和高湿条件下，可逐年放出子囊孢子，通过气流广泛传播侵染。病害的发生受品种和气候等因素的影响，芥菜型油菜较白菜型和甘蓝型油菜抗病，高温、高湿加速病害的发展。

（六）黑斑病

油菜黑斑病在四川省有零星发生，2019年起，该病在绵阳、南充等地均有发生，日趋严重。该病主要为害叶片、叶柄、茎和角果。叶片染病后初生褐黑色圆形病斑，略具同心轮纹，有时四周有黄色晕圈，湿度大时上生黑色霉状物。叶、秆、枝、荚均可受害。病菌以菌丝和分生孢子在种子内外越冬或越夏，种子带菌率60%，带菌种子造成种子腐烂和死苗。该病流行与品种、气候和栽培条件关系密切，油菜开花期遇有高温多雨天气，易发病。地势低洼连作地，偏施过施氮肥发病重。

（七）蚜虫

蚜虫是为害油菜最严重的害虫。主要有萝卜蚜（菜缢管蚜）、桃蚜和甘蓝蚜三种，三种蚜虫均以成蚜和若蚜吸取嫩头和嫩叶的汁液，喜欢密集在叶背面或心叶中，叶片受害出现褪色斑点，严重的发黄卷缩、变形或枯死。此外，蚜虫不仅直接危害油菜，而且是传播油菜病毒病的主要传毒媒介，其传播的病毒病的危害比其自身危害更大。油菜蚜虫的发生和为害与气温和降水有很大关系，在温度适宜（14~26℃），无雨或少雨，天气干燥的条件下，极适于蚜虫繁殖，易暴发成灾。四川油菜蚜虫一般有两次为害期，一次在苗期（9—11月），另一次在开花结果期（4—5月）。

二、四川省油菜病虫害防控存在的主要问题

（一）病虫害种类多、病害发生及危害程度逐年加重

由于种植习惯的改变、种植结构的调整、耕作制度的改变、品种自身抗性差异以及气候异常等原因，导致油菜病虫害的发生和危害逐年加重，具体表现为：一些常发性病害的发生流行规律出现了新变化，如油菜菌核病从单一的花期侵染转变为苗期、花期双侵染；其次，不断有新的病虫害发生，如从前是次要病害的黑斑病正在演变为当地的主要病害，病害的生理小种的突变形成新的病害，以及今年多地出现了细菌性腐烂，还有外来入侵病害，如油菜黑胫病，尽管该病在四川省还处于零星发生阶段，但是依旧存在流行暴发成灾的风险；另外，根肿病等土传病害发生面积不断扩大、危害日趋严重。这些均给油菜病虫害的绿色防控加大了难度、增加了防治成本，也增加了病虫害防治的不可预测性。

（二）油菜病虫害绿色防控意识薄弱

油菜病虫害的防控在实际生产中普遍存在“见病虫害再打药”的想法，很多种植户根本不认识油菜的重要病害，在病虫害防控知识的普及上存在农业“最后一公里”的脱链。只有看到病虫才打药，多以应急防治为主，防治措施过度依赖化学药剂防治，综合防治措施没有得到很好的利用。另外，在化学防治中存在药剂选择不当、用药时间不及时、用药剂量掌握不准、用药方法和施药器械不当、不同类型农药混配不合理等问题，还有部分种植户平面认为用药浓度越大就越好，农民盲目用药防治现象严重，费工费时，收效甚微。

（三）油菜病虫害防治“重治轻防”，忽视绿色防控

很多种植户对于病虫害的科学防治认识度严重不足，缺乏对病虫害提前预防的意

识，一般只会在病虫害严重发生的情况下才会选择喷施农药进行防控，导致防治效果差，防治工作难以顺利进行。此外，农户迫切看到施药后立竿见影的效果，因此过度依赖化学药剂，但是重复用药易使病虫害产生抗药性、降低防治效果，不利于油菜的安全生产。

（四）传统防治方法防效差、潜在污染风险大

由于油菜植株高大、机械化种植密度大，加之菌核病等常见病害对现有常用化学杀菌剂的抗药性、农村劳动力缺乏导致劳动成本大幅上升等问题的日渐突出，导致菌核病等病害不能得到有效的控制；而根肿病作为油菜生产上的重要土传病害，其传统防治主要采用高毒杀菌剂灌根或土壤处理，不仅成本高、防效差，还会带来人畜健康和环境污染的潜在风险。

三、四川省油菜病虫害绿色防控对策与建议

（一）做好油菜重大病虫害的监测预报，提高预警监测水平

配备先进的病虫害监测仪器设备、完善智慧检测系统，提高监测预报水平，增强对菌核病、根肿病等主要病虫害的预警监测能力，确保监测数据的准确可用性。加强与气象、通信等部门的合作，开展信息网络测报工作，使油菜病虫害测报工作逐步网络化，提高病虫害发生的信息传递速度和测报的覆盖面，提升油菜病虫害的有效防控能力。

此外，研制简便易行的油菜病虫害检测技术，为病虫害检测预警提供技术支撑，提升病虫害防控效率。如在根肿病早期预警监测方面，研制了根肿病土壤带菌生物检测技术，可在种植十字花科作物前，通过事先采集土壤在室内栽培根肿病高感作物方式判断带菌土壤中根肿菌是否致病，避免了发病后盲目用药带来的环境污染和因无法预判而导致的十字花科作物产量损失。该技术操作简单，便于掌握，基层生产部门和农户均可自行检测，解决了病害早期监测难的问题。

（二）传统与现代技术结合，提升油菜病虫害综合绿色防控能力

由于油菜的生育期较长，病虫害繁多复杂，单一防控措施难以实现对油菜病虫害的有效防控。因此，油菜病虫害的防治要始终坚持预防为主，综合防控。

1. 农业措施

（1）选用高产抗病品种进行合理布局。在同一地区长期种植同一品种，会导致土壤营养流失和油菜的抗性退化。根据当地实际情况，选用抗病品种进行合理布局则可避免上述情况的发生。建议选择丰产性好、抗病（虫）性高、抗倒伏能力强的品种，特别应推荐低芥酸、低硫甙的优质杂交油菜品种，以预防病虫害的发生，提升农作物的产量。

（2）合理轮作。轮作作为用地养地相互结合的一种措施，不仅可以很好地均衡土壤养分，还可以有效减轻油菜病虫害的发生。油菜的病虫害多发于气候条件稳定的春秋两季，根据这种情况下在越夏或是过冬的时节在土壤中种植科学的轮作品种则能很

好地防治油菜的病虫害发生。实践证明合理轮作有利于减轻油菜根肿病、菌核病、霜霉病的发生，如采取大豆与油菜轮作的方式，可有效降低田间根肿病菌源基数，与水旱轮作相比对上述病害发生的控制更为有效。虽然作物相互轮作会有很好的抑制病虫害的作用，但也应注意的是十字花科蔬菜和油菜不宜进行轮作，这种方式不但不会抑制反而会提升病虫害的发病概率，降低作物抗击病虫害的能力。

（3）适当推迟播种、移栽时期。播种、移栽期与当年油菜根肿病、霜霉病、病毒病的发生程度有着重要联系。播种、移栽期过早将加重上述病害的发生，因此需根据当年气象情况合理安排播种、移栽期，适当推迟播种期。

（4）合理密植、科学施肥。过度密植将影响田间湿度及光照，且植株间叶片、枝条交叉重叠会促进病害的传播；同样过度施用氮肥不仅对种植田块的土壤产生影响，并且会造成植株贪青徒长，植株过度茂密，加重病害的发生。因此合理密植，改善株间通风透光条件，减轻发病，同时合理施肥，施足基肥，要加大有机肥的施用量，合理搭配氮、磷、钾肥，并喷施硼、锰等微量元素。

（5）加强田间管理。及时清理病叶、病残体，病叶不仅是病原主要来源，更影响田间光照及通风。为此，可在油菜生长的中、后期及时清理植株下部病叶、黄叶，并且于油菜收获后，及时清除田间植株残留体等病原越冬、越夏场所。此外，还应做好开沟排水工作，田间积水不仅会提高土壤湿度、影响植株呼吸、减弱植株抗逆性，同时会增加田间空气湿度，增加病原侵染、蔓延的可能性，因此应在雨后及时开沟排水，保持土壤通透性良好，以利于油菜根系正常生长。

2. 物理防治

主要通过物理手段，利用物理性因素或者利用害虫的趋化性、趋光性等特性进行病虫害防治。可采用黄板等物理设备来诱杀蚜虫，一般田块可以1亩地悬挂10块黄板。

3. 生物防治

主要是通过生物制剂以及害虫天敌等措施进行病虫害防治。可在油菜苗期采用土壤喷施盾壳霉生防制剂，消除土壤中的菌核，阻断菌核病初侵染源。蚜虫和菜青虫可通过保护天敌或人工饲养释放蚜茧蜂、草蛉、食蚜蝇及多种瓢虫等方式进行生物防治。

4. 化学防治

（1）采用种子处理方式降低化学农药用量。种子带菌是油菜病害传播的重要途径，种子处理可有效降低种子的带菌率、杀灭部分携带病菌、减少土壤中的病原菌含量、减轻地下害虫的危害。采用“氰霜唑+吡虫啉”进行种子包衣处理，可显著降低油菜苗期根肿病、霜霉病、地下害虫的发生和为害。

（2）科学用药。在正确诊断油菜病虫害的基础上，采用病虫害防治关键时期使用1~2次化学农药方式进行，避免盲目用药。

油菜菌核病：在油菜初花至主茎开花株率95%以上、一次分枝开花株率在50%左右时施药2~3次。药剂可以选择菌核净、腐霉利、乙霉威、凯泽等。防治时药剂应轮换使用，一种药剂不要连续使用超过三次，以延缓抗药性。有条件的地方，可以按照技术要求使用无人机进行油菜菌核病防治。

油菜根肿病：针对机械化直播种植模式，建议采用种子包衣处理方式进行根肿病防治；针对育苗移栽模式，可在育苗前，用10%氰霜唑悬浮液1 500~2 000倍液淋浇苗床地后再播种，移栽前用10%氰霜唑悬浮液100倍液浸根后进行大田移栽。

油菜霜霉病：当病株率达20%以上时，可选用氰霜唑、阿克白、霜脲锰锌、霜霉威盐酸盐或甲霜灵锰锌等药剂，隔7~10天喷药1次，连续防治2~3次。

油菜病毒病：发病初期可喷洒宁南霉素、盐酸吗啉胍、吗胍乙酸铜或50%氯溴异氰尿酸等药剂，隔10天1次，连续防治2~3次。此外，根据田间蚜虫发生情况，及时做好蚜虫防治工作。

油菜黑斑病：发病初期喷洒百菌清、代森锰锌或异菌脲等药剂进行叶面喷雾。

油菜蚜虫：油菜3~6叶期治蚜很重要，应及时喷洒吡虫啉、或10%高效灭百可、高效氯氟氰菊酯、毒死蜱或25%噻虫嗪4 000倍等。如果温度低于25℃时应避免使用吡虫啉。

（三）强化农业病虫害综合绿色防控技术培训，提高农技人员技术服务和农民科学防控技术水平

借助省农业厅植保站、农技推广中心和科技厅等政府机构对绿色植保技术的推介，通过电视台、互联网、报纸、科技杂志、专家大院、田间现场等多种媒介宣传和介绍油菜病虫害及其关键绿色防控技术，强化农技服务人员油菜病虫害绿色综合防控技术培训，提高对病虫害综合防控技术的服务指导水平；通过举办培训班、农民夜校、科技特派员服务等形式对农民进行技术培训，提高农民对油菜病虫害综合绿色防控技术的水平，强化农民严格按照《农药合理使用准则》和《农药安全使用规定》等要求科学使用农药，全面提高农民的合理科学施药水平。采用整村推进的方式，结合国家现代农业产业技术体系技术平台，与国家和四川省产油大县密切配合，加大油菜病虫害绿色防控技术的应用与推广力度，积极指导农民科学合理使用病虫害综合绿色防控新技术，建立各种病虫害绿色防控技术示范基地，让农民参观学习，使新技术与农民“零距离”对接，促进油菜产业的高质量发展。

参考文献

蒋梁材，刘勇，刘定辉，等，2013. 四川油菜生产实用技术［M］. 成都：四川科学技术出版社，90-107.

刘勇，张蕾，李小兰，等，2015. 十字花科作物根肿病识别与防治技术［M］. 成都：四川科学技术出版社.

四川稻渔综合种养产业发展报告①

周　剑　张　露　龙治海　杜　军*
（四川省农业科学院水产研究所，四川 成都，611731）

摘　要：稻渔综合种养是落实“藏粮于地、藏粮于技”战略要求的体现，既保证了粮食生产，又增加了水产品产量，同时改善了农产品品质。四川省稻渔综合种养的推广应用取得较好的成效，发挥了重要的作用，通过“一水两用，一地双收”实现稳粮、促渔、增效、提质、生态等多种功效。四川省稻渔综合种养中存在规模化、组织化程度较低，缺乏长远规划，稻渔综合种养技术、标准推广有待加强等问题，应科学制定产业规划和政策，构建和完善产业标准体系，强化科技支撑引领，推动产业协调、融合发展。

关键词：稻渔；综合种养；问题；建议

引言

我国的稻田养鱼历史悠久，是世界上最早开展稻田养鱼的国家。传统稻田养鱼产业由于生产技术落后，生产方式粗放，化肥、农药使用较多，导致产品品质不高和农业面源污染等问题，严重影响产业发展和产品安全，制约了稻渔种养产业健康发展。因此，通过将水稻种植与水产养殖技术、农机与农艺的有机结合保证提高稻田经济效益和农民收入，提升稻田产品质量安全水平和改善稻田的生态环境是解决问题的最有效途径。

近十几年来，由传统稻鱼系统发展起来的稻渔综合种养在全国各稻作区迅速发展。稻渔综合种养系统主要是人类利用稻田浅水环境将水稻和水生生物种养在同一稻田空间而形成的独特稻作系统，描述的对象是一种以稻为主的（rice-based）农业生态系统及所涉及的“种植”（水稻、莲藕、茭白等湿生作物的栽培）和“养殖”（包括鱼、龟、鳖、虾、蟹、鳅、螺等水生动物养殖）两业耦合共育的综合技术体系，与“稻田养鱼”并不是等同的概念，后者只是一种在稻田浅水环境下养殖鱼类获取水产品的水产养殖技术。

---

①　基金项目：现代农业产业技术体系专项资金资助（CARS-46）、四川省科技计划项目（21NZZH0049、21ZHSF0070）

随着稻渔综合种养系统的不断发展，稻渔综合种养关键技术体系逐渐建成，显示出稳粮、增收和环境友好的效应。近年来，稻渔综合种养在全国各稻作区迅速发展，稻渔综合种养模式和关键配套技术不断完善，逐步形成了“稻—鱼”“稻—龟鳖”“稻—虾”“稻—蟹”“稻—鳅”“稻—螺”“稻—蛙”等多种典型种养模式技术系统。2019 年，我国稻渔综合种养面积接近 3 500 万亩，稻谷产量达到 1 750 万吨，水产品产量超过 290 万吨。四川省稻渔综合种养面积 469. 15 万亩，水产品产量 40. 1 万吨，分别居全国第三位和第二位。四川省稻渔综合种养产业的发展在推动农业绿色高质量发展和助力产业扶贫攻坚、保障农产品质量安全等方面具有重要意义。

一、四川省稻渔综合种养的基本情况

（一）四川省稻渔综合种养的发展历程

四川省现有水稻种植面积已超过 2 800 万亩，主要分布在省内适宜水稻种植的平原、丘陵和山地等区域，丰富的稻田资源为省内稻田养鱼提供了有利的基础条件。四川省稻田养鱼历史悠久，汉代时就已有关于稻田养鱼的记载，迄今已有 2 000 多年历史。新中国成立以来，四川省稻田养殖得到了快速发展，从零散分布的传统稻鱼系统逐步发展到目前规模化、规范化、产业化的稻渔综合种养系统，其间共经历了几个重要的历史阶段。

1. 稻田养鱼起步发展阶段

新中国成立后稻鱼系统得到政府的重视受到大力推广，1954 年，第四届全国水产工作会议正式提出“发展全国稻田养殖”，号召在全国发展稻田养鱼。1958 年，全国水产工作会议将稻田养鱼纳入农业规划，推动了我国稻田养鱼的迅速发展。1954—1959 年，四川省积极响应政府号召，积极在省内发展稻田养鱼，但受养殖技术和鱼苗培育技术限制，该时期的稻田养鱼仍采用传统的粗放粗养的模式，且苗种来源困难，稻和鱼的单产均处于较低的水平。

2. 稻田养鱼低谷发展阶段

1960—1978 年，该时期中国农业以粮为纲，当时的稻田养鱼模式和技术没有与迅速发展的双季稻匹配，加之农药在水稻生产上大量推广使用，稻鱼共生冲突逐渐显现，在生产条件和政策的双重影响下，稻田养鱼面积大量萎缩，四川省内稻田养鱼再这一时期发展极其缓慢。

3. 稻田养鱼快速发展阶段

1978 年以后，随着我国农村家庭联产承包责任制的建立和完善，大大提高了农民稻田养鱼的积极性，四川省稻田养鱼再次得到了迅速发展。此后，随着科技的发展，优良水稻品种和较低毒性农药的推广使得恢复种养结合成为可能，并且国家采取了有力措施大力发展稻田养殖，在很多技术上也得到了创新。这一阶段稻田养鱼由粗放的单一模式，逐步发展成各具特色的多种模式，适合小丘块的沟凼模式，适合丘陵区的沟塘模式，适合平原区的深沟模式等。稻田养鱼的品种也由原来的鲤、鲫、草鱼，增加了罗非鱼、革胡子鲶、泥鳅等种类。稻田养鱼由依靠稻田中天然饲料发展到结合人工投喂饲料，单产水平大幅提高。到 1986 年全国有近 1 500 万亩的稻田养鱼，其中四川有 200 多万亩，为全国之冠。

4. 稻田养鱼转型升级阶段

2000 年以后，随着我国经济快速发展和科技水平的提高，以及人们消费水产的不断提高，我国的稻田养鱼更注重多领域跨学科的新技术应用，探索“水稻栽培、水产养殖、产品加工、销售服务”一体化的管理模式，初步形成规模化、规范化和集约化的稻渔综合种养体系。原农业部于 2010 年前后开始实施“稻田综合种养技术示范”项目，在全国范围内建立了多个稻渔综合种养典型模式的示范点。在这一时期，四川省开始不断探索以标准化生产、规模化开发、产业化经营为特征的稻渔综合种养模式，探索了“稻—鱼”“稻—蟹”“稻—虾”“稻—鳅”等新模式和新技术。

5. 稻渔综合种养崭新发展阶段

2010 年以来，稻渔综合种养产业的发展得到国家政策、技术推广、科学研究多方面的强有力支持，产业发展进入了一个崭新的阶段。2011 年，原农业部渔业局将发展稻田综合种养列入了《全国渔业发展第十二个五年规划（2011—2015 年）》；2015 年“稻鱼共生”载入由 8 个部委联合发布的《全国农业可持续发展规划（2015—2030 年）》；2016 年至 2018 年连续 3 年“中央一号文件”和相关规划均明确表示支持发展稻田综合种养产业。为此，原四川省农业厅发布了《四川省农业厅关于加快发展稻渔综合种养的指导意见》（川农业函〔2017〕324 号）将稻田综合种养发展与新农村主导产业建设、农田水利设施改造项目实施相结合，在全省全面推进。四川省内越来越多的新型农业经营主体和社会资本转入稻渔综合种养产业，取得了显著的经济、社会、生态效益，逐渐形成了“以渔促稻、稳粮增效、质量安全、生态环保”的稻渔综合种养新模式。

（二）四川省稻渔综合种养发展现状

四川省位于中国西南腹地，属于亚热带湿润季风气候，气候温和、湿润，是长江上游重要的生态屏障和水源涵养地。适宜的自然条件和丰富的水资源给四川省水稻种植提供了有利条件，省内水稻种植面积大，分布广，四川现有水稻种植面积超过 2 800 万亩，其中冬水田面积 600 万亩以上，开发潜力巨大。良好的气候条件和丰富的稻田资源为四川省稻渔综合种养产业的发展提供了基础。在稻渔综合种养模式下，“一地双业、一水双用、一田双收”是破解种粮效益低、农民种粮积极性不高的重要举措。

近两年四川省坚持“以稻养鱼、以渔促稻”，把“川粮油”“川鱼”纳入现代农业“10+3”产业体系，大力建设以稻渔综合种养为主的现代粮油和水产园区，开展省级星级园区创建认定，同时依托现代农业园区，深度挖掘全省600万亩的冬水田资源。四川省稻渔综合种养产业继续向高质量发展转型，稳粮作用发挥明显，规范化和标准化水平进一步提高，规模化、产业化、区域化发展成为产业发展主攻方向，产业链进一步延伸，稻米和水产品加工业以及餐饮、旅游业快速发展，产业功能不断拓展，“稻渔+文化”“稻渔+旅游”等业态亮点纷呈，稻渔综合种养的融合发展水平和产业整体带动能力不断提升。目前，四川首批启动了邛崃市、新津区、隆昌市、开江县4个县（市、区），崇州白头、广汉高坪等10个乡（镇）开展“鱼米之乡”创建试点示范。

此外，四川省还组织相关科研院所与企业和合作社等联合开展稻渔综合种养相关技术试验、攻关、技术集成与创新，选择适用与稻渔综合种养的水稻和水产品种，建立生产基地，立足良种良法一起推广，推动稻渔综合种养业高质量发展，使农业、农民、农村走上种养结合，生态农业，绿色发展的新路子。2020年由四川省农业科学院水产研究所牵头完成的“稻渔生态种养关键技术创新与应用”成果荣获四川省科技进步一等奖和范蠡科学技术奖一等奖，该成果创新、集成和推广了水稻种植、水产养殖、种养茬口衔接、施肥、病虫草害防控、水质调控、田间工程、捕捞、质量控制等9项关键技术，构建了病虫草害防控技术体系，大幅减少了化肥、农药和除草剂的使用量。筛选出适宜不同地区稻渔种养模式的优质水稻品种和水产品种38个，创建了“稻鱼共作”“稻虾轮作+共作”“稻蟹共作”“稻鳖共作+轮作”“稻鳅共作”“稻鸭渔”等6类19个生态健康种养模式，使稻渔核心示范区每亩平均增效3 000元以上。并采用“科、种、养、加、销”一体化现代推广方式，提高了农民种稻积极性。此外，还编制了《稻渔综合种养技术　通则》（DB51/T 2494—2018）、《稻渔种养技术规范　稻鳅》（DB51/T 2753—2021）、《稻渔种养技术规范　稻虾》（DB51/T 2754—2021）、《稻渔种养技术规范　稻蟹》（DB51/T 2755—2021）等为代表的稻渔种养四川省地方标准，促进了四川省稻渔综合种养模式的进一步发展。

1. 产业规模

2019年，四川省稻渔综合种养面积已达到469万亩以上，水产品产量超过40万吨，分别居全国第三位和第二位。目前，“稻—鱼”“稻—蟹”“稻—虾”“稻—蛙”“稻—鳅”“稻—鳖”等几大类典型模式在四川省范围内得到了广泛推广和应用。四川现有稻渔综合种养模式主要还是以“稻—鱼”种养模式为主，稻—鱼种养面积和产量均居全国首位。此外，四川省是“稻—鳖”“稻—鳅”和“稻—蛙”等种养模式面积和产量都位居全国前列。

2. 主要模式发展情况

近年来，四川省各地在养殖品种、技术模式等方面不断探索实践，因地制宜形成了“稻—鱼”（主要为鲤鱼、鲫鱼、黄颡鱼）“稻—虾”“稻—鳅”“稻—鳖”等一批区域特色明显、综合效益显著的主导种养模式。

（1）稻鱼种养模式。稻田养鱼在我国拥有悠久的历史，文化底蕴十分深厚，在全国大多数省份均有分布。稻鱼种养也是四川省山区、梯田地区开展稻渔综合种养的主要应用模式。2019 年，稻鱼种养面积排名前 5 的省份依次为四川、湖南、云南、贵州、广西，5 省区种养面积占全国稻鱼种养总面积的 80.65%；稻鱼种养水产品产量排名依次为四川、湖南、云南、贵州、江西，5 省产量占全国稻鱼种养水产品总产量的 93.21%。产业规模方面，四川省应用面积最大，2019 年四川省稻鱼种养分布在除甘孜州和阿坝州外的 19 个市州，面积约为 436.3 万亩，占全省稻渔综合种养总面积的 93.16%；水产品产量 34.15 万吨，占全省稻渔综合种养水产品总产量的 89.07%。经济效益方面，以射洪市为例，推广水稻以单季稻为主，部分为再生稻，放养鱼的品种为瓯江彩鲤（田鱼）等，单季稻 4 月下旬至 5 月上旬播种，9 月下旬至 10 月上旬收割；田鱼则 4 月下旬至 6 月上旬投放鱼苗，9 月下旬至 10 月下旬捕大留小续养。单季稻水稻亩产可达 550 千克，产鱼 75 千克，亩净利润 3 000 元以上。

（2）稻虾连作和共作模式。稻虾种养主要分布在成都平原、川南、川西、川北等区域，目前是四川省应用面积最大、总产量最高的稻渔综合种养模式，也是我国小龙虾的主要养殖方式。经济效益方面，全省稻虾种养比单产稻米综合效益普遍提升 50%以上。以崇州市为例，“稻虾生态种养”模式可使稻田综合效益提高 80%以上，小龙虾平均亩产量约 120 千克；与同等条件下水稻单作对比，单位面积化肥、农药施用量平均减少 30%以上；亩均效益约 3 000 元，较水稻单作提高 2 500 元左右。

（3）稻鳅种养模式。2019 年，稻鳅种养面积排名前 5 的省区依次是四川、辽宁、湖北、吉林、云南，5 省种养面积占全国稻鳅种养总面积的 85.57%；稻鳅种养水产品产量排名依次为四川、辽宁、云南、湖北、安徽，5 省产量占全国稻鳅种养水产品总产量的 89.89%。产业规模方面，2019 年，四川省稻鳅主要分布在内江、宜宾、乐山、资阳、成都等市州，面积约 15 万亩，水产品产量约 2.85 万吨，占稻渔综合种养水产品总产量的 7.43%。经济效益方面，以隆昌市为例，据测算，2019 年全市“稻鳅共作”模式泥鳅平均亩产量约 150 千克；与同等条件下水稻单作相比，单位面积化肥、农药施药量平均减少 40%以上；亩均效益约 2 500 元，较水稻单作提高 2 000 元左右。

（4）稻鳖共作和轮作模式。2019 年，稻鳖种养面积排名前 5 的省份依次是安徽、湖北、湖南、四川、浙江，5 省种养面积占全国稻鳖种养总面积的 91.79%；稻鳖种养水产品产量排名依次为安徽、湖北、四川、江西、内蒙古，5 省区产量占全国稻鳖种养水产品总产量的 96.58%。经济效益方面，据测算，2019 年，全省稻鳖种养中华鳖平均亩产量约 71 千克，与同等条件下水稻单作对比，单位面积化肥、农药施用量平均减少 40%以上，亩均效益 5 000 元以上，较水稻单作提高 4 500 元以上。以德阳市为例，其典型模式——稻鳖共作亩产水稻 550 千克、商品鳖 50 千克以上，实现“百斤鱼、千斤粮、万元钱”。

（5）稻鸭渔共作模式。该模式通过鸭、鱼采食水生生物和虫类，排泄粪便，减少饲料投喂量和化肥农药施用量，同时鸭、鱼活动还可以活水、增加水和土壤含氧量，使水稻增产，实现水道生产的生态化，是发展绿色稻米生产和有机稻米生产，实现水田高产、优质、安全、高效、持续生产的好模式。适宜于长江中下游热量和水分资源充足地区水田应用，特别适宜无公害或绿色食品（有机食品）基地应用。通过项目实施，该模式在四川、湖北等省（区）建立核心示范区3个，核心示范区面积450亩，示范推广51 500亩，亩增效益1 600元。

3. 产业融合发展情况

近年来，各地持续在品牌营销、产品加工、节庆活动、特色小镇/公园建设、龙头企业培育等方面给予积极扶持，稻渔综合种养产业融合度逐步提升，产业链逐步完善。

（1）品牌建设。近年来，各地积极培育优质渔米品牌，引导扶持经营主体打造了一批知名品牌，把稻渔综合种养的“绿色、生态、优质、安全”理念融合到产品设计和品牌包装、营销中，扩大稻渔综合种养优质稻米、水产品的知名度，有效提升了产业品牌价值。中国稻渔综合种养产业技术创新战略联盟成功举办全国稻渔综合种养模式创新大赛和优质渔米评比推介活动，四川省参选品牌获优质渔米产品金奖、银奖2个，成为稻渔综合种养产业品牌宣传推介的重要平台。除扶持经营主体的品牌建设，各地非常注重打造区域公共品牌。其中以小龙虾品牌运营最为成功，“开江小龙虾”“隆昌小龙虾”等一大批小龙虾知名公共区域品牌成为金字招牌。

（2）经营模式。各地因地制宜，创新产业经营模式，将种养、餐饮、垂钓、农事体验融为一体，实现标准化种养、有机稻米/水产品加工、创意农业体验和休闲观光农业发展于一体，助力稻渔综合种养产业一、二、三产业融合发展。省内形成了一批“农业共营制+稻渔综合种养”“农业园区+稻渔综合种养”“新型经营主体+稻渔综合种养”等可复制、可推广的产业经营模式。公司通过合作社等组织对基地建设、生产、管理等实行统一机械施工、统一养殖标准、统一农资供应、统一服务管理、统一产品收购、统一产品品牌的“六统一”，实现了稻渔增产、农民增收、企业增效和三产齐头并进、融合发展。大竹县通过建立标准体系，在全县推广稻虾种养，统筹良种场、产业示范园、以稻田养虾为主的粮食生产功能区建设，形成了“一核多点”的产业发展模式。

（3）节庆活动。自古以来，四川省以渔业为主题的节庆活动就很丰富。近年来，我国形形色色与稻渔综合种养相关的节庆活动遍地开花，在传统节庆的基础上，不断注入新的元素，焕发出新的生机和活力。在活动中，各地将民俗文化、特色产品展出、文艺演出、体育竞技等有机融入，取得了良好效果。开江的“龙虾节”已连续成功举办3届。近年来，在开幕式、文艺演出、万人龙虾宴等经典节目基础上，植入更多时尚元素，研发推广龙虾衍生文化产品，让开江龙虾产业与时俱进，开江龙虾文化更加深入人心。

4. 龙头企业培育和示范区建设

近年来，各地通过政策扶持，引导农户将承包经营土地采取转包、出租、互换、转让、入股等方式向稻渔综合种养新型经营主体流转，推进适度规模经营，培育壮大稻渔综合种养专业大户、家庭农场、农民合作社、农业企业等新型经营主体，扶持龙头企业做大规模，做强品牌，提高标准化生产和经营管理水平，形成区域性优势产业。以四川百岛湖生态农业开发有限公司、成都大胃王农业科技有限公司等一批国内知名度较高的龙头企业纷纷涌现，在产业技术研究、加工物流、电子商务、休闲渔业、科普宣传等方面起到重要的引领作用，有力促进了稻渔产业技术创新和融合发展。继创建 8 个国家级稻渔综合种养示范区后，四川省重点打造川西、川南、川北和川东 4 个核心示范片区，创建 26 个省级稻渔综合种养示范区。示范区通过集成创新技术模式和经营机制，辐射带动周边稻渔综合种养发展，示范作用显著，成为各地推广稻渔综合种养的主要方式。

二、四川省稻渔综合种养存在的主要问题

在国家和地方导向性政策的支持下，四川省内越来越多的养殖者选择了稻渔综合种养发展模式，但这种模式在发展的同时也存在较多的问题。

（一）规模化、组织化程度较低

四川省稻渔综合种养企业、专业合作社和养殖大户占比不高，多以一家一户经营为主，规模化、组织化程度低，导致粗放式种养占主导，生产及管理成本高，缺乏规模效应。经营主体分散，难以在生产和销售等方面形成合力，对种养区域化布局、标准化生产、产业化运营、社会化服务等均构成制约，尤其是难以形成品牌，产品优质优价无从体现。此外，田块面积越小，稻田开挖沟凼面积越容易超出标准，偏离以渔促稻的发展原则。

（二）稻渔综合种养产业发展缺乏长远规划

由于稻渔综合种养产业涉及面广、部门多，各个部门在产业发展规划、项目资金安排、示范基地建设、技术指导培训等方面的政策措施难以形成合力，导致目前一些地方稻渔产业发展规划与乡村旅游等其他产业发展规划契合度不高、适用性不强，跟不上产业发展实际需求。此外，从稻渔综合种养产业的长远发展来看，除田间工程建设外，路、水、电、仓储、交易市场等一系列产业发展的配套基础设施建设亟须提升改造。

（三）稻渔综合种养技术、标准推广有待加强

目前，稻渔综合种养技术水平和模式效益水平在省内不同地区间差别较大，在部分水产养殖业发展较好的水稻种植区已开始探索发展稻渔综合种养产业的规模化发展；

而在一些偏远地区的水稻种植区稻渔综合种养技术、标准推广范围还不够广，部分地方在地区发展能力与产业发展条件不匹配的情况下，简单复制、强行推广稻渔综合种养，不仅造成资源浪费，还容易出现种养环境不达标、稻米产量偏低、产品抽检不合格等情况。加之部分地区从业人员专业素质还不够高，很大程度上制约了稻渔综合种养产业的进一步发展。

此外，由于水产养殖效益通常高于水稻，受经济利益驱动，个别经营主体稻田开挖沟凼面积过大，偏离了以渔促稻的发展原则，不利于稻渔综合种养产业健康可持续发展。

三、四川省稻渔综合种养发展预测分析及建议

（一）预测分析

对广大农渔民而言，稻渔综合种养增收效益明显，技术模式简单易学，农渔民开展种养生产的积极性较高；对企业而言，稻渔综合种养的水稻和水产品质优价高，经济效益显著；对地方政府而言，稻渔综合种养能激发农渔民种粮积极性，尤其是在南方部分地区多低洼田、易涝田、冬闲田，稻渔综合种养可以有效避免抛荒撂荒现象，从而稳定粮食生产，同时，在调整农业产业结构、促进农村产业兴旺方面作用明显。结合近年来各地出台的政策和规划，预计中长期稻渔综合种养面积仍将持续稳定增加。在产业发展质量上，规范发展的重要性愈加凸显，伴随技术模式的优化熟化，标准化程度将进一步提升；伴随土地流转和新型经营主体壮大，规模化、区域化发展成为主流，产业链进一步延长，产业融合和新业态蓬勃发展，产业化发展进一步加快。

（二）发展建议

1. 科学制定产业规划和政策

当前稻渔综合种养发展呈“星火燎原”之势，种养规模不断攀升，制定产业规划和政策，要在持稳粮基本原则下，格外注意避免无序扩张、盲目发展。应加强稻渔综合种养发展规划制定，根据各地资源禀赋状况，科学布局优先发展、适度发展区域，遴选主导模式和主推品种，防止“稻渔、稻水、渔土”矛盾，因地制宜推进产业健康发展。首先，在制定政策时，要注意综合利用高标准农田建设、农田水利建设、农业综合开发等各类现有扶持政策和项目，健全政策扶持体系，同时针对产业发展短板和重点针对性予以支持，避免“撒胡椒面”。其次，在制定规划时，要注意因地制宜，优先发展低洼田、易涝田、冬闲田，稻渔发展规模和当地稻田和水等资源禀赋相协调。最后，要避免政府直接干预，更多运用市场机制，通过政策引导，吸引社会资本进入，形成政府引导、市场主导的多元化发展格局。

2. 根据产业发展形势构建和完善产业标准体系

一是要及时根据当前稻渔综合种养产业快速发展形势，及时修订《稻渔综合种养

技术规范 通则》，进一步细化沟坑占比、粮食产量等指标在不同粮食生产功能区的不同要求，同时提出更科学合理的田间工程技术操作规范。二是要开展调查研究，遴选各地发展中涌现的先进适用技术模式，及时熟化固化为标准，进一步发挥稻渔综合种养提高土壤肥力，实现“节肥减药”，同时抓紧发布《稻渔综合种养》系列等重要模式标准，大力推广应用晒田、繁养分离的种养方式，以及田间工程标准化技术，减少和避免稻虾轮作模式的土壤“潜育化”问题。

3. 强化科技支撑引领

当前稻渔综合种养基础理论和关键技术，尤其是生态理论和管理技术研究仍显不足，缺乏长期监测数据，技术模式更多依赖于经验总结，缺乏理论指导和稳定性，同时专门的水产和水稻品种欠缺，种业发展滞后于产业发展。对此，一是充分发挥现代农业产业技术体系和国家科技项目的作用，组建多学科研究团队，对水质土壤环境、水稻水产品产量质量等方面进行长期系统监测，对基础理论和核心技术开展协同攻关，优化、固化技术模式，提升产业的规范化标准化水平。二是要加大茬口安排、育插秧、水肥运筹、绿色防控、饲养管理等各环节农艺、农机与渔艺融合，促进水产养殖与水稻种植协调互促。三是要加大品种研发，针对稻渔共作特点，选育一批抗倒伏、抗病虫的优质专用水稻品种，同时加大水产良种生产基地建设，增强供给能力。四是要加大技术推广应用，通过示范基地创建，加快成果转化应用，通过技术培训和指导服务，帮助小、散、新户提高技术水平，同时培养一批掌握水稻种植水产养殖和经营管理的复合型人才。

4. 推动产业协调、融合发展

稻渔综合种养脱胎于稻田养鱼，但与传统稻田养鱼的重要区别，除了技术水平的提升，重点在于符合产业化的现代农业发展方向。其中，规模化是产业化发展的基础，只有在规模经营的基础上，才可能实现区域化发展、标准化生产、产业化运营和社会化服务。在今后发展中，应注意利用我国现有农村土地流转政策，鼓励土地向稻渔综合种养新型经营主体流转，推进适度规模经营，促进先进技术的应用和土地的高效节约利用。在此过程中，加快培育种养专业大户、家庭农场、农民合作社、农业企业等新型经营主体，扶持龙头企业，同时，引导新型经营主体和小散户建立多种利益联结机制，促进形成集中连片、规模发展的格局。在规模化的基础上，推动区域化和产业化发展。各地应根据自身资源禀赋和经济社会发展水平，重点培育 1~2 种稻渔综合种养模式，整合生产资料供应、经营管理、产品加工、品牌经营等全产业链，通过产前、产中、产后的延伸，以及产业内外的融合，建立种养加销一体化、多功能充分开发、新业态蓬勃发展的产业化发展机制，形成区域优势主导产业，全面提升产业效益和竞争力，促进稻渔综合种养产业向高质量发展转型升级。

参考文献

唐建军，李巍，吕修涛，等，2020. 中国稻渔综合种养产业的发展现状与若干思考［J］. 中国稻米（5）：6-15.

曾诗淇，2020. 综合种养 稻田生金——解析中国稻渔综合种养产业发展报告（2020）［J］. 农产品市场（20）：14-17.

科技创新　多维度支撑“天府菜油”产业链、价值链、供应链三链融合

李浩杰[1]　崔　成[1]　姚英政[2]
（1. 四川省农业科学院作物研究所，四川　成都 610066；
2. 四川省农业科学院农产品加工研究所，四川　成都 610066）

摘　要：本文总结了四川省油菜产业现状、取得的成效、存在的问题，提出了突破育种、植保、栽培、加工等全产业链关键技术瓶颈，通过科技创新多维度拓展油菜产业链及价值链，实现四川省油菜绿色高效生产的转型升级和高质量发展的产业发展对策。

关键词：油菜产业链；多功能；植保；栽培；加工

引言

四川是全国油菜生产和消费大省，产量占全国的 17%，常年消费菜籽油达 100 万吨，消费量占全国的 20%，均居全国第一。但四川本地油菜籽产量并不能保障省内供给，因此，加速四川省油菜产业发展，提高油菜生产能力迫在眉睫。为擦亮四川省农业大省金字招牌，加速农业大省向农业强省的转变，省委省政府高度重视，2018 年启动了“天府菜油”行动，创建区域公共品牌，为了进一步发展油菜优势产业，满足“天府菜油”品牌创建的原料需求，通过奖补政策，四川省油菜于 2019 年秋播面积扩种冬闲田 150 万亩，目前总面积超过 2 000 万亩，位居全国第二。但还存在绿色高效生产不够、精深加工不强等导致的生产效益低的问题，在保障四川省食用油安全的基础上，要实现油菜产业“千亿级”目标，“天府菜油”必须走出四川、走向国际。因此，实现“天府菜油”提档升级是四川省油菜“走出去”的首要前提，为此，本文提出了“多维科技创新，拓展油菜全产业链提升全价值链”的产业发展思路，即延伸长度，构筑以现代化种植为核心，集科研、种植、加工、流通、服务各项技术集成的农商文旅体融合发展的油菜产业链；扩大宽度，拓展油菜多种功能的全价值链，且依托价值链激活农村各项要素、发挥新型经营主体和农民能动效应，促进三产融合发展，为四川省油菜高质量发展提供有力支撑。

一、四川省油菜的基本情况

在全国油菜产业持续低迷的环境下，四川油菜逆势而上，总产位居全国第一，被业界称为中国油菜产业发展的“四川经验”，形成“大米看东北、面粉看河南、菜油看四川”的主要粮油产品发展态势。

（一）生产及消费

油菜作为我国国产植物油第一大油源，每年提供优质食用油约 520 万吨，占国产植物油的 47%。四川省作为油菜籽生产和消费大省，产量占全国的 17%，由于独特的饮食习惯，四川省是菜籽油消费最大的省份，常年消费菜籽油达 100 万吨，消费量占全国的 20%，均居全国第一。在全国油菜播种面积呈下降趋势下，四川省油菜种植面积和总产连续多年增长，2021 年播种面积超过 2 000 万亩，占全国比重为 18%左右，位居全国第二，总产量 337.4 万吨，位居全国第一。但仍不能满足本地消费需求。且随着“天府菜油”国内外市场占有率提升，迫切需求优质油菜籽产能提升。

（二）育种及种子生产

四川省是全国油菜育种单位和品种数量最多的省份。推广应用面积最大的主要有川油、蓉油、绵油、南油等几大系列品种。品种类型包含胞质不育、核不育系列，因此在种子生产（制种）上形成了不同的技术规程，制种产量有显著差异，其中以省农科院的新胞质不育系列品种本地制种产量最高，亩产可达 140 千克以上。波利马胞质不育因气候敏感或核不育系列去杂复杂产量和纯度略差一些。四川省制种基地主要区域为绵阳、德阳等地，常年制种面积 4 万亩左右。

（三）多功能应用

油菜是三产发展融合得最好的作物，具有油用、菜用、肥用、观花、蜜用、饲用、药用等多重功能。作为油用，低芥酸菜籽油的脂肪酸组成符合人类营养与健康需要。另外，油菜籽除含油脂和蛋白质外，还富含多种活性功能成分。研究表明，低芥酸菜籽油是最健康的大宗食用油。作为蔬菜，油菜薹口感清脆、甜度高、富含胡萝卜素、各种维生素、微量元素和人体必需氨基酸，是高档的蔬菜品系。目前四川省农业科学院作物所育成了系列品系，开展了试验示范，实现了菜油两用产值增加一倍以上，大幅提高了油菜种植收益。作为观花用，油菜花色鲜艳，全国多地利用油菜发展菜花经济，打造了著名的婺源、罗平等旅游观光胜地。四川省安州等产油大县也通过油菜观光，带动了餐饮娱乐等发展，拉动农村经济，提高农民的收入。近年来，四川省农业科学院作物研究所育成的系列彩色油菜品系在全国各地开展试验示范，协助政府部门打造油菜花节，为当地带来了巨大的经济收入，产生了显著的社会、经济效益。作为蜜源，油菜花蜜是我国最大宗、稳产的蜜种，占蜂蜜总产量的 40%以上。作为饲料，饲料油菜产量、品质优于黑麦草等常用饲草，且据傅廷栋院士研究表明，饲喂油菜后，公牛精液产量增加了27%~40%。四川省农科院作物研究所选育的长江上游首个饲用油菜新品种——“饲油36”在川西高原牧区推广应用，大大缓解了高原冬季饲草短缺的压力。作为肥用，油菜营养体旺盛，有机物质含量高且油菜中的硫苷能有效杀死有害细菌虫卵杂草等，与水稻轮作能改善稻田连作带来的不利影响。四川省农科院作物研究所的川油36已连续多年在江西、重庆等地作为绿肥推广应用。

（四）菜籽油加工

长江流域作为我国油菜籽主产区，也是菜籽油加工企业的主要分布区域，尤其以长江中下游最为集中。长江上游三省一市（四川、贵州、云南和重庆）的油脂企业主要分布在四川省的成都、绵阳、达州和资阳以及贵州的贵阳和遵义，但规模最大的企业在重庆（重庆红蜻蜓油脂有限责任公司）。四川省有油脂加工企业395家，数量居全国第12位，小榨油坊4 000余家，位列全国首位。但四川省大部分油菜籽加工企业规模偏小，效益偏低，且菜籽油知名品牌少，大部分菜籽油是经过小企业粗加工之后作为低端油销往大企业精加工。

（五）四川浓香型菜籽油加工及消费现状

为适应消费者习惯和消费需求，我国菜籽油的品牌较多，尤其是“浓香菜籽油”，这是近年来推出的深受多地消费者喜爱的油品，目前其产量约占全国菜籽油近30%的市场份额，成为菜籽油的主导产品之一。川菜是闻名世界的菜系，作为川菜之魂的浓香型菜籽油成为四川省主要食用油。菜籽油的消费量大，但全国无一个像鲁花花生油的菜籽油大品牌。在省委省政府的高度重视下，2018年由四川省粮食局牵头成立了产学研一体的“天府菜油”产业联盟，创建“天府菜油”公共区域品牌，并制定了“天府菜油”系列团体标准，打开了以浓香菜籽油为核心的“天府菜油”国内和国际市场。

（六）取得的成效

1. 生物育种技术、诱变育种技术与传统育种技术结合推动高产、优质、多抗、宜机械化天府油菜新品种选育，品种综合性状不断取得新突破

2018年以来，四川省农业科学院依托四川省油料育种攻关平台，带领全省科研团队，在“十二五”研究基础上，突破传统油菜品种选育方式，将现代生物育种技术与传统育种技术相结合，实现油菜育种由单一的高产向聚合高产、优质、多抗、宜机械化等综合优良性状为一体的育种目标转变。通过科技攻关，育成了系列突破性品种。其中，亩产200千克以上双低品种20余个。品种表现出高产、优质、宜机收的优良综合性状，其中“川油81”尤为突出，大面积全程机械化高产栽培试验最高亩产为257.9千克，含油量高达49.40%，且抗倒伏、抗裂角，解决了传统品种在四川省寡日照气候条件下产量不高、不耐密植、易倒伏、含油量不高、机收损失大等问题。另外，实现了零的突破，储备了一批生产迫切需求的突破性组合：针对草害严重，四川省农业科学院作物研究所、成都市农林科学院和仲衍种业股份有限公司选育的非转基因抗除草剂组合已进入试验登记阶段；高油酸品种选育方面，四川省农业科学院作物研究所和四川大学选育高油酸品种已进入试验登记阶段，其中“高油 1 号”油酸含量≥70%；“双低”浓香型新品种选育方面，四川省农业科学院作物研究所率先开展了双低新品种菜籽油风味评价，筛选出兼具高产、优质、菜籽油浓香的新组合，该研究为四川省优质浓香菜籽油标准提供了理论支撑，对引领浓香菜籽油的健康发展具有重要意义。

2. 利用细胞融合技术，结合形态、细胞、分子精准鉴定的种质创新体系，突破了油菜与近缘种属基因聚合难的技术瓶颈，实现了油菜多功能品种开发利用

为了进一步拓展油菜功能，提升油菜生产效益，四川省农业科学院作物研究所与华中农业大学等单位合作，创制菜用、花用、饲用等多种功能的油菜新材料和新组合。选育的油/菜两用新品种，增加亩产值一倍以上。创制了红花等观赏种质 66 份，培育了 6 个稳定的彩色油菜新品种。育成了长江上游首个饲用油菜新品种——“饲油 36”。研究形成的成果《油菜多功能种质创制与利用》经专家组评价，整体达到国际先进水平，部分达到国际领先水平，获得了 2020 年四川省科技进步奖二等奖。

3. 油菜全程机械化分段收获技术取得突破性进展，为“天府菜油”优质油菜籽原料生产提供了保障

油菜收获方式分为一次性联合收获和割晒-脱粒的分段收获。油菜联合收获机收损失率较高（≥8%）、油菜籽成熟不一致而导致菜籽油品质较差（叶绿素含量高）等问题，严重制约着油菜产量和菜籽油品质的提升。目前，四川省大部分区域采用人工割晒的分段收获，且油脂加工企业加价收购分段收获的油菜籽。但是，四川省寡日照气候条件导致油菜植株高大、茎秆粗壮，加大了分段收获中人工收割难度，且劳动力缺乏，因此，急需全程机械化分段收获技术。近几年，四川省农业科学院作物研究所与农业农村部南京农业机械化研究所合作开展油菜全程机械化分段收获技术研制，突破关键技术瓶颈，研发出适宜于四川油菜的割晒机，解决了因油菜植株高大不宜割晒的问题。研制形成的《四川省油菜全程机械化分段收获技术》被列为四川省 2020—2021 年度农业主推技术并立项为省级地方标准。目前在安州、金堂等产油大县推广应用，为优质天府油菜籽原料的生产提供了强大的技术支撑。此外，以分段收获为核心技术，四川省农业科学院作物研究所制定了《“天府菜油”优质油菜籽原料生产技术规程》，为“天府菜油”优质原料供应提供了技术保障。

4. 绿色防控、减肥控药、机械化生产等技术集成创新，构建的绿色高效生产综合技术模式示范效果显著

为推进油菜绿色高效生产，擦亮川油金字招牌，在国家重点研发计划“油菜双减”“四川省育种攻关”等项目的支持下，在成都平原、川中丘陵区建设了“油菜绿色优质高效综合技术模式”核心示范区，并辐射带动川东北山区、川南山地等油菜生产大县，实现了在全省布点布局。该技术模式以“选用高产优质新品种、专用缓释肥和新型农药品种高效施用、种子包衣、秸秆覆盖抑草”为核心。根据不同区域生态特征及生产条件，配套以“开沟排湿、化肥深施、有机—无机协同增效、物理—生物—化学协同增效防治、机械收获”进行技术集成。不同生态区域的田间测产结果表明，油菜绿色优质高效综合技术模式较农户习惯种植模式化肥农药施用量均减少25%以上，油菜籽增产4.5%以上，亩均节本增效50元以上，示范效果显著。化肥农药减量施用的同时，既降低了生产成本又提高了油菜籽产量和生产效益，实现了油菜生产的轻简化、绿色化、机械化，为四川油菜产业发展提供了重要科技支撑。

5. 良种良法配套、农机农艺融合，加速了新成果转化应用，全面提升了四川省油菜产业竞争力

2016—2020年，育成的油菜突破性新品种全部进行了推广应用，并研制了配套种子生产及标准化种植、绿色防控、机械化生产等高效生产技术，实现了良种良法配套、农机农艺基本融合。通过重大农业技术协同推广项目的实施，形成了高效的“两地一站一体”协同技术推广模式和“科研试验基地+区域示范展示基地+基层农技推广站点+新型农业经营主体”的链条式协同推广机制，加速了四川省新品种和技术的推广应用，为四川省“天府菜油”提档升级提供了重要科技支撑。研究形成多项成果获得省部级奖励，其中，“川油系列新品种丰产优质高效技术集成与推广”获得农业部2014—2016年农牧渔业丰收奖一等奖，“油菜耐渍性遗传机理与新品种选育应用”获2017年湖北省科技进步奖一等奖，“油菜及十字花科蔬菜根肿病绿色防控关键技术创新及应用”获得2018年四川省科技进步奖二等奖，“四川油菜丰产高效技术体系创建与应用”分别获得2018年四川省科技进步奖二等奖、2019年全国农牧渔业丰收奖一等奖，“优质、高产、宜机收川油系列新三系杂交种选育及应用”获2019年神农中华农业科技奖一等奖，“油菜多功能种质创制与利用”获2020年四川省科技进步奖二等奖。

二、四川省油菜产业发展存在的主要问题

（一）品种同质化严重，突破性资源缺乏，兼具优质、高产、宜机收品种少，阻碍了油菜高效生产

四川省油菜新品种众多，但兼具高产、优质、高抗的突破性品种少。并且四川省生产上应用品种质量参差不齐，“双高”品种插花种植，影响食用油供给安全。

（二）杂交种繁殖制种产量低、成本高，缺乏种子纯度快速检测方法，限制了种子生产规模，削弱了种业企业竞争力

四川省油菜种子生产的品种主要为核不育杂种优势利用类型和胞质不育类型，核不育类型需在制种母本中人工拔除50%可育株，制种成本高、效率低。胞质不育中的波里马胞质不育类型杂交种的母本育性对温度敏感，增加了种子不纯的风险，导致本

地制种面积减少，削弱了四川省本地供种能力和种业企业竞争力。

（三）生产规模化程度不高、机械化生产水平低、种油比较效益低

生产成本不断快速上升与油菜籽价格持续低迷形成鲜明对比，种油的微利性与增加农民收入矛盾更加突出。同时，规模种油扶持力度不够，机械化收获技术短板尚未解决，新型经营主体培育明显滞后。2018 年，全省从事粮油产业的合作社有 6 680 家，开展油菜规模种植的合作社不到 1 000 家，30 亩以上油菜规模种植面积仅 127 万亩。规格经营主体数量不足，烘干、仓储物流等产后服务能力薄弱，全产业社会化服务水平亟待提升。随着“50、60”劳动者渐渐老去，以家庭自给自足式为主导的生产方式将难以为继，油菜产业存在断崖式下挫的风险逐步加大，产业发展必须解决“谁来种油”、怎么种“好油”的重大生产问题。

（四）产品同质化严重，精深加工薄弱，龙头企业带动不足，品牌建设滞后，推进产业提质增效面临更大挑战

目前，四川省油脂加工企业近 400 家，省粮食局入统规模以上油脂加工企业 131 家，菜籽油加工企业作坊 4 000 多家，近七成油菜籽流入小作坊。目前存在主要问题：①高芥酸菜籽或低价进口的转基因菜籽与双低菜籽混合压榨，阻碍了“天府菜油”提档升级，必须加强原料监管。②小榨油坊缺乏标准加工技术和先进加工设备。传统浓香菜籽油是以油菜籽为原料经过高温炒制、压榨的，一般只经沉淀、过滤，没有经过脱酸脱色等精炼过程。虽然保留了较多的营养成分，但油色不好，同时也残留了一些有害成分，因此，研发适于浓香菜籽油生产的高效精炼技术尤为重要。加工规模及加工机械和技术的差异导致加工水平参差不齐，其中“小杂乱”加工经营模式较为普遍，加工方式以初、粗加工为主，大多只能生产菜籽毛油、四级菜籽油，基本无精深加工产品，油菜籽副产物综合利用水平低，精深加工增值率仅有 40%~60%，远低于发达国家的 200%~400%。③菜籽油产品同质化严重，缺乏“浓香”评判标准，不利于市场健康发展。四川浓香菜籽油产品大多冠以“小榨”“浓香”“纯正”等标签，本质上均是强调“香气浓郁”的特点，产品高度同质化，同时目前尚无明确的“浓香”评判标准，消费者难以辨别产品间的差异，导致价格战等恶性竞争。④缺乏经营规模大、带动力强的本土核心龙头和市场认知度高、影响力大的知名品牌。浓香菜籽油的主要消费渠道是餐饮企业，其次是家庭购买，还有一部分用于花椒油、火锅油等的加工。从四川市场特点来看，各区域都有相对独立且封闭的消费市场，鲜有产品能覆盖全省。因此，进一步整合和培育大品牌、拓展消费市场、绿色生产、统一加工标准是“天府菜油”走得更远的主要途径。

（五）全产业链、全价值链“双全”开发不够，油菜比较效益提升效果不明显

油菜的多功能利用是提升油菜生产效益的主要途径。四川省油菜油用、观花等有充足的品种、技术等支撑，但在其他功能上应用较少，且缺乏每一个产业链上的精品品牌，如菜花节多而散，缺乏与旅游区紧密结合的、融入人文的典型景区，尽管数量众多，但无一成为我国十大油菜观花盛景。

三、四川省油菜发展的对策建议

针对四川省油菜种植效益不高、产业大而不强的问题，必须在保障食用油安全的基础上，延伸长度、扩大宽度。延伸长度，构筑以现代化种植为核心，科研、种植、加工、流通、服务多维度联合，集成农商文旅体融合发展的油菜产业链；扩大宽度，研发油菜多种功能的核心关键技术、激活农村各项要素、发挥新型经营主体和农民能动效应，促进产业融合发展。多维度拓展油菜产业链，提升价值链，保障供应链。具体从以下几个方面入手。

（一）加强生物技术与传统技术结合，开展优异基因发掘和资源精准鉴定，创制专用型和兼用型突破性资源，丰富基因资源库

突破传统油菜资源创新方式，通过分子及细胞工程，引入近缘种远缘杂交结合胚抢救、化学细胞融合、诱变（物理辐射、化学诱变、航天搭载）、小孢子培养、分子标记等技术与传统复合杂交创造变异技术相结合，创制耐湿、早熟、高产、优质、多抗、宜机械化、多种功能等特有和多性状聚合的资源材料，构建资源精准鉴定体系，丰富基因资源库。

（二）构建高效分子育种技术体系，加快兼具优质、高产、宜机收突破性品种培育

加速生物技术在育种中的应用，结合基因编辑、分子标记选择，创建“早代分子标记辅助选择-早代测回交-异地异季穿梭选择-小孢子培养纯合+抗倒、抗裂角测定”的亲本优异农艺性状聚合高效选育技术，实现亲本耐湿、高产、优质、多抗、宜机械化、多种功能等特有和兼有综合性状的聚合。对骨干亲本进行广泛测配，通过规模化广适性、抗病性、机械化生产、菜籽油风味、产量品质鉴选，培育高产、优质、抗病、宜机收、易制种的突破性品种。

（三）加强油菜良种繁育体系建设，建设种子繁育生产基地，构建重大品种高效种子生产技术体系，降低种子生产成本，提升种业企业竞争力和本地供种能力

一方面，在“十三五”期针对不同不育类型研制的高效种子生产技术基础上，优化并加快新技术的推广应用。如四川省农业科学院作物所建立的“川油系列杂交种亲本原原种→亲本原种→制种亲本→生产用杂交种”四级种子繁殖制种技术体系。以“机播机收、宽窄厢种植、增密控草、简化施肥、外源调控”为核心技术的全程机械化制种技术体系、杂交种“不育胞质不育基因、恢复基因分子标记一步多重 PCR”为核心内容的种子纯度分子检测技术体系。另一方面，加强良种繁育基地建设。依托核心县中油菜制种条件较好的区域，引入省内具有较强实力的油菜种子生产销售公司，建立良种繁育基地，重点是基地基础设施的改造完善及土壤肥力的提升，构建全程机械化制种技术，建立分子标记快速检测试验室等，培育高效生产的繁育制种基地，实现种子供给及品种应用蜀地化。

（四）构建重大品种绿色高效栽培技术体系，建设优质原料生产基地，促进突破性“天府菜油”新品种推广应用

以“十三五”研制形成的油菜栽培共性技术为基础，根据品种特性，构建重大品种优质高产配套的机械化、轻简化、抗逆丰产、病害防控等绿色高效栽培技术体系。集成创新以“机播机收、缩行增密、简化施肥、外源调控”为核心的油菜全程机械化生产技术、“高产优质品种、稀育壮苗、优化稀植、适龄移栽、科学肥水促控”为核心的油菜育苗移栽高产栽培技术、“高产优质品种、（少）免耕育苗移栽、（少）免耕撬窝直播、科学肥水运筹”为核心的油菜轻简高效栽培技术、“宜迟直播高产优质抗病品种、增密补迟、开沟排湿、营养调控”为核心的渍害减损生产技术、“种子包衣、土壤调理、花期生防、适期晚播”为核心的菌核病绿色防控技术、“种子处理、土壤调理、植物轮作干扰、新根诱发、机械化适期晚播”为核心的根肿病绿色防控技术，构建高效综合生产技术模式。按照“品种优良化、生产标准化、投入无害化、经营产业化、开发品牌化”的产业化发展要求，加强优质油菜产业基地建设，加速重大品种推广应用。

（五）优化、引进、研发油菜籽绿色高效加工技术并示范推广，促进“天府菜油”提档升级

优化构建既节能降耗，又能保留油脂中甾醇、植物多酚等多种活性功能成分的以“高温炒制、绿色脱色脱胶精炼”“提质留香”为核心的菜籽油绿色高效加工技术体系；引进以“高温微波炒制、低温压榨、一步物理精炼”为核心的7D功能型菜籽油高效加工技术；研发构建以“专用油菜品种+定制加工技术”为核心的差异化菜籽油高效加工技术体系。一方面，逐步引导小榨油坊对现有加工技术与设备进行优化与升级，生产安全与营养兼顾的菜籽油产品；另一方面，大力支持大型油脂加工企业建立先进生产线，加快新技术应用，形成差异化发展的新局面。从而推动四川菜籽油加工产业整体提升，促进“天府菜油”提档升级。

（六）培育新型经营主体，扶持龙头企业，加强品牌建设，强化“天府菜油”油菜产业化开发

优化种植主体，培育新型经营主体。按照高起点、高标准和“优质、高产、高效、生态、安全”的原则优化种植主体。培育种植大户、家庭农场、专业合作社等新型经营主体，充分发挥新型经营主体在农业科技创新中的试验、示范、推广、服务“四个主体”作用，发展规模化、集约化、订单化种植，推动全省油菜由家庭自给自足向适度规模经营转变。扶持龙头企业。以“倒麦当劳”产业发展模式，培育或引入实力强大的企业，制定产品标准、选好品种、引进先进加工设备、打造品牌，在产地选择符合标准的小企业加工生产，把相当部分利益留在农村，而大企业的利益则来自品牌、营销等增值部分。建立“天府菜油”生产、加工和流通企业诚信制度，全面推行“红黑名单”制度，依托信息化加强全链条质量追溯体系建设，完善从田间到餐桌的全过程可视化监管。培育高端食用油品牌。着力增加绿色优质菜油产品供给，实现“天府菜油”优质原料就地加工，就地销售，减少中间运输成本。积极发展菜花经济。以本地人文为基础，特色油菜花为核心，开发“天府菜油”文创产品，打造十大“油菜花”乡村旅游节，形成油菜花旅游品牌，既满足当地市民的休闲、旅游需求，又可促进油菜花乡村旅游产业一、三产业高度融合，提升产业增值，并促进油菜全价值链开发，同时提高了“天府菜油”品牌知名度。

（七）加强油菜提质增效及多功能开发利用

围绕油菜产业多功能开发，融合农耕文化，深度拓展油菜产业多种功能，做好“菜、花、蜜、油、肥、饲”六篇文章，并针对每个价值点进行全产业链开发，提升油菜种植效益。推进基地园区化、景区化，发展创意农业、体验农业、休闲观光农业，培育新业态。围绕观花，开发菜花经济，重点结合乡村文化保护、乡村生态优化，建设油菜大地景观，打造一批以油菜花节为主题的乡村旅游节，培育一批农旅互动典型和星级乡村旅游精品线路。围绕油菜产业链的中端和后端，研发“高端菜花蜜”“高端菜花粉”“保健生态油菜薹”“保健型天府菜油”“高油酸天府菜油”等产品，满足不同消费者的需求，从加工、生产、消费端提高天府菜油的产业链和价值链。

四川主要粮油作物农机农艺融合发展报告

刘永红[1] 邱云桥[2] 龚一耘[1] 随顺涛[2] 周评平[1] 郑家国[1]杨 勤[1] 汤永禄[1]
蒲晓斌[1] 沈学善[1] 李朝苏[1] 张锦芳[1] 欧阳裕元[1] 蒋 馨[1] 杨双羽[1]

（1. 四川省农业科学院，四川 成都 610066；
2. 四川省农业机械研究设计院，四川 成都 610065）

摘 要： 农机农艺融合发展是实施"藏粮于地、藏粮于技"战略的重要组成部分。当前，四川主要粮油作物农机农艺融合存在农艺多样性与农机单一性矛盾突出、农艺与农机专家相互配合度不足、智慧农业技术水平不高、新型农机成果有效供给不足、农机农艺复合型人才缺乏等突出问题，要从因地制宜选择农机农艺技术、加强农机农艺技术的合作研发、加强宜机化品种和配套农艺技术研发、加速构建智慧农业技术体系、做好农机农艺融合的宣传工作、培养专业的农机农艺复合人才、开展农机农艺融合试验示范扩大影响力、加强农机农艺融合政策支持与重视八个方面促进农机农艺融合发展，针对水稻、玉米、小麦、油菜、马铃薯等主要粮油作物选择适宜的农机农艺融合发展技术路线。同时，要加强宜机化改造力度，持续加大农机科技创新的财政投入，建立农机农艺专家协调合作机制，健全多层次农机化人才培养体系，开展主要粮油作物农机农艺融合示范推广，从政策机制上促进农机农艺融合发展。

关键词： 农机农艺融合；主要粮油作物；技术路线

引言

"藏粮于地、藏粮于技"是中央对确保粮食产能的新思路，是"十三五"以来国家农业战略规划的新途径。由此而后，粮食生产将不再片面追求产量连续递增，而是协同培育提升粮食生产能效和资源集约化利用水平，全面促进粮食生产能力建设及可持续增长。

农机农艺融合发展正是这一战略规划思路的衍生应用。农业机械的合理化应用不仅在于解放生产力，还为农业生产产量和经济效益的提高创造有利条件，农机技术的实施过程不是孤立的，而要结合农艺技术和地区条件来综合实施。农艺技术作为农业生产中耕地、播种、施肥、植保、收获、贮存、深加工等全链环节实施的理论支撑，农艺技术对农业生产的影响是深远的。农艺技术是生产方案，农机技术是生产力代表，两者的深度融合不仅能提升粮食生产能力和农机作业效率，在保证食品安全、提高农产品质量、降低生产污染、减少资源浪费、废弃物资源化利用等资源集约化利用方面具有积极的促进作用，这是粮食稳产增产和产业高质量可持续发展的必然要求。

一、基本情况

随着农业机械逐步与我国农业生产相融合，农业机械的作业优势逐步凸显。在农业产业结构的优化促进下，农机产品无论在销售量还是在技术先进性方面都取得了长足的进步。在农民使用农业机械的过程中，为适应农机化生产的需求，很多地区在生产栽培习惯和农艺技术的调整方面都更加重视与农机生产的配合性，这为农业机械性能的发挥创造了良好的条件。尤其是近十年以来，我国的农业机械化普及率得到了显著的提升。2008 年至 2020 年的 13 年间，我国主要农作物耕种收综合机械化率由 55% 增长到 71%。截至“十三五”末，我国水稻、玉米、小麦三大主要粮食作物基本实现全程机械化生产。“十三五”以来，我国高度重视智慧农业发展，智慧农业成为农机农艺融合发展的重要组成部分。智慧农业通过互联网、物联网、大数据、云计算、人工智能、“5S”等现代信息技术与农业进行深度融合，形成农业信息感知、定量决策、智能控制、精准投入、个性化服务的全新农业生产方式，实现农业可视化、远程诊断、精准感知、灾变预警等智能化管理，推动农业产业的数字化、智能化、集约化、生态化，是进一步解放生产力、激发农业转型的内生动力，其建设已经成为我国实现高质量机械化生产，推动乡村振兴战略实施的重要推手。

随着龙头企业、家庭农场、专业合作社等新型经营方式的转变和土地流转，规模化、集约化、机械化、智能化已成为粮油作物生产的主要方式，加快农机农艺融合研究和推广，对提升四川省粮油作物生产能力、增强要素资源有效转化率、促进四川省粮油产业现代化发展具有重要意义。经过四川农机和农艺专家们多年的共同努力，四川省农机农艺融合已初见成效，特别是在水稻、小麦、玉米、油菜和马铃薯等主要粮油作物方面，取得显著成绩。

水稻方面，创新形成“稻—麦”周年高产高效种植、“菜—稻”粮经复合种植、杂交稻机械精量直播等稻田周年机械化高产高效新模式 10 余项。水稻全程机械化生产技术生产效率提高了 40%以上，产量达到每亩 600 千克。杂交水稻机械化直播生产技术提高生产效率 60%以上。通过农机农艺结合，研究集成了集机插秧、机动喷雾器赶粉、机械化收获等单项技术于一体的全程机械化制种技术，劳动生产率提高 50%以上，每亩节本增效 300~400 元。

玉米方面，研究形成了玉米机播壮苗技术、夏玉米双晚全程机械化生产技术、丘陵山地玉米规模化高产高效生产技术等技术体系，促进四川玉米耕种收综合机械化水平由 2014 年的 10%提高到 2020 年的 39%。优化集成了以耐密抗旱耐瘠高产品种为基础，以规范改制、地膜覆盖、群体优化、病虫草害绿色防控和平衡施肥为核心技术的玉米高产稳产抗逆绿色栽培技术体系，联合新品种示范推广，累计建立核心示范区示范面积 1.1 万亩以上，推广应用面积达到3 000万亩以上，大面积增产玉米 27.5 千克/亩，按每千克玉米售价 3 元计算，产生经济效益 32.1 亿元。

小麦方面，在播种机、小型收割机和提灌设备自主研发方面进展尤为突出，先后研制出旱地小麦播种机 4 种、稻茬小麦播种机 3 种、小型收割机 4 种，太阳能多功能提灌机组 1 套。通过关键农业机械的引进、研发和配套农艺措施的创新，集成了适合四川省麦类的高效栽培技术体系 10 项，其中 6 项被列为主推技术，大幅提升生产效率和种麦效益。其中，创新集成的稻茬小麦免耕抗湿播种技术，节本、降耗、增产、增收效果突出，成为引领长江流域小麦绿色发展核心技术。

油菜方面，培育适应机械化生产的德众油 168（川油杂 1702）、川油 71、川油 72 等 6 个双低油菜新品种，在四川省油菜新品种机收组联合试验中，平均亩产 175.41 千克，比对照增产 7.9%，平均含油量 43.9%。研制或改进适宜山区油菜生产的播种机、联合收割机和两段式机收机具各 2 台（套）。研制集成新技术（模式）12 项，其中“免耕机播机收轻简高效栽培技术”结合宜机播机收高产品种，实现改翻耕人工育苗移栽为免耕机械直播、改人工收获为机械联合收获和分段收获，每亩可少投入 5 个以上人工，至少节本增收 300 元以上。

马铃薯方面，集成示范马铃薯多熟种植新模式 7 个，研究集成主要病虫害预警与综合防治技术体系 3 套，形成马铃薯机械化栽培技术 3 套，组配马铃薯生产机具 3 套，生产效率提高 10%以上。研制推广了鲜食型、紫薯型、淀粉加工型等马铃薯特色专用新品种提质增效关键栽培技术。以“节本、省工、提质、增效”为目标，研究形成 3 套农机农艺融合机械种收技术模式。

四川地形地貌复杂和生态条件复杂，山地、高原和丘陵约占全省土地面积的 97.5%，除四川盆地底部的平原和丘陵外，大部分地区岭谷高差均在 500 米以上。四川省粮油作物生产的机械化水平主要受自然条件和种植制度多样性的制约，明显滞后于全国。截至 2020 年，四川水稻、玉米、小麦三大粮食作物耕种收综合机械化率分别为 78.5%、39.1%和 82.2%，而全国水稻、玉米、小麦等主要粮食作物基本实现了生产全程机械化。

全省农机农艺融合的区域和环节间发展不均衡的问题十分突出。以主要粮油作物为例，在平原区水稻生产全程机械化已成为潮流，而在丘陵区，关键环节无机可用、农机农艺不配套仍然是制约其提升水稻机械化生产水平的瓶颈因素。玉米平原丘陵区机械化水平远高于山区，不同生产环节机械化水平发展也不平衡，其中机耕率达到 86.4%，机播率和机收率仅为 7.8%和 7.2%。小麦存在稻茬田季节转换时间短、茬口紧、土壤含水量高、秸秆还田量大，播种环境复杂，高质量机械整地播种难度极大等问题。而旱地麦田坡陡地小，机械小型化之后动力下降，功能单一，作业质量不佳。油菜综合机械化率虽已达 58%，但其中机耕率超过 90%，机播率和机防率分别约 60%，而机收率不足40%；平原区机械化已基本普及，丘陵山区机械化程度仍很低；种植大户和专合社机械化采纳度高，小农户机械化应用程度极低。

同时，在农业机械快速普及的同时，农业机械在生产中的应用还存在较多的不利因素，农民的操作能力、农机使用习惯、农机质量、农艺技术习惯、农机技术先进性等都在不同程度上影响着农机性能的有效发挥。而农艺技术作为生产过程实施的指导技术，对于农业机械使用过程中的适用性和作业合理性影响较大，农机农艺的有效融合逐渐成为现代化生产必须重视的问题。

二、存在的主要问题

（一）农艺多样性与农机单一性矛盾突出

四川省丘陵山区自然条件差，土地相对不集中，地块小而分散，种植结构复杂、品种繁多，大多采用套作、间作、密植、稀植等多样的种植模式，种植结构、栽培农艺繁杂，增加了生产机械化的难度。同时，在农机研制过程中，针对某一特定的种植制度、特定作业环节研究是常态，农业机械的适应性不强。针对多种作业制度，开发可调节的农业机械，难度大，结构复杂，成本增大明显。

（二）农艺与农机专家相互配合度不足

由于四川省地形大部分是丘陵山区，实现机械化作业的难度大，从而导致农机化发展缓慢，农业生产效率低下。同时，传统农业栽培技术的设计主要建立在手工劳动方式上，较少关注机械化的作业方式，农艺人员的育种目标注重提高产量，品种审定（登记、认定）时不注重对机械化作业的适应性。适宜机械化作业的标准化种植模式和配套农艺技术缺乏，加上受地理环境的限制，丘陵山区政府和民众对农业机械推广的宣传和重视程度普遍不足，农业生产中农业机械难以发挥作用效益。

（三）智慧农业技术水平不高

近年来，四川省智慧农业得到较快发展，但仍缺乏基础研究和技术积累，整体技术水平与我国发达地区和发达国家相差较大。技术短板主要体现在以下几个方面：一是自主研发的农业传感器数量不足且稳定性差，智能感知系统灵敏度不高，终端远程控制系统和执行控制指令系统精确性不足；二是植物模型与智能决策准确度低，很多情况是时序控制而不是按需决策控制；三是智慧农业应用试点项目大多数停留在信息的简单传输与显示，与农业融合深度不够，缺乏解决农业实际问题的手段；四是缺乏自动化、智能化等高端农业设备，农机装备信息整合、精准作业等能力差，尤其是水稻方面存在全程机械化的瓶颈。

（四）新型农机成果有效供给不足

目前，四川省无农机科技创新专项，科技创新投入严重不足。每年省级财政投入农机科研资金只有1 000万元左右，仅占整个农业科研投入的不足3%。而重庆、贵州每年的投入在3 000万元以上。在全省每年的科研投入中，四川省农机科技创新财政投入规模不仅与广东、山东、江苏、黑龙江等农机科技强省相比差距巨大，与重庆、贵州、云南、甘肃等西部省份相比，也有不小的差距。由于科技创新投入严重不足，农机科技创新人才缺乏，创新能力弱，农机科技成果较少，适宜丘陵山区使用的农机装备和技术供给不足，而外来引进的农机具往往“水土不服”，“无机可用”“无好机用”问题严重。

（五）农机农艺复合型人才缺乏

四川省拥有丰富的农业高层次人才资源，根据2020年12月省农业农村厅发布数据，四川省已建立健全拥有6 000名专家学者、学科专业布局合理、整体素质能力较高、自主创新能力较强的高层次农业科研人才体系，累计已有13名农业科研杰出人才当选两院院士。农机科研领域也不乏专业科研人员、高技能人才和优秀的研发团队。但是，农机农艺跨领域的复合型领军人才和技能人才紧缺，人力资源供应矛盾突出。主要原因有四：一是高校和职业技能学校没有设置农机农艺融合的相关专业，同时，某些高校取消农业机械专业近20年，近年来才恢复少量招生，农机专业人才出现断层；二是由于缺乏相应的政策扶持，已有的人才激励政策难以落地，农机农艺融合研发长期处于弱势，没有大项目支撑，不能形成集聚带动效应，科研创新团队难以培养形成；三是缺乏“产学研”合作的有效机制，经营主体难以集聚需要的专业技术人才；四是四川省农机农艺融合的技术培训薄弱，基层从业者素质较低，发现和解决技术问题的能力不足，并缺乏经营管理方面的知识和技能，推广队伍年龄老化、知识老化、技能老化的现象较为普遍。

三、农机农艺融合发展方向

（一）因地制宜选择农机农艺技术

从现阶段农机化生产形势来看，不同地区的生产习惯差异较大，因此农民在选购农机产品的过程中要尽量结合本地区的生产习惯和农机习惯来进行咨询，确保农机产品的使用适合本地区的农业生产习惯，且在实施农机化生产的过程中，也要适当的改进传统的农艺技术，必要情况下要咨询农业技术部门，确保机械化生产实施与农艺技术选择相配套。

（二）加强农机农艺技术的合作研发

我国农业生产要实现农机与农艺的融合发展，必须以相应的技术作为依托，因此，为保证农机农艺的有效融合，应当鼓励农机研发企业与农艺研究机构紧密合作，共同开发有利于农机农艺融合的新技术与新机械。也可通过合作的形式建立起农机农艺研发人员之间的沟通渠道，使农机产品的开发过程能够有效结合先进农艺技术特点，农艺技术的改进与发展也能充分考虑农机化作业的可行性。

（三）加强宜机化品种和配套农艺技术研发

加强宜机化农作物新品种、新材料选育，通过立项、审定（登记、认定）、补助等方式予以引导和激励。同时根据农机设备指标，研究宜机化农作物品种的整齐度、株高、第一果枝节位、果枝（叶片）夹角等相关农艺性状，形成播、栽、管、控、收全程一体化的机械化种植技术指导意见，作为相关农机设备的配套说明材料发放用户。

（四）加速构建智慧农业技术体系

按照“优先突破，系统发展”的思路进行智慧农业技术的研究，优先进行大田实时监测系统的构建，重点探索5G+智能农机的农田智能化作业系统，研究粮油作物生产全产业链质量可追溯体系。引进和研发适用于大田小气候、水肥等生长环境关键因子的专用监测传感器，探索粮油作物生长状况实时监控诊断技术，逐步构建大田实时监测技术体系。以智能化机械播栽、植保和收获为重点对象，引进粮油作物全程智能化农机具，开展可实现精确变量作业的施肥机具开发和引进。探索5G+智能农机的农田智能化作业系统，以及粮油作物绿色高效加工装备、冷链物流贮藏保鲜装备、物联网智能化采后供应链管控系统等，充分利用遥感定位、物联网、大数据、电子商务等技术，构建粮油作物生产可溯化体系和农业大数据服务平台（中心），统筹分析农产品市场行情走向，并通过互联网适时发布指导信息，实现生产到流通到餐桌到服务的全产业链可溯化。

（五）做好农机农艺融合的宣传工作

提升农民的认识，是加速农机农艺融合的有效方式，农机管理部门可以借助传统的农机推广、农机培训等形式加强农机农艺融合的优势宣传，并利用广播、电视、网络、新媒体等多种形式开展农机农艺相互融合的技术与方式宣传，并重点结合本地区生产实际来推广新机具和新技术，根据地区气候、土壤、作物等条件合理选择和改良农艺技术，真正做到科学种植、科学生产。

（六）培养专业的农机农艺复合人才

对基层的农业工作人员进行农机农艺融合技术培训，能够有效改善工作人员的工作思路，使农机技术人员在指导农机生产过程中有更多的能力指导农艺技术的改进，农艺技术专家在指导生产过程中也能够充分考虑农机化生产的可行性，通过更多综合型人才的培养，农民对于农机农艺的深度融合必将产生更深刻的认识，基层农业工作的开展也能实现部门之间的相互协作，使技术指导和管理工作更加专业、规范。

（七）开展农机农艺融合试验示范扩大影响力

通过建立农机农艺融合示范区，在示范区应用先进的农机技术并配套合理的农艺方案，从而探索并形成最适合本地区生产应用和推广的农机农艺技术模式，通过示范基地的带动作用，农民能够直观感受到农机农艺合理匹配后的优势，农民可以参照示范区的技术和运营模式进行农业生产，则本地区的农机使用情况和农业生产合理性将会得到大幅度提升。

（八）加强农机农艺融合政策支持与重视

地方政府部门与农业管理部门要提高对农机农艺融合工作的重视程度，做好对相关工作开展的方案规划，对于优先应用新技术和新生产方式的农民给予政策性补贴和技术支持，鼓励农民逐步由传统的生产方式向农机农艺科学融合的方式转变，积极为农民解决生产过程中遇到的疑难问题，使农机农艺融合的优势得到农民群体广泛认可。

四、主要粮油作物农机农艺融合发展的技术路线

（一）水稻

针对四川水稻多元化种植模式下，机械化作业与地域生产条件、品种、茬口、气候等的不相匹配制约农机农艺融合的关键环节，以发掘水稻机械化生产产量潜力为目标，结合地域生产特点和种植制度开展品种筛选、农机具研发选型、高产群体构建及丰产增效等共性技术的研究，根据不同种植模式的需要进行农机农艺配套关键技术的研究，并结合环境友好的需要开展秸秆还田、肥料侧位深施减量及杂草高效减量防控等技术的研究，进而开展技术的集成组装，形成适应于多元化种植模式下的水稻机械化丰产增效技术体系，并开展相应的示范，提升四川省水稻生产农机农艺融合水平。在生产条件优越的平原区，以资源高效利用和绿色高质为目标，实现高产高效为核心，推动农机社会化服务为导向，开展关键环节装备的引进和技术创新集成，实现水稻全程机械化高质量发展；在生产条件复杂、基础设施薄弱的丘陵区，以播栽环节机械化为突破点，针对不同生产条件的需要开展农机新装备的引进研发和技术创新集成，全面提高丘陵区机械化水平。

1. 平原区水稻农机农艺融合路线

成都平原水稻种植面积900余万亩，亩产550千克，超过全省平均水平，水利灌溉条件便利，农业基础设施优越。稻田种植制度主要以小麦或油菜—水稻为主，也有部分区域以蔬菜等经济作物——水稻为主。

加强平原区规模化适宜机械化水稻品种筛选。根据多元种植模式下水稻机械化生产的需求及限制因子，以耐密抗倒、优质高产为目标，开展平原区水稻适宜机插、机播生产的新品种筛选研究。

加强平原区水稻全程机械化生产体系构建。重点针对现有机插秧育秧环节机械化程度低、程序烦琐、育秧质量差等问题，以规模化高质高效育秧为目标，引进育秧各环节的新装备、新产品，进行机插秧育秧模式的改进，研究形成机插秧全程机械化育秧技术；以无人机一机多用为核心，研究形成水稻无人机“种肥药”一体化高产高效生产技术；针对平原区水稻规模化生产肥料农药滥用的问题，以节肥减药为目标，开展机械化侧深施肥、机插秧“插喷同步”及机直播“一次性”除草等关键技术的研

究，研究形成水稻机械化绿色高效生产技术。

2. 丘陵区水稻农机农艺融合路线

丘区水稻生产面积1 700余万亩，平均亩产520千克左右，低于全省平均水平，区域基础设施建设滞后、生产条件差，农业机械化程度较低，季节性干旱、极端高温等气候灾害频发。丘区种植结构复杂，既有冬水田一季中稻+再生稻，也有冬闲田/绿肥—— 一季中稻。

加强丘陵区轻简化适宜机械化水稻品种筛选。以实现轻简化为目标，开展轻简化机械化适宜品种筛选，同时针对丘陵区季节性缺水的现状，进行水播耐淹和旱播雨养模式下适宜品种的筛选。

加强丘陵区水稻机械化生产体系构建。针对生产条件较好的区域，以实现全程机械化为目标，开展机插秧和钵苗摆栽规模化育秧技术及配套栽培技术的研究，在再生稻主产区开展头季稻机械收获技术的研究；在冬水田区域，以耐淹水稻品种为材料开展淹水直播模式下机械化生产关键技术的研究和探索；在春旱频繁的倒旱田区域，以耐旱品种为材料，开展水稻旱播雨养机械化生产关键技术的研究和探索。

（二）玉米

针对四川玉米生态特点以及机械化制约因素，以机械收获为突破，开展玉米生产各作业环节配套机具的选型、改进及研发工作，构建不同种植规模的全程农机配置体系。开展并完善相应配套的高产高效协同栽培技术和以资源高效利用为目标的作物-土壤综合管理技术，建立不同种植规模的标准化种植与管理技术，实现农机农艺融合，构建玉米全程机械化生产模式。同时，将现代信息技术、5S技术、人工智能技术、无人机技术与精细整地、精量播种、精确施肥、精准喷药和精量调水技术组装集成的精准玉米生产技术相结合，形成玉米精准智能化栽培技术，构建现代智能生产新模式。

四川玉米种植区域广、生态条件复杂、玉米品种类型多样以及区域产业发展需求各异。因此应根据区域玉米发展需求和生态特点，因地制宜制定农机农艺融合的技术路线才能有效促进四川省玉米机械化水平发展。

1. 平原丘陵区玉米农机农艺融合路线

平原丘陵区主要涵盖盆中浅丘春玉米区、盆西北平丘春夏玉米区和盆东南丘陵春玉米区，涉及成都、德阳、资阳、内江、南充、遂宁、眉山、自贡等市的大部分县区以及绵阳、达州、巴中、广安等市的部分县区。该区玉米种植面积约占全省面积的65%，种植区域以平原和缓坡耕地为主，种植制度多样，种植玉米类型以籽粒玉米和鲜食玉米为主。该区玉米农机农艺融合路线如下。

构建以中大型机具为主的农机配置体系。针对种植区域生态特点和生产规模，构建以中大型机具为主的农机配置体系。以实现全程机械化为重点，着重研发和鉴选适宜丘陵区的籽粒直收机械、鲜食玉米穗收机械以及无人耕整、播种机具。

创制宜机种植模式与筛选适配品种。针对区域农业发展需求，研究建立适宜机械化生产的多元种植模式，并围绕种植模式开展以优质高产为目标的适宜机械化生产品种筛选。

平原丘陵区玉米机械化生产体系构建。重点针对现有机播技术播种出苗整齐度差、播种效率低等问题，从适宜机具、土壤耕整、田间管理等方面开展研究，研究形成一播全苗机械化播种技术。以资源高效利用为目标，开展机械化条件下的化肥减量减次施用技术、无人机“一喷多防”植保技术、玉米适期机收等关键技术研究，研究形成玉米机械化绿色高效生产技术。

2. 盆周山区玉米农机农艺融合路线

盆周山区主要涵盖盆周山地玉米区，涉及达州、广元、巴中、广安、雅安等市的大部分县区以及绵阳、泸州、宜宾、乐山等市的部分县区。该区玉米种植面积约占全省面积的22%，种植区域以坡耕地为主，田块坡度大、面积小，种植玉米类型以籽粒玉米和青贮玉米为主。该区玉米农机农艺融合路线如下。

构建以轻小型机具为主的农机配置体系。针对种植区域生态特点和生产规模，构建以轻小型机具为主的农机配置体系。以实现关键环节机械化为重点，研发适宜山区的轻小型播种机、青贮玉米收获机等。

耐密高产宜机品种筛选。针对区域农业发展需求和光温生产潜力，以耐密抗倒高产为目标，开展宜机品种的筛选。

盆周山区玉米机械化生产体系构建。针对盆周山区玉米机械化生产技术相对滞后，区域生态条件差制约因素多等问题，以关键环节机械化为突破口，重点开展抗逆全苗机播技术、有机肥还田耕整培肥技术、无人机“一喷多防”植保技术、玉米适期机收等关键技术研究，研究形成盆周山区玉米机械化高产高效生产技术。

3. 川西高原玉米农机农艺融合路线

川西高原主要涵盖川西高原玉米区，涉及甘孜、阿坝、凉山等高原冷凉地区。该区玉米种植面积约占全省面积的13%，由于受年有效积温的限制，种植制度为一年一熟模式，加之田块面积相对较大有利于玉米机械化生产。同时该区畜牧业规模大，对青贮玉米需求大；区域内西昌等地是我国重要的玉米制种基地。该区玉米农机农艺融合路线如下：

构建以大型机具为主的农机配置体系。针对区域玉米种植田块面积大、田块相对平整等特点，构建以大型机具为主的农机配置体系。以实现全程机械化为重点，着重研发和鉴选适宜的籽粒直收机械、青贮玉米收获机、制种配套机具以及无人耕整、播种机具。

早熟耐密高产宜机品种筛选。针对区域农业发展需求和光温生态条件，以早熟耐密高产为目标，开展宜机青贮品种的筛选。

川西高原玉米机械化生产体系构建。针对川西高原玉米产业发展需求和生态条件，以高产高效为目标开展全程机械化生产技术研究，重点开展覆盖增温机播技术、机械化植保技术、肥水高效管理技术、玉米机械晚收技术等关键技术研究。同时针对玉米种业产业发展需求，开展规模化制种关键技术及配套农机、农艺技术研究，建立玉米全程机械化制种技术。研究制种全程管控信息技术，构建种子生产全程可追溯体系。

（三）小麦

小麦是主要的口粮作物，四川也是全国弱筋小麦优势产区，提高机械化水平对于稳定小麦种植面积、增强产业优势有重要意义。不同种植模式下小麦农机农艺融合技术既有共性要求，也有特性需求。

1. 四川小麦农机农艺融合共性技术需求

选育抗病抗倒、熟期适宜的小麦品种。过去育种工作过多考虑产量目标，忽视熟期、株高、抗倒性等性状的选择。早熟高产品种极为缺乏，不利于多熟模式下种植茬口的高效衔接；主导品种植株偏高（>90 厘米），增大了机械收获和秸秆处理过程中的能耗，且由于抗倒性普遍不佳，增加了机械收获难度和损失。

构建适宜的群体结构。通过栽培管理措施构建适宜的群体结构既可以充分发挥小麦产量和品质潜力，也可以提高小麦抗性水平，减少植保、收获等环节机械作业难度。实际情况是，播量总体偏大，加上施肥管理不善，小麦群体质量差，倒伏风险大，从而影响机械作业效率和质量。

强化秸秆处理技术创新。随着作物产量的持续提升，作物秸秆量不断增大，虽有收集打捆、离田利用等途径，但就地还田仍是主导。如果处置不当，会对作物播种立苗和苗期发育产生负面影响。在优化作物栽培管理的基础上，依托秸秆粉碎/切碎、田间分散等机械的优化，提高秸秆还田质量，辅助免耕带旋播种等新型播种技术，降低秸秆对小麦的不利影响。

提升病虫害机械防控质量。新型药械（自走式喷药机、无人机）提高了喷药效率，但对病虫害的防控效果差异很大。需要深入评价新型药械对关键病害的防控效果、对新型药剂的适应性，并完善相关配套技术，提高小麦病虫害防控效率和质量。

2. 稻茬小麦农机农艺融合路线

稻茬小麦重点解决复杂环境下的播种难题。播种质量不高是稻茬小麦产量不高不稳的关键所在，稻茬田土壤湿度大，质地黏重，加上大量秸秆还田，易造成粗耕烂种。免耕被证实是提高高湿条件下小麦播种质量的有效途径，但需要创新免耕播种机的秸秆处理、播种施肥构造，以实现“一播全苗”。在此基础上，进一步完善播种机的精量化、智能化水平。

另外，稻茬田播种和苗期阶段土壤湿度大，地面承载力不足。在前作作物收获、小麦播种以及苗期管理阶段易发生机械压实，既破坏土壤结构，也不利于作物生长发育。强化水稻生育后期以及小麦播种前后的水分管理，配合机械选型配套（如将轮式拖拉机变为履带式拖拉机），降低机械压实。

3. 旱地小麦农机农艺融合路线

目前适于旱地机械主要是耕整机械，播种、收获机械相对缺乏。前期研发经验表明，机械小型化之后动力下降，功能单一，市场接受度低、推广难度大。旱地小麦机械研发重点应放在 20 马力以上的中型农机上，而非小型或微型农机。同时结合农田基本建设，地块化整为零，降低农机作业难度。土地整理后，旱地小麦收获环节可引入成熟的联合收获机，重点放在秸秆处理和播种机械创新上。在保护性农业（免耕、秸秆还田及合理轮作）框架下，开展播种机具研发，提高播种效率和播种质量的同时，持续改善旱地土壤肥力，实现旱地农业可持续发展。

（四）油菜

油菜是四川省最主要的油料作物，四川油菜的总产量一直位居全国第一，面积一直位居全国前三位。四川油菜农机农艺融合应以突破油菜机械化栽植、收获两个薄弱环节为目标，一是选育适宜机械化收获的矮秆、株形紧凑、分枝较少、结角相对集中、上下成熟期基本一致，且角果相对不易开裂，以及适应不同播种时期要求的油菜品种；二是根据各地农作制度，进行油菜直播机、移栽机、割晒机、捡拾脱粒机、一段式收获机等机具的引进、试验、改制或研制，筛选出适合四川不同地区和不同种植制度的油菜生产机械；三是开展油菜栽培模式、田间管理和收获适期确定等农机农艺技术集成配套的探索，并完善技术模式。在此基础上，完成油菜生产耕整地、栽植、田间管理、收获和烘干等环节的机具选型和配套，进而建立相应的油菜全程机械化生产技术路线。

四川油菜种植除成都平原外，主要分布在山地、丘陵地区，土地分散、户均规模偏小，小散种植户占比大，各地区产业发展不均衡。必须分区域制定农机农艺融合技术路线，提升产业综合效益。

1. 川西平原区油菜农机农艺融合技术路线

川西平原区以成都市行政区为主，还包括德阳、绵阳、眉山、乐山的大部分地区，总面积约 2.3 万平方千米。耕地平坦，集中连片，土壤肥沃，灌溉便利，油菜单产水平高，亩产 180~250 千克，总产约占全省油菜籽的 40%，稻—油水旱轮作是主要种植模式，大型成熟农机具普及率高，粮油生产机械化程度高，周年优质高产高效。

在茬口矛盾较突出的区域，对水稻、油菜品种的早熟高产特性提出了更高要求。油菜播种季节可能因水稻成熟较晚、稻田排水晒田不及时，再加上秋绵雨频发，导致田间湿害过重，机械无法下田作业，播种后烂种，出苗后弱苗、僵苗、死苗；收获季节油菜成熟期偏晚、油菜割晒后田间晾晒期过长，影响水稻及时栽插。

根据生产实际情况，对于水稻收获及时、田间排水性好、土壤质地和墒情良好的田块，应采用免耕、灭茬、浅旋、播种、施肥、覆土、镇压一体化播种机直播油菜；苗期和花期根据病虫草害综合防治需要，采取高压机动喷雾器或植保无人机飞防喷施农药、调节剂、微肥；成熟期田间水分少、湿度轻，茎秆和籽粒脱水落黄快，成熟一致性好，应在油菜黄熟后，采取大型油菜联合收获机一次性机收，秸秆全量粉碎还田。

对于水稻收获偏晚、田间排水不畅、雨水偏多、土壤太黏重的田块，应采取无人机飞播、推迟机直播、机械起垄直播、集中毯状育苗后移栽机平作移栽或机械起垄移栽等多种不同模式栽植油菜；苗期和花期根据病虫草害综合防治需要，采取高压机动喷雾器或植保无人机飞防喷施农药、调节剂、微肥；成熟期田间水分过重、湿度较大，茎秆和籽粒脱水落黄不一致，群体植株成熟一致性差，应在油菜八成熟后，采取油菜割晒机割晒，晾晒3~5天后，再用捡拾脱粒机脱粒，秸秆全量粉碎还田。

2. 川中丘陵区油菜农机农艺融合技术路线

川中丘陵区又称盆中丘陵区，西起龙泉山，东抵华莹山，北起大巴山，南抵长江以南，总面积约8.4万平方千米。道路交通设施较好，但部分油菜集中连片种植区域仍需加强对机耕道和田块的易机化改造；平坝面积较大，浅丘布局广泛，旱坡地占比约40%。油菜单产水平较高，亩产170~200千克，总产约占全省油菜籽的40%，稻-油水旱轮作、油-玉（甘薯）旱坡地轮作为主要种植模式。

对于面积较大的平坝区和浅丘区，以稻—油水旱轮作模式为主，应参照川西平原区做法，引进大型成熟农机具，加强油菜全程机械化应用，特别是重点扶持专业合作社、种植大户购置农机，采取机械化生产和提供社会化服务，带动小农户接受机械化生产。

旱坡地以油—玉（甘薯）轮作模式为主，多数为玉米、甘薯收获后的净作油菜，但也有采取宽窄行栽培，宽行为冬马铃薯种植带，窄行移栽或直播油菜2行，油菜与冬马铃薯存在短暂套种共生期。油菜种植应采取手扶式翻耕机结合人工撒播或撬窝点播、小型浅旋直播机机播或无人机飞播、集中育苗结合小型专用移栽机移栽；苗期和花期根据病虫草害综合防治需要，采取高压机动喷雾器或植保无人机飞防喷施农药、调节剂、微肥。

对于宽窄行模式油菜区，成熟期应采用小型割晒机或人工割晒，晾晒3~5天后，再采取全喂入式捡拾脱粒机或小型半机械脱粒机脱粒，秸秆粉碎全量还田；对于无人机飞播或高密机直播的净作油菜，旱坡地水分少、湿度轻，茎秆和籽粒脱水落黄快，成熟一致性好，应在油菜黄熟后采取油菜专用收获机一次性机收，秸秆全量粉碎还田。

3. 盆周山区油菜农机农艺融合技术路线

盆周山地区即四川盆地边缘地区，包括达州、巴中、广元、宜宾、泸州、乐山、雅安、绵阳等市的一部分区域，总面积约7.1万平方千米，93%为山地地形，被一系列中、低山所环绕，山体切割厉害，岭谷相间，高差悬殊，地形复杂，热量资源的地域分布和垂直分布具有明显差异。

油菜单产水平较低，亩产 130～150 千克，总产约占全省油菜籽的 20%，稻—油水旱轮作、油—玉（甘薯）旱坡地轮作、山地油菜净作、林下套种油菜模式均占一定比例。受地势所限，除加大道路、田块易机化改造外，应以开发利用油菜小型化、轻简化、专用化农机具为主，因地制宜，宜机则机，宜直播不移栽，宜机械化不手工操作，分平坝区、漕坝地、旱坡地、林果地分类推进油菜全程机械化，不搞一刀切，做到接地气，省工、省肥、省费，提高周年粮油生产效益。

该区域存在一定比例的坡台地林下套种油菜模式。果林、园艺林和处于成长期的经济林通常属于冠状小乔木，根据树冠大小和生长进程成行宽间距种植。利用林下空闲地种植油菜有几大好处：一是充分利用光热资源，增加土壤绿色覆盖，抑草保水增温；二是油菜属于用地养地作物，可以改良和熟化林区土壤，增加土壤有机质；三是吸引蜜蜂等昆虫，增加有花植物特别是果树的昆虫辅助授粉率，提高结实产量；四是可以发展养蜂业；五是可以增强林区观花休闲旅游功能。

但林区特定规格带状空闲地使机械操作空间受限，种植油菜时应采用手扶式翻耕机结合人工撒播或撬窝点播、小型浅旋直播机机播或无人机飞播；苗期和花期结合林（果）园病虫草害综合防治需要，采取高压机动喷雾器或植保无人机飞防喷施农药、调节剂、微肥；考虑到林（果）木对园区有一定遮蔽性，不利于油菜群体一致性自然落黄成熟，应采用小型割晒机或人工割晒，晾晒 3～5 天后，再采取全喂入式捡拾脱粒机或小型半机械脱粒机脱粒，秸秆粉碎全量还田。

4. 川西高原区春油菜农机农艺融合技术路线

川西高原区包括在甘孜、阿坝、凉山三州，属于春油菜区，以往极少油菜种植，近年来发展油菜生产成为民族地区脱贫致富的一大抓手，种植油菜不仅可以改善当地居民营养消费结构，而且可以增加家庭现金收入。以道孚县、炉霍县、壤塘县、阿坝县、若尔盖县等油菜面积较大，总面积约 30 万亩，有逐年扩大趋势。

油菜相对集中在地势开阔、土壤质地优良、开春解冻早、秋冬季霜降迟缓、夏季光照充足、昼夜温差较大、机械作业较方便的高山平坝区。这些区域机械化程度高，通常采取大型拖拉机翻耕，施肥机机施肥料，直播机覆膜直播油菜或者无人飞机飞播油菜；苗期和花期根据病虫草害综合防治需要，采取高压机动喷雾器或植保无人机飞防喷施农药、调节剂、微肥；成熟期田间水分少、湿度轻，茎秆和籽粒脱水落黄快，成熟一致性好，采取大型油菜联合收获机一次性机收，秸秆全量粉碎还田。

（五）马铃薯

四川马铃薯主要分布在盆周高原山区、川西南山地区和平坝丘陵地区。依不同的海拔高度，一、二季作交互出现，一年四季均有马铃薯收获。盆周高原山区一般种植一季春马铃薯，平坝丘陵区一般种植秋、冬二季马铃薯。四川省春、秋、冬马铃薯所占比例分别为66.2%、17.3%和16.5%，已形成周年生产供给体系。因地形复杂，地块小，种植模式多样，马铃薯作业机械类型多，生产适应性差，利用率低，综合机械化水平不高。

1. 四川马铃薯机械化生产共性技术路线

起垄播种技术路线：机械旋耕整地或耙地→机械化起垄施肥播种→机械化中耕→机械喷药→机械杀秧→机械挖掘。

平播后起垄技术路线：机械化耕整地→（测土配方施底肥）→机械化播种→播后机械化覆土起垄→机械化病虫害防治（机械植保）→机械杀秧→机械挖掘。

2. 盆周高原山区马铃薯机械生产技术路线

盆周高原山区马铃薯主要种植模式为："春马铃薯/玉米"，1.5米或2.0米开厢，马铃薯和玉米带各占一半，形成"双二五"或"双三〇"等模式。

盆周高原山区大地块马铃薯生产主要采用大型和中型马铃薯机具，从耕整地到收获环节均配置了相应的机具。受价格因素、机具利用率低和业主投资不足影响，收获机基本没有配置装车输送装置，且无配套拖车和马铃薯清洗设备，收获需要人工捡拾、分选，也无切种薯设备，但综合机械化程度高。

马铃薯生产过程中采用的机械装备主要有轮拖配套的大中型成套设备，以及轮拖配套的小型设备和手拖配套的微型部分设备。其中大型成套设备（四垄）主要有中机美诺、德沃、希森等国产品牌，主要的机具有：耕整地机、播种机、中耕机、喷药机、杀秧机、收获机。中型（两垄）成套设备主要有中机美诺、德沃、希森等主要品牌，洪珠也介入了部分中型设备领域，以上大、中型成套设备广泛采用国外先进技术和关键零部件，设备配套性好，可靠性有一定保障。

大中型成套设备涵盖耕整地、播种、中耕、植保、杀秧、收获环节。适应大地块和中等地块90厘米垄距的连片种植模式，机艺融合程度较好。设备投资大，利用率低，适宜单位种植规模600~1 500亩的经营主体。其技术需求如下。

适用范围：海拔高度≥2 200米，田块面积≥0.067公顷。

特点：单垄单行，垄距0.9米。

种植密度：52 500~67 500窝/公顷。

动力：90马力以上拖拉机。

播种机：两垄两行播种机。

中耕机：双垄犁式中耕机，作业幅宽180厘米。

植保机：田间道路≥1.5米，田块集中连片，选用自走式喷杆喷雾机或悬挂式喷杆喷雾机，喷杆长度5~8米；田块相对集中，田间道路狭窄时，可选用烟雾机。

杀秧机：双垄杀秧机，作业幅宽180厘米。

收获机：双垄收获机，作业幅宽180厘米。

3. 川西南山地小地块或套间作马铃薯生产技术路线

川西南山地马铃薯主要种植模式为：“春马铃薯/玉米（大豆）”模式，1.5 米或 2.0 米开厢，马铃薯和玉米带各占一半，形成“双二五”或“双三〇”等模式。部分河谷平坝地区有“冬马铃薯-水稻”种植模式。

川西南山地及部分河谷平坝地区受地形和地块中等的影响，主要采用中型和小型机具。其中小型机具无配套的中耕设备和植保设备。综合机械化程度一般。

小型设备（一垄）以洪珠为主，主要有播种机、杀秧机、收获机，设备配套性一般，可靠性一般。

小型成套设备涵盖播种、杀秧、收获环节，机艺融合程度一般。适应中小地块 100 厘米垄距的有一定规模的种植模式。设备投资不高，虽然设备利用率低，适宜单位种植规模 10~15 公顷的经营主体。其技术需求如下。

适用范围：海拔高度 800~1 000 米，田块面积≤0.067 公顷。

特点：单垄双行，垄距 0.7~0.8 米。

密度：60 000~75 000 窝/公顷。

动力：履带式手扶拖拉机或履带式多功能耕整地机（动力≥15 马力）。

播种机：单垄双行错窝播种机。

植保机：脉冲式喷雾机。

杀秧机：单行杀秧机，作业幅宽 100 厘米。

收获机：单行振动式收获机，作业幅宽 80~100 厘米。

4. 平坝丘陵区马铃薯机械化生产技术路线

平坝丘陵区马铃薯种植模式复杂，在稻田，有“早春马铃薯—水稻—秋菜（或秋马铃薯）”“中稻—秋马铃薯/油菜”“冬马铃薯—水稻”等模式；在旱地，有“早春马铃薯/玉米/大豆（或甘薯）”“小麦/玉米/甘薯（大豆）/秋马铃薯”“果树+冬马铃薯”等模式。

平坝丘陵区马铃薯生产受单位种植规模限制，丘陵地区还受地形和地块小的影响，主要采用中小型机具。目前以小型机具为主，部分采用中型机具，少量采用微型机具。尤其丘陵地区机械化程度低。

微型设备主要有手拖带动的播种、收获机具，应用少，设备配套性、适应性、可靠性均差，不成熟。

微型设备只涵盖播种、收获环节，应用少，适应山丘区和平原小地块零星种植。设备投资低，利用率低，推广数量少。其技术需求如下：

适用范围：海拔高度≤600 米，田块面积≥0.067 公顷。

特点：单垄两行，垄距 0.8~0.9 米。

种植密度：82 500~90 000 窝/公顷。

动力：55~70 马力拖拉机。

播种机：双垄四行错窝播种机（2MB-4）。

中耕机：沙壤或轻壤可用犁式中耕机黏湿性选用动力中耕机，作业幅宽 160~180 厘米。

植保机：田间道路≥1.5 米，田块集中连片，选用自走式喷杆喷雾机或悬挂式喷杆喷雾机，喷杆长度 5~8 米；田块相对集中，田间道路狭窄时，可选用烟雾机。

杀秧机：双垄杀秧机，作业幅宽 160~180 厘米。

收获机：双垄收获机，作业幅宽 160~180 厘米。

五、政策机制建议

（一）加强宜机化改造力度

以良田、良机、良种、良法、良制“五良”融合为牵引，坚持宜田则田、宜地则地，支持新型经营主体综合采用工程、生物等措施，修建宜机化生产道路，对农田地块开展小并大、短并长、陡变缓、弯变直改造，筑固田埂，贯通沟渠，提升地力，改善农业机械通行和作业条件，提高农业机械适应性。

（二）持续加大农机科技创新的财政投入

通过设立四川省农机科技创新专项等形式，每年固定安排一定资金，有计划有重点的实施一批农机化领域重大或专项科技计划；通过科研体制机制创新，充分调动农机科研机构、相关高校和农机企业实施科技创新的能动性，积极承担国家和区域科技发展规划中确定的重点领域、优先主题和重大专项计划；加强农机科研机构和优势公共创新平台建设，加大对农机科研平台、科技队伍和科技研发基础条件等的专项经费支持力度。

（三）建立农机农艺专家协调合作机制

建立农机农艺融合科研项目库，组建农机农艺联合研发队伍进行攻关，农机农艺专家团队互派成员到对方挂职锻炼，相互了解工作特点和需求，改变“隔行如隔山，老死不相往来”的局面。完善适应机械化作业的种植体系，加快研发关键环节农机化技术装备，搞好技术储备，顺应农机农艺融合发展趋势，用标准化引领规模化，用规模化带动产业化，研发一批智能化的高性能现代农业装备。

（四）健全多层次农机化人才培养体系

一是加强相关高等院校、农业机械化（农业）技术学校、职业学校农业机械化相关学科专业建设，培养农业机械化专业人才。鼓励大中专院校特别是农业院校毕业生从事农机研发制造、推广使用等工作，支持他们在农机领域就业创业，投身现代农业建设。二是结合现代农业产业技术体系优化，培养建立高层次农机科技创新人才队伍。结合农机化管理、推广、监理和试验鉴定人员培训重点项目，推进农机化管理、技术人才队伍建设。结合新型职业农民培育工程、农机化培训等各类农民培训项目，以及农机化职业技能开发，加大农机实用人才队伍培训力度，加快培养有文化、懂技术、会操作、善经营的新型职业农民。三是开展多层次的劳动技能竞赛，将劳动竞赛与生产经营相结合，激发农机从业人员的劳动热情和创造活力，提升技能，打造高素质农机人才队伍。

（五）开展主要粮油作物农机农艺融合示范推广

以加快建设农业生产社会化服务组织为核心，推进“五良”融合协调发展，开展农机农艺融合模式研究，集成耕整地、种植、植保、灌溉、收获、秸秆处理、烘干等主要生产环节农机农艺技术，开展技术集成示范；推出一批农机农艺结合紧密的机型、作物品种、种植养殖和产后加工等科技成果，创建全程机械化科技示范区（基地）和全程机械化科技示范县（市、区），提高社会化服务组织的农机农艺水平，促进科技赋能农业生产全程机械化。

参考文献

陈建强，2015. 浙江省农机农艺融合的农业机械化技术路线［J］. 农业装备技术，41（4）：4-8.

郭翔，王明田，李金建，等，2015. 四川盆地区油菜农业气候适宜性分析与精细化区划［J］. 西南农业学报，28（2）：846-852.

国家统计局．中国统计年鉴（1978—2020）. 北京：中国统计出版社（分年度出版）.

李奇，刘永红，蒋梁材，等，2011. 四川省油菜生产现状及科技发展对策［J］. 耕作与栽培（6）：1-3，15.

蒲晓斌，陈代全，蒋梁材，等，2011. 四川甘孜藏族自治州油菜产业发展对策建议［J］. 农业科技通讯（5）：12-14.

蒲晓斌，蒋梁材，张锦芳，等，2016. 四川省高原春油菜生产技术［J］. 四川农业与农机（3）：35-36.

随顺涛，欧之福，杨建国，等，2019. 四川现代农机装备发展存在的问题与对策研究［J］. 安徽农业科学，47（15）：256-258.

夏清，刘秀清，石华娟，等，2012. 作油 06-8 的选育及配套栽培技术．四川农业科技（10）：12-13.

加快推进四川育种信息化发展报告

何　鹏　唐江云　曹　艳　卿玲杉

（四川省农业科学院农业信息与农村经济研究所，四川　成都　610066）

摘　要：粮食安全是“国之大者”，也是我国国民经济与社会发展稳定的重要基石，先进的育种技术也作为“卡脖子”技术之一，成为影响我国粮食安全和农业可持续发展的重要因素。随着现代信息技术迅速发展，信息科学与生命科学跨学科交叉融合为育种技术的跨越发展提供了新的契机，世界作物育种进入智能设计育种的4.0时代。目前育种信息化已成为育种的新方向。国外的先正达、拜耳、巴斯夫等国际种业公司均构建了自己的育种平台，国内的金种子育种平台、农博士、华智育种管家等软件也异军突起，在大型种业公司和高校科研院所中得到了较广泛应用。四川是全国种业大省，是全国三大育制种基地之一，三系杂交水稻、杂交油菜和种子生产在全国具有比较优势和重要战略地位。多年来建立了一支强大的公益性育种科研队伍，商业化育种企业也逐步发展。但全省育种信息化水平相对较低，先进技术应用滞后，主要表现在育种软件的实际应用效果不佳、传统育种家对信息化育种的接受程度有限、信息化育种数据共享存在障碍、软硬件设施有限且成本高、适应当地作物及生态区域的信息化育种技术自身有待完善等方面。为强化种业大省地位、保障全省粮食安全，加速传统育种的升华、改造，大幅度提高育种效率与管理、决策水平，四川省应该加快信息技术在育种工作中的应用与推广。

关键词：育种信息化；粮食安全；大数据；生物信息学

引言

粮食产量一直是国家粮食安全的根本，是国家粮食和农业经济发展的支柱。目前我国人口达到14亿，占世界人口的20%，但耕地面积仅占世界总耕地面积的8%；加之我国城市化进程的不断发展，耕地资源和耕地面积呈减少趋势，人口增加和耕地面积缩减的矛盾日益加重。2019年中央一号文件指出，要“毫不放松抓好粮食生产”“加快突破农业关键核心技术”。2020年中央一号文件指出：“确保粮食安全始终是治国理政的头等大事”“加快物联网、大数据、区块链等现代信息技术在农业领域的应用”。“十四五”规划中亦将“种业翻身仗”提上日程。使用育种技术提高粮食的产量成为解决人口增加和耕地面积缩减的矛盾的关键。育种技术和育种成效成为我国粮食安全和农业可持续发展的重要保证。

随着互联网、人工智能、深度学习等现代信息技术迅速发展，信息科学与生命科学跨学科交叉融合为育种技术的跨越发展提供了新的契机。2018 年美国康奈尔大学玉米遗传育种学家、美国科学院院士 Buckler 教授提出育种进入信息技术、智能装备技术与生物技术深度融合的智能设计育种 4.0 时代。未来育种将呈现数据获取（表型、基因型、环境型大数据、人工智能、5G）+数据处理（人工智能、算法、模型）+田间管理（机械、栽培、植保）的大数据驱动的育种信息化模式，即将信息技术应用在育种数据获取、解析、存储、管理、应用等各环节，实现各类育种信息及其相关知识快捷有效获取、处理、传播和合理利用，加速传统育种的升华、改造，大幅度提高育种效率与管理、决策水平。

四川是农业大省，但存在对育种信息化的认识和重视程度不够、育种信息化技术应用与推广缓慢、育种数据存储与管理平台应用较少等问题，导致育种信息化水平较低，与四川省作为全国种业大省的地位不符。随着我国商业化育种进程进入产业化升级新阶段，育种科研单位及企业迫切需要借助信息化手段，提升自身育种技术水平和市场核心竞争力。信息化是育种的主流趋势和必然选择。

一、国内外育种信息化现状

育种信息化已成为育种的新方向，主要包含育种数据获取与分析、存储管理与应用、基于多维大数据驱动的育种预测模型构建、育种装备的机械化、自动化和智能化这几个方面。

1. 育种数据获取与挖掘

育种数据获取与分析是育种信息化的重要基础。主要依靠传感器获得气象数据、土壤数据、病虫害等多类数据；并通过物联网技术构建出育种场景传感网络，实现海量育种数据的实时获取。作物表型高通量获取装备则能实现作物生长指标、作物表型的高通量、自动化获取；计算机视觉算法、图形图像处理以及人工智能技术可以实现不同作物器官的自动分类和识别、形态结构、生理指标、抗性指标等表型的高通量解析。

2. 育种大数据存储管理与应用

育种大数据存储管理与应用相对比较成熟。国内外市场上主流的商业化育种软件产品有 10 余种：先正达、拜耳、巴斯夫等国际种业公司均构建了自己的育种平台，国家农业信息化工程技术研究中心亦打造面向大型育种企业的国产商业化育种软件“金种子育种平台”和面向广大育种科研团队的“金种子育种云平台”，这些软件平台实现了海量育种数据的超大存储、复杂数据的高效分析。

国内外主要育种信息化软件（平台）的现状

	产品	国家/公司	产品特点
1	AGROBASE	加拿大	通用性好，侧重育种数据管理
2	PRISM	美国	侧重育种数据管理，无个性化定制开发
3	DORIANE	法国	兼顾分子育种与常规育种，提供定制化开发
4	ICIS/IRIS	CIMMYT	通过统一种质编码将世界各地的种质系谱、选择历史、田间和实验室评价鉴定的分散数据交换共享
5	金种子育种平台	国家农业信息化工程技术研究中心	自主研发，提供个性化定制开发和现场实施服务
6	农博士	中农博思	自主研发，适用于中小规模育种数据管理
7	华智育种管家	华智水稻生物技术	自主研发，品种测试软件
8	百奥云智能育种平台	长沙百奥云数据科技有限公司	自主研发的育种数据管理和分析平台

引自：尹中江，关卫星，杨勇，米玛普尺，罗黎鸣．育种平台（软件）在西藏作物育种中应用和西藏育种方向浅析［J］．西藏农业科技，2020，42（02）：46-51。

基于多为大数据驱动的育种预测模型构建。应用育种试验大数据和分子标记数据，利用人工智能技术，创建基因型—表型—环境多维大数据驱动的育种预测算法，实现大数据驱动的智能育种决策体系，筛选最具开发潜力的组合组配进行田间试验，从而大大缩短育种周期，提高育种效率。

3. 育种装备

育种装备的机械化、自动化和智能化。主要指无人机、植保机、播种机、收割机等现代农机装备在育种和生长环境信息采集中的应用，以及个体测量设备、群体测量设备和考种仪器等性状数据采集设备的应用。国外育种公司如：孟山都、先正达等，已建立了完善的机械化和信息化种业技术体系，将信息技术和智能农机装备应用到播、种、收、繁等育种的重要环节，极大地提升了育种效率。

当前，世界种业已进入空前的密集创新和产业变革时代，抢占育种 4.0 时代的育种信息化制高点已成为增强国际竞争力的重大战略。然而我国在农业领域表型数据量明显积累不足且采集标准不统一，数据差异性大，传统人工检测的问题日益突出；育种数据不开放共享，形成信息孤岛；育种软件产品不能满足用户需求，缺乏持续专业的售后培训和服务团队；智能装备虽然具有一定基础，但在传感器、农业机器人等方面与发达国家相比差距较大，育种信息化水平还有待提高。

二、四川省育种信息化现状

四川是全国种业大省，是全国三大育制种基地之一。在四川构建的“10+3”现代农业产业体系中，明确提出种业作为三大先导性支撑产业之首。四川省已建成国家级种子基地大市1个、国家级杂交水稻种子生产基地县8个、杂交玉米基地县1个，国家级区域性良种繁育基地4个，省级优势种子制种基地13个，初步构建起了以川西平原为主的杂交水稻、杂交油菜制种优势区，以安宁河流域为主的杂交玉米制种优势区在全国具有比较优势和重要战略地位。杂交水稻制种面积占全国1/5；油菜制种面积全国第二；马铃薯制种面积全国第三；国家地方畜禽遗传资源54个全国第二；木本植物3 200余种，约占全国的1/3，居全国第二位；长吻鮠、黄颡鱼、斑点叉尾鮰苗种生产全国第一；蚕桑资源全国第二。基于以上的育种工作，构建四川育种信息服务体系，为育种工作提供方便、快捷、准确的信息服务，对四川省农畜禽育种工作具有重要的战略意义和现实意义。

四川育种信息服务体系包括育种攻关综合数据库、四川省育种攻关数据共享平台、电子期刊、印刷物等多种形式，以提高育种成果推广和四川省农作物育种创新能力应用为目标，向育种专家、管理部门和农户提供多层次育种信息服务。

1. 四川省育种信息资源服务

四川省农作物育种信息资源建设与服务从“六五”开始启动，一直延续至今，其为四川现代农业和种业发展提供了方便、快捷、准确的信息服务和战略支撑，助力四川省农作物育种工作迈上新台阶。根据四川省农畜育种工作需要，依托三十多年四川农畜育种攻关信息资源建设丰富的数据资源、刊物和四大数据库（育种创新数据库、种业产业数据库、成果推广与转化数据库、育种专家智库），整合四川省农畜育种优势科研单位、高等院校的信息资源，面向四川农畜育种攻关突破性新品种、新材料和新技术的研发创新、转化推广和种业产业发展，开发建设具有特色的农作物及畜禽育种攻关创新知识服务平台。在2012年出版的《四川主要农作物育种态势分析》①中，依据长期农作物育种信息服务及战略研究实践，运用粮食安全理论、农业经济理论和粮食产量预测理论，通过对战略研究方法的研究，创建农作物育种态势分析方法体系，并利用该体系对四川水稻、油菜、薯类、小麦、玉米和蔬菜等主要农作物育种势态进行研究分析，一定程度上揭示了四川省主要农作物2010—2020年的发展态势，为政府管理部门、科学研究及市场经营提供决策参考。在科技信息爆炸式增长的背景下，通过不断创新信息服务模式，把握信息服务内容，全面提升信息服务质量，促进四川省农作物及畜禽育种信息服务的可持续发展，实现以信息化推动四川农业现代化，更好地为四川省育种工作提供决策性、战略性建议。

2. 四川农畜育种攻关云服务数据库

四川农畜育种攻关云服务数据库实现农业网络信息资源优化整合，开放共享、精准匹配等有效管理，是推动实现农业信息化、农业现代化的创新型模式，创建了国内第一个具有领先水平的、规范高效的“技术+资源+服务”的“一站式”四川农作物及畜禽育种攻关大数据平台。平台通过在特定网站或互联网相关网站上及时自动采集并更新专业数据，涵盖学术研究、技术迭代、政府决策、农业经济环境等多种内容，帮助科研工作者大范围提升信息获得的速度和效率。四川农畜育种攻关云服务数据库建设项目提供的产品如农作物及畜禽育种攻关大数据平台、综合数据库、育种攻关动态、竞争情报信息等，都得到了省育种工作相关部门的高度肯定和农业科研人员的广泛认可，取得了良好的服务效果。利用平台与用户开展互动调研，了解育种相关工作人员需求，开展专题服务，满足农业信息服务的根本需求，为育种工作提供了多层次、方便、快捷、准确的信息服务，为四川育种工作取得丰硕成果提供了强有力的信息支撑。未来更是将深度挖掘育种知识，让育种信息能够精准化匹配、智能化推送，可视化展示和简单化管理，满足用户精细化需求。

3. 四川农畜育种攻关云服务平台应用

四川农畜育种攻关云服务平台综合利用四川农业软硬件资源和信息资源，建成了面向育种攻关科研创新及成果转化服务的“SaaS”云服务中心，并面向四川育种科研课题组开展了云服务应用。平台利用信息化技术，为玉米病害研究课题组和水稻植保课题组提供服务，通过土壤墒情监测系统，对病害发生全过程的土壤墒情信息进行实时自动采集；通过小气候采集系统、对病害发生全过程的气候信息进行实时采集，将相关信息传输和存储到四川育种攻关云服务平台，并实时提供给课题组。通过智能移动端设备拍照提取农作物图像的特征，应用深度学习图像识别技术，实现对病害的智能判定。该平台提升了四川省玉米病害和品种抗性研究工作中获取数据的准确性、实时性、连续性和有效性，提高科研工作的效率，实现玉米病害和品种抗性研究过程中环境数据的实时监测、采集、传输、存储和管理。育种攻关云服务平台包含病虫草害数据库，以图文信息形式服务于用户，可免费供用户查询各类病害的病因、病状图、整治方法等。未来将以病虫草害数据库为基础，开发移动端诊断软件，实现快速、准确识别病害，并向农户推送防治办法，让作物及时得到整治。同时，结合病害发病区域及相关环境数据，提炼出农作物病虫害暴发的区域分布、呈现特点等特征，分析病虫害发展趋势，对可能暴发的区域进行预警；并结合天气、农作物种子品牌、农药药效、历年防治效果、其他省份发生情况等数据进行数据挖掘，为当前病害提供合理的防治措施，达到减少病害影响，实现增产增收，科技惠农的目标。

4. 育种数据存储管理与应用

在育种大数据存储管理与应用方面，引用市场上主流的商业化育种软件产品华智生物育种管家为科研课题组提供育种信息化服务。育种管家包含种质管理、库存管理和品种测试管理三大模块；功能覆盖种质信息录入，出入库流程管理，品种测试数据录入，报表报告生成，App 查询和性状采集等。平台通过完善的谱系记录功能，自动完成种植规划；具有便捷的数据采集方式，便于科研工作者全流程管理育种信息，实时掌握进度，提高工作效率和管理水平，为育种决策提供数据支撑；同时通过精准的权限控制，保障了实验数据的安全。未来平台还将加入繁育管理、分子实验室等功能，通过整合植物材料田间的表型数据、试验室的基因型数据以及生长的环境数据，建立分子标记与植物生长的关联模型，用人工智能算法对育种材料的田间表现进行预测和选择，从而有效降低田间工作成本，大幅提高育种效率，实现农作物品种培育的数字化、精准化和智能化。

三、四川省育种信息化存在的主要问题

四川省有农作物种业企业 204 家，种子经营门店 22 138 家。但绝大多数种业企业、科研机构的信息化水平较低，仍然普遍采用人工测量、纸质记录转电脑、经验决策等工作方式，投入产出严重失衡，传统的育种数据管理和分析手段逐渐成为制约种业发展的主要瓶颈之一。近几年，由于有海外种业巨头和国内圣丰种业、隆平高科等企业的成功经验及典型应用案例，对广大育种科研人员、育种企业管理人员深入认识到信息技术对育种工作的促进作用起到了重要引领示范效应。越来越多的企业和科研人员开始尝试引进育种相关软硬件设备，但实际应用效果并不理想，主要表现在以下方面。

（一）四川省育种软件的实际应用效果不佳

国外农作物育种软件与我国相比，技术更成熟，功能更完善，并已有较好的应用案例和效益。但国外软件的购买费用或使用费居高不下，令很多育种企业和科研机构难以负担。同时，通用育种软件，难以满足中小型育种企业和科研单位的个性化需求。国外育种软件的研发始于 20 世纪 90 年代，在育种工作中产生的效益十分显著。21 世纪，国内种子企业开始尝试引进 AGROBASE、PRISM 等国外育种软件，但这些软件设计不能完全适用于国内育种科研，且语言的不同，影响了用户的掌握程度；育种信息化软件现场实施及个性化开发的欠缺，大大降低了国外育种软件的实用性；同时，由于缺乏系统的产品售后服务，系统使用的连续性很难保障，这就导致软件买了之后，可能短暂使用后，逐渐闲置。

不同作物间育种流程的差异性、不同育种家育种方法的多样性及不同育种企业管理模式的灵活性，决定了市场上的任何一款通用育种软件产品都不可能完全满足所有用户的需求。目前，市场上绝大多数育种软件供应商基于成本考虑并不提供个性化开发，导致软件只在用户部分业务环节应用，或仅仅使用软件中的少数几个功能模块，无法充分发挥育种软件的最大功用，带给用户的育种辅助严重受限。

（二）育种软件难以可持续使用

由于从田间到实验室，各类育种数据的采集、分析和管理，都需要用到信息化育种软硬件，传统育种专家对信息化育种不是很适应，觉得更费时费神，因为需要学习软件的使用和管理，既需要克服技术的生疏，也要克服以往手工操作的习惯，很多已经采购或者试用的育种软件即使功能完备，后来很多都难以持续使用下去。因此，信

息化育种推进过程中人的素质的约束是需要面临的问题。

（三）信息化育种数据共享存在障碍

科研是一个创新发现的过程，科研数据具有敏感性和机密性，有些关键数据和信息的泄露，有可能造成研究成果被窃取或仿制。对育种专家来说，很多数据是不愿意共享的；但为促进作物育种创新，如何在有效保护和安全管理数据的前提下，有效推进育种机构间的信息共享与互通是目前亟待解决的问题。

（四）信息化育种决策技术及装备急需完善

1. 育种决策智能化不足

为了有效利用信息技术，为育种提速增效，需要包括：分子生物学、遗传学、物候学、信息学、地理学、农学甚至经济学等多学科知识的融合和发展。信息化育种技术的关键是要把经验式的育种抽象成数学现象，即采用科学复杂的数学模型来演进育种系统的组合和变化。育种过程中的数据采集和管理，已经有较多研究和实际应用，但不同类的育种，所采用的策略不同，目前缺少基于快速运算的育种决策智能化来解决传统育种周期长，效率低，良品少的关键问题。

2. 育种数据采集设备的易用性和准确度不高

现有的育种数据采集仪器，促进了育种中关键性状数据的获取效率，特别是图片数据的采集，提升了预判的精度与准确度。但在实际应用中，便携式设备往往并不方便。例如育种选种圃传统记载方式可采用“√”“×”的简易标记直接多行筛选，而手机、PDA 未能实现人性化，必须按行记载，影响了观测速度。育种材料的选择受多种因素影响，仪器采集值与人工实测值仍有一定偏差。需对收集数据进行分析，考虑实际使用需求，从而提高数据采集及分析结果的可靠性。

四、四川省育种信息化发展的对策建议

要有效推进四川省在育种信息化的发展，必须大力推进育种参与各方积极参与推进育种信息化，从政策、资金、项目等方面给予大力支持，尽快提升四川省育种信息化水平，提高良种育成效率，破解传统育种耗时太长的难题。主要的对策建议包括以下四点。

（一）政府主导，各方参与同步推进育种信息化

政府政策上，进行引导和鼓励科研机构和企业，积极引进信息化育种新方式；育种机构和企业、育种专家，多方都应重视育种信息化的引入与切实应用。

一是加大项目资金支持力度。建议在四川省农畜育种攻关项目中，设立育种信息化项目专项，建立稳定的育种信息化科研攻关团队，针对四川育种的卡脖子问题，紧密联合育种专家，研究制定信息化解决方案，切实解决传统育种效率低的问题，推进四川育种信息化智能化的进程。

二是推进品试管理推进育种信息化。育种的重要目的之一是要进行农作物品种审定，这需要经过申请和受理、品种试验、审定与公告等环节。其中品种试验包括区域试验、生产试验和DUS测试3部分。四川省种子站可从作物品种区域试验、生产试验信息化入手，将区域试验、生产试验过程中，重要的考察节点采用田间摄像头自动捕捉，并实时分类记录，实现主观考察向客观的观测及记录存档转变；DUS测试，也应引进电子化记录各品种DUS测试的全性状，实现结论言之有理，查之有据，有效避免测试中人为失误或错误，减少品种鉴定不公，有利于激励育种专家专心育种。

三是加强育种信息化软件个性化。面向不同育种企业和育种科研团队需要提供更为全面、低成本的个性化育种信息化软件；提供灵活可定制的软件产品功能模块，供用户选择组配。

（二）育种软件的可持续使用对策建议

要解决由于人的因素造成的育种软件难以持续使用的问题，需要第一，育种科研机构内部加强引进人才和培训。保障育种软件的长期自主运营，培养具备信息技术与育种技术的混合型人才，育种专家要在掌握育种知识的同时，具备计算机基础，主动学习和应用基因编辑、数字技术和人工智能等新技术，才有制造育种“流水线”，精准、快速、高效地育成优良品种的可能；第二，外部提供持续专业的技术培训、实施与售后服务，加大现场实施、软件维护等方面的支持。让科研专家使用信息化育种系统在计算机技术和操作上，无后顾之忧。

（三）有效推进四川育种信息化数据共享

数据公开、软件开源与数据共享，已是科技发展的重要潮流趋势。国家《科学数据管理办法》明确提出“开放为常态、不开放为例外”的原则。信息化育种数据的共享是一个较为复杂的问题。从育种专家的角度，首先希望能够保障科研关键数据的安全。因此，政策法规上，应根据大数据时代的特点，以不泄露科研秘密为基本原则，建立育种数据的开放与共享规则，制定育种数据资源信息安全管理办法，对数据所有方给予法律的保护和共享方面引导和指导；技术上，不能共享的数据要得到有效保护，可以共享的数据，做好数据脱敏和权限管理；为促进育种创新，育种机构积极参与种业大数据平台等免费数据平台的建设和使用。

（四）加强育种决策智能化技术研究与装备研发

要想把基于经验的育种决策自动化、智能化，是需要各领域的育种专家与信息技术专家长期深入的合作，提炼出科学可验证的数学运算模型，促进信息化育种技术质的飞跃。育种决策智能化技术研究方面，由于育种软件具有很强的专业性和复杂性，各功能的设计，需要经过完整育种周期的现场实施培训并在实施中不断优化产品功能，才能实现软件与育种业务的深度融合并真正发挥作用。四川省应当以四川省的种质资源库为依托，以主要农作物为重点，突破个体和群体形态、发育动态、结构、生理生化等重要性状的精准鉴定技术，实现图像和数据自动化提取，在温室和田间建立规模化、自动化、智能化表型鉴定平台，打破基因规模化挖掘与品种高效创制之间的技术壁垒，加快生物育种进程。同时，研发低成本，高准确度的相关育种数据智能采集设备，让育种数据能获取，易获取，有效提高育种数据采集设备的易用性。

参考文献

陈进，姚金霞，2017. 四川农业物联网发展对策分析［J］. 四川农业与农机（1）：15-17.

陈天慧，2021. 育种技术在现代农业生产中的实践探究［J］. 农家参谋（2）：5-6.

赖瑞强，南建宗，阳成伟，2021.作物育种涉及的方法及发展概况［J/OL］. 分子植物育种：1-23［2021-06-06］. http：//kns.cnki.net/kcms/detail/46.1068.S.20210528.1539.009.html.

孙会芳，2019. 育种技术在现代农业生产中的应用［J］. 粮食科技与经济，44（12）：78-80.

王向峰，才卓，2019. 中国种业科技创新的智能时代："玉米育种 4.0"［J］. 玉米科学，27（1）：1-9.

向平，李晓，雷波，2012. 四川农作物育种战略研究及信息服务体系建设［J］. 农村经济（5）：56-59.

尹中江，关卫星，杨勇，等，2020. 育种平台（软件）在西藏作物育种中应用和西藏育种方向浅析［J］. 西藏农业科技，42（2）：46-51.

袁波，2018. 人工智能将助力四川农业"看图识病"［J］. 蔬菜（4）：81.

张颖，廖生进，王璟璐，等，2021. 信息技术与智能装备助力智能设计育种［J］. 吉林农业大学学报，43（2）：119-129.

赵航轲，陈杭，马薇，等，2021. 甘孜州智慧农业在羊肚菌生产中的应用［J］. 现代农业科技（2）：58-60.

第三部分

附录

附录1 咨政建言

四川省玉米生产中后期防灾减灾技术预案*

玉米是四川省第二大粮食作物，2021年全省玉米播种面积约2 774万亩，玉米生产总体正常，前期气候条件基本满足玉米生长。7—8月暴雨、高温等极端天气发生频繁，对我省**玉米生产中后期造成一定威胁。结合预测预报，依据多年试验研究与生产实践情况，省玉米防灾减灾专家组针对我省玉米防灾减灾重点，提出春玉米重点防控涝渍倒伏、穗腐粒腐病发生，夏玉米重点防控高温伏旱和病虫害，及时做好晾晒贮藏和秸秆还田等技术预案，供各地因地制宜参考使用。

一、玉米区域分布与生产特点

（一）四川东部南部春玉米区

该区域春玉米播种面积约2 024万亩，包括南充市、达州市、巴中市、遂宁市、内江市、自贡市、泸州市等地，平均海拔300~800米，年均气温16.0~18.5℃，年均降水量1 000~1 300毫米，年均日照时数1 100~1 200小时。播种时间主要集中在3月上旬至4月中旬，目前玉米大多处于乳熟中后期，南部地区部分地块已成熟收获。该区春玉米常年易受低温、春旱影响，穗腐病、纹枯病、玉米螟等病虫害多发。今年前期气温偏低、春旱影响时间短、程度轻，雨水适量、光照充足，玉米生长好于往年。

（二）四川西部北部夏玉米区

该区域夏玉米面积约750万亩，包括成都市、绵阳市、德阳市、眉山市等地，平均海拔300~700米，年均气温15.5~17.2℃，年均降水量900~1 300毫米，年均日照时数900~1 200小时。以小麦后或油菜后夏玉米为主，机械化程度较高。播种时间主要集中在5月中下旬至6月上旬，目前处于大喇叭口期至抽雄吐丝期。该区夏玉米生长季旱涝交替并存，易受强降雨、大风、高温伏旱影响，叶斑病、纹枯病、茎腐病、

---

* 本文2021年8月5日刊发于《农业科技动态》2021年第20期（总第804期）。

** 附录中尽量保留了原文的称谓，我省即指四川省，编者注。

穗腐病、玉米螟、黏虫、草地贪夜蛾、蚜虫等病虫害多发。今年前期雨水较充沛，旱涝灾害较轻，玉米生长良好。

二、影响玉米中后期生长发育的不利因素

（一）暴雨洪涝、高温伏旱并存

据四川省气象中心预测，预计未来10~20天，盆地东北部、中部、南部的局部地区可能出现高温天气，川西高原、盆地西北部中到大雨、局部暴雨，攀西地区、盆地南部中雨。暴雨洪涝和高温伏旱严峻复杂，防涝渍倒伏、高温逼熟压力大。

（二）病虫害发生风险大

由于后期雨日偏多，高温高湿气候易引起纹枯病、大小斑病、灰斑病、茎腐病、穗腐病和玉米螟、草地贪夜蛾、黏虫等病虫害暴发。据统计，截至7月13日，草地贪夜蛾在四川省累计发生面积52.98万亩，凉山州个别重发田块被害株率达78%。病虫害威胁着我省玉米生产数量和质量安全。

（三）阴雨寡照局部成灾

据历年生产情况，进入7—9月雨季雨日较多，盆地局部区域存在阴雨寡照天气风险，不利于夏玉米散粉结实和籽粒脱水，降低结实率、加重籽粒霉变。

三、对策建议

各地区应加强极端灾害天气和主要病虫害的监测预警，通过多部门会商研判，及时发布预警信息，做好物资储备，为科学高效防灾减灾提供决策依据。

（一）东部南部春玉米重点防控涝渍倒伏、穗腐粒腐病发生

1. 排水降湿是第一要务

强降雨发生后，要在2天内及时疏沟排水，降低田间湿度，做到雨停田干，防止涝渍成灾，甚至造成植株和籽粒霉变，商品品质下降。

2. 因地制宜提早收获受灾地，最大限度降低损失

强降雨发生后，对于大面积倒伏且难以扶正的未成熟玉米，建议及时与养殖企业联系，提早收获，转变用途，刈割收获用于牛羊等草食家畜的青贮饲料。或者整株收获后在避雨条件下，捆把立秆延迟灌浆，以减少损失；对大面积倒伏且已接近成熟期的玉米，应及时收获，防止高温高湿引发穗腐粒腐。

3. 适当晚收无灾地，提高籽粒容重和一致性

对未受灾害影响且茬口允许的地区，在做好病虫害防治、减轻穗腐粒腐情况下，较生产上习惯收获时期适当推迟收获7~10天，既能促进籽粒充分灌浆脱水提高产量和籽粒品质，又有利于机械收获提高机收质量。

（二）北部西部夏玉米重点防控高温伏旱和病虫害

1. 高温伏旱

7月下旬至8月上旬发生高温伏旱，将形成“卡脖旱”。有条件的地块可夜间灌水缓解旱情，避免温度过高对玉米造成二次伤害；也可以叶面喷施含甜菜碱的抗旱增产剂，或叶面喷施1%尿素和0.01%磷酸二氢钾水溶液，最大限度降低致灾程度。

2. 病害

纹枯病发病田块，在茎秆下部喷施20%井冈霉素，喷雾2次，间隔7~10天，或喷施40%菌核净可湿性粉剂1 000~1 500倍液；茎腐病在发病初期需拔出病株，施用农用链霉素、铜制剂等杀菌剂，防止病害蔓延；叶斑病在玉米大喇叭口期喷施25%嘧菌酯1 000~1 500倍液、18.7%丙环·嘧菌酯1 000倍液、25%吡唑醚菌酯1 000倍液或25%苯醚甲环唑乳油8 000~10 000倍液，具有较好的预防效果。

3. 虫害

当玉米螟虫穗率达10%或百穗花丝有虫50头时要立即防治，喷洒苏云金杆菌制剂，或用氯虫苯甲酰胺、高效氯氟氰菊酯等药剂与甲维盐复配喷施，提高防治效果，兼治蚜虫和红蜘蛛等害虫；黏虫和草地贪夜蛾可用杀虫灯、性信息素诱杀，也可以在卵孵化初期选择喷施苏云金杆菌、球孢白僵菌、金龟子绿僵菌等生物制剂，在虫口密度高、集中连片发生区域选用甲氨基阿维菌素苯甲酸盐、氯虫苯甲酰胺、乙基多杀菌素、茚虫威、虱螨脲等应急防治药剂，及时开展科学防治，注意轮换用药和安全用药。

4. 倒伏

多由强降雨和大风引起。首先要做好疏沟排水，降低田间湿度；其次要增加一次追肥，每亩增施尿素5~10千克，弥补排水造成的肥料流失。处于喇叭口期和抽雄吐丝期的倒伏田块可扶正培土，处于灌浆期的倒伏田块原则上不用人工扶正，可让玉米植株自然生长调整。

5. 阴雨寡照

在加强耐阴品种筛选基础上，对授粉期受到阴雨寡照天气影响的田块要加强人工授粉，对灌浆期受影响的田块要通过培土起垄和去除基部3~5片老叶，达到排水降湿、通风透光的目的。

此外，高温伏旱、淹水时间长、倒折等受灾较重或绝收的地块，应及时进行田间清理，改种补种秋红苕、秋洋芋、秋大豆等作物，以晚秋增收弥补大春损失。

（三）玉米收获后减损增效技术措施

1. 及时晾晒贮藏

对人工收获、机械收穗的玉米穗要及时剥落苞叶晾晒裸穗，防止霉变。当水分降低到20%以下，剔除有穗粒腐病的果穗，脱粒后晒干贮藏。有条件的种植户，特别是机械收粒的，必须用粮食烘干塔直接烘干，防止长时间堆积发生霉烂。在储存前，应清除籽粒中的杂物，将干净、干燥的籽粒存放到温度适宜、通风、干燥的仓库里，并做好定期检查。

2. 秸秆还田

玉米收获后，及时将秸秆进行粉碎还田或直接覆盖还田，秸秆还田后每亩增施 3~5 千克尿素，加快秸秆腐烂并转化为有机质和速效养分，为下茬高产打下坚实基础。对于病虫害发生严重的地块，要将秸秆离田处理，以降低病虫害在下茬和来年发生的密度。

四川省玉米防灾减灾专家组

撰稿人：刘永红　李　晓　郑祖平　王秀全　黄跃成　岳丽杰

杂交中稻遭受洪涝后的应急预案①

西南丘陵海拔450米以下沿江河谷地区，常年水稻栽插面积在2 000万亩左右，以冬水（闲）—杂交中稻（再生稻）、麦（油）—杂交中稻等种植模式为主。目前大部分地区水稻处于灌浆结实中后期，少部分直播水稻田处于孕穗至抽穗扬花期。根据四川南部、重庆、永川、江津等地区天气预报，日最高气温高于35℃出现在7月27日以后，并需要连续3天以上的高温才会显著影响结实率。因此该区域水稻开花期遭受极端高温热害的概率较小，但遭受洪涝灾害的可能性极大，因为每年水稻收获前7~15天均有不同程度的洪涝灾害发生，且今年我国多地发生区域性严重洪涝灾害。为此，各地应加强水稻遭受洪涝的应急预案工作，并提出以下建议供参考。

一、加强洪涝发生前排洪的准备工作

各地应随时关注当地气象预报，在强降雨发生前后，加固田埂防止垮塌，做好稻田平水缺口，增强稻田蓄水能力，缓解强降雨对稻田的破坏力；畅通各种排水沟渠，提高排水能力；做好抽水机、燃油等物资准备，以便对重要物资进行抽水保护；组建抗洪抢险队伍，做到洪涝即发即抢，最大限度减少损失。

二、制定洪涝灾害发生后的救灾策略

洪涝退水后，要组织相关专家和农技人员进入灾区进行田间调查，走访农户，确定稻田被淹没和退水的准确时间，预测洪涝对水稻产量的损失程度，并根据产量损失度决定救灾策略：当产量损失在60%以下，保留头季稻，加强田间管理，可获得300千克/亩左右产量；若产量损失在60%以上则立即割苗，蓄留洪水再生稻；若淹没时间过长，不仅头季稻绝收，再生芽死亡率也较高，立即改种秋作。

三、因地制宜落实救灾的关键技术

（一）加强当季田间管理

分蘖盛期、孕穗末期和齐穗期淹没不足35小时的稻田，在洪水退水过程中洗苗、加强田间管理，可获得300千克/亩左右产量；或预测洪涝对水稻产量的损失程度在60%以下的稻田应保留头季稻为宜。其中重要措施之一是在退水过程中用竹竿洗苗，若

① 本文2021年7月30日刊发于《农业科技动态》2021年第19期（总第803期）。

夜间退水未及时洗苗，应在叶面喷清水，尽可能洗去上部三片叶上附着的污泥，提高叶片光合效率，可比未洗苗的增产5%以上。

由于此时水稻植株已处于封行状态，加之田间湿度大且伴随高温，水稻纹枯病普遍较重，开花时遇强降雨或连绵阴雨，将对后期籽粒灌浆结实有较大影响。待天气转晴，每亩用井冈霉素2包+100克磷酸二氢钾对水100千克，于晴天上午喷雾，及时防治纹枯病。

（二）洪灾后蓄留再生稻

对头季稻产量损失重或基本绝收的稻田，可蓄留洪水再生稻。孕穗期淹2~3天、齐穗期淹1~3天的洪水再生稻产量均可达400千克/亩以上。

1. 蓄留洪水再生稻的判断标准

符合以下条件之一的稻田可蓄留洪水再生稻：一是孕穗期被洪水淹没30小时以上，剥检稻穗呈水浸状、黄褐色，穗开始腐烂发臭的田块；二是处于抽穗开花期被洪水淹没48小时以上，日晒后稻穗和叶干枯，根、茎和再生芽生长基本正常的田块；三是洪水退后第5天，倒2、3、4节位有80%再生芽明显伸长的田块。

2. 高产关键技术

（1）施发苗肥　确定蓄留洪水再生稻的田块，割苗前及时追施速效氮肥，以护根促芽，为再生稻高产奠定基础。发苗肥（尿素）的施用应把握早割（退水后5天内）、瘦田多施、迟割（退水5天后）及肥田少施的原则。

（2）及时割苗　割苗时期以洪水退后3~5天为宜，割苗时应低留稻桩，利于再生稻高产。割苗后将稻草就近均匀平铺于杂交中稻植株行间，既可通过稻草还田增加有机肥，又能为洪灾后自救赢得宝贵时间。

（3）加强管理　割苗后至收割期，应注意水分管理。稻田保持3厘米左右浅水层或湿润状态，促进头季稻根系的恢复与生长。待洪水退后，进行外源激素调控。苗期可喷施5毫升/升的美洲星，孕穗期及抽穗期喷施1 000毫克/升的长精，同时结合施用40毫克/升的多效唑或4毫克/升的脱落酸，有显著增产效果。同时，应注意防治病虫。根据当地植保部门对稻田病虫的监测结果，以螟虫、稻纵卷叶螟、稻瘟病等为重点防治对象，选用高效、低毒、低残留、环境友好的农药，进行防治和施药，遇降雨等影响防效天气时，应及时补治，为再生稻高产创造条件。当全田90%左右的籽粒黄熟时及时收获。

四川省农业科学院　　徐富贤　任光俊

关于抓好四川水稻中后期病虫防控工作技术建议①

由于2021年水稻播种、插秧后以冷凉天气为主，雨水较去年明显增多，外地虫源量大并多次迁入，四川省水稻前期除稻瘟病、稻纵卷叶螟外的多种病虫害发生程度均比2020年严重。目前我省水稻自南向北逐渐进入抽穗扬花期，做好后期病虫害防控已成为夺取全年水稻丰收的关键。为此，我们建议对以下病虫害加强监测和防控工作。

一、稻飞虱

受今年境外迁入虫源较去年大幅提早和增加影响，我省稻飞虱发生程度达到偏重程度，种类以白背飞虱为主，发生范围目前已到达盆地西部。当前飞虱主要在海拔较高、栽插较迟、生育期仍处于分蘖末期和拔节期的稻田发生危害，该类田块百株虫量普遍达到3 000头以上，须立即加以防治。此外，部分杂交稻制种田晚插母本才开始拔节，成虫数量和初孵若虫量大，蜘蛛等天敌比例小，虫量增加快，亦须加强监控和防治。白背飞虱防治药剂可选烯啶虫胺或吡虫啉，每亩按照推荐用量防治1次。

二、稻纵卷叶螟

目前我国南方稻纵卷叶螟成虫陆续羽化并将进一步迁入四川省，加上前期已迁入我省虫源，稻纵卷叶螟在川东北达州、南充部分县（区）发生并造成危害，并可能在川南经进一步繁殖危害再生稻。建议以上地区加强田间性诱和赶蛾监测，对虫量达标田块及时按推荐剂量将茚虫威与阿维菌素等药剂混配后进行防治。由于虫源地稻纵卷叶螟出现抗药性，一般不推荐单独施用阿维菌素或氯虫苯甲酰胺（“康宽”）进行防治。

三、水稻螟虫

目前川东、川南地区水稻螟虫已经开始危害穗部并得到普遍防治。盆地西部水稻田间二化螟、三化螟和大螟混合发生，世代重叠严重，低龄、老熟螟虫和蛹均可见，但均能在水稻抽穗后危害造成白穗并进而引起严重损失，因此有必要在水稻孕穗末期采用茚虫威等长效内吸性杀虫剂防治1次。

---

① 本文2021年7月30日刊发于《农业科技动态》2021年第19期（总第803期）。

四、水稻病害

目前川东、川南低海拔稻田水稻进入扬花期，病害防治工作已经基本结束，但中、高海拔稻田以及盆地西部稻田正是水稻病害防控关键时期。盆地西部水稻病害防控以稻曲病为主，桂朝二号等感病品种、糯稻、粳稻品种以及前期已发生叶瘟的杂交稻抗性丧失品种则还须预防穗颈瘟，防治时期掌握在破口前 5~6 天即“大肚”显现时期，稻曲病用药有井冈霉素、纹曲宁、爱苗等；预防穗颈瘟则还须加入三环唑。叶瘟发生田块还要加入稻瘟灵，并在齐穗期重复用三环唑和稻瘟灵喷雾 1 次。成都、德阳和绵阳等地杂交稻制种田，需要在初花期和盛花期防治两次稻粒黑粉病，防治药剂为多菌灵、甲基硫菌灵、苯甲·嘧菌酯、苯甲·丙环唑、己唑·多菌灵、戊唑·多菌灵、噻呋酰胺等。

五、小结

目前我省东、南部高海拔地区和盆地西部水稻病虫防控进入关键时期，处于分蘖末期和拔节期稻田须查、防白背飞虱，川东北、川南地区部分田块稻纵卷叶螟达标时应及时防治。水稻进入孕穗末期后，应普遍预防稻曲病和水稻螟虫，感病品种要预防稻瘟病，稻瘟病发生田块在齐穗后应再防治 1 次。除抓住防治适期外，选择长效、内吸性药剂和最高推荐药量是关键。气象部门预测七月下旬盆地西部降水较常年会增加 1~2 成，将有利于稻曲病发生，同时给稻田施药带来困难。各地应尽力抢晴天用药，加入有机硅、激健等增效剂和助剂以保证药效。用药后 4 小时内若遇大雨，则要及时补施，减少损失。

四川省农业科学院植物保护研究所　于文娟　彭云良

关于四川菜籽油加工产业的思考和建议①

为贯彻落实省委省政府的决策部署，加快推进四川省现代农业“10+3”产业体系建设，做大做强油菜产业，我省于2018年开始实施“天府菜油”行动，组建产业创新联盟。目前注册的“天府菜油”商标已被业内评为8个具有中国粮油影响力的公共品牌之一，成为四川优质农产品的一张新名片。浓香菜籽油是“天府菜油”品牌建设中主推的王牌产品，因其对川菜的色、香、味形成的重要影响和贡献而具有鲜明的四川地方特色。目前，四川省在油菜种植面积和总体产量方面位居全国榜首，在油菜品种选育方面也具有一定优势，为保障“天府菜油”产品原料有效供应提供了重要支撑，但在菜籽油加工与品质控制等环节尚存在较大短板，制约了“天府菜油”品牌的良性和长足发展。

一、存在的问题

1. “浓香菜籽油”标准不明确

与普通菜籽油相比，浓香菜籽油具有香气浓、颜色深等特点。由于浓香菜籽油香味成分的量化十分困难，目前尚未建立出台统一的国家或行业标准，加之“天府菜油”团体标准中关于浓香菜籽油的标准界定尚不明确，导致市场销售的浓香菜籽油名称五花八门、质量参差不齐，消费者难以辨别，监管部门无据可依。

2. 产品同质化严重

四川浓香菜籽油产品大多冠以“小榨”“浓香”“纯正”等标签，本质上均是强调“香气浓郁”的特点，产品高度同质化，消费者难以辨别产品间的差异，导致价格战等恶性竞争，甚至会出现以明显低于成本的价格进行销售而扰乱市场的行为，对“天府菜油”的品牌形象产生严重的负面影响，若不及时加以纠正，之前的努力恐将付诸东流。

3. 加工企业整体实力较弱

近三年，四川省油菜种植面积和油菜籽产量稳定在1 800万亩和290万吨以上，并呈现逐年增长的良好趋势，四川已成为我国油菜种植和产量第一大省，然而国内知名油脂加工企业却屈指可数。2020年，四川省入统粮油企业加工产值在2 000亿元以上，其中仅4家“中国好粮油”行动示范粮油企业产值超过5亿元，13家企业产值过亿元。

① 本文2021年7月19日刊发于《农业科技动态》2021年第18期（总第802期）。

我省入统食用植物油加工企业总产值约 220 亿元，仅占金龙鱼产值的 1/9。在我国权威机构 Chnbrand 发布的中国品牌力指数排名中，金龙鱼、鲁花、福临门多年名列前 3 名，而四川企业品牌未曾入榜前十名。另外，我省小微型油脂加工企业数量众多，虽然为四川油菜产业逆势发展做出了巨大贡献，但其技术与装备相对落后、菜籽油品质难以把控等问题也较为突出。

二、对策建议

1. 明确特征成分，科学界定“浓香菜籽油”

标准制定对浓香菜籽油乃至天府菜油产业健康有序发展具有重要意义。一方面，浓香菜籽油特征风味成分研究已取得一定进展，应进一步加大研究力度将“浓香”标准进行量化；另一方面，浓香菜籽油中含有丰富的脂质伴随物，对人体健康具有重要作用。目前已发现一些特征健康成分，如菜籽油中特有的菜籽多酚等可作为评价浓香菜籽油的间接指标，所以应加强脂质伴随物研究，以特异性营养功能指标对浓香菜籽油进行标准制定与等级划分。

2. 培育专用型品种，打造差异化产品

不同油菜品种之间微量营养素差异较大，对菜籽油中的脂质伴随物含量具有较大影响，而目前油菜育种对菜籽中的微量营养素关注较少。因此，针对菜籽油产品特殊需求，开展以微量营养素为主导的专用型油菜品种育种与相应的加工技术研究，对丰富“天府菜油”产品种类、解决产品同质化问题和提升产品品质具有重大意义，对促进油菜产业高质量发展产生深远影响。

3. 提升油脂加工企业实力，促进油菜产业提档升级

一方面，提升油脂加工龙头企业实力，通过制定标准、选好品种原料、引进和改良先进技术与装备、强化部门监管，进一步提升“天府菜油”品牌影响力，使其真正成为擦亮四川农业金字招牌的靓丽名片。另一方面，聚焦小微型油脂加工企业的提档升级，作为龙头企业的有效补充，并把相当一部分利益留在农村，为实现巩固拓展脱贫攻坚成果同乡村振兴有效衔接做出应有贡献。通过企业发展，促进四川油菜产业从满足粮油供应与质量安全需求向满足人体营养健康需求转型升级。

四川省农业科学院农产品加工研究所 宣 朴 姚英政 梁 强 熊 伟

四川高粱田杂草防治现状及综合治理建议①

高粱是中国重要的杂粮作物，有着悠久的栽培历史。中国有东北、华北、西南三大高粱主产区，西南主产区（四川省、贵州省和重庆市）主要是糯高粱产区，占全国种植面积的29.6%（2018年）。高粱是最好的酿酒原料，四川名优酒如五粮液、泸州老窖、剑南春、郎酒、全兴大曲均以高粱为主要原料。名优白酒作为四川的传统优势产业，产量和主营业务收入常年居全国第一，为四川省经济社会发展做出了重要贡献。为落实习近平总书记对四川工作的系列重要指示精神，实现四川由农业大省向农业强省的跨越，围绕省委、省政府建设现代农业“10+3”产业体系和“5+1”现代产业体系决策部署，2020年四川省制定了《四川白酒产业振兴工作推进方案》，明确提出到2022年全省白酒产业规模达到3 800亿元。2019年川酒营收为2 653亿元，即近三年川酒将再造一个千亿产业。高粱产业和种业处于重要的战略机遇期，将在乡村振兴战略和健康中国战略中发挥独特的作用。据测算，将酿酒糯高粱生产由传统种植区川南泸州、宜宾沿江河谷地带向川西平原、川中丘陵和盆地周围低山区延伸，2~3年内糯红高粱种植面积达 13.33×10^4 公顷，方能基本保证名优白酒对糯高粱的需求。

一、四川高粱田杂草防治现状

1. 杂草种类繁多，群落复杂，危害严重

四川高粱种植区域及面积不断扩大，不同种植区气候、地形、种植模式等因素导致高粱田杂草种类、主要群落、危害程度呈复杂多样的特点。据调查统计，省内各地高粱田杂草发生种类上百种，主要杂草近20种。泸州、宜宾沿江河谷地带种植区以空心莲子草、马唐、牛筋草、龙葵、酸模等杂草为主，川西平原种植区以马唐、牛筋草、光头稗、水稻自生苗、空心莲子草、铁苋菜、凹头苋等杂草为主。杂草与高粱争肥、争水、争光、争空间，降低高粱产量和品质，一般损失产量至少10%以上，严重的可能绝收。杂草成为危害高粱产量和品质的重要生物因子，解决草害一直是高粱生产中的难题。

2. 杂草治理有现实需要，但科技支撑力量薄弱，农技人员知识欠缺，除草剂使用问题凸显

在我国传统农业向现代农业转化过程中，高粱规模化生产，使用传统人工除草用

① 本文2021年5月19日刊发于《农业科技动态》2021年第16期（总第800期）。

工多、费用高、难度大，以化学除草为主的农田杂草治理成为主要措施。目前我国高粱产业重视高产优质品种选育及栽培措施培训，抗除草剂高粱新品种培育还未取得突破，以化学除草为主的绿色治理研究较少。基层农技人员对病虫害防控知识相对熟悉，而对杂草治理知识较为欠缺，经常出现“不敢用、错用、滥用”除草剂的情况，造成不必要的损失。化学除草有现实需要，但目前已登记的除草剂品种少，涉及的有效成分仅8个，杀草谱有限，不能满足生产所需；且登记的除草剂以长残留土壤处理剂莠去津、二氯喹啉酸等单剂及其复配制剂为主，会对高粱后茬种植的蔬菜、油菜等作物造成药害残留，影响农民增收，制约农村种植业结构调整。

二、四川高粱田杂草综合治理建议

根据四川高粱生产实际情况，特提出杂草综合治理建议：加快抗除草剂高粱新品种育种，以植物检疫为前提，合理结合农业、生态、物理、化学等措施，加强试验研究及示范培训，安全、经济、有效地控制杂草的发生与危害，达到高产、优质的目的。

1. 强化研究

加强对高粱田杂草综合治理的试验研究及示范培训，提高技术指导能力；加快除草剂在高粱上的联合药效验证研究，取得登记以扩大除草剂选择范围；通过常规育种方法或基因编辑技术，加快抗除草剂（特别是抗芳氧苯氧基丙酸类、磺酰脲类除草剂）高粱新品种选育。同时，结合杂草生物学、生态学特性、种群结构和优势种数量变动规律，进行除草剂安全合理使用技术的深入研究。

2. 植物检疫

高粱引种时，必须严格执行杂草检疫制度，精选种子，加强管理，密切注意可能导致杂草扩散的各个环节，防止国外、外地的检疫性及危害严重的恶性杂草因人为因素进入本地高粱生产区。同时也要对本地的检疫性或危险性杂草进行灭除，严格管理，杜绝杂草种子向外地传播。

3. 农业措施

耕作除草是控制农田杂草的有效措施之一，合理运用“间歇耕法”，即在免耕的基础上每隔几年进行一次深耕。因地制宜合理利用高粱与其他作物的轮作和间套作，可有效控制田间杂草的发生。选育良种、适时播种、合理密植，可提高作物的群体竞争能力；尽快封行，削弱杂草对相关资源的竞争和利用，达到控制或抑制杂草生长的目的。

4. 生态措施

利用禾谷类秸秆或碎草等覆盖，有效控制杂草的萌发和生长。但秸秆或碎草中易携带大量杂草种子，应经堆沤腐熟后再施入田间。

5. 物理措施

人工拔除、锄草或利用除草机械直接杀死杂草，也可选择可降解有色地膜控制杂草。

6. 化学防除

除生产有机高粱产品的田块不能使用化学除草剂外，其他田块可利用高粱和杂草的空间位差，通过化学除草剂土壤处理或茎叶处理杀死杂草。应尽量选用在高粱田登记并“三证”齐全的除草剂品种，以莠去津、二氯喹啉酸单剂或混剂为主的品种不适宜在四川推广应用，根据四川实际情况，推荐以下三个时期喷施相应除草剂：

（1）高粱播种后出苗前或高粱移栽前　土壤墒情好、整地精细的地块宜采取苗前封闭除草。土壤封闭剂可选用二甲戊灵、精异丙甲草胺、氯吡嘧磺隆，合理施用对各类型的高粱品种基本安全。

（2）高粱苗后生长早期　干旱、整地差的地块可选择苗后茎叶除草。施药时期一般为高粱 3~5 叶期、禾本科杂草 3 叶期以前、阔叶杂草 4 叶期以前。茎叶处理剂可选用氯氟吡氧乙酸、灭草松、喹草酮、二氯吡啶酸、溴苯腈、氯吡嘧磺隆、2 甲 4 氯钠等，但应根据栽培品种、田间草相、间套作模式选用相应除草剂，且先行试验确保对作物安全后才能大面积施用。

（3）高粱生长中期　在高粱株高 50 厘米后，使用草铵膦或精草铵膦进行定向喷雾，防除行间各类杂草；行间喷雾不推荐使用草甘膦，特别是田间湿度大或施药后下雨易造成高粱药害。

四川省农业科学院植物保护研究所　周小刚　刘胜男　朱建义　赵浩宇　向运佳
四川省农业科学院水稻高粱研究所　赵甘霖

关于加快果—豆粮间作科技创新与成果转化切实落实藏粮于地藏粮于技战略的建议①

当前，如何保障粮食安全、科学防止耕地“非粮化”，达到既增粮又增收的目标是需要科技创新解决的重要问题。近年来，我省农业产业结构不断优化，粮经作物区域布局趋于合理，粮食生产连年丰收有力保障了粮食安全，经济作物增产增收有效促进了脱贫攻坚和乡村振兴。与此同时，部分地区农田耕地已规模化种植水果等非粮作物，对粮食生产和粮食安全带来了新的挑战。为在新形势下推进实施国家粮食安全战略，科学、有效防止耕地“非粮化”，省农科院有关领导和专家结合四川省生产实际与豆类粮食科研工作进展，提出因地制宜研究推广果树—豆类粮食间作模式，在稳定川果等产业实现增收同时增加豆类面积与粮食产量的建议。

一、新形势下有效防止耕地“非粮化”，抓好粮食生产的紧迫性

习近平总书记高度重视粮食安全问题，在2020年12月中央农村工作会议上，又一次强调要牢牢把住粮食安全主动权，粮食生产年年要抓紧。2020年11月国务院办公厅印发了《关于防止耕地“非粮化”稳定粮食生产的意见》，明确坚决防止耕地“非粮化”倾向，切实稳定粮食生产，牢牢守住国家粮食安全的生命线。2021年中央一号文件规定，要提升粮食供给保障能力，“十四五”时期各省要稳定粮食播种面积、提高单产水平。目前，我省人均耕地面积仅1.1亩，比全国平均水平少0.4亩，四川每年粮食总产量3 500万吨，但粮食消费量5 000万吨以上，需从外调入粮食1 800万吨左右。四川作为西南地区的粮食主产省，有必要确保省内粮食总量平衡、基本自给，这也是四川作为粮食主产省的责任担当。所以，四川省委、省政府始终坚持将粮食安全工作放在四川经济社会发展首位，强化统筹协调、周密安排部署，明确今年要确保全省粮食播种面积只增不减，牢牢把握粮食安全主动权。

二、我国豆类粮食自主生产的潜力巨大

豆类粮食作物是指能收获籽粒或嫩荚供食用的豆科植物，主要包括大豆、绿豆、蚕豆、豌豆、菜豆等，我国豆类产量约占粮食总产量的25%。2020年全国豆类播种面

① 本文2021年4月12日刊发于《农业科技动态》2021年第13期（总第797期）。

积 1.74 亿亩、豆类粮食总产量 2 290 万吨，四川省分别仅占 5.1%和 5.3%。其中，大豆是我国重要的粮食作物之一，也是主要的植物蛋白质食物来源，2020 年我国大豆消费量超过 1.1 亿吨，但是国内大豆总产量仅为 1960 万吨，进口量突破 1 亿吨，约占总需求量的 90%，国内大豆需求与自身生产形成巨大差距，高度依赖进口。虽然，到 2020 年年底我国粮食已经取得“十六连丰”，粮食产量连续 6 年保持在 1.3 万亿斤以上，稻谷、小麦等谷物自给率超过 95%，保证了我国口粮安全。但是，国内粮食结构性短缺问题突出，面对国际政治、经济形势和疫情的巨大不确定性，作为世界上最大的大豆消费国，中国大豆等豆类粮食的稳定供应面临着严峻考验，同时也为我国自主生产豆类粮食带来巨大空间。

三、果树—豆类粮食间作模式的比较优势

间作是指在一个生长季节内，在同一块田地上的两种或两种以上不同的作物分行或分带间隔种植的方式。间作的作物一般株型高度不一，间行种植后可充分利用光能，保证良好的通风透光，并能充分发挥边际效应，达到增产的效果。大豆、绿豆和豌豆等豆类粮食作物，一般株高不超过 80 厘米，在农田果园开展与豆类作物间套作，不仅不会影响果树正常生长和水果生产，还能合理利用地力、空间和光能，提高复种指数，增加豆类粮食作物播种面积和增收粮食产量。同时，豆类作物根系具有根瘤菌，在果园种植可以固氮增加土壤肥力，改善土壤团聚体结构和理化性质；在豆类作物封厢以后，还可以有效阻止杂草生长，节约除草成本。因此，与果树或豆类作物净作相比，果树—豆类间作模式具有显著的经济效益和生态效益。

四、四川省推广农田果树—豆类粮食间作模式的可行性

近年来，随着农业产业结构调整的推进和农业产业化的发展，四川省部分地区农田耕地已规模化种植柑橘、梨、苹果等水果。根据国家统计局数据，2019 年四川省果园面积已达 1 164.8 万亩。可以在适宜区域特别是在幼龄果园，因地制宜开展果园间作大豆、绿豆、豌豆和蚕豆等豆类作物。如果全省 50%的果园推广果-豆间作模式，每亩的豆类有效种植面积按照 1/4~1/2 计算，每年将新增豆类净作面积 145 万~290 万亩，相当于全省豆类种植面积在现有基础上增长了 17.5%~35%。以柑橘为例，柑橘是四川省的优势果树作物，由于四川地处长江上中游柑橘优势区，丰富的农业资源与适宜柑橘生长的自然环境，使得发展柑橘具有较大比较优势，成为巩固脱贫成果和乡村振兴的骨干产业，在四川 130 个县市区均有栽培，根据四川农业统计年鉴数据，2019 年四川省已发展柑橘面积 485 万亩，主要分布在成都平原及川东地区，眉山市、广安市、南充市等地市相对较为集中，这些区域果园主要在丘陵区，均适宜大豆、绿豆、豌豆和蚕豆等豆类作物生产，柑橘果园的种植行间距离为 3~5 米，发展柑橘-豆类间作生产的

潜力巨大。

五、加快果树—豆类粮食间作科技创新与成果转化的建议

为缓解国内粮食结构性短缺问题，逐步降低对进口豆类的依赖度，更好地保障粮食安全，需要立足省内生产，扎实推进“藏粮于地、藏粮于技”战略，研究推广果—豆间作模式，以增加豆类作物播种面积，实现豆类粮食产量的稳步增长。因此，结合生产实际提出如下建议。

1. 省级财政应加大投入

通过加强种子科技攻关突破“卡脖子”技术，加强农业科学技术的研发和推广，充分挖掘农田果树等行间的可利用土地资源，提高四川省豆类粮食的生产能力和保供水平。

2. 省级农业主管部门应加强对国家现代农业产业技术体系和四川创新团队的指导

整合农业重大技术协同推广计划，集成推广高产、高效、绿色、可持续的果-豆间作技术和模式，以实现豆类粮食产量的稳步增长。

3. 农业科研单位要提升自主科研创新能力

培育一批优质、高产、适宜间作的豆类新品种，研究配套的间套作种植技术，建立适宜不同区域、不同果树与不同豆类组合的果园间套作模式，为果树-豆类间作技术和模式推广应用提供科技支撑。

4. 地市县各级党委和政府必须切实承担起新形势下粮食安全的政治责任

有效防止耕地“非粮化”，科学合理制定本地区果树—豆类间作推广计划，建立健全责任考核机制，加大监督检查力度，强化考核结果运用，着力提高豆类粮食自给水平和粮食安全保障能力。

国家现代农业产业技术体系四川豆类杂粮创新团队首席专家
四川省农业科学院经济作物育种栽培研究所　叶鹏盛
四川省农业科学院　张　雄　刘永红　周评平
四川省农业科学院经济作物育种栽培研究所　张小军　曾华兰　何　炼　刘　勇

持续抓好粮油作物高产攻关的现实意义与对策建议①

四川是全国13个粮食主产省之一。2020年粮食作物播种面积9 470万亩、油料作物播种面积2 236万亩，粮油作物单产和总产均达到了历史较高水平。但是，主要粮油作物的高产攻关近年总体上呈现弱化趋势，不少地方政府、基层农技人员和部分科技人员尽量避讳谈高产问题。由农业部2006年启动推进，2008年在全国各省（市、区）主要粮油作物上开展的高产创建活动，持续到2015年我省的高产创建专项资金基本取消，推动工作的机制模式也不再延续。然而，从我国和我省粮油生产的实际来看，保障粮食安全，第一位的仍然是产量，在高产基础上的优质多样化才是符合国情、省情的现代粮油生产，也才是资源高效、节本增效的最优途径。笔者结合全程参与部、省高产创建活动，针对新时期的现实需求，借鉴国内外成功经验，提出持续用力抓好粮油作物高产攻关，引领大面积持续增产的现实意义与对策建议，供决策参考。

一、坚持高产攻关，引领生物种业和耕地保育科技进步

高产攻关是应用系统工程理论和方法，不断优化组装良种、良法、良壤、良制、良机等科技成果，支撑粮油作物产量不断突破，实现高产再高产的过程。高产攻关对参与作物的品种丰产性、耐密抗倒性、抗病性、抗逆性等综合性状是一次全面“体检”，对耕地基础地力、保水保肥及水肥供给能力是一次全面“检阅”，是对田间管理水平的综合考量。

从发达国家美国来看，1920年在世界上第一次开展以高产攻关为核心的玉米高产竞赛，首先在最大的玉米生产州衣阿华州试点。1965年改由美国国家玉米种植者协会（NCGA）举办，将试点经验向全国推广，称为全国玉米高产竞赛（NCYC），以后每年各州和全国都举办竞赛，至今坚持了100年，2019年创造世界玉米最高亩产纪录2576.5千克，推动美国玉米平均亩产从1920年的122千克提高到2020年735.3千克，年均增长6.1千克。我国、我省与美国比较，目前玉米平均产量分别低310千克/亩、330千克/亩，最高产量分别差距913.2千克/亩、1 294.3千克/亩。这是今年种业打翻身仗多次提到“玉米种业存在卡脖子问题”的现实表现。实际上，除生物种业以外，我国玉米农田耕地仅有机质1项指标较美国平均低3倍左右。

---

① 本文2021年3月25日刊发于《农业科技动态》2021年第12期（总第796期）。

从我省实际来看，近100年的玉米单产年均增长3千克左右，但是2007—2015年高产创建活动期间，玉米单产年均增长达到5.9千克/亩，接近美国的增长水平。主要粮油作物高产攻关创造了水稻1 155.6千克/亩、玉米1 282.2千克/亩、小麦729.8千克/亩、油菜425.8千克/亩的小面积高产纪录。产量的突破与大品种的育成密切相关。获得省科技进步特等奖的成单14，是我省第一个亩产突破吨粮的玉米品种；获得国家科技进步二等奖的川麦42，是我省第一个亩产突破700千克的小麦品种；获得国家科技进步二等奖的川香优9838，是我省第一个亩产突破850千克的水稻品种；获得部省科技进步一等奖的川油36，是我省第一个亩产突破400千克的油菜品种。分析我省创造粮油作物高产纪录的耕地还发现，耕地质量等级多在1~4等，属于优等地。可见，高产攻关是检验我省种子和耕地问题解决好坏的“试金石”，一定程度上引领着粮油作物科技进步。

二、坚持绿色导向，奋力开创粮油作物高产新局面

毋庸置疑，今天论高产，与过去的一味追求产量有明显的不同。近年来，人们对美好生活的向往，加大了对农产品优质、多样化及优美生态环境的需求，粮油作物生产不但要实现高质高产高效，而且要尽最大努力减少资源环境承载压力。我国过去的高产创建大多是通过高投入消耗资源为代价实现的，这是不能持续的。

从粮食作物玉米和小麦来看，2007年以来通过玉米高产创建，全国实现吨粮的田块逐年增加，2020年创造全国玉米高产纪录达到1 663.3千克/亩。玉米吨粮以上的田块平均每亩施用有机肥2 284千克、纯氮31.5千克、五氧化二磷16.9千克、氧化钾9.9千克。其中，我省实现吨粮的玉米农田，平均施用有机肥2500千克、纯氮27千克、五氧化二磷12.3千克、氧化钾13千克。与美国吨粮以上的田块平均每亩施有机肥（含秸秆还田量）3 200~4 000千克、纯氮20千克、五氧化二磷5千克、氧化钾6千克比较，有机肥少施36.6%，化肥多施88.1%。近年，在成都平原稻茬麦农田实现全年秸秆机械化收获还田，小麦500~600千克/亩的高产田，平均施用纯氮9~10千克、五氧化二磷3~4千克、氧化钾3~5千克，与欧美亩产500千克左右的高产田相比，化肥少施10%~20%、氮肥利用效率提高10%以上，处于国际先进水平。

从油料作物油菜来看，我国200千克/亩以上的冬油菜高产田，平均施用有机肥（含秸秆还田量）300千克、纯氮15~20千克、五氧化二磷4~5千克、氧化钾4~5千克，与欧洲亩产250~300千克的高产田平均施用有机肥（含秸秆还田量）500千克、纯氮14~18千克、五氧化二磷5~6千克、氧化钾5~6千克比较，有机肥少施40%，化肥多施10%以上。

粮油作物高产攻关减少化肥等化学投入品，实现绿色高产、超高产的潜力很大。下一步在抓好生物种业、耕地绿色生产等“卡脖子”技术原始创新基础上，建议从种

业发展基金或从育种攻关等财政预算中拿出专项资金，针对水稻、玉米、小麦、薯类、豆类、油菜、花生七大粮油作物，在不同主产区建设固定的高产攻关基地，稳定支持，持续开展节水、节肥、节药、节劳、节种条件下不同产量水平的高产攻关，产量实现突破的同时提高资源利用效率，结合“比、学、赶、超”推广机制的探索与应用，牵引主要粮油作物生产技术不断进步。

三、坚持统筹推进，打造政产学研用协作新格局

高产攻关是农业生产上“举国体制”的现实表现之一。美国高产竞赛和我国高产创建经验表明，高产攻关要获得成功，必须是政府主导、生产者主体作用、农技体系骨干作用、科研院所与企业积极参与的结果，缺一不可。对政府而言，支持高产攻关可引领科技和生产进步，保障粮食安全和主要农产品供给。对生产者而言，通过高产攻关的全过程亲身参与，可尽快熟悉最新科技成果及其挖掘潜力的制约环节，实现最大收益。对农技体系而言，作为科技“二传手”，以高产攻关为平台，掌握最新科技成果，并通过中试、熟化、示范、推广成为当地可大面积推广的关键技术。对科研院所而言，参与高产攻关，直接建立成果转化“绿色通道”，加速科技创新—实践—再创新—再实践的过程，提高科技创新针对性和质量效率。企业的参与，为物化成果进行更大规模的产业化、商业化开发提供帮助，因高产攻关创造高产纪录，提高了物化成果的知名度，必将加快其推广转化速度。

持续用力抓好高产攻关，必须进一步加强政府引导，加快推动科技体制和农技推广体制改革创新，结合主要粮油作物新品种生产应用测试评价体系的建设，探索建立“揭榜包干制”等以高产攻关为任务的政产学研用协同长效机制，坚持统筹推进，不断探索创新高产攻关体系化的发展模式，研究建立配套的评价与激励机制，为粮油作物高产攻关及其成果大面积推广应用提供制度保障。

四川省农业科学院　牟锦毅　刘永红
四川省农业科学院作物研究所　汤永禄　蒲晓斌　郑家国

2021年四川省油菜菌核病发生流行趋势与防治技术对策①

四川是传统的油菜种植优势区域，是全国油菜生产和消费大省。在省政府“天府菜油”品牌行动中，四川通过积极建设优质原料基地、引导优质菜油产品加工、强化优质绿色粮油产品有效供给、推动油料一二三产业融合发展等有效措施，加速了我省油菜产量和品质的提升。2020年，四川油菜种植面积突破2 000万亩，油菜籽产量达315万吨，连续三年位居全国第一。“天府菜油”不仅被业内评为8个中国粮油影响力公共品牌之一，更是“川菜之魂”，已成为四川优质农产品的一张新名片，也成为擦亮四川农业大省金字招牌的重要拳头产品。目前，四川省油菜产区已经大面积进入开花时节，也是油菜第一大病害——油菜菌核病的集中侵染时间和关键防控时期。今年，由于冬季多变气候特征，极易引发油菜菌核病的大面积暴发，各地油菜主产区应高度重视。

一、2021年油菜花期气象条件和菌核病发生流行趋势

1. 冬季干旱、寒潮减弱油菜苗期抗性

由于2020年秋冬季少雨和寒潮袭击，油菜长势相对偏弱，油菜苗自身抗逆能力较差。

2. 冬季土壤中越冬菌核萌发直接侵染油菜幼苗，加大病原越冬基数

从冬季油菜菌核病田间病原菌基数情况看，2021年菌核病暴发危害的风险极高。根据2021年1月四川盆地油菜主产区的菌核病苗期发病情况，新都观察区苗期田间菌核病土壤越冬菌核直接萌发导致的植株发病率高达10%～30%，严重田块病株率达到50%以上，表明2020年冬季的土壤越冬菌核病基数非常高，而2021年冬季气温持续偏高，使得土壤中的越冬菌核直接萌发侵染油菜幼苗后再次形成新菌核、增加菌核病越冬数量并导致菌核的再次积累，菌核病暴发危害的风险非常高。

3. 气温攀升提早油菜开花期

进入2021年1月下旬后，气温迅速攀升，作物生育期提前。四川省油菜主产区的开花期较往年普遍提早了10～15天，为油菜花期和菌核病子囊孢子萌发提供了吻合时间。

---

① 本文2021年3月24日刊发于《农业科技动态》2021年第11期（总第795期）。

4. 寒潮延长油菜花期，利于菌核病侵染

节后的“倒春寒”使得油菜花期变长。菌核病的子囊孢子在萌发时，需要油菜花粉、花瓣等提供营养；子囊孢子在传播时需要花粉、花瓣等作为传播载体。因此，花期延长会增加油菜菌核病的侵染、传播时间，加重菌核病的危害程度，造成减产。

5. 花期降雨天气加速菌核病扩展和蔓延

从气象条件看，四川省大部分农区 3—4 月平均降水量接近常年均值略偏多，平均气温较常年略偏高。多雨、低温天气将为油菜菌核病的侵染、发生、蔓延和严重危害带来非常有利的发病气象条件。

目前四川省油菜主产区的气候特征及油菜发育时期与 2016 年春季油菜菌核病大流行年份的春季气候条件极为相似，这给四川省油菜菌核病防控带来了挑战，各地应高度重视油菜菌核病防治工作，及时根据花期和花后一段时期的雨水情况有针对性地开展油菜菌核病防治工作，有效减少油菜菌核病侵染、危害和产量损失。

二、防治技术对策建议

1. 加强常年发生区域的油菜菌核病防控

采用全株喷雾方式在初花期、盛花期、花后 7~10 天左右进行 1~3 次油菜菌核病药剂防治。常年菌核病发生危害较轻的地区在初花期、盛花期进行 1~2 次菌核病防治。如果菌核病常发区域在油菜初花期、盛花期未能及时防治的油菜产区，建议在油菜谢花 7~10 天及时进行一次菌核病防治。防治时可以选择以下化学药剂：亩用 40%菌核净可湿性粉剂 100~150 克，或 50%腐霉利（速克灵）可湿性粉剂 35~50 克，或 25%咪鲜胺乳油 80 毫升或 50%咪鲜胺可湿性粉剂 100 克，或 50%异菌脲（扑海因）可湿性粉剂或 50%异菌脲悬浮剂 50~100 克（毫升），或 40%啶酰菌胺水分散粒剂 24~36 克兑水 30~45 千克，进行油菜全株喷雾防治。

花期和花后雨水较多的油菜产区，建议在花后 10~20 天时集中进行一次菌核病防控。

2. 增强油菜长势

在花期冻害严重地区，可结合菌核病防治，喷施磷酸二氢钾（亩用量 100 克）和 0.01%芸薹素内酯（亩用量 10~20 毫升），提高油菜的抗逆性和坐果率，增加油菜产量。

3. 兼治油菜霜霉病和蚜虫

在进行菌核病防治的同时，可同时施用嘧菌酯及啶虫脒、吡蚜酮兼治油菜霜霉病和蚜虫。

四川省农业科学院植物保护研究所 刘 勇 黄小琴 张 蕾 杨潇湘 周西全
四川省农业气象中心 张 菡

四川冬小麦穗期病虫防治措施建议[①]

小麦是四川省主要粮食作物之一，长年种植面积在1 000万亩以上，年产500万吨左右。随着我省小麦品种和栽培措施的改进，我省小麦亩产普遍超过400千克，措施到位可以超过500千克，小麦生产是同时促进我省粮食增产、农民增收的主要因素。但随着气候变化和耕作制度改变，小麦病虫害发生面积和危害程度高居不下，特别是一度得到控制的小麦条锈病重新流行，赤霉病在迟播晚熟田发生加剧，已成为影响我省小麦面积进一步扩大、产量和经济效益稳定提升的最重要限制因素。

据调查，我省小麦条锈病、白粉病发生明显轻于去年，小麦蚜虫较常年发生偏早，发生量普遍偏高。其中，小麦条锈病主要集中在绵阳、广元、德阳和泸州四市，目前已经进入流行阶段。白粉病在成都平原南部和盆地沿山地带开始发生和蔓延。小麦蚜虫普遍发生较严重。目前各地温度上升快，阳光充足，没有明显降雨过程，非常有利于麦蚜的繁殖，防治不及时将造成严重减产。

针对目前小麦病虫发生特点和增长趋势，建议采取以下措施，保证小麦丰产增收。

一、高度重视小麦条锈病预测预报

由于病菌毒性变异和新品种推广力度，目前我省超过80%的大面积田块种植的品种都感染条锈病，抗性品种种植比例过低，条锈病发生风险极大。目前离小麦收获还有近60天时间，条锈病菌可以繁殖5代以上，一旦漏过越冬病害防治，造成条锈病流行，将引起严重损失。各地特别是绵阳、广元、德阳和泸州等地市病虫测报部门应积极主动开展田间调查，并利用短信、微信等形式及时提醒农户注意。

二、认真抓好小麦赤霉病预防和小麦蚜虫防治

目前四川小麦陆续进入抽穗扬花期，本月中下旬各地有一次明显雨水天气，在盆地东部气温较高地区赤霉病严重发生、盆地西部赤霉病发生概率较大；蚜虫偏重发生已成定局，前期已防治田块虫口恢复增长较快，因此建议各地普遍用药一次。

三、重点地区做好“一喷多防”工作

在四川省绵阳、广元、德阳等对条锈病、赤霉病和小麦蚜虫发生流行风险较大地

---

① 本文2021年3月24日刊发于《农业科技动态》2021年第11期（总第795期）。

区，应选用吡唑醚菌酯或戊唑醇等广谱杀菌剂，与吡蚜酮、吡虫啉等有效杀虫剂混用，起到一次用药防治三种病害的作用；在南充、巴中、达州、内江和泸州等赤霉病风险较大地区，以及成都平原晚播、迟熟麦田，应选用氰烯菌酯等对赤霉病高效药剂与戊唑醇、吡虫啉等药剂混合使用，起到一喷多防作用。

四、加强调查研究，谋划未来

目前全省小麦新品种已呈井喷之势，但大面积生产仍以感病品种为主，说明新品种推广和抗性监测出了问题。此外，对于全省麦田生态系统改良缺乏研究，小麦蚜虫年年发生，防治仅靠打药一种手段，严重制约了小麦面积扩大和产业持续发展。建议有关部门开展调研，在摸清四川现有品种抗性家底的同时，及时扩大小麦品种审定抗性评价范围，扩大审定品种抗谱，寻找适合新形势下良种推广和生态改良的有效途径。

四川省农业科学院植物保护研究所　于文娟　向运佳　姬红丽　彭云良

关于推动四川省现代农业烘干冷链物流业发展的建议[①]

农产品冷链物流是指生鲜农产品从产地采收（或屠宰、捕捞）后，产品在加工、贮藏、运输、分销、零售等环节始终处于适宜低温控制环境下，最大限度保证产品品质、质量安全、减少损耗、防止污染的特殊供应链系统。农产品冷链物流联通一二三产业，在现代农业协调发展、脱贫攻坚和乡村振兴中发挥了重要作用。2019 年省委省政府在推进四川省现代农业“10+3”产业体系建设中将“现代农业烘干冷链物流”确定为支撑我省现代农业发展的基础性、战略性、先导性产业。在今年省委农村工作会议上，省委书记彭清华对补上烘干冷链物流先导性支撑产业短板做了强调部署。近年来，随着中央财政的大力扶持，全国先后启动了农产品产地初加工惠民工程、农产品仓储保鲜冷链设施建设等一批奖补项目，支持产区建设冷藏库、气调库、烘干房等设施，我省农产品烘干冷链物流设施条件得到了明显改善。笔者在调研基础上发现，我省现代农业烘干冷链物流产业中存在设施建设类型结构不合理、现有设施综合利用率不高、“不会用”造成使用效率低等问题。2021 年正值“十四五”开局之年，为切实落实省委省政府部署要求和彭清华书记的讲话精神，更好发挥烘干冷链物流先导性支撑产业的基础作用，提出推动产业高质量发展的对策建议。

一、产业现状特点

1. 设施总量增长

据统计，2012—2019 年累计争取中央和省级财政资金 5.4 亿元支持全省 120 多个县（市、区）新建农产品产地初加工和冷链设施 1.6 万座；全省农产品冷藏（冻）库静态库容量超1 000万立方米，库容量年均增幅 21.9%。

2. 物流枢纽畅通

成都、遂宁、泸州、攀枝花、达州被确定为 5 个国家物流枢纽布局承载城市；成都、南充、达州被农业农村部确定为农产品骨干冷链物流基地，攀枝花、眉山等 14 个市、县（市、区）为区域性农产品产地仓储冷链物流设施建设基地；全省五大经济区大型货运枢纽和冷链物流公路运输能力实现全覆盖，国际国内航空、航运、铁路运输服务体系均已建成。

① 本文 2021 年 3 月 23 日刊发于《农业科技动态》2021 年第 10 期（总第 794 期）。

3. 经营主体增加

2019年初步统计，直接从事农产品冷链物流业务的经营主体接近2 000家，其中农民专业合作社和经营企业占比均超过35%，数量均比2015年增长超1倍；大合仓、海霸王、银犁等第三方冷链物流企业入驻，引进和带动了一批专业经营团队与技术人才来川发展。

4. 政策环境优化

“十三五”以来，发改、财政、交通、商务、农业、口岸物流、工商、质监、食药监管等部门陆续出台了一系列促进行业发展的政策措施，在基础设施建设资金投入、用地用电要素保障、金融担保与行业监管等方面都加大了扶持力度。

5. 行业地位凸显

随着人们对高品质农产品需求的日益增长，生鲜农产品对冷链物流的需求不断扩大，烘干冷链物流产业对“川字号”现代农业发展的产业价值和地位愈发凸显。

二、产业制约问题

1. 设施总量不足，结构性矛盾突出

一是农产品烘干冷链物流设施总量不足。据测算，全省人均冷库容积约为0.112立方米，低于全国平均水平0.132立方米，更远低于日本（0.315立方米）、美国（0.49立方米）等国家。四川省是果蔬、生猪等农产品产销大省，但果蔬、肉制品冷链流通率不足40%和50%，大量农产品仍以常温方式加工运输，损耗大、货架期短、效益低。二是设施建设空间分布不均。现有冷链物流设施主要集中在成都平原经济区（冷藏、冷冻库静态库容全省占比70%以上），而靠近农产品主产区的产地型设施建设不足。三是设施建设类型存在结构性矛盾。现有设施建设中重视销地冷库，忽略产地库；重视贮藏库，忽略专用型、移动型预冷库；重视建库，忽略分级、清洗、包装、冷（冻）藏车等配套设施，造成初加工作业链条不完整，物流运输“短链”“断链”现象频发，极大影响了设施效益发挥。四是现有设施利用率不高。因设计不合理和建设质量差导致的“不能用”问题、因技术操作不当导致的“不敢用”“不会用”和“滥用”问题，极大地限制了现有设施效益发挥。

2. 科技支撑不足，技术人才短缺

一是产业分析与规范引导不足。各地农产品烘干冷链物流产业数据尚未纳入规范统计，缺乏常态化的准确数据收集与分析，难以为产业发展提供准确研判和决策引导；缺乏涉及农产品烘干冷链物流领域的省级技术规范和行业标准，不利于规范和引导行业健康发展。二是科技投入不足。全省尚未形成农产品烘干冷链物流省级系统性研发团队与技术推广平台，高校和科研院所专家较为分散，缺乏交流协作，未形成全产业链的科技支撑体系；对农产品烘干冷链物流领域重大共性技术与装备的协同攻关不足，科技成果推广应用普及度不高。三是从业人员专业技术培训不足。农产品烘干冷链物流产业涉及多学科知识的交叉融合，作为新兴产业，现有广大从业人员专业素养和业务技能亟待培训提升。

三、发展对策建议

1. 补齐设施建设短板，优化空间布局

一是联合农业、商务、口岸物流、工商等部门，加强对各市（州）县农产品烘干冷链物流产业现状数据的常态化收集与汇总，编制全省及各地区现代农业烘干冷链物流业"十四五"发展规划，明确发展目标和任务；二是争取中央、地方财政资金，根据各区域设施建设缺口，因地制宜建设一批产地型、县市级中转型农产品烘干冷链物流基地和园区；三是优化调整烘干冷链物流设施建设补贴政策，注重农产品初加工和移动型冷链等设备的配套建设，补齐作业链条，确保全程冷链效益发挥。

2. 组建省级创新团队，加强科技支撑

一是成立省级农产品烘干冷链物流创新团队，整合技术力量与优势，开展专项产业调研，为全省产业发展提供决策咨询；二是完善和制定符合我省产业特点和需求的相关技术标准，加大各领域技术规范与引导；三是加大对农产品烘干冷链物流领域的重大关键技术攻关，形成和转化推广一批新技术新装备，提升科技发展水平；四是强化人才培养与培训，多渠道、多形式开展从业人员专业认证与培训，提高综合技能水平。

3. 搭建信息管控平台，强化服务与风险防控

一是搭建烘干冷链物流信息监管平台，通过对现有冷库的信息化改造和对新建冷库的指导性文件规范，逐步实现全省冷链设施的智能化、信息化管控，加强对农产品采收后产地初加工、贮藏、加工、运输、销售各环节食品质量安全的信息监管与科学分析。二是进一步优化用地、用电、金融保障等政策条件，引进与培育壮大第三方专业性农产品冷链物流企业，创造良好经营环境。

四川省农业科学院农产品加工研究所　朱永清　高　佳

2021年玉米生产技术指导建议①

玉米是四川第二大粮食作物，播种面积与总产分别占全省粮食作物播种面积和总产的29%和30%，仅次于水稻。2020年玉米种植面积达到2 775万亩，总产1 068万吨。同时四川也是玉米消费大省，产需缺口达到900万吨左右，玉米自给率不足60%。因此，提高四川玉米产能是缓解供需矛盾，提高我省粮食安全的重要途径。近期与农业生产主管部门就玉米生产形势和技术需求进行了讨论，围绕“稳粮增收”的目标对四川省2021年玉米生产提出技术指导意见，供各级农业技术推广部门参考。

一、稳定玉米面积，优化品种结构

稳定玉米种植面积，切实贯彻国家“非粮化”文件要求，严禁将玉米农田改种草地、经济林果等。根据市场发展需求，积极推广“粮改饲”“粮改专”，优化四川玉米产业布局和品种结构，大力推广优质、专用玉米品种，可在饲料加工区域发展高蛋白优质粒用玉米、白酒酿造区发展高淀粉酿酒专用玉米、农牧结合区发展青贮玉米、城郊结合区发展优质鲜食玉米。

二、加强疫情防控，做好物资储备

近期国内个别地区新冠疫情出现反复，加之返乡人员增多，各地应进一步加强农村新冠疫情的防控。各级农技部门应指导农资销售部门做好农用物资储备，指导农户加快物资采购，促进农资及时、顺利到户，为大春生产做好物资准备。

三、推动规模化生产，提升机械化水平

目前，我省玉米种植零碎、小农户种植比重大，难以发挥规模化生产效益。应积极扶持新型经营主体，促进农村土地流转，发展适度规模化生产，注重机械化生产技术及配套农机具的示范推广。应根据各地地形、田块大小等选择适宜机具，并制定适宜种植模式和标准化生产技术，促进农机农艺融合，提升玉米机械化水平。

四、适度增加密度，适雨避灾播种

增加种植密度是玉米增产的一项重要的增产技术措施。目前，我省玉米种植密度

---

① 本文2021年3月8日刊发于《农业科技动态》2021年第8期（总第792期）。

较国内其他玉米主产区偏低，应针对区域生产条件和种植模式适度增加种植密度，春玉米可增加500～800株/亩，夏玉米增加1 000～1 500株/亩。同时，各地应根据当地春播节气、气温、墒情以及后期降雨规律合理制定最佳播期，使玉米关键生育期避开主要自然灾害，确保避灾稳产。

五、推广两减技术，提高玉米效益

肥料、农药利用效率低是影响玉米种植效益提高的主要原因之一。根据相关调查研究，我省玉米具有减施氮肥20%～30%的节肥潜力，应结合测土进行配方施肥，减少氮肥施用，增加钾肥和锌、镁、钙等中微量肥料。有条件的区域可选用控释肥一次性机械深施，提高肥效和劳动生产效率。同时，在病虫害防治方面应积极推广“一喷多效”防控技术，采用“福戈+扬彩”组合，综合防治花期叶斑病和螟虫，减少农药用量，提高防治效果。

六、加强监测预报，防控主要灾害

各地要加强监测预警，密切关注春季重大天气变化和病虫害暴发情况，及早发布预警信息。组织专家制定有效应对自然灾害和病虫害的防范措施，推进科学防灾。近期要重点防“倒春寒”、防春旱以及草地贪夜蛾等病虫害。要及早准备好抗旱物资以及药剂药械，指导农民适时开展应急防治。建议尽量组织统防统治和联防联控。

四川省农业科学院作物研究所　杨　勤　刘永红　陈　岩　岳丽杰

当前四川省小麦病虫害防治建议①

进入2021年2月下旬到3月初，我省小麦进入拔节期到孕穗期，春季田间管理到了重要时期，除了水肥方面要采取措施外，在病虫害防治方面，急需针对小麦条锈病、白粉病、小麦蚜虫及麦蜘蛛开展田间调查和适时防治。这几种病虫都主要危害小麦叶片，使叶片生理机能遭到破坏，影响植株光合作用以及正常生长需要的营养，严重的情况下直接导致叶片干枯死掉，造成减产。冬春季气候温暖少雨，特别适合条锈病以及蚜虫等病虫害的持续侵染、繁殖和危害。抓住当前小麦病虫害防治的第一个关键时期，将为我省2021年的小麦丰产奠定良好基础。

一、发生特点

1. 发生种类

根据上月赴省内绵阳、南充、成都等地麦区小麦苗情调查情况，小麦条锈病和白粉病在部分地方有中心病团零星发生，小麦蚜虫在早播及植株密度较大小麦田也有发生和繁殖，红蜘蛛也开始在小麦叶片上发生为害。

2. 气候条件

在最近一个月的春节前后，天气晴好少雨，气温逐步升高，田间持续干旱，这样的温湿度气候条件下，非常适合小麦条锈病、白粉病以及小麦蚜虫和麦蜘蛛的发生、发展和繁殖。

目前我省多地小麦植株生长已到拔节期，即将进入孕穗期，正是叶部病虫害高发期，如果接下来的春季气温仍以晴好少雨为主，加之生产上存在未及时淘汰的感病小麦品种和条锈病异变菌源小种，使得这一阶段成为我省小麦病虫害田间防治的第一个关键时期。

二、防治建议

1. 田间踏查

及时开展田间病虫害发生情况调查，主要针对小麦条锈病、白粉病、小麦蚜虫和麦蜘蛛为主的病虫害进行田间踏查，作为是否采取药剂防治的依据。

2. 防治药剂推荐

（1）小麦条锈病、白粉病田间喷药防治推荐氟环唑、丙环唑、腈菌唑、烯唑醇等

---

① 本文2021年3月8日刊发于《农业科技动态》2021年第82期（总第792期）。

药剂。

（2）小麦蚜虫田间喷药防治推荐吡虫啉、高效氯氰菊酯、吡蚜酮、噻虫嗪等药剂。

3. 防治方式

（1）药剂喷雾防治，根据病虫发生严重程度、发病普遍率以及小麦田范围和大小，可以采取人工手动中心病（虫）团喷药防治或者植保无人机、长杆喷药机等大面积统防统治。

（2）如果是几种病害和虫害同时发生，可以将杀虫剂和杀菌剂合理混配，采取一喷多防，省工增效。

四川省农业科学院植物保护研究所
国家现代农业产业技术体系四川省麦类作物创新团队　夏先全　魏会廷

关于解决好四川省耕地保护与利用几个突出问题的对策建议①

耕地是农业的命根子，绿色发展是解决土壤问题的根本之策。习近平总书记多次指出“耕地是我国最宝贵的资源，要像保护大熊猫一样保护耕地”。今年中央经济工作会议和农村工作会议明确提出“解决好种子和耕地问题”。省委经济工作会议确定“围绕解决地的问题，推进耕地数量、质量、生态三位一体保护”。我省耕地土壤质量堪忧、高标准农田数量和质量不高、卡脖子技术与科技支撑链不完整并存、生产力偏低等问题突出。笔者结合多年在生产一线调研与科研工作进展，并总结借鉴国内外成功经验，提出解决好四川省耕地保护与利用几个突出问题的对策建议，供领导决策参考。

一、四川省耕地存在的几个突出问题

1. 土壤质量堪忧

据调查，因长期不合理耕作与利用，我省耕地土壤耕作层平均 16.5 厘米、有效耕层土壤量平均 150 707 千克/亩，5～10 厘米土层的平均容重 1.37 克/立方厘米，与作物高产要求的最低标准比较，分别低 25%和 14.9%、高 5.4%。试验结果表明，耕层浅化制约着土壤的肥水供给能力，对产量的影响在 20%～30%。据有关资料，全省耕地土壤退化占耕地总面积的 40%以上。连作障碍、化学肥料和农药不合理施用，导致土壤 pH 值和有机质逐年下降、酸化板结、矿质营养比例失衡，“酸、黏、瘦、薄”问题加剧。农作物秸秆、畜禽粪便等农业废弃物尚未形成完善的循环利用闭环，给地区农业环境带来巨大压力。

2. 高标准农田数量和质量不高

据第三次农业普查，我省耕地面积 10 099 万亩，中低产田占比 58.7%，主要分布在丘陵和山地，耕作栽培及田间管理相对困难，农业机械化综合水平低于 40%，季节性干旱和水土流失并存。近 5 年新建 4 168 万亩高标准农田，平均每亩投入建设资金仅 1 758 元，投入及建设水平偏低，真正达到“水旱从人”的高标准农田占比极低，节水灌溉面积占耕地面积的比例仅为 25.3%，低于全国平均水平 13 个百分点。与产业发展结合不完全紧密，高标准粮田的“非粮化”局部存在。冬春季节性、山坡地管理成本高与规模经营不善导致“撂荒”并存。现有建设标准及技术规范与新时期农业高质高

---

① 本文 2021 年 2 月 22 日刊发于《农业科技动态》2021 年第 6 期（总第 790 期）。

效需求也不完全适应。

3. 卡脖子技术与科技支撑链不完整并存

研究与应用表明，化肥对增产的贡献率达35%左右，农药可挽回作物生产损失10%~20%。2020年我省主要粮食作物的化肥利用率为40.1%、农药利用率为40%，均低于全国40.2%和40.6%的平均水平。从生产实际调研来看，部分作物和区域化肥、农药使用呈现出高投入、高损失、高需求的态势。重金属和面源污染地修复与利用技术尚处于试验示范阶段。站在耕地绿色生产角度，我省科研与国际国内前沿比较，缺乏对土壤类型、土壤生物及功能基因收集、保存的“耕地活体样本保存库”。在土壤微生物功能基因挖掘与调控利用、污染地原位高效稳定修复、小分子农药、生物可控释化肥包膜及工艺、有机物料大分子快速降解、高质高效耕作机械智能化控制等方面存在“卡脖子”问题。因项目和科技力量条块分割的原因，成果相对分散，科技成果链之间、生产技术链之间均存在衔接不紧密等突出问题，尚未建立不同类型农田从面源污染阻控、重金属污染地修复与综合利用、耕地质量提升、化肥农药减施、农业废弃物资源化利用及标准化机械化耕作栽培绿色生产全链技术体系，弱化了成果叠加的集成应用效果，科技专项的组织机制模式亟须改革与创新发展。

4. 耕地生产力偏低

目前耕地基础地力对粮食生产的贡献仅在50%左右，比发达国家低20%~30%。2020年我省9 470万亩粮食作物平均单产373千克/亩，2 236万亩油料作物平均单产162千克/亩，5 015万亩经济作物平均单产1 120千克/亩，除油料作物以外单产水平均低于全国平均水平，较国内外农业发达地区低1倍以上，较我省“五良”集成配套的作物高产水平低30%~50%。

耕地质量低下、科技支撑不够、基础地力不高是制约我省粮经作物单产和品质进一步提升的重要限制因素。

二、国内外耕地保护和利用的成功经验

美国、日本、澳大利亚、以色列等农业发达国家，以及我国江苏、山东、河南等农业发达省份，耕地的保护和绿色可持续利用，处于领先地位。其成功的经验和做法包括以下四个方面。

1. 持续加大投入，不断提高农业生产功能区农田基础设施条件

在科学的农业产业带布局及生产功能区规划基础上，通过投入建设完善的灌溉体系、生产作业体系、农田信息网络以及绿色生态系统等基础设施，是农业发达国家和地区的普遍做法。笔者多次赴美国、以色列考察学习发现，以色列真正做到了“像保护自己的眼睛一样保护利用耕地”，通过政府统一规划和建设投入，不但实现了全域节水灌溉，而且建成智能化设施化的生产条件和集约化的产业经营体系，成为设施农业

的领跑者。在美国学习认识最深的是除有机物料科学还田培肥土壤以外，政府通过补贴和统一规划建设，农田四周建成修葺整齐而规范的绿色草地，降低水土流失、涵养水源、美化了田园，农田真正做到了绿色生态。

2. 严格的法律法规体系，保护和高质量利用耕地

世界上大多数国家都建立了耕地保护的法律法规及实施机制。美国20世纪90年代提出了集约化可持续农业发展规划，提高耕地质量和水土资源利用效率，从而促进生产能力的稳定提升。日本1975年提出“农地利用促进事业”，1980年制定《农地利用增进法》，通过法律和租金补贴、减免税收等方式来改善碎片化经营方式，提高土地流转规模和农业生产数量及质量。1999年制定《新农业基本法》，提出“有效率和稳定的农业经营体”这一农业理念，通过发放休耕、品种改种补贴，促进优质品种应用和绿色生产。我国先后颁布了《土地管理法》《基本农田保护条例》等多部法律法规。近年相继出台了“土壤、水、大气污染防治行动计划（简称土十条、水十条、大气十条）”，为耕地保护与利用及生态文明建设提供了坚强的法律保障。

3. 健全的农业科技研发体系及政府支持计划，支撑耕地生产力和土壤质量同步提升

为提高耕地保护与利用的科技含量，美国2010年8月启动“地球微生物计划”（简称EMP计划），研究全球典型土壤等生态系统微生物群落的多样性及其功能，建立基因图谱。2016年5月启动“国家微生物组计划”（简称NMI计划），通过政府—大学—研究所—企业的联合创新深入认知土壤、植物和水体等环境中微生物群落的结构和功能，促进微生物在农业和环境管理中的应用。在提升土壤功能上，美国康奈尔大学等利用碳13标记、高通量测序和荧光显微成像等现代分析技术，深入揭示有机农业系统和间作系统中化肥养分高效利用的土壤生物物理机制。通过长期定位试验，研发形成的垂直农耕模式与闲季生物覆盖等保护性耕作技术，基本实现全国推广应用。日本一直致力适用于地块狭小零散的中小型农业机械设备研发，因地制宜地将农机和农艺有机结合起来，目前已完全实现了农业生产机械化，而且在创造新工艺、新机具上不断取得突破，山地农业机械保持国际领先水平。

4. 多措并举，修复和利用污染耕地

污染耕地的治理与利用是一项系统工程。发达国家积累了一些成功经验，如美国设立专门治污基金、日本颁布治污专门法规、德国建立污染治理综合体系、英国鼓励污染土地再利用等。近半个世纪以来，污染土壤修复行业在世界范围内得到了长足的发展，技术方案及市场模式日臻成熟，实现从建立监测制度、完善政策法规、构建资金保障制度、规范行政监管机制、鼓励污染场地再利用、明确公众参与土壤重金属与面源污染防治权利等方面全方位系统化地持续推进。我省与美国Regenesis公司的重金属还原稳定技术、加拿大Delta Remediation公司的phytologix重金属植物修复技术、美国 ART Engineering LLC 公司的重金属污染土壤淋洗系统存在较大差距，缺乏突破性的自主知识产权成果，基本依赖国外技术成果消化创新与应用。

三、我省耕地保护与利用的对策建议

1. 进一步加大高标准农田建设和投入力度，并研发建立适合农业高质高效的专用化高标准农田建设技术规范

以粮食生产功能区和重要农产品保护区划定为基础，依托不同类型区的国、省现代农业园区和《四川省高标准农田建设数据管理信息系统》，推动农科教紧密结合，强化"以产定田"原则，研究建立不同生态类型、不同生产目的专用化高标准农田标准及差异化的建设资金投入规范。同时，要按照农业生产不仅要求产出高产农产品，也要产出优质农产品，更要产出安全绿色化、功能化、强营养化可追溯的健康农产品要求，增加"本底清楚、资源高效、绿色生态、田园美化、配套完善、线上线下"等新的建设标准内容，修订建立保障农业高质高效的高标准农田建设技术规范。尽快发布四川省高标准农田建设总体规划，指导县、市、区编制区域规划和建设实施方案。

2. 整合要素，多链融合

探索创新耕地保护与利用的投入与运行管理机制按照"优势互补、统筹安排、各负其责、各具其功"的原则，探索建立财政资金、专项债券、金融资本等多渠道联合投入机制，"揭榜包干制"与奖励激励机制相结合的科技研发机制，国、省、市州、市县、经营主体五级联动建设与运行管理机制，重点围绕粮食安全产业带和重要农产品功能区，推动技术创新链、产业链、政策链、资源和资金链、人才链的深度融合，建立集高产、高质、高效目标于一体的耕地绿色生产全链技术支撑模式，支撑引领"川字号"农产品高质量、可持续健康发展。

3. 攻克卡脖子技术，集成转化绿色生产全链技术，支撑耕地生产力和土壤质量双提高

保护和利用耕地的政策措施，通过相互学习借鉴，总体上大同小异，最终的差异和竞争力体现在科技进步上。建议设立"耕地绿色生产大科学计划"重大专项。重点以耕地定向保育规律、污染治理的生物物理机制、作物优质生产的生理生态机制等研究为基础，以卡脖子关键技术攻关为重点，以不同类型农田为单元，坚持问题导向、需求导向，构建耕地面源污染（含重金属）阻控、化肥农药减施增效、农业废弃物无害化还田改土、高产高效耕作栽培等过程调控机制研究、核心关键技术攻关与集成应用一体化的全创新链对接全生产链及产业带的研发体系，支撑引领耕地生产力和土壤质量同步提高。并拨付专项资金，配套建设"四川省耕地活体样本保存库"。

4. 进一步建立健全激励约束机制

在坚决遏制耕地"非农化"、防止"非粮化"基础上，将耕地绿色生产纳入各县

（市、区）考核内容。加快编制我省耕地绿色生产法规政策体系，设立可追溯可追责的考核体制。加大耕地大县财政转移支付力度，进一步降低高标准农田建设项目地方配套投资的要求。研究建立县域撂荒地和秋冬闲季种植覆盖作物、垂直农耕模式等耕地绿色生产技术应用奖补机制。成立四川省耕地绿色生产专家委员会，指导全省各区域科学开展高标准农田建设和耕地绿色生产规划编制，以及污染耕地的治理与利用，并参与督促检查。

四川省农业科学院　刘永红
四川省农业科学院作物研究所　李　卓
四川省农业科学院土壤肥料研究所　郭　松

抓好我省夏播绿豆白粉病防控的对策建议①

绿豆是我国的主要食用豆类之一，由于绿豆生长周期短，播种时间弹性大，并具有共生固氮、改良土壤的能力，深受广大农户的喜欢。我国是世界上最大的绿豆生产国，四川绿豆常年种植面积约1.2万公顷，位居全国第6位；平均亩产约140千克，处于全国中上水平，在农业供给侧结构性改革、促进脱贫增收和改善膳食结构中起着重要作用。四川省是绿豆一年两熟产区，有春播绿豆和夏播绿豆，绿豆单产居全国前列。春播绿豆一般于4月中下旬播种，6月底至7月初收获；夏播绿豆一般于7月中下旬播种，10月中旬收获。今年8月中旬以来，四川省大部分区域连绵降雨较多、气温相对偏低，绿豆白粉病的发生为害呈加重趋势。目前正值夏播绿豆田间管理的关键时期，因此，抓好夏播绿豆的白粉病防控，将有助于提高绿豆产量和品质，对促进四川绿豆生产的健康可持续发展具有重要意义。

一、绿豆白粉病的发生为害规律

绿豆白粉病主要为害叶片、茎秆和豆荚。气候适宜时，叶片受害则在表面散生白色粉状霉斑，开始点片发生，后病斑迅速扩展到全叶，病叶上布满白粉状物，即病原菌菌丝、分生孢子梗和分生孢子。病害发展到后期，在白粉状物中产生黑色的小粒点，即病原菌的闭囊壳，感染部位组织变为褐色或紫色。发生严重时，叶片变黄，提早脱落。嫩荚受害后，呈畸形，表面也生白粉状物。

绿豆白粉病病原菌以闭囊壳在土表病残体上越冬，翌年条件适宜散出子囊孢子进行初侵染。发病后病部产生分生孢子，靠气流和雨水传播进行再侵染，经多次重复侵染扩大为害。在潮湿多雨或田间积水、植株生长茂密的情况下易发病。夏播绿豆由于播种较晚，病原积累较多，加之种植密度较大，田间通风透气差、湿度大，绿豆白粉病高发易发，且白粉病具有来势猛、发病快的特点，发病严重的绿豆产区甚至绝产，已成为绿豆生产的重要障碍。当前正值夏播绿豆开花结荚期，连续雨水较多，气温偏低，正是四川省夏播绿豆白粉病防控的关键时期。

二、夏播绿豆白粉病防控的对策

绿豆白粉病防控要坚持"预防为主、绿色防控"的方针，病害防治和农产品质量

---

① 本文2020年10月12日刊发于《农业科技动态》2020年第31期（总第784期）。

安全并重的原则，以农业防治和物理防治为基础，科学使用化学防治的防控策略。

1. 农业防治

(1) 及时除草 雨水较多时期，及时对绿豆周边进行除草，降低地面湿度，抑制白粉菌子囊孢子萌发，并带出田块外进行无害化处理，切断传染途径。

(2) 开沟排水 开厢沟深度30~40厘米、边沟深度40~60厘米，保持绿豆田间不积水，降低田间湿度，恶化白粉病生长所需的环境。

(3) 科学施肥 增施磷钾肥，培育壮苗，增强植株抗性。提倡施用酵素菌沤制的堆肥或腐熟有机肥，采用配方施肥技术，加强管理，提高抗病力。

2. 物理防治

在绿豆白粉病发病初期，定期巡查田块，及时清除田间零星病株残体，带出田间集中深埋或烧毁；病叶在3%以下时，可通过采取摘除病叶法，减少病菌二次侵染。

3. 药剂防治

(1) 防治时期 绿豆进入初花期后，应特别注意天气预报，及时采用生物农药或高效低毒低残留化学农药进行防治。对生育期不整齐、花期较长的绿豆品种，应在初花期、盛花期和盛花末期分别用药1次，每次用药间隔6~8天；对生育期整齐、花期较短的绿豆品种，可在盛花期和盛花末期分别用药1次，两次用药间隔7~10天。

(2) 防治药剂 在发病初期即病叶率在10%以上时，采用0.4%蛇床子素可溶液剂600~800倍液、42%苯菌酮悬浮剂2 500~3 000倍液、400克/升氟硅唑乳油4 000~5 000倍液、25%粉唑醇悬浮剂2 000~3 000倍液、50%肟菌酯悬浮剂2 000~ 3 000倍液、25%吡唑醚菌酯悬浮剂1 250~1 500倍液、20%吡噻菌胺悬浮剂2 000~ 3 000倍液等药剂进行防治，每7~10天施用1次，连续施用2~3次，可较好地控制绿豆白粉病扩展蔓延。

(3) 施药方法 抢抓晴好天气及时喷药防治，喷施药剂时做到雾化效果好，喷洒均匀、周到，充分湿润绿豆的花、叶和茎；喷药后5小时内若遇降雨，雨停后应补喷1次。

三、加强防控工作组织保障的建议

1. 强化安排部署

镇、乡、村要高度重视当地绿豆白粉病绿色防控工作，要广泛宣传动员、积极安排部署、科学制定方案、细化工作措施、强化组织推动，确保各项工作有力有序开展。

2. 保障防控物资

各地农业农村局及植保站等管理部门要结合天气情况，摸清各地绿豆白粉病防控物资采购和准备情况，加强供需监测，严防过期失效农药投放市场。

3. 强化人员保障

各地农作物管理部门要配备专业技术人员，要充分利用返乡农民工、留守劳动力大力培养“土专家”“田秀才”；支持购买自动或半自动绿豆田间管理机械和无人机等植保机械，提高生产效率。

4. 加强线上指导

各地植保部门应通过建立微信群、QQ 群等方式将省内绿豆栽培和植保专家、基层技术人员、绿豆种植经营户等集中起来，建立线上技术服务平台。通过专家定期发布绿豆白粉病防控技术要点，一对一或一对多答疑解惑，进行线上或电话咨询指导，以确保绿豆白粉病防控各项工作落地落实。

四川省农业科学院经济作物育种栽培研究所
国家现代农业产业技术体系四川豆类杂粮创新团队绿豆岗位
叶鹏盛　刘　勇　何　炼

关于当前春玉米苗情长势及田管技术对策建议[①]

自今年4月下旬以来，四川盆地大部降水持续偏少，且进入5月以来气温持续偏高，盆西北、盆中及盆南部分地方出现旱情并持续发展，导致大范围发生中旱，对大春作物生产造成一定影响。为贯彻中央“稳定粮食生产，保障粮食安全”相关精神，笔者于2020年5月25日至28日对四川16个玉米主产县开展春玉米苗情长势调查，并结合近期天气变化情况提出如下对策建议，供各级农业主管部门和农户参考。

一、苗情特点

1. 苗情长势

根据调查情况，干旱对各地春玉米生长造成不同程度影响，其中一类苗比例20%~60%、二类苗比例20%~60%、三类苗比例10%~25%，特别是川中丘陵区、川东丘陵区等区域的遂宁、中江、简阳等地一类苗比例较低。总体而言，一类苗比例45%左右、二类苗比例40%左右、三类苗比例15%，与常年相比一类苗比例下降5%~10%，三类苗比例增加5%~10%。同时，干旱高温导致玉米田间整齐度降低，玉米长势较常年相比有所下降，部分干旱较重区域或田块出现缺水枯死现象。

2. 生育进程

我省春玉米种植区域广、生态条件多样，且春玉米播期持续时间长，导致生育进程差异较大。总体而言，目前春玉米已进入拔节期至大喇叭口期，叶龄8~15叶，部分早播区域或田块已开始抽雄。今年春玉米受4月持续低温和5月干旱高温的影响，生长迟缓、个体较弱，预计比往年推迟5天左右进入抽雄期。

3. 有利条件

（1）近期降雨有利于缓解旱情，促进中耕追肥管理　2020年5月19日至20日、24日至25日，我省大范围内降中到大雨，有效缓解了干旱的影响。土壤墒情的改善对加快中耕管理进程也有积极作用。

（2）田间草害和玉米病害发生轻，有利于玉米生长　根据各地调查情况，目前玉米田间草害和病害发生较常年有所减少，对玉米影响小，有利于减少玉米田间植保投入。

---

① 本文2020年5月29日刊发于《农业科技动态》2020年第28期（总第781期）。

（3）技术指导增强，农户管理水平提高　农技、农气、农水、科研等多部门高度重视，多方投入相关力量，开展入户到田调查和技术培训，指导农户科学田间管理，促进田间管理水平提高。

二、主要问题

1. 春玉米已进入雌雄分化关键期，需加强田间管理

目前我省玉米已进入营养生长与生殖生长并进的关键期，对水肥需求增大，应加强田间水肥管理，促进玉米生长，为稳产丰产奠定基础。

2. 预计将会有夏伏旱发生，需做好抗旱准备

根据省气候中心专家预测，6月全省降水量将较常年均值偏少，盆地西北部、中部有中等强度夏旱发生。盛夏（7—8月）盆地东北部、中部有一般性伏旱发生，局部地区达到中等强度。

3. 预计今年玉米病虫害总体偏重发生，应加强监测与防控

目前草地贪夜蛾已在我省35个县（市、区）查见幼虫为害，田间累计发生面积比上年同期增加91.7%。根据相关部门预测，我省草地贪夜蛾、玉米螟虫、玉米叶斑病、玉米纹枯病等发生偏重，应加强预测预报和防控工作。

4. 做好应对极端气候的准备，防止强对流天气造成玉米倒折倒伏

从常年情况看，我省6月开始进入雨季，易发生强对流天气，短时大风大雨易导致玉米倒折倒伏造成减产，应及早做好应对准备。

三、对策建议

1. 加快中耕肥水管理

利用近期连续降雨土壤墒情改善的有利时机，加强春玉米田间管理工作，促进玉米生长。主要管理措施包括：一是分类追肥。应根据玉米苗情分类追肥，针对叶龄10叶以下或拔节期玉米可亩施尿素10千克，10叶以上或大喇叭口期玉米可早追攻苞肥亩用尿素20千克。施肥时应采用穴施并覆土，也可结合降雨进行撒施；有条件区域可在追肥时进行补灌，亩灌水3立方米。二是中耕垒兜。及时进行中耕除草，同时进行垒兜固根，提高玉米抗倒伏能力。有条件区域可采用中耕追肥机一次性完成追肥、中耕和垒兜的工作。

2. 做好抗旱应急准备

6月我省春玉米将进入花粒期，是玉米需水关键期和敏感期，此时干旱将对玉米产量造成严重影响。因此，应积极做好相关应急准备工作，主要包括：一是加强天气预测预报。提早开展天气预测预报，为应急抗旱工作提供指导意见。二是加强抗旱物质准备。应针对后期干旱提早做好灌溉设施检修、灌溉设备配置、抗旱药剂购置等准备工作。三是加强补灌水源蓄积。加强塘、堰、池等田间灌溉设施的蓄水，做好应急补灌的准备。同时应注重各类水库供水调度，有效保证灌溉面积。

3. 加大病虫草害的监测与防控

根据相关部门预测，草地贪夜蛾、玉米螟虫、玉米叶斑病、玉米纹枯病等发生偏重。因此，进一步加强病虫草害的监测与防控，主要措施包括：一是加强对主要病虫害的监测与预测，为防控技术提供指导。二是强化防控措施，做到常普查、早发现、早报告、早防治。三是大力推广无人机植保、一喷多防等轻简高效防控技术，提高防控效率和效果。

4. 及时改种补种作物

针对受旱严重区域或田块，应合理调整作物布局，可利用近期降雨有利时机及时改种补种作物，减少干旱造成的损失，如可改种夏玉米、青贮玉米、甘薯、大豆、花生等作物。

5. 加强多部门联合会商和指导

充分利用农技、农气、水利和科研部门的技术和信息优势，积极开展多部门联合会商，为应急突发事件制定技术方针和方案。充分发挥各部门职能，多方面多途径加强技术指导与培训，提高抗灾稳产能力。

四川省农业科学院作物研究所　杨　勤　刘永红　岳丽杰　陈　岩
四川省农业科学院绵阳分院/绵阳市农业科学研究院　王秀全
四川省农业科学院南充分院/南充市农业科学院　郑祖平

四川稻米产业风险隐患与水稻生产对策①

近期，笔者对我省广汉、绵竹、中江、蓬安、资中及南溪6个县（市、区）开展了水稻生产情况调研。采用问卷调查、座谈会与实地走访相结合的方式，深入了解农民种稻效益、政策需求，了解稻谷产销形势、风险隐患。大家普遍认为，当前水稻生产总体稳定，尤其是稻米品质不断提高，为满足居民吃得饱、吃得好、吃得健康做出了重要贡献。但是，种稻成本提高、谷价下降、效益不佳，严重制约了稻谷产业的持续发展。

一、当前水稻产业发展中的三大风险隐患

1. 水稻种植面积持续下滑

四川是全国13个产粮大省之一，其稻谷生产已不能满足自需。在当前生产成本高企和粮食价格低迷的双重压力下，分散农户只满足于自吃，农村青年不愿种稻也不会种稻，“撂荒田”呈现增长态势；种粮大户安全感降低，部分新型经营主体已将主要精力转为搞能盈利的社会化服务或将土地非粮化，还有一部分在连续亏损几年后被迫退出了粮食生产；稻田综合种养的经营者片面追求经济利益，养殖比例远超部颁标准的10%，水稻生产由主变辅，种稻面积明显缩减。若任其发展，必将动摇“产粮大省”基础。

2. “稻强米弱”局面依旧

四川既是水稻生产大省，也是国家级杂交水稻种子生产基地，更是水稻品种选育的强省。但市场上缺乏消费者普遍认可的地方主导大米品牌，更缺乏代表“川米”形象的精品名牌，在全国55个中国驰名商标稻米品牌中，四川一个都没有。近年来，国家和省审定品种数量呈井喷趋势，市面上水稻品种繁多。由于优质稻谷的集约化程度低，难以满足加工企业的质量要求，种粮大户为赢利而建立了一批小型加工作坊，在有限的优质原料竞争中，大型稻米加工企业处于弱势地位，导致川米“原粮本土化”进程缓慢。加工企业还受到产能过剩以及进口大米低价冲击等的影响，赢利能力低下，甚至出现亏本经营，稻米品牌建设步履维艰。

3. 市场风险隐患凸显

稻谷价格低且销售不畅，近年来政策性最低收购价实际上已经变成了市场最高价

① 本文2020年4月8日刊发于《农业科技动态》2020年第26期（总第779期）。

格，种粮大户卖粮难的情况时有发生。在重金属污染区发现，因其稻谷质量无法达到市场要求，即使售价低于0.50元/千克也难以售出，2013年湖南爆发“镉大米”事件，已经给我们敲响了警钟。与此同时，全民不储粮，受贮藏设施差、市场购买便捷等因素影响，不仅城镇居民不储粮，农户也不储粮，这与以前每家每户贮藏近一年的粮食形成鲜明对比。一旦出现重大自然灾害，稻米生产出现大幅波动，极易造成市场恐慌。

二、抓好水稻生产的对策建议

1. 依靠规模经营，稳定种稻面积

规模化经营是解决未来农村“谁来种地、种好地”问题的根本途径，是促进水稻新品种新技术推广，提升农地资源配置效率，降低生产成本，提高种稻生产效率，提升稻米市场竞争力的根本途径。各地应因地制宜出台鼓励政策，为种粮新型主体的创建和经营提供良好环境，协助土地流转双方下调流转费用并大力支持荒地复耕，对占用稻田开展非粮经营进行管控；有关农业行政、技术部门要用好用活国家的惠农强农政策，搞好信息、技术服务，全面推广“省劳节费”的轻简化高效生产技术，大幅度提升规模经营的安全感和获得感。

稻田综合种养应以“提质增效”为重点，严格执行10%占地的规定，避免过速发展，通过地理标志稻米、渔事体验、美食餐饮等农商旅一体化营销，提升已建养殖稻田的综合经济效益和产业竞争力。

2. 依托龙头企业，打造川米品牌

2019年，四川省举办了第六届“稻香杯”优质米评选活动，25个水稻新品种获奖，为我省水稻品质结构调整提供了品种保障。各地应以此为契机，鼓励龙头企业与种粮大户开展实质性合作，推广绿色高效生态的优质品种与栽培模式。探索组建优质稻米产业链的利益共同体，即种粮大户通过订单生产，满足企业打造区域中、高端稻米品牌所需原粮；龙头企业通过稻米精深加工和副产物开发，进一步发掘稻谷价值；通过市场流通与品牌打造，挤占市场份额，创造产品利润；通过互利合作机制实现各方效益最大化。

在现有企业品牌和区域品牌基础上，建议由粮食、商务、农业等行政管理部门联合开展一次四川省十大川米品牌的评选活动，进一步扶优扶强，打造知名品牌。支持加工企业建立优质米生产溯源体系并申报驰名商标，通过举办推荐活动、促销活动、广告宣传等多种形式，向消费者推荐四川好米。通过品牌战略扩大市场份额，擦亮四川农业的金字招牌。

3. 依靠最新科技成果，提升水稻产量和效率

在国家和省重点科技项目的支持下，一批稻作新技术已取得突破，可因地制宜地大面积示范推广。

（1）水稻机直播生产技术　随着杂草防除、品种配套、齐苗全苗等瓶颈问题被陆续攻克，该技术已成为种粮大户生产的首选。稻谷产量一致的条件下，省去了育苗移栽环节，最大限度减少了劳动力投入，亩平节本增效 180 元以上。在此基础上，笔者团队进一步以农用无人机为作业平台，率先研制出无人机水稻直播技术，集播种、施肥、植保于一体，全面提升了水稻生产作业效率和智能化水平，不仅为丘陵区突破生产条件限制实现机械化找到了新途径，还为农用无人机“一机多用”进而扩大农机社会化服务创造了条件。

（2）水稻机械化侧深施肥技术　在水稻机播（插）的同时，将肥料施在秧苗根系侧面区域后回填覆土，大幅减少肥料的田间损耗流失，并省去 1~2 次追肥作业，为水稻生长提供优越的土肥环境。较现有水稻生产技术亩减少化肥用量 10%~15%，综合节本增效 100~120 元，是水稻生产绿色可持续高质高效发展的又一条新途径。

（3）水稻机插秧全程机械化育苗技术　运用“三改”（改育秧软盘为硬盘、改自然出苗为暗化出苗、改湿地窄厢苗床为旱地宽厢苗床）技术，突破了现有机插秧育秧环节劳动力投入大、机械化程度低及育秧质量差的技术瓶颈，劳动力投入可减少 55%~60%，秧田利用率提高 25%以上，机械化程度提升 65%~77%，亩秧田节本省工 25~30 元，确保单个育秧中心的供秧能力达到万亩水平，极大提升农机社会化服务组织的经营规模和效益。

此外，各地还可在农业、科技等部门的支持下，积极探索机插秧育苗基质、稻-畜绿色循环生产、智慧农业等促进我水稻产业提质增效的新产品、新技术及新模式。

四川省农业科学院作物研究所　李旭毅　郑家国

新冠肺炎疫情对四川马铃薯产业的影响及对策建议[①]

我省是全国马铃薯生产大省，马铃薯在贫困地区是主要的产业，为粮食安全和农民增收作出了重要的贡献。我省马铃薯分为春（69%）、秋（15%）、冬（16%）三季，目前新冠肺炎疫情主要对成都平原丘陵区冬马铃薯出苗后的田间管理和盆周高原山区春马铃薯春耕播种有影响。为了更好地了解新冠肺炎疫情及其防控措施对我省马铃薯产业发展的影响，针对性提出后期产业发展对策建议，四川薯类创新团队联合国家马铃薯产业技术体系，对经营者、服务者、管理者和消费者四类群体进行了调查，提出如下对策建议。

一、新冠肺炎疫情对我省马铃薯产业的总体影响

1. 疫情对我省马铃薯产业整体有负面影响，但程度较低

多数选项中“轻微负面影响”占主体，少数选项为“轻微正面影响”，而选择严重正面或负面影响的极少。

2. 行业管理者和服务者判断相较经营主体偏乐观

疫情对马铃薯生产的影响，在行业管理者和服务者中选择“无明显影响”和“轻微负面影响”的占主体，选择严重负面影响的占比未超过10%，行业经营主体中认为有严重负面影响的达30%。

3. 疫情对马铃薯产业的影响主要体现在流通环节

主要障碍基本集中于劳动力、农资和商品的流通受阻，尤其是需要雇工的种植大户影响较大。

4. 短期内疫情对马铃薯消费具有一定正面刺激作用

与其他蔬菜相比，马铃薯耐储运和多食用型优势明显。受封闭管理的影响，其他类蔬菜特别是鲜菜生产流通购买和消费者贮藏相对较难，马铃薯耐储运优势更加突出，成为便于组织货源运输流通和家庭消费的重要蔬菜，疫情期间马铃薯价格上涨但购买一次可吃一周，避免了频繁出行买菜，能有效减少接触感病，可以作为抗疫情的重要农产品。

---

① 本文2020年3月17日刊发于《农业科技动态》“战疫情　抓春耕　保供给——农业科技在行动”专刊第22期（总第775期）。

二、分区域把握好马铃薯生产关键技术应对当前疫情

我省海拔800米以下的平坝丘陵地区主要为冬马铃薯，一般播种日期在11月下旬到1月上旬，田间出苗在2月中下旬，收获期在4月中下旬到5月上旬，现在疫情主要影响冬马铃薯出苗后的田间管理。海拔800~2 000米山区正值春马铃薯播种期，受疫情影响，播期可能推迟或减少播种面积。海拔2 000米以上地区主要包括凉山州、甘孜州和阿坝州，马铃薯播种集中在2月下旬到3月上旬，目前暂时未造成明显影响。

1. 加强冬马铃薯田间管理

一是适时揭膜。小苗等倒春寒出现后揭膜，大苗为防止叶片顶膜太阳灼伤可揭开膜的一侧，使膜松弛，避免因太阳照射高温烧苗。二是晚疫病防治。第一次防病时间应在揭膜后植株生长高度达到30厘米以上时喷药。如果田间发现有晚疫病中心病株，要选用“银法利”或“福帅得”等专用型治疗药剂喷施。三是田间除草。在杂草多的情况下采用化学除草效果优于人工除草。应选择晴天气温较高时施药，保证施药时土壤湿度充足。四是水分管理。春季气候多偏旱，其间适当浇水，保持土壤湿润。五是适当培土。既有利于增加结薯数量提高产量，又可防止太阳照到裸露的马铃薯薯块变绿影响品质。

2. 确保春马铃薯抢时播种

一是大力推进春马铃薯机械化播种，保证按时播种；二是加强农资供应，推动进村入户到田；三是加强马铃薯病虫害预警，确保预防为主；四是建设仓储保鲜冷链设施，提升产地处理能力；五是加强技术指导服务，确保绿色生产技术落地落实。

三、四川省马铃薯产业长期发展的建议

1. 强化科技投入和关键技术攻关

按四川省科技支撑马铃薯产业转型升级实施方案，将马铃薯产业技术创新和成果转化推广项目列入我省“十四五”发展计划和巩固贫困地区脱贫后的主要产业，在“10+3”蔬菜和粮食产业中重点支持，制定相关配套政策，保障项目资金持续稳定支持。加强优良品种引进选育和绿色生产等关键技术创新。选育（引进）出系列适栽优质品种，特别针对马铃薯加工品种缺乏的问题，引进选育出适合主食化栽种的专用品种及特色新品种。构建与完善三级种薯良繁体系，按照“条件适宜、就近供种”的原则，加大良种繁育基地建设，提高种薯生产能力，创新基地运作模式，强化种薯质量监管，推广应用脱毒种薯。

2. 加强马铃薯基地建设和新型经营主体培育

结合精准脱贫的扶持和农业高质量发展，开展规范化、标准化的绿色商品薯基地建设，合理布局和多季种植马铃薯，加大对龙头企业和马铃薯种植业新型经营主体的

培育和支持力度。薯类产业发展与脱贫攻坚紧密结合，把马铃薯产业作为我省贫困地区脱贫致富后持续发展的主导产业和农业高质量发展农民增收的主要产业。围绕助农增收致富，全省开展马铃薯高产高效竞赛。由省农业厅和四川薯类创新团队组织，扩大优胜者种植品种的知名度，加快优良品种推广速率，提升绿色栽培技术水平，加快最新集成栽培技术的大面积扩散速率，不断挖掘高产潜力，完善社会化服务体系和适度规模生产，促进四川马铃薯生产水平不断提高，打造一批高产高效重点示范区。

3. 建立马铃薯无人机植保统防统治体系

无人机植保技术是现代农业的高新技术，效率高、防效好、省药省水省人工。植保无人机飞防施药一天可达喷施250~300亩，每亩用药液量仅0.7~2千克，克服了传统施药器械下地喷施对秧苗的损伤和器械转移交叉感染的问题，每亩每次成本20元左右。建议由县级政府预算主导，农村农业局技术把关，施药企业、各乡镇、村、农户全面参与，统防统治与综合防治相结合，由点到面，逐步实现晚疫病防控全覆盖，加强轮作和农业防治，保护和发展绿色马铃薯产业。

4. 加快马铃薯全程机械化生产进程

受地形地貌、气候和土壤、经济发展水平，种植模式等因素影响，我省马铃薯全程机械化水平较低，必须加快马铃薯机械化生产的研究和推广力度。一是进一步提高马铃薯机械化的重要战略地位，明确马铃薯机械化中长期发展目标，建设宜机化马铃薯基地；二是制定实施促进马铃薯机械化的奖（补）政策，加大主产区马铃薯机具购置补贴投放力度，并向新型经营主体倾斜，促进马铃薯规模化、机械化生产；三是加强技术装备引进和创新，研发制造机艺协调化、功能集成化、全程规范化、作业高效化的马铃薯机械化技术装备；四是加强示范与培训，引导种植者们对机械化生产的热情和需求，定期举办技术宣讲和农机手的实操训练，加大马铃薯全程机械化生产的示范和推广力度。

5. 寻求加工技术创新与突破

研发营养味美的主食化产品，扩大马铃薯多用型范围和用途，开发更多的马铃薯食用品种。为节省烘干能用，以薯泥薯浆为抓手，继续突破制约马铃薯产品成本的原料加工关键技术，开发面条、包子、切糕等多种马铃薯主食化糕点产品。为获取马铃薯全营养，开发全粉冲饮产品，调和口味，开发便捷营养餐等产品。

四川省农业科学院　沈学善　潘海平　何　卫　胡建军

加强新冠肺炎疫情下大豆春耕生产技术指导的建议①

目前，随着气温回升，我省2020年度春播大豆进入播种关键时期。少部分地区年前播种的鲜食大豆现已出苗，粒用春大豆也正在备种备耕。为实现2020年中央一号文件提出的“扩大长江流域地区大豆种植面积”的要求，提升四川大豆种植面积，做好大豆春季种植工作至关重要。因此，在做好新冠肺炎防控的同时，提出疫情期间大豆田间备耕和春播的建议。

一、春播鲜食大豆生产技术

春播鲜食大豆从目前到4月均可播种，分为早期覆膜播种栽培和后期露地播种栽培。目前，成都地区有极少部分鲜食大豆已开始出苗。

1. 整地

抓紧对种植土地进行深翻、整厢，耕翻深度以18~35厘米为宜。深耕翻晒3~5天后，根据实际土壤肥力情况，每亩施用复合肥（氮：磷：钾=15：15：15）20~30千克。有条件的可每亩施用商品有机肥200~300千克（鲜食大豆属特殊蔬菜类，植株不高，前期肥力充足可促使其植株迅速生长，更利于后期开花结荚）。厢宽120~160厘米（不带沟），沟深、沟宽各30厘米，做到排灌通畅。

2. 播种及种植密度

开穴直播，行距40厘米，穴距20厘米，每穴3粒（成苗后亩密度在2万株左右）。播种前一定要浇足底水，或在下雨后抢墒播种。如实行机械化播种，行距40厘米，穴距8厘米，每窝1粒种子，种植密度2万株/亩。种子播种覆土后立即进行封闭除草，每亩用96%精异丙甲草胺乳油50~60毫升或90%乙草胺90~120毫升或50%敌草胺水分散粒剂150~200克或33%二甲戊灵乳油100毫升兑水30~40千克喷施种植田表面即可。

鲜食大豆每亩用种量5~7千克，早播应选用早熟耐低温鲜食大豆品种。原则上3月中旬及以前播种的需用地膜覆盖整厢，膜边用泥土压实，起到增温保湿、促早出苗的作用，达到提早结荚上市。3月下旬及以后播种的不需要覆膜。是否覆膜根据各地实

① 本文2020年3月2日刊发于《农业科技动态》“战疫情　抓春耕　保供给——农业科技在行动”专刊第15期（总第768期）。

际地温确定。

3. 苗期管理

地膜覆盖栽培，苗齐后视气温回升情况和豆苗大小进行引苗，在每穴豆苗处挑破地膜，将豆苗引出膜外，引苗不能过早。目前气温偏低，已出苗的暂时不要引苗。一般于开花前或初花期揭膜，揭膜不宜过早，防止倒春寒，及时回收残膜集中处理。如发现整穴缺苗，尽快补播。生长期保持土壤湿润，干旱及时灌水（保证鲜食大豆水肥充足很关键），雨后及时排涝。露地种植的鲜食大豆，三叶期开始追肥，根据豆苗生长情况，每亩施用尿素2~3千克。在豆苗3~4复叶期，根据实际情况，每亩用大豆专用除草剂15%精喹禾灵乳油70~100毫升和25%氟磺胺草醚乳油40~60毫升混用，兑水30~40千克进行茎叶喷施除草。

4. 追肥

（1）苗肥　盖膜种植免施苗肥。露地种植三叶期开始追肥，根据豆苗生长情况，每亩施用尿素2~3千克。

（2）花荚肥　分枝开花初期，结合中耕或除草，视生长情况与气候条件，酌情根部追施复合肥（氮：磷：钾=15：4：26），每亩10~15千克。鼓粒初期叶面喷施0.3%尿素加0.2%磷酸二氢钾1次。

5. 病虫害防治

苗期重点防控立枯病及地下害虫。

（1）地下害虫　将麦麸、棉籽、豆饼等粉碎、炒香，与90%敌百虫晶体30倍液拌匀后，小堆均匀放置于豆苗行间毒杀。在4月中、下旬1~2龄幼虫盛发期，每亩用1%联苯噻虫胺颗粒剂3~4千克撒施，或2.5%三氟氯氰菊酯乳油2 000倍液喷雾防治。

（2）蜗牛　在傍晚用干燥纯净的草木灰撒施在瓜菜的茎叶上，若茎叶干燥，可先喷洒些清水，使叶片湿润后再撒施。或用鲜菜叶切碎，拌入90%敌百虫晶体20倍液，小堆均匀放置于豆苗行间毒杀。

6. 灌溉与排水

整个生长期保持土壤湿润，干旱及时灌水，雨后及时排涝。在开花期、结荚鼓粒期应特别注意防涝防渍。

二、粒用春播大豆生产技术

粒用春播大豆播种时间在4月上中旬，目前应做好备种备耕工作。

1. 备种

购买四川省审定或通过国家审定，适宜四川种植的大豆种子，进行挑选、晾晒，选择籽粒均匀饱满、色泽好的种子。

2. 整地

做好冬闲田间杂草处理，耕地前15天喷施除草剂除草。土壤深翻，整平整细，根据土壤肥力酌情施足底肥，并用杀菌剂进行土壤消毒，消灭地下害虫。

3. 播种

3月底至4月初土壤温度稳定上升到14~16℃时即可播种，播种时浇足定根水，行距40厘米，穴距20厘米，每穴3粒种子，亩种植密度16 000株。播种后封闭除草防治杂草。

四川省农业科学院经济作物研究所　钟文娟　牟方生

战疫情　促生产　四川蚕豆、豌豆田间管理建议①

当前，四川蚕豆、豌豆正值花荚期，为切实做好抗击新冠肺炎疫情期间的蚕豆、豌豆田间管理工作，做到疫情防控和蚕豆、豌豆增产增收两不误，现就四川蚕豆、豌豆花荚期田间管理提出以下建议：

1. 科学追施壮荚（果）肥

在蚕豆、豌豆初花期，每7天喷施5%磷酸二氢钾+5%甲壳素800倍液的叶面肥1次，连续喷施3次，以利壮荚、壮果。

2. 合理开展水分管理

花期水分不足，易导致蚕豆、豌豆落花落荚，大大降低成荚率。在盛花期至始荚期，视土壤墒情合理灌水；在灌浆鼓粒期，若雨水偏多，要及时清沟排水，防止病害滋生和荚果霉变。

3. 适时进行植株调整

立春后的蚕豆分枝多为无效枝，与有效枝争光争水争肥，影响产量。3月中下旬，适时将小分枝、瘦弱分枝等无效枝去除，促进蚕豆有效枝生长；在蚕豆第10台花序开花后，及时摘心打顶，控制植株营养生长，保证荚和籽粒生长，增加产量。

4. 及时防治病虫害

在叶部病害（蚕豆赤斑病、褐斑病、豌豆白粉病等）初发时，每隔7天，喷施80%大生M-45代森锰锌可湿性粉剂600倍液，或25%三唑酮（粉锈宁）可湿性粉剂500倍液等广谱杀菌剂，连续喷3次；在蚕豆、豌豆初花期，每隔7天喷施10%吡虫啉3 000倍液或2.5%高效氯氟氰菊酯乳油2 000倍液，连续喷3次，防治蚜虫与豆象；也可在田间插黄板（粘虫板）或安装灭虫灯；豆象防治必须在初花期完成，进入鼓粒期后则不宜用药。

四川省农业科学院作物研究所　项　超

① 本文2020年3月2日刊发于《农业科技动态》“战疫情　抓春耕　保供给——农业科技在行动”专刊第15期（总第768期）。

战疫情　保春耕　2020年四川花生增产增收对策建议①

2020年2月12日，农业农村部发布一号文件，明确提出“在长江流域和黄淮海地区扩大大豆及油菜、花生等油料作物面积”。花生是我国重要的油料和蛋白质来源作物，稳定花生生产面积和产量，对于保障粮油安全具有重要意义。四川绝大部分产区的花生因早于北方花生收获而占得市场先机，适时早播早收是发展四川花生助农增收的关键措施之一。目前正值大春生产备耕关键时期，如何在新冠肺炎疫情防控时期不误农时，确保今年花生种植面积不减，确保花生种植户增产增收，提出以下建议。

一、开展线上服务，提供技术保障

目前疫情管控期间，人员流动不便，农业科研人员和农技推广部门要及时为花生种植企业、种植大户提供电话、QQ、微信、电子邮件等线上服务指导，确保技术服务到位。

二、做好播前准备，农资储备到位

1. 种子准备

花生种子要充分晒干，含水量控制在9%以下。将装好的种子放在托盘上贮藏，堆放不能过高，高度5~6层为宜，种子仓库保持干燥通风，防止鼠害和潮湿。播种前利用晴天将带壳的花生种子翻晒，打破休眠提高发芽率。每亩带壳种子15千克或种仁10~11千克，大小要均匀、无虫、无霉烂。播种前，采用地鹰花生拌种剂80毫升加辛硫·福美双50毫升，混合拌花生仁12~13千克，在阴凉处晾干即可播种，或采用多菌灵药剂拌种，有利于杀菌和防治地下害虫。

2. 土地准备

选择土质肥沃、排灌方便的沙壤土，要求尽量轮换使用，不宜连作。

3. 肥料和地膜准备

准备花生专用复合肥（N8-P12-K15）每亩40千克，或低氮高磷钾复合肥50千克，地膜7千克。覆膜栽培，既可防草保墒，又可提升产量，实现早收。

---

① 本文2020年2月26日刊发于《农业科技动态》“战疫情　抓春耕　保供给——农业科技在行动”专刊第14期（总第767期）。

三、抓好播种时期，优化种植方式

1. 播种时间

春播花生选择在3月中下旬至4月上旬，土壤种植层温度稳定在12°C左右，采取地膜覆盖栽培。夏播花生，前作收获后，抓住土壤墒情，抢墒播种。各地应根据天气情况适时抢早播种。

2. 施肥方式

地膜栽培采用底肥追肥一次清，如果没有进行种子处理，每亩施用辛硫磷颗粒2千克混合肥料，在整地前撒施于土内。以有机肥磷钾肥为主，轻氮重磷钾为原则，燥红壤土底肥适当补充钙肥，以助饱果。

3. 播种方式和播种密度

建议采用开沟垄作，即2-4-6-8行垄作模式。地势较低，排水较差，土质较好的一般厢面种植2~4行；山坡地，排水较好的可种6~8行，垄高10~15厘米，沟宽15~20厘米，保持厢面平整。要根据厢面的宽度选择地膜的幅宽，一般应比厢面宽20~25厘米。充分利用雨后土壤墒情及时点播，有条件的地方可以采用人工浇水点播。播种密度：土质较好的地块亩植8 500~9 000窝为宜，每窝2粒，行距35厘米，窝距20~25厘米；土质较差的地块亩植1万窝左右，行距35厘米，窝距18~20厘米。播种后在厢面上及时喷施芽前除草剂乙草胺，亩用40毫升，均匀喷施，做到不重不漏，及时加盖地膜，增温保湿，地膜拉直，四周压严，防止刮风。

四、搞好田间管理，及时防控病虫害

1. 及时引苗补苗

及时引苗出膜，每天上午用铁钩划破出苗的地方，在进行，防治高温烧苗。生产上可在播种结束后在本田或附近育一批补苗，待苗出齐后进行查苗补缺，有利于保证基本苗，提高产量。

2. 加强病虫害防治

花生的主要病害有青枯病、根腐病、茎腐病、叶斑病等，主要虫害有蛴螬（老母虫）、金龟子、蚜虫、红蜘蛛、蓟马等。在虫害防治方面，有条件的地方可安装杀虫灯，杀灭多种鳞翅目和夹壳害虫，效果良好；使用黄板和蓝板，防治蚜虫和蓟马。同时，结合化学防治，花生苗期每亩用高效氯氰菊酯30~40毫升+吡虫啉20~30毫升，开花下针期亩用辛硫磷乳油40毫升+吡虫啉30~40毫升防治。发现有少量红蜘蛛的要早治和挑治，如果发生严重，有条件的可以采用抽水冲刷的方式，同时结合抗旱，效果明显。在病害防治方面，结合治虫用1 000~1 200倍的甲基托布津混合防治叶斑病等多种病害。

3. 清除杂草

采用人工拔除和化学防治相结合，每亩选用精奎禾灵20毫升喷雾，可以防除当年生禾本科杂草，对花生没有影响。

4. 合理化调

合理化学调控，做到促控相结合。促：缺肥的地块及时追加化肥和微量元素肥料，有利于增强花生的抗御能力，实现多结果，荚果饱满，减少病害发生。控：针对部分花生长势偏旺，亩用花生矮丰100毫升在花生下针结荚期进行叶面喷施，株高叶大，生长旺盛的每7天1次，连续两次，可提高花生结果率，增加产量。

5. 抗旱排涝

结荚期田间湿度大，会导致植株病害发生和荚果腐烂，严重影响产量，特别是地势较低，排水不畅的地块，要及时开沟排涝，降低田间湿度。花生生长期间由于气温高，地面蒸腾、叶面蒸腾水分蒸发量快，遇干旱要及时抗旱。

五、及时收获晾晒，保证产量质量

当花生荚果种仁饱满，种皮显品种色泽，荚果内海绵体收缩破裂，果壳网纹明显，成熟荚果达到80%左右，植株中下部叶片转黄脱落，标志着花生已成熟，此时要及时收获和晾晒，防止荚果发芽和霉烂。

四川省农业科学院经济作物研究所　张小军　张小红　谢德华

备战玉米病虫害 助力抗疫保春耕[①]

疫情当前，春耕在即，一面做好防护，一面抓好生产，是确保玉米丰收面临的重大任务。受暖冬影响，今年的玉米病虫害防控工作将十分艰巨。在选用抗病虫性好的品种种植基础上，为防控玉米发生大面积病虫害，提前做好应急准备，现提出以下几点建议。

一、加强监测，尽早防治草地贪夜蛾和玉米螟

据植保部门调查，草地贪夜蛾在西南和南方冬玉米种植区都有发生，部分地区虫量较高。国家玉米产业技术体系病虫草害综合防控研究室在海南田间调查发现，草地贪夜蛾在玉米苗期为害率一般在50%左右，施药后在抽雄期仍有10%左右的为害率，防治形势严峻。同时，暖冬也有利于玉米螟幼虫的越冬及其后期的存活、化蛹及繁殖，增加初始玉米螟虫源量。需加强监测，及时了解虫情，尽早防控。

1. 草地贪夜蛾的防控

建议在苗期和喇叭口期施药，对高密度种群选用氯虫苯甲酰胺或甲维盐与茚虫威、虱螨脲等的复配制剂或者现场混合进行施药，注意轮换和交替使用，以延缓草地贪夜蛾抗药性的产生；对低密度种群的预防性控制可选用苏云金芽孢杆菌和球孢白僵菌进行生物防控。尽早发现，尽量在草地贪夜蛾幼虫3龄前用药，根据发生程度喷施2~3次，施药时间应选在清晨或者傍晚，重点是喷施于心叶中。

2. 玉米螟的防控

建议在一代玉米螟卵孵化盛期和低龄幼虫期（玉米大喇叭口期）施药，选用氯虫苯甲酰胺或甲维虱螨脲或阿维氯苯酰等进行田间喷雾防治。局部严重地区在二代玉米螟卵孵化盛期（玉米灌浆期）可再次施药防治。大面积种植区，也可根据准确监测结果，在玉米螟成虫产卵期释放赤眼蜂进行生物防治。

二、高度警惕，预防蝗虫的新发生周期

近期蝗灾正在肆虐非洲以及南亚等国家和地区。据联合国粮农组织表示，非洲目前正在经历25年来最严重的蝗灾，其中肯尼亚正经历70年来最严重的蝗灾。尽管肆虐

---

① 本文2020年2月21日刊发于《农业科技动态》“战疫情 抓春耕 保供给——农业科技在行动”专刊第9期（总第762期）。

非洲的沙漠蝗与为害我国的飞蝗是不同的种，但仍需警惕蝗虫进入新的发生周期，尤其是暖冬也有利于我国飞蝗和土蝗的越冬和繁殖。除在加强边境的蝗虫监测、严防迁入危害之外，对我国本地的飞蝗和土蝗也需要密切关注。

玉米是蝗虫最喜取食的禾本科植物之一，要确保玉米生产安全，关键是通过生态防治减少虫源，防止蝗虫进入农田并及时用药防控。在蝗蝻孵化出土至3龄前，应尽早进行生物防治，可选用蝗虫微孢子虫、绿僵菌和印楝素等。田间应急防治建议用马拉硫磷原油、卡死克、菊酯类农药等超低量喷雾防治。大面积种植区可用马拉硫磷、氟虫氰喷雾剂等用于飞机超低量喷雾。

三、坚持不懈，绿色综合防控玉米病虫害

1. 防控玉米病害，选用抗病品种是重中之重

根据不同区域的主要病害，选用适宜当地生育期及生态的抗病品种，合理布局。综合抗性较好的品种有西抗18、鄂玉16、凉单4号、中玉335、雅玉889、中单808、正大999、同玉18等。

2. 科学使用拌种剂预防和减轻病虫危害，同时起到壮苗作用

使用时注意质量和剂量，确保种子生长安全。可选用噻虫胺与精甲霜灵·咯菌腈、吡虫啉与种菌唑等拌种剂组合对种子进行包衣处理，预防地下害虫和蚜虫，减轻纹枯病、茎腐病等土传病害的危害。在丝黑穗病发生重的区域，选择含有三唑类如戊唑醇等成分的种衣剂包衣处理。注意在处理时严格按照商品用量进行包衣，否则容易产生药害。鲜食甜糯玉米和部分普通籽粒玉米对药剂较为敏感，在使用种衣剂时要选用正规产品，严格控制剂量，按照使用说明进行处理，同时可加入芸薹素内酯等调节剂保护种子安全，解除药害。

3. 对生长后期的叶斑病，选用持效期长的高效低毒药剂前移防治

建议在喇叭口期用嘧菌酯、吡唑嘧菌酯、丙环唑和苯醚甲环唑等药剂对后期大小斑病、灰斑病、锈病等叶部病害进行提前预防，有较好的防治效果。对于纹枯病常发区，清洁田园，降低湿度，早期施用井冈霉素、生防木霉制剂等生物杀菌剂进行防治。

特别强调，疫情中人力、物力、交通等受限，做好玉米病虫害的预防比应急更加重要。必须按照《中共中央国务院关于抓好“三农”领域重点工作确保如期实现全面小康的意见》的总体要求，注重抓好草地贪夜蛾等重大病虫害防控，确保粮食安全。

四川省农业科学院植物保护研究所　李　晓　张海燕　邹成佳　崔丽娜　章振羽

打好新冠疫情防控战 抓好鲜食玉米春耕生产①

随着市场经济的发展和人民生活水平的提高，以鲜食为主的甜糯玉米越来越受到人们的喜爱。甜糯玉米口感与营养俱佳，富含维生素 A、C、E、B_1、B_2、B_6 等多种天然维生素，氨基酸、粗纤维、“硒”的含量均显著高于普通玉米，经常食用可降低胆固醇、血压、血脂，增强人体免疫力。

近年来，我国鲜食玉米产业迅速发展，我省年种植面积也超过 100 万亩。当前，春耕生产在即，新冠肺炎疫情防治工作已进入关键阶段。如何实现疫情防控与甜糯玉米春耕生产两手抓、两不误，笔者根据多年对四川甜糯玉米研发和服务产业的实践，通过调研，提出以下建议。

一、疫情期间，采用温室穴盘育苗移栽，提早上市

四川疫情总体处于可控状态，有的区县很少甚至没有发生病例，在加强检疫防疫的同时，适当放宽管控措施，让农户全力开展春耕春播。种子和农资可通过政府集中采购，由当地村民委员会组织发放。采用温室穴盘育苗移栽技术，可提早 20 天左右上市，经济收益更高。苗床要选在移栽大田附近，地势较高且排水良好的地块。在整地作畦前，亩施腐熟有机肥 1 000 千克。苗床以宽 1.5 米、深 10～15 厘米为宜，或直径 8 厘米、深 12 厘米左右的营养钵育苗。

二、疫情结束，采用浸种催芽、坐水直播，节省劳力

播种前，选用发育健全、发芽率高的种子，通过精选分级，去除虫籽、坏籽、霉籽，按大小分级浸种。同时，播种前使用畜禽粪便和农作物秸秆等原料堆制充分发酵腐熟、无公害的农家肥，结合整地一次施入。种肥一般亩施复合肥 15～20 千克、尿素 10～15 千克，施在距种子 5～6 厘米的侧下方、深度 8～10 厘米。播种时，采取大小行种植（大行距 80～90 厘米，小行距 50～60 厘米），株距 25 厘米，播种深度 3～5 厘米，每穴 2～3 粒，用种量 1～1.5 千克/亩，坐水播种（先浇水再播种）。播种做到深浅一致，覆土均匀，覆土深度为 2～3 厘米。播种后薄膜覆盖，确保全苗，减少杂草危害。3～4 叶时，及时去除弱苗、病苗和小苗，并一次等距定苗。

---

① 本文 2020 年 2 月 21 日刊发于《农业科技动态》“战疫情 抓春耕 保供给——农业科技在行动”专刊第 9 期（总第 762 期）。

三、做好品种搭配，严格隔离种植

选择通过管理部门审定（认定），兼具口感好、商品性状好、适应性广、市场接受度好的品种。注意选择不同熟期（早、中、晚熟）、不同色泽（白色、黄色、紫色、彩色）的品种搭配，也可以分期播种，既可满足不同消费者的需求，也可错峰上市，提高经济效益。

鲜食玉米与普通玉米串粉后，会失去原有玉米品种的种性（甜味和糯性），品质下降明显。因此，种植甜糯玉米要做好与普通玉米隔离。隔离方法：一是空间隔离。在种植甜糯玉米田块周围300~500米内，不种与甜糯玉米同期开花的普通玉米或其他类型的玉米。通过树林、果园、村庄、高山、河流等自然屏障，阻挡外来花粉传入，实现隔离。二是时间隔离。即同一种植区内，提前或推后甜糯玉米播种期，使其开花期与邻近地块其他玉米错开20~30天，甚至更长。

四、合理密植，促进壮苗

鲜食玉米商品性的好坏与种植密度密切相关。因此，生产中种植甜糯玉米的适宜密度一般为3 500~4 000株/亩，早熟品种密度稍大，中晚熟品种密度稍小。多数甜糯玉米品种都有多穗性的特点，即1株能长2个或2个以上果穗，稀植果穗更多。为使养分集中供应主茎果穗，保证果穗的商品性和改善田间通风透光条件，应及时除去分蘖，剔除弱株。

五、预防为主，加强病虫害防控

针对甜糯玉米生育期生态条件和病虫害发生规律，建立甜糯玉米病虫害预警机制，采用预防为主，尽量做到统防统治。播种时注意防治线虫、地老虎、蝼蛄等地下害虫。播种完成后注意防治老鼠和鸟类为害。苗期注意地老虎、黏虫、玉米螟危害。成株期注重玉米螟和大螟危害，尤其大螟，不仅影响植株生长，对果穗品质也可产生重大影响。虫害防治以诱虫灯、性诱剂、黏虫黄板、天敌防治等物理方法为主，以苏云金杆菌、吡虫啉、高效氯氟氰菊酯等低毒低残留化学防治为辅，禁止使用有机磷类高毒农药。要提高喷施药剂地对靶性和利用率，严防人畜中毒、生态污染和农产品农药残留超标。病害方面，因鲜食玉米以鲜果穗采收为主，极少出现暴发性病害，一般可通过田间管理防控。

六、实时采收，分级收获，确保最佳品质

鲜食玉米通常采收期在吐丝后25~28天或顶部籽粒尚未硬化，乳线形成之前的乳熟期为宜。过早收获糯性不够，过晚采收缺乏鲜香甜味。建议采收时分级采收，成熟

一批收获一批，确保鲜食的最佳口感和风味。对于当季市场未能及时消化的甜糯玉米也可以建设冷链仓储，供后续季节食用。糯玉米也可以待完全成熟后收获干籽粒用于特殊用途的食用，如制作汤圆粉，或用作提取支链淀粉等工业用途。

四川省农业科学院生物技术核技术研究所
余桂容　宋　军　杜文平　徐利远　聂　治

积极应对新冠肺炎疫情
做好油菜菌核病防治[①]

今年春节，新冠肺炎疫情流行，各地积极响应政府号召，减少人员出行，阻断病毒的传播和扩展，收到了很好的效果。随着疫情的逐步控制，如何为农户排忧解难、积极开展小春作物的病虫害防治，有效减少农作物病虫害损失，有条件的地方应做好油菜菌核病的预防与防治。

一、当前的气候条件有利于油菜菌核病发生

2019 年入冬以后，四川各地气温普遍较常年偏高，特别是进入 2020 年 2 月上旬以来，盆地大部分地区持续多日 15℃左右的高温，使得油菜生育期较常年提早 3～8 天，油菜主产区的油菜开花时间普遍提早 5～10 天。

目前，四川省油菜主产区大面积开始抽薹，部分地区已经进入初花期。花期是油菜菌核病的主要侵染时期，也是四川常发性油菜菌核病防治的关键时期。油菜开花时间的长短直接影响当季油菜菌核病的侵染时间长短和油菜收获期的发病危害程度，只要油菜开花时间延长，当年油菜菌核病的危害程度和产量损失便会加重。

从目前短期气象预报来看，四川省大部分农区将会在 2 月 14—16 日出现春节后的第一次寒潮并带来 5～7℃的降温降雨过程。特别是 2 月 21—23 日、2 月 27—29 日和 3 月 6—8 日的三次花期连续降雨过程，尤其是 3 月 6—8 日出现的 5～7℃的再次寒潮降温和盆地大部分地区中雨过程，将会导致四川盆地西北部、西南部、攀西地区降水量较常年均值偏多 1～2 成。这些多雨、低温天气将直接导致四川主产区油菜开花时间延长 1～2 周，为油菜菌核病的侵染、发生、蔓延和严重危害带来非常有利的发病气象条件。这与 2015—2016 年度油菜菌核病大暴发年份的春季油菜开花期气候条件非常相似。很多油菜产区已经出现菌核病危害，有的地方菌核萌发形成大量的子囊盘，在这种有利于菌核病侵染的特殊天气情况下，各地种植大户及农户应高度重视油菜菌核病预防工作，及时根据新冠肺炎疫情，以及后期雨水情况，进行油菜菌核病预防和防治工作，减少今年油菜菌核病危害和产量损失，有效降低和减少油菜菌核病对四川省油菜生产和产业发展的影响。

---

① 本文 2020 年 2 月 20 日刊发于《农业科技动态》“战疫情　抓春耕　保供给——农业科技在行动”专刊第 8 期（总第 762 期）。

二、防治建议和对策

减少人员流动是控制疫情蔓延的有效措施，如何在保障疫情控制形势下的农作物增产和减少病虫害危害损失，各地可以根据当地的具体情况采取灵活多样的油菜菌核病防治方法。

在能够开展机械化作业的地区和种植大户，可以利用无人机在油菜初花、盛花和谢花期间进行一次药剂防治。种植大户可以利用自己的库存的真菌性杀菌剂进行预防和防治，也可以与当地的农资销售部门联系进行药剂采购。各地的农资门市也可以在有条件的情况下开展送货上门服务，既减少人员流动、又保证药剂的供给和及时开展防治工作。

如果新冠肺炎疫情持续时间较长，错过了花期防治的最佳时期，可以在花后 10~20 天进行一次药剂防治补救措施，控制菌核病的扩展、降低病害损失。如果因为无法购买到防治药剂，特别是进行移栽的油菜田，无法外出的农户可以利用闲置在家的时间采用人工摘除油菜下部的老叶作为饲料的方法，增加油菜植株的通透性并降低湿度，减少菌核病的发生和危害。

在能够保证药剂和作业机械的地区可以采用以下措施进行防治。

1. 油菜菌核病常年发生严重的区域

种植大户可以采用作业效率高的无人机或高压喷雾机喷雾方式（农户可以采用机动喷雾器）在初花期、盛花期、花后 7~10 天左右进行 1~2 次油菜菌核病药剂防治，常年菌核病发生危害较重的地区进行 2~3 次菌核病防治。如果菌核病常发区域在油菜初花期、盛花期因为新冠肺炎疫情无法及时进行菌核病防治的油菜产区，建议在疫情结束后，立即在油菜谢花 7~10 天时及时进行一次菌核病防治。防治时可以考虑以下化学药剂：亩用 40%菌核净可湿性粉剂 100~150 克，或 50%腐霉利（速克灵）可湿性粉剂 35~50 克、或 50%咪鲜胺可湿性粉剂1 000倍液兑水喷雾防治。也可亩用 25%使百克 40~50 毫升，或 50%万霉灵 100 克，或 25%敌力脱 25~30 毫升，或 50%福菌核（福美双+菌核净）80~100 克等兑水喷雾防治。

2. 发生霜霉病及有蚜虫的田块

在秋冬季霜霉病和蚜虫危害严重的田块，可同时施用嘧菌酯及啶虫脒、吡蚜酮兼治油菜霜霉病和蚜虫。

3. 在缺硼地区或冬季干燥地区，实施“一促四防”，防病增产

在花期出现花蕾发育不全或冻害严重地区，可以结合菌核病防治，喷施速效硼（有效硼含量>20%）50 克，提高油菜的抗逆性和坐果率，增加油菜产量；在油菜长势差的田块，可以在油菜初花期叶面喷施磷酸二氢钾、硼肥和杀菌剂混配液（亩用比例：40%菌核净可湿性粉剂或 50%咪鲜胺可湿性粉剂 100 克、磷酸二氢钾 100 克、速效硼

(有效硼含量>20%) 50克，机动喷雾器亩用水量15千克以上，普通喷雾器30千克以上)。对长势特别差的苗，可以每亩增加0.5千克尿素，作为花肥进行叶面补施，防止油菜后期早衰。

四川省农业科学院植物保护研究所 刘 勇

关于抗击疫情加强四川大春作物播种工作的建议①

2020年新春伊始，又迎来了一年一度的大春作物（水稻、玉米、高粱等）播种时节。为了减轻新冠病毒性肺炎防疫工作对播种工作的影响，确保小康之年粮食丰收，笔者通过电话、微信、短信方式，对泸州、宜宾、内江、南充、巴中、绵阳、德阳、眉山、广元9个市的部分“国家水稻产业体系”“国家粮食丰产工程”与“四川水稻创新团队”示范县（区），就大春最佳播种时期、备耕情况、当地农业农村局重要举措等方面进行了咨询调研。现提出关于抗击疫情加强四川大春作物播种工作的建议：

一、现状

1. 大春播期紧迫

四川大春作物（水稻、玉米、高粱等）主要集中于川南、川中、川北丘陵区、川西平原及部分山区，预计面积4 500万亩（水稻2 800万亩、玉米1 600万亩、高粱等100万亩）左右。播种期从南向北、海拔从低到高逐渐延迟，如水稻川南最早（2月底至3月初）、川中（3月中下旬）、川西平原（4月初）、川北（4月中下旬）开始。其中川南尤其是泸县、合江等粮食大县，距大面积播种期仅有15～20天，时间紧、任务重。

2. 农资供应充足

农资主要包括种子、肥料、农膜、农药、燃油等，这些季节性农用物资众商家在春节前已备好。其中种子、农膜在各镇（乡）经销商有现货，可随时购买。肥料、农药等大量物资有的还在加工厂或批发商仓库，等待运输送达。

3. 市场交易冷淡

目前绝大部分县、镇（乡）的农资部门呈关闭状态，农户禁止赶集，街上行人稀少。泸县、隆昌部分农资经销商于月9日上午9—11点开门，但购种者寥寥无几；翠屏等县（区）计划在20日开始允许农资商家在严格管控条件下营业。

4. 推广部门以疫情防控为主

目前地方农业农村局及镇（乡）农技员以疫情防控为主，安排宣传农情的力量极

① 本文2020年2月20日刊发于《农业科技动态》“战疫情　抓春耕　保供给——农业科技在行动”专刊第8期（总第762期）。

少。也有部分项目示范区仍在开展农技工作，如隆昌市种子发放工作、泸县春播水稻现场会稻田耕整相关工作在进行中，各地情况不一样。

二、问题

1. 农资备用不容乐观

在农资中种子、农膜是播种时必需品，肥料、农药等可稍缓到播种后一个月。种子、农膜备用分两种情况，一是新型经营主体和项目区示范户已有目标品种，能按时发放到位。二是大面积的散户为自购种，80%要在播种前几天才到市场购买。如玉米，目前农户购种比例远低于往年同期，多数县市比例不超过 20%，肥料、农膜在 5%以下。

2. 技术指导效果较差

在农情通报、技术培训上因不能见面交流，工作难度增大，只能通过网络方式联系、指导，效果将显著降低。

3. 集中用工难度很大

四川水稻新型经营主体较多，有的流转面积在 1 000 亩以上，水稻机插育秧也需临时聘用多个人工才能完成；科研单位上百亩试验田也需聘大量临工播种。当前疫情下集中用工难度大，有的地方已禁止请农民工。

三、建议

今年严重疫情对我省大春作物播种工作确有较大影响，特提出以下建议供大面积生产参考：

1. 多种途径确保农资供应

一是种粮大户或经营主体可根据其对品种的要求，由当地农业部门协助联系农资经销商，专车送种子、农膜、肥料等物资；二是针对分散农户则由各村、社电话询问对种子需求，组织种子经销商有序送货下乡；三是组织各村社农户按播种季节松紧情况，分批次计划安排到镇（乡）农资市场购买，并由相关单位组织专人协助病毒防护工作。

2. 注意把握播种期

对确因时间紧来不及购买农资的农户，可适当推迟播期。如泸县、合江、纳溪、江安、南溪等低海拔地区，杂交中稻播种期不能迟于 3 月 20 日，否则对产量影响大；其他再生稻区可比常年高产播期推迟不超过 5 天。

3. 强化无见面技术指导工作

利用网络开展技术指导是当前示范推广工作的重要措施。如泸州市春耕生产现场会，先由泸县准备现场录制主要技术环节，以视频方式开会；其他适时技术指导则通过微信、短信、广播宣传。

4. 加强疫情防控，确保集中用工安全

允许健康农户做好自我防护的基础上开展自己承包地农务活动的同时，对确需要集中用工的各新型经营主体和科研单位，当地政府应派专人与用工单位协调，加强对农机手和就近务工人员的身体健康情况、接触外来人员情况登记管理，规范配备防护用品、往返途径等环节，按严格的疫情防控要求组织人员实施。

四川省农业科学院水稻高粱研究所 徐富贤 蒋开锋

关于四川抗击疫情加强水稻备耕工作的建议[①]

农业不同于工业，错过农事季节就会造成一年的损失。四川杂交水稻占90%以上，每年必须购种，播种期最早从2月下旬（川南）开始，大面积集中在3月中旬至4月上旬。

疫情发生后，在川的农业部水稻专家组和国家水稻产业技术体系、国家重点研发计划“西南水稻优质高产高效新品种培育”项目等9位专家分别对当前水稻备耕工作开展了专题调研，发现了抗击疫情中一些不利于水稻备耕的问题，形成下列建议供有关部门参考。

一、主要问题

1. 种子到位率不高

种子企业春节前出库量为总量的60%左右，当前农户的实际购种量不足30%，部分种子零售店尚不能正常营业。

2. 口罩等防护物资奇缺

口罩缺乏，人员不能流动，大量劳动力滞留在农村。但各地新型经营主体却缺少劳动力，即使业主提供口罩，农民因恐慌心理也不愿出勤。

3. 农资及农机具进村入户难

受疫情影响，各地普遍采取封镇、封村措施，禁止外来人员进入；外地的化肥、种子、农药、农膜等农用物资难以跨境运输，村村间的农机作业也障碍重重。

4. 农资价格有可能上涨

农资生产企业复工难，生产库存物流成本加大，零售商的货源不足。

二、对策建议

1. 分级管理，因区施策

四川疫情总体处于可控状态，有的区县很少甚至没有发生病例，可按照发病数量的多少对农业区县进行分级管控。在一般区县，在加强检疫防疫的同时，适当放宽管控措施，让农户全力开展春耕春播。在个别重点疫区，农资可通过政府集中采购，由

① 本文2020年2月17日刊发于《农业科技动态》“战疫情　抓春耕　保供给——农业科技在行动”专刊第5期（总第759期）。

当地村民委员会组织发放。

2. 统筹兼顾，落实落细

各级政府迅速组织口罩并确定一批投放窗口，有限开放公共交通。以权威部门发文，在保证公开透明、优质优价原则的基础上，简化各级项目中种子、肥料等农资政府采购的审批程序和流程。农业执法部门加强质量和价格的监管。在川南，当务之急是开通农用物资运输的绿色通道，加强农资的组织、运输与调配零售。

3. 搞清存量，提前准备

当地农业行政主管部门快速查清各种农资的库存，根据需求制订出春耕生产所需物资的采购方案；农业水利和气象部门立即制订出2020年农业灾害的防灾减灾预案；市场管理与农业信息部门搞好农产品市场的预测服务。

4. 依靠科技，省劳高效

各地应进一步出台扶持鼓励政策，为新型经营主体提供良好环境和金融支持，比如奖励荒地复耕等。大力推广获“稻香杯”的优质高效品种“川康优丝苗”“旌优781”，全面推广“省劳节本”的轻简化高效生产技术，解决农村劳动力短缺问题。若疫情导致部分田块不能及时育苗，可推广水稻直播技术，3月下旬至4月上旬实施机械直播、无人机直播或人工撒播。加强水稻育苗自动化技术研究，科技部门应设立专项，水稻栽培和农业机械专家密切协作，研发机插秧育苗基质和全程机械化育苗技术体系。

四川省农业科学院　任光俊
四川省农业科学院作物研究所　郑家国　李旭毅
四川省农业科学院水稻高粱研究所　徐富贤
四川省农业科学院植物保护研究所　彭云良
四川省农业科学院南充分院 南充市农业科学院　竭润生
四川省农业科学院内江分院 内江市农业科学院　陈　勇

应对当前疫情，分区域把握好马铃薯生产关键技术①

四川因立体气候，形成了春、秋、冬马铃薯的周年生产和周年供应的产业发展格局。马铃薯成为促进农民持续增收、富民乡村的产业。2020 年 2 月 5 日，《中共中央国务院关于抓好“三农”领域重点工作确保如期实现全面小康的意见》发布，突出保供给、保增收、保小康，着力稳定粮食生产。目前正值四川马铃薯春耕生产的关键时刻，如何实现疫情防控、春耕生产两手抓、两不误，课题组根据多年对四川马铃薯研发和服务产业的实践，通过调研，提出以下对策建议供参考。

一、新冠肺炎疫情对四川马铃薯生产的主要影响

1. 对马铃薯播期的影响

我省马铃薯生产区域在 800 米以下的地区，播种日期在春节前，现在已经完成播种，疫情对播种没有影响；800～2 000 米山区正值播种期，受疫情影响，播期可能推迟，或减少播种面积。高海拔地区（2 000米以上），主要包括凉山州、甘孜州和阿坝州，其主产区的播种集中在 2 月下旬和 3 月上旬，目前暂时未造成明显影响。

2. 对所需农资的影响

农资销售点普遍备货不足，据不完全统计，部分县市农资储备量仅占生产需求量的 25%～50%。加上春节放假时间偏早和假期延长、不符合防控要求禁止复工营业、禁止赶集等因素的影响，导致农资不能及时到达，农户手中严重缺乏农资。

3. 对马铃薯病虫害防控的影响

据气象部门监测和研判，截至 2 月上旬冬季平均温度偏高 1℃左右，降雨偏多；温度湿度满足了马铃薯晚疫病等病虫害的发生。现在全国工作重心在新冠肺炎疫情的防控上，对马铃薯病虫害的统防统治有所放松。

4. 对马铃薯销售流通环节的影响

目前北方等地种植户主要是库存商品薯的出库问题，受此次疫情影响，区域库房关闭不允许出货；能出货的库又受加工、装卸等人工需求影响；防控疫情期间，公路和乡村设卡影响农产品运输车辆的通行，造成运输一车难求，而且运费升高。从 4 月

---

① 本文 2020 年 2 月 17 日刊发于《农业科技动态》“战疫情　抓春耕　保供给——农业科技在行动”专刊第 5 期（总第 759 期）。

份中旬开始我省冬马铃薯开始上市鲜薯，此次疫情将导致销售压力增加。

二、对策与建议

在加强农资供应，推动进村入户到田，强化技术指导落地落实的基础上，提出如下生产建议。

1. 大力推进马铃薯机械化播种，保证实时播种

针对劳动力短缺、农时紧张等问题，应大力推广马铃薯机械化播种技术，减少劳动力投入，提高生产效率，保证不误农时。据四川省农业科学院作物所马铃薯资源课题组近年研究与实践，采用机播较人工播种提高播种效率10~20倍，适时播种是保证出苗整齐度的重要措施。当地下10厘米处地温稳定在8~12℃时，即可进行播种。各地应按照当地的马铃薯品种特性，选定合适的播量，保证密度符合农艺要求。山区春马铃薯种植，垄距0.90米或1.00米，株距26~37厘米，小行距20~25厘米，理论播种密度4 000~5 000块茎数/亩；高原春马铃薯种植垄距0.90米，株距18~24厘米，理论播种密度3 000~4 000块茎数/亩。播种时要求株距误差小，苗带直线型，垄高20~25厘米。双行垄作，垄距90~100厘米；单行垄作，垄距90厘米；种块覆土深度10~13厘米以下，沙性土壤覆土深度12~15厘米。机具作业要求播深一致，覆土均匀严实，起垄铺膜联合作业时必须同时实施药剂喷施除草作业，种肥应施在种子下方或侧下方，与种子相隔5厘米以上，肥条均匀连续。

2. 加强马铃薯病虫害预警，确保预防为主

针对春、秋、冬马铃薯生育期生态条件和病虫害发生规律，建立马铃薯病虫害预警机制，采用预防为主，尽量做到统防统治：冬马铃薯首先做到及时揭开地膜防止烧苗，或及时再盖膜防止霜冻，重点防治晚疫病、早疫病，晚疫病预警防治为生育后期，预警晚疫病循环第三代始；春马铃薯重点防治晚疫病、早疫病、病毒病和蚜虫，晚疫病预警防治为生育中后期，预警晚疫病循环第三代始；秋马铃薯重点防治晚疫病，晚疫病预警防治为全生育期，预警晚疫病循环第一代始；马铃薯病虫害防治，要提高喷施药剂地对靶性和利用率，严防人畜中毒、生态污染和农产品农药残留超标。

3. 建设仓储保鲜冷链设施，提升产地处理能力

防疫期间，大家出行不便，会增加马铃薯等耐储蔬菜采购量，马铃薯消费需求会增加，在我马铃薯主产区建立一些贮藏、保鲜、冷链设施，满足暂时储存要求，缓解销售压力。

四川省农业科学院作物研究所　何　卫　胡建军

新冠肺炎疫情影响下2020年四川玉米生产对策和建议[①]

2020年2月5日，《中共中央　国务院关于抓好“三农”领域重点工作确保如期实现全面小康的意见》发布，要求粮食生产稳字当头，稳政策、稳面积、稳产量，各省（市、区）2020年粮食播种面积和产量要保持基本稳定，保障粮食安全。然而，新型冠状病毒性肺炎疫情在武汉暴发，影响至今。现正值四川玉米生产春耕备耕的关键时刻，如何实现疫情防控、春耕生产两手抓、两不误，笔者结合多年对四川玉米生产的深入调研和技术创新，并采用电话方式进行了现状调查，提出如下对策建议，供各级农业主管部门和农户参考。

一、新冠肺炎疫情和播前生产生态条件对四川玉米生产的主要影响

按正常的播种安排，四川春玉米播期主要集中在3月上中旬至4月中旬。当前四川玉米生产面临以下四个方面的主要问题。

1. 所需农资不能及时到位

受疫情的影响，今年四川玉米春耕所需农资（玉米种子、肥料、农药、地膜等）的采购面临较大压力。农资销售点普遍备货不足，据不完全统计，部分县市农资储备量仅占生产需求量的25%~50%。加上春节放假时间偏早和假期延长、不符合防控要求禁止复工营业、禁止赶集等因素的影响，导致农资不能及时到达农户，农户手中严重缺乏农资。多地反映，目前农户种子采购比例仅为20%左右，肥料、地膜采购比例为15%左右。

2. 农机作业服务受阻

“人误地一时，地误人一年”。目前，春玉米播前土地耕整进度滞后，农机和专业化服务机手难以及时到位。为落实国家打赢这场“防疫战”的号召，地方采取的减少人口流动及严格的管制措施，影响了农机服务的正常作业，整地和播种机械无法顺利到达田间作业，必然影响适时播种及播种质量。

3. 劳动力短缺加剧

农村缺少青壮年劳动力。按照常年的习惯，一般在春节放假期间劳动力回流农村，

---

① 本文2020年2月14日刊发于《农业科技动态》“战疫情　抓春耕　保供给——农业科技在行动”专刊第3期（总第757期）。

为春耕进行系列准备，做好土地整理、农资筹办等。受此次疫情的影响，春节期间难以进行春耕生产的前期准备。一旦疫情过后，大量农村劳动力将返回工作岗位，挣钱保增收，这会加剧春耕生产的劳动力短缺问题。

4. 局部暖冬和季节性干旱影响正常生产

据气象部门监测和研判，截至2月上旬冬季平均温度偏高1℃左右，会加快小麦、油菜生育进程。四川盆地中部偏西北、攀西地区季节性干旱较重，持续发展会影响春季正常播种和生产管理。

二、对策建议

1. 加强农资供应，推动进村入户到田

2020年2月10日，农业农村部办公厅下发通知：严禁未经县级及以上地方人民政府批准擅自设卡拦截、随意断路封路阻断交通的行为，打通运输梗阻，确保春耕生产所需的种子、化肥、农药等农资运输畅通。一是要加大政策宣传力度；二是以农业农村部门为主体，加强区域内农资总量调控；三要创新农资供给方式，支持农资运销点采用远程联系和配送上门到田的方式，建立“绿色通道”，确保农资及时、顺利到户。

2. 确保农机到位，加快土地耕整

充分发挥农机在春耕生产中的主力军作用，确保农机和专业机手以良好的状态投入生产。自己拥有农机的大户受影响较小，但是无农机的大户和大多小农户只能依靠农机服务组织的支持。建议相关部门、村落在做好登记，在严防疫情扩散前提下，为农机服务和机手开放专用通道，不得阻拦，不要一刀切，盲目封闭。有条件的地方，相关部门可统一组织农机和机手，为今年春季整地、播种提供统一保障。

3. 加大玉米机播技术推广，提高生产效率

针对劳动力短缺、农时紧张等问题，应大力推广玉米机械化播种技术，减少劳动力投入，提高生产效率，保证不误农时。据四川省农业科学院近年研究与实践，在西南地区采用机播较人工播种提高播种效率6～15倍，而且存苗密度普遍增加1 000～1 500株/亩。玉米机播应注意以下几个技术要点：一是因地制宜，合理选择玉米播种机械。应根据各地地形、田块大小等选择适宜机具，以提高玉米播种机生产效率。二是合理密植。四川春玉米种植密度可达4 000株/亩左右。三是适期播种。各地应根据当地春播节气、气温、墒情以及后期降雨规律合理制定最佳播期，使玉米关键生育期避开主要自然灾害，确保避灾稳产。

4. 加强监测预报，防控主要灾害

各地要加强监测预警，密切关注春季重大天气变化和病虫害暴发情况，及早发布预警信息。组织专家制定有效应对自然灾害和病虫草害的防范措施，推进科学防灾。近期要重点防“倒春寒”、防春旱以及草地贪夜蛾等病虫害。要及早准备好抗旱物资以及药剂药械，指导农民适时开展应急防治。建议尽量组织统防统治和联防联控。

5. 加强技术指导，确保技术落地落实

组织有经验的专家和基层农技人员，采用现代信息技术与传统渠道相结合的方式，为玉米科学备耕、高效春耕进行技术指导。可通过网络平台进行培训、指导和答疑，在条件允许情况下应尽量组织相关农技人员下乡入户进行现场指导，确保相关技术落实到田，提高播种质量，为玉米丰产稳产奠定坚实基础。

6. 提前谋划应急措施

若春玉米由于疫情、旱情及气候变化导致延期播种、抗旱播种，要提前做好物资保障和技术应急方案。根据多年的试验示范结果，要提前做好技术方案应对及培训：一是延期后，在可播种范围内，要及时抢墒播种，越晚播越要加大播种量，增大留苗密度，加强水肥管理，确保群体稳产增产；二是错过了适宜播种期，应及时改种蔬菜、马铃薯等短季早熟经济作物，保障增收；三是出现区域持续干旱，要改适雨播种为“坐水种”，播种后墒情差的要及时补充灌溉，确保出苗存苗。有集雨蓄水池的地方可利用微喷灌，无相关设施的地方应提水灌溉。

四川省农业科学院作物研究所　刘永红　杨　勤　陈　岩

做好新冠肺炎疫情防控期间的甘薯保供生产工作[①]

春季是甘薯商品薯和种薯贮藏期管理及育苗的关键时期。目前，新冠肺炎疫情发展形势对甘薯商品薯供给、种薯调运、农资准备、技术培训等方面造成了不利的影响。为确保甘薯商品薯的供给和当季甘薯生产，结合疫情联防联控的具体情况，提出如下保供生产的应对建议。

一、改变科技服务形式，以线上为主

打赢疫情防控阻击战是当前压倒一切的重大政治任务，疫情期间科技服务宜以电话、微信、QQ、电子邮箱等线上联系为主，尽量减少现场指导和室内培训，减少人员接触机会。

二、加强贮藏管理，确保市场供应和种薯安全

疫情暴发期间正是甘薯贮藏中后期，大量甘薯仍在贮藏窖中，是安全贮藏的关键时期。此时气温逐渐升高，晴天多，贮藏窖中的温差变幅大，在做好环境消毒和个人防护的前提下，要求勤查窖。在晴天中午打开窖门通风 2～3 小时，遇降温天气关闭窖门保温，使窖内温度保持在 11～14℃，相对湿度保持在 85%～90%。在留足健康种薯（一般亩用种量 30～50 千克），充分做好防护的前提下，把商品薯及时供应到市场，满足人们生活需要，保障薯农收益。

三、精选苗床田，做好育苗准备

苗床田要求面积约为本田的十分之一，应选择背风向阳，人畜不易损坏，地势平坦，浇水容易，土质肥沃，最好是两年以上没有种过甘薯的地块。固定的苗床地则应事先更换床土或进行土壤消毒，提前备足肥料、塑料薄膜、竹片等生产资料，疫情可能会导致农资市场供应及价格出现不确定性，能买到时应尽早准备。

---

① 本文 2020 年 2 月 14 日刊发于《农业科技动态》“战疫情　抓春耕　保供给——农业科技在行动”专刊第 3 期（总第 757 期）。

四、培育壮苗，打好今年丰产基础

此次疫情还在防控过程中，近期难以结束。进行育苗作业时，在保证人们生命安全的前提下，3 月中上旬，气温在 15℃时，可以用地膜育苗，如果因为疫情耽误了育苗的最佳时期，可以改地膜育苗为小拱棚育苗，达到快速增温，这样会出苗快且多出壮苗，同时起到出苗后炼苗更省工的效果。

五、适时扦插，保证生育期，充分利用最佳光热资源

甘薯为喜温作物，一般在 5 月底至 6 月初进行大田扦插，最佳生长期是 5 月到 10 月，通常甘薯的大田生育期要保证 150 天左右才能得到比较理想的产量。由于疫情可能导致用工短缺或劳动力成本增加，如有条件，作垄尽量使用机械，抓紧雨后扦插，这样可以免除浇水环节。也可以晴天作垄后当天扦插，用生根剂蘸根免浇的方法进行，省去浇水环节是疫情当前最省工省力的方法。

总之，当前正是抗击新型冠状病毒性肺炎的关键时期，也是甘薯保供生产的关键时期。农时不等人，农户在生产和生活中不仅要做好防控，积极配合政府相关部门和社区的管理，严格控制病毒交叉感染和疫情传播，同时也要保证甘薯市场供应和生产两不误。

四川省农业科学院作物研究所 谭文芳

小麦冬季苗情特点及春季管理意见①

一、冬季苗情特点

1. 播期早迟不一，苗情不平衡，旺苗与弱苗并存

正常年份小麦最佳播期是10月25日至11月5日，但去年受秋季雨水过多、前作腾茬偏迟的影响，不少区域小麦未能在最佳时段播种，于11月5日以后播种的比例约占15%。迟播导致苗小苗弱，群体不够，到1月中旬的时候，正常播期小麦已有4~5叶龄、20~40厘米高，而晚播田仅有3叶龄、5~10厘米高、单株次生根2~3条。

因播种较早（10月25日之前播种）或播量过大（每亩基本苗30万~40万）的麦田，恰逢暖冬气候，导致植株旺长。至1月中旬前后已达6叶或6叶1心、株高50厘米以上，叶片宽大披垂，拔节早（第一节间2~5厘米）。生长发育过快，春季抽穗早，一旦遭遇春季倒春寒其“跳籽”风险高。

2. 病虫草害总体较轻，但渍害与干旱并存

从出苗至1月中旬拔节阶段，病虫发生较少，实地考察基本未见条锈病、白粉病等危害。个别地方反馈有蚜虫、红蜘蛛和零星条锈病叶片。草害也得到较好控制，喷药时也普遍没有出现药害，不像上年到处出现药害问题。

稻茬麦田和低台位旱地麦田，土壤墒情普遍较适宜，耕层土壤质量含水量在20%~30%。局部区域土壤水分不足或过湿，如丘陵高台位旱地尽管未出现萎蔫迹象但含水量已在20%以下，而深丘槽沟地带和平原局部的稻茬麦田依然高达30%以上，渍害明显。

3. 当前病虫加速发展，危害风险较大

今年春节早，加之遭遇新冠疫情影响，麦田管理相对滞后。本该在1月上中旬实施的管理措施未能及时贯彻到位，包括针对旺苗喷施生长延缓剂或进行镇压，针对弱苗麦田及时追肥、灌水，以及踏勘巡查及早发现和处理病株病叶等。

目前，小麦处于分蘖加速两极分化、小花分化发育的关键时期。大田生产上最突出的问题有三个方面：一是病虫害开始快速发展，特别是不具备高抗条锈病能力的品种，已经出现较多的病叶病株甚至“中心病团”，蚜虫也在大量繁殖，部分区域还出现红蜘蛛危害。二是农户不确定该不该继续完成滞后的一些技术措施，如不少农民问现

① 本文2020年2月10日刊发于《农业科技动态》“战疫情 抓春耕 保供给——农业科技在行动”专刊第1期（总第755期）。

在还能不能灌水，能不能打除草剂，以及还需不需要追肥、追多少，等等。三是新冠疫情带来工作重心转移，容易忽略监测预报和及时的技术指导工作。

二、春季田间管理意见

1. 分类科学追肥

针对不同类型麦田，实施分类管理，切忌盲目追肥。旺长麦田，不论前期施肥多少，当前都不宜再用肥。群体适宜、长势健壮正常的大多数麦田，按合理的计划量按时追肥，总氮量控制在 10 千克/亩左右，肥力高或偏旺的酌减，旱地或偏弱一点的酌量增加，但也最好不超过 12 千克/亩。播种偏迟，群体较小，或者缺肥泛黄严重的麦田，可以追施尿素 5~8 千克/亩，但全生育期总量也要控制在 13 千克以内。

2. 强化病虫防控

尽管冬季大多数麦田病虫害发生并不明显，但不代表没有暴发危害的可能。实际上，最近一段时间各地已出现条锈病病株病叶乃至“中心病团”，蚜虫也很普遍，且随着年后气温继续回暖，无防控情况下病虫发展将普遍而快速。因此，技术主管部门需要加强特别是小麦拔节期与开花期的预测预报并指导防治工作。同时，过去主要危害旱地麦田的红蜘蛛，近年也有在稻茬麦田加速蔓延的趋势。红蜘蛛危害之后叶片呈“灰白”特征，并伴随矮化。需要注意的是，农户在用药时喜欢添加一些营养或生长调节物质，但不能为了补充营养而过量喷施，否则易造成药害。

赤霉病已成为损害小麦产量和品质的主要病害之一，可防不可治，但历年防治效果并不令人满意。今年预计开花期较常年要早，需要进一步强化防治工作。关键在于掌握好用药时机和齐穗至初花阶段喷施化学药剂，若第一次喷药后遭遇降雨，需要重喷；若遇持续阴雨天气，喷药 2 次为佳。

小麦条锈病、白粉病可用氟环唑（12. 5%粉剂 5 克/亩）、蚜虫可用吡虫啉（10%粉剂 20 克/亩）、赤霉病可用甲基硫菌灵（70%粉剂 100 克/亩）等低毒高效、低成本药剂（复配剂亦可用）防治。对“中心病团”应多喷药，最好将病虫危害严重的植株拔除。目前阶段，不能再喷除草剂，否则会对小麦造成较大的伤害。

3. 酌情灌溉

对于丘陵槽沟稻茬麦田，应继续清沟降渍；尚未灌拔节水而土壤较干的稻茬麦田，当前要进行灌溉，多数年份从拔节到灌浆阶段有效降雨少，土壤水分不足会影响小花分化和结实。注意灌水时间不能过长。丘陵区高台位旱地麦田，有条件的农户尽量结合追肥进行补管，提升苗情质量，抵御春季可能遭遇的干旱。

四川省农业科学院　汤永禄　魏会廷

发挥科技支撑作用　保障“天府菜油”原料稳定供给①

一、我省油菜生产现状

为了发展油菜优势产业，满足“天府菜油”品牌创建原料需求，2019 年夏播油菜面积在上一年的基础上扩种冬闲田油菜 150 万亩，我省总面积接近 2 000 万亩。根据年前生产调研情况，今年冬油菜田间长势良好。当前即将进入油菜病害防治等田间管理的关键时期，疫情的发生和蔓延短期内对油菜的生产影响不大，如果时间太长将会因田间管理措施滞后直接导致病虫害防控困难，影响油菜生产。

二、当前疫情对油菜生产的影响

1. 对当前成品食用油的稳定供给有一定的影响

在武汉“封城”之后出现封村、封路等管制措施，不利于成品油加工厂工人返回务工，时间太长会一定程度上影响源源不断的成品油的生产和运输。

2. “不出门”的倡导和封村、封路的管制，导致“劳动力短缺”，阻碍了油菜生产科学管理和指导

当前是油菜生产防病等田间管理的关键期，缺乏田间管理会影响菜籽产量。但在目前疫情形势严峻的状况下，倡导老百姓“不出门”，导致本来囤积在家的劳动力资源优势不能发挥作用，反而形成了“劳动力短缺”的局面。交通不畅阻碍了科技人员和农技人员直接面对面对老百姓进行油菜生产特别是病虫害防控等关键时期的科技指导。

3. 阻碍了一二三产业融合发展

油菜是一二三产业融合得最好的作物，除油用外，还可以菜用、观花等。近年在乡村振兴中发挥了重要作用。年前许多休闲旅游相关的休闲农场、三产融合园区、民宿行业也都投入了基础设施，买了游乐设施，做了餐饮住宿的准备，但是疫情一来，全部休闲农业园区、景区、民宿只能严阵以待，戛然而止，中止了对外营业。当前疫情下，作为菜用功能的菜薹无法采摘，花期临近，各县、市、镇计划筹办的“菜花节”无法按计划进行，严重影响了其本身及二三产业的融合发展。

---

① 本文 2020 年 2 月 10 日刊发于《农业科技动态》“战疫情　抓春耕　保供给——农业科技在行动”专刊第 1 期（总第 755 期）。

三、科技施策，保证“天府菜油”原料供给

对于油菜这种跨年作物来说，2019 年 5 月已完成了整个生产过程，到 12 月已完成了部分成品油的生产且进入各大销售环节。2019 年 9 月已完成了下个季度的油菜播种，到 2020 年 1 月中旬完成了苗期管理。当前已接近油菜的抽薹期和花期，是油菜防病的关键时期。如何在当前严防疫情蔓延形势下，保证当前食用油稳定供给、着力抓好目前油菜正常生产，保证下一年度充足的优质原料供给有以下几个方面的建议。

1. 通过智慧农业，网络传播等途径做好科普宣传和科技指导

由于当前交通不畅，科技人员和农技人员不便于下乡进行面对面的科技指导，可以利用已有的智慧农业设施实时监控田间状况，指导田间管理。没有条件的地方，科技工作者可以利用网络讲解、向基层农技人员发送春季油菜病害防控等科学田间管理知识，再由基层农技员把相关管理知识多渠道传达到户。

2. 变不利因素为有利因素，利用当前返乡劳动力优势和农业生产的特殊性，加强田间管理，提高油菜产量，保证食用油周年供给

就当前形势，应当变不利因素为有利因素，着力抓好油菜生产具有的有利条件：一是乡村相比起城市，农村人口较为稀疏，空气流通性好，居住密度低，在物理条件上，天生就具有阻断疫情传播的优势。而且，我省农村菜籽油供给大部分为小榨油自给自足，储备相对较多（农村各家各户基本上都已储备了全年供给），相比城市居民，生活物资充沛，也不容易造成焦虑情绪。二是农业生产作业通常人流密度小，其特殊性决定了与防疫要求基本不相冲突，能够做到防控与生产两兼顾。三是当前局势多数劳动力不能离开家乡返城务工，有充足的劳动力资源，再加上油菜生产田间管理时效期长，有利于零散、错峰劳作。四是做好生产，增加油菜产量，老百姓可以一定程度上弥补因耽误返城务工带来的损失，从而缓解心理压力，安心配合国家做好防疫，有利于全国疫情的防控。

具体措施为：一是以家庭为单位开展一家一户的田间管理。二是对于合作社或家庭农场，负责人需指导老百姓在做好防护的同时，错峰轮班作业，避免人力密集作业。

3. 充分利用机械化生产科技成果，加强田间管理，提高生产效率，减少生产成本和密集型人工劳作、提高油菜产量

当前是油菜菌核病等病虫害防控的关键期，利用自动或半自动机械化操作，如无人机等高科技装备、背负式喷雾器等机械进行病虫害防控，减少人工劳作，避免人工密集型劳动，提高生产效率。

4. 多渠道保证农用生产物资供给，保障生产顺利开展

对于田间管理需求的农资如药剂、肥料等采用统一购买或网上购买或配送到家的方式，保证供给。

5. 组织成品油生产、多渠道销售，保障食用油稳定供给

影响目前菜籽油稳定供给的困难是源源不断的成品油生产所需劳动力缺乏。在安全防护的情况下，及时组织工人返工，开展成品食用油生产，通过网售、批量进入到超市等方式，满足城市人口源源不断的食用油需求。

6. 做好科技指导，继续开展油菜的功能拓展，保证蔬菜供给和“春暖花开”时的蓄势待发

一方面，油菜薹是优质蔬菜，相关研究表明，采用正确的方法对油菜适时采摘菜薹不会影响其菜籽产量。在这个特殊时期，利用返乡劳动力资源，科学采摘菜薹作为菜用，不仅减少蔬菜短缺的压力，而且可以给老百姓带来经济效益，弥补误工损失。另一方面，油菜花期临近，各地菜花节无法按计划进行。可以采取措施如增肥、喷施调节剂等方法延长花期，等待疫情后的“春暖花开”。越是艰难的时候，挺过去的更有机会，即便是错过了“菜花节”带来的经济效益，休闲农场、产业园区等回归农业本业，从生产端找技术支撑，向优质产品靠拢，做内涵式发展，提前准备疫情过后的市场回暖。

四川省农业科学院作物研究所　李浩杰

2019年我省水稻主要虫害的科学防控对策①

当前我省水稻移栽已结束，本田期虫害管理的好坏直接关系到今年水稻能否稳产高产。化学防治为水稻安全生产做出过卓越贡献，但由此带来的环境问题和粮食安全问题不容小觑。在全国倡导农田肥药两减的形势下，必须科学防控水稻病虫害，才能真正实现我省水稻安全生产和粮食安全。现就我省水稻主要虫害的科学防控提出对策建议，供农业有关部门和种植户参考。

一、我省水稻虫害种类及发生危害情况

我省水稻常年种植面积3 000万亩，虫害常年中等到偏重程度发生，发生面积在4 000万亩次以上，主要种类包括稻螟虫、稻飞虱、稻纵卷叶螟、稻苞虫和稻田福寿螺。

1. 稻螟虫

水稻螟虫在我省稻区普遍发生，发生田块100%，局部大发生。主要危害表现在幼虫蛀食水稻茎秆，致枯鞘、枯心、枯孕穗、虫伤株和白穗，造成水稻减产20%～30%，占水稻病虫害总损失的40%以上，是我省水稻最主要的害虫。我省稻螟虫主要有二化螟、三化螟和大螟三种，其中二化螟在我省稻区全域发生，在川西、川中、川南部分地区发生重；大螟伴随二化螟发生，但与二化螟错峰危害，易出现漏防和防治效果不佳的情况；三化螟在绵阳、遂宁、资阳、眉山、宜宾、凉山州等地区的局部乡镇危害严重，去年我省三化螟发生面积176.1万亩次，比上年同期高25.6%，扩散危害趋势显著。

2. 两迁害虫稻飞虱和稻纵卷叶螟

稻飞虱和稻纵卷叶螟合称两迁害虫，每年要由南向北迁飞进入稻区危害。稻飞虱常年中等发生，川南、川东等地局部偏重发生。害虫在茎秆中下部刺吸稻株汁液，致使稻株失水渐枯，严重时造成田间“黄塘”“通火”等典型症状。稻飞虱的危害具有隐蔽性、暴发性和毁灭性。我省稻区常见的稻飞虱是白背飞虱和褐飞虱两种，其中以白背飞虱为主。稻纵卷叶螟幼虫吐丝缀合稻叶两边，将叶片纵卷成筒状后藏身其中啃食叶肉，留下表皮呈白色条斑，一头幼虫可危害多张叶片，干扰了秧苗正常生长、致苗枯死、致分蘖减少、生育期推迟、影响开花结实、产量和品质下降等。

去年我省稻飞虱发生面积228.38万亩次，稻纵卷叶螟发生面积68.15万亩，分别

① 本文2019年6月20日刊发于《农业科技动态》2019年第10期（总第749期）。

比上年同期高 74.3%和 20.6%，因此今年要密切关注两迁害虫发生危害动向。

3. 稻苞虫

稻苞虫是危害水稻叶片的常发性害虫，2018 年通过我省常见 20 个推广品种稻苞虫田间发生情况调查，20 个品种在生育中后期全部遭到稻苞虫危害，结苞丛率 2%~22%不等，亩结苞数 220~2 420个，平均 902 个。稻苞虫危害主要是幼虫吐丝将稻叶沿叶脉垂线方向卷折或将几张叶片缀连成苞，藏入苞中啃食叶片，造成缺刻，或全叶吃光，直接导致水稻减产。稻苞虫是弄蝶科昆虫，成虫是中型褐色蝴蝶，翅膀上有多个大小不等的白斑，具有很强的辨识度。

4. 稻田福寿螺

福寿螺是外来入侵物种，咬食水稻嫩茎嫩心，可致苗床毁种毁苗，大田缺苗缺窝，形成大面积减产甚至绝收。近年福寿螺在我省一直呈蔓延之势，据统计，目前为害水稻的面积至少在 800 万亩以上。水稻秧苗期和移栽分蘖期最易受福寿螺危害，是防治福寿螺的关键时期。

二、水稻虫害科学防控技术对策

1. 加强水稻虫害识别和科学防控的宣传培训

随着农业生产主体由农民个体向种植大户、专业合作社、家庭农场转变，更要加强水稻虫害的认识和防治宣传培训工作，帮助他们建立“科学植保、公共植保、绿色植保”理念，做到防早防小，会防巧防，并能及时抓住重点区域、重大虫害和关键时期，联防联控，提高防治效果。

2. 认真开展虫害监测预警

植保部门要充分发挥职能作用，科学布点，让专业技术人员深入田间地头，认真开展系统调查和大面积普查，准确掌握本田期水稻主要虫害发生危害动态，通过各种网络渠道，及时将预警和防治信息传递给水稻种植大户、专业合作社、家庭农场和广大农民，科学指导大面积的防治工作。同时要加强监测技术人员的业务素质培训，让他们的工作真正科学有效。

3. 合理肥水管理

合理施肥，重施有机肥，控制氮肥施用量，增施磷、钾肥，提高水稻抗逆力。对冷浸田、烂泥田要增施热性肥料。干湿间歇浅水灌溉，控制福寿螺危害，促进水稻早熟，减轻后期病虫危害。

4. 人工捕杀福寿螺

水稻移栽成活后，在田埂水渠边干燥附着物上或水稻植株上抠取福寿螺红色卵块，或在出入水口、田边及低洼积水处手捡或用纱网袋打捞福寿螺中大型个体，带离稻田喂养鸭子或压碎深埋。也可在稻田中插 100~150 厘米高竹片，每亩 30 根左右，引诱福寿螺在竹片上集中产卵，每2~3天摘除1次卵块进行销毁。

5. 稻鸭共育

水稻移栽返青后到破口期，每亩稻田放养月龄鸭子15~20只，啄食福寿螺卵块和幼螺，减少螺害，并可调节田间小气候，减轻稻飞虱的发生危害。

6. 趋性诱杀

水稻害虫多有强烈的趋光性，因此在水稻田间安装杀虫灯，每30~50亩安装1盏，水稻生长期每晚天黑至夜间12点左右开灯，诱杀螟虫、稻飞虱和稻纵卷叶螟。田间安放性信息素诱捕器诱杀害虫，每亩1~2个，诱捕器入口以高于水稻植株15~20厘米为宜，诱芯30~45天更换1次。杀虫灯和性信息素诱杀等非化学防治方法最好在水稻播种同期进入田间，以尽可能多地诱杀越冬代成虫。稻田周边种植芝麻、瓜类、棉花、千日红等蜜源植物，集中诱杀稻苞虫成虫。

7. 保护利用天敌

蜘蛛、赤眼蜂、青蛙等都是稻田害虫重要的天敌种类，田埂种植豆科作物或者蜜源植物，增加田间作物多样性，丰富天敌避难场所，保护害虫天敌种类，提升天敌种群数量，同时可以人工释放寄生性天敌如赤眼蜂，积极发挥天敌对害虫的控制作用。

8. 科学用药

①水稻移栽成活至分蘖盛期，防治福寿螺和螟虫是关键。若秧苗带药移栽，移栽后则不再用药，反之要考虑施药控制螟虫。福寿螺用药须田间有螺2~3头/平方米或以上。防治福寿螺主要药剂有70%杀螺胺乙醇胺盐可湿性粉剂、70%杀螺胺可湿性粉剂、6%密达杀螺颗粒剂等。可采用诱饵或喷洒法施药。施药时田间最佳水深1~3厘米，保水7天。杀螺剂对鱼类有毒，施药后7天不可将田水排入鱼塘，也禁止放鸭。②在水稻孕穗至抽穗时期，重点防治螟虫、飞虱、稻纵卷叶螟和稻苞虫。螟虫防治依据成虫监测数据，一般在成虫高峰期后10~15天为最佳用药期。田间稻飞虱若虫百丛虫量达1 500头以上时，则需要马上进行药物防治。稻纵卷叶螟用药指标是田间平均2~3丛水稻有1头幼虫，稻苞虫用药指标是田间每100丛水稻有卷苞5~20个。可选药剂有20%氯虫苯甲酰胺、40%氯虫·噻虫嗪水分散粒剂（兼防飞虱）、阿维菌素、Bt、甲维盐、球孢白僵菌WP、吡蚜酮、天然除虫菊素、印楝素、苦参碱、多角体病毒等。在药液中加增效剂，可增强农药黏着、扩散和渗透性能，提高药效，减少农药用量。③要注意交替用药、适期用药和达标防治，以确保防治效果和延缓害虫抗性产生；要注意安全用药，遵守农药安全间隔期规定。严禁使用高毒农药和菊酯类农药，以防环境和人畜伤害。④施药时要用够水量，常规喷雾每亩用水量不得少于50千克，机动弥雾每亩用水量不得少于25千克。

四川省农业科学院植物保护研究所　陈晓娟　陈庆华

加快推进稻渔产业提档升级　助力四川现代农业高质量发展[①]

四川省是全国水产大省和水稻主产区，2018 年全省淡水养殖产量 153.5 万吨，渔业经济总收入达到 800 亿元。水产养殖面积、水产品总产量分别居全国第 10 位、第 7 位，西部第 1 位；四川省稻渔综合种养面积 464.46 万亩，居全国第 2 位。近 10 年来，笔者一直参与稻渔种养产业发展，针对四川稻渔种养产业发展现状和存在的问题，提出以下观点和建议，供领导决策研究和产业发展参考。

一、四川稻渔种养产业发展现状

1. 稻渔种养产业得到高度重视

近年来，省委、省政府先后出台了《四川省“十三五”农业和农村经济发展规划》《加快发展稻渔综合种养的指导意见》等，明确了稻渔综合种养发展任务，提出了“以粮为主，生态优先、产业发展”的思路，逐步把四川打造成独具特色的“成都平原稻渔种养产业集群”和“丘陵山区稻渔种养带”。

2. 综合种养技术和模式不断创新

从四川省自主选育的水稻品种中筛选出适宜稻渔种养模式的抗倒伏型、山区型等优良水稻品种 13 个，形成了以“密植、调水、控肥、减药”为核心的规模化提质增效九项关键技术，集成创新了适宜不同区域等 8 大类 24 种典型模式及配套技术规程 6 套。

3. 产业效益明显

一是粮食稳产的重要保障。稻渔综合种养不仅不影响水稻生产，而且可以解决稻田撂荒闲置和“非粮化”“非农化”等突出的农村问题，大大调动了农民种稻积极性，促进粮食稳产。二是富裕渔民促进乡村振兴。能够有效保障粮食安全、食品安全，还能促进农民增收（稻渔综合种养比单种水稻亩均效益增加 90.0%以上，亩均增加产值在 1 000 元以上），推进产业融合，并有利于农村防洪蓄水、抗旱保收，体现了渔业的多功能性。三是美丽乡村建设的重要支撑。提高了稻田能量和物质利用效率，减少了农业面源污染（平均可减少 50.0%以上的化肥使用量和农药使用量）、养殖尾水排放和病虫草害发生，显著改善农村的生态环境，促进农耕文化与渔文化的融合。

---

① 本文 2019 年 5 月 17 日刊发于《农业科技动态》2019 年第 9 期（总第 748 期）。

4. 精准脱贫的有效手段

2016年全省贫困地区建成稻渔综合种养面积6万亩，带动了50个贫困村、1 000户贫困户、4 000余个贫困人口，户均增收3 000元以上，是一个周期短、见效快、增收稳的扶贫新产业。

二、产业发展中存在的问题

1. 产业发展规划缺乏

当前虽然四川省和部分地方政府都对稻渔综合种养提出了政策支持，但对稻渔综合种养产业发展布局的整体规划还跟不上产业快速发展需求，难以保证产业持续健康发展。

2. 基础建设水平参差不齐

由于现代化、标准化的田间工程投资大，很多地区受财政资金支持力度不够及部分地区国土部门管控，开挖简单的沟坑仍在稻渔综合种养工程中占主流，一定程度上限制了稻—虾、稻—鳖等对稻田工程化技术要求高的模式发展受到局限。

3. 规模化组织化程度低，产品质量保障不够

从全省情况看，稻渔综合种养经营分散，100亩以上的仅占10%。组织化程度不高，87.5%的农户没有参加合作社或协会，品牌少，市场博弈能力差。个别地区或从业者片面追求经济利益，忽视社会效益，出现稻渔综合种养沟坑面积过大、种养环境不达标、稻谷产量偏低、产品抽检不合格等情况，影响了产业的健康发展。

4. 技术推广和培训力度不够

我省稻渔从业人员整体专业素质不高，稻渔综合种养职业农民严重不足，经营生产人员普遍缺乏必要的专业技术知识。

三、促进稻渔种养产业健康稳步发展的对策与建议

全省适宜稻渔种养的可推广面积1 500万亩以上，目前仅利用了30%，适宜地区农民发展热情很高，市场需求旺盛，产业存在巨大发展空间。针对当前发展面临的问题，在“以粮为主，工程化发展；生态优先，高质量发展；提质增效，适度规模化；三产融合，产业化发展”原则基础上，提出如下对策建议。

1. 科学制定发展规划和支持政策

在全面分析市场需求、资源禀赋的基础上，全省统筹规划，推动制定一批省、市县或企业的稻渔综合种养产业发展规划，明确发展目标和合理布局，确保产业有序发展。建议将稻渔综合种养纳入农业综合开发、高标准农田建设和农田水利建设补贴范围，设立专项资金扶持稻田养殖基础设施建设、苗种补贴、农机购置补贴等，简化申请审批手续。做好国家级和省级稻渔综合种养示范区创建工作。

2. 强化技术集成创新示范

整合技术资源和信息资源，搭建稻渔综合种养技术经验交流平台，充分发挥“产、学、研、推、用”五位一体的优势，构建跨学科、跨领域的专家团队和联合协作机制，针对稻渔综合种养产业发展中的关键问题，开展联合科技攻关，加快主导模式和配套关键技术的集成与示范，加强水产行业《稻渔综合种养技术规范》系列标准的宣贯，制定适宜平原和丘陵地区各种模式的标准，在全省示范推广一批先进技术模式，确保模式发展不走样。

3. 强化指导监督，提高发展质量

要对已发展和拟发展的稻渔综合种养主体加强指导、监督和管理，以“稳粮增收”为根本前提，以“不与人争粮，不与粮争地”为基本原则，按照《稻渔综合种养技术规范通则》的有关要求对沟坑占比和水稻产量等指标进行严格控制，确保稻渔综合种养主体在沟坑占比、种养环境、水稻产量和产品质量等方面符合要求。

4. 强化营销宣传，打造精品品牌

积极宣传推介稻渔综合种养公共品牌和产品品牌，实施精品品牌战略，打造绿色生态品牌，提升产业品牌价值。

5. 加强培养复合型人才队伍建设

构建复合型实用人才体系，把高校、科研院所、企业、合作社、推广单位、互联网行业的各种相关人才组织建库，同时支持引进或聘用国内高层次人才，开展国际交流合作；加大对现有稻渔基层队伍培训力度，着力培养一批懂技术、会经营、善管理的新型农民，全面提升稻渔种养产业从业人员素质，为现代农业建设提供坚实人才队伍保障。

四川省农业科学院水产研究所　杜　军　赵　刚　周　剑

关于加强种子病理学研究　保障种业安全提升四川农产品质量的建议[①]

全世界近90%的作物是以种子进行繁殖的，这些作物均不同程度受到种传病害的危害。种传病害作为重要初侵染源和远距离传播的主要途径，成为作物在田间和贮藏期发病的根源，给农林、蔬菜、花卉和生态环境带来了很大的危害。某些外来入侵的种传病害甚至在植物检疫、种质资源交换和国际间贸易争端等方面扮演着重要的角色。

目前，我省由种传病害和种子带菌引起的各种危害逐年增加，尚未引起足够重视。植物病虫害的防治侧重于植物生长过程中的防治，而在种传病原菌的来源、种子带菌传播、监测和预防、防治措施的研发，不论从种子病理学基础研究还是从应用研究方面都明显滞后，缺乏突破性的科技成果。种子病理学系统研究和人才队伍缺乏，协同攻关的科研项目不足，无法在国内具领先地位。而生产中种传病害的危害逐年增加，给种业安全、农业安全和生态环境安全造成潜在威胁，应高度警惕并引起重视。基于此，参考国内外种子病理学研究进展、团队建设情况，在国家化肥农药“两减”和“乡村振兴”的战略需求下，配合“脱贫攻坚”和“擦亮四川农产品金字招牌”的科学任务，特提出加强四川省种子病理学研究的建议。

一、种传病害的种类、特征和危害

1. 种传病害的种类

水稻白叶枯病、柑橘溃疡病、菜豆BCMV病毒、烟草花叶病毒、小麦矮腥黑穗病、棉花黄萎病、甘薯黑斑病、菜豆细菌性疫病菌、姜瘟病、蔬菜斑萎蔫病毒、瓜类细菌性果斑病、水稻干尖线虫病及英国20世纪60年代的黄曲霉毒素引发的火鸡毒死事件等，均与种传病害的危害相关。

国内外文献表明，可种传真菌有1 000多种，细菌约300种，种传病毒100多种，此外还有水稻干尖线虫等植物线虫的危害。以黄瓜为例，可种传的病害达14种（9种真菌、4种细菌和1种病毒），辣椒可种传的真菌病害就达10余种（灰霉病、立枯病、根腐病、菌核病、疫病、叶斑病、果腐病等）。除种传病害具有种类多的特点外，作物不同，同种种传病害危害方式、造成损失均不同；有些病害兼具种传、土传多种传播

① 本文2019年3月18日刊发于《农业科技动态》2019年第4期（总第743期）。

途径。因此，需根据作物种类和种传病害的类型，建立差异性的分类防治策略。

2. 种传病害的特征

①发生范围广、危害程度大，涉及真菌、卵菌、细菌、病毒、类病毒、线虫等多种病原，有些种传病害可在作物整个生育期发生，造成品质、产量和经济损失；②只需很少基数，就能流行和传播，如霜霉病菌和锈病的种子带菌率即使只有0.001%~0.01%，就足以在一个生长季节内流行、暴发；③一旦传入和定殖成功，根除较为困难。

3. 种传病害的危害

2015年彭州上万亩的莴笋发生重大危害，给当地政府和种植户造成了严重的影响，经笔者鉴定为斑萎蔫病毒TSWV造成的。经追踪发现，该病毒TSWV已在茂县的辣椒、番茄上被发现，且已明确为种传病毒，具有严重的危害性，需后续追踪、监测。种传番茄溃疡病，今年在我省的番茄产区不同程度地出现，需引起重视。2010年四川省彭州市和江油市在西瓜上发现了全国农业植物检疫性病害—黄瓜绿斑驳花叶病毒病（CGMMV），该病毒虽然具有多渠道传播的途径，但带毒种子仍是远距离传播的重要途径之一。十字花科作物上的根肿病，具有毁灭性的特点，虽然主要通过土壤传播，但近年来研究表明，种子也可带菌和传播根肿病菌。种子带菌、传病引起的危害在蔬菜等产业上逐渐增多，对依靠蔬菜产业脱贫的贫困地区和乡村振兴造成了威胁。

二、加强种传病害病理学研究与综合防控技术研发的建议

1. 建立种传病害、种子处理的防治理论、技术体系

（1）深入研究种传病害病原流行学　加强种传病害病原流行学研究，一是弄清传播到发育的种苗并引起病害的方式；二是研究环境条件如何影响病原物种子带菌和幼苗发病的过程；三是减少种传病原的措施，例如，通过选择相对健康的种子或对种子进行处理等内容。针对每一个环节，建立相应的防治技术和体系。

（2）关注种传病害的毒素研究　主要研究种子带菌产生的毒素类型、带毒部位、毒素污染、产生条件（作物生长期、贮藏期）、毒素风险与安全性评价（人、畜、鱼等）、毒素降解菌、杀菌剂对毒素影响（生长期施药与贮藏期用药）、农艺措施对毒素影响、毒素防控、抗病性品种与毒素含量检测等方面。

（3）建立一套简单、易用和灵敏度高的检测技术　要采用经济有效的实验室检测方法，使其敏感性足够检测出较低水平的危险性病原物，并被国内外官方和相关机构可接受的技术，如基于PCR等的检测技术。

（4）加强种子处理研究，包括一些不可种传的重大病害，种子处理仍具有控害和生态修复功能　将一些生态环境友好型的生防菌和化学元素、农药复配成种衣剂，通过缓慢的释放和调理，仍对一些病虫害具有防治作用。如黄瓜霜霉病主要靠气流传播，

但包衣甲霜灵和木霉后，仍对霜霉病具有一定的防治效果。

（5）研发种子安全处理相关产品　研发具有特殊功效的、高效、安全、环保的种子处理新产品，尤其是生物防治型种衣剂、天然物质替代种子包衣材料和适量肥料增效功能产品的复配、联合应用研究，能够为化学农药减施和生态、环境安全提供保障，并推动相关工业产品的发展和经济效益的产生。

（6）研究和建立不同种传病害的防控体系和产业链　根据不同种传病害的生物学特性、传播途径和流行学等特点，研究种子检验检疫、熏蒸、药剂浸泡、种子包衣、生物化学法、物理措施、农艺措施等防控种传病害的效果，形成相应的物化产品，追溯和评价各技术要点的效果，并建立安全防控技术体系；条件成熟时，形成相应的研发和推广公司等实体，形成一条完整的种子病理防控产业链。

（7）建立生态环境安全、持续性和经济效益评价体系，建设美丽乡村　对于研发的各种技术和产品，进行严格监管和评价，尤其对人、畜、鱼、天敌及生态环境等因素进行评价和风险预测，保证种传病害的绿色和可持续性治理和发展，保证美丽乡村的持续建设。

2. 建立种子病害疫情的反馈机制，为应对措施提供保障

根据国际种子检验协会（ISTA）、国际种子健康促进会（ISHI）和国家种子相关的法律、法规等要求，对于发生的种子病害疫情和毒素含量向政府和相关机构进行通报，并根据已有的疫情应对机制，建立应对措施和信息共享平台。同时，加强外来入侵生物和检疫性有害生物控制。

3. 重点关注制种、引种企业和基地的病虫害发生情况和种子带菌、虫卵入境情况，阻隔疫情入田和传播

对于田间发生的重大病害，需溯本求源，追查种子来源、流向、病虫害发生和带菌情况，尤其是一些在省外制种繁育的种子，需严格检测和监测原产地的病虫害发生情况；对于一些网络平台上销售的种子，其带菌的情况需要严格监测和资质认证，不能随意带菌传播和销售。对于已入境的有害生物，需做生物适应性和预警分析，并根据分析情况，建立的法规、条例和措施，阻隔疫情蔓延和传播。

4. 加强种子抗病性标注和商品化标签管理，严惩虚假宣传和坑农事件

主要包括抗病虫性和种子带菌及处理等标注信息情况。据笔者从事植物抗病性鉴定工作十多年的观察，很多在包装袋上标注的“高抗”“抗病”等品种，实际上在试验地中表现“感病”，推测可能与商家标注的信息不全等相关（如仅仅抗一种生理小种，而不抗其他生理小种），这种现象在蔬菜等作物上表现得尤为明显。2017 年，农业部颁布的《非主要农作物品种登记办法》中，已无强制要求做多种抗病虫性鉴定的要求，也缺乏种子带菌（或卵）等情况的要求。因此，在符合国家法律和种子管理办法的条件下，应尽量要求商品种在包装袋上，明确标注抗病虫和带菌情况的检测信息；

在标注种子来源地时，重点标注该域内发生过重大疫情的带菌、检测结果，并在发现有种子带菌传播和标准虚假信息的商家，做出严厉处罚，建立追溯、追责、赔偿机制。

由于种传病害的多样性、严重性、危害性、侵染与传播等特点相比较于田间的一般病害更复杂和更难防治，如大白菜黑茎病菌的菌丝体可在种子内存活 3 年以上，而花叶病毒能在菜豆种子上存活 30 年，不同的病原菌在不同作物、环境条件下存活时间均有所差异。因此，需要分门别类、建立相应的研究团队、平台、产品和研究体系。一粒种子，强盛一个民族。加强种子病理学的研究，利于保障我们种业的安全和美丽乡村建设，利于脱贫攻坚，利于促进农林生产、生态环境、对外贸易发展和经济安全。

四川省农业科学院植物保护研究所　席亚东

当前四川水稻生产四大热点问题及对策建议[①]

为完成农业农村部的水稻产业调研任务，笔者于2018年11月中下旬与四川省农技推广总站、四川省农业科学院的相关专家一道，深入泸县、中江、广汉等3县开展了座谈与实地走访。有关水稻生产技术模式、品种结构、稻谷产销、产业化开发、生产效益、农业补贴等已经形成了专门报告上报农业部种植业司。通过进一步梳理，发现四川水稻生产具有四大热点问题，在分析了各自存在的原因后，提出了技术对策建议，供各地参考。

一、优质稻

1. 成效

在供给侧结构性改革背景下，2017年四川重启了“稻香杯”优质稻品种评选，2018年全省优质稻面积达到1 930万亩，已占全省水稻面积的68. 50%；但是，高档优质稻品种仍然较少，稻米结构性矛盾依然突出，稻米加工和营销仍然不强，稻强米弱的局面没有得到根本性改变。

2. 问题

（1）受经营方式制约，集约化程度不高　2018年全省统计的种植水稻30亩规模以上的经营主体有5 500余户，经营面积118. 3万亩，仅占全省水稻总面积的4%。其中，54. 4%的经营主体规模在30~100亩。集约化程度低，小规模的种植户多，造成品种分散，混种、混收、混储、混加工问题突出，难以满足加工企业的质量要求，企业得不到稳定的原料保障，优质稻并未变成真正的优质米。

（2）受企业带动能力制约，产业化开发不足　目前我省纳入统计的大米加工业企业有347个，年加工量在1 000万吨左右，但普遍规模小，加工能力利用率不足50%。全省众多稻米加工企业中，订单种植10万亩以上，带动农户2. 5万户的企业不足10家。

（3）受产品品牌制约，市场竞争力不强　尽管近年金满仓、福瑞喜、蜀中香米、航粒香等表现不俗，但区域品牌少，知名品牌少，市场上缺乏消费者普遍认可的地方主导大米品牌，更缺乏代表“川米”形象的精品名牌，难以形成核心竞争力。在全国55个中国驰名商标稻米品牌中，四川一个都没有。

---

① 本文2019年2月11日刊发于《农业科技动态》2019年第2期（总第741期）。

（4）受价格因素制约，种植积极性不高 受稻谷结构性过剩问题影响，稻谷价格低迷，种稻效益持续低下。作为粮食收购主渠道的粮食收储企业，品种好坏、品质优劣一个价，优质难以优价。虽然一些产业化开发的企业制定了优质优价订单，但效益仍难达到农户收益预期，致使农民种植优质稻积极性普遍不高。

3. 对策

（1）因地制宜推广食用优质、高档优质、功能优质等水稻品种 以稻香杯为抓手，完善评选办法，从源头提供一批满足不同需求、具有特色的优质稻品种。新型经营主体根据加工企业和市场的需求规模化生产，有利于品牌打造，满足居民对优质、高档和安全大米的需求；传统小农户生产以优质高产品种为主，通过订单实现优质优价，增加效益。

（2）依靠科技进步，实现产业增效 在政策、资金上向企业龙头倾斜，支持技术研发，提高稻米加工工艺水平；创新以大米为原料的方便食品、休闲食品，促进加工增值；实施“高质高效”工程，推广绿色发展技术模式，既减少化肥和农药使用，也在提升稻田综合效益的基础上生产出优质稻米。

（3）加快发展产前、产中、产后的农业全程社会化和专业化服务，提升规模化生产水平 大力推广“两主体四中心”模式，依托经营主体和服务主体，配套育秧、农机、烘干、加工“四中心”建设，打通生产、加工、销售全产业链。

（4）凝练品牌，提升市场影响力 在现有企业品牌和区域品牌的基础上，进一步整合资源，扶优扶强，打造出十大川米知名品牌，支持加工企业建立优质米生产溯源体系并申报驰名商标，通过举办推荐活动、促销活动、广告宣传等多种形式，向消费者推荐四川好米。通过品牌战略挤占市场份额，实现由大到强的转变。

二、直播稻

1. 成效

直播稻的技术需求迫切，发展势头强劲。2018 年四川省直播稻面积超过 150 万亩，其中机械直播达到 27 万亩。在生产规模超过 300 亩的平原区和超过 100 亩的丘陵区，机直播技术受到业主的欢迎。

2. 问题

（1）直播专用品种缺乏 播后的种子浸泡在水中，要求具备在低氧条件下快速发芽出苗的能力；同时播种期较育苗移栽晚，增大了多熟制稻田的茬口茅盾，耐迟播与灌浆快便成了直播专用品种的重要指标，目前筛选出适宜麦茬田直播的品种数量仅 5 个左右。

（2）对水源条件要求高 播种前及时排干田水、播后在低洼地方开沟才能实现一播全苗；除草剂施前应排干田水、施后 2 天左右又要及时灌水，因此水源良好是推广直播稻的必备条件。

（3）用种量大　直播比育苗移栽多用种子，且人工撒播很难控制用种量和均匀度，采用机械直播才能达到机插秧的用种水平。

（4）化学除草技术难以掌握　直播必须进行化学除草，对除草剂品种、施用时期和方法等要求高，稍有失误则要再次施药。而除草剂过量施用是直播稻能否大面积推广的争论焦点，近年来研究出了肥水药一体化技术，可减少施用次数。

3. 对策

（1）明确技术途径　主推机械直播，以提高播种质量和群体起点；以水田穴直播机械为主，条件适宜区域选用旱直播；以杂交稻品种为主，适度示范常规稻；优先选择冬闲田和蔬菜田等早茬田块示范，麦茬田块必须与中早熟专用品种结合；以新型经营主体规模化生产为主推对象，对分散农户开展社会化服务。

（2）强化技术培训　水稻直播对田块的要求高，全苗难、杂草多等技术问题普遍存在，应开展对管理人员、农机操作人员的培训，以提高标准化生产水平，确保技术落实到位。各地可根据当地生态特点，在品种选择、化学除草以及降低成本等方面继续开展研究，总结经验教训，推进技术优化升级。

（3）补足机械短板　完善耕作、播种、植保、收获、干燥等机械的系列配套，满足规模化生产的需求。

三、再生稻

1. 成效

四川首创的中稻蓄留再生稻技术，已经成为全国推广的一种资源节约型、生产高效型的稻作模式。2018 年四川省再生稻主产区气候条件总体有利，光温水匹配较好，全省蓄留再生稻 460 万亩，有收面积 399 万亩，总产达到 48 万吨。再生稻单产最高田块达到 363 千克，机收蓄留再生稻也高达 140 千克。

2. 问题

（1）区域间差异大　再生稻产量的高低受制于秋季的气候条件，其收获面积一般仅为蓄留面积的 80%左右，在此适宜区内蓄留不一定有收成。

（2）头季稻机收　水稻机收成本远远低于人工收获，但头季稻机收对稻桩的碾压达 2/5～3/5，显著降低再生稻发苗、有效穗和单产。一方面机械收割需要排水硬田，再生芽在无水情况下死亡加快；另一方面收割时机械压损部分稻桩，直接影响产量。

（3）效益不高　虽然蓄留再生稻具有省种、省工、省时的优势，再生稻米的品质、适口性普遍优于头季稻，但由于肥料和劳动力成本不断增加，种植效益进一步受挤压，特别是再生稻米的产业化开发度不高，优质原粮没有转变为商品，直接影响蓄留再生稻的效益。

（4）技术到位率低　突出表现为水稻栽插密度不够、病虫害防治不及时、肥水管理不到位等。

3. 对策

（1）以头季稻机收为基础，开展中稻再生稻全程机械化的生产技术攻关，筛选改进收获机具，规范机插、机收操作程序，提高收获精度，减少压桩毁桩率。

（2）在再生稻次适宜区内通过品种与技术的集成创新，以缩短头季稻生育期、低留桩等技术为核心，开展周年高产高效的技术模式攻关，搞好技术宣传和培训，将头季稻健身栽培、及时施用“粒芽肥”、见苗收获头季稻等关键技术落实到田，提高蓄留成功率。

（3）每个再生稻主产市各自打造一个优质再生稻米品牌，通过提高再生稻谷的商品率来提升周年种稻的综合效益。

四、稻田综合种养

1. 成效

2018 年，四川省稻田综合种养面积已经达到 270 万亩，形成了“稻—鱼”“稻—鳖—虾”“稻—鳅”“稻—虾”等模式为核心的种养技术标准 5 项。打造了崇州的“农业共营制+稻渔综合种养”、隆昌的“农业园区+稻渔综合种养”和邛崃、江油等地的“新型经营主体+稻渔综合种养”等一批可复制、可推广的稻田综合种养产业经营模式，明显促进了农药、化肥等农业投入品的减量控害，有效改善农业生态环境，维护农田生态系统，更好地保障稻谷、水产品的质量安全，提升产品品质。

2. 问题

（1）种养比例不规范，出现新的污染　个别地方片面强调养殖的高效益，种稻与养鱼比例不规范，养殖所占比例过大，有的甚至只是挂名而已。这样，一方面严重影响粮食产能；另一方面田间种养失衡，水体富营养化严重，造成稻田新的污染。

（2）缺乏统一规划，存在市场风险隐患　由于近年来效益可观，各地不断跟风，稻田养殖面积增速较快，水产品的市场销售风险隐患加大；另外一些业主盲目在水源条件不好的地方开展稻田综合种养，增加了种养成本，降低了对自然灾害的抵抗能力。

（3）稻田基础设施的建设与破坏　稻田养殖需要根据选定的养殖种类进行基础设施建设，因而对原有的基础设施的破坏不容忽视。特别是开挖养殖沟后对水稻机械化生产产生重大的影响。

3. 对策

（1）积极引导，加强综合执法　要深入贯彻落实中央经济工作会议精神和中央农村工作会议精神，坚持“毫不放松粮食生产”。在粮食生产功能区内选择一些破坏粮食生产能力的典型案例开展行政执法，保护基本农田的基础设施，引导业主开展稻田标准化养殖。

（2）加强市场预测，避免盲目扩张　鼓励经营主体的种养类型多元化发展，行政主管部门应建立健全市场信息发布机制，对过度发展的渔业种类应提前提供市场预警。

（3）坚持科学养殖，杜绝面源污染　在专业技术人员的指导下精选养殖种苗、搞好投放密度、食料选配等核心技术的推广，将单位面积养殖密度控制在合理水平，避免水体污染。

四川省农业科学院作物研究所　郑家国　李旭毅　姜心禄　欧阳裕元

四川藜麦种植的现状、问题及发展对策[①]

藜麦（*Chenopodimu quinoa willd*）是一种原产南美洲的高价值作物，藜麦不属于禾本科，因此被称为“假谷物”，富含蛋白质、淀粉、脂肪、矿物质、维生素等。其中，蛋白质含量为12%~23%左右，富含有人体必需的八种氨基酸，并且净消化率、净利用率显著高于其他谷物，是人类优良的蛋白质来源；脂肪含量6%左右，其中油酸含量为24.8%，亚油酸含量高达52.3%，组成和玉米油、大豆油相似，是一种健康油脂；淀粉含量60%左右，主要以D-木糖和麦芽糖组成，升糖指数35左右，是糖尿病人的理想食品。同时，藜麦还是膳食纤维、多酚类物质和黄酮类物质的良好来源，具有促进人体健康的作用。藜麦营养全面均衡，被誉为“全营养食品”。联合国粮农组织（FAO）认为藜麦是一种可满足人体全部营养需求的单体粮食作物，并将2013年设为国际藜麦年。美国航天局（NASA）将藜麦列为外太空空间的理想“太空粮食”。随着藜麦的营养价值逐渐为人们所认识，很快成了全球热门的研究对象。近年来，国内藜麦繁育研究和产业化发展十分迅速。

一、四川发展藜麦种植的意义

四川省位于青藏高原的过渡地带，海拔大于2 500米的地域宽广，这些区域大多农业落后，适合高原种植的粮食作物种类极少，引进藜麦可以丰富该区域粮食作物类型。藜麦营养构成全面，对高海拔落后地区的贫困人群的营养摄入是一个很好的补充。藜麦生育期90~120天，亩产100~300千克，高产栽培可达400千克以上，除籽粒外，嫩叶还可作叶菜食用，茎秆可用作牲口饲料。藜麦经济附加值高，开展藜麦的商品化生产能增加农民收入。目前藜麦的产品形态主要有藜麦米、藜麦代餐粉、藜麦沙拉、风味饮料、预煮藜麦片、藜麦面条、藜麦爆米花等。藜麦性喜强光，生态适应型丰富，从海平面到海拔4 000米山地或高原均有分布，且以高原分布为主。因此，藜麦作为一种适宜高海拔地区种植的作物对四川省具有积极的意义。

二、四川藜麦适宜种植区域分析及试种现状

1. 川西北高原及攀西地区

主要包括甘孜州（泸定县除外）、阿坝州（红原县除外），凉山州的木里、盐源、

---

① 本文2019年1月7日刊发于《农业科技动态》2019年第1期（总第740期）。

美姑、会东的部分地区和雅安市宝兴县部分地区，以上区域凡属于高原季风气候或温带-寒温带-亚寒带季风气候的区域适宜栽培藜麦，即夏季温和，冬春寒冷，干湿季明显，雨热同季、日照充足、年均降水量通常为600~800毫米，绝对无霜期大于110天。通常情况下，该区域中适宜种植青稞的地区适合种植藜麦。目前，该区域内阿坝州马尔康市（海拔2 600米）、甘孜州康定市（海拔2 500米）小规模试种取得了成功，其产量性状突出，病虫害较少，但不抗倒伏，需要进一步完善栽培技术。

2. 川西南山地

属于亚热带高原/季风/干热河谷气候，立体差异明显。高山及亚高山地区冬季干寒漫长，夏秋湿润凉爽，日照充足，和青藏高原东缘-横断山脉部分气候类似，但降雨更多，藜麦适宜在一年一熟区域种植，目前在攀枝花市盐边县格萨拉乡（海拔2 600米）小规模春播藜麦取得了成功，但早熟藜麦品种（生育期3~4个月）成熟期恰逢雨季，易引起穗发芽，产量较晚熟品种低；中山及中低山地区，日照充足，冬干暖夏润凉，日温差大而年温差小，干、雨季节分明而四季不分明，通常实行一年两熟或两年三熟制，该区域适宜多种作物生长，可根据当地种植习惯发展藜麦种植，例如烟草收获后种植一季秋播藜麦。在越西县、攀枝花市仁和区平地镇（海拔1 800米）小规模试种取得了成功。攀西干热河谷区可在雨季来临后进行播种，以避开旱季的高温天气。

3. 盆地内

属亚热带湿润季风气候，冬暖夏热，无霜期长，雨热光同季，但日照较少，湿度较大，旱涝交错。我国大部分藜麦种质为高原适应型，湿度大时易感病、怕涝，夏季高温易导致雄花不育，这种类型不太适宜在该区域种植，表现为年度间不稳定，目前该区域在郫县、新都、金堂等地试种基本取得了成功，但也有失败的年份。需要筛选或培育耐湿性、耐高温和抗病性强的种质从而适应盆地的气候特点。

三、四川发展藜麦面临的问题

尽管国内对藜麦的栽培和营养品质进行了大量研究，但藜麦种质资源在四川省不同地区的栽培适应性、品质和产量均有待进一步研究。此外，藜麦还存在穗发芽、倒伏、感病等不利性状有待进一步解决。藜麦苗期生长缓慢，田间杂草易影响其生长发育，但藜麦本身对常见市售除草剂均非常敏感，虽通过地膜覆盖可暂时解决，但会提高生产成本，造成环境污染，如何高效控制田间杂草的问题也有待解决。藜麦收获、脱粒机械化有待进一步完善，机械脱粒中因缺少专用机具，获得的毛粮杂质较多，且国内藜麦联合收获机的清选效果还不够理想，存在着清选不彻底、含杂率高等问题。市场方面，藜麦属于新兴的健康食品，目前，藜麦的消费主要集中于欧美日等发达国家，中国消费者了解得不多，藜麦作为一种营养、健康的食品还没有进入到人们的日常膳食中，市场尚未成熟。

四、四川发展藜麦的对策

1. 进一步加大试验示范

成立四川省农业科学院、西昌学院、成都大学等科研推广及企业参与的藜麦联合体，加大藜麦品种、优质高产种植技术、加工工艺及一二三产融合发展等方面的试验示范，做强支撑四川省藜麦产业发展的科技研究体系。

2. 针对四川省的气候特点引进和筛选适合的藜麦品种

四川省处于我国地理第二阶梯，地形复杂多样，其中：高海拔地区适宜我国大部分的藜麦种质生长，可根据生产需要进行品种筛选和栽培技术研究。湿润寡照的山区和四川盆地需要进一步扩大引进智利南部海岸藜麦多样性中心的种质资源，发掘抗病、耐花期高温、耐湿的资源，通过筛选和系统选育，培育适宜的品种并形成相应的栽培技术。

3. 杂草控制方面

一方面可引进或研发新型除草剂；另一方面可开展抗草甘膦转基因藜麦的技术储备工作。

4. 机械化收割和加工方面

一方面注意选择花被包裹松紧适度易脱粒的品种应用于生产；另一方面进行藜麦脱出物的空气动力学和物料性质研究，完善藜麦收获和清选设备。

5. 加强商业宣传

随着中国的快速发展，中国庞大的人口基数和人民群众对健康食品的需求，中国将成为超越发达国家的藜麦消费大国。因此，四川省可以在适宜地区发展藜麦产业，以满足未来市场需求。

四川省农业科学院生物技术核技术研究所　蒋　云　张　洁　郭元林
四川省农业科学院农产品加工研究所　林长彬　宣　朴

强降雨对四川省甘薯产业的影响及对策[①]

针对此次强降雨对甘薯产业造成的影响，2018 年 7 月 4 日四川农科院作物所课题组到新都区木兰镇、泰兴镇以及龙泉驿区黄土镇、西河镇调查，7 月 5 日到金堂县的高板镇、隆盛镇、竹篙镇以及简阳市的禾丰镇、平泉镇、施家镇、飞龙乡调查，7 月 6 日到乐至县童家镇等地调查，本次调查的结果如下：

我省甘薯一般栽种在二台土，雨后几小时内积水自然排出，与玉米间套作面积达 80%以上，强降雨时 85%的玉米雄花已抽出，甘薯栽后 1 个月左右，蔓长 40~60 厘米，强降雨时伴随 5~6 级大风，造成玉米倾斜或倒伏 40%左右，大部分村民都在雨后及时扶正了玉米，有 5%~10%的玉米折断，造成玉米缺苗，甘薯由于与玉米间套作，玉米叶子对雨水的缓冲作用，薯垄雨后变形小，故强降雨对甘薯的影响较小，相反玉米的缺苗使甘薯的通风透光得到一定改善。

晚栽或坡度较大的净作甘薯田块，由于薯苗没有封垄，有些水土流失，垄沟中有冲积土 5 厘米左右，使垄高降低了 5 厘米，对甘薯后期产量的影响大约 5%，建议及时培土起垄。

强降雨后近日有半月持续降雨，由于日照不足和不便农事操作造成杂草，对后期产量的影响大约 20%，建议及时除草。

其他作物如有损毁，在适宜地块，可以补栽红苕，以弥补损失。

四川省农业科学院作物研究所　谭文芳

① 本文 2018 年 7 月 9 日刊发于《农业科技动态》2018 年第 12 期（总第 735 期）。

四川盆地持续强降雨对水稻生产的影响与应急对策①

今年是拉妮娜现象的结束之年，极端天气频发。四川盆地自 6 月下旬以来，多次遭受强降雨侵袭，特别是成都平原出现了连续 10 天以上的降水过程。据实地调查，此次强降雨过程对局部区域的水稻生产有利有弊，若不及时采取有效措施，将会造成重大灾害。

一、各地水稻生育进程及主要影响

1. 川南

水稻处于抽穗开花期，降水量相对较少，非连续性，未出现洪涝淹没和植株倒伏。降雨过程降低了高温伏旱对水稻结实的影响概率，同时通过田间蓄水还有利于中稻、再生稻生产。

2. 川中及川东北

水稻处于拔节孕穗期，此轮降水有效缓解并结束了前期的旱情，除少数沿江（河）地区的水稻短暂被淹外，多数田块未受影响。

3. 川西平原

水稻生育进程处于分蘖盛期至拔节阶段，连续降水不但造成大面积田间积水，还导致低洼地带的秧苗遭受了 24 小时左右的洪水漫顶或洪水冲刷。伴随强降水天气过程的还有日照显著降低、空气湿度接近饱和、稻株叶片受伤等不利因素，晒田、除草、防病治虫等田间管理不能开展。此外，强降雨对灌溉渠系、田间作业道路、田埂等部分农田基础设施造成了一定损毁。

二、分区指导的基本原则

一是各地要根据降水量和水稻生育进程进行田间实地评估，制定出因地制宜、趋利避害的防灾减灾方案。

二是本轮降水对全省大部地区（川南、川中及川东北）的水稻生产利大于弊，要充分蓄积雨水，确保抽穗开花至灌浆阶段的水分需求，各地农业主管部门搞好病虫预测预报和绿色药剂的准备，利用晴好天气抢时防治病虫害。对个别严重洪涝灾害田块，

① 本文 2018 年 7 月 6 日刊发于《农业科技动态》2018 年第 11 期（总第 734 期）。

可采用洪水再生稻技术，减少灾害损失。

三是成都平原的水稻虽然普遍遭受不利影响，且局部区域灾害突出，但生育进程尚处于生育前期向中期的过渡时段，由于调控手段多，只要中后期的光热条件优良，依然可能获得高产。

四是立足于全面持续抗灾。干旱是四川省农业生产的最大自然灾害，目前持续强降雨发生时间早于常年，久雨必有久旱。因此，要充分发挥气象灾害预测预警系统的作用，精心组织，利用各种农业工程措施蓄好雨水，防止“涝旱直转”。

三、成都平原水稻生产应急减灾对策

1. 及时排涝，清淤扶苗

受淹稻田，雨停后立即排涝，并在洪水消退时用水冲洗叶面泥浆，扶正稻株。待秧苗恢复生长后，坚持晾田晒田，减少无效分蘖。避免过量、过迟施用氮肥，适当增施磷、钾肥，增强植株抗逆力。

2. 过水稻田全面杀菌防病

对于低洼地段洪水淹没过的稻田，及时全面地施用杀菌剂，防止病害的发生。但对淹水时间过长，叶片已经变色腐烂的稻田，割掉植株上面叶片部分，追施尿素，利用后期分蘖成穗，减少生产损失。

3. 科学恢复重建农田基础设施

对田埂冲毁或泥沙淤积的稻田，首先要修复田埂，然后清理田面。在恢复重建中一定要提高防洪标准，及时平整田块，清除淤沙，高质量修缮损毁的渠系、田间道路等，以利来年生产。

四川省农业科学院作物研究所　郑家国　徐富贤　卢代华　姜心禄　李旭毅

四川玉米产区强降雨灾害及对策建议①

2018年7月以来，四川省出现今年第三次区域性暴雨天气过程，多地出现暴雨或大暴雨天气，对盆西北、盆西南、盆南和盆中等玉米主产区生产造成严重影响。按照四川省农业科学院统一安排，7月4日开始对我省玉米受灾情况进行调研与救灾指导。结合目前玉米生产情况提出如下对策建议。

一、强降雨灾害

2018年7月1—4日，我省发生了影响范围大、降雨强度高、持续时间长的强降雨，涉及广元、绵阳、德阳、成都、雅安、眉山、乐山、遂宁、资阳、内江、自贡、宜宾、泸州13市的部分地方和巴中、南充、凉山州北部的局部地方。据省气象台监测，全省156个县级站监测，有16个市（州）共53站出现了暴雨，其中19站出现了大暴雨，乐至7月2日雨量创7月历史最大日雨量纪录，达到200.6毫米。据区域自动站监测雨量统计，7月1日16时至3日08时，累计降水量50~100毫米944站，100~250毫米609站，250毫米以上11站，最大累计降水量出现在成都市蒲江县西来镇为321.3毫米，最大小时雨量出现在蒲江县西来镇107.8毫米。

此次暴雨过程影响范围广，局地强度大，造成损失重。连续强降雨天气过程已造成四川盆地多地城市内涝，农作物受淹，房屋等基础设施不同程度受损；多地出现泥石流、山体崩塌，人员伤亡，交通受阻；局部地方洪涝灾害严重，部分河流出现超警戒水位。据四川省民政厅报告，截至7月3日9时统计，成都、绵阳、甘孜等9市（自治州）23个县（市、区）22.1万人受灾，4人因房屋倒塌死亡，1.2万人紧急转移安置，1 200余人需紧急生活救助；200余间房屋倒塌，2 100余间不同程度损坏；农作物受灾面积13.5千公顷，其中绝收300余公顷；直接经济损失3亿元。

目前灾区玉米处于产量形成关键期。其中，早春玉米进入灌浆中期，迟春玉米、夏玉米处在散粉和喇叭口期。据实地调查，强降雨引起以下灾害：一是河滩（低洼）地块玉米被冲毁或淹水；二是倒伏、倒折；三是影响正处于散粉期的玉米授粉；四是引起病害发生发展。

① 本文2018年7月6日刊发于《农业科技动态》2018年第11期（总第734期）。

二、对策建议

1. 对绝收田块，及时改种

及时开展绝收田块清理，因地制宜地选择适宜的改种作物，如鲜食玉米、青贮玉米、中熟大豆、蔬菜和红薯等。抓好对路良种和应急增产措施到位，确保增种、增收。

2. 对成灾田块，分类制定减灾措施

倒折70%以上的地块，进入灌浆中期的，可作为青贮玉米直接收割，立秆放于避雨处，尽量延长灌浆时间，促进籽粒“后熟”；处于花期的倒伏玉米可作为青饲料及时收割，为改种提供早茬口。倒折30%以下的地块，及时去除倒折植株，促进正常植株补偿生长。对倒伏田块，待天气晴朗后，及时人工起垄培土扶正植株，保障正常生长；倒伏轻而且刚进入花期的玉米，结合起垄培土可每亩追施尿素5~10千克，或0.6%磷酸二氢钾，增粒重，促进减灾增产。

3. 对积水受灾田块，除涝、散墒、防病

对积水受灾田块要及时清理田间背沟和边沟，保持排水畅通，加强起垄培土，降低田间湿度。同时，针对暴雨后高温易诱发的纹枯病、茎腐病和南方锈病及大小叶斑病，可提前开展1次药剂防治。可用20%井冈霉素可湿性粉剂防治纹枯病（亩用50克，对水50千克喷雾）；用43%好力克乳剂防治叶斑病（亩用量15毫升，对水50千克喷雾），或用65%代森锌1 000倍液、50%多菌灵500倍液喷雾防治。

此外，四川玉米区均进入了多雨季节，近期降雨仍会持续，各地要进一步做好应对强降雨灾害的准备，借鉴各地成功经验，制定适宜的对策方案，确保玉米增产与减损增收。

四川省农业科学院作物研究所　刘永红　杨　勤
四川省农业科学院绵阳分院　王秀全
四川省农业科学院南充分院　郑祖平

关于抓好 2018 年我省优质稻生产的对策建议①

作为全国十三个水稻产量大省之一，四川紧紧围绕推进农业供给侧结构性改革，把优质稻生产与产业化开发作为重要抓手，正在推动我省从产粮大省向产粮强省转变。为此提出以下建议，供省领导和农业主管部门参考。

一、主要成就

1. 优质稻新品种选育不断突破

自 2010 年‘川优 6203’‘宜香 2115’育成以来，每年均有一批优质、高产和抗病相结合的新品种通过国家和省审定，一举改变了“川米不优”的局面。2017 年四川省第五届“稻香杯”优质米评选参评品种数量 29 个，获奖 23 个。其中，国标一级优质稻 3 个，国标二级 13 个，国标三级 6 个，为规模化优质稻米开发提供了更多的品种选择。

2. 优质稻种植比例连年增加

各地农业部门依托项目实施，落实良种良法配套，促进优质稻谷面积增加。2017 年全省国标三级以上优质稻达到 1 840 万亩，占水稻种植面积的 61.4%，其中二级以上优质稻达到 770 万亩，占 25.8%。

3. 优质米品牌开始形成

目前，我省纳入统计的稻米加工企业有三百多家，年加工稻谷超过 1 000 万吨，几乎每个水稻主产县都依托加工企业开发了当地的优质大米品牌，其中，金满仓、福瑞喜、蜀中香米、彝家香米等品牌，不仅在本省市场受到消费者欢迎，在周边省市也拥有了一定的市场份额。

二、主要问题

尽管我省优质稻生产与开发有了较大的进步，但总体水平仍然不高，我省大型超市上的高档优质米仍以泰米和省外品牌米为主，川米不优的印象仍未得到根本转变。主要原因在于：

1. 专业化程度低，混收混贮混加工现象突出

2016 年全省水稻订单生产面积仅为 285 万亩，不到优质稻种植面积的 16%。在商

① 本文 2018 年 1 月 22 日刊发于《农业科技动态》2018 年第 1 期（总第 724 期）。

品率低下的情况下，加工企业从一家一户收购原粮，一方面数量不足和成本攀升，另一方面也导致品种多乱杂和混收混贮混加工，严重制约了产品质量的提升。

2. 优质不优价，产销衔接不紧密

新型经营主体和农户只为自己的需求，选择性地生产部分优质稻谷，而稻米加工企业也缺乏建立优质原料生产基地的动力，引领作用小。

3. 标志性品牌缺乏，市场认知度不高

品牌多而小，同质化现象普遍，推介力度不够，不能满足市场需求。四川近年来虽有稻米品牌获得全国认可，如广元昭化的“女皇贡米”荣获“第 14 届中国（广州）国际食品展暨广州进口食品展览会金奖”，“宣汉桃花米”荣获“2016 中国十大大米区域公用品牌”等，但依然缺少市场认知度高的一批领军企业及标志性品牌。

4. 特色稻米的开发力度弱

四川优质米的地理标志产品推广力度不足；再生稻米是家喻户晓的优质米，但没有一家企业进行专业化开发；地方品种如黑米、红米等至今还未形成上市规模产品。

三、对策建议

1. 建好基地，提升优质稻谷的生产能力

在总结财政新品种采购、高产创建、科技成果转化等成功模式基础上，建议由省政府牵头或省级有关部门牵头，整合省内各方力量，突出抓好川西、川东南、川东北、安宁河流域优势区标准化生产基地建设，每个基地县的连片生产规模不低于 20 万亩。在基地建设中逐步实现“品种优质化、技术轻简化、生产标准化、产品绿色化”四大目标。

（1）品种优质化　以第五届“稻香杯”评选的优质稻品种为重点，普及推广国标三级优质稻，优先发展国标二级以上优质稻，加快水稻品种的更新换代。以市场需求为导向，突出优良品种、地理标志品种的推广与布局。科研单位进一步加强食用型、功能型和加工型稻米等不同市场需求的品种选育和鉴选。

（2）技术轻简化　以机直播、机插秧等轻简生产方式为核心，加强配套栽培技术集成攻关、满足新型经营主体对技术的需求。通过技术培训和指导，提升技术到位率。

（3）生产标准化　系统构建播种、育秧、施肥、植保、除草、灌溉、收储、烘干等全生产过程的现代轻简绿色标准化生产体系，实现生产全过程可溯源标准化管理。结合优质稻米绿色生产基地的建设，培养一批优质稻米标准化应用综合性人才。

（4）产品绿色化　从源头入手，以抗性品种为基础，以生态调控技术为主要防控手段，通过物理防治、生物防治、高效低毒低残留化学药剂以及科学用药等防控技术，减少化学农药施用次数和数量，同时全面推广秸秆还田、化肥减量、控制面源污染等绿色生产技术，将稻米农残严格控制在国颁标准之内。

2. 搞好利益分配，提升优质米产业发展动力

“农民不愿种、企业不愿收”的问题，实质是缺乏行之有效的利益联结机制。企业能收到符合标准的原粮就能赚钱，分出利润给种植者就会增加优质稻谷的生产意愿，从而形成良性循环。

（1）依靠科技进步，实现产业增效　在政策、资金上向企业龙头倾斜，支持技术研发，提高稻米加工工艺水平；创新以大米为原料的方便食品、休闲食品，促进加工增值；推广“稻渔综合种养”“稻鸭共栖”，既减少化肥和农药使用，也在提升稻田综合效益的基础上生产出优质稻米；在土壤、气候、水文等自然资源达标的区域，选择国颁一级优质稻品种，开展适度规模的富硒米、有机水稻的生产示范。

（2）加强产销对接，发挥龙头企业带动作用　鼓励新型经营主体通过多种形式参与基地建设，完善基地基础设施改造，推广“公司+专合社+农户”“公司+基地+农户”“公司+基地+种粮大户”等合作模式，建立多方利益联结的长效机制，全面落实优质优价，推动农民增收。

（3）加快发展产前、产中、产后的农业全程社会化和专业化服务，提升规模化生产水平　大力发展“两主体四中心”模式，依托经营主体和服务主体，配套育秧、农机、烘干、加工“四中心”建设，打通生产、加工、销售全产业链。

3. 凝练品牌，提升市场影响力

在现有企业品牌和区域品牌的基础上，进一步整合资源，扶优扶强，打造出十大川米知名品牌，通过品牌战略挤占市场份额，实现由大到强的转变。

（1）突出重点，相互促进　大面积推广优质稻的目标在于提升全省稻米质量的整体水平，让生产者实现高产高效。中高端优质稻的发展目标是增强产品竞争力，满足消费市场需求，必须在规模化生产的基础上实现供种、管理、收获、贮藏、加工“五个统一”。

（2）强调生态，抓出特色　发挥我省生态优势，宣传“川米”优质、健康、安全的价值内涵，树立“川米”消费信心。进一步挖掘四川优质米的地理标志产品的价值，鼓励有实力的企业重点开发独具四川特色的稻米产品，即渔田稻米和再生稻米。

（3）打造品牌，拓展市场　支持加工企业建立优质米生产溯源体系并申报驰名商标，通过举办推荐活动、促销活动、广告宣传等多种形式，向消费者推荐四川好米。积极发展“互联网+”等新型营销模式，发挥市场对稻米生产的拉动作用。组织和引导有关单位和企业参加国内外大型展览、博览等活动，推荐和宣传优质产品和品牌。

四川省农业科学院作物研究所　郑家国

关于加强我省高密度（机）直播油菜生产的建议①

四川省油菜种植面积和总产一直位居全国前三位，2016 年全省油菜籽总产量更是超过了湖北，跃居全国第一。但随着农村劳动力转移、农资成本增加等，油菜传统育苗移栽方式已难以为继；移栽质量也难以得到保证。改"翻耕育苗移栽人工收获"为"免耕机械化直播兼机收"，以免耕取代翻耕，以直播取代育苗，以机械取代人工，发展全程机械化生产，实现节本高效，是发展我省油菜生产的必由之路。

近年来众多政府文件中，对于油菜生产机械化的提法已由"机收"修改为"机播机收"，可见政府对油菜全程机械化生产发展的重视。据统计，2015 年四川省油菜生产的机耕率、机收率和机播率分别为 75.6%、20.2%、12.8%，机播机收率远低于湖北等油菜种植大省。高密度（机）直播油菜可以实现以密（植）适机（收）、以密（植）控株（个体）、以密（植）减氮（肥）、以密（植）控草、以密（植）增产，因株体相对弱小而十分有利于油菜联合机收，从而有利于促进油菜生产的全程机械化。要推进我省油菜全程机械化，必须加强高密度（机）直播油菜生产。

一、我省高密度（机）直播油菜生产现状

目前，我省生产上油菜直播方式有传统的人工撒播、机械喷播、人工开沟条播、人工撬窝点播，以及用不同动力（手扶式、小四轮、50~80 马力拖拉机）和省外引进的黄河牌、悍牛 2BM-6 型直播机进行机械条播等。科研院校和地方农技（农机）部门，主要采用小四轮或中型拖拉机为动力的精量联合直播机进行示范，适度规模种植油菜的大户、合作社及农业企业，主要采用人工撒播或精量联合直播机直播，农户小面积直播油菜很少采用机械直播。总体上，我省直播油菜面积已有较大发展，其中机械直播已覆盖成都市、德阳市、绵阳市、眉山市、遂宁市、资阳市、南充市、广安市、巴中市、达州市、广元市、自贡市、宜宾市等 10 多个地级市。但是，目前全省适应机械化收获而高密度直播的油菜比例仍不高，主要原因在于油菜主产区以丘陵、山区为主，且以稻茬田油菜为主，收获机械难以进入田（土）块开展作业。

① 本文 2017 年 8 月 28 日刊发于《农业科技动态》2017 年第 10 期（总第 721 期）。

二、我省高密度（机）直播油菜生产的主要特点

1. 区域分布明显

高密度（机）直播油菜主要分布于川西平原（以成都、德阳、绵阳为主）及部分丘陵山区县的地势相对开阔平坦、田（土）块相对较大且较为规则的区域，以稻茬田高密度（机）直播油菜为主，随着丘陵、山区旱地油菜的发展，也有部分旱地直播油菜生产。

2. 实施主体明显

高密度（机）直播油菜的示范与应用主要来自两方面：一是科研院校和地方农业部门开展的集中示范；二是新型农业经营主体（种植大户、家庭农场、专业合作社、农业企业）的大面积生产。科研院校和地方农业部门在示范区指导农户开展的高密度（机）直播油菜田间管理比较及时到位，生长情况总体良好；新型农业经营主体自发进行或在农业科技人员指导下开展的高密度（机）直播油菜生产，为降低生产成本，一般田间管理比较粗放。

3. 农旅融合趋势明显

大多数位于我省川西平原及部分浅（缓）丘区适度规模经营的高密度（机）直播油菜集中示范区或大面积生产区域，正在（或拟）开展油菜一、三产业（农旅）融合发展，例如举办油菜花节等。

三、我省高密度（机）直播油菜生产存在的突出问题

1. 苗期湿害突出

稻茬田高密度（机）直播油菜的苗期湿害问题常年发生，影响了直播油菜的苗全、苗齐、苗壮，导致油菜后期植株个体之间差异很大，现蕾开花乃至角果成熟期一致性不好。

2. 田间野生油菜和杂草发生严重

高密度（机）直播油菜田间杂草和野生油菜发生严重，在部分区域如邛崃冉义镇、广汉西高镇已泛滥成田间优势杂草种群，且暂无有效防除措施，与直播栽培油菜苗争肥、争光，严重影响了栽培油菜正常生长，增加了田间人工拔除成本，极大地降低了油菜收获产量。

3. 缺乏政策倾斜和财政补贴

适度规模经营的高密度（机）直播油菜享受不到规模种粮的补贴，与同季节作物小麦规模种植相比缺乏竞争优势，严重影响了新型经营主体种植油菜的积极性和生产管理的及时到位。

四、加强我省高密度（机）直播油菜生产的建议

1. 因地制宜，技术配套

应主要选择土质良好、地势开阔、排灌方便的区域实施，而对于土质黏重或机械直播效果欠佳的区域，应采用机械开沟作厢、人工撒播或机具喷播。

2. 合理轮作，加强田间管理

无论是农业科技示范区还是新型经营主体适度规模生产区，都应高度重视对杂草尤其是野生油菜的综合防治，要建立合理的轮作制度（每隔1~2年与其他冬季作物轮换），大力加强田间管理（在野生油菜出苗后或开花结实前及时拔除）。

3. 对规模种植户实施财政补贴

对于新型主体规模经营的高密度（机）直播兼机收油菜，进行适度规模种植补贴，调动其积极性，支持其做好田间管理工作，从而稳定我省油菜大面积生产。

四川农业大学　吴永成
四川省农业科学院　蒲晓斌

2017年四川水稻主要病虫害绿色防控技术对策[①]

四川是水稻种植大省，近年来种植专业合作社、种植大户等规模化水稻种植在我省也逐渐增多，打造绿色大米、有机大米，形成我省自主大米品牌成为一个长期的目标。为配合水稻基地生产，实现产业技术升级，提高生产效率，保证农产品食品安全，减少环境污染，解决农药残留超标问题，破解绿色大米生产发展的瓶颈，现针对我省水稻生产实际，提出一套切实可行的水稻病虫害绿色防控技术。

一、选用抗病品种

选用抗（耐）稻瘟病和稻曲病品种，搞好品种合理布局、多品种搭配种植，同时不断更新品种，淘汰抗性差、易感病品种，及时轮换种植年限长的品种，可有效预防稻瘟病和稻曲病的发生。

二、减少稻田越冬病虫场所

在螟虫越冬代化蛹高峰期（3月下旬至4月上旬），翻耕冬闲田、绿肥田，灌深水浸沤，使螟虫不能正常羽化，达到杀蛹灭螟、降低虫口基数的目的。冬种田在收获后，及时耕沤，对灭螟也有一定的效果。

三、种子消毒预防病虫

预防恶苗病和稻瘟病，可用25%咪酰胺乳油2 000~3 000倍液间歇浸种24~36小时，直接催芽播种；也可用锐胜（杀虫剂）和亮盾（杀菌剂）组成的种子包衣剂（按1千克干种子拌锐胜3毫升+亮盾3毫升）处理种子，可防控多种水稻苗期病虫害。

四、推广秧苗带药移栽技术，预防大田前期病虫害

秧苗移栽前2~3天，每亩用40%氯虫苯甲酰胺悬浮剂10毫升或40%的毒死蜱40毫升兑水15千克，或者40%三唑磷乳油100毫升+75%三环唑可湿性粉剂60克对水30千克喷雾，可预防或减轻大田螟虫和稻瘟病等病虫为害。

---

① 本文2017年5月17日刊发于《农业科技动态》2017年第6期（总第717期）。

五、稻鸭共育治虫治草

在水稻分蘖盛期，每亩稻田放养 15 日龄鸭子 10~15 只，水稻破口期前收鸭。通过鸭子在稻田的取食和活动，可减轻水稻纹枯病、稻飞虱和杂草等发生为害。

六、灯光诱杀害虫

按 30~50 亩稻田安装一盏频振式杀虫灯，杀虫灯底部距地面 1.5 米，可诱杀二化螟、三化螟、稻纵卷叶螟和稻飞虱等多种水稻害虫。在 4 月中旬至 10 月上旬，每晚天黑至夜间 12 点开灯，早上关灯。

七、性引诱剂诱杀螟虫

使用螟虫性引诱剂诱杀二化螟、三化螟、稻纵卷叶螟雄蛾，使雌蛾不能正常交配繁殖，减少下一代虫口基数，从而减轻其发生为害。在螟虫主害代蛾期，每亩放 1 个诱捕器，内置诱芯 1 个，每一代放 1 次，诱捕器安装位置应高出水稻 30 厘米。

八、生物农药的应用

推广使用生物农药防治水稻病虫害：防治螟虫、稻纵卷叶螟可亩用 8 000 国际单位/克苏云金杆菌 WP200 克或禾生绿源 WP15~30 克；防治稻飞虱可亩用 4×1010 孢子/克球孢白僵菌 WP20 克；防治稻瘟病可亩用1 000亿孢子/克枯草芽孢杆菌 WP12~15 克或 2%春雷霉素 AS100 毫升或 6%春雷霉素 WP30~40 克；防治稻曲病、纹枯病可亩用 2.5%井 · 100 亿活芽孢（纹曲宁）300 毫升。

九、保护利用天敌

保护利用稻田天敌，发挥天敌对害虫的控制作用。常用措施有：田埂种豆保护利用蜘蛛等天敌，保护青蛙、释放赤眼蜂等，达到以虫治虫的目的。

十、科学用药技术

在水稻孕穗至抽穗的关键时期，选用高效、低毒、低残留对路农药进行病虫防治。如防治稻瘟病可选择 75%三环唑（丰登），每亩 20~25 克；纹枯病、稻曲病可选择 30%苯甲 · 丙环唑乳油（爱苗），每亩 15 毫升；螟虫、稻纵卷叶螟可选择 20%氯虫苯甲酰胺悬浮剂（康宽），每亩 10 毫升，若有稻飞虱还可选择 40%氯虫 · 噻虫嗪水分散粒剂（福戈），每亩 8 克。在药液中加增效剂，可增强农药黏着、扩散和渗透性能，提高药效，减少农药用量。要注意交替用药、适期用药和达标防治，以确保防治效果和延缓害虫抗性产生；要注意安全用药，遵守农药安全间隔期规定，水稻收获前 1 个月内，不得使用三唑磷、丙溴磷、毒死蜱等单剂及复配剂，防止农药残留超标，影响稻米品质。严禁使用高毒农药和菊酯类农药，防止对水生生物、蚕桑、人畜等造成药害。穗期施药，应严格执行安全间隔期。

四川省农业科学院植物保护研究所
卢代华　张　鸿　毛建辉　陈晓娟　伏荣桃

2017年我省小麦病虫害发生态势及防治对策[①]

小麦是四川省主要粮食作物之一，近年来随着家庭农场等新型农业经营主体的涌现，我省小麦种植面积稳定在1 000万亩。小麦条锈病是我省小麦生产上的首要病害，同时白粉病、赤霉病和小麦蚜虫也对小麦产量和品质构成重大威胁。目前，小麦病虫害在我省已进入流行和暴发阶段，为指导病虫害科学防控，现将今年小麦生产主要病虫害流行暴发态势加以分析，并针对性地提出防控策略和措施。

一、小麦病虫害发生动态

1. 小麦条锈病

今年我省和全国小麦条锈病流行出现新的态势，截至2017年2月底，小麦条锈病已在我省沿江河和盆周的21市（州）82个县发生，同比增加19个县；累计发生面积50.2万亩，同比增加48%。与往年相比，条锈病流行出现东重西轻、东南早而重的特点。据笔者近日调查，目前广元、遂宁、南充等地条锈病已由点向面扩散。从全国来看，小麦条锈病已在湖北、河南、四川、云南、贵州、重庆、陕南、陇南等地65市290个县发病，发生面积为255.1万亩，同比增加2.5倍。条锈病发生区域由云南经四川盆地向河南呈带状分布，且向北、向东扩散态势明显，对我国小麦主产区构成威胁。从去年夏季降水、气温、春前病害发生程度和当前流行态势看，云南、贵州和我省凉山州越夏、冬繁菌源的作用较往年显著。

据气象部门预测，2017年春四川西南部降水偏多2~5成，有利于条锈病流行；对我省和周边省份条锈病菌生理小种测定结果表明，病菌以强毒性的贵农22类群和新小种条中34占优势；抗性监测试验中85个小麦生产品种中，对条锈病表现感病的占83.53%。因此，从气候、病菌毒性和菌源量、品种抗性三方面看，2017年我省小麦条锈病防控形势比较严峻，尤其是盆地东、南部地区若防治不当，容易造成严重损失。

2. 小麦白粉病

该病是我省小麦生产上局部地区危害较重的病害，由于品种选育和审定过程中长期未加以足够重视，导致现有品种抗性普遍不强甚至严重感病。去冬今春出现罕见暖冬，有利于白粉病菌扩繁，因此各地白粉病发生程度普遍加重，部分田块已出现严重为害。

---

① 本文2017年3月9日刊发于《农业科技动态》2017年第4期（总第715期）。

3. 小麦赤霉病和蚜虫

长期以来，我省小麦品种普遍感染赤霉病，如果扬花期遇到阴雨天气，在气温较高的盆地东部易造成严重损失。2016 年冬季我省大部分麦区气温接近常年或偏高，对蚜虫越冬和发生有利。随着气温的整体回升，在墒情较差的盆地东、南部坡地易造成严重损失。

二、小麦病虫害防治对策

1. 明确防治对象

当前我省仅有川育 20 等少数品种兼抗条锈病和白粉病，大部分品种感染赤霉病，因此我省小麦生产中大部分品种需要进行化学防治，其中盆地东、南部须重点防控，而盆地西部则须及时预防保护。

2. 选用合适药剂

建议各地选择对条锈病、白粉病和赤霉病均有防治作用的戊唑醇、丙环唑，以及对蚜虫具有较好防效的吡虫啉和吡蚜酮。

3. 抓准关键时机科学用药

盆地东、南部地区应抓住当前小麦条锈病由点向面扩展的关键时刻，普遍喷施 1 次戊唑醇，墒情较差田块可加吡虫啉控制蚜虫危害；孕穗末期至扬花前及时施用 1 次“丙环唑+吡蚜酮”巩固防效，并预防赤霉病和蚜虫危害。盆地西部已发病田块防治措施与盆地东、南部相同，大面积上则应在孕穗末期至扬花前及时普遍施用 1 次丙环唑。

4. 组织统防统治，确保防治成功

小麦条锈病、白粉病、赤霉病和蚜虫均凭借气流传播和迁移，田块间相互影响大，赤霉病更是在表现症状后即失去防治时机。长期实践表明，统防统治是保证适时用药、科学用药、高效用药的关键。在器械选择上，应采用用水量较少、适合大面积防控的无人机、机动喷雾器、电动喷雾机等器械，确保防治效率。

四川省农业科学院植物保护研究所　彭云良　徐　志　姬红丽

油菜菌核病对四川油菜生产的影响及防治对策①

2017 年四川省油菜播种面积 1 545.9 万亩，比上年增加 7.3 万亩。目前各地油菜长势基本好于上年同期，多数处于蕾薹期至初花期，部分区域开始进入盛花期。从去冬今春（2016 年 9 月至 2017 年 2 月上旬）的气象条件看，我省大部分农区的气象条件表现为入川的强冷空气活动次数少，气温比常年偏高 1℃以上的显著特征，为油菜菌核病的发生、蔓延和严重危害带来了有利的发病气象条件。

一、2016 年油菜菌核病危害程度

2016 年是四川省油菜菌核病发生和危害程度较重的年份，油菜收获期严重发病田块 100%植株发病，油菜籽亩产不到 50 千克，农户损失严重。其原因主要是由于 2016 年 2 月春节期间气温偏高，导致油菜花期提前，紧跟而来的倒春寒使得油菜花期比正常年份延长 15~20 天，为 2016 年油菜花期菌核病子囊孢子侵染提供了理想的环境条件；尤其是进入 2016 年 4 月中旬以后，各地连续出现的昼晴夜雨天气更是加速了菌核病在油菜茎秆中的侵染和危害程度，同时在油菜茎秆中形成的大量菌核在油菜收割时直接进入土壤，成为 2017 年油菜菌核病的初侵染来源，为 2017 年我省油菜生产过程中的菌核病发病提供了充足的越冬病原条件。

二、2017 年油菜菌核病发病趋势

特别值得注意的是，2016 年 11 月中下旬后，由于我省油菜主产区冬季气温偏高，尤其适合土壤中的菌核萌发菌丝并直接侵染油菜植株幼苗的下部叶片或油菜植株与土壤表面接触的根茎部位。根据笔者的田间系统调查，到 2017 年 2 月 15 日前，在宜宾、自贡、泸州、成都、德阳、眉山等地油菜产区发现 5%~30%的油菜幼苗植株表现出苗期油菜菌核病。尤其是很多油菜田块，从 2016 年 11 月开始就能够发现菌核病菌核萌发形成的子囊盘，2017 年 2 月 15 日，笔者在川南严重发病田块 1 平方米范围发现 40 多个子囊盘，这种现象如果与油菜花期吻合，2017 年油菜菌核病可能会更加严重。根据目前省气象中心的气象预报，2017 年 2 月 20 日开始的降温降雨过程，不仅会延长我省油菜的开花周期，更会加速油菜菌核病花期子囊孢子侵染过程并延长侵染周期，在目前栽培油菜缺乏高抗菌核病品种的情况下，这种气候条件可能会进一步加重 2017 年我

① 本文 2017 年 2 月 22 日刊发于《农业科技动态》2017 年第 3 期（总第 714 期）。

省油菜菌核病的发生和危害程度，必须引起各地和相关部门的高度重视并及时组织开展油菜菌核病预防和防治工作，以有效降低和减少油菜菌核病对我省油菜生产的影响。

三、防治建议和对策

1. 在 2016 年秋冬季出现菌核萌发侵染油菜幼苗的区域

建议采用全株喷雾方式在油菜蕾薹期（油菜植株相对矮小时期）及时进行油菜菌核病防治，在喷雾时注意药剂能够接触到油菜地表土壤，起到杀灭土壤中已经萌发的菌核病菌丝和形成的菌核病子囊盘的作用。

2. 在 2016 年油菜收获期菌核病发生严重的区域

建议采用全株喷雾方式在初花期、盛花期、花后 7~10 天进行 2~3 次油菜菌核病药剂防治，发生较轻的地区进行 1~2 次菌核病防治。进行油菜菌核病防治时可以考虑以下化学药剂：亩用 40%菌核净可湿性粉剂 100~150 克，或 50%腐霉利（速克灵）可湿性粉剂 35~50 克、或 50%咪鲜胺可湿性粉剂 1 000 倍液对水喷雾防治。也可亩用 25%使百克 40~50 毫升，或 50%万霉灵 100 克，或 25%敌力脱 25~30 毫升，或 50%福·菌核（福美双+菌核净）80~100 克等对水喷雾防治。

3. 在缺硼地区

可以结合菌核病防治，喷施 0.2%硼砂水溶液或使用硼酸水溶液，提高油菜坐果率，增加油菜产量。

4. 发生霜霉病及有蚜虫的田块

可同时施用嘧菌酯及啶虫脒、吡蚜酮兼治油菜霜霉病和蚜虫。

四川省农业科学院植物保护研究所
刘　勇　伍文宪　黄小琴　张　蕾　周西全

四川省玉米产业发展策略①

玉米是粮、菜、饲、能四位一体的作物，是四川省畜牧业、酒类等食品加工业最基础的原料。在全国去2.2亿吨库存、调减5 000万亩玉米面积的大背景下，四川省玉米产业如何应对、如何发展是当前必须回答的紧迫问题。笔者长期从事玉米科研并参与农业部和国家玉米产业技术体系产需调研等有关工作，现结合新时期、新形势、新矛盾、新问题，研究提出四川省玉米产业发展策略，供各级领导、有关企业和种植业主决策参考。

一、国内外玉米产需新形势

1. 从产能来看

据国家统计局数据显示，2016 年我国玉米播种面积 5.514 亿亩，比 2015 年减少 2 035万亩，单产 398.18 千克/亩、同比增长 1.37%，总产 21 955 万吨、同比下降 2.24%。四川玉米播种面积2 098 万亩（95%以上是粒用玉米）、连续 10 年稳定增长，单产 362 千克/亩，总产 760 万吨、总产同比增长 2%，2013 年以来单产和总产一直稳定在 350 千克/亩和 750 万吨以上。据美国农业部统计，2016/2017 年度全球玉米产量 10.2569 亿吨，较上一年度明显增长，供大于求。美国玉米平均单产达到 725.6 千克/亩、总产 38 248 万吨，创历史最高纪录。国内外玉米市场供应充足，虽然对我国去库存造成很大压力，但是为我省玉米生产调结构、转方式提供了良好的外部环境。

2. 从消费来看

据国家粮油信息中心统计，我国 2015/2016 年度（2015 年 10 月至 2016 年 9 月，下同）玉米消费总量为 1.761 亿吨。其中，饲料消费 1.02 亿吨，较上年增长 200 万吨；深加工 5 450 万吨，较上年增长 408 万吨。预计 2016/2017 年度消费总量为 1.9911 亿吨，饲料需求达 1.16 亿吨，深加工达 6 340 万吨。四川 2016 年全年玉米消费达到 1 435 万吨，其中，饲料消费占 70%以上。我国和我省玉米消费均呈现增长态势。

3. 从进口来看

海关数据显示，2015/2016 年度我国累计进口玉米 317.4 万吨，同比下降 42.5%；进口高粱、饲用大麦、酒糟蛋白（DDGS）等替代品总量为 1 542 万吨，比上一年度下降 28.2%。同期，通过铁路调运入川粮食 1 350 万吨，其中玉米占调入粮食的近 50%，

① 本文 2017 年 2 月 6 日刊发于《农业科技动态》2017 年第 2 期（总第 713 期）。

较上年略有下降。

4. 从生产成本来看

据国家玉米产业技术体系抽样调查结果表明，我国 2013—2015 年玉米生产成本 839.5 元/亩（平均 1.68 元/千克），四川玉米生产成本 798 元/亩（平均 2.2 元/千克）。而美国 2016 年玉米农场生产成本 616.8 元/亩（平均 0.85 元/千克）。与美国比较，我国、我省降低玉米生产成本的空间较大。这也是目前美国玉米运抵我国南方港口到岸税后平均价，较国内生产玉米产地成交价低 352 元/吨的原因之一。

此外，鲜食甜糯玉米是玉米家族中的“黄金一族”，成为改善人们膳食结构、丰富小食品加工类型的紧俏农产品之一，其秸秆还是优质的青饲料。世界上仅有中国、美国、法国、匈牙利、泰国等几个国家生产，常年播种面积 2 500 万亩左右。我国是鲜食甜糯玉米的第一大国，现有糯玉米 1 200 万亩、甜玉米 600 万亩，总产约 2 000 万吨。四川常年种植面积 80 万亩，自给率不足 50%。随着鲜食甜糯玉米品种的日益丰富、加工和消费形态不断增加，我省鲜食甜糯玉米生产规模和消费总量预计进一步增长。

综上所述，在国际玉米市场供应充足，我国玉米正在大幅度去库存、调减面积的背景下，四川省玉米由于“产不足需”，播种面积仍然逆势增长，这是四川省玉米调结构、转方式、降成本的动力所在。

二、我省玉米产业调整思路、目标及可行性分析

国内外成功经验表明，按照市场需求不断地调结构、转方式是保持产业健康稳定发展的基本途径。四川省玉米产业虽然有消费市场的强力支撑，但是显著偏高的生产成本，加上生态、生产条件制约，生产者收益及产业投入预期呈现下降趋势。据省上有关部门对四川省 17 个市 27 个县 250 个农户调查，2016 年种植玉米亏损 210.89 元/亩。由于籽粒品质难以达到市场和加工的需要，又无其他特色优势，部分种植大户玉米“卖难”加剧。因市场供应充足，加上比较效益低，部分地方政府对玉米生产的重视程度明显下降。因此，加快我省玉米产业调整十分必要而又迫切。

1. 我省玉米产业调整的基本思路

适度调减增收压力大且单产偏低的地区粒用玉米面积，着力提高粒用玉米优势产区单产，稳定总产；丰富玉米品种类型，发展优质蛋白（高赖氨酸）、青贮青饲、鲜食甜糯等专用玉米，提升品质；加大机械化、模式化、标准化生产技术及新型加工工艺研发与应用，延伸产业链条，支撑种养结合、一二三产业融合，降低生产成本，挖掘增值潜力；优化政策支持，提高科技贡献率及综合生产能力，推动玉米增产增收、节本增收、综合利用增收。全力推进我省玉米产业迈入发达省份行列。

2. 我省玉米产业调整目标

2025 年全面完成“1555”调整战略。

（1）粮用玉米面积调减至1 500万亩 其中优质蛋白（含高赖氨酸）玉米面积达1 000万亩以上，单产提高到500千克/亩（迈入玉米单产千斤省行列），总产稳定在750万吨。玉米耕、种、收综合机械化水平达50%以上（提高30个百分点），化肥、农药使用减少20%，品质提高1~2个档次，亩均增加综合效益500元。

（2）调整品种类型面积达到500万亩 青贮青饲玉米面积发展到400万亩，其中优质青贮玉米专用生产基地60万亩（保障20万头奶牛饲草饲料需求）；利用籽粒生产非优势地区、间套作茬口及秋闲地，发展青饲营养体玉米340万亩，加上粮用玉米和鲜食玉米秸秆的综合利用，基本能满足我省《猪牛羊产业行动方案》提出的草食动物发展对饲草饲料的新需求（到2020年牛新增出栏60万~80万头、羊新增出栏350万~400万只）。鲜食甜糯玉米 面积发展到100万亩，一二三产业融合综合产值达100亿元。

（3）创建10个以上玉米产业知名品牌 到2020年，完成规划布局、科技示范、配套政策研究等第一阶段任务。

3. 我省玉米产业调整可行性分析

结合现实情况，分析典型案例，研判科技发展趋势，对实现四川省玉米产业调整目标的可行性分析如下：

（1）面积调减 全省11 501个精准脱贫村，现有玉米面积约300万亩，平均单产不足300千克/亩。服务脱贫攻坚的需要，精确脱贫村玉米可全部调整，加上我省盆周山区、高寒山区部分地块小、管理困难的低产田，以及满足种草养畜、休闲观光都市农业发展的玉米农田。初步测算，可调整的粮用玉米面积有600万亩左右。其中，有条件的区域或田块，可直接调整粮用玉米为青贮青饲玉米、鲜食甜糯玉米。

（2）单产调增 全省粮用玉米平均亩产从2007年的302千克提高到2016年的362千克，10年来年均增长2.2%，按此增速计算，2025年单产将达到433千克/亩，加上调减低产田“削峰填补”的总产量，加权平均每亩可再增加20千克。依靠良种良法、农机农艺科技进步，玉米籽粒单产再增产50千克/亩是完全可能的。例如，2016年全省玉米新品种区域试验平均产量，5个平丘春玉米组平均603.9千克/亩、2个山区春玉米组平均598.2千克/亩、1个夏播玉米组平均537.2千克/亩，品种产量潜力超过了500千克/亩；各类科技要素组装集成应用，2015年在丹巴县单块田玉米高产纪录达到1 282千克/亩；2008年以来在各生态区建立的680个万亩高产创建示范片，平均亩产达到608.8千克，而且为依靠科技提高全省玉米单产储备了一批技术模式和推广机制。

（3）品质调优 据四川农大玉米所对76个参试品种的籽粒容重和均匀性指标测定结果，达一级标准的占26.4%、二级占29.2%、三级及等外占到44.4%。据四川省农业科学院植保所对目前生产上使用的23个玉米品种抗穗粒腐病鉴定结果，按省区试的鉴定标准分类，抗病品种仅占8.7%、中抗品种占56.5%、感病品种仍有34.8%。针对我省粒用玉米普遍存在容重低、籽粒均匀性差、霉变粒导致黄曲霉素超标等影响品质的瓶颈问题，通过四川省玉米育种攻关 10 余年的努力，目前育成了‘荃玉 9 号’‘川单 189’等粗蛋白含量 10%以上（达优质蛋白玉米标准）、籽粒容重达二级以上、优质与高产、抗病性结合好的优质高产玉米新品种，如‘雅玉青贮 26 号’‘玉草 2 号’和‘玉草 3 号’等青贮青饲专用玉米品种，‘天香糯 8 号’‘泸玉糯 9 号’‘泸玉糯 626’‘泸玉甜 6 号’等超甜、糯加甜、鲜食和加工通用玉米新品种，为我省玉米调优高产奠定了品种基础。

（4）效益调高　据国家玉米产业技术体系多点试验结果，将传统的氮、磷、钾化肥改为玉米控释专用肥，化肥用量调减 20%~30%的同时，添加微生物菌剂和木霉菌剂等高新产品，改 3 次施肥为 1 次性施用，生长期不再防治病害，玉米籽粒单产平均增产 2.7%~4.0%，“一减一增”，节劳、减肥、减药平均增收 166.8~170.7 元/亩。针对玉米机械化是我省主要粮油作物的最大“短板”，近年由四川省农业科学院牵头，与四川省农机院、四川农大等联合研发建立了适合山地的机械化生产技术模式，在简阳、三台、中江、西充、盐亭等地示范，省工节本 200 元/亩以上。若再加上机械化秸秆利用增收 100~200 元/亩，完全可以实现每亩增加综合效益 500 元的目标。据实践调查，调整粒用玉米为青贮青饲玉米和鲜食甜糯玉米，一般每亩净收益增加 30%~50%，高的可达 2 倍以上。

三、几点建议

在国内外玉米市场供应充足、我国农业保护政策改革创新的背景下，抓住机遇、应对挑战、积极调整，我省玉米产业才能赢得发展的先机。

1. 强化政策引导

各级政府既要稳定“农业保护政策”中对玉米生产及产业的现有政策，又要研究制定适合我省“专用玉米产业发展”的支持政策，保障玉米从业者及下游产业上千亿的稳定收入，推动玉米供给侧结构性改革。同时，逐步加大我省玉米优势产区高标准农田的建设投入比重，为提升玉米抵御自然灾害能力、保障机械作业创造条件。要将更多适合山地的玉米新型农业机械列入农机补贴目录，为各区域选型配套农业机械提供支撑。建议尽快启动我省玉米产业发展规划编制，指导“面积调减、单产调增、品质调优、效益调高”等目标任务的顺利推进，特别是青贮青饲玉米、鲜食甜糯玉米发展过程中的产需对接及应急方案制定，杜绝“调结构伤农”事件的发生。

2. 强化示范引领

我国已恢复玉米直接出口和深加工产品出口补贴，通过政策调整大幅度压缩了玉米及替代品进口，玉米去库存的压力将逐步下降。从提高我省玉米自给率和市场竞争力的角度，要加强玉米生产与高标准农田、种养循环农业、休闲高效农业的融合，改变玉米单一籽粒（或鲜果穗）利用为整株综合利用，改变玉米单一饲料生产为粮、菜、饲、能多样化综合生产。建议在主要生态区规划建立一批集高产量、高品质、高效率、高效益于一体的玉米产业示范区，组装集成与展示新理念、新路径、新成果、新模式，引领全省发展。

3. 加快推动科研方向和重点的转变

调整玉米科研方向，适应玉米“粮改饲”“粮改专”以及机械化、优质化、绿色化、高效化发展的需要。建议尽快设立一批符合玉米产业调整的科技项目，进一步改革品种等科技成果评价的方式，简化专用玉米新品种的区域试验及审定程序，加快科技成果的推广应用。重点加强优质蛋白玉米、青贮青饲玉米、高档鲜食甜糯玉米专用品种选育，玉米机械化、标准化、模式化生产技术攻关与集成示范，适合穗茎兼收整株综合利用农机装备研发，以黄曲霉素防控为重点的减损技术研究，以甜糯玉米、青贮青饲玉米为重点的加工工艺研发，以及适合山地适度规模生产经营方式及价值链研究等。

4. 加快供应基地布局

充分利用国内外玉米调结构、转方式的机会，考虑我省玉米必须调进满足需求的现实，在国内加强省际协作，在西北、东北优势玉米区建立优质粒用玉米、饲草饲料玉米专门供应基地。利用“一带一路”开放战略，加强国际合作，在越南、老挝、乌克兰等优质玉米生产、没有转基因玉米品种应用、运输成本低的东盟国家和原独联体国家，加快研究建立玉米供应基地，为我省玉米关联产业发展提供强力支持。

四川省农业科学院　刘永红

四川水稻生产的技术现状、发展趋势及对策建议①

一、四川水稻生产现状

1. 2000—2016 年生产变化趋势

（1）水稻收获面积　2000 年四川省水稻种植面积 3 185. 6 万亩，一直呈现下降趋势，2016 年仅为 2 932 万亩，17 年来总量下降了 253. 6 万亩，年均减少 14. 9 万亩。

（2）稻谷单产　2000 年全省平均单产达到 531 千克/亩，创历史新高，此后一直在 500～520 千克内徘徊，其中 2001 年、2006 年甚至低于 470 千克；2016 年在政策、技术、气候等资源的充分配合下终于打破该纪录，达到 534. 5 千克。

（3）稻谷总产　2000 年为 1 692. 5 万吨，此后快速下降，2006 年创下 1 391. 6 万吨的最低纪录；2008 年以后一直维持在 1 500 万吨以上，2016 年达到近 10 年新高，1 569. 9万吨。

2. 技术发展过程

（1）2010 年前主抓高产　其中遭受 2001 年稻瘟病大暴发和 2006 年特大干旱的影响，产量大幅度波动，但通过高产杂交稻品种（超级稻）、旱地育秧、强化栽培、平衡施肥、叶龄模式等新品种、新技术的大力推广，迅速实现恢复性增产，总量的需求得到满足。

（2）2010 年后突出效率与质量　积极推广了集中育秧、机插秧、测土配方施肥、病虫害无公害防控等技术，加强了‘川优 6203’‘宜香 2115’等优质高产新品种的示范；特别是通过新型经营主体的培育，既解决了谁来种田的问题，又实现了提质增效。

3. 当前存在问题

（1）作为粮食主产省自给能力不足　首先是种植面积减少、单产徘徊、总量不足的趋势难以逆转；其次是自产稻谷不能满足市场多层次的需求，东北粳米等外省米和泰国米在一段时期内依然会成为超市的销售主体；最后是抵御生物灾害及自然灾害的能力不足，一旦发生则导致单产和总产大幅下滑。

（2）效益低下导致种稻积极性不高　劳动力和生产资料成本逐年推高，加上稻谷销售价格已连续 3 年低于国家最低保护价，导致种稻积极性下降，耕地非粮化、农民

① 本文 2017 年 1 月 17 日刊发于《农业科技动态》2017 年第 1 期（总第 712 期）。

非农化现象呈上升趋势。应付田、撂荒等现象已经出现。

（3）针对新型经营主体的技术储备不足　现有生产技术是按一家一户小生产条件研制出来的，不能满足新型经营主体的规模化生产需求。国家主推“集中育苗和机械插秧”技术，但四川水稻机插秧面积远低于全国平均水平，难点在于毯苗机插与四川的种植制度存在较大矛盾；新型经营主体自身的技术积累也十分有限，部分业主完全没有种植水稻的经历。

二、水稻生产发展趋势

在国家库存充足以及国际市场价格低迷的情况下，水稻生产必须按照农业供给侧结构性改革的要求，从单纯追求产量转向为数量质量效益并重，农业部提出的核心抓手是“绿色增产增效模式”攻关。全国水稻生产具体目标是：到 2020 年，在全面提升全程机械化率的前提下，将化肥、农药的利用率提高到 40%以上。

开展绿色增产增效技术模式攻关，关键是构建科技含量高、资源消耗低、环境污染少的集成技术模式，推进水稻生产的规模化、标准化、机械化和绿色化。主要举措有：

1. 内涵的拓展

将“绿色”的要求贯穿于生产全过程，坚持物理技术优先、安全投入品优先、良种良法配套技术优先、农机农艺融合优先，更加注重绿色为本、高产稳产、优质安全。

2. 理念的创新

树立绿色的理念，坚持生产发展与生态安全协同推进；树立效益的理念，以高产高效为目标，做到投入与产出相协调；坚持增产的理念，挖掘单产潜力。

3. 路径的优化

围绕优质高产品种、机械化栽培技术、耕地质量建设，实施控肥、控药，促进资源要素的高效利用，实现节本增效、提质增效、增产增效。

三、四川水稻绿色增产增效的技术对策

1. 抓优新品种推广，推进“川米优化”工程

四川于 2011 年选育出国颁二级优质高产杂交稻新品种‘川优 6203’‘宜香 2115’等，在多方协同推广下，一举改变了川米不优的局面，2016 年自产优质米开始进入成都超市。

（1）继续推广现有达到国颁优质稻标准的高产优质品种，到 2020 年，全省优质水稻面积达到 2 400 万亩，占水稻面积的 80%，全面提升四川稻米品质。

（2）进一步加强中高档优质水稻新品种的鉴选，在各种项目的支持下，通过优势清洁产区、优质品种与标准化种植技术的集成配套，打造出一批优质米产业示范基地；

探索并建立中高档优质稻“品种+技术+经营主体+品牌”四位一体的产业化开发机制、模式及样板。到2020年，全省国标二级以上优质水稻面积1 000万亩；打造出优质米知名品牌100个，提高市场占有率。

（3）有条件的区域可开发功能性专用稻米（如富硒、高直链淀粉），城市郊区可利用彩色水稻品种搞好创意农业。

2. 抓机直播示范，提高种稻效率和效益

水稻机械直播技术具有省工节本增效的突出优势，2016年在眉山东坡区旱茬口示范片中验收稻谷产量超过750千克/亩，在大邑县麦茬稻示范片中也突破了600千克/亩。四川省农业厅于2016年召开了3次技术培训会和现场观摩会，四川省农业科学院与四川省农技推广总站联合编制的水稻机直播生产技术规程（DB51/T 220—2016）正式颁布实施。预计2017年的应用面积将出现井喷式扩大。为确保有序发展，特建议：

（1）明确技术途径　主推机械直播，以提高播种质量和群体起点；以水田穴直播机械为主，条件适宜区域可选择旱地直播；以杂交稻品种为主，适度示范常规稻和粳稻；优先选择冬闲田和蔬菜田等早茬田块示范，麦茬田块必须与中早熟水稻品种配合；以新型经营主体为主推对象，对分散农户开展社会化服务。

（2）强化技术培训　特别是对管理人员、农机操作人员的培训，以提高标准化生产水平，确保技术落实到位。

（3）补足机械短板　完善耕作、播种、植保、收获、干燥等机械的系列配套，满足规模化生产的需求。

（4）完善技术体系　各地应根据当地生态特点，在品种选择、化学除草以及降低成本等方面继续开展研究，总结经验教训，推进技术优化升级，形成具有地方特色的技术模式。

3. 抓化肥农药“双减”，提升绿色生产水平

研究发现，化肥、农药“双减”在四川水稻生产中具有很大空间。

（1）推广新型化肥，减少施用数量　随着化肥工业的技术进步，增效肥料、缓控释肥料已经进入全国推广阶段，且价格实现平民化。在化肥用量减少20%的情况下，仍能保证水稻不减产。

（2）改进施肥技术，提高肥料利用率　加强测土配方施肥工作，全面推广水稻专用肥；积极示范前氮后移技术，搞好水稻穗粒肥的施用；通过分期施肥，把有限的化肥用在关键时期；研究根际施肥技术，减少流失和面源污染。

（3）大面积水稻病虫害的防治要在确保水稻产量的前提下，降低农药用量，减少农药残留　建立健全病虫害防治专业队或专合社，推广预防为主、适时用药、一药多治或混用兼治；大力推广频振式杀虫灯、性诱剂诱杀技术、病虫害防治前移等技术；禁止施用高毒、高残留农药。

（4）绿色有机产品必须满足国家标准的生产要求，全程实施病虫草害非化学药剂防控技术　在物理防治和生物多样性调控技术的基础上，全面推广生物农药防治病虫害技术，如稻瘟病用春雷霉素、稻曲病和纹枯病用纹曲灵、螟虫用禾生绿源或苦参碱、稻飞虱用阿维菌素等，保障田间天敌数量明显增加，综合防效可达80%左右。

4. 抓再生稻技术创新，稳定蓄留面积

四川的中稻+再生稻种植模式，一种双收，省工节本，既增加一季稻谷产量，再生稻米又品质优良，农业部将其作为全国推广的绿色增产增效技术模式之一。

四川再生稻常年收获面积400万亩左右，高产纪录已突破350千克/亩，但平均产量长期在110千克/亩左右徘徊。当前，再生稻生产的突出难题是头季稻机械收割影响再生稻的蓄留。一方面机械收割需要排水硬田，推进在无水情况下再生芽死亡加快；另一方面收割时机械压损部分稻桩，直接影响产量，导致农户蓄留再生稻的积极性下滑，“再生稻能否持续”的疑虑开始出现。

推进再生稻产业发展，首先，要通过品种与技术的集成创新，以中早熟水稻品种、低留桩等要素为核心，开展周年高产高效的技术模式攻关，协调头季和再生季生育过程，提高再生稻谷比重。其次，要以头季稻机收技术为基础，开展中稻再生稻全程机械化的生产技术攻关，筛选改进收获机具，规范机插、机收操作程序，提高收获精度，减少压桩毁桩率。再次，要搞好技术宣传和培训，将头季稻健身栽培、及时施用“粒芽肥”、见苗收获头季稻等关键技术落实到田，提高蓄留成功率。最后，要开发优质再生稻米，提升全年综合效益。

四川省农业科学院作物研究所　郑家国

加快供给侧结构性改革　促进四川鲜食玉米产业健康发展①

一、鲜食玉米生产现状

鲜食玉米顾名思义就是作鲜食用的玉米，俗称“吃嫩苞苞”。在四川，主要是糯玉米、甜玉米和部分用作鲜食的普通玉米，常年种植面积在120万亩左右。普通玉米用作鲜食，主要分布在盆周山区及高海拔地区，如凉山州泸沽湖的凉单3号等。盆地平原及丘陵主要种植糯玉米、甜玉米，但又以糯玉米为主。

“十五”以来，四川省甜糯玉米共审定新品种29个，其中认定3个；常年推广近80万亩，每年综合效益近100亿元。审定品种中有糯玉米、甜玉米、甜加糯玉米，花色品种齐全，琳琅满目，为四川农业产业结构调整做出了重大贡献，与此同时，也丰富了城乡人们的菜篮子。

二、鲜食玉米产业发展存在的主要问题

随着鲜食玉米种植面积逐年扩大，农户种植的可比效益也在发生变化，产业中诸多矛盾显现出来。当前主要存在品种科技创新不够，种植品种类型单一，品种布局不合理，未审定使用“多乱杂”严重；产业技术服务不到位，“良种良法良态”不配套，以鲜食生产为主，保鲜贮藏、产后加工几乎还未起步；玉米秸秆利用率低，环境污染严重；无四川自己的产品品牌；在产业技术研发上，集成创新不够，技术储备不足，技术普及率低，技术型劳动力缺乏；与三产业互动差；尤其是上市时间集中在6月中旬到7月上旬，扎堆销售严重，销价常常有“坐过山车”现象。这些问题严重制约了四川鲜食玉米产业健康发展。为了保持鲜食玉米产业有稳定较高的种植效益，必须进行供给侧改革。

三、对鲜食玉米产业供给侧改革的建议

农业供给侧改革是根据市场主动地、积极地优化资源配置，补短板，提供有效供给；是以效益为中心，可持续发展为前提，建设美丽新农村、增强城乡人们福祉为目的。为保障四川鲜食玉米产业健康发展，促进农业增产增收，为市场提供安全、健康

① 本文2016年8月29日刊发于《农业科技动态》2016年第11期（总第710期）。

的鲜食玉米，现针对四川鲜食玉米产业存在的主要问题，提出建议如下：

1. 加快品种创新，实现当前品种更新换代

四川鲜食玉米以糯玉米种植为主，目前纯粹的糯玉米口感偏淡，也就是甜度不够，因而出现了“甜加糯”糯玉米。甜加糯果穗上分布有甜和糯籽粒，是一个过渡类型，不是真正意义上的“又甜又糯”。而甜玉米有甜度，但在很多四川消费者眼里，缺乏“嚼劲”，没有糯性。其次，我们都知道鲜食玉米贮藏是个问题，必须“现掰现吃”。甜玉米和糯玉米相比，甜玉米更不耐贮藏。因而现在推广的品种不能长时间存放，在专业上叫“货架期短”。加快选育品种货架期长、真正意义上“又甜又糯”的新品种，以及适宜盆周山区及高海拔地区的甜糯玉米品种，支撑鲜食玉米品种更新换代。

2. 合理布局品种，解决上市时间高度集中，扎堆销售严重问题

种植品种上，糯玉米、甜玉米、甜加糯玉米要搭配种植；熟期上，早中晚品种要搭配种植；鲜食与加工型品种合理搭配种植；播期上将同一品种实行分期播种，逐批上市；川南热量资源相对丰富的地区，可适当早播，提早上市，力争在 5 月底至 6 月初上市；川西及成都平原，除做好春季高效种植外，要充分利用秋季生态，延后种植糯玉米，延后上市，改变我省秋季靠外调品种供应的现状。其次是盆周高海拔地区，应加快粮饲兼用型糯玉米新品种的推广，以糯玉米更换用作鲜食的普通玉米，这样还可供应四川秋淡季市场。冬季可适度发展甜糯玉米大棚种植，以满足春节及早春市场的需要。

3. 加快鲜食玉米产业技术普及，实现“良种、良法、良态”配套

（1）解决认识问题　甜糯玉米一直以来都被认为是“小杂粮”作物，因“面积小”而不被广泛重视，所以在集成创新上技术储备不够。农业部提出到 2020 年要调减普通玉米面积 5 000 万亩，增加鲜食玉米、青贮玉米等作物，这就从国家层面把增加鲜食玉米面积提到了供给侧改革的高度。

（2）解决技术推广“最后一公里”问题　当前的现状是，卖种子等农资的不管技术服务。因此，要从政府层面逐步引导种子等农资企业，做好售后服务，实现良种良法配套；种植户要做到因种栽培。

（3）加快培训技术型劳动力　当前无论是合作社，还是家庭农场，种植散户都一样，对鲜食玉米种植比较粗放，缺少技术型劳动力。当前还必须加快有针对性的相关技术研发与推广，如川西平原“玉稻菜”水旱轮作技术；丘陵区“玉菜、玉药”等轮作技术；高矮间作、套种间种等轻简高效标准化生产技术；同时加大培训，普及产业化关键技术，提高科学种田水平。

4. 引导社会资本投资，发展冷链物流及产后加工，拓展省外市场

甜糯玉米具有“蔬菜、水果、粮食、饲料、食品加工原料、工业加工原料”，“六位一体”的利用价值，用作“鲜食”只是其中的一个作用。要引导社会资本发展四川甜糯玉米冷链物流及产后加工，拓展省外市场，把鲜食玉米产业做强做大。

5. 实现鲜食玉米标准化生产，为广大消费者带来安全、健康的鲜食玉米

四川鲜食玉米种植，绝大多数农户还停留在与普通玉米一样的种植方式，传统农耕思想根深蒂固也制约了产业进一步发展。应实现标准化生产，在甜糯玉米生产中加快农机的使用、降解膜的使用；开展深加工，做长产业链；实现有机循环农业，同时加快秸秆的全利用，这些都是当前产业必须尽快解决的问题。要采取合理的措施避免一味地靠“早”或“迟”种植来提早或推迟上市，提高附加值。要依靠实施品牌战略，有机或绿色生产，加大产业消费宣传，引导消费，从“品牌”及“宣传”中获得高附加值。

6. 加大专合组织与种植户的整合力度，形成真正意义上的经济共同体

进一步利用互联网技术促进产业发展，增强产业抗风险的能力。只有做好了这些方方面面工作才能有力地促进四川鲜食玉米产业健康发展。

四川省农业科学院　杨跃华

成都市新都区农村发展局　苏宇洪　李文君　罗运芬

成都市新都区石板滩镇综合服务站　张　良

川南水稻秧苗分类管理的技术建议[①]

近日，笔者在富顺县进行了水稻生产田间调查，并结合与隆昌市的通讯调研后发现，今年川南水稻生长总体呈现出播栽早，但生长慢的特点，苗期的秧苗数普遍比常年少20%左右，且部分田块出现了坐蔸僵苗（富顺县约30%，隆昌市约5%）现象。

今年的平均温度与常年基本持平，但温度变化大，雨日多，日照少，这是造成大面积水稻秧苗生长缓慢的主要原因。通过实际调研发现，两系品种（特别是Y两优900）、湿润育秧、水层较深且排水不畅的田块坐蔸现象特别突出，表现为植株矮小，分蘖缓慢，稻丛簇立，叶片僵缩，叶色暗绿或变红、发白、变黄，生长停滞，根系生长受阻等。坐蔸田块随着气温和日照的增加，一般会逐渐恢复生长，但对水稻生育进程、分蘖及有效穗数将产生不可逆转的影响，如果不及时采取措施，部分田块还将发生死苗甚至绝收。

川南是我省中稻+再生稻的区域，一般3月初播种，4月移栽，5月底前进入最高苗期，7月抽穗，8月收获头季稻。只有抓好当前的秧苗数，保障后期有足够的水稻穗数，才能确保今年的水稻丰收。因此，建议各地要抓住时机开展水稻秧田的分类管理。现提出以下技术建议：

一、排除多余的秧田水，增加土壤温度

当前约有30%的田块苗情正常，应及时排干秧田水晒田，其他田块则应实行薄水浅灌或间歇灌溉，通过增加土壤温度促进分蘖的发生。

二、有针对性地防治秧田“坐蔸”

“坐蔸”有冷害型、中毒型、缺素型三种类型。冷害型：因气温低下，或者是烂泥田、深脚田等引起土温低下所造成；中毒型：田中有大量未腐熟的有机质发酵分解或者是稻田地势低下，长期渍水，导致还原物质大量积累，引起稻苗根部中毒，病株根部呈黄色，甚至发黑，发出臭鸡蛋气味，新根很少或没有；缺素型：主要是稻田缺锌。因而防治“坐蔸”必须进行田间诊断，观察发苗症状，调查发病史和受害程度，通过检查根系、调查土壤和了解环境等，找出发病原因，然后制订措施，及早防治。具体方法如下：

① 本文2016年5月27日刊发于《农业科技动态》2016年第7期（总第706期）。

1. 缺锌田坐蔸

亩用硫酸锌 1.0~1.5 千克田面撒施。

2. 毒害型坐蔸

撒施黑白灰（草木灰：石灰=1：1.5），中和毒素。

3. 冷害型坐蔸

在露田或晾田的基础上，叶面施用 1~2 次磷酸二氢钾，亩用 0.5 千克对水 70 千克喷施，能提高秧苗的抗逆性、抵抗力。

稻苗发根后，施用一次腐熟的人畜粪水，结合浅水勤灌或湿润灌溉，促进分蘖，然后转入正常管理。

四川省农业科学院作物研究所　郑家国

关于加强四川省稻田福寿螺早防早治的技术对策①

近年来，外来生物福寿螺在我省稻田发展蔓延势头不减，危害局面已经形成。在新津安西镇、乐山市中区等曾经危害严重的稻区，由于福寿螺科学防控技术的推广和灭除活动的现场示范，稻田福寿螺目前已得到有效控制。但福寿螺群体易随稻田排灌水扩散，其科学防控技术还没有被农民、种粮大户甚至基层农技人员所了解和掌握，福寿螺的扩散范围逐年加大，在新扩散区的危害也逐年加剧。春耕在即，福寿螺也将开始新一轮的觅食活动，因此，笔者建议加强对福寿螺的早防早治、及时防控，这将有利于实现我省水稻绿色发展、控害保产、优质高产的目标。

一、稻田福寿螺发生及危害现状

福寿螺属于外来入侵生物，20 世纪 80 年代初从南美亚马孙河流域引入我国，1988 年引入我省，后流入农田湿地环境，因繁殖力强，种群数量猛增，随灌溉水迅速由点及面在稻区扩散分布。福寿螺食性杂，可在沟渠水塘中大面积取食水生植物嫩茎嫩叶；进入藕塘则咬断藕茎藕叶；进入稻田则啃食秧苗茎秆和叶片，造成秧田大面积缺窝乃至反复补种，秧苗越嫩，受害越严重。因此，水稻秧苗期和移栽期是福寿螺危害最严重的时期，抓住这段关键期，充分做好福寿螺的防除工作，效果事半功倍，对水稻稳产高产优质具有重要意义。随着近几年福寿螺的不断蔓延扩散，我省除川西高原和盆周山区，每一个地级市区都发现有稻田福寿螺的分布，据初步统计，目前稻田福寿螺发生面积至少在 500 万亩以上，同时福寿螺种群的数量逐年累积，当前对水稻生产已构成巨大威胁。

二、稻田福寿螺早防早治的技术对策

1. 加强福寿螺防治宣传，提升福寿螺防治意识

福寿螺是外来有害生物，在许多新近扩散的稻区，人们对田间出现的福寿螺缺乏了解，只有稻田出现大面积毁苗时才意识到问题的严重性，但往往这个时候田间福寿螺种群已经积累到相当大的数量了，防治起来也比较困难。因此，建议基层主管部门和农技推广单位，一定要大力宣传防控稻田福寿螺的重要性，对种植大户、龙头企业

① 本文 2016 年 4 月 5 日刊发于《农业科技动态》2016 年第 5 期（总第 704 期）。

和农民都要宣传到位，真正提升稻田福寿螺的防治意识，将福寿螺的防治纳入水稻生产的常态化管理之中。

2. 农业和物理防治是稻田福寿螺防治的首要措施

稻田福寿螺主要随水进行扩散，因此在灌溉主渠入水口、支渠入水口甚至稻田入水口安装滤螺钢丝网或纱网，能有效阻止福寿螺从上游稻区扩散到下游稻区，显著减缓福寿螺扩散速度和繁殖速度，极大地降低福寿螺的种群数量和危害损失。福寿螺个体大，卵块鲜艳易辨识，因此在春耕时节，趁着田间福寿螺出来活动产卵之际，人工捡拾福寿螺及其卵块，可大大降低福寿螺冬后第一代的田间数量，最大程度降低其危害和损失，防治效果相当显著。另外，冬季有水的沟渠或水塘是福寿螺安全越冬的重要场所，建议春耕前一定要对沟渠和水塘进行彻底放水清淤，集中杀灭越冬的福寿螺。

3. 稻田放鸭是防治福寿螺的重要生物手段

田间福寿螺世代重叠严重，同期田间福寿螺个体有大有小，个体较小的福寿螺难以通过人工捡拾进行有效防除，稻田放鸭啄食福寿螺就成了人工除螺的最佳措施。福寿螺是鸭子最好的田间饲料，每亩以放养 15~30 只鸭子为宜。在春耕来临之际，对福寿螺要早防早计划，准备鸭苗就是第一步。

4. 谨慎用药，科学施药

对田间福寿螺数量大的重害区，从秧苗到移栽的关键期，可适当施药 1~2 次进行防治。田间试验表明，杀螺胺、杀螺胺乙醇铵盐等对福寿螺均有较好防效，混土撒施或兑水喷施均可。用药量应严格按商品包装说明进行，切不可随意加大药量，引起水稻药害，更不可随意增加施药次数，破坏水体环境。施药时注意保持田间 3~5 厘米的水层，保水 5~7 天，切不可中途放水，避免带药的稻田水流入鱼塘等养殖区，同时施药后要禁止放鸭。

5. 加强福寿螺绿色综合防控技术研究与应用

由于我省对福寿螺持续综合防控技术的研究起步较晚，虽然已有初步研究效果，但研究的深度和广度还极为有限，尤其需要加强绿色综合防控技术的集成创新研究和示范推广应用，促进稻田福寿螺防治的有效性和绿色化。建议省相关部门设立专项，加强稻田福寿螺防治技术的拓展研究和推广应用的项目和资金支持。在进一步强化农业技术措施的防治效果的同时，还可利用福寿螺高蛋白高钙的优势，将其加工后用作畜禽饲料以变害为宝，可提高农民人工捡拾福寿螺的积极性，尽早实现稻田福寿螺的全面防控。

四川省农业科学院植物保护研究所　陈晓娟　张　鸿　卢代华

关于加快四川省甘薯加工业发展的建议①

甘薯（又名红薯、红苕）是我省总产量仅次于水稻、小麦和玉米的第四大粮食作物，常年种植面积在1 100万亩左右，年产量1 300万吨以上，居全国第一，相当于世界上其他国家和地区甘薯产量的总和。加强甘薯采后贮藏加工技术的研发与示范推广，将我省得天独厚的甘薯资源优势转化成产业和经济优势，对促进我省农业和农村经济的发展，带动薯农增收将起到积极推动作用。为此，就加快我省甘薯加工业的发展向省委、省政府及政府相关职能部门提出如下建议，供决策参考。

一、我省甘薯产业发展现状

1. 甘薯在四川农业生产布局中具有重要地位

甘薯在我省的种植历史悠久，种植面广。甘薯与水稻、玉米等作物相比，生产成本低，肥水要求低，具有耐旱、耐贫瘠、高产、高干物质、高淀粉和保健营养成分丰富的特点。特别是甘薯长期以来作为西南地区最重要的抗旱作物之一，适合在西南地区占农田比例60%以上的丘陵山坡地、旱地和常年缺水，干旱地带种植，具有重要的生态效应，形成了稳定的种植模式，并与养殖业、种植业和农产品贮藏加工业紧密结合，相互促进，是我省最具有资源优势和竞争力的粮食作物之一。

2. 甘薯具有丰富的营养保健作用

甘薯具有均衡营养、增强免疫力、抗癌等高营养价值，其中维生素A、维生素C的含量远高于许多蔬菜和其他粮食作物，富含矿物质，特别是钙、磷；含有丰富的膳食纤维，其含量为6%~7%，相当于米、面的9~10倍，可以促进大肠蠕动，排除便秘，预防结肠、直肠、膀胱癌等。此外，甘薯是粮食中唯一的呈碱性食物，在膳食中搭配一定的甘薯，有利于保持人体血液的酸碱平衡，含有日常主食的米、面所无法替代的人体必需氨基酸，可促进青少年发育和中老年保健。目前，甘薯粉条、红心地瓜干、甘薯酒、烘焙食品、糕点、茎尖叶菜等产品在国内市场畅销，还出口到美国、日本、韩国、东南亚等国外市场，国外对甘薯风味特色产品、保健产品有良好的市场需求。

3. 甘薯加工科技攻关取得显著成效

近几年来，我省科技人员通过攻关研发了甘薯贮藏、干燥和甘薯全粉加工的突破

① 本文2016年2月29日刊发于《农业科技动态》2016年第3期（总第702期）。

性节能干燥等新技术，保持了鲜薯独特的风味和营养保健成分，形成了甘薯全粉及其应用产品加工从品种到加工原料选择、调质、节能干燥、超微粉碎、挤压烘焙等关键技术，在配套设备和全粉系列应用产品开发、加工型专用品种的筛选、产地贮藏和初加工等方面取得突破，建立了甘薯全粉加工新技术研究与应用体系，开发了全粉系列应用产品，形成了规模生产，产生了显著的社会经济效益。“甘薯全粉加工新技术研究与应用”获得2013年度四川省科技进步奖三等奖和2015年全国十大农产品加工业科技推广成果。

4. 以淀粉粉条为主的甘薯加工产业带动了农民增收

长期以来，四川省甘薯主要用于鲜食，传统的淀粉粉条是主要的加工产品形式。20世纪80年代中后期以来，随着加工技术的发展，甘薯淀粉、粉条加工在产地逐步形成了“产地粗淀粉-精制淀粉-普通粉条/快餐粉丝”加工链，即“农户（作为种植、淀粉和粉条加工者）—经销商—精深加工龙头企业”相结合的产业化加工体系。其中，四川省安岳县周礼镇在开展甘薯淀粉和传统粉条加工方面具有代表性。该镇多年来把“先成型、后熟化”的传统劲道粉丝从手工加工方式发展到半机械化规模加工，形成了具有独特柔韧口感的甘薯粉丝、粉皮产品，建立了专业批发市场，常年加工、销售到西北、华北等省内外市场，成为当地农民最重要的收入来源之一，形成了区域性特色甘薯淀粉产地加工和甘薯高淀粉品种的种植。目前全镇年产量3万吨，产值4.5亿元，规模在1 000吨以上的粉条加工企业有8家，产品畅销华北、西北等省区。该镇3 260多户农业人口中，有30%以上从事甘薯淀粉粉条的常年加工，加工户的年收入达20万元以上，有的高达100多万元，通过从事淀粉粉条加工，成为固定职业/副业，为产地农户带来了稳定的经济收入。

此外，四川省还逐步开发了特色甘薯小食品加工和全粉及其应用产品加工，主要产品有甘薯全粉、甘薯全薯粉丝、甘薯挂面、酥脆小食品、蛋茬酥、烘焙食品等。通常是将鲜甘薯直接加工成特色方便食品以及加工成全粉、薯泥以后，再加工成系列应用产品，这类产品以规模较大的加工企业为主，加工工艺与淀粉不同，鲜薯得到全利用，没有废水废渣，保持了甘薯的风味和独特营养保健成分，是甘薯加工业中具有更大发展潜力的新领域。其中，以鲜薯、甘薯全粉为主要原料加工的薯类方便特色食品和主食食品深受消费者欢迎。

二、制约四川省甘薯加工业发展的主要因素

1. 种植结构不合理，甘薯专用加工品种推广应用力度不够

目前我省甘薯生产上的品种比较混杂，老品种‘徐薯18’‘潮薯1号’‘南薯88’等由于栽培时间较长，已表现出明显的混杂和退化现象，而且感染病毒病也较严重，致使产量下降，品质变劣，需要大力推广新品种；同时，应根据种植用途选择相应类

型的品种。近年来淀粉加工品种表现较好的有：‘西成薯 007’‘川薯 219’‘徐薯 22’‘豫薯 13’‘商薯 19’‘渝薯 17’等；在鲜食、全粉加工以及特色风味小食品方面，表现较好的红黄心品种有‘南薯 88’‘川薯 20’‘川薯 294’‘南薯 012’‘香薯’和‘心香’，紫薯品种有‘南紫薯 008’‘绵紫薯 9 号’和‘川紫薯 2 号’。但是，这些品种目前都是以散户零星种植为主，仅占全省甘薯总产量的 20% 左右。许多地方由于品种退化，导致甘薯品质严重下降，鲜销不畅，没有好的增值途径。

在栽培方面，我省甘薯普遍是种“懒庄稼”，极少施肥，物资和劳动力投入相对较少，高产配套栽培技术推广应用率低，再加上品种退化等原因，导致单产不高，产出少，缺乏大面积集约化专用品种的种植和贮藏，远远满足不了目前发展优质低成本的甘薯全粉加工和贮藏鲜销的需要。特别是目前缺乏集高产、高干物质、富含 β-胡萝卜素、花青素、口感好于一体的红黄心和紫心加工专用品种。

2. 产后损耗严重，亟待研发甘薯贮藏技术

甘薯含水量高达 70% 左右，很容易腐烂，贮藏损耗高。在我省农村，农户一般是利用冬季的自然低温，在自家的空闲屋内或是利用室外的井窖、岩窖进行贮藏，多以一家一户为主，许多产地由于严重缺乏贮藏设施和贮藏技术，损失一般都在 15%～20% 以上，有的高达 30%。在收获后，在非加工区的农户多用于突击喂养牲畜，甘薯的饲料转化率和附加值低，影响了农民的种植积极性，导致近年来我省的甘薯种植面积、产量呈现出下滑和徘徊的状况。

3. 产地初加工技术推广应用力度不够，精深加工技术研发有待进一步加强

甘薯产业要发展，初加工是关键。甘薯产地初加工主要包括甘薯鲜薯的产地贮藏、干燥、淀粉加工、粉条加工以及全粉、薯泥等其他成品和半成品加工，这些贮藏与加工产品一方面以增值的形式直接进入市场，为农户带来了可观的经济收入，另一方面也为下游精深加工产业提供必需的原料。由于我省甘薯的收获季节相对集中，而种植的条件基本上是彼此分割的坡地，不易连片机种机收，在短时间内完成大批量的甘薯产地初加工就显得尤为重要。

近 30 年来，四川省以甘薯淀粉粉条加工为主的产地初加工技术发展很快，特别是 2012 年农业部启动农产品产地初加工补助项目以来，四川省甘薯产地初加工技术与设施有了进一步提高，但技术推广应用力度不够，特色产业尚未形成。在甘薯淀粉、粉条和快餐粉丝方面，除了在淀粉粉条加工基础上产生的红薯酸辣快餐粉丝小有名气以外，还没有形成四川省具有地方品牌的甘薯名特产品和特色优势产业，精深加工技术、产品档次和增值都需要进一步提高。

4. 龙头企业带动能力不够强

目前，四川省甘薯加工产品主要是用于家庭、餐馆的普通烹饪粉条和以四川酸辣等风味为系列的甘薯快餐粉丝，以及蛋苕酥等小食品加工产品，由于技术可控性不强，比较效益不高，很多大型企业不愿意介入，一般是专业合作社或个体企业在进行加工，对产业的带动能力还不强。

三、对加快推进甘薯加工业发展的建议

1. 将甘薯作为我省特色产业进行区域化布局

2015年国家启动实施了马铃薯主食化发展战略，为我省薯类产业的发展带来了难得的发展机遇。可充分利用这个机会，将甘薯规划为我省的农业特色产业，并围绕养殖、鲜食和精深加工对甘薯原料的需要，对我省甘薯的种植和产地初加工进行合理布局，建议我省启动实施“甘薯+马铃薯”的薯类主食化发展战略；同时，设立甘薯产业发展专项，以促进我省甘薯产业的发展。

2. 积极研发甘薯全粉、主食食品与特色方便食品加工新技术

围绕把甘薯做成主食，重点研发甘薯全粉、主食食品与特色方便食品加工新技术，特别是全粉与面粉、玉米等食材相结合，开发薯类应用产品技术的研发。

重点研发推广甘薯全粉、薯泥及其应用的薯类主食化新产品、薯类特色方便食品的规模化、标准化加工。配合马铃薯主食化，满足开发各种烹饪、家庭制作和工业化加工不同的薯类系列主食食品，如馒头、面包、挤压复合大米、馒头粉等系列产品的需要，使产品具有独特的外形、口感和营养价值，形成具有四川特色的“甘薯+马铃薯”的薯类主食食品、薯类特色方便食品和薯类营养保健食品系列，形成薯类加工大产业。

在应用新技术方面，要积极通过瞬时闪蒸干燥、超微粉碎、烘焙等集成与创新技术的推广和完善配套，最大限度地保持甘薯全粉、薯泥产品原有的色泽风味和花青素等营养保健成分，开发系列主食和营养保健食品。

3. 加快产地初加工与精深加工及贮藏成熟技术的推广应用

结合农产品产地初加工项目的实施，加强甘薯产后从贮藏到精深加工技术和设备设施的成熟技术培训和示范推广，提高农户的贮藏加工和市场意识，形成从产地贮藏、初加工到精深加工的产业链体系和技术链体系，促进甘薯产业的健康发展。积极示范和推广应用“鲜湿保鲜粉条”“保温通风贮藏”“全自动控制规模化贮藏”“内热旋流式全粉节能干燥”“闪蒸全粉节能干燥”等初加工新技术与配套设备设施。

4. 积极培育薯类龙头企业

一是支持企业建立研发中心，以企业为主体提出加工技术需求，政府扶持，引导相关科研院所、高校科技人员联合攻关；二是通过政策、项目支持等渠道，积极扶持薯类加工企业做大做强，成长为龙头企业。

5. 进一步深化国际科技合作

我省与国际马铃薯中心（CIP）在薯类种质资源、育种、栽培、植保、贮藏加工等

领域建立了长达30余年的紧密合作与交流。近年CIP将亚太工作中心转移到了中国，进一步加强与CIP合作，建议筹建“西南地区薯类加工技术研究暨甘薯贮藏加工示范推广中心”，形成引进和创新先进技术、研究和推广实用技术的中心，必将极大地促进我省在甘薯种质资源交换、新品种选育、采后贮藏加工技术与信息等领域与CIP进行更深入的合作，推动我省薯类产业发展再上新台阶。

四川省农业科学院农产品加工研究所　朱永清　谢　江

关于积极示范推广水稻机械直播技术的建议①

近年来新型农业经营主体发展迅速，为进一步减少劳动力投入、降低生产成本，提高种稻效益，各地纷纷开始了水稻直播的尝试，虽然多数获得成功，但也有一些失败的教训。最近，农业部水稻专家组通过对四川种粮大户的种植方式调研发现，他们普遍表现出对发展直播水稻的强烈意愿，然而对直播机具、品种选择与大田管理等关键技术环节尚缺乏了解或认识不全面，为此撰写本技术建议，供各级领导和技术推广部门参考。

一、水稻直播的国内外现状

水稻直播是将稻种直接播入大田的一种稻作方式，省去了育秧、拔秧和栽秧等作业程序，省工节本优势尤其显著，较机插秧减少70%以上的劳动投入，亩节本180～250元，只要技术到位，稻谷产量可以达到或超过机械插秧与人工移栽的水平。

发达国家均以直播为主体技术，美国、澳大利亚、意大利的水稻全部采用直播生产；曾经全面推广水稻机插的日本和韩国，随着直播机械的完善与技术的成熟，近年来直播面积已达10%以上，且呈逐年上升趋势。

在国内，江苏从2006年开始率先开展了水稻直播示范，尽管农业主管部门不支持、不宣传，但现在水稻直播已覆盖全省水稻面积的50%；长江中下游地区的浙江、安徽、湖南、湖北以及黑龙江等省市，水稻直播已成为不推自广的生产方式。据农业部水稻专家组不完全统计，2015年全国水稻直播面积已接近9 000万亩。

二、四川水稻直播的研究与示范进展

四川省农业科学院作物研究所开展水稻直播技术的研究探索已达8年，通过对生长发育规律、产量形成特点等方面的深入研究，结合机械选型、茬口衔接、水肥管理、化学除草等关键配套技术的集成研究，形成了以“一干二药三肥”为核心的水稻机直播技术体系。其中，“一干”指排干田水播种，三叶前田间不灌水，湿润出苗，干旱促根，提高成苗率；“二药”是指播后进行土壤封闭和3.5叶期进行化学除草2次，杜绝草害；“三肥”是指全生育期内施用3次肥料，满足直播稻群体生长发育的高产需求。2013—2015年在广汉、绵竹、中江、新都、崇州、东坡、彭山、三台等10多个县市陆

① 本文2016年2月16日刊发于《农业科技动态》2016年第2期（总第701期）。

续开展了水稻机直播规模化生产的示范，累计示范面积3万余亩，取得了显著的示范效果。测产数据表明，无前作的冬闲田水稻机直播产量可超过700千克/亩，中、迟茬口机直播产量也普遍超过了600千克/亩和550千克/亩，较目前水稻规模化生产的机插秧技术增产10%左右。

四川省农技推广总站从2014年开始连续2年在广汉、绵竹基地召开了专家现场考察会和技术培训会；四川省农业科学院相关专家编制了《水稻机械直播技术规程》，2016年将作为四川省地方标准颁布。

此外，粳稻品种的镉富集能力低下为众多研究和实践证实，但在四川无论人工移栽或机插，粳稻群体数量不足，产量仅400~500千克/亩。2015年在镉中度污染区开展粳稻机直播示范，经省农业厅组织专家验收，亩产达618.9千克/亩，完全达到了当地籼型杂交中稻的生产水平，展示了改种粳稻既高产又降低重金属污染水平的应用前景。

三、四川示范推广水稻直播的技术建议

1. 积极面对，主动引导

毋庸讳言，水稻直播的技术难度大，生产条件高，如果出现品种选择不对路、技术管理不到位等情况，全苗难、杂草防除难、病虫害严重、后期易倒伏等问题将普遍存在，减产现象时有发生。

然而，省外的实践表明，行政手段不可能遏制直播稻的存在和发展，只有主动面对，以技术规范为抓手，提高直播稻的产量和效益，才能杜绝懒庄稼。其主要原因：一是省工节本。我国的调查数据显示，500亩规模的种稻大户，机插秧从播种育秧到插栽，累计投入劳动量350~400个工日，关键时段日需投劳20~30人；若采用直播技术，累计投入劳动量仅50~60个工日，3~4个劳动力即可完成播种到出苗阶段的工作。二是生产成本低。水稻直播省去了育秧、移栽等烦琐程序，减少了育秧环节所需要的薄膜、软盘、竹片以及部分人工成本。三是技术发展支撑。随着高效除草剂、机械化收获等物化、生产技术的逐步成熟，基本能解决限制直播稻生产的全苗难、除草难、收获难问题。四是效益推动。尽管大面积直播稻的产量比手插秧、抛秧和机插秧低50~100千克，但其纯收益远高于其他的栽培方式。

2. 明确技术路线，强化示范带动

2016年将是全省规模化示范水稻直播技术的第一年，各地应严格执行技术规范，确保示范一片就成功一片。在省级农业主管部门的统一协调下，在全省主要生态区，选择有基础的种植大户或合作社，通过农机农艺相融合进行集中成片展示。在关键时期组织召开现场会等主题培训和宣传活动，为水稻规模化机直播生产提供典型样板。

根据四川省农业科学院的研究结果，在播种方式上主推机械直播，以提高播种质

量和群体起点；在播种机具上以水田直播为主，条件适宜区域可选择旱地直播；在品种选择上以杂交水稻为主，适度示范常规稻和粳稻；在茬口上优先选择冬闲田和蔬菜等早茬田块，麦茬田块必须与中早熟水稻品种配合。在此技术路线的基础上，各地农技部门应根据具体情况，强化防鸟除草、水肥耦合、病虫防控等田间管理上的技术指导。

3. 农机先行，政策支持

水稻机直播的推广离不开相关机具。作为一项新兴的规模化种植技术，在多数地区还是新鲜事物，建议各地安排项目资金，对播种机、药肥一体机、开沟机等相关机具给予专项补贴，同时在有基础的县市，通过政策引导建立一批水稻机直播专业服务组织，满足农户对机械直播的需求。

四川省农业科学院作物研究所　郑家国　李旭毅　池忠志　姜心禄

关于搞好丘陵区现代水稻产业的思考与建议①

我省丘陵区包括乐山、自贡、宜宾、泸州、内江、资阳、广安、达州、遂宁、南充、巴中、广元12个市，现有稻田1 800万亩左右，占全省稻田总面积的60%以上。该区域地貌起伏，阶地广布，开阔地多，丘陵间相对高差20～100米。年降水量1 100～1 400毫米，但季节分布不均，主要集中于夏季，春旱、夏旱及高温伏旱频繁。稻田耕作制度以“冬水（闲）田——季中稻”和“稻—麦（油）”为主，占90%以上。由于水利灌溉条件差，稻田机耕道路建设十分落后，加之田块小、不规则、泥脚深，农用机械下田作业困难，严重制约了该区现代水稻产业的发展。为此，笔者近几年通过大量的生产实践与农村水稻产业发展现状调研，发现了丘陵区现代水稻产业发展明显落后于平原地区的症结所在，并就促进该区水稻现代产业发展提出以下建议，供有关领导对全省宏观决策时参考。

一、农村水稻专业合作社的发展方向

发展水稻适度规模化经营方式，其初衷是解决“农村因青壮年劳动力短缺所致以后谁来种田”的问题。通过有关部门几年来的推动工作，丘陵区农村专合水稻生产组织有了一定的发展。据对泸州、宜宾、自贡、内江、遂宁的调查，这5个市目前已有30亩以上规模的水稻专合社（组织）2 031户、种植面积16.81万亩，仅占其水稻总面积767.2万亩的2.19%，而且进一步扩大专合社规模的潜力有限。究其原因：一是目前的专合组织已率先选择了道路交通便利、水利灌溉条件较好的稻田，今后再选择条件适宜规模化生产的区域越来越少；二是规模化生产必须以能实现机械化为前提，如川南某县有一水稻专合社，所选稻田虽然能灌能排，交通也方便，但因部分田块水稻收割时排水达不到机收要求，2014—2015年连续两年有几十亩水稻因收割机不能下田作业而放弃收获（若采用人工收割会亏本）；三是从目前专合社的生产效益看，由于从分户经营的农户流转土地成本是每亩400～600元不等，专合社通过水稻全程机械化生产获得的种稻效益还不足以弥补流转土地的成本，只能靠财政农机补贴、稻粮补贴和示范项目的种子、肥料补贴而获得一定效益，否则专合社将自行消亡。

以上情况说明，在丘陵区现有生产条件下，通过发展专合社以解决“将来谁来种田”的问题，实现的可能性极小。但是，适度规模化经营又是水稻产业发展的必然趋

---

① 本文2016年1月7日刊发于《农业科技动态》2016年第1期（总第700期）。

势，仅靠国家补贴来维持其生存不是长久之计。为此，笔者认为专合社应利用其优先选择的地理区位优势，因地制宜地发展绿色、有机、无公害农产品，通过优质优价获取收益。政府应逐步取消资金扶持政策，只需作好资金贷款优惠、生产技术、农产品销售、税收优惠等方面的服务即可。

二、发展农业机械服务企业势在必行

丘陵区人均稻田面积较小，一般在 0.5 亩/人左右。据对川南 326 个农户的调查，分散种稻的农户对农机服务需求最紧迫的是收割机，其次是插秧机，烘干机需要量极少。在水稻收获中除水稻专合社采用自主机收外，90%以上的稻田需要机收服务，也是解决“将来谁来种田”的核心症结。目前收割机对各农户的服务处于松散型状态，即水稻成熟期将收割机开到水稻种植区视情而收。其工作效率较低，表现为部分田块收割机下田后不能作业，有的田块能收但无机耕道可行，或只能从相邻尚未成熟的稻田压稻而过，即便能完成收割，但收割后仍需花大量劳动力将稻谷运输到晒坝。因此，急需组建农业机械服务企业。服务企业可分片布局，包括机耕道设置、水稻品种成熟期分批安排、排水时机及程度、稻谷运输路线等进行统筹规划，方可大幅度提高稻田的机收比例和降低机收成本，这将是最终解决“将来谁来种田”问题的重要途径。

三、推行大幅降低水稻生产成本的高产高效理念

自“十一五”和“十二五”以来，国家通过各种项目实施创水稻超高产，四川省小面积水稻亩产量先后突破了 700 千克、800 千克、900 千克和 1 000 千克大关。生产调查表明，水稻超高产主要是通过肥料、农药、人工的高投入而获得，存在高产不增收的现象，以致其品种或技术在大面积推广中的适用性不强、技术难度大，最终全省平均水稻单产与前 10 年相比并没有实质性的提高。因此，应改变水稻生产观念。笔者认为，在实现大面积水稻一般性高产（如亩产 600 千克）前提下，通过大幅降低生产成本和平衡增产，以实现全省水稻总量增加，将是行之有效的策略。在具体措施上，目前重点应开展冬水田免耕栽培、水稻直播技术、底肥一道清多功能专用肥等技术的研发与推广。经笔者 2009—2014 年的试验研究与生产示范，以上技术在亩产稻谷 600 千克左右前提下，可比现有传统高产栽培技术节省人工、肥料等生产成本 200 元/亩以上，是我省丘陵区实现水稻高产高效的重要技术发展方向。

四、现代水稻产业发展中亟待解决的重大问题

1. 加快农田机耕道与水利等基础设施建设

现代水稻产业发展的重中之重就是全程机械化，而全程机械化必须有农田排灌与机耕道设施作保障。丘陵区这方面的基本条件则是差之又差，这就严重制约了农田机

械化生产的实施。虽然丘陵区江河、湖泊、堰塘等水资源十分丰富，但稻田有效排灌设施不健全，为便于机械化操作，稻田必须排水晒田，但又无灌溉水作保证，影响后期水稻高产需水或来年保栽用水，很多稻农不敢为机械化生产而排水，有的甚至排水后仍达不到机收对稻田土壤的硬实度要求而造成两损。此外，70%以上的稻田根本无机耕道，致机械化成为泡影。因此，加快农田排灌与机耕道设施建设，将是丘陵区搞好现代水稻产业的首要任务。

2. 强化机收头季稻条件下的再生稻高产技术研究

近年来，随着头季稻机械收割面积的不断扩大，对再生稻的影响很大。主要表现为：一是机械收割需要在头季稻收前10～15天对稻田实施排水，让稻田土壤硬实，否则收割机陷落在冬水田行走困难；由于此期正值高温天气，稻田在无水情况下再生芽死亡加快。二是收割机直接压损部分稻桩，严重影响了再生芽的萌发与生长。三是籼型杂交中稻籽粒落粒性强和收割机排谷壳风力过大，致使大量稻谷撒落田间。2013年泸县1 000亩再生稻核心区，头季稻机收后因稻田土壤水分不足，多数田块再生稻基本没有产量统计，少部分产量在50～100千克/亩。不仅极大地制约了再生稻的发展，而且机收比传统人力脱粒机收损失稻谷产量21.2～50千克/亩，减产5.17%～11.98%，对保障国家粮食安全十分不利。应采取以下相应措施：其一，头季稻收割前排水时间不宜过早，以保证收割机在田间能正常操作的情况下，尽可能推迟排水时间；其二，在收割机的机型选用上以选择中小型为宜；其三，加强稻田排灌水的设施建设，头季稻收后及时灌溉；其四，选用头季稻落粒性相对较差的籼稻品种，以降低机收的稻谷损失度。

3. 探索农机与农艺相融合的生产新模式

机插秧是目前稻田实施机械化的主要方式，但在机插秧培育过程中问题颇多。如采用工厂化育秧的土壤基质来源有限、运秧等成本较高，秧苗易发生立枯病等，影响机插秧推广的效果。探索适度分散湿润培育机插秧，如每100亩本田集中几块冬水田（年度间轮换育秧），采取湿润播种与旱管结合的方式，即可解决秧苗易发生立枯病问题，不需外购营养基质，并大大节省运秧成本，是一种值得推广的新的育秧模式。

四川省农业科学院水稻高粱研究所　徐富贤

附录 2 四川省农业科学院百项重点应用科技成果

序号	所属单位	成果名称	第一完成人	成果种类	
				分类	类型
		粮油类成果			
1	院作物所	川康优丝苗	任光俊	粮油类（水稻）	新品种
2	院作物所	川康优 637	苏相文	粮油类（水稻）	新品种
3	院水稻高粱所	德优 4727	郑家奎	粮油类（水稻）	新品种
4	院水稻高粱所	旌优 781	蒋开锋	粮油类（水稻）	新品种
5	院水稻高粱所	宜优 1611	李耘	粮油类（水稻）	新品种
6	院水稻高粱所	宜优 1787	曾正明	粮油类（水稻）	新品种
7	院水稻高粱所	德优 4938	蒋开锋	粮油类（水稻）	新品种
8	德阳分院	重金属镉低积累粳稻品种德粳 6 号	杨莉	粮油类（水稻）	新品种
9	川南分院	宜香 4245	林纲	粮油类（水稻）	新品种
10	院作物所	水稻机直播生产技术	李旭毅	粮油类（水稻）	新技术
11	院植保所	水稻病虫害绿色防控技术	卢代华	粮油类（水稻）	新技术
12	院生核所	水稻航天诱变育种技术体系	张志雄	粮油类（水稻）	新技术
13	院水稻高粱所	优质杂交稻品种鉴选方法、生态布局及优化技术	徐富贤	粮油类（水稻）	新技术
14	德阳分院	重金属镉低积累粳稻品种轻简化栽培技术集成	蒋开锋	粮油类（水稻）	新技术
15	院院水产所	稻渔生态种养提质增效关键技术	杜军	粮油类（水稻）	新技术 新模式

（续表）

序号	所属单位	成果名称	第一完成人	成果种类	
				分类	类型
16	院作物所	成单 716	杨俊品	粮油类（玉米）	新品种
17	院作物所	成单 393	何文铸	粮油类（玉米）	新品种
18	院水稻高粱所	泸玉雪糯 3 号	孔亮亮	粮油类（玉米）	新品种
19	院作物所	旱地油菜-玉米全程机械化生产技术	刘永红	粮油类（玉米）	新技术
20	院植保所	西南地区玉米主要病害和绿色防控技术	李晓	粮油类（玉米）	新技术
21	院生核所	鲜食玉米辐射诱变育种技术体系	余桂容	粮油类（玉米）	新技术
22	院作物所	川麦 104	杨武云	粮油类（小麦）	新品种
23	院作物所	膨化专用弱筋品种-川麦 66	蒲宗君	粮油类（小麦）	新品种
24	绵阳分院	酿酒专用小麦绵麦 902	任勇	粮油类（小麦）	新品种
25	院作物所	稻茬小麦免耕带旋播种技术	汤永禄	粮油类（小麦）	新技术
26	院作物所	西南小麦绿色高产栽培技术	汤永禄	粮油类（小麦）	新技术
27	院生核所	小麦定向快速选择辐射诱变育种体系	宣朴	粮油类（小麦）	新技术
28	院作物所	冬作马铃薯防霜抗冻稳产栽培技术	何卫	粮油类（马铃薯）	新品种 新技术
29	院资环所	优质专用甘薯产业关键技术	沈学善	粮油类（马铃薯）	新技术
30	院资环所	四川盆地旱地冬马铃薯节肥节药提质增效栽培技术	沈学善	粮油类（马铃薯）	新技术
31	凉山分院	大春马铃薯原种生产覆膜集雨保墒高效栽培技术	徐成勇	粮油类（马铃薯）	新技术
32	院生核所	甘薯四改提质增效栽培技术	屈会娟	粮油类（甘薯）	新技术
33	院生核所	淀粉专用型甘薯提质增效栽培关键技术	黄钢 屈会娟	粮油类（甘薯）	新技术
34	院作物所	粮菜兼用型优质高产广适蚕豆品种	余东梅	粮油类（蚕豆）	新品种 新技术

（续表）

序号	所属单位	成果名称	第一完成人	成果种类	
				分类	类型
35	院作物所	川油 81	李浩杰	粮油类（油菜）	新品种
36	院作物所	天府油 1 号	蒲晓斌	粮油类（油菜）	新品种
37	院作物所	川油 83	李浩杰	粮油类（油菜）	新品种
38	院资环所	油菜新型菜花油兼用品种（川菜油 1 号、川彩油 5 号等）	蒋梁材	粮油类（油菜）	新品种
39	院资环所	四川油菜丰产高效技术体系	刘定辉	粮油类（油菜）	新技术
40	院植保所	油菜及十字花科蔬菜根肿病绿色防控关键技术	刘勇	粮油类（油菜）	新技术
41	院经作所	蜀花系列花生新品种	张小军	粮油类（花生）	新品种 新技术
42	南充分院	优质抗逆高产天府花生新品种	夏友霖	粮油类（花生）	新品种
43	南充分院	超高蛋白抗倒高产大豆新品种	张明荣	粮油类（大豆）	新品种
经作类成果					
44	院资环所	羊肚菌新品种及配套技术	彭卫红	经作类（蔬菜）	新品种
45	院资环所	羊肚菌-水稻轮作技术	唐杰	经作类（蔬菜）	新技术
46	院资环所	银耳产业化开发关键技术	彭卫红	经作类（蔬菜）	新品种 新技术
47	院植保所	韭菜（黄）高产优质生产技术集成与应用	陈德西	经作类（蔬菜）	新技术
48	院园艺所	川绿 11 号黄瓜	刘小俊	经作类（蔬菜）	新品种
49	院园艺所	茄子高效嫁接关键技术	蔡鹏	经作类（蔬菜）	新技术
50	院园艺所	蔬菜水肥一体化灌溉技术	唐丽	经作类（蔬菜）	新技术
51	院园艺所	苦瓜系列新品种选育及稀植高效生产关键技术	常伟	经作类（蔬菜）	新品种新技术新模式
52	院水稻高粱所	蜀萝 11 号	冉茂林	经作类（蔬菜）	新品种

（续表）

序号	所属单位	成果名称	第一完成人	成果种类	
				分类	类型
53	院经作所	芦笋高产栽培技术及病虫害绿色防控技术	黄玲	经作类（蔬菜）	新技术
54	攀西分院	特色块菌（松露）保育促繁及保鲜技术	柳成益	经作类（蔬菜）	新技术
55	院植保所	猕猴桃优质高效绿色生产技术	胡容平	经作类（水果）	新技术
56	院植保所	柑橘农药减施增效技术	刘旭	经作类（水果）	新技术
57	院信息农经所	四川猕猴桃产业竞争力与可持续发展模式	李晓	经作类（水果）	新模式 新机制
58	院园艺所	血橙新品种选育及提质增效关键技术	刘建军	经作类（水果）	新品种 新技术
59	院园艺所	高原苹果产业化关键技术	谢红江	经作类（水果）	新品种新技术新模式
60	院园艺所	特色桃新品种选育与轻简优质高效栽培技术	陈栋	经作类（水果）	新品种 新技术
61	院园艺所	白肉枇杷新品种及区域化栽培关键技术	江国良	经作类（水果）	新品种 新技术
62	院园艺所	猕猴桃优质轻简高效安全生产技术	涂美艳	经作类（水果）	新技术
63	院园艺所	川西高原酿酒葡萄产业链关键技术	刘伟	经作类（水果）	新技术
64	院园艺所	草莓新品种及绿色高效生产技术	李洪雯	经作类（水果）	新品种 新技术
65	院经作所	蓝莓生态高效栽培技术	董顺文	经作类（水果）	新技术
66	攀西分院	凯特杧果	李贵利	经作类（水果）	新品种
67	攀西分院	晚熟杧果轮换结果修剪技术	李贵利	经作类（水果）	新技术
68	院茶叶所	特色茶树新品种选育及配套关键技术	王云	经作类（茶叶）	新品种 新技术
69	院茶叶所	特早 213 茶树	王云	经作类（茶叶）	新品种
70	院茶叶所	天府红 1 号	王云	经作类（茶叶）	新品种
71	院茶叶所	三花 1951	罗凡	经作类（茶叶）	新品种

（续表）

序号	所属单位	成果名称	第一完成人	成果种类	
				分类	类型
72	院经作所	中药材病虫害绿色防控技术	曾华兰	经作类（中药材）	新技术
73	院经作所	川芎新品种及高效栽培技术	张超	经作类（中药材）	新品种
74	院蚕业所	家蚕特异种质	张友洪	经作类（蚕桑）	新品种 新材料
75	院蚕业所	蚕桑丝绸现代产业链关键集成技术	刘刚	经作类（蚕桑）	新品种 新技术
76	院水产所	鲟鱼高效健康养殖及鱼子酱加工技术	李军	经作类（水产）	新技术 新模式
77	院水产所	长江上游名优鱼类资源保护与利用	陈春娜	经作类（水产）	新技术
78	内江分院	白乌鳢早繁与成鱼高产高效健康养殖技术	吴俊苏建	经作类（水产）	新技术
79	院资环所	优质高产饲草新品种及绿色增效生产技术	朱永群	经作类（饲草）	新品种 新技术
80	乐山分院	高效微生物饲料添加剂的创制及应用	陈鲜鑫	经作类（饲料）	新技术
81	乐山分院	猪乳酸菌发酵液体饲料制备及无抗养殖技术	陈鲜鑫	经作类（饲料）	新技术
绿色生产类成果					
82	院资环所	稻田土壤质量演变特征与地力提升技术	樊红柱	绿色生产类	新技术
83	院资环所	成都平原地区稻-油轮作氮磷流失防控技术规范	林超文	绿色生产类	新技术
84	院资环所	秸秆粉碎还田利用关键技术	秦鱼生	绿色生产类	新技术
85	院植保所	四川农田杂草种群分布及高效防控技术	周小刚	绿色生产类	新技术
86	院质标所	早期预测稻米中重金属镉含量的方法	杨定清	绿色生产类	新技术
87	院质标所	四川省农产品质量安全风险评估技术	侯雪	绿色生产类	新技术
88	院质标所	绿色食品产业品牌化标准化特色化质量保障体系	杨晓凤	绿色生产类	新机制
89	院水产所	岷江中游大渡河河口段水生生态系统保护技术	李华	绿色生产类	新技术 新模式

（续表）

序号	所属单位	成果名称	第一完成人	成果种类	
				分类	类型
加工和智能装备类成果					
90	院遥感数字所	四川及西南区农业生产遥感动态监测关键技术	黄平	加工和智能装备类	新技术
91	院遥感数字所	四川及西南区农业耕地资源遥感精准监测关键技术	吴文斌	加工和智能装备类	新技术
92	院信息农经所	果园数字化关键技术及智能装备	何鹏	加工和智能装备类	新技术 新装备
93	院加工所	水果采后商品化处理技术	李华佳	加工和智能装备类	新技术 新装备
94	院加工所	乳酸菌发酵果汁技术	李可	加工和智能装备类	新技术
95	院加工所	菜籽油绿色高效加工技术与装备	姚英政	加工和智能装备类	新技术 新装备
96	院加工所	蔬菜绿色保鲜与数字化供应链技术	高佳	加工和智能装备类	新技术 新装备
97	院加工所	物联网智能化果蔬采后供应链管控系统	曾晓丹	加工和智能装备类	新技术 新装备
98	院水稻高粱所	稻粱佳酿	唐玉明	加工和智能装备类	新产品 新工艺
99	院蚕业所	高效降糖桑茶	殷浩	加工和智能装备类	新技术
100	院蚕业所	家蚕高效养殖环境控制关键技术	青学刚	加工和智能装备类	新技术 新装备
101	院质标所	转基因作物精准检测技术	宋君	其他类	新技术
其他类成果					
102	院信息农经所	加快推进幸福美丽新村建设模式	杜兴端	其他类	新模式 新机制
103	院信息农经所	四川省藏族聚居区生态农业产业发展模式	林正雨	其他类	新模式 新机制

附录3　“十三五”四川省农业科学院粮油作物审定/登记品种

表1　省级审定品种（一）

序号	作物类型	品种名称	选育单位
1	水稻	嘉优727	南充市农业科学院、四川省农业科学院作物研究所
2	水稻	宜香优37	四川省农业科学院水稻高粱研究所、宜宾市农业科学院
3	玉米	仲玉136	仲衍种业股份有限公司、四川省农业科学院作物研究所
4	玉米	成单99	四川省农业科学院作物研究所、大竹县益民玉米研究所
5	玉米	成单393	四川省农业科学院作物研究所
6	小麦	川麦601	四川省农业科学院作物研究所
7	小麦	川麦1826	四川省农业科学院作物研究所
8	薯类（马铃薯）	川芋19	四川省农业科学院作物研究所
9	薯类（甘薯）	川薯220	四川省农业科学院作物研究所
10	薯类（甘薯）	川薯221	四川省农业科学院作物研究所
11	高粱	金糯粱1号	四川省农业科学院水稻高粱研究所、泸州金土地种业有限公司
12	高粱	金糯粱2号	泸州金土地种业有限公司、四川省农业科学院水稻高粱研究所
13	油菜	川早油3号	四川省农业科学院作物研究所、仲衍种业股份有限公司
14	油菜	德喜油1000	四川省农业科学院作物研究所
15	豆类（蚕豆）	成胡21	四川省农业科学院作物研究所
16	豆类（豌豆）	成豌11	四川省农业科学院作物研究所

表 2　省级审定品种（二）

序号	作物类型	品种名称	审定编号	申请者	育种者
1	水稻	旌 8 优 727	川审稻 20170001	四川省农业科学院水稻高粱研究所	四川国垠天府种业有限责任公司、四川省农业科学院水稻高粱研究所、四川省农业科学院作物研究所
2	水稻	金卓香 1 号	川审稻 20170002	成都金卓农业股份有限公司	成都金卓农业股份有限公司、四川省农业科学院作物研究所
3	水稻	泸优 0627	川审稻 20170003	四川省农业科学院水稻高粱研究所	四川省农业科学院水稻高粱研究所、四川省农业科学院作物研究所、中国种子集团有限公司
4	水稻	川绿优 559	川审稻 20170005	南充市农业科学院、四川省农业科学院作物研究所	南充市农业科学院、四川省农业科学院作物研究所
5	水稻	蓉 3 优 907	川审稻 20170006	未名兴旺系统作物设计前沿实验室（北京）有限公司、四川省农业科学院生物技术核技术研究所	四川省农业科学院生物技术核技术研究所、成都市农林科学院作物研究所、成都农之道农业科技有限公司、未名兴旺系统作物设计前沿实验室（北京）有限公司
6	水稻	锦花优 908	川审稻 20170007	四川省农业科学院生物技术核技术研究所	四川省农业科学院生物技术核技术研究所、四川省水稻航天育种工程研究中心、四川神龙科技股份有限公司
7	水稻	川优 1727	川审稻 20170010	四川省农业科学院作物研究所	四川省农业科学院作物研究所
8	水稻	川优 7919	川审稻 20180009	四川垦丰种业有限公司、绵阳市农业科学研究院、四川省农业科学院作物研究所	四川垦丰种业有限公司、绵阳市农业科学研究院、四川省农业科学院作物研究所

（续表）

序号	作物类型	品种名称	审定编号	申请者	育种者
9	水稻	蓉优 184	川审稻 20180010	泸州金土地种业有限公司	四川省农业科学院水稻高粱研究所、成都市农林科学院作物研究所
10	水稻	川绿优 907	川审稻 20180013	四川省农业科学院生物技术核技术研究所	四川省农业科学院生物技术核技术研究所、四川省农业科学院作物研究所
11	水稻	川华优 320	川审稻 20180015	四川华丰种业有限责任公司、四川省农业科学院作物研究所	四川华丰种业有限责任公司、四川省农业科学院作物研究所
12	水稻	德优 727	川审稻 20180016	四川省农业科学院水稻高粱研究所	四川省农业科学院水稻高粱研究所、四川省农业科学院作物研究所、成都农之道农业科技有限公司
13	水稻	川作优 8727	川审稻 20180020	四川省农业科学院作物研究所	四川省农业科学院作物研究所
14	水稻	川作优 8178	川审稻 20180021	四川省农业科学院作物研究所、四川省润丰种业有限责任公司	四川省农业科学院作物研究所
15	水稻	川优 6099	川审稻 20190001	四川省农业科学院水稻高粱研究所	四川省农业科学院水稻高粱研究所、四川省农业科学院作物研究所、四川福糠农业科技有限公司
16	水稻	川优 6139	川审稻 20190002	绵阳市农业科学研究院、四川省农业科学院作物研究所	绵阳市农业科学研究院、四川省农业科学院作物研究所
17	水稻	川优 536	川审稻 20190003	四川农业大学水稻研究所	四川农业大学水稻研究所、四川省农业科学院作物研究所
18	水稻	玉龙优 2727	川审稻 20190004	四川省农业科学院水稻高粱研究所	四川省农业科学院水稻高粱研究所、四川省农业科学院作物研究所

（续表）

序号	作物类型	品种名称	审定编号	申请者	育种者
19	水稻	旌 3 优 2115	川审稻 20190005	四川绿丹至诚种业有限公司、四川农业大学农学院、四川省农业科学院水稻高粱研究所	四川绿丹至诚种业有限公司、四川农业大学农学院、四川省农业科学院水稻高粱研究所
20	水稻	花优 12	川审稻 20190006	四川省农业科学院水稻高粱研究所	四川省农业科学院水稻高粱研究所、四川省农业科学院生物技术核技术研究所
21	水稻	蓉优 88	川审稻 20190008	四川省农业科学院水稻高粱研究所	四川省农业科学院水稻高粱研究所、成都市农林科学院作物研究所
22	水稻	泸两优晶灵	川审稻 20190013	四川川种种业有限责任公司	四川川种种业有限责任公司、四川省农业科学院水稻高粱研究所
23	水稻	禾 5 优 727	川审稻 20190017	四川禾嘉种业有限公司	四川禾嘉种业有限公司、四川禾嘉新品地种业有限公司、四川省农业科学院作物研究所
24	水稻	锦丰优 727	川审稻 20190018	四川省农业科学院生物技术核技术研究所	四川省农业科学院生物技术核技术研究所、四川省农业科学院作物研究所、四川省水稻航天育种工程研究中心
25	水稻	旌 10 优 2918	川审稻 20190021	四川农业大学农学院、仲衍种业股份有限公司、四川省农业科学院水稻高粱研究所	四川农业大学农学院、四川省农业科学院水稻高粱研究所、仲衍种业股份有限公司
26	水稻	乐 3 优 727	川审稻 20190024	乐山市农业科学研究院、四川省农业科学院作物研究所、四川华龙种业有限责任公司	乐山市农业科学研究院、四川省农业科学院作物研究所、四川华龙种业有限责任公司
27	水稻	德粳 6 号	川审稻 20193001	四川省农业科学院水稻高粱研究所	四川省农业科学院水稻高粱研究所

（续表）

序号	作物类型	品种名称	审定编号	申请者	育种者
28	水稻	德粳4号	川审稻20193002	四川省农业科学院水稻高粱研究所	四川省农业科学院水稻高粱研究所
29	水稻	沈农9903	川审稻20193003	四川省农业科学院水稻高粱研究所	沈阳农业大学水稻研究所、四川省农业科学院水稻高粱研究所
30	水稻	川绿优3411	川审稻20200005	乐山市农业科学研究院	乐山市农业科学研究院、四川省农业科学院作物研究所
31	水稻	雅7优3203	川审稻20200008	四川科瑞种业有限公司、四川农业大学农学院、四川省农业科学院作物研究所	四川农业大学农学院、四川省农业科学院作物研究所
32	水稻	川绿优470	川审稻20200010	四川华丰种业有限责任公司、绵阳市农业科学研究院、四川省农业科学院作物研究所	绵阳市农业科学研究院、四川省农业科学院作物研究所、四川华丰种业有限责任公司
33	水稻	旌康优3241	川审稻20200011	四川省农业科学院水稻高粱研究所	四川省农业科学院水稻高粱研究所
34	水稻	川绿优313	川审稻20200013	四川农业大学水稻研究所	四川农业大学水稻研究所、四川省农业科学院作物研究所
35	水稻	泸优5183	川审稻20200014	四川益邦种业有限责任公司	四川农业大学水稻研究所、四川省农业科学院水稻高粱研究所、四川益邦种业有限责任公司
36	水稻	千乡优6516	川审稻20200015	四川省农业科学院水稻高粱研究所	四川省农业科学院水稻高粱研究所、四川省内江市农业科学院
37	水稻	德1优3241	川审稻20200017	四川省农业科学院水稻高粱研究所	四川省农业科学院水稻高粱研究所
38	水稻	德优6699	川审稻20200022	四川省农业科学院水稻高粱研究所	四川省农业科学院水稻高粱研究所、四川众望种业有限责任公司
39	水稻	旌13优938	川审稻20200025	四川省农业科学院水稻高粱研究所	四川省农业科学院水稻高粱研究所

（续表）

序号	作物类型	品种名称	审定编号	申请者	育种者
40	水稻	德优 6669	川审稻 20200028	四川得月科技种业有限公司	四川得月科技种业有限公司、四川省农业科学院水稻高粱研究所、绵阳市农业科学研究院
41	水稻	旌早优 2938	川审稻 20200031	四川省农业科学院水稻高粱研究所	四川省农业科学院水稻高粱研究所、四川众望种业有限责任公司
42	水稻	旌早优 1391	川审稻 20200032	四川省农业科学院水稻高粱研究所	四川省农业科学院水稻高粱研究所
43	水稻	川优 7021	川审稻 20202001	四川科瑞种业有限公司	四川科瑞种业有限公司、四川省农业科学院作物研究所
44	水稻	川康优 1883	川审稻 20202002	四川科瑞种业有限公司	四川科瑞种业有限公司、四川省农业科学院作物研究所
45	水稻	川优 6245	川审稻 20202003	四川蜀兴种业有限责任公司	四川蜀兴种业有限责任公司、四川省农业科学院作物研究所、四川科瑞种业有限公司
46	水稻	川优 8621	川审稻 20202004	自贡市农业科学研究所	自贡市农业科学研究所、四川省农业科学院作物研究所
47	水稻	川优 1098	川审稻 20202005	四川省润丰种业有限责任公司	四川省润丰种业有限责任公司、四川农业大学农学院、四川省农业科学院作物研究所
48	水稻	锦花优 627	川审稻 20202007	四川德瑞富顿农业科技有限公司	四川德瑞富顿农业科技有限公司、四川省农业科学院生物技术核技术研究所、四川省农业科学院作物研究所
49	水稻	川康优 1620	川审稻 20202012	四川省农业科学院作物研究所	四川省农业科学院作物研究所
50	水稻	花香优 2145	川审稻 20202014	四川福糠农业科技有限公司	四川福糠农业科技有限公司、四川省农业科学院生物技术核技术研究所

（续表）

序号	作物类型	品种名称	审定编号	申请者	育种者
51	玉米	成单玉 808	川审玉 20170006	四川省农业科学院作物研究所	四川省农业科学院作物研究所
52	玉米	新玉 1822	川审玉 20170009	四川华元博冠生物育种有限责任公司	四川华元博冠生物育种有限责任公司、四川农业科学研究院作物研究所
53	玉米	仲彩糯 401	川审玉 20170021	四川省农业科学院生物技术核技术研究所	四川省农业科学院生物技术核技术研究所
54	玉米	成单 335	川审玉 20180002	四川省农业科学院作物研究所、四川什邡市领先种业有限责任公司	四川省农业科学院作物研究所、四川什邡市领先种业有限责任公司
55	玉米	成单 1518	川审玉 20180006	四川省农业科学院作物研究所	四川省农业科学院作物研究所、四川天宇种业有限责任公司
56	玉米	金仲甜 001	川审玉 20180019	四川省农业科学院生物技术核技术研究所	四川省农业科学院生物技术核技术研究所
57	玉米	成单 716	川审玉 20190001	四川省农业科学院作物研究所、四川众望种业有限责任公司	四川省农业科学院作物研究所、四川众望种业有限责任公司
58	玉米	成单 393	川审玉 20190011	四川省农业科学院作物研究所、四川奥力星农业科技有限公司	四川省农业科学院作物研究所、四川奥力星农业科技有限公司
59	玉米	乌蒙雪糯 1 号	川审玉 20190017	四川省农业科学院水稻高粱研究所	四川省农业科学院水稻高粱研究所
60	玉米	乌蒙珍珠糯 1 号	川审玉 20190018	四川省农业科学院水稻高粱研究所	四川省农业科学院水稻高粱研究所
61	玉米	科玉 588	川审玉 20196016	仲衍种业股份有限公司	仲衍种业股份有限公司、四川群策种业有限公司、四川省农业科学作物研究所
62	玉米	群玉 39	川审玉 20196027	仲衍种业股份有限公司	仲衍种业股份有限公司、四川昊华城农业科技有限公司、四川省农业科学研究院作物所、四川群策种业有限公司、四川昊明达种业有限公司

（续表）

序号	作物类型	品种名称	审定编号	申请者	育种者
63	玉米	成单 333	川审玉 20200001	四川省农业科学院作物研究所	四川省农业科学院作物研究所
64	玉米	成单 718	川审玉 20200003	四川省农业科学院作物研究所	四川省农业科学院作物研究所、贵州省旱粮研究所、四川众望种业有限责任公司
65	玉米	一丰 999	川审玉 20200006	四川省农业科学院作物研究所	四川省农业科学院作物研究所、四川一丰种业有限责任公司
66	玉米	渝单 9610	川审玉 20200008	重庆市农业科学院、四川省农业科学院作物研究所	重庆市农业科学院、四川省农业科学院作物研究所
67	玉米	成青 385	川审玉 20200017	四川省农业科学院作物研究所	四川省农业科学院作物研究所
68	玉米	泸玉雪糯 6 号	川审玉 20200021	四川省农业科学院水稻高粱研究所	四川省农业科学院水稻高粱研究所
69	玉米	泸玉雪糯 3 号	川审玉 20200031	四川省农业科学院水稻高粱研究所	四川省农业科学院水稻高粱研究所
70	玉米	晶玉 1 号	川审玉 20202013	四川群策种业有限公司	四川群策种业有限公司、四川省农业科学院作物研究所
71	玉米	航单 618	川审玉 20202014	四川科瑞种业有限公司	四川科瑞种业有限公司、四川省农业科学院作物研究所、四川省嘉陵农作物品种研究有限公司、四川福糠农业科技有限公司
72	玉米	锦玉 361	川审玉 20202024	四川科瑞种业有限公司	四川科瑞种业有限公司、四川省农业科学院作物研究所、四川省嘉陵农作物品种研究有限公司、四川一丰种业有限责任公司
73	玉米	成单 3601	川审玉 20202028	四川省农业科学院作物研究所	四川省农业科学院作物研究所

（续表）

序号	作物类型	品种名称	审定编号	申请者	育种者
74	玉米	荣玉丰赞	川审玉 20202037	四川农业大学	四川农业大学、四川省农业科学院作物研究所、广西壮族自治区农业科学院玉米研究所
75	玉米	金百糯 777	川审玉 20203003	四川省农业科学院生物技术核技术研究所	四川省农业科学院生物技术核技术研究所、四川金百圣农业有限公司
76	玉米	美糯 418	川审玉 20203007	四川省农业科学院生物技术核技术研究所	四川省农业科学院生物技术核技术研究所、四川金百圣农业有限公司
77	玉米	泸玉雪糯 7 号	川审玉 20203010	四川省农业科学院水稻高粱研究所	四川省农业科学院水稻高粱研究所
78	玉米	生科糯 618	川审玉 20203013	四川省农业科学院生物技术核技术研究所	四川省农业科学院生物技术核技术研究所
79	玉米	泸彩糯 8 号	川审玉 20203014	四川省农业科学院水稻高粱研究所	四川省农业科学院水稻高粱研究所
80	玉米	泸紫糯 1 号	川审玉 20203015	四川省农业科学院水稻高粱研究所	四川省农业科学院水稻高粱研究所
81	小麦	川麦 602	川审麦 20170006	四川省农业科学院作物研究所	四川省农业科学院作物研究所
82	小麦	川麦 82	川审小麦 20170007	四川省农业科学院作物研究所、中国农业科学院作物研究所	四川省农业科学院作物研究所、中国农业科学院作物研究所
83	小麦	川麦 93	川审麦 20180001	四川省农业科学院作物研究所	四川省农业科学院作物研究所
84	小麦	川麦 86	川审麦 20180003	四川省农业科学院作物研究所	四川省农业科学院作物研究所
85	小麦	川麦 604	川审麦 20180005	四川省农业科学院作物研究所	四川省农业科学院作物研究所
86	小麦	川麦 1557	川审麦 20180008	四川省农业科学院作物研究所	四川省农业科学院作物研究所
87	小麦	川麦 96	川审麦 20180009	四川省农业科学院作物研究所	四川省农业科学院作物研究所
88	小麦	川麦 1546	川审麦 20180010	四川省农业科学院作物研究所	四川省农业科学院作物研究所

（续表）

序号	作物类型	品种名称	审定编号	申请者	育种者
89	小麦	川麦 603	川审麦 20180013	四川省农业科学院作物研究所	四川省农业科学院作物研究所
90	小麦	川麦 98	川审麦 20190002	四川省农业科学院作物研究所	四川省农业科学院作物研究所
91	小麦	川麦 1580	川审麦 20190003	四川省农业科学院作物研究所	四川省农业科学院作物研究所
92	小麦	川麦 83	川审麦 20190006	四川省农业科学院作物研究所	四川省农业科学院作物研究所
93	小麦	川糯麦 1456	川审麦 20190009	四川省农业科学院作物研究所	四川省农业科学院作物研究所
94	小麦	川糯麦 1314	川审麦 20190011	四川省农业科学院作物研究所	四川省农业科学院作物研究所
95	小麦	川麦 84	川审麦 20200001	四川省农业科学院作物研究所	四川省农业科学院作物研究所
96	小麦	川麦 1648	川审麦 20200004	四川省农业科学院作物研究所	四川省农业科学院作物研究所
97	小麦	川麦 1694	川审麦 20200005	四川省农业科学院作物研究所	四川省农业科学院作物研究所
98	小麦	川麦 1603	川审麦 20200006	四川省农业科学院作物研究所	四川省农业科学院作物研究所
99	小麦	川麦 605	川审麦 20200007	四川省农业科学院作物研究所	四川省农业科学院作物研究所
100	小麦	川麦 88	川审麦 20200008	四川省农业科学院作物研究所	四川省农业科学院作物研究所
101	小麦	川辐 14 号	川审麦 20200013	四川省农业科学院生物技术核技术研究所	四川省农业科学院生物技术核技术研究所
102	豆类（大豆）	成豆 18	川审豆 20180002	四川省农业科学院作物研究所	四川省农业科学院作物研究所
103	豆类（大豆）	川鲜豆 1 号	川审豆 20203003	四川省农业科学院经济作物育种栽培研究所、铁岭市维奎大豆研究所、开原市雨农种业有限公司	四川省农业科学院经济作物育种栽培研究所、铁岭市维奎大豆研究所、开原市雨农种业有限公司
104	豆类（大豆）	成鲜豆 2937	川审豆 20203004	四川省农业科学院作物研究所	四川省农业科学院作物研究所、辽宁开原市农科种苗有限公司

（续表）

序号	作物类型	品种名称	审定编号	申请者	育种者
105	豆类（大豆）	川鲜豆2号	川审豆20203005	四川省农业科学院经济作物育种栽培研究所	四川省农业科学院经济作物育种栽培研究所、铁岭市维奎大豆研究所、开原市雨农种业有限公司

表 3　国家登记品种

序号	作物类型	品种名称	登记编号	申请者	育种者
1	大麦（青稞）	川大麦 15087	GPD 大麦（青稞）（2019）510006	四川省农业科学院作物研究所	朱华忠、伍玲、李式昭、陈洪珍、刘宗彬
2	大麦（青稞）	川大麦 15086	GPD 大麦（青稞）（2019）510005	四川省农业科学院作物研究所	朱华忠、伍玲、李式昭、陈洪珍、刘宗彬
3	大麦（青稞）	川糯大麦 15085	GPD 大麦（青稞）（2020）510038	四川省农业科学院作物研究所	朱华忠、伍玲、李式昭、陈洪珍、刘宗彬
4	大麦（青稞）	康青 11 号	GPD 大麦（青稞）（2020）510058	甘孜藏族自治州农业科学研究所、四川省农业科学院作物研究所	杨开俊、刘廷辉、朱华忠、王文献、谢世刚、刘良珍、张英、江谧、伍玲、李式昭
5	大麦（青稞）	康青糯 1 号	GPD 大麦（青稞）（2020）510057	甘孜藏族自治州农业科学研究所、四川省农业科学院作物研究所	朱华忠、杨开俊、刘廷辉、伍玲、李式昭、王文献、谢世刚、刘良珍、张英、江谧
6	大麦（青稞）	康青 12 号	GPD 大麦（青稞）（2020）510056	甘孜藏族自治州农业科学研究所、四川省农业科学院作物研究所	刘廷辉、杨开俊、朱华忠、王文献、谢世刚、刘良珍、张英、江谧、伍玲、李式昭
7	高粱	川糯粱 1 号	GPD 高粱（2018）510066	四川省农业科学院水稻高粱研究所	四川省农业科学院水稻高粱研究所、泸州金土地种业有限公司
8	高粱	金糯粱 3 号	GPD 高粱（2018）510251	四川省农业科学院水稻高粱研究所	四川省农业科学院水稻高粱研究所
9	高粱	金糯粱 1 号	GPD 高粱（2018）510085	四川省农业科学院水稻高粱研究所	四川省农业科学院水稻高粱研究所、泸州金土地种业有限公司
10	高粱	金糯粱 4 号	GPD 高粱（2018）510250	四川省农业科学院水稻高粱研究所	泸州金土地种业有限公司、四川省农业科学院水稻高粱研究所
11	高粱	金糯粱 5 号	GPD 高粱（2018）510253	四川省农业科学院水稻高粱研究所	四川省农业科学院水稻高粱研究所、泸州金土地种业有限公司
12	高粱	泸州红 1 号	GPD 高粱（2018）510086	四川省农业科学院水稻高粱研究所	四川省农业科学院水稻高粱研究所
13	高粱	金糯粱 6 号	GPD 高粱（2018）510252	四川省农业科学院水稻高粱研究所	四川省农业科学院水稻高粱研究所、泸州金土地种业有限公司
14	高粱	金糯粱 2 号	GPD 高粱（2018）510084	四川省农业科学院水稻高粱研究所	四川省农业科学院水稻高粱研究所、泸州金土地种业有限公司

（续表）

序号	作物类型	品种名称	登记编号	申请者	育种者
15	高粱	郎糯红 19 号	GPD 高粱（2020）510060	四川省农业科学院水稻高粱研究所	四川郎酒股份有限公司
16	高粱	机糯粱 2 号	GPD 高粱（2020）510041	四川省农业科学院水稻高粱研究所	四川省农业科学院水稻高粱研究所
17	高粱	金糯粱 7 号	GPD 高粱（2020）510013	四川省农业科学院水稻高粱研究所	四川省农业科学院水稻高粱研究所、泸州金土地种业有限公司
18	高粱	金糯粱 8 号	GPD 高粱（2020）510014	四川省农业科学院水稻高粱研究所	四川省农业科学院水稻高粱研究所、泸州金土地种业有限公司
19	薯类（马铃薯）	川芋 85	GPD 马铃薯（2019）510018	四川省农业科学院作物研究所、甘孜藏族自治州农业科学研究所	何卫、王克秀、唐铭霞、胡建军、雷高、郑顺林、马松明、杨雯婷、文志强、张伟
20	薯类（马铃薯）	川芋 50	GPD 马铃薯（2019）510019	四川省农业科学院作物研究所、甘孜藏族自治州农业科学研究所	胡建军、何卫、王克秀、唐铭霞、郑顺林、雷高、马松明、杨雯婷、文志强、张伟
21	薯类（马铃薯）	川芋 21	GPD 马铃薯（2020）510101	四川省农业科学院作物研究所、成都久森农业科技有限公司	李华鹏、梁晓、施琴、梁远发、肖睿、梅绍富、彭小荷
22	薯类（马铃薯）	川芋 20	GPD 马铃薯（2020）510100	四川省农业科学院作物研究所、成都久森农业科技有限公司	李华鹏、梁晓、肖雪风、梁远发、李志鹏、彭小荷、李洪浩、梅绍富
23	薯类（马铃薯）	川芋 802	GPD 马铃薯（2020）510082	四川省农业科学院作物研究所	四川省农业科学院作物研究所
24	薯类（马铃薯）	川芋 117	GPD 马铃薯（2020）510081	四川省农业科学院作物研究所	四川省农业科学院作物研究所
25	薯类（甘薯）	川薯 20	GPD 甘薯（2019）510020	四川省农业科学院作物研究所	四川省农业科学院作物研究所
26	薯类（甘薯）	川薯 220	GPD 甘薯（2019）510018	四川省农业科学院作物研究所	四川省农业科学院作物研究所
27	薯类（甘薯）	川薯 218	GPD 甘薯（2019）510023	四川省农业科学院作物研究所	四川省农业科学院作物研究所
28	薯类（甘薯）	川菜薯 211	GPD 甘薯（2019）510021	四川省农业科学院作物研究所	四川省农业科学院作物研究所
29	薯类（甘薯）	川薯 221	GPD 甘薯（2019）510019	四川省农业科学院作物研究所	四川省农业科学院作物研究所
30	薯类（甘薯）	川薯 225	GPD 甘薯（2020）510087	四川省农业科学院作物研究所	谭文芳、杨松涛、乔帅、廖安忠、宋伟

（续表）

序号	作物类型	品种名称	登记编号	申请者	育种者
31	薯类（甘薯）	川薯224	GPD甘薯（2020）510086	四川省农业科学院作物研究所	谭文芳、杨松涛、乔帅、廖安忠、宋伟
32	薯类（甘薯）	川紫薯6号	GPD甘薯（2020）510089	四川省农业科学院作物研究所、重庆市农业科学院	谭文芳、王卫强、杨松涛、钟巍然、乔帅、任自明、廖安忠、谢明菊、宋伟、李中强、吴红、杨小艳
33	油菜	川油49	GPD油菜（2018）510343	四川省农业科学院作物研究所	四川省农业科学院作物研究所
34	油菜	创世一号	GPD油菜（2018）510126	四川省农业科学院作物研究所	四川省农业科学院作物研究所
35	油菜	川早油3号	GPD油菜（2018）510116	四川省农业科学院作物研究所、仲衍种业股份有限公司	四川省农业科学院作物研究所
36	油菜	川油58	GPD油菜（2018）510284	四川省农业科学院作物研究所	四川省农业科学院作物研究所
37	油菜	川油47	GPD油菜（2018）510115	四川省农业科学院作物研究所	四川省农业科学院作物研究所
38	油菜	川油44	GPD油菜（2018）510110	四川省农业科学院作物研究所	四川省农业科学院作物研究所
39	油菜	晶晶油007	GPD油菜（2018）510125	四川省农业科学院作物研究所	四川省农业科学院作物研究所
40	油菜	川油39	GPD油菜（2018）510285	四川省农业科学院作物研究所、四川省绿丹种业有限公司	四川省农业科学院作物研究所、四川省绿丹种业有限公司
41	油菜	川早油4号	GPD油菜（2018）510342	四川省农业科学院作物研究所	四川省农业科学院作物研究所
42	油菜	川油36	GPD油菜（2018）510280	四川省农业科学院作物研究所	四川省农业科学院作物研究所
43	油菜	川油38	GPD油菜（2018）510282	四川省农业科学院作物研究所	四川省农业科学院作物研究所
44	油菜	德恒油900	GPD油菜（2018）510333	南充市农业科学院、四川省农业科学院作物研究所、四川恒禾种业有限公司	南充市农业科学院、四川省农业科学院作物研究所、四川恒禾种业有限公司
45	油菜	川油43	GPD油菜（2018）510111	四川省农业科学院作物研究所	四川省农业科学院作物研究所
46	油菜	德民油5号	GPD油菜（2018）510279	四川省农业科学院作物研究所	四川省农业科学院作物研究所

（续表）

序号	作物类型	品种名称	登记编号	申请者	育种者
47	油菜	川油 41	GPD 油菜（2018）510278	四川省农业科学院作物研究所	四川省农业科学院作物研究所
48	油菜	川油 37	GPD 油菜（2018）510281	四川省农业科学院作物研究所	四川省农业科学院作物研究所
49	油菜	孝油 800	GPD 油菜（2018）510197	四川省农业科学院作物研究所	四川省农业科学院作物研究所
50	油菜	德喜油 1000	GPD 油菜（2018）510127	四川省农业科学院作物研究所	四川省农业科学院作物研究所
51	油菜	德名油 1 号	GPD 油菜（2018）510196	四川省农业科学院作物研究所、四川德名种业有限公司	四川省农业科学院作物研究所、四川德名种业有限公司
52	油菜	天府油 1 号	GPD 油菜（2019）510074	四川省农业科学院作物研究所、四川众望种业有限责任公司	四川省农业科学院作物研究所
53	油菜	德亿油 533	GPD 油菜（2019）510235	四川省农业科学院作物研究所	四川省农业科学院作物研究所、蒋梁材、李浩杰、张锦芳、崔成、蒋俊、柴靓、郑本川、蒋碧芬、何平、周明英
54	油菜	德瑞油 168	GPD 油菜（2019）510165	四川省农业科学院作物研究所	四川省农业科学院作物研究所、蒋梁材、崔成、李浩杰、张锦芳、蒋俊、柴靓、刘勇、郑本川、何平、蒋碧芬、昝红洁、周明英
55	油菜	高科油 10 号	GPD 油菜（2019）510175	四川省农业科学院作物研究所、高科农种子有限公司	四川省农业科学院作物研究所、崔成、蒋梁材、李浩杰、张锦芳、蒋俊、柴靓、刘勇、郑本川、白赟、张昱、蒋碧芬、何平、昝红洁、周明英
56	油菜	川油 45	GPD 油菜（2018）510112	四川省农业科学院作物研究所	四川省农业科学院作物研究所
57	油菜	德众油 168	GPD 油菜（2019）510106	四川省农业科学院作物研究所、成都市永优种业有限公司	四川省农业科学院作物研究所、成都市永优种业有限公司
58	油菜	德丽油 808	GPD 油菜（2019）510151	四川省农业科学院作物研究所	四川省农业科学院作物研究所、蒋梁材、李浩杰、张锦芳、蒋俊、崔成、柴靓、刘勇、郑本川、蒋碧芬、何平、昝红洁、周明英

（续表）

序号	作物类型	品种名称	登记编号	申请者	育种者
59	油菜	川油 42	GPD 油菜（2018）510117	四川省农业科学院作物研究所	四川省农业科学院作物研究所
60	油菜	川油 48	GPD 油菜（2018）510114	四川省农业科学院作物研究所	四川省农业科学院作物研究所
61	油菜	良油 88	GPD 油菜（2019）510075	四川省农业科学院作物研究所	四川省农业科学院作物研究所、夏清、刘秀清、黄小琴、刘勇
62	油菜	作油 1701	GPD 油菜（2020）510125	四川省农业科学院作物研究所	四川省农业科学院作物研究所、夏清、刘秀清、黄小琴、刘勇
63	油菜	孝油 737	GPD 油菜（2019）510076	四川省农业科学院作物研究所	四川省农业科学院作物研究所、夏清、刘秀清、黄小琴、刘勇
64	油菜	川油 46	GPD 油菜（2018）510113	四川省农业科学院作物研究所	四川省农业科学院作物研究所
65	油菜	绵亿油 533	GPD 油菜（2020）510163	四川省农业科学院作物研究所	四川省农业科学院作物研究所、蒋梁材、李浩杰、张锦芳、崔成、蒋俊、柴靓、郑本川、蒋碧芬、何平、朱丽娟、周明英
66	油菜	天府油 8 号	GPD 油菜（2020）510161	四川省农业科学院作物研究所	四川省农业科学院作物研究所、蒲晓斌、冯林张德发、刘勇、黄小琴、张蕾
67	油菜	川早油 1 号	GPD 油菜（2019）510105	四川省农业科学院作物研究所、成都大美种业有限责任公司	四川省农业科学院作物研究所、蒋梁材、李浩杰、张锦芳、崔成、蒋俊、柴靓、郑本川、柯江、刘然金、蒋碧芬、何平、昝红洁、周明英
68	油菜	作油 06-8	GPD 油菜（2018）510144	四川省农业科学院作物研究所；四川万德科技有限公司	四川省农业科学院作物研究所
69	油菜	川油 40	GPD 油菜（2018）510283	四川省农业科学院作物研究所	四川省农业科学院作物研究所
70	油菜	德帝油 528	GPD 油菜（2020）510310	四川省农业科学院作物研究所	四川省农业科学院作物研究所、蒋梁材、李浩杰、张锦芳、蒋俊、崔成、柴靓、郑本川、蒋碧芬、何平、朱丽娟、周明英

（续表）

序号	作物类型	品种名称	登记编号	申请者	育种者
71	油菜	天府油 188	GPD 油菜（2020）510162	四川省农业科学院作物研究所	四川省农业科学院作物研究所、蒲晓斌、冯林、张德发、刘勇、黄小琴、张蕾
72	油菜	川早油 12	GPD 油菜（2020）510164	四川省农业科学院作物研究所	四川省农业科学院作物研究所、蒋梁材、李浩杰、张锦芳、崔成、柴靓、蒋俊、郑本川、蒋碧芬、何平、朱丽娟、周明英
73	花生	蜀花 1 号	GPD 花生（2018）510056	四川省农业科学院经济作物育种栽培研究所	四川省农业科学院经济作物育种栽培研究所
74	花生	蜀花 2 号	GPD 花生（2018）510057	四川省农业科学院经济作物育种栽培研究所	四川省农业科学院经济作物育种栽培研究所
75	花生	蜀花 3 号	GPD 花生（2018）510058	四川省农业科学院经济作物育种栽培研究所	四川省农业科学院经济作物育种栽培研究所
76	豆类（蚕豆）	成胡 22	GPD 蚕豆（2019）510011	四川省农业科学院作物研究所	四川省农业科学院作物研究所、余东梅、项超、杨梅、欧阳裕元、鲜东锋、王华、曹万明
77	豆类（蚕豆）	成胡 23	GPD 蚕豆（2019）510012	四川省农业科学院作物研究所	四川省农业科学院作物研究所、余东梅、项超、杨梅、林仁亨、吴正基、王小中、廖洪平
78	豆类（蚕豆）	成胡 24	GPD 蚕豆（2021）510001	四川省农业科学院作物研究所	四川省农业科学院作物研究所、项超、余东梅、杨梅、杨秀燕、鲜东锋
79	豆类（蚕豆）	成胡 17	GPD 蚕豆（2018）510015	四川省农业科学院作物研究所、重庆誉田种业有限公司	四川省农业科学院作物研究所
80	豆类（蚕豆）	成胡 25	GPD 蚕豆（2021）510002	四川省农业科学院作物研究所	四川省农业科学院作物研究所、项超、余东梅、杨梅、杨秀燕、鲜东锋
81	豆类（豌豆）	无须豆尖 1 号	GPD 豌豆（2018）510050	四川省农业科学院作物研究所、四川天宇种业有限责任公司	四川省农业科学院作物研究所
82	豆类（豌豆）	成豌 8 号	GPD 豌豆（2018）510049	四川省农业科学院作物研究所、四川天宇种业有限责任公司	四川省农业科学院作物研究所

（续表）

序号	作物类型	品种名称	登记编号	申请者	育种者
83	豆类（豌豆）	成豌 11 号	GPD 豌豆（2020）510025	四川省农业科学院作物研究所	四川农业科学院作物研究所、余东梅、项超、欧阳裕元、杨梅、徐华、郑良莉、林熊、龚江洪、周继清、陈俊英、李成勇
84	豆类（豌豆）	成豌 10 号	GPD 豌豆（2020）510026	四川省农业科学院作物研究所	四川农业科学院作物研究所、余东梅、项超、杨梅、欧阳裕元、徐华、郑良莉、林熊、龚江洪

附录4 “十三五”四川省农业科学院省颁粮油生产相关主推技术

序号	年份	名称	技术依托单位
1	2016	旱地小麦抗逆丰产栽培技术	四川省农业科学院作物研究所
2	2016	稻茬小麦超高产栽培技术	四川省农业科学院作物研究所
3	2016	油菜根肿病综合防控技术	四川省农业科学院植物保护研究所
4	2016	四川省油菜田杂草综合防除技术	四川省农业科学院植物保护研究所
5	2016	四川省油菜机械化生产技术	四川省农业科学院作物研究所
6	2016	四川省旱地油菜生产技术	四川省农业科学院
7	2016	春秋冬马铃薯高产高效栽培技术	四川省农业科学院
8	2017	丘陵山地玉米规模生产节本增效技术	四川省农业科学院作物研究所
9	2017	西南小麦绿色高产栽培技术	四川省农业科学院作物研究所
10	2017	油菜根肿病综合防控技术	四川省农业科学院植物保护研究所、四川省农业科学院作物研究所
11	2017	四川省油菜田杂草综合防除技术	四川省农业科学院植物保护研究所
12	2017	耐高温湿害高产稳产秋作马铃薯关键栽培技术	四川省农业科学院作物研究所
13	2017	盆周山区马铃薯“六改”关键栽培技术	四川省农业科学院
14	2017	瓜类作物轻简高效双断根嫁接技术	四川省农业科学院园艺研究所
15	2017	蔬菜水肥一体化灌溉技术	四川省农业科学院园艺研究所
16	2017	蔬菜避雨栽培技术	四川省农业科学院园艺研究所
17	2017	羊肚菌—水稻轮作技术	四川省农业科学院土壤肥料研究所
18	2017	晚熟柑橘栽培关键技术	四川省农业科学院园艺研究所
19	2017	中熟柑橘留树保鲜提质增效技术	四川省农业科学院园艺研究所
20	2017	柑橘容器育苗技术	四川省农业科学院园艺研究所
21	2017	稻鳅共作综合种养技术	四川省水产研究所
22	2017	稻鳖共作养殖技术	四川省水产研究所
23	2017	稻虾共作养殖技术	四川省水产研究所
24	2018	水稻机直播生产技术	四川省农业科学院作物研究所

（续表）

序号	年份	名称	技术依托单位
25	2018	麦（油）茬杂交中稻机插秧集中育秧技术	四川省农业科学院作物研究所
26	2018	麦（油）茬杂交中稻机插秧集中育秧技术	四川省农业科学院作物研究所
27	2018	早熟小麦—水稻轮作全程机械化周年高效生产技术	四川省农业科学院作物研究所
28	2018	西南小麦绿色高产栽培技术	四川省农业科学院作物研究所
29	2018	冬作马铃薯防霜抗冻稳产栽培技术	四川省农业科学院作物研究所
30	2018	耐高温湿害高产稳产秋作马铃薯关键栽培技术	四川省农业科学院作物研究所
31	2018	盆周山区马铃薯“六改”关键栽培技术	四川省农业科学院
32	2018	淀粉专用型甘薯提质增效栽培关键技术	四川省农业科学院
33	2018	油菜根肿病轻简化防控技术	四川省农业科学院植物保护研究所
34	2018	油菜田杂草综合防除技术	四川省农业科学院植物保护研究所
35	2018	瓜类作物轻简高效双断根嫁接技术	四川省农业科学院园艺研究所
36	2018	蔬菜水肥一体化灌溉技术	四川省农业科学院园艺研究所
37	2018	蔬菜避雨栽培技术	四川省农业科学院园艺研究所
38	2018	羊肚菌—水稻轮作技术	四川省农业科学院土壤肥料研究所
39	2018	晚熟柑橘栽培关键技术	四川省农业科学院园艺研究所
40	2018	中熟柑橘留树保鲜提质增效技术	四川省农业科学院园艺研究所
41	2018	柑橘容器育苗技术	四川省农业科学院园艺研究所
42	2018	水稻稻曲病绿色防控技术	四川省农业科学院植物保护研究所
43	2018	玉米田杂草综合防除技术	四川省农业科学院植物保护研究所
44	2018	李树主要病虫害全程绿色防控技术	四川省农业科学院植物保护研究所
45	2018	樱桃主要病虫害全程绿色防控技术	四川省农业科学院植物保护研究所
46	2018	外来入侵物种水花生（空心莲子草）绿色防控技术	四川省农业科学院植物保护研究所
47	2018	稻—鳅共作	四川省水产研究所
48	2018	稻—虾共作	四川省水产研究所
49	2019	四川多元种植水稻机直播生产技术	四川省农业科学院作物研究所
50	2019	水稻机械化种植同步侧深施肥技术	四川省农业科学院作物研究所
51	2019	马铃薯—水稻轮作全程机械化生产技术	四川省农业科学院作物研究所
52	2019	油菜—水稻轮作全程机械化生产技术	四川省农业科学院作物研究所

（续表）

序号	年份	名称	技术依托单位
53	2019	甘薯四改提质增效栽培技术	四川省农业科学院
54	2019	油菜根肿病综合防控技术	四川省农业科学院植物保护研究所
55	2019	油菜绿色优质高效生产技术	四川省农业科学院土壤肥料研究所
56	2019	南方春大棚黄瓜稀植高产高效栽培技术	四川省农业科学院园艺研究所
57	2019	瓜类作物轻简高效双断根嫁接技术	四川省农业科学院园艺研究所
58	2019	蔬菜避雨栽培技术	四川省农业科学院园艺研究所
59	2019	毛木耳高效栽培技术	四川省农业科学院土壤肥料研究所
60	2019	稻—菌轮作羊肚菌高效栽培技术	四川省农业科学院土壤肥料研究所
61	2019	猕猴桃轻简优质高效安全生产技术	四川省农业科学院园艺研究所
62	2019	良桑嫁接苗工厂化生产技术	四川省农业科学院蚕业研究所
63	2019	桑树快速丰产建园技术	四川省农业科学院蚕业研究所
64	2019	果桑篱架匍匐式栽培技术	四川省农业科学院蚕业研究所
65	2019	茄子高效嫁接关键技术	四川省农业科学院园艺研究所
66	2019	稻—鳅共作	四川省水产研究所
67	2019	稻—虾共作	四川省水产研究所
68	2019	冬水稻田土壤改良与地力提升关键技术	四川省农业科学院土壤肥料研究所
69	2019	秸秆粉碎还田利用关键技术	四川省农业科学院土壤肥料研究所
70	2019	秸秆高温好氧发酵生产商品有机肥料技术	四川省农业科学院土壤肥料研究所
71	2019	农作物秸秆饲料化利用技术	四川省农业科学院土壤肥料研究所
72	2020	油菜绿色优质高效生产技术	四川省农业科学院土壤肥料研究所
73	2020	韭菜（黄）高产优质生产技术	四川省农业科学院植物保护研究所
74	2020	杂交水稻优质丰产高效栽培技术	四川省农业科学院水稻高粱研究所
75	2020	蓝莓标准化种植技术	四川省农业科学院经济作物育种栽培研究所
76	2020	四川盆地旱地冬马铃薯节肥节药提质增效栽培技术	四川省农业科学院
77	2020	桑树快速丰产建园技术	四川省农业科学院蚕业研究所
78	2020	果桑优质轻简高效栽培技术	四川省农业科学院蚕业研究所
79	2020	适合多批次养蚕“冬季重剪+夏伐式修剪”的桑树高效剪伐技术	四川省农业科学院蚕业研究所
80	2020	新型有机无机复混肥在大田作物上示范应用	四川省农业科学院植物保护研究所

（续表）

序号	年份	名称	技术依托单位
81	2020	西南小麦绿色高产栽培技术	四川省农业科学院作物研究所
82	2020	瓜类作物轻简高效双断根嫁接技术	四川省农业科学院园艺研究所
83	2020	蔬菜水肥一体化灌溉技术	四川省农业科学院园艺研究所
84	2020	蔬菜避雨栽培技术	四川省农业科学院园艺研究所
85	2020	羊肚菌—水稻轮作技术	四川省农业科学院土壤肥料研究所
86	2020	猕猴桃避雨设施栽培技术	四川省农业科学院园艺研究所
87	2020	青贮玉米多花黑麦草轮作种养循环模式技术	四川省农业科学院土壤肥料研究所
88	2020	苏丹草高产生产技术	四川省农业科学院土壤肥料研究所
89	2020	果树套种箭筈豌豆绿色高效栽培技术	四川省农业科学院土壤肥料研究所
90	2020	高丹草高效生产技术	四川省农业科学院土壤肥料研究所
91	2020	马铃薯—水稻轮作全程机械化生产技术	四川省农业科学院作物研究所
92	2020	油菜—水稻轮作全程机械化生产技术	四川省农业科学院作物研究所
93	2020	四川多元种植水稻无人机精量直播生产技术	四川省农业科学院作物研究所
94	2020	小蚕共育环境智能化控制技术	四川省农业科学院蚕业研究所
95	2020	油菜全程机械化分段收获技术	四川省农业科学院作物研究所
96	2020	水稻机直播生产技术	四川省农业科学院作物研究所
97	2020	麦（油）茬全程机械化集中育秧技术	四川省农业科学院作物研究所
98	2020	早熟小麦—水稻轮作全程机械化周年高效生产技术	四川省农业科学院水稻高粱研究所
99	2020	丘陵山地夏玉米全程机械化生产技术模式	四川省农业科学院作物研究所
100	2020	中药材病虫害绿色防控技术	四川省农业科学院经济作物育种栽培研究所
101	2020	桑葚菌核病绿色防控技术	四川省农业科学院蚕业研究所
102	2020	高山花椒病虫害防控技术	四川省农业科学院植物保护研究所
103	2020	西南地区玉米主要病害绿色防控技术	四川省农业科学院植物保护研究所
104	2020	柠檬黄脉病综合防控技术	四川省农业科学院植物保护研究所
105	2020	柑橘农药减施增效技术	四川省农业科学院植物保护研究所
106	2020	李树主要病虫害全程绿色防控技术	四川省农业科学院植物保护研究所
107	2020	油菜根肿病综合防控技术	四川省农业科学院植物保护研究所
108	2020	油菜田杂草综合防除技术	四川省农业科学院植物保护研究所

（续表）

序号	年份	名称	技术依托单位
109	2020	稻—虾共作养殖技术	四川省水产研究所
110	2020	冬水稻田土壤改良与地力提升关键技术	四川省农业科学院土壤肥料研究所
111	2020	秸秆粉碎翻埋还田关键技术	四川省农业科学院土壤肥料研究所
112	2020	秸秆高温好氧发酵生产商品有机肥料技术	四川省农业科学院土壤肥料研究所
113	2020	施用石灰改良重金属污染酸性土壤关键技术	四川省农业科学院土壤肥料研究所
114	2020	阻控稻米镉积累的施肥关键技术	四川省农业科学院土壤肥料研究所
115	2020	化肥减量增效复合技术	四川省农业科学院土壤肥料研究所
116	2020	成都平原地区稻—油轮作氮磷流失防控技术规范	四川省农业科学院土壤肥料研究所
117	2020	川中丘陵区稻田氨挥发防控技术	四川省农业科学院土壤肥料研究所